教育部人文社会科学重点研究基地
中国人民大学刑事法律科学研究中心系列丛书

刑法学的发展脉络（1997—2018）

主编　时延安

撰稿人（以撰写章节为序）

孟　珊　陈振炜　朱晓艳　陶秋林
黄文轩　郑朝旭　王熠珏　何腾姣

中国人民大学出版社
·北京·

图书在版编目（CIP）数据

刑法学的发展脉络：1997－2018/时延安主编．--北京：中国人民大学出版社，2020.7
（教育部人文社会科学重点研究基地中国人民大学刑事法律科学研究中心系列丛书）
ISBN 978-7-300-28349-4

Ⅰ.①刑… Ⅱ.①时… Ⅲ.①刑法-法学史-研究-中国-1997－2018 Ⅳ.①D924.02

中国版本图书馆CIP数据核字（2020）第121973号

教育部人文社会科学重点研究基地
中国人民大学刑事法律科学研究中心系列丛书
刑法学的发展脉络（1997—2018）
主　编　时延安
Xingfaxue de Fazhan Mailuo（1997—2018）

出版发行　中国人民大学出版社
社　　址　北京中关村大街31号　　邮政编码　100080
电　　话　010－62511242（总编室）　　010－62511770（质管部）
　　　　　010－82501766（邮购部）　　010－62514148（门市部）
　　　　　010－62515195（发行公司）　　010－62515275（盗版举报）
网　　址　http://www.crup.com.cn
经　　销　新华书店
印　　刷　北京玺诚印务有限公司
规　　格　185 mm×260 mm　16开本　　版　　次　2020年7月第1版
印　　张　21.5 插页1　　印　　次　2020年7月第1次印刷
字　　数　510 000　　定　　价　86.00元

前　言

一

中国人民大学刑法学科有着编写“刑法学研究综述”的传统。四十多年前，“人民教育家”高铭暄先生在开始培养刑法学研究生时，就要求学生在阅读文献的基础上撰写专题综述。[①] 综述的研究方法对提升学生的学术研究能力具有重要意义，而研究综述的成果也能够在一定程度上较为全面地展现刑法学在一个阶段的发展历程。1986 年出版的《新中国刑法学研究综述》[②] 的五位编写者就是高先生和他的四名杰出弟子，即赵秉志、陈兴良、周振想和张智辉。这部综述对 1949—1985 年刑法学研究文献进行了全面的梳理，其中，对新中国成立以后至改革开放前刑法学研究情况的介绍，在很大程度上填补了刑法学说史的空白，对后人了解和理解这一时期的刑法学发展具有重要的资料参考价值。此后，高铭暄教授、赵秉志教授在不同时期还编写了多部研究综述，如 1999 年出版的《新中国刑法学研究历程》[③]、2009 年出版的《刑法学总论研究述评》[④]《刑法学各论研究述评》[⑤] 等。值得一提的还有，中国法学会刑法学研究会组织编写的《全国刑法硕士论文荟萃（1981 届—1988 届）》[⑥] 一书整体上也带有一定的综述性质，该书全景式展现了改革开放后前八届刑法学硕士研究生的学术风采；该书的编写人有赵秉志、张智辉、王勇和赵国强，而审稿人则是高铭暄、马克昌和杨敦先三位先生。

高铭暄先生率先在中国法学界法学研究生培养中提出撰写综述的学术训练方法，实际上也意在让研究者们主动、积极地了解学术源流，从以往研究成果中汲取营养，不断推陈出新。对中国刑法学说史进行研究，这些综述无疑提供了“指路牌”，可以告诉研究者去

① 时延安，陈冉．培养符合中国社会治理需要的法治人才——人民教育家高铭暄先生法学教育思想研究．教学与研究，2020（2）．

② 高铭暄．新中国刑法学研究综述（一九四九——九八五）．郑州：河南人民出版社，1986．

③ 高铭暄，赵秉志．新中国刑法学研究历程．北京：中国方正出版社，1999．

④ 赵秉志．刑法学总论研究综述（1978—2008）．北京：北京师范大学出版社，2009．

⑤ 赵秉志．刑法学各论研究综述（1978—2008）．北京：北京师范大学出版社，2009．

⑥ 中国法学会刑法学研究会．全国刑法硕士论文荟萃（1981 届—1988 届）．北京：中国人民公安大学出版社，1989．

哪里寻找文献，去感受当时的研究氛围，了解当时讨论的话题以及研究成果。如果将学说史比作一条河流的话，这些综述则称得上是“航线图”，可以帮助我们追溯到河流上游，追溯整个刑法学、某个群体，甚至某个学者学术研究的演进过程。在整个法学界不断涌起“后浪”的年代，在学术脉络不断被“后浪”洗刷的年代，梳理学术“前浪”的意义更显重要：一则让我们记住学术前人的努力和思想，即便他们的学说如今看起来或许有些“过时”；二则让我们清醒地认识到学术前进的发展脉络，记住每个转捩点及其历史背景和动因；三则，也是最重要的，通过不断梳理学术脉络来积淀中国现代刑法学的学术传统，形成符合中华文化特质的刑法理论。

编写这部研究综述，也是意在坚持高先生所确立的这一良好的学术研究的传统，令学术研究与学术传承相得益彰，继续推动中国刑法学有积淀、有积累的蓬勃发展。

二

毫无疑问，过去二十多年是中国刑法学发展的重要时期。上世纪 80、90 年代以高铭暄先生、马克昌先生、王作富先生为代表的老一辈刑法学家所培养的刑法学人成为刑法学界的中流砥柱。他们积极引进、借鉴德国、日本刑法学知识，极大地拓宽了中国刑法学研究的视野，中国刑法学界在基本理念、知识体系和方法论上都经历了一次震荡。震荡促成了反思，也促成了相当一部分学者的观念和理论转型。可以说，这个阶段对一部分学者而言是“反思的时代”，就是如何在坚持已有传统的基础上形成更有说服力、解释力的刑法理论；而对另一部分学者而言则是“转型的时代”，就是与受苏联影响的刑法学理论断然“割席”，全面继受德国、日本的刑法学理论。在一些年轻刑法学人的信念里，普适性的刑法学体系是存在的，其可以超越任何国家的制定法去构建，并能够适用于各国刑法文本的解释。在他们眼中，与其说是“拥抱”德系刑法理论，不如说是“拥抱”这种普适性的、带有自然法意味的刑法学知识体系。可以说，记录这个“反思”或曰“转型”阶段刑法学知识的发展变化，就显得十分重要。无论未来怎样，这段经历无疑是中国刑法学一个具有标志意义的转捩点。

自清末中国法学现代化进程开启以来，在一百多年里，像上述这样的转捩点起码有三个：一是 1949 年废除国民党“六法全书”后，中国刑法学全面转向苏联刑法理论；二是上世纪 50 年代末中苏交恶后，刑法学界放弃苏联的犯罪构成理论；三是上世纪 70 年代末，复苏的刑法学界“重拾”苏联刑法学体系，并以此为基础重续中国刑法学的研究。毋庸讳言，前两个转捩点的形成更多地受到政治上的影响，而第一个转捩点的形成并非一蹴而就，此前在解放区的刑事法律中已经开始积极借鉴苏联的刑法制度。与前三个转捩点发生的背景不同，第四个转捩点并非仓促地出现在一个时间点，而表现为一个时期，直到现在，这个时期仍在继续。当然，对一些学者而言，这个时期已经结束了，并开始大张旗鼓地宣布取得了针对苏联刑法学的压倒性胜利；而对另一些学者而言，这个时期不过是一个“茶壶里的风暴”，所谓的“转型”未必具有真正的标志意义。或许在后者眼里，“转型”无非是“术”和“势”的变化，而“道”的层面并没有真正地改变。

确实，与清末那场毅然决然地切断中华法系命脉的法律革命相比，这四个转捩点确实算不了什么。自那场革命之后，中国法学研究者就再没有恢复对自己法制的自信，在世界法制舞台上也没有真正赢得话语权。在相当长一段时间里，法学界一方面痛斥目前法学知识的移植性、寄生性，另一方面却无法提出具有创新性且能够形成影响力的知识体系和方法论。中国法学现代化的过程，就是将西方法学知识体系全面引入，同时又自我遮蔽传统法律文化的思想源泉，而自本世纪以来“去苏俄化”的主张如果完全奏效，上个世纪后半叶所积累的法学知识也会被削去大半。盘点下来，百余年中国法学发展所能够积累下来的究竟有多少，真的难以估算。如果无所植根，这二十年的积累也难免被新的学术风气吹掉，不留踪影。

三

本书文献选取周期为1997年至2018年这22年，前一个时间点以中国刑法典的全面修订为标志，后一个时间点是中国改革开放40周年。中国刑法典在1997年的全面修订，是中国刑法制度史上的大事，在这次修订中剔除了法典的“阿喀琉斯之踵”——类推制度，进而使刑法典在法治和人权保障两个方面都达到较高的标准。虽然这部法典有各种各样的瑕疵，但总体上并不逊色于其他国家的刑法。这部法典虽然没有“法典”的名称，但确实采用了法典的体例和框架刑法的法典化意义重大，有利于保障公民全面、及时了解关于其基本权利被限制和剥夺的各种可能性的基本信息，有利于有效限制刑罚权的扩张，因为修改刑法的难度比制定和修改行政法律要难得多。

1997年，刑法的法典化也意味着，刑法规范大规模的废改立工作基本告一段落，而法律实施更需要完备的法律解释，以指导法律适用。刑法学研究的主轴转向刑法解释学或曰刑法教义学，也是大势所趋。当然，这并不意味着此前的研究，抑或苏联的刑法学，不属于刑法教义学，只不过苏联刑法学中有明显的社会学和政治学的痕迹，因此在主张以分析实证主义为基本方法论的刑法教义学研究者们看来，之前的刑法解释学不够纯粹，太多地考虑了刑法之外的东西，而且理论抽象不够。这或许是在相当长的时间里，刑法学研究与犯罪学研究、刑事政策学研究的分野并不清晰所致。不过，如果对刑法教义学理论进行剖析，就会发现根本不存在“纯粹”的刑法教义学。一个基础性的观念，无论对错，肯定不是从教义而来，而是来自其他领域；被认为是教义学的大量“教条”的提出，难道都是基于体系化的逻辑推演而来？中肯地讲，如果没有其他学科，尤其是哲学、社会学、政治学乃至语言学的滋养，教义学必然命运多舛。

尽管到今天，刑法解释学和刑法学能否等义使用还存在很大争议，但过去22年的刑法学研究主流，尤其是晚近十余年，无疑是在刑法解释问题上。上至体系问题，下至具体刑法规范，刑法学研究越来越呈现出精细化的景象，这确实是刑法学研究进入成熟期的标志。但是，在这一时期，刑法学研究的同质化问题也凸显出来，通俗的比喻就是，有些地被精耕细作，而有些地却日显荒芜了。撂荒的地不会自己长出粮食。例如，上世纪末本世纪初曾吸引很多学术目光的国际刑法学、区际刑法学，如今却“门可罗雀”。与此同时，国际社会对国际刑法学的研究成果日益丰硕，但国际社会基本上听不到中国学者的声音。当然，学术自由本身就意味着学者有选择研究方向的自由，不能强求学者去研究他们不感兴趣的领域。但需要提醒的是，中国文化传统向来强调学术要“经世济用”，面对大量的现实问题却无法提供有效的学术供给，学界难免有失职之嫌。

截取 2018 年作为研究综述的终点，既有技术性层面的原因，更有纪念的意旨。言其技术性，是因为设计并布置综述写作是在 2018 年年底，因而最大收录量也就能到 2018 年；言其纪念，则是这一年是中国法制恢复 40 周年，也是中国人民大学复校 40 周年，还是人大法学学科重新“开张”40 周年。大到一个国家，小到一个学科，这 40 年都是快速发展、日新月异的 40 年。这 40 年里，中国刑法学发展迅速，它并没有经历西方国家法学发展所经历的那些阶段，而是直接接近了当代刑法学。本世纪初，有学者曾主张，应鼓励中国刑法学的学派之争，然而绝大多数学者都会选择站在客观主义阵营，因为没有多少人愿意站到一个被时代抛弃的阵地上去。所以，在短短 40 年里，历时性的、跨越上百年的学术成果，却以共时性的方式呈现，李斯特的教科书与金泽豪瑟尔教授的教材一同出现在学生的参考书目中。一些学者的研究成果，在短短二三十年里也经历了巨大的转型，就好像经历了上百年一样。于是，当一些带有历时性研究色彩的专著，以文集这种带有明显共时性特点的方式展现时，读者往往会被带入一个恍惚的境地：究竟该遵循哪种理论呢？

实际上，这类现象并不难理解，因为短短 40 年的经历实在太多，各种西方理论几乎在同一时间段冲进来，当许多人还在试着努力弄懂康德、黑格尔的时候，哈贝马斯、德沃金的理论“拍马杀到”。在上百年乃至几百年中某个时间点出现的各种理论，对于我们都是新理论，几乎在同一时间出现在我们面前，成为需要我们消化的新理论。或许有人会选择最新的理论作为研究的捷径，但任何最新理论总是在批判原有理论的基础上形成的，而不了解原有理论怎么能真正了解新理论形成的背景呢？更何况，最新理论就是最妥当、最适宜的理论吗？毫不夸张地说，完整经历这 40 年的刑法学者，其所经历的“头脑风暴”是前人和后人无法想象的，他们既要补几个时代的学术欠账，又要为新中国刑法学开疆拓土。从这个角度讲，我们也应该让历史记住完整经历这 40 年学术“折磨”的刑法学者，让他们的学术成果能够成为真正意义上使中国刑法学得以形成的基石。

四

本书没有选择综述 40 年的研究成果，一则有时间成本上的考量；二则受制于文献的广袤；三则是这 40 年的前 20 年和后 20 年基本上可以分为两个阶段，前 20 年的学术成果及评价已经定型，后 20 年的学术成果则需要我们去整理、厘清脉络。

在设计这本研究综述时，我们放弃了力求囊括所有学人研究成果的想法，甚至也无力将 22 年里所有中文核心期刊的刑法学文章“一网打尽”。从本书标题“刑法学的发展脉络”，也能够看出编写者的用意：我们不是想全景式地呈现这 22 年的所有研究内容及细节，而是希望努力揭示这一时期刑法学的发展脉络，犹如从茂密的枝叶中寻找主干。实现这一设想当然要冒很大的风险：一是能力问题。就是综述者是否能够归纳并发现那条主线。二是文献选择。就是综述者在选择文献时能否挑中那些具有代表性、创新性、引领性的观点。三是题目选择。受本书篇幅和编写者人数的限制，我们只能割舍掉一些领域，而选择相对“热闹”的领域，而哪些领域更值得关注，则是综述者要解决的问题。四是写法问题。研究综述的缺点就是，不宜从时间轴上对学术研究进行纵向展开。为此，编写者尝试借鉴美国法学院 Law Review 中“Note”的写法，主要是想强化综述内容的纵向延伸。

高铭暄先生始终强调学术研究的“五湖四海”，作为后来人，我们也排斥各种“山头主义”和门阀作风。在本书的专题综述中，我们尽可能将各种观点收录其中。当然，研究综述的写作，最为关键的是如何确保归纳、叙述的客观性。在这一点上，综述者只能努力为之，从最后效果上看，也只是做到了“尽可能”的客观，因为综述者的主观性是很难克服的。综述者对文献的解读和把握，很难剔除主观性，即便不会错误地理解文献，提炼出的观点也未必是作者的核心表达。综述者未必了解作者写作的初衷和背景，也未必能够在作者多篇相关文章中总结出作者论证的来龙去脉，综述者会以“客观解释论”为自己辩解，但作者可能会认为编写者根本不理解他。由于给定了约束条件，综述者在选择文献时也会有主观性，就是会选择自认为重要的、有代表性的文章，然而在其他人眼里则未必如此。在此，需要澄清的是，在整个过程中，我们努力秉持客观而中肯的研究态度，努力客观地表述作者的观念，努力客观地看待各种学术争论，但我们终究无法真正解决主观性问题，这或许是每个人的宿命。

五

2018 年 10 月，我和刘计划教授闲聊，如何评价过去 20 年刑法学和刑事诉讼法学的发展。两人很快达成一致，分别组织编写刑法学和刑事诉讼法学的研究综述，希望能够在新中国成立 70 周年之际以姊妹篇的形式展现这一时期刑事法学的发展状况。两个学科的博士生们也欣然接受这种不算“学术成果”的研究任务，各自选取他们喜欢的题目展开研究。然而，各种主观的（还是主观的）因素令这两部书错过了 2019 年，并最终在这场百年不遇的疫情期间面世。当然，疫情不会让这本书变得更有意义。

不过，疫情期间，放缓的生活节奏确实让我们的思绪活跃起来，让我们能够更为平静地看待各种问题，包括所有被命名为“进步”的发展。从某种意义上说，我们确实不太会将自己成功的做法理论化。疫情期间隔离病毒传播，工作做得最好的，肯定是中国，而社交距离（social distancing）这个术语却来自美国，现在中国媒体也在使用。反观中国刑事法学，也存在同样的现象，很多事情我们做得挺好的，但是缺少理论化，没有从中提炼出基本概念和理论。上世纪 80 年代初，中国政府提出“社会治安综合治理”的政策，当时确实带有新意，也为一些国外研究者所关注，但今天，刑事法学的创新性贡献在哪里呢？20 年后，中国刑法学是否能够提出为国际社会所关注的概念或者理论呢？20 年后，其他国家的学子们是否会将中国刑法学者的文献作为必读书目呢？

当然，或许有人会认为，学术研究并不是为了赢得文化自豪感，但一国学术之强盛乃文化强盛的根基，而学术之强盛则以自强为精神。我们学习法治先进国家法学理论，目的之一仍是提升我国法学学术水平，形成首先能够“惠己”而后“及人”的法学理论。

六

由衷感谢中国人民大学出版社的大力支持，尤其是方明编辑、黄丽娟编辑的辛勤工作和细致编辑！

由衷感谢参与这部研究综述的撰稿人，他们花费大量可以用来撰写论文的时间来共同完成这部不算学术成果的综述，但可以相信，他们的研究会惠及更多的刑法学人！

由衷感谢这22年孜孜矻矻致力于刑法学研究的学人，他们废寝忘食的劳作才使得我们可以享受到累累硕果，也让我们坚信，中国刑法学未来可期！

时延安

2020年5月

目　录

CONTENTS

第一章　刑法解释

刑法解释作为刑法理论的基础命题之一，一直以来便是学者们关注的焦点。近年来，学者们对刑法解释的讨论可以说是十分深入的，讨论的内容涉及刑法解释的各个方面。而在展开理论的过程中，学者们从哲学、语言学、诠释学等多个角度出发，对之进行了不同维度的研究。总体而言，有关刑法解释的讨论，主要集中在以下几个方面：第一，关于刑法解释基本概念的讨论。第二，根据刑法解释的目标不同，存在着主观主义与客观主义的争论。第三，根据刑法解释的立场不同，存在形式主义与实质主义的争论。第四，基于目的解释在刑法解释中的重要地位，目的解释得到了充分的关注。第五，重视刑法解释的边界所在，对类推解释之禁止展开讨论。

一、刑法解释与罪刑法定主义

（一）刑法解释基本概念

刑法解释是指根据有关法律规定、法学理论或者自己的理解，国家机关、组织或个人对刑法规范的含义等所作的说明。刑法解释有以下几个特征：第一，解释主体具有广泛性。第二，解释对象具有特定性，即刑法规范。第三，从属性，即刑法解释从属于立法。[①] 关于刑法解释的基本原则，受到哲学解释学、一般法律解释、刑法解释学三者关系的影响。

刑法的解释须在刑法理念的指导下进行，因为刑法解释的过程就是将发生的生活事实与刑法规范相对应的过程，而刑法规范又是在刑法理念的设计下进行的，因此刑法解释也不能偏离刑法理念。[②] 我国刑法解释的基本原则主要有三个：合法性原则，即刑法解释的形式规制；合理性原则，即刑法解释的实质规制；合目的性原则，即刑法解释原则的冲突之整合规则。[③]

刑法的解释方法没有限定，任何有利于解释者得出妥当结论的方法，都可以成为刑法

① 赵秉志，陈志军．论越权刑法解释．法学家，2004（2）．

② 张明楷．刑法学研究中的十关系论．政法论坛，2006（2）．

③ 齐文远，周详．论刑法解释的基本原则．中国法学，2004（2）．

解释的方法。刑法解释的方法主要有：文理解释、体系解释、历史解释、比较解释、目的解释等。刑法的解释并不是都具有效力，只有正式的刑法解释才具有法律效力，正式的刑法解释包括立法解释和司法解释。非正式的刑法解释则包括未经国家授权的机关、团体、社会组织、学术机构以及个人对刑法所作的解释，虽然没有法律效力，但是可作为司法实践和立法活动的重要参考。[①]

"法在解释中生存并在解释中发展。"[②] 刑法解释论一直在发展变化之中，受到科学技术、社会变迁、大众观念、刑事政策的诸多影响。大体而言，19 世纪的刑法解释论受到刑事的罪刑法定观念的支配，倾向于采纳形式解释论与主观解释论，20 世纪以来，受实质罪刑法定观念越来越多的主导，刑法解释论则多坚持实质解释论与客观解释论，也有试图调和主观与客观解释论的折中解释论。[③] 解释刑法既应以妥当的法哲学理念为指导，又要善于从解释结论中提升出一般原理，而这些都离不开对刑法的解释。可以说，没有对刑法的解释，也就没有刑法学。[④]

（二）刑法解释与罪刑法定主义

罪刑法定主义由绝对向相对的演变，为刑法解释的诞生和发展提供了契机，在相对罪刑法定原则下法官行使自由裁量权最主要的表现就是对法律进行科学的解释。[⑤]

关于二者的关系，可以认为罪刑法定主义与刑法解释之间存在循环依赖关系。一方面，罪刑法定主义是刑法解释的标准，刑法解释需要在罪刑法定主义的指导下进行，否则可能会违反刑法的公正性。[⑥] 因为罪刑法定具有协调平衡人权保障和社会保护的双重功能和使命，同时引导了刑法解释的方向。[⑦] 另一方面，罪刑法定主义下的刑法适用，在很大程度上依赖于对法律的正确解释以及在此基础上的逻辑推理。[⑧] 罪刑法定主义要求刑法的明确性，而刑法的明确性又要通过立法的明确性与刑法解释的明确性来共同实现。[⑨] 同时，罪刑法定主义又以法律文本作为其载体，而法律文本的多义性和模糊性决定了其法规范背后的法定内容需要依赖于刑法解释才能确定。[⑩]

因此，罪刑法定原则与刑法解释不冲突，反之，罪刑法定原则的全面贯彻恰恰应当以对刑法的科学合理的适用解释为前提和基础。刑法具有封闭性和内缩性质，这决定了刑法的解释必须受到罪刑法定原则的制约。刑法解释不是为了补充法律漏洞，首先应该进行文义解释，当文义解释无法阐释法条的真实含义或者将对被告人产生明显不利时，才能在条文用语的可能范围内进行解释，类推解释应该被严格限制。[⑪]

---

① 张明楷．刑法学．法律出版社，2016：30.

② 陈兴良．法的解释与解释的法．法律科学，1997（4）.

③ 梁根林．罪刑法定视域中的刑法适用解释．中国法学，2004（3）.

④ 张明楷．刑法学研究中的十关系论．政法论坛，2006（2）.

⑤ 陈正云，曾毅，邓宇琼．论罪刑法定原则对刑法解释的制约．政法论坛，2001（4）.

⑥ 聂慧苹．罪刑法定原则与刑法解释的纠缠与厘清．中国刑事法杂志，2013（3）.

⑦ 陈正云，曾毅，邓宇琼．论罪刑法定原则对刑法解释的制约．政法论坛，2001（4）.

⑧ 陈兴良．刑法教义学方法论．法学研究，2005（2）.

⑨ 赵秉志，陈志军．论越权刑法解释．法学家，2004（2）.

⑩ 聂慧苹．罪刑法定原则与刑法解释的纠缠与厘清．中国刑事法杂志，2013（3）.

⑪ 储槐植，梁根林．贪污罪论要——兼论《刑法》第 394 条之适用．中国法学，1998（4）.

还要注意的一个问题在于，随着网络的发展，进入网络时代后，新型危害行为犯罪层出不穷，与传统犯罪的行为表现方式相差较大。为了应对网络犯罪的司法实践，需要尽量把传统刑法规范适用于新型网络犯罪，这需要积极盘活传统刑法规范。因此，出现了刑法解释的扩张化趋势，这一扩张化趋势无疑具有重要意义，但却也冲击着罪刑法定原则的底线。①

(三) 刑法解释受到刑事政策的影响

作为回应社会需要的产物，刑事政策具有不断变化的灵活性。近年来，刑事政策越来越受到关注，而刑事政策与刑法解释的关系也成为推动刑法理论发展的一项内容。刑事政策不属于成文规定，但却对刑事立法和司法实践有较大影响。在此背景下建立刑事政策与刑法解释的关联是必要的，且有益于我国刑法理论的发展。②“刑法的刑事政策化也是实然层面上各国刑法体系正在共同经历的一个过程。”③

刑事政策与刑法解释的关系为：刑事政策是刑法解释的价值基础，而刑法解释则是刑事政策的表达形式。从刑事政策的考量中推导出来的规则和标准，反之也应受到刑事政策的限制。④

在具体个案中，刑事政策对刑法解释的影响表现在，刑事政策对解释者的前理解产生影响，进而影响对具体个案中犯罪构成要件的解释。而前理解的本质则是价值判断，其中又包括行为受到刑法惩罚必要性、惩罚程度的判断。⑤

关于在刑法的适用过程中，刑事政策是通过何种方式“进入”到刑法解释之中的，有学者认为，应该通过目的解释将能够与既存的法体系相协调、无矛盾的政策引入到刑法解释之中，这也避免了刑事政策的滥用。刑法解释的过程离不开政策性的思考，但是，是否作出政策判断并不重要，如何使政策判断得以规范化和定型化才是追求的目标。通过对刑事政策的教义学转化，可以形成更为安定、具体并更具规范质量的裁判根据。⑥

二、客观解释与主观解释

在着手进行刑法解释时，一个需要讨论的问题便是刑法解释的目标。刑法解释的基本目标是尽可能明确法律条文的定义与形成概念，这一过程需要对法律文本的条款的本质进行抽象，测量其基本文义射程和意思边界。在此基础上，依据内容和形式的相互关系，通过演绎手段对法律文本规定形式下的内容进行无限证实的挖掘，尽可能确立一个评价标准和判断标准。⑦ 具体而言，根据刑法解释目标的不同，有主观解释与客观解释之分。选择不同的立场，在面对一些争议案件时可能会得出不同的结论。

---

① 欧阳本祺．论网络时代刑法解释的限度．中国法学，2017（3）．

② 李希慧，焦阳．刑事政策与刑法解释的关系简论．中南民族大学学报，2014（3）．

③ 劳东燕．刑事政策与刑法解释中的价值判断——兼论解释论上的“以刑制罪”现象．政法论坛，2012（4）．

④ 杜宇．刑事政策与刑法的目的论解释．法学论坛，2013（6）．

⑤ 同③．

⑥ 杜宇．刑事政策与刑法的目的论解释．法学论坛，2013（6）．

⑦ 杨兴培．刑法实质解释论与形式解释论的透析和批评．刑事法学，2013（6）．

（一）概念界定

对于概念含义的界定，是对某一问题展开分析的前提。倘若讨论的双方使用的同一概念其含义各不相同，则将会影响讨论的有效性。解释必须依附于文本，绝对超越文本的解释不是解释，而是一种创造活动。① 按照经典的表述，主观解释以探究历史上立法者的心理意愿为解释目标；客观解释则追求解析法律内存的意义这一目标。②

主观解释要求尊重并忠实立法原意，通过对立法原意的发掘，刑法解释受到国民意愿的约束。据此刑法解释倾向于保守的态度，其强调刑法解释不能创制规范，只能去阐明刑法规范的含义。客观解释基于对立法原意的批判，认为面对变化的社会现实，需要发现法律内存的含义，使得解释符合刑法的目的，从而弥补刑法漏洞。③

作为主观解释的核心理念，立法原意遭受了一系列的批判。大多数情况，立法原意是很难把握的，并且刑法解释的目标也并非揭示立法原意。④

因此对于这一概念也有必要先作出一个界定。主观解释论者通过对以下两个问题的回答，对立法原意概念本身进行了相应的分析：第一，立法解释是立法者立法时的意思还是解释时应具有的意思？对此，出于逻辑的考虑，应将之理解为立法者制定法律时的意思。⑤第二，立法原意是立法者的根本价值意向还是其具体想法？基于当代民主思想，立法原意并不是参与立法的个别人的意思，而是经过博弈形成的具有代表性的群体意思。⑥

（二）主观主义

主观解释者从不同的角度提出维护的理由，并对相应的批评进行了回应。⑦

1. 赞同的理由

（1）人权保障。刑法价值立场的选择应该立足于中国的国情，我国处在现代化转型之中，法治观念和国家的法制建设还处在初创阶段，因此我国的刑法价值立场应当侧重于人权保护。⑧

主观解释侧重于维护刑法的安定性，能够更好地保证人权。从这种被倡导的价值理念出发，必须将立法原意作为解释、适用法律的唯一标准，否则将有损法律的稳定性，不利于用之规范人们的行为。⑨

（2）限制法官自由裁量。法官在解释的过程中由于受到前见的影响，很难保持解释的

---

① 陈兴良，周光权. 刑法司法解释的限度. 法学，1997（3）.

② ［德］卡尔·拉伦茨. 法学方法论. 陈爱娥，译. 北京：商务印书馆，2015：197.

③ 高翼飞，高爽. 立场选择与方法运用：刑法解释的“道”和“器”——以刑法修正案相关罪名为例展开. 中国刑事法杂志，2012（10）.

④ 肖中华. 刑法目的解释和体系解释的具体运用. 法学评论，2006（5）.

⑤ 田维. 论立法原意. 刑法论丛，2014（3）.

⑥ 同⑤.

⑦ 许发民. 论刑法客观解释论应当缓行. 刑法论丛，2010（3）；田维. 论立法原意. 刑法论丛，2014（3）；董邦俊. 刑法解释基本立场之检视. 现代法学，2015（1）.

⑧ 许发民. 论刑法客观解释论应当缓行. 刑法论丛，2010（3）.

⑨ 同⑧.

中立。为了确保解释的中立，就要将法律文本与制定相关法律的立法者的意图联系起来。①

2. 相关的批评

对主观解释的批评主要表现为以下几点：首先，立法原意并非法律文本的真实含义所在，法律文本有其自身的生命力。② 其次，立法原意并不明确，很多情况下甚至是没有立法原意的，并且也没有获得立法原意的途径。再次，制定法律时的立法原意难以实现刑法对社会的回应，不利于保护法益。③ 最后，声称自己的解释是立法原意的，往往是那些没有论据论证自己观点的解释者。④

3. 对批评的回应

第一，立法原意随着法条的生效成为了客观的存在，法条所表现出来的立法者根本的价值意向是一种统一的、整体的意思，不需要纠结于每个立法成员的具体意图。⑤

第二，基于罪刑法定的要求以及我国主流文化对于法律规则的轻视，对于规则不能持灵活的态度，刑法的解释应该坚持司法克制的立场。部分解释逾越了刑法的边界，使得司法解释成为一种创造法律的活动。⑥ 为了对社会提供及时的保护，从客观现实出发解释刑法，这更像是一种创造性的立法活动。⑦

（三）客观主义

1. 赞成的理由

与主观主义相对垒，我国也有许多学者赞成客观主义。⑧ 除了不需要探求立法原意之外，其还有如下赞成理由。

首先，法官在理解、解释法律时往往采取客观解释。法官们往往会受到自己前见的影响，并不会去寻找立法者原意，而是在自己初步判断的影响下，出于对实质理性的追求，寻找法律依据。最终实现解释与案件事实、客观现实、大众预期等因素之间的适应。⑨

其次，刑法范畴有着明确的核心和不明确的边缘，在进行刑法解释时，必须将该样本与典型原型进行实质对比，根据其相似度确定是否属于该范畴。在这其中，立法原意无法提供帮助，只能由法官来行使自由裁量权。⑩ 从诠释学的角度出发，刑法解释实践需要重视法官的主体作用，追求形式正义与实质正义的平衡。⑪

---

① 董邦俊. 刑法解释基本立场之检视. 现代法学，2015（1）.

② 李立众. 刑法解释的应有观念. 国家检察官学院学报，2015（5）.

③ 张明楷. 刑法解释理念. 国家检察官学院学报，2008（6）.

④ 张明楷. 刑法学研究中的十关系论. 政法论坛，2006（2）.

⑤ 田维. 论立法原意. 刑法论丛，2014（3）.

⑥ 黄定勇. 罪刑法定原则将在挑战中前行. 法律科学，1998（5）.

⑦ 许发民. 论刑法客观解释论应当缓行. 刑法论丛，2010（3）.

⑧ 张明楷. 刑法解释理念. 国家检察官学院学报，2008（6）；李立众. 刑法解释的应有观念. 国家检察官学院学报，2015（5）；曲新久. 刑法解释的若干问题. 国家检察官学院学报，2014（1）；王政勋. 刑法解释的立场是客观解释——基于会话含义理论的分析. 法律科学，2012（3）；陈京春. 信息时代对刑法解释论的究问——ATM机盗窃案和“艳照门”事件引起的法律思考. 法律科学，2008（6）.

⑨ 王政勋. 从图式理论看刑法解释的立场——一个实证的考察. 中外法学，2009（3）.

⑩ 王政勋. 范畴理论与刑法解释立场. 法律科学，2009（6）.

⑪ 付玉明. 诠释学视野下的刑法解释学. 法律科学，2011（3）；付玉明，陈树斌. 刑法规范的明确性与模糊性——诠释学视野下的刑法解释应用. 法律科学，2013（6）.

再次，立法者预料并期待着解释者根据语境对刑法文本的意义进行推理，解读出字面含义之外的实质意义。刑法文本为之划定了大致范围，通过这样的推理，实现了文本静态向动态意义的转化。[①]

2. 相关的批评

客观解释对于刑法的安定性可能造成破坏，并且有违反罪刑法定的嫌疑，这是客观解释面临的主要批判。为了防止罪刑擅断，人们通过罪刑法定来维护刑法的安定性。而结合我国的社会发展阶段以及我国的法制现状、历史文化传统来看，对于人权保障价值的尊重才应当是首选。客观解释在面对刑法的人权保障价值与社会保护价值时，选择了以后者为主。此外，在我国法官还未实现精英化的前提下，不能完全释放法官的自由裁量权，也不可能通过客观解释的使用推进法官精英化的过程。[②]

3. 对批评的回应

客观解释与罪刑法定主义并非天然对立关系，法官作为解释法律的人，会在法律文本的决定下进行解释，但同时其也有自身对法律的解释，只要其理解没有明显违背法律文本的意思，不能认为其违反了罪刑法定。同时，可以对客观解释作出一定限定，首先，承认立法原意的存在，立足法律文本并受其制约；其次，刑法解释中的主观因素应受刑法价值和基本原则约束；最后，法官应趋向良法，规避恶法。[③]

客观解释并不违反罪刑法定的要求，也不会产生侵犯人权的后果。首先，刑法文本的基本语义划定了解释的大致范围；其次，进行客观解释时不会脱离基本的语义，偏离文义的射程范围；再次，法官在解释时会受到社会制度、法学教育制度等的限制，并不会随意地解释。概言之，客观解释并不会超越文字的字面意义，故而也不会有侵犯人权的不良后果。[④]

（四）折中主义

面对主观解释与客观解释的争论，有的学者提出了折中的观点，主张将客观解释与主观解释结合起来。[⑤] 有的学者则对立法原意作出了不同的阐释。例如，将立法原意描述为为了实现社会刑罚权最终拥有者的真意，并随着经济、政治、文化等条件的变化而变化。[⑥] 值得注意的是，此处所论述的立法原意一词，似乎与前述界定的在主观解释中使用的立法原意一词有所不同，进而导致折中主义论者所提及的“主观解释”并非前文中论述的主观解释。

除了前述的主观主义、客观主义、折中主义之外，还有论者提出了其他的见解。其从刑法解释的主体间性出发，主张刑法法律解释是读者与文本之间的对话，刑法意义是使用者与文本之间通过对话产生的，使用者是刑法意义的创造者。而刑法解释的目标在于实现社会主流价值观的认可。[⑦] 又或是主张刑法解释应当坚持以人为本的理念，刑法解释的标

---

① 王政勋．刑法解释的立场是客观解释——基于会话含义理论的分析．法律科学，2012（3）．

② 许发民．论刑法客观解释论应当缓行．刑法论丛，2010（3）．

③ 吴丙新．刑法解释的基本思想及主体．现代法学，2001（3）．

④ 王政勋．论客观解释立场与罪刑法定原则．法律科学，2011（1）．

⑤ 舒洪水，贾宇．刑法解释论纲．法律科学，2009（5）．

⑥ 李佳欣．刑法解释的功能性考察．当代法学，2014（6）．

⑦ 聂立泽，庄劲．从“主客间性”到“主体间性”的刑法解释观．法学，2011（9）．

准是多元互动解释共同体通过对话获得的共识。①

论者对罪刑法定及其决定的刑法价值的不同追求，造成了主观主义与客观主义的对立。主观主义以形式合理性为刑事法治的基本价值，从形式的罪刑法定主义出发，追求法的安全性、确定性、可预测性。客观主义则以实质合理性为刑事法治的基本价值，从实质的罪刑法定主义出发，追求法的灵活性、动态性和周延性。②

三、形式解释与实质解释

刑法解释立场中关于形式解释和实质解释的争议，成为了我国近年来刑法理论界最受瞩目的焦点之一。③ 以张明楷教授为代表的实质解释阵营与以陈兴良为代表的形式解释阵营之间的对垒，在一定程度上也在推动着我国刑法学学派的形成。

（一）实质解释

张明楷教授主张的实质解释的要点可归纳如下④：第一，在解释一个犯罪的构成要件时应首先明确保护法益，并在刑法用语可能具有的含义内确定构成要件的内容；第二，必须将字面上符合构成要件、实质上不具有可罚性的行为排除在构成要件之外；第三，在遵循罪刑法定原则的前提下，可以作出不利于被告人的扩大解释。处罚的必要性与作出扩大解释的可能性之间呈现正比关系。⑤ 就实质解释与罪刑法定之间的关系而言，张教授认为：实质解释对罪刑法定的实质侧面和形式侧面均加以维护；不属于刑法明文规定的行为，即便法益侵害再严重，也不可能科处刑罚；在刑法没有对某种行为设置构成要件时，当然不能通过实质解释认定为犯罪。⑥

刘艳红教授旗帜鲜明地主张实质解释论，其认为形式与实质的刑法解释论从一开始就与形式与实质的犯罪论相关联。形式的犯罪论者主张对构成要件作形式的解释，实质的犯罪论者强调仅对构成要件作形式上的判断是不够的，还需要从实质上判断存在值得科处刑罚的法益侵害。刘教授倡导应该建立以形式的、定型的犯罪论体系为前提，以实质的可罚性为内容的实质犯罪论体系。相应地，对刑法规范应该进行实质的解释以判断是否达到了值得处罚的程度。并且其强调实质的刑法解释在动用刑罚实现保护法益的目的的同时，更加注重严格控制解释的尺度，只将那些值得处罚的行为解释为犯罪，在保障公民权利的同时，实现刑法保护人权的目的。⑦

---

① 袁林．超越主客观解释论：刑法解释标准研究．现代法学，2011（1）.

② 梁根林．罪刑法定视域中的刑法适用解释．中国法学，2004（3）.

③ 根据有关学者的实证研究，在2004年至2014年间，发表在中国知网数据来源期刊的以刑法解释为主题的文章有558篇，其中涉及形式与实质的解释立场的文章有275篇。苏彩霞，肖晶．晚近我国刑法解释立场之争的实证分析——以2004至2014年期刊论文为样本．政治与法律，2015（12）.

④ 张明楷．实质解释论的再提倡．中国法学，2010（10）.

⑤ 同④.

⑥ 同④.

⑦ 刘艳红．走向实质解释的刑法学．中国法学，2006（5）；刘艳红．形式与实质刑法解释论的来源、功能与意义．法律科学，2015（5）.

持同一立场的苏彩霞教授也主张在我国坚持实质的刑法解释立场，认为其满足我国刑事法治目标与形式优先、兼顾实质的罪刑法定原则的要求。针对实质的刑法解释可能有损刑法安定性的担忧，苏彩霞教授与张明楷教授的观点相近，其认为实质解释并非主张无视刑罚法规的文字含义而处罚没有规定的行为。强调刑罚规范可能具有的字面含义与国民预测的可能性，使实质上具有当罚性而没有为刑法规定的行为，不被以犯罪论处。①

在有的实质解释者看来，实质解释具有下列的优势②：能够提高法的实质正当性和合目的性，增强了制定法的适应性；符合民主主义和尊重人权主义的宪政理论，强调即使符合实质正义时，也不能突破法条规定作出不利于被告人的解释；有利于推动法治的建设等。

（二）形式解释

陈兴良教授认为法律实质主义逾越了罪刑法定原则的藩篱，需要运用形式解释论加以修正。实质解释论带有行为功利主义色彩，形式解释论则带有规则功利主义色彩。在普遍遵守规则会带来坏的效果时，规则功利主义认为仍要遵守规则。我国正处在前法治时期，法治规则意识尚未完全建立，故而应当主张规则功利主义和形式解释论。③

形式解释并不反对实质判断，认为可以通过处罚必要性的实质判断，将那些缺乏处罚必要性的行为进行出罪。它与实质解释论的区别在于，形式解释论倡导形式理性，通过形式要件，将实质上值得处罚但是缺乏刑法规定的行为排斥在犯罪范围之外；而实质解释将实质上值得科处刑罚但是缺乏形式规定的行为入罪。法律缺乏形式规定，即法律没有明文规定也没有隐性规定，否则通过解释方法便可以解释。在法律没有规定时，通过实质解释入罪显然是不合理的。二者的对立还体现在扩大解释时对于可能语义的界定之中。对于这个问题，形式解释赞同在可能的语义下严格解释；而在实质解释论者那里，刑法解释的边界往往由处罚的必要性决定，而并不是由可能的语义来划定。随着处罚必要性的扩大，可能的语义边界不断扩张，在这个意义上的扩大解释，亦即实质解释根本没有预测可能性。④

就形式解释与罪刑法定原则的关系而言，罪刑法定原则形式的侧面在于限制司法权，其实质的侧面在于限制立法权，这两个侧面之间并不会存在冲突。对于法律没有明文规定为犯罪但是实质上值得科处刑罚的行为不予处罚，这是实行罪刑法定原则的必要代价，并不是其形式侧面的缺陷。对此，只能采取立法方法进行补救，而不能通过所谓的“扩大”解释进行补救。对罪刑法定原则形式侧面面对的前述问题，通过所谓的处罚必要性进行补救，根本不是罪刑法定原则实质侧面的应有之义。⑤

除陈兴良教授之外，也有其他学者基于自己的判断，选择抱持形式解释的立场并给出

---

① 苏彩霞．实质的刑法解释论之确立与展开．法学研究，2007（2）．

② 吴林生．刑法实质解释论之倡导．刑法论丛，2015（4）；吴林生．实质法治观与刑法实质解释论．国家检察官学院学报，2015（5）．

③ 陈兴良．形式解释论与实质解释论：事实与理念之展开．法制与社会发展，2011（2）．

④ 陈兴良．形式解释论的再宣誓．中国法学，2010（4）．

⑤ 同④．

了自己的理由。例如，有的学者主张为了应对风险社会提出的挑战，刑法客观上应当加强对社会的保护，但是对于个体的自由保障而言，实质解释论存在不容忽视的危险。由于我国处在前法治阶段，这样的危险将是致命的，故而形式解释论的倡导更有必要。① 再如，实质主义在我国有一定的文化基础，实质解释的立场很难为学界抛弃，出于力量制衡的角度，从社会理论的现实批判功能和学派意识出发，主观上应提倡形式解释论。② 有的学者从实证研究出发，认为实质解释往往会导致不利于被告人的解释，有损刑法的人权保障机能。③ 还有的学者认为，实质解释呈现出社会本位思想，承担了过多的政治、社会因素，为使我国法治建设避免更大的社会风险，现今的刑法解释应更加重视刑法的形式正义，故而倡导刑法解释的形式立场。④

有的学者虽然声称自己是实质解释论者，但却主张在入罪时采取形式解释的方法，强调坚守形式化的入罪底线，将实质解释论限制在出罪场合⑤，实际上其同形式解释的立场较为相似。有的学者主张因为刑法涉及公民的生命、自由，因此需要作严格解释的观点⑥，其也与形式解释的立场较为接近。

（三）二者的分歧

我国的形式解释者和实质解释者的共性在于，都认为构成要件符合性的判断涉及的不是单纯的事实判断而是需要同时运用价值判断。两者的区别在于，究竟以自由保障优先还是以社会保护优先来展开价值判断以及相应方法论选择。⑦

就两种立场的分歧而言，有学者将之归纳为如下几点。⑧

第一，形式解释主张先形式判断后实质判断，实质解释则反之。实质解释论者一般倾向于将概念的边界推向极致，而形式论者较为保守。

第二，形式论者主张刑法漏洞由立法填补，实质论者主张尽可能通过解释完善刑法。

第三，双方对罪刑法定原则中明确性的看法不一，形式论者强调对严格解释规则的坚持，仅在有利于被告人时可作扩大解释。实质论者主张灵活解释，允许作不利于被告人的扩大解释。

第四，形式论者将刑法规范首先看作行为规范，构成要件通过确保明确性实现权利保障。实质论者将之主要看作裁判规范，将法益保护视为构成要件的首要机能。

除前述四点之外，两者还存在其他差异。例如，对主观、客观解释的偏好不同，在解释方法上的偏好不同，对疑难案件在司法中的地位认识不同，对解释者自由裁量权的看法

---

① 劳东燕．刑法解释中的形式论与实质论之争．法学研究，2013（3）．

② 周详．刑法形式解释论与实质解释论之争．法学研究，2010（3）．

③ 蔡元培．人权保障下实质解释论之反思——对25件实质解释案例的实证研究．中国刑事法杂志，2014（3）．

④ 王昭振．刑法解释立场之疑问：知识谱系及其法治局限——一种法学方法论上的初步探讨．环球法律评论，2010（5）；王昭振．刑法知识转型与实质刑法解释的反形式主义．法学评论，2013（5）．

⑤ 魏东．论社会危害性理论与实质刑法观的关联关系与风险防范．现代法学，2010（6）；魏东．从首例"男男强奸案"司法裁判看刑法解释的保守性．当代法学，2014（2）．

⑥ 程红．形式解释论与实质解释论对立的深度解读．法律科学，2012（5）．

⑦ 同①．

⑧ 同①．

不同。

就分歧而言，有的学者认为两者之间并不是方法论的问题，两者的区别仅体现在法治国家观的不同，对如何理解我国的法治国状况存在分歧。形式解释论者强调形式的罪刑法定、强调自由保障优于社会保护、司法过程以形式理性排斥实质理性；实质论者认为坚持形式理性同时重视实质理性、重视刑法法益保护的机能、赋予社会危害性以新的含义。①

有的学者还认为形式解释与实质解释之间的立场之争，其实是并不存在或者并不必要的。因为就概念、目标以及结论而言，形式解释与实质解释实际上是一种虚假的对立。在方法论上，两者甚至具有高度的一致性。② 还有的学者认为这两种解释立场之间只是口号之争，这两者无论在思路还是解释结论上都不存在真正意义上的差别。争议的根源在于人们在信念体系与价值观念上的实质分歧。③

有学者认为，刑法解释立场决定了我国刑法解释学在未来深度发展的可能性，因此关于立场的争论仍将继续进行，刑法学者应该将这种争议向着“犯罪构成理论及刑法解释学的发展方向”发展。④

四、目的解释

目的解释是指通过探寻刑法规范的目的，并以此为依据对刑法条文进行解释的方法。目的解释为刑事政策与刑法教义学之间提供了桥梁，其发挥着使刑法解释能够回应社会现实的重要作用。然而，目的解释也有着不容忽视的内在风险。基于目的解释的重要价值以及其自身所可能蕴含的风险，学者们对于目的解释也给予了充分的关注。

（一）目的的含义

就目的解释中“目的”一词的含义，可以从两个维度上进行探讨。

第一，主观论与客观论的对立。这与前述的主观解释和客观解释的讨论相关，主观论强调按照立法者制定法律时的意图对法律规范目的进行解释，所谓“目的”是立法者在立法时的目的；客观论则主张按照刑法规范的现实意义和法律自身的目的进行合理地解释，所谓“目的”是符合当下情势的客观目的。⑤

第二，刑法目的的内容是法益保护还是维护规范的有效性。法益保护论者认为，刑法是用来保护利益的，刑法的目的应当归结为保护法益。⑥ 根据我国《刑法》第 2 条的规定，刑法的整体目的在于保护法益，属于第一层次的刑法目的。分则中各章的目的属于第二层次的刑法目的。刑法中的任何一个具体的罪刑规范，都是以保护法益为目的的。⑦ 有的学

① 欧阳本祺．走出刑法形式解释与实质解释的迷思．环球法律评论，2010（5）．

② 李运才．形式解释论与实质解释论的关系．国家检察官学院学报，2015（9）．

③ 陈坤．形式解释论与实质解释论：刑法解释学上的口号之争．刑事法评论，2012（2）．

④ 苏彩霞，肖晶．晚近我国刑法解释立场之争的实证分析——以 2004 至 2014 年期刊论文为样本．政治与法律，2015（12）．

⑤ 张苏．以法益保护为目的的刑法解释论．政治与法律，2011（4）．

⑥ 曲新久．刑法目的论要．环球法律评论，2008（1）．

⑦ 张明楷．刑法目的论纲．环球法律评论，2008（1）．

者认为，刑法的目的具有相对性，稳定规范是现实的目的，保护法益则是最终目的。由于我国正处在转型时期，国民的规范意识薄弱，故而应将刑法的目的定位于规范的维护。[①]还有的学者认为保护法益与人权保障之间存在一定的矛盾很难调和，进而认为刑法的目的在于维护秩序，从而统摄这对矛盾体。[②]

（二）目的解释与刑事政策

为了跨越"李斯特"鸿沟，自罗克辛开始，刑事政策开始被引入刑法体系之中。从而使得刑法教义学理论的构建被认为应以刑事政策为指导，刑法与刑事政策之间的纽带不再仅仅由刑罚来体现，也可以通过法律解释来实现。[③] 可以说，目的理性犯罪论体系通过在犯罪论体系中植入功利性要求，使得刑法教义学与刑事政策学之间融会贯通。[④]

此后，刑法解释成为刑事政策在司法阶段的最直接表现方式之一，在解释的过程中，一定的政策倾向便表现为刑法的目的。[⑤] 因此，在刑事政策与刑法教义学紧密结合的当下，应以目的解释为渠道，实现对刑法适用的政策引导。[⑥] 概言之，刑法目的解释已经作为刑事政策与刑法教义之间相互沟通的价值渠道，在进行目的解释时还需要注意相应的政策需求。[⑦]

从现代刑事政策的合理性出发，对于目的解释中目的范围的制约，体现为三个要求：法治性、人道性、科学性。法治性要求目的的确定只能来自法律文本的明确宣示、社会一般价值观念或者作为正当程序结果的分析——交谈结论。人道性要求目的的确定要更多地考虑到包括一般人、被告人、被害人在内的人的权利和尊严。科学性要求目的的确定必须基于现实犯罪态势和相关科学研究，并且具有现实性和可行性。[⑧]

（三）目的解释的优势

制定法在适用时会遇到一些难题，一是制定法中的规则具有抽象性，难以对其适用的情景加以具体化；二是制定法在颁布以后，社会的发展与变迁会带来制定法抽象规则适用于相关新事物的情况。[⑨] 与之相应，目的解释常常作为填补刑法漏洞的方法，能够保障法律与时俱进的生命力，避免法官仅侧重于文义理解而导致刑法解释流为文字法学。[⑩] 详言之，目的解释有着对实践论理的关怀、对刑事政策的考量和对利益的目的权衡。其在可能文义界限内，有助于实现"良法之治"。并且目的解释对生活事实抱有更强的开放性，具

---

① 周光权. 论刑法目的的相对性. 环球法律评论，2008（1）.

② 李凯. 刑法解释方法的体系构建——以目的论解释之限定为视角. 中国刑事法杂志，2014（1）.

③ 劳东燕. 刑事政策与刑法体系之考察. 比较法研究，2012（2）.

④ 赵运锋. 刑法目的解释的政策导向与规则构建. 中国刑事法杂志，2014（6）.

⑤ 周折. 刑事政策视野中的刑法目的解释. 中外法学，2007（4）.

⑥ 杜宇. 刑事政策与刑法的目的论解释. 法学论坛，2013（6）.

⑦ 赵运锋. 刑法目的解释的政策导向与规则构建. 中国刑事法杂志，2014（6）.

⑧ 周折. 刑事政策视野中的刑法目的解释. 中外法学，2007（4）.

⑨ 刘翀. 论目的主义的制定法解释方法——以美国法律过程学派的目的主义版本为中心的分析. 法律科学，2013（2）.

⑩ 任彦君. 论我国刑法漏洞之填补. 法商研究，2015（4）；王祖书. 描述与分析：刑罚目的论解释及其周边概念关系的厘清. 刑法论丛，2014（3）.

有灵活性、妥当性、开放性、实质性等优点。[①] 在解释过程之中对于刑法规范目的的论证，将能够保证刑法解释的合理性诉求。[②]

有的学者还从刑法目的的意义出发对目的解释的价值进行了阐释，认为目的解释具有下列优势[③]：第一，刑法目的对解释结论有最终的决定作用，当不同的解释方法得出不同结论或者不能得出妥当结论时，由目的解释决定取舍。第二，刑法目的解释能够与刑法机能相协调。第三，目的解释与实质的法治和实质的罪刑法定之间是一致的。第四，目的解释能够揭示刑法条文的真实含义，得到正义的解释结论，实现法益保护与自由保障机能，最终实现刑法的目的。

（四）目的解释的风险

刑事政策学对于刑法学的影响，推动了刑法学的发展。但是也使得刑法学与刑事法治实践逐渐偏离，其具体体现为刑法解释的实质化倾向逐渐明显，而过度的实质化导致刑法目的解释的泛滥。[④] 实质论者推崇寻找法律规范的目的，这样的探究能够为解释者提供充足的空间使得刑法解释具有极大的灵活性，目的解释从而能够作为填补法律漏洞的重要方法。[⑤] 目的解释论者通过寻找刑法规范的客观目的，结合社会现实对法律规范作出解读。然而何为客观是一个充满争议的问题，因此在客观解释的包装下，目的解释蕴含着巨大的危险，即目的解释容易演化为解释者个人的随意解释。并且过度主张目的解释的优先性，可能还会消解刑法用语的法律意义，使得构成要件丧失行为规制机能，导致解释结论突破国民预测可能性。[⑥]

具体而言，目的解释蕴含的危险表现为如下几点。[⑦]

第一，目的解释具有背离严格解释规则的性质。在目的解释这里，概念本身的形式制约被限缩，目的解释能够表现为对刑法条文的含义加以扩张。并且由于刑法目的的不明确性，不同解释主体可能基于自己的价值观得出不同的解释结论。实质导向的目的解释，为了实现保护法益的追求，总体上表现为反个人主义并且在价值取向上偏向于社会连带主义。

第二，目的解释容易倒向类推解释。类推解释运作的实质层面表现为规范目的证成，被类推的情形不仅与特定的构成要件具有形式上的相似性，而且必须基于该规范的目的考虑。目的解释通过对概念语义的弹性操作，可能使得罪刑法定所要求的形式制约被旁落。

第三，客观目的解释的大量适用，将会损害法适用的统一性和法的安定性。实际上所谓的客观解释充斥着主观色彩，法条的目的缺乏定论的存在，随着解释者自己的价值取向不同而有所不同。目的性扩张的极端便是类推，而类推解释势必对于法的统一性和安定性造成威胁。

此外，还有学者从我国法治现状的角度出发，认为目的解释容易对规则初创的当下法

---

① 苏彩霞．刑法解释方法的位阶与运用．中国法学，2008（5）．

② 童德华，资琳．刑法解释的合理性诉求．法制与社会发展，2009（2）．

③ 张苏．依法以保护为目的的刑法解释论．政治与法律，2011（4）．

④ 姜涛．后果考察与刑法目的解释．政法论坛，2014（4）．

⑤ 劳东燕．刑法中目的解释的方法论反思．政法论坛，2014（3）．

⑥ 石聚航．谁之目的，何种解释？——反思刑法目的解释．现代法学，2015（6）．

⑦ 同⑤．

治构成重创。[①] 基于对目的解释蕴含的危险的认识，学者也提出了相应的对策，用于对目的解释加以限定。

杜宇主张从以下三个方面对基于刑事政策的规范目的加以限制：首先，从常识出发，任何价值与目的的设定都不能脱离其现实关联性。其次，任何规范目的设定都有其事实意义上的前提，将其明确出来，有利于增强讨论的透明性。再次，在设定规范目的时，事物的内在秩序可提供方向上的帮助，但并非一定是决定性的影响。[②]

李凯主张可以通过文意解释、体系解释以及目的论解释的自我限定来完成对前述风险的防控。其中目的论的自我限定是指司法者用宽容之精神完成对目的解释的限定。[③]

劳东燕主张可将教义学的内部控制与合宪性的外部控制结合起来。就内部控制而言，可以借助解释方法进行控制，将文义解释、体系解释、历史解释等用以制约目的解释的适用。同时对目的本身需要做形式和实质的检验，形式层面要求单个规范目的的界定应同时顾及刑法追求的整体目的。实质层面要求规范目的本身要接受外部批判、内部批判以及后果考察。就合宪性外部控制而言，一方面合宪性控制表现为宪法文本内容对目的解释的控制，另一方面表现为作为立宪基础的人民主权、权力分立、法治国等精神对目的解释的制约。[④]

姜涛同样强调刑法的其他解释方法对于判断规范保护目的的意义，其还主张刑法目的解释需要在后果考察过程中接受检验。[⑤] 此外，石聚航则主张交互性解释。解释者可以充分想象、解释，但是解释结论必须接受各方排除合理怀疑的相互质问与检验。在制约目的解释的过程中形成反思性平衡。[⑥]

（五）解释的位阶

基于前述对于目的解释优势的理解，有的学者主张，在刑法解释方法之间存在着位阶关系。苏彩霞教授主张，刑法解释应遵循文义解释→体系解释→历史解释→目的解释→合宪性解释的顺序。在可能的文义界限内，目的解释居于解释之冠。[⑦] 有的学者主张的解释顺序为：文理解释→体系解释→目的解释，当目的解释与文理解释不存在冲突时，不存在效力位阶的问题，应当直接适用目的解释的结论。[⑧] 还有的学者主张解释顺序为：文理解释→体系解释→历史解释→目的解释。就效力位阶而言，主张应当采取后果考察的方法，

---

① 石聚航．谁之目的，何种解释？——反思刑法目的解释．现代法学，2015（6）．

② 杜宇．刑事政策与刑法的目的论解释．法学论坛，2013（6）。同样基于解释的实质化，杜宇教授还主张一种与目的解释不同的解释路径——合类型性解释。这一解释路径是指，对于规范意义的探寻需要回溯到作为规范基础之类型，对于超出类型轮廓的行为予以排除。这样的解释路径能够把握个别规范的核心旨趣，避免对形式特征的过度纠缠。杜宇．刑法解释的另一种路径：以“合类型性”为中心．中国法学，2010（5）；杜宇．基于类型思维的刑法解释的实践功能．中外法学，2016（5）．

③ 李凯．刑法解释方法的体系构建——以目的论解释之限定为视角．中国刑事法杂志，2014（1）．

④ 劳东燕．刑法中目的解释的方法论反思．政法论坛，2014（3）．

⑤ 姜涛．规范保护目的：学理诠释与解释实践．法学评论，2015（5）；姜涛．后果考察与刑法目的解释．政法论坛，2014（4）．

⑥ 同①．

⑦ 苏彩霞．刑法解释方法的位阶与运用．中国法学，2008（5）．

⑧ 程红．论刑法解释方法的位阶．法学，2011（1）．

坚持语义容忍性、逻辑贯通性、价值合理性三个解释向度。[①] 从比较法上来看，根据德国刑法教科书的观点，解释方法之桂冠当属于目的论之解释方法，因为只有目的论的解释方法直接追求所有解释之本来目的，寻找出目的观点和价值观点，从中最终得出有约束力的重要的法律意思；而从根本上讲，其他的解释方法只不过是人们接近法律意思的特殊途径。[②]

此外，也有学者对刑法解释方法位阶提出了质疑。陈兴良教授认为，应承认各种解释方法之间存在一定的位阶关系，但这种位阶关系不是固定不变的，尤其不能将位阶关系直接等同于顺序关系，这可能会影响解释结论的合理性。[③] 周光权教授认为，文义解释有许多局限，需要其他解释方法的印证，并不具有优越性。就目的解释而言，客观的目的解释仅在目的限缩时具有优越性，主观的目的解释在提供不处罚的立法资料时有其价值。比起解释的位阶而言，更加重要的是如何立足于条文的通常含义，综合考量犯罪论体系、规范保护目的等内容，选择合适的解释方法，将实质解释的结论限定在能为特定时代接受的范围内，从而实现平衡惩罚犯罪与保障人权之间的关系。[④]

五、类推解释

类推解释与扩大解释之间的区分，一直以来是学界讨论的重点。随着解释实质化浪潮的推进，学者们也开始重新讨论禁止类推解释的合理性所在。坚持应禁止类推解释的论者们，需要对如何区分类推解释与扩大解释作出回答；而在主张应允许类推解释的论者们看来，构建区分类推解释与扩大解释标准的尝试都是徒劳而无效果的。

（一）概念界定

1. 类比推理

类比推理是从不同对象之间存在部分属性重合的这一前提出发，推出不同对象之间的其他属性也相同的一种推理方法。[⑤] 类比推理作为一种思维方法，学界对此的基本共识是承认其在刑法中的作用。[⑥]

2. 类推解释与类推适用

刑法上的类推解释具有三个特征：作为解释对象的事实必须是法律无明文规定的；作为解释对象的事实必须与法律规定的事项具有相似性；作为解释结果必须超出法律规定之含义。类推适用是个案的法律适用问题，即在法无明文规定的场合，对某一行为援引刑法分则中最为类似的条文定罪处罚。[⑦]

---

① 戚进松．刑法解释方法的位阶与运用．国家检察官学院学报，2015（3）．

② ［德］汉斯·海因里希·耶赛克，托马斯·魏根特．德国刑法教科书．徐久生，译．北京：中国法制出版社，2001：193．

③ 陈兴良．刑法教义学方法论．法学研究，2005（2）．

④ 周光权．刑法解释方法位阶性的质疑．法学研究，2014（5）．

⑤ 赵运锋．刑法类推解释禁止之思考．当代法学，2014（5）．

⑥ 杨绪峰．反思与重塑：刑法上类推解释之禁止之研究．环球法律评论，2015（3）．

⑦ 刘明祥．论刑法学中的类推解释．法学家，2008（2）．

3. 类推解释与扩大解释

基于我国目前的刑事法治现状，扩大解释有理论和实践根据。理由在于：允许适当的扩大解释并不违背罪刑法定主义的“罪刑预先宣告”要求；适度的扩大解释有利于实现刑法人权保障机能和社会保护机能的统一；扩大解释有利于增强稳定、抽象的刑法立法对易变、复杂的社会现实的适应性。但是要注意对其限度的把握，防止扩大解释异化为类推解释。① 扩大解释之所以被允许是因为它仍属于法律解释的范畴，而“类推解释”则已经越过了法律解释的边界，不被接受。②

就类推解释与扩大解释的区分而言，有学者通过对字面含义、字面通常含义、真实含义、可能的含义等概念比较，在讨论分析相关的区分标准后，提出这样的区分标准：超出刑法条文用语的通常含义，但是仍然处在刑法条文用语字面含义之内的解释，是扩张解释。言下之意，超过刑法条文字面用语含义的解释便属于类推解释。两者在构造上存在以下差异：是否处在刑法条文用语可能具有的含义中；是否具有一般公民预测可能性；是否采用了符合形式逻辑的推论；是否从罪刑法定主义的理念出发。③

(二) 允许类推解释

允许类推解释论者的观点主要可以分为两个不同的方面：第一，强调扩张解释与类推解释之间的模糊性，认为二者难以区分。第二，从正面论证类推解释存在的合理性。

就两者的区别而言，有学者认为类推解释与扩大解释之间，并不存在实质的差异。④ 一方面，刑法的适用过程本来就是一种类推的过程，其通过寻找事实和规范所规定的行为类型之间的相似性而进行。考夫曼认为事物之间存在某种类似性，在法律适用过程中，将具体案件涵摄于法律规范，就是在进行类似性的思考。因此在对法律解释进行适用的过程中，一定含有类推的成分。⑤ 有学者认为，实际上类推解释与扩张解释在思维方式上系出同源，在词语的字面含义无法回答当下问题时，我们开始寻找文字的可能含义，这种扩展以案件类型具有相似性以及规范意图具有相通性为基础。明显地，扩张解释只有在类推的思维中才能操作，两者的区别就在于这种扩展是否应停留在一定的合理限度内。⑥

另一方面，通常认为扩大解释与类推解释之间的区别取决于法条用语可能具有的范围，在判断是否在可能范围内时，需要考察解释结论是否符合一般人的预测范围。但是实际上，这一标准是十分模糊并且难以操作的。到底谁能代表一般人？并且某种解释结论是否合乎人们的预测，对此不能采取查汉语词典的方式来对其确认，而采取民意测验的方式

---

① 陈志军．论刑法扩张解释的根据与限度．政治与法律，2005 (6)．

② 周少华．“类推”与刑法之“禁止类推”原则——一个方法论上的阐释．法学研究，2004 (5)．

③ 冯军．论刑法解释的边界和路径．法学家，2012 (1)．

④ 黎宏．“禁止类推解释”之质疑．法学评论，2008 (5)；范玮玮，赵晓耕．类推与解释的缠绕：一个类推的刑法史考察．法学评论，2012 (5)；齐文远，苏彩霞．刑法中类型思维之提倡．法律科学，2010 (1)；杜宇．刑法上之“类推禁止”如何可能?．中外法学，2006 (4)；吴丙新．扩张解释与类推解释之界分——近代法治的一个美丽谎言．当代法学，2008 (6)．

⑤ 黎宏．“禁止类推解释”之质疑．法学评论，2008 (5)．

⑥ 杜宇．刑法上之“类推禁止”如何可能?．中外法学，2006 (4)．

检验也不具有合理性和可行性。[①]

为了使类推解释能够被允许，有的学者尝试对类推解释与条文含义进行分析，寻找允许类推解释的存在空间。首先，超出字面通常含义但是在文义可能范围的是扩张解释，而在文义可能范畴外的则落入类推解释。其次，其认为刑法条文的真实含义会大于文义可能的含义。最后，在文义可能范围之外，而在条文真实含义之内的这部分便是类推解释应当被允许的空间。[②]

还有的学者从文义解释与目的解释冲突时的权衡出发，认为在进行规范目的比较时，得出适用规范结论但超出用语可能含义，是罪刑法定禁止的类推解释。但是当根据规范目的需要得出有罪结论时，如果目的上的相同点的重要程度远远高于文义上不相同的点，为了能够适用规范，则应该扩大解释用语含义。[③]

关于“有利于被告人的类推”，支持者认为可以从保障人权的实质正义出发。在罪刑法定原则的指导下，有利于被告人的类推应被允许，因为其是为了追求刑法的实质正义，同时法院的创造性活动也不能完全拒绝。[④]

（三）禁止类推解释

1. 禁止的理由

允许论者常以考夫曼教授的理论作为依据，但是禁止论者认为，考夫曼教授实际上是在就类比推理方法进行论述[⑤]，并且考夫曼教授的观点蕴含着冒险性的诠释学思维，一旦解释者超出法律文本语词，直接把握法规范的事物本质，就可能会导致解释者无视立法者设定的规范标准和界限的现象出现。[⑥] 陈兴良教授则从刑法严格解释原则出发，认为刑法是不能作类推解释的。[⑦]

此外禁止论者并不否认类比推理这一思维方法的价值，问题的关键在于当法律条文没有明文规定时，能否采用类比推理的方法使法律适用于类似的事项。[⑧] 对于原文文字界限的追求的正当性，来源于构建国家法和刑法的前提之中。这种逻辑推论过程上的相同性，并没有妨碍我们追求原文文字界限的应有价值。[⑨]

罪刑法定经历了绝对罪刑法定到相对罪刑法定的变迁，给法官们留下了一定的解释空间。禁止法官作出不利于被告人的类推解释是相对罪刑法定主义的底线。否则，给予法官过大的自由裁量权，将会导致罪刑擅断，有损刑法的人权保障机能。在维护社会秩序与保障人权之间，当代社会更加强调对人权的保障。而有利于被告人的类推解释不仅可以克服

---

① 黎宏．“禁止类推解释”之质疑．法学评论，2008（5）.

② 杨绪峰．反思与重塑：刑法上类推解释之禁止之研究．环球法律评论，2015（3）.

③ 黄继坤．刑法类推解释如何得以进行——刑法演绎推理中的类推解释．现代法学，2011（9）.

④ 周少华．“类推”与刑法之“禁止类推”原则——一个方法论上的阐释．法学研究，2004（5）.

⑤ 赵运锋．刑法类推解释禁止之思考．当代法学，2014（5）.

⑥ 姜福东．类推的误用，抑或哲学诠释学之谬——考夫曼类推思维观批判．环球法律评论，2010（5）.

⑦ 陈兴良．刑法教义学方法论．法学研究，2005（2）.

⑧ 刘明祥．论刑法学中的类推解释．法学家，2008（2）.

⑨ 王海桥，曾磊．刑法文义解释探究．刑法论丛，2014（2）.

形式带来的缺陷，而且也没有侵害人权保障，故而得到允许。[①] 从罪刑法定主义出发，就应当禁止不利于被告人的类推，不能对之加以允许。[②]

2. 区分的标准

就扩大解释与类推解释的区分标准而言，学者们从不同的角度尝试进行构建。有的主张通过文义解释之外的其他解释方法对类推解释进行限定。[③] 有的主张用可能文义范围与规范目的加以界定[④]，还有的主张在文义最远射程和国民预测可能性的双重框架中，考虑规范的目的。[⑤]

此外，刘明祥教授认为，由于这一区分界定的复杂性，以及词语可能含义的模糊性，需要在词语可能含义的基础上综合其他学说。[⑥] 就综合方法的构建而言，有学者提出可以通过法律文本、预测可能性、思维方法这三大范畴加以完成。就思维方法而言，先对行为的社会危害性进行评价，再找出相类似条文加以适用类推解释。[⑦]

赵运锋主张强化法律商谈主义，并从规范立法目的以及语词逻辑上加以考量。[⑧] 同样强调法律商谈的还有冯军教授，其主张首先需要判断待解决事项是否属于扩张解释对象；其次根据一般公民预测可能性和处罚必要性作相应的扩展和限缩，并通过法律商谈来检验解释结论；最后在程序上，就法官某一解释结论，需要保证利益关系人或者无关第三人能够将自己的反对意见提交给相应机关，并由之审定。[⑨]

曲新久教授主张以“刑法正文”——“体系化的文义”作为区分标准，即首先着眼于具体条文，然后进一步关注有密切联系的分则条文，之后再关注刑法分则、整部刑法，此后再逐步推向整个法律体系，通过这样的方法去发现“体系化的文义”[⑩]。

为了解决作为区分标准的“法条用语可能含义”和“一般人预测性”存在的缺陷，付立庆教授站在刑罚积极主义的立场上，主张明显突兀感说，以社会一般人是否会对某种解释结论产生明显突兀感来区分扩大解释和类推适用。那些明显使得社会一般人感觉突兀的结论，超出了刑法用语的可能含义，也超出了一般人的预测可能性，这样的解释就是类推解释；不会给社会一般人以明显突兀感的结论，则是扩大解释。[⑪]

六、合宪性解释

合宪性解释，是指以宪法规则、原则作为解释刑法规范的根据，保证通过解释得出的

---

① 刘明祥. 论刑法学中的类推解释. 法学家，2008 (2). 也有学者对有利于被告人的解释提出质疑。张训. 扩张解释、存疑有利被告与择一认定. 中国刑事法杂志，2014 (4).

② 付立庆. 刑罚积极主义立场下的刑法适用解释. 中国法学，2013 (4).

③ 包健，蒋涛. 刑法解释是否可以适用“漏洞补充”方法. 政治与法律，2008 (4).

④ 沈琪. 刑事裁判中类推思维的作用及其运用——一种基于方法论意义的思考. 政法论坛，2007 (6).

⑤ 袁博. 论扩张解释在刑事案件中的应用——以司法实务中疑难案件的审判为视角. 政治与法律，2013 (4).

⑥ 刘明祥. 论刑法学中的类推解释. 法学家，2008 (2).

⑦ 利子平. 论刑法中类推解释与扩张解释的界限. 华东政法大学学报，2010 (4).

⑧ 赵运锋. 刑法类推解释禁止之思考. 当代法学，2014 (5).

⑨ 冯军. 论刑法解释的边界和路径. 法学家，2012 (1).

⑩ 曲新久. 区分扩张解释与类推适用的路径新探. 法学家，2012 (1).

⑪ 同②.

结论与宪法的规范含义相一致，避免与宪法规范相矛盾。[①] 合宪性既存在于对刑事立法的评价中，也存在于对刑法规范的解释中，是实现刑事一体化的重要路径。[②] 在以往有关刑法解释的研究中，很多论者已经主动运用宪法规范来指导解释活动，尽管很多人没有将之作为一种独立的解释方法来看待。合宪性解释在刑法理论中获得较多关注是在 21 世纪之后，部分刑法学者以积极主动的姿态从宪法规则、原则乃至学说那里获得支撑刑法解释的合法性和合理性，主动援引宪法作为依据[③]；同时，针对具体的刑法教义学争议问题，宪法学者也积极参与其中。[④] 总体而言，目前对刑法规范合宪性解释的研究尚在初始阶段，有必要在理论和实践上继续深入研究。

需要注意的是，“刑法规范的合宪性解释，并不是对宪法的解释，而是对刑法规范的解释，和其他刑法规范解释方法一样，它意在确定刑法规范的适用范围。与其他解释方法不同的是，合宪性解释具有检讨、确认解释结论正当性的意义，即在现行法治体系框架内是否可以接受，在确认和保护个体性权利不受侵犯方面是否也可以接受”[⑤]。

（一）合宪性解释的性质与地位

关于合宪性解释在刑法解释方法中的性质与地位，越来越多的论者认为，合宪性解释有其独立性。刑法合宪性解释的功能和价值更多地表现在发挥宪法规范在刑法解释活动中的限制作用，防止通过刑法解释任意扩张刑罚权适用范围进而侵犯个人和组织的合法权利。而传统刑法解释方法无法涵盖限制这一功能，将其作为一种独立解释方法，可以充分发挥宪法规范对刑法适用的限制功能，尤其是对任意界定刑法规范目的而形成的解释结论进行纠偏。同时，将合宪性解释作为一种独立的解释方法，也会保障解释活动依照一定的次序展开，进而保障解释结论的说服力。[⑥]

关于合宪性解释的位阶和效力，不管是在解释方法的序列方面还是其效力维度方面，合宪性解释都位居最后，是具有决定性的解释方法。当采用其他解释方法得出结论时，合宪性解释起筛选和检验作用，某种解释结论虽然在刑法用语可能文义之内，但是若与宪法基本精神相冲突，也是不合宪的。不合宪的解释结论不应采用，这是法治国宪法至上的要求。当存在多种解释结论时，应优先选择合宪的解释结论。[⑦]

---

① ［韩］金日秀，徐辅鹤．韩国刑法总论．郑军男，译．武汉：武汉大学出版社，2008：34.

② 张翔．刑法体系的合宪性调控．法学研究，2016（4）.

③ 例如，时延安．刑法规范的合宪性解释．国家检察官学院学报，2015（1）；劳东燕．刑法中目的解释的方法论反思．政法论坛，2014（3）；陈鹏．刑法“有利溯及之例外”条款的合宪性限定解释——基于牛玉强案的思考．法学家，2012（4）；冀洋，王立强．宪法对刑事司法的实体性控制——合宪性解释的方法论引入．黑龙江省政法管理干部学院学报，2013（2）.

④ 例如白斌．刑法的困境与宪法的解答——规范宪法学视野中的许霆案．法学研究，2009（4）；张翔，田伟．“副教授聚众淫乱案”判决的合宪性分析．判解研究，2011（2）；白斌．宪法价值视域中的涉户犯罪——基于法教义学的体系化重构．法学研究，2013（6）；尹培培．“诽谤信息转发 500 次入刑”的合宪性评析．华东政法大学学报，2014（4）；杜强强．论宪法规范与刑法规范之诠释循环——以入户抢劫与住宅自由概念为例．法学家，2015（2）；张千帆．刑法适用应遵循宪法的基本精神——以“寻衅滋事”的司法解释为例．法学，2015（4）；白斌．传统医药在现行法秩序中的困境及其突围——以“假药”的合宪性解释为例证．华东政法大学学报，2016（1）.

⑤ 时延安．刑法规范的合宪性解释．国家检察官学院学报，2015（1）.

⑥ 同⑤.

⑦ 苏彩霞．刑法解释方法的位阶与运用．中国法学，2008（5）.

也有学者认为，合宪性解释不是一种具体的解释方法。合宪性解释应是一种解释限度，能对刑法解释方法构成明显的制约，而非具体的刑法解释方法。合宪性解释应当在所有的刑法解释方法中得到贯彻，因而与刑法解释方法之间不存在位阶关系。在形式上，对刑法作出未超出文义范围的解释结论就满足了合宪性解释的要求；从实质上看，合宪性解释的贯彻还借助于体系解释、历史解释、目的解释等刑法解释方法的具体运用。①

（二）合宪性解释的依据

关于合宪性解释的依据，黄卉教授认为，合宪性解释就是“按照宪法的规则、原则和精神进行解释”，因而解释依据包括宪法规则、原则和精神。② 苏彩霞教授表示，合宪性解释是站在宪法的高度，主要对四种解释方法（文义解释、体系解释、历史解释、目的解释）的结论根据宪法原则与精神检验其是否合宪。③

时延安教授则认为，合宪性解释的依据是宪法规范，而不包括宪法精神，其中宪法规范包括规则（实体性的和程序性的）和原则，因为只有这类宪法规定才能直接用于指引和约束公民以及其他主体的行为。对于刑法解释而言，有两类宪法规范具有指示和限制意义和功能：权力规范和权利规范。前者对于解释刑法中有关国家机关的规定具有指导意义；后者是指人民通过宪法确认公民权利内容的规范。比较而言，宪法中的权利规范对于刑法解释具有更为积极的指示意义：一是识别并揭示刑法所保护的利益内涵，二是识别并揭示通过刑罚剥夺和限制权利的性质、内容以及范围。④

（三）合宪性解释的作用与价值

从我国的刑事立法和刑事司法实践来看，合宪性解释具有必要性。例如，韩大元教授认为，我国死刑立法在主体、内容方面存在合宪性问题，需要做必要的调整。在死刑立法具有合法性的背景下，应当积极发挥刑法解释的功能，通过解释从严把关死刑的适用，并在死刑的刑法解释中体现宪法精神，从有利于实现人权保障的视角减少死刑，防止死刑上的“冤案”和“错案”，以实现死刑立法的宪法化，通过严格的刑法解释减少死刑的适用。⑤

学者普遍承认合宪性解释的价值和意义，合宪性解释更多的是发挥限制和约束作用，一方面检验解释结论是否与宪法规范矛盾，是否会导致刑罚权的扩张适用进而导致侵犯公民权利的情形出现；另一方面将人权观念渗透到刑法适用活动中，确保刑事司法能够真正全面地保障人权。“刑法规范的合宪性解释，其工具性价值基本上表现在，用以确保刑法人权保障机能的实现。而这本身也是宪法第 33 条第 3 款所确定的‘国家尊重和保障人权’这一原则的基本要求。”⑥ 刑法合宪性解释的现实意义具体表现为：促进刑法领域法治的实现；为刑法解释方法的具体运用划定界限；厘定刑法理论的发展方向。⑦

---

① 苏永生．刑法合宪性解释的意义重构与关系重建．现代法学，2015（3）．

② 黄卉．合宪性解释及其理论探讨．中国法学，2014（1）．

③ 苏彩霞．刑法解释方法的位阶与运用．中国法学，2008（5）．

④ 时延安．刑法规范的合宪性解释．国家检察官学院学报，2015（1）．

⑤ 韩大元．死刑立法的宪法界限．国家检察官学院学报，2014（5）．

⑥ 同④．

⑦ 同①．

合宪性解释对其他解释方法尤其是目的解释具有重要作用。就目的解释的规制而言，刑法教义学之外的合宪性控制主要分为两个方面：一是宪法文本内容（尤其是有关基本权利的规定）本身对目的解释的控制；二是作为立宪基础的人民主权、权力分立、法治国等基本原则与精神对目的解释的控制。①

除了对刑法的作用以外，合宪性解释对宪法也具有重要意义，从宪法来看，除了维护宪法的权威性与至高无上的地位之外，至少还有两个特别重要的意义。第一，有利于揭示宪法的具体含义，使宪法规范不再只是“审查性规范”，也是确立法律条文内容的“事实性规范”；第二，有利于彰显宪法的核心价值，使宪法确实成为保障国民自由的大宪章。②

（四）合宪性解释运用中的具体问题

除了肯定合宪性解释的重要作用与价值以外，也有学者认为，现有刑法的合宪性解释研究存在缺陷和风险，这种缺陷表现在：第一，宪法原则的抽象表述无法直接对个案解释发挥指导效果；第二，将宪法价值置于犯罪构成解释之中，实际上是对刑法条文进行宪法审查，刑法教义学是否适合承担这一任务值得商榷。第三，在我国刑法教义学刚刚建立时，提出法益的宪法审查功能具有风险，有可能使政策性而非宪法性因素对犯罪构成发挥实质（入罪）解释效果。③ 必须认识到，合宪性解释首先是一种法律的解释方法，因此须对部门法释义学上的命题有着充分的尊重和把握，否则通过合宪性解释得出的结论不但不具有说服力，甚至还会犯一些在部门法释义学看来属于常识性的错误。④ 刑法的合宪性解释本身无法自给自足，它只是一种观念抑或框架，必须借助于刑法解释方法才能得以展开。合宪性解释与具体的刑法解释方法之间表现为“体”与“用”的关系，即合宪性解释是“体”，而文义解释以及作为选择恰当文义的其他解释方法则是“用”。形式上看，合宪性解释的实现依赖于文义解释的有效贯彻；实质上看，合宪性解释的实现还有赖于体系解释、历史解释、目的解释等解释方法的有效展开。⑤

在具体运用中，有学者建议在对刑法条文进行合宪性解释时，需根据平衡原则作出适当的选择，要对公民自由权利与公共秩序利益进行充分考量，从而确定特定具体危害行为是否应当处罚。对不当罚和当罚进行不同的考量，在不当罚的考量上，应该侧重社会对该行为的容忍程度；在当罚性的考量上，则侧重该行为的危害程度情况和多发可能性。⑥ 在刑法合宪性解释的意义和理念已大致为人们所接受的情况下，刑法学界关于合宪性解释的研究应当转向深耕细作，提炼、总结合宪性解释的实践操作方法。需要将目光扩及于相关的多项宪法规范之上，在厘清、协调各宪法原则之间关系的基础上，确定合宪性解释的方向。⑦

---

① 劳东燕．刑法中目的解释的方法论反思．政法论坛，2014（3）．

② 张明楷．宪法与刑法的循环解释．法学评论，2019（1）．

③ 刘涛．社会宪治：刑法合宪性控制的一种思路．法学家，2017（5）．

④ 杜强强．入户犯罪、牵连犯处断与比例原则．首都师范大学学报，2016（1）．

⑤ 苏彩霞．刑法解释方法的位阶与运用．中国法学，2008（5）．

⑥ 黄晓亮．刑法合宪性解释界定的另条路径．国家检察官学院学报，2015（5）．

⑦ 陈璇．正当防卫与比例原则．环球法律评论，2016（6）．

第二章　犯罪的概念与犯罪构成体系

一、犯罪的概念

这里的犯罪概念泛指犯罪的一般概念，而不是具体如故意杀人罪、绑架罪、强奸罪、贪污罪等的具体概念。追溯至奴隶制和封建制时期，国家法律中仅仅只有具体犯罪及其刑罚的规定，而关于犯罪的一般概念则未有明确的定义。18 世纪欧洲的启蒙思想家们提出，应当首先明确刑法中“什么是犯罪”，即犯罪的一般概念，提倡罪刑法定主义。这一主张给予了罪刑擅断的封建传统沉重一击。启蒙运动之后，犯罪概念逐步成为刑法理论中最重要的基础理论问题，同时也被世界各国广泛地在刑事立法中进行研究和探讨。① 在我国初期关于犯罪概念的研究中，张小虎教授指出，犯罪概念应当明确回应三个不同维度的问题：一是什么行为是刑法中的犯罪，二是为什么这些行为是刑法中的犯罪，三是应当将哪些行为作为刑法中的犯罪。② 目前，将犯罪概念分为形式概念、实质概念和混合概念三种类型是学界主流趋势。

（一）犯罪概念的类型

1. 犯罪的形式概念

犯罪的形式概念是罪刑法定主义的重要体现，是反对罪刑擅断的产物。具体而言，犯罪的界定标准，应当从具体、外在、直观三个特征进行探讨。支持犯罪的形式概念的学者主要主张四种学说：（1）刑事违法说认为“犯罪”与“刑事违法”互为同义词，认为之所以将某种行为规定为刑法中的犯罪，是因为行为违反了刑事法律；（2）刑罚惩罚说侧重刑罚惩罚特征，认为犯罪是依法应受刑罚处罚的行为；（3）刑事违法与刑罚惩罚说则综合上述两种学说，认为犯罪是违反刑事法律并且具有刑罚惩罚特征的行为；（4）刑事违法与刑事起诉说则综合考虑刑法与刑事诉讼法，认为之所以将某种行为规定为刑法中的犯罪，原因在于行为具有违反刑事法律、受到刑罚惩罚以及受到刑事起诉三种特征，故而认为能够引起刑事诉讼程序的违法行为就是犯罪。此种学说常见于英美法系刑法理论。③

---

① 高铭暄．刑法学．北京：北京大学出版社，2016：41-47.

② 张小虎．犯罪概念形式与实质的理论建构．现代法学，2005（3）：129-137.

③ 张小虎．犯罪概念形式与实质的理论建构．现代法学，2005（3）：129-137；高铭暄．刑法学．北京：北京大学出版社，2016：41-47.

2. 犯罪的实质概念

犯罪的实质概念是指从犯罪现象的本质及其抽象的、内在的、隐含的、柔性的特征角度对犯罪进行定义。对此，存在几种学说：(1) 权利侵害说，以德国著名刑法学家费尔巴哈为代表，认为犯罪是侵害刑法中所规定权利的行为；(2) 法益侵害说是目前的理论通说，认为犯罪是侵害刑法中所规定法益的行为；(3) 义务违反说起源于德国纳粹时期，认为犯罪是违反刑法中所规定义务的行为；(4) 法益侵害并义务违反说来源于行为无价值说，认为犯罪的本质同时包含侵害法益和违反义务的特征；(5) 规范违反说认为犯罪是违反了文化规范或社会伦理规范的行为；(6) 法益侵害并规范违反说则认为之所以将某种行为规定为刑法中的犯罪，是因为行为不仅侵害了法益，而且也违反社会伦理规范；(7) 社会危害性说认为犯罪是具有严重社会危害性的行为。马克昌教授极力推崇这一学说，认为社会危害性是犯罪的本质特征，因为它使得刑法犯罪行为与一般违法行为得以区分。①

3. 犯罪的混合概念

犯罪的混合概念是指将犯罪的实质概念和形式概念二者结合起来界定犯罪概念，不仅指出犯罪的本质特征，亦指明犯罪的法律特征。这种观点肇始于 20 世纪 30 年代末全苏法律科学研究所集体编写的、供法律高等院校使用的《刑法总则》教科书，1958 年的《苏联和各加盟共和国刑事立法纲要》第 7 条规定：“凡是刑事法律规定的危害苏维埃社会制度或国家制度，破坏社会主义经济体系和侵犯社会主义所有制，侵犯公民的人身、政治权利、劳动权利、财产权利和其他权利的危害社会的行为（作为或不作为），以及刑事法律规定的违反社会主义法律秩序的其他危害社会的行为，都是犯罪。”② 这一规定既指出了犯罪的形式特征，即刑事违法性，又指出了犯罪的实质特征，即社会危害性。1960 年《苏俄刑法典》第 7 条也作出了同样规定。应当说，苏联刑法理论与刑事立法所采纳的这种混合概念，成为了其他社会主义国家的刑法理论和刑事立法研究犯罪概念的样板，包括中国在内的大多数社会主义国家，在犯罪概念问题上，混合概念是占主导地位的。③

但是对于犯罪的混合概念，贾宇教授持反对意见，并认为不应将实质概念和形式概念综合为一个概念，因为这样会导致犯罪概念欠缺明确性和可操作性，在逻辑上也不具有合理性。因而贾宇教授主张形式概念和实质概念分别在刑事立法和刑事司法领域中发挥指导性功能：在刑事立法层面上，犯罪的实质是行为具有应受刑法惩罚性和社会危害性的特征；在刑事司法领域中，犯罪的实质是行为违反了刑法规范。④ 对此黎宏教授从解释学的角度反驳道，犯罪的形式概念和实质概念二者相辅相成，形式概念的归纳需要基于实质概念所提供的事实材料和判断依据，换言之，犯罪形式概念，是在对行为进行实质判断的基础上归纳总结而来。根据我国刑法的规定，判断某一行为是否符合分则中某种犯罪的构成要件且具有刑事违法性，就应当首先对行为的社会危害性进行实质判断，之后才能认为行为在形式上该当犯罪的构成要件。因此，我国刑法中的犯罪必然是综合考量形式概念和实

① 马克昌. 犯罪通论. 武汉：武汉大学出版社，1999：19-20.

② [苏联] 皮昂特科夫斯基，等. 苏联刑法科学史. 曹子丹，等译. 北京：法律出版社，1984：19-24.

③ 高铭暄. 刑法学. 北京：北京大学出版社，2016：41-47.

④ 贾宇，林亚刚. 犯罪概念与特征新论. 法商研究，1996 (4).

质概念。[①]

张小虎教授在肯定犯罪概念形式意义的决定作用的基础上，同样坚持形式与实质双面统一的立场，理由在于：其一，实质判断在犯罪概念中不可或缺。它展示犯罪概念的灵魂，阐明犯罪立法基底，指导犯罪司法判断，使犯罪概念的形式意义在纵向上得以明晰。如果完全不考虑犯罪的实质意义，那么当考察某一行为因缺乏社会危害性而能否免予刑事处罚时，就会欠缺理论与实践的事实依据或事实材料。其二，实质与形式的现象冲突服从双面统一。在行为的刑事违法性与社会危害性似乎存在冲突的场合，侧重刑法的谦抑性，入罪时形式意义大于实质意义，出罪时则实质意义决定形式意义。换言之，在入罪判断上，不符合刑法规范中的犯罪构成要件的行为就不具备刑事违法性，行为当然也不具备社会危害性，亦即不是犯罪；符合刑法规范中的犯罪构成要件的行为意味着具备刑事违法性和社会危害性，应当构成犯罪。在出罪判断上，对于符合刑法规范中的犯罪构成要件且具有刑事违法性的行为，但行为明显不具有社会危害性或社会危害显著轻微的，则行为不构成犯罪。[②]

（二）我国的犯罪概念

我国现行《刑法》第 13 条规定："一切危害国家主权、领土完整和安全，分裂国家、颠覆人民民主专政的政权和推翻社会主义制度，破坏社会秩序和经济秩序，侵犯国有财产或者劳动群众集体所有的财产，侵犯公民私人所有的财产，侵犯公民的人身权利、民主权利和其他权利，以及其他危害社会的行为，依照法律应当受刑罚处罚的，都是犯罪，但是情节显著轻微危害不大的，不认为是犯罪。"我国刑法学者也围绕这个犯罪定义，展开了创新性十足的研究和探讨。

张明楷教授认为，刑法中的犯罪概念是一个具有多层含义的基本概念：首先，在大多数情况下，犯罪是指满足刑法规范中成立犯罪的构成要件的行为；其次，因为犯罪的本质是法益侵害性，故而在许多情况下，犯罪是指满足刑法规范的犯罪构成要件且侵害了法益的行为。而判断行为是否侵害了法益，仅需要通过客观判断即可；最后，在少数情况下，明显具有犯罪嫌疑的行为亦可能成立犯罪。例如《刑法》第 310 条提及的"犯罪的人"一词。[③] 而黎宏教授对我国《刑法》第 13 条规定的理解为：第一，犯罪的形式定义为依照刑法应当受到刑罚处罚的行为；第二，在判断某一行为是否符合犯罪的形式定义，即是否依法应当受到刑罚处罚时，应当从行为的实质层面进行判断，即考察行为的社会危害性程度。第三，我国刑法关于犯罪的定义包含形式和实质两方面，因而判断某一行为是否成立我国刑法上的犯罪，应当进行实质和形式判断。[④] 王世洲教授认为，只有全面、深入的研究和探索刑法意义上的犯罪的基础特征和实质特征，才能更好地解释我国刑法关于犯罪的定义。首先，犯罪的基础特征既表明了犯罪的本质，亦概括了犯罪的总框架；其次，实质

---

① 黎宏. 罪刑法定原则下犯罪的概念及其特征——犯罪概念新解. 法学评论，2002（2）.

② 张小虎. 犯罪概念形式与实质的理论建构. 现代法学，2005（3）：129-137.

③ 张明楷. 犯罪定义与犯罪化. 法学研究，2008（3）：143-145.

④ 同①.

特征是犯罪本质的具象化，也归纳了犯罪的构成要件。[①]

（三）社会危害性

根据我国《刑法》第13条的规定，犯罪具有三个基本特征：社会危害性、刑事违法性、应受惩罚性。而关于社会危害性概念的价值、社会危害性是否犯罪的本质特征以及如何确定行为的社会危害性则是理论界争论的焦点。

1. 社会危害性概念的价值

劳东燕教授为研究危害性原则的体系性地位与功能，创新性地加入语境与危害内涵两个分析要素。她指出，即使我国的刑法理论体系最终在知识起源上去苏俄化，也无法改变危害性原则的当代命运。借助危害性原则的蜕变，可以发现刑法体系所面临的严峻而触目惊心的现实：在当代刑法语境中，刑事责任基本原则的批判功能与自由保障功能正日益式微。[②] 参与讨论社会危害性概念的价值的学者还有马荣春、周建达、詹红星、苏青、张智辉、陈伟强等。[③]

2. 社会危害性是否犯罪的本质特征

1997年刑法确立了罪刑法定原则后，意味着对于那些本身具有社会危害性的行为，但刑法并未明文规定该行为成立犯罪的，则不能对这类行为进行定罪处罚。故而，如果在规范意义上坚持认为犯罪的本质是社会危害性，就会与罪刑法定原则相悖。而这一变化对于秉承苏联刑法理论的学者而言是难以认可的。于是，学界围绕社会危害性是否仍为犯罪的本质特征展开了争鸣。

樊文教授较早观察到罪刑法定原则与社会危害性二者之间存在矛盾。他坚持罪刑法定原则，并在此基础上批判社会危害性作为犯罪本质的观点：其一，社会危害性这一概念是模糊且不确定的，而这显然与罪刑法定原则的明确性相矛盾；其二，社会危害性的判断标准是建立在类推适用的基础上，这同样是与罪刑法定主义相悖。[④] 陈兴良教授则从形式合理性和实质合理性的对立矛盾角度出发，对犯罪的形式概念和实质概念进行了分析论证，严正地指出在规范层面上应当坚守形式理性，引入“法益及其法益侵害”，而摒弃社会危害性这一概念。[⑤] 同时陈兴良教授亦从立法与司法两个方面深入论证了社会危害性与刑事违法性之间是一对不可调和的矛盾。[⑥] 劳东燕教授同样持否定观点，并质疑了社会危害性理论中的认识论思维，认为：“刑事领域内的这种‘实事求是’认识论思维是缺失理性的‘实事求是’，理性的缺失使得这种‘实事求是’思维将伦理与法律、应然与实然、目标与手段完全混为一谈，从而造成相当荒

---

① 王世洲. 中国刑法理论中犯罪概念的双重结构和功能. 法学研究，1998（5）：116-125.

② 劳东燕. 危害性原则的当代命运. 中外法学，2008（3）.

③ 马荣春，周建达. 犯罪危害性刑法学地位的新视角：犯罪危害性的属性. 刑法论丛，2009（1）；詹红星. 社会危害性理论功能论. 刑法论丛，2009（1）；詹红星. 社会危害性理论研究的逻辑前提. 法学评论，2008（4）；苏青. 社会危害性理论的反思与改造——以法益视角为进路. 法学评论，2011（3）；苏青. 我国刑法中社会危害性概念之界定. 中国刑事法杂志，2012（7）；张智辉，陈伟强. 社会危害性的刑法价值. 国家检察官学院学报，2010（5）.

④ 樊文. 罪刑法定与社会危害性的冲突——兼析新刑法第13条关于犯罪的概念. 法律科学，1998（1）.

⑤ 陈兴良. 社会危害性理论：一个反思性检讨. 法学研究，2000（1）.

⑥ 陈兴良. 社会危害性理论：进一步的批判性清理. 中国法学，2006（4）.

唐的后果。”[①] 如果在刑事司法领域依旧坚持社会危害性中心论，不仅不合时宜，而且也与罪刑法定原则和刑事法治的理念产生根本冲突。

面对改革派强烈要求驱逐社会危害性的呼声，保守派予以了回应。保守派主张在刑法中保留社会危害性，并且仍然认为社会危害性是犯罪的本质特征，其主要理由是基于新中国成立以来学习苏联的刑法传统、我国刑法的明文规定，以及我国刑法不同于他国的特征（如犯罪的“定性＋定量”模式）。[②] 何秉松教授在研究犯罪的特征时，跳出社会危害性是犯罪唯一本质的传统思维，指出犯罪的本质具有多元性，其中社会危害性和依法应受惩罚性是决定犯罪不可分割的两个本质属性。通过犯罪本质多元性消解社会危害性与罪刑法定原则的冲突。[③] 刘艳红教授赞同何秉松教授的犯罪多元本质说，认为犯罪的法律本质则是刑事违法性与应受刑罚惩罚性，而犯罪的社会本质是社会危害性。[④] 王世洲教授则在罪刑法定原则的基础上，对我国刑法中犯罪的定义进行双重解读：一方面，以刑事违法性为核心构建犯罪的司法概念；另一方面，将社会危害性作为犯罪立法概念的必要内容。[⑤] 李立众教授同样认为现行犯罪概念应当兼采社会危害性与刑事违法性，其意义在于：一是限制刑事立法的权力；二是明晰刑事司法的界限。[⑥]

与此同时，亦有学者站在德日刑法理论的视角上重新解读社会危害性理论，将其作为罪刑法定原则下的具有出罪功能的客观概念。储槐植教授认为，根据我国关于但书的规定，社会危害性的作用在于排除犯罪的成立，而非确认犯罪的成立。换言之，社会危害性是在进行刑事违法性判断之后的再判断，是出罪判断。如此理解社会危害性，不仅不会与罪刑法定原则冲突，而且出罪功能也使得其为限缩犯罪圈和保障人权提供了基础条件。[⑦] 黎宏教授从规范角度出发，认为在罪刑法定原则之下，某种行为是否具有达到应受刑罚惩罚程度的社会危害性是判断该行为是否具有刑事违法性的前提。坚持社会危害性的客观属性，剔除主观评价，那么在犯罪认定方面社会危害性仍具有其现实意义。[⑧]

3. 社会危害性的评价

就如何评价行为的社会危害性而言，高铭暄教授、陈璐博士认为，对社会危害性概念进行解释，应当确立两个最基本的立场：第一，必须面对犯罪事实；第二，必须尽量朝着合目的的方向进行解释。要对社会危害性概念进行公允而准确的解释，还要厘清形式理性与实质理性、社会危害性与法益侵害的基本关系，而如何实现形式理性与实质理性的统一则是犯罪论体系的根本问题：首先，应当明确的是社会危害性是一个主客观相统一的概念，而法益侵害仅仅只是社会危害性在客观方面的体现；其次，社会危害性同法益侵害都

---

① 劳东燕．社会危害性标准的背后对刑事领域“实事求是”认识思维的质疑//陈兴良．刑事法评论：第 7 卷．北京：中国政法大学出版社，2000：213．

② 曲新久．共和国六十年法学论争实录（刑法卷）．厦门：厦门大学出版社，2010：66－68．

③ 何秉松．刑法教科书．北京：中国法制出版社，1997：40．

④ 刘艳红．社会危害性理论之辩正．中国法学，2002（2）．

⑤ 王世洲．中国刑法理论中犯罪概念的双重结构和功能．法学研究，1998（5）．

⑥ 李立众．罪刑法定与社会危害性的统一．政法论丛，1998（6）；李立众，柯赛龙．为现行犯罪概念辩护．法律科学，1999（2）．

⑦ 储槐植，张永红．善待社会危害性观念——从我国刑法第 13 条但书说起．法学研究，2002（3）．

⑧ 黎宏．罪刑法定原则下犯罪的概念及其特征——犯罪概念新解．法学评论，2002（2）；黎宏．判断行为的社会危害性时不应考虑主观要素．法商研究，2006（1）．

受到罪刑法定原则的限制，不能进行随意解释和扩张。① 学者赵书鸿提出应根据被害人生活质量受到的损害来判断行为的严重性。② 学者马荣春、韩丽欣认为，犯罪社会危害性评价机制应通过排他性、结构性、主次性、参照性、民众性与伦理性来表述。③

此外，对社会危害性理论进行研究的学者中，时延安教授以违法性的本质为中心对大陆与台湾地区的违法论进行了比较研究④，莫洪宪教授、彭文华博士研究了社会危害性与刑事违法性之间的关系⑤，学者姜敏对英美刑法中的“危害原则”与我国刑法中的“社会危害性”进行了比较研究⑥，学者刘四新探讨了社会危害性与罪刑法定原则之间的关系⑦，学者魏东则分析了实质刑法观与社会危害性理论的关联，并提出了风险防范措施⑧，学者孙建保介绍了社会危害性理论在苏俄（联）的缘起与发展⑨，并对苏俄（联）刑法中社会危害性概念内涵的嬗变进行了“点”型勾勒。⑩

（四）“但书”之论争

针对《刑法》第13条“但书”的讨论主要集中在其机能和定位上。陈兴良教授对但书规定从法理和规范两个层面进行了考察。他指出，就法理层面而言，司法解释和司法个案认为可以援引但书规定作为个罪的出罪事由，但这与立法逻辑之间存在一定的矛盾。在我国入罪易出罪难的特定背景下，但书规定的善意滥用为司法机关极为困难的出罪提供了某种法律支撑。然而，将但书规定作为出罪的总括性根据，存在着遮蔽通过对构成要件、违法性和有责性的犯罪成立条件进行法理解释而形成开放性出罪事由之弊。尤其是，滥用但书规定作为出罪根据的做法背后，隐藏着“出罪须有法律根据”这样一种思想，这是建立在对罪刑法定原则误解的基础之上的。因此，对于但书规定的功能和性质不能简单地肯定或者否定，而是应当作客观公正的评价。⑪ 就规范层面而言，但书规定表明，我国刑法中的犯罪存在定量要素。我国刑法分则关于具体犯罪的规定可以分为具有罪量要素的犯罪和没有罪量要素的犯罪；在我国司法解释中，存在大量不认为是犯罪的规定，这些规定涉及但书的适用，有些规定甚至直接规定按照但书出罪；在司法实践中也存在根据但书规定而出罪的情形。⑫

储槐植教授则将但书的机能定位于“出罪”，主张先形式判断行为符合犯罪构成要件，再实质判断构成要件的行为不具有应受刑罚处罚的社会危害性，进而直接根据但书宣告无

---

① 高铭暄，陈璐. 论社会危害性概念的解释. 刑法论丛，2012（3）.

② 赵书鸿. 论犯罪行为严重性的阶层性判断——中德刑法规范的比较性分析. 比较法研究，2015（3）.

③ 马荣春，韩丽欣. 论犯罪社会危害性评价机制的确立. 中国刑事法杂志，2007（4）.

④ 时延安. 大陆与台湾违法论之比较研究——以违法性的本质为中心. 刑法论丛，2013（1）.

⑤ 莫洪宪，彭文华. 社会危害性与刑事违法性：统一还是对立. 刑法论丛，2007（1）.

⑥ 姜敏. 英美刑法中的“危害原则”研究——兼与“社会危害性”比较. 比较法研究，2016（4）.

⑦ 刘四新. 立法与司法的和谐统一：社会危害性与罪刑法定关系论——兼论罪刑法定原则的功能缺陷. 刑法论丛，2008（2）.

⑧ 魏东. 论社会危害性理论与实质刑法观的关联关系与风险防范. 现代法学，2010（6）.

⑨ 孙建保. 社会危害性理论在苏俄（联）的缘起与发展之析. 刑法论丛，2015（3）.

⑩ 孙建保. 苏俄（联）刑法中社会危害性概念内涵嬗变的“点”型勾勒. 刑法论丛，2016（2）.

⑪ 陈兴良. 但书规定的法理考察. 法学家，2014（4）.

⑫ 陈兴良. 但书规定的规范考察. 法学杂志，2015（8）.

罪，因此，但书只是在行为符合构成要件的基础上阻却实质违法性。[①] 刘艳红教授则提倡在可罚的违法性与可罚的责任意义上发挥犯罪概念“但书”的出罪功能。她认为，将“但书”规定在罪刑法定原则下尽管在出罪方式上存在分歧，但出罪功能得到了肯定。受制于四要件犯罪构成的特定结构，我国刑法中的“但书”规定在四要件犯罪论体系中定位极为模糊。在目的论二阶层体系下，价值中立的构成要件被排斥，可罚的违法性理论的生存空间受到挤压，但实务中微罪未前置化处理或前置化处理不力而进入审判程序的案件屡见不鲜，因此，在可罚的违法性理论意义上认可犯罪概念“但书”，并继续赋予其出罪功能具有积极意义。同时，在目的论二阶层体系下犯罪概念“但书”规定也能为可罚的责任理论提供清晰的体系性地位。[②]

刘宪权教授、学者周舟结合醉驾是否应一律入刑这一具体问题，赞成“但书”的出罪功能。他们认为，《刑法》第 13 条“但书”条款在司法中的适用既符合罪刑法定原则的宗旨，也能够保证罪与非罪判断的准确性，体现了司法者对立法者的尊重。不能因为“但书”条款在司法中有可能被随意适用而否定“但书”条款对于司法适用本身的合理性和必要性。“但书”条款理应适用于包括危险驾驶罪在内的刑法分则规定的每个具体犯罪。应正视醉驾各种情形的差异性，在综合考察案件所有情节的基础上，对一些“情节显著轻微危害不大”的行为适用“但书”条款，不认定为犯罪。[③]

学者王昭武认为“但书”规定是入罪限制条件[④]，学者王复春则主张“但书”是一种体系外的出罪机制[⑤]，学者王华伟对“但书”进行了实证研究，并提出应对“但书”进行理论重构[⑥]，学者李翔认为“但书”不能单独作为司法裁判依据[⑦]，学者刘家汝从比较刑法的角度对“但书”规定进行了考察。[⑧]

二、犯罪构成体系

（一）犯罪论体系与犯罪构成

犯罪论体系，在我国刑法学学界通常称为犯罪构成理论，指的是按照一定逻辑安排各个犯罪构成要素，思考行为是否构成犯罪的理论体系。它是刑法的核心问题，也是刑法教义学中最具有理论魅力的篇章。这里所讨论的犯罪论体系包括我国的四要件说犯罪构成理论、德日三阶层犯罪论体系、英美刑法的双层次犯罪论体系。我国的犯罪构成理论源自苏

---

① 储槐植，张永红．善待社会危害性观念——从我国刑法第 13 条但书说起．法学研究，2002（3）．

② 刘艳红．目的二阶层体系与“但书”出罪功能的自洽性．法学评论，2012（6）．

③ 刘宪权，周舟．《刑法》第 13 条“但书”条款司法适用相关问题研究——兼论醉驾应否一律入罪．现代法学，2011（6）．

④ 王昭武．犯罪的本质特征与但书的机能及其适用．法学家，2014（4）．

⑤ 王复春．但书：一种体系外出罪机制．刑法论丛，2016（2）．

⑥ 王华伟．中国刑法第 13 条但书实证研究——基于 120 份判决书的理论反思．法学家，2015（6）；王华伟．刑法知识转型与“但书”的理论重构．法学评论，2016（1）．

⑦ 李翔．从“但书”条款适用看司法如何遵循立法．法学，2011（7）．

⑧ 刘家汝．但书规定：一个比较刑法下的考察．刑事法评论，2015（2）．

联刑法理论，刑法典的基本框架也受苏联刑法典的影响。故而在 1987 年之前，结合了苏联犯罪构成理论和我国国情的四要件说犯罪构成理论，在我国处于绝对通说的地位。具体而言，我国的犯罪构成理论包含四个犯罪要件：犯罪客体、犯罪客观方面、犯罪主体、犯罪主观方面。

（二）早期我国犯罪构成理论的改良

1987 年之后，随着刑法学界对犯罪理论更为深入的研究以及更为开放自由的学术环境，我国学者探讨了犯罪构成“必要要件”的命题，并由此产生“二要件说”“三要件说”，与传统的“四要件说”针锋相对，从而拉开了犯罪论体系论争的序幕。其中，关于犯罪客体是否属于犯罪构成的必要要件的讨论尤为激烈。

张明楷教授在其早期文章中认为犯罪客体不是犯罪构成的必要要件，而是犯罪概念包含的内容。[①] 杨兴培教授也认为犯罪客体不是必要要件，它只是刑事立法设立某种犯罪的依据。[②] 同时，亦有许多学者支持犯罪客体是犯罪构成的必要要件之一。江礼华教授指出，将犯罪客体概念修正为犯罪行为侵犯的、为我国刑法所保护的社会主义社会关系和国家、社会、集体组织和公民个人的权益，即可避免犯罪客体所遭受的质疑。[③] 冯亚东教授、李希慧教授、童伟华教授认为犯罪客体属于评判要件，具有价值判断的功能，因而其是犯罪构成不可或缺的要件。[④]

（三）传统四要件说与德日三阶层犯罪论体系的论战

上述基于传统四要件说的改良并未实质地对四要件说的权威地位形成真正的挑战。而随着 1997 年新刑法典的颁布，政治意识形态对刑法学学术研究影响的逐步减弱，加之文献资料范围的扩大，这一时期关于犯罪论体系的论争由必要要件的数量转向犯罪论体系内部的逻辑结构。重构派学者主张抛弃传统的四要件说而建立递进式的阶层犯罪论体系；改良派则认为对传统的四要件说进行适当的调整即可满足我国刑事现状。具体而言，主要在以下四个问题上有较大的争论。

1. 构成要件的排序之争

传统的四要件说没有特别注重各个犯罪构成要件之间的逻辑顺序，故而尽管同为传统四要件说的支持者，但不同的学者采用了不同的排列顺序，较为常见的有以下几种：“犯罪主体方面——犯罪主观方面——犯罪客观方面——犯罪客体方面”[⑤]、“犯罪客体方面——犯罪客观方面——犯罪主体方面——犯罪主观方面”[⑥]、“犯罪客观方面——犯罪客

---

① 张明楷．论犯罪构成要件．中南政法学院学报，1987（4）．

② 杨兴培．论我国传统犯罪客体理论的缺陷．华东政法学院学报，1999（1）；再论我国传统犯罪客体理论的弊端．法学，1999（9）；犯罪客体：一个巨大而空洞的价值符号——从价值与规范的相互关系中重新审视犯罪客体理论．中国刑事法杂志，2006（6）；犯罪客体非法治成分批评．政法论坛，2009（5）．

③ 江礼华．再论犯罪客体的概念问题．国家检察官学院学报，2003（1）．

④ 冯亚东．犯罪概念与犯罪客体之功能辨析——以司法客观过程为视角的分析．中外法学，2008（4）；李希慧，童伟华．“犯罪客体不要说”之检讨——从比较法的视角考察．法商研究，2005（3）．

⑤ 周振想．刑法学教程．北京：中国人民公安大学出版社，1997：63．

⑥ 高铭暄，马克昌．刑法学．北京：中国法制出版社，1999：105-106．

体方面——犯罪主观方面——犯罪主体方面”①。

张明楷教授指出刑法学作为规范法学，各犯罪构成要件应当按照由客观到主观的顺序进行排列。② 赵秉志教授则提倡在认定与处理犯罪层面坚持“犯罪客观要件——犯罪主观要件——犯罪主体要件——犯罪客体要件”，在理论研究层面坚持“犯罪主体要件——犯罪主观要件——犯罪客观要件——犯罪客体要件”，因为两种排序方式从不同的角度揭示了各犯罪构成要件之间的内在逻辑，二者相辅相成，不可替代。③ 而陈兴良教授则认为，在传统的四要件说基础上讨论犯罪构成要件的排序问题是无意义的，理由在于要件能否独立地存在和独立地进行判断是排列顺序的前提，而我国传统的犯罪构成理论中的四个要件相互依存而无法独立判断和适用，那么讨论他们的位阶关系则毫无意义可言。④

在四要件说体系下讨论构成要件的排序问题，实际上是在平面模式之下思考立体构成，好比在平面的纸上来画立体的楼，注定会是失败。⑤ 诚如陈兴良教授所言，位阶关系或者顺序问题只存在于阶层犯罪论体系当中，而我国传统的四要件说并无排序问题或者排序问题毫无讨论的价值和意义。此外，一个科学合理的犯罪论体系应当遵循事实判断先于价值判断、客观判断先于主观判断、形式判断先于实质判断、定型判断先于个别判断。⑥ 而关于要件排序的讨论也是传统犯罪构成理论与德日三阶层犯罪论体系的初次“交锋”。

2. 正当化事由的体系性定位之争

我国传统刑法理论认为，正当化事由是指行为外观上满足某种犯罪构成，但实质上不具社会危害性。基于此定义，正当化事由与我国的犯罪构成理论存在矛盾之处，因为我国的犯罪构成理论认为凡是满足犯罪构成四要件的行为就成立犯罪，而正当化事由又是在成立犯罪的基础上否定犯罪，这在逻辑上便产生了悖论。赵秉志教授、肖中华教授、杨兴培教授认为在判断行为是否成立犯罪时，阻却责任事由不是犯罪构成理论的有机组成部分，而是与传统四要件说并列或平行的。⑦ 田宏杰教授则提倡借鉴英美法系双层次犯罪论体系对我国犯罪构成理论进行改良，并将正当化事由纳入双层次犯罪论体系中，这样不但使正当化行为可以充分地展开，而且亦赋予其程序要件的色彩，凸显程序正义的价值，推动宪法在刑事领域的司法化。⑧

重构派的学者主张学习德日三阶层犯罪论体系，构建构成要件、违法性、有责性三个阶层，将违法阻却事由作为实质判断的违法性阶层，即可解释刑法规范的逻辑问题。同时，通过对德日三阶层犯罪论体系的引入，在将违法阻却事由纳入犯罪论体系之中时，亦能将责任阻却事由纳入犯罪论体系当中，从而在保证科学合理的前提下丰富我国刑法的出罪路径。例如，李洁教授认为，构建犯罪论体系应当至少遵循两个价值前提：法的实质安

① 王充．从理论向实践的回归——论我国犯罪构成中构成要件的排列顺序．法制与社会发展，2003（3）．

② 张明楷．行为结构与犯罪构成体系——兼谈行为科学与刑法学的区别．法商研究，1998（2）．

③ 赵秉志．论犯罪构成要件的逻辑顺序．政法论坛，2003（6）．

④ 陈兴良．论犯罪构成要件的位阶关系．法学，2005（4）．

⑤ 曲新久．共和国六十年法学论争实录（刑法卷）．厦门：厦门大学出版社，2010：98．

⑥ 同④．

⑦ 赵秉志，肖中华．犯罪构成与阻却责任事由关系论．现代法学，1999（4）；杨兴培．论犯罪构成与犯罪阻却事由的关系．政法论坛，2002（3）．

⑧ 田宏杰．刑法中的正当化行为与犯罪构成关系的理性思考．政法论坛，2003（6）．

全性、法的实务操作性。但是中国传统的犯罪构成理论体系在实质安全性上仅建构入罪路径而无出罪的渠道；此外，在实务操作性上，中国传统的犯罪构成理论体系的内在逻辑思维也与社会一般人的思维逻辑习惯有一定程度的不同。因此，对于中国犯罪构成理论体系的重构，应当侧重以下三个方面：一是将犯罪构成的基本轮廓作为犯罪成立的基础条件；二是将排除犯罪的正当化事由归入犯罪构成理论体系；三是在出罪事由的范畴内探讨轻微行为出罪的范围及其合理性。[①]

3. 独立的违法性阶层之争

我国传统的犯罪构成理论受苏联刑法影响，仅设立了四个犯罪构成要件，并且区别于德日三阶层犯罪论体系的构成要件，因为后者仅具有形式判断的功能，而我国的犯罪构成要件则兼具形式与实质判断的功用。为此我国学者针对违法性理论、违法性判断的相对性以及可罚的违法性理论进行了反思和探讨。

陈兴良教授通过对大陆法系刑法学与苏俄刑法学中的违法性理论进行比较，阐述了违法性的内容，并主张将违法性纳入犯罪构成体系，在违法性理论上进行拨乱反正。[②] 同时，他在考察了违法性理论的学术史的基础上，指出违法性是否属于犯罪论体系的一个阶层，是四要件与三阶层犯罪论体系的最大不同之处。[③] 此外，他将我国刑法中的刑事违法性、社会危害性和犯罪客体这三个概念与德国刑法中的违法性概念进行对比，认为社会危害性的概念与违法性的概念在性质与功能上最为接近。在我国的四要件犯罪论体系中没有违法性的独立地位。[④] 周光权教授亦提倡独立于构成要件的违法性判断。[⑤] 王世洲教授、刘孝敏博士认为，刑法中的违法性是指，行为符合刑法规定的情况无法根据整体法律制度而得到具有正确性的评价。犯罪的成立，不仅必须符合行为构成，而且必须具备整体法律制度所否定的错误性。中国刑法理论应当借鉴并采纳违法性的概念，以不存在错误性作为出罪的根据。[⑥] 学者周长军、马勇、唐稷尧也对违法性理论进行了反思。[⑦]

在对违法性判断的相对性的探讨中，时延安教授认为，刑事违法性的判断与民事不法的判断，是基于不同性质法律进行的判断，有其各自的判断体系，因而侵害个体性利益的犯罪同时也是民事不法行为。犯罪与民事不法行为，并非“非此即彼”的关系，刑事违法性的判断以民事不法的成立为必要条件。[⑧] 学者王昭武、陈少青、孙万怀亦对违法性判断的相对性展开研究。[⑨]

---

① 李洁．中国通论犯罪构成理论体系评判．法律科学，2008（2）．

② 陈兴良．违法性理论：一个反思性检讨．中国法学，2007（3）．

③ 陈兴良．违法性论的重塑——一个学术史的考察．政法论坛，2011（5）．

④ 陈兴良．违法性的中国语境．清华法学，2015（4）．

⑤ 周光权．违法性判断的独立性兼及我国犯罪构成理论的改造．中外法学，2007（6）．

⑥ 王世洲，刘孝敏．论刑法中违法性的概念与体系性功能．中国刑事法杂志，2008（3）．

⑦ 周长军，马勇．违法性判断：立场、功能与方法．华东政法大学学报，2009（6）；唐稷尧．刑事违法性：内涵、功能与价值之比较研究．中国刑事法杂志，2007（6）．

⑧ 时延安．论刑事违法性判断与民事不法判断的关系．法学杂志，2010（1）．

⑨ 王昭武．法秩序统一性视野下违法判断的相对性．中外法学，2015（1）；陈少青．法秩序的统一性与违法判断的相对性．法学家，2016（3）；孙万怀．违法相对性理论的崩溃——对刑法前置化立法倾向的一种批评．政治与法律，2016（3）．

对于可罚的违法性理论，学者王彦强梳理了日本刑法中的可罚的违法性论①，学者于改之介绍了可罚的违法性的理论演进②，孙建保分析了可罚的违法性理论的利弊③，赖正直介绍了日本的治安体制与可罚的违法性理论之间的联系。④

4. 犯罪论体系改良与重构之争

在改良派的学者中，马克昌教授在简要介绍三阶层犯罪论体系流变的基础上指出，这些犯罪论体系虽然各有优点，但都存在难以克服的缺陷。⑤

高铭暄教授指出，推翻中国传统的犯罪论体系的主张是不合理的。首先，四要件犯罪构成理论具有现实的合理性，它是历史的必然选择，也符合中国的国情；其次，我国的犯罪论体系具有内在的合理性，既符合犯罪的本质特征，亦契合认识规律；最后，与德日三阶层犯罪论体系相比，其优势在于其自身体系的稳定性，并且与中国诉讼模式相吻合。我国应该继续坚持"罪—责—刑"的中国刑法学体系，改善理论的研究方法，注重结合具体实务问题，从而逐步完善我国刑法学体系，提升我国刑法理论的水平。⑥

储槐植教授、高维俭教授同样认为，我国的犯罪构成四要件理论经过长期的理论建构与实践检验，具有相对的合理性。我国不宜全盘移植德日三阶层要件模式或英美双层次要件模式。进一步理顺和完善犯罪构成四要件模式的内在理论结构，是我国当前相关理论争议的合理出路。推进我国刑事法治，有必要注重刑法机制之刑事一体化理论知识形态。⑦

贾济东教授、赵秉志教授认为，根据"客观要件——排除客观违法的事由——主观要件——排除主观责任"这一思路对我国犯罪论体系进行完善。⑧ 黎宏教授指出，我国犯罪构成体系所存在的犯罪构成要件之间的关系不明、根据犯罪构成所得出的犯罪概念单一等问题，可以通过贯彻客观优先的阶层递进观念以及树立不同意义的犯罪概念的方法加以解决。因此，我国犯罪构成体系没有重构。⑨ 梁根林教授认为在司法实务中，四要件犯罪构成理论依旧得到普遍支持，而德日三阶层犯罪论体系虽已引入但并未成为通说。⑩

冯亚东教授认为，构建犯罪论体系不仅是文化、哲学问题，亦是时代、国情问题。跳脱出法系的文化背景而一味照搬或是追求"创新"都是不可取的。⑪ 同时，冯亚东教授还针对犯罪构成的本体论和功能论进行深入的研究⑫，然后从犯罪认知体系的视野来考察犯罪构成，通过对犯罪认知体系之思想史的梳理，提出"犯罪构成"概念乃系近代民主法治背景下理论介入司法之产物，由此可厘清当代中国之犯罪构成体系的来龙去脉及现实状

---

① 王彦强．可罚的违法性论纲．比较法研究，2015 (5).
② 于改之．可罚的违法性理论及其在中国的适用．刑法论丛，2007 (2).
③ 孙建保．可罚的违法性理论利弊之启示．华东政法大学学报，2014 (2).
④ 赖正直．日本的治安体制与可罚的违法性理论．刑法论丛，2012 (1).
⑤ 马克昌．简评三阶层犯罪论体系．刑法论丛，2009 (3).
⑥ 高铭暄．论四要件犯罪构成理论的合理性暨对中国刑法学体系的坚持．中国法学，2009 (2).
⑦ 储槐植，高维俭．犯罪构成理论结构比较论略．现代法学，2009 (6).
⑧ 贾济东，赵秉志．我国犯罪构成理论体系之完善．法商研究，2014 (3).
⑨ 黎宏．我国犯罪构成体系不必重构．法学研究，2006 (1).
⑩ 梁根林．犯罪论体系与刑法学科建构．法学研究，2013 (1).
⑪ 冯亚东，胡东飞．犯罪构成模型论．法学研究，2004 (1).
⑫ 冯亚东．犯罪构成本体论．中国法学，2007 (4)；冯亚东．犯罪构成功能论．清华法学，2007 (2).

况，并为进一步“完善抑或重构犯罪构成体系”的讨论搭建基础性平台。[①] 他站在解说中国问题的立场对德日体系的利弊得失作出了评析，从结构差异、客体（法益）要件之必要性、违法性之逻辑关系、主观面之要素关系、出罪功能等五个方面审视了不同体系。[②] 随后，在辨析犯罪构成与诸特殊形态的关系的基础上，提出完善我国刑法学犯罪论体系的建议。[③]

赞成改良说的学者还有欧锦雄、马荣春、彭文华、缑泽昆、唐稷尧、许发民、邓崇专、黄海龙、李占州、李海峰等。[④]

而在重构派的阵营当中，陈兴良教授大致从以下几个方面阐述了自己的主张：第一，应当提倡犯罪论体系多元化研究，而不仅仅囿于三大法系的犯罪论体系，也应当尝试创设新的犯罪论体系[⑤]；第二，应当在领悟犯罪论体系精髓的基础上，对我国犯罪构成体系的重构展开探索[⑥]；第三，他从正当行为切入的学术史考察了四要件犯罪构成的结构性缺失及其颠覆[⑦]；第四，四要件是没有构成要件的犯罪构成[⑧]；第五，犯罪构成论的学术史呈现出从四要件到三阶层的变迁[⑨]；第六，他从犯罪论体系的位阶性论证了三阶层犯罪论体系的合理性[⑩]；第七，他以构成要件为切入点，对这一犯罪论体系的核心概念进行了反拨与再造[⑪]；第八，明确提倡我国犯罪论体系应当去苏俄化[⑫]；第九，他从中国与德国的犯罪论体系的比较视角，论述了转型中的中国犯罪论体系。[⑬] 此外，陈兴良教授作为犯罪论体系重构派的倡导者，较早地提出新型犯罪论体系。其在《本体刑法学》中提出“罪体——罪责——正当化事由”体系[⑭]，并在之后的《规范刑法学》中进行完善，创设“罪

① 冯亚东．犯罪认知体系视野下之犯罪构成．法学研究，2008（1）．

② 冯亚东．中德（日）犯罪成立体系比较分析．法学家，2009（2）．

③ 冯亚东．犯罪构成与诸特殊形态之关系辨析．法学研究，2009（5）．

④ 欧锦雄．科学犯罪构成模型的追寻．中国刑事法杂志，2008（1）；欧锦雄．新中国犯罪构成理论的发展和展望．刑法论丛，2009（3）；欧锦雄．犯罪构成体系的平面化与位阶化——与陈兴良教授商榷．刑法论丛，2013（1）；欧锦雄．犯罪的定义对犯罪构成边界之限制——以我国四要件体系与德、日等国三阶层体系相比较为例的分析．法商研究，2016（2）；马荣春．论犯罪构成新体系之常识、常理、常情化．法律科学，2011（2）；彭文华．犯罪构成：从二元论体系到一元论体系——以事实和价值关系论为视角．法制与社会发展，2012（6）；彭文华．犯罪构成的文化属性．刑法论丛，2012（2）；彭文华．犯罪构成论体系的逻辑构造．法制与社会发展，2014（4）；彭文华．犯罪构成的符号学分析．刑法论丛，2014（2）；缑泽昆．构成要件论的发展与三阶层犯罪构成体系的当代异化．刑法论丛，2009（4）；缑泽昆．三阶层犯罪构成体系：一个域外经验的反思与质疑．现代法学，2010（2）；唐稷尧．犯罪论体系：功能、价值与实现途径辨析．现代法学，2007（4）；许发民．二层次四要件犯罪构成论——兼议正当化行为的体系地位．法律科学，2007（4）；邓崇专．刑事责任论的地位守护与实践解危——以维持四要件犯罪构成理论为视角．政治与法律，2012（1）；黄海龙，李占州．论犯罪构成的有机性．中国刑事法杂志，2014（1）；李海峰．论我国刑事司法实践对犯罪论体系的逆向选择．中国刑事法杂志，2014（3）．

⑤ 陈兴良．犯罪构成：法与理之间的对应与紧张关系．法商研究，2003（3）．

⑥ 陈兴良．构成要件的理论考察．清华法学，2008（1）．

⑦ 陈兴良．四要件犯罪构成的结构性缺失及其颠覆——从正当行为切入的学术史考察．现代法学，2009（6）．

⑧ 陈兴良．四要件：没有构成要件的犯罪构成．法学家，2010（1）．

⑨ 陈兴良．犯罪构成论：从四要件到三阶层——一个学术史的考察．中外法学，2010（1）．

⑩ 陈兴良．犯罪论体系的位阶性研究．法学研究，2010（4）．

⑪ 陈兴良．构成要件：犯罪论体系核心概念的反拨与再造．法学研究，2011（2）．

⑫ 陈兴良．犯罪论体系的去苏俄化．政法论坛，2012（4）．

⑬ 陈兴良．转型中的中国犯罪论体系．现代法学，2014（1）．

⑭ 陈兴良．本体刑法学．北京：商务印书馆，2001：227．

体——罪责——罪量”三位一体的犯罪论体系。其中，罪体与罪责是犯罪成立的两个必要要件，而罪量则是选择要件。[①] 专设“罪量”这一要件是因为考虑到中国刑法中犯罪成立条件中特有的量的因素。他认为，我国刑法中的犯罪成立条件是行为侵害法益的质和量的有机统一，因此应当包括罪量。这里的“罪量”是指在具备犯罪构成本体要件的前提下，表明行为对法益侵害程度的数量要件。其具有法定性、综合性、程度性等特征。[②]

张明楷教授主张“两阶层”犯罪论体系，认为犯罪构成理论应当采取“犯罪概念、犯罪构成——不法（构成要件符合性—违法阻却事由）——责任”的体系。在整体上遵循“先客观判断后主观判断”的位阶关系，在每个阶层内部则依照“先积极判断后消极判断”的顺序。[③] 同时认为，仅从“客观”与“主观”两个层面对犯罪实体的认识进行研究仍然是不足够的，应更多侧重对犯罪论体系价值和目的的研究和论述。[④] 他还进一步讨论了构建犯罪论体系需要明确的几个方法论问题，具体包括从单纯批判到相互借鉴，从纯粹说理到解决问题，从形式表述到实质内容的样态等。[⑤]

曲新久教授则认为，犯罪的构成应当考量两个基本的判断和评价：一是罪行与罪责的统一，二是不存在正当防卫、紧急避险等正当性事由。理由在于：一方面，在客观上符合刑法所规定的犯罪客观构成要件，则意味着具备了罪行要件；另一方面，在主观上满足刑法规定的犯罪主观构成要件，则具备了罪责要件。客观罪行与主观罪责的相统一，意味着行为原则上成立犯罪。但是，至此尚未充分地完成犯罪构成的判断，还需要进行进一步判断与评价；从否定的方面判断，如果存在着排除犯罪性的正当化事由，则排除犯罪的成立。[⑥]

周光权教授在坚持违法性独立判断的基础上，提出了重构我国犯罪构成理论的设想，认为必须区分构成要件和违法性，即“客观要件——主观要件——犯罪阻却事由”的体系。[⑦] 我国刑法学的犯罪构成理论将违法性形式化，没有充分考虑允许的危险与违法性理论之间的关系，可能夸大了构成要件的功能，没有考虑共犯处理的特殊性。为了更好地坚持罪刑法定原则，有必要在理论上赋予违法性判断独立于构成要件的意义，将构成要件塑造成与事实有关的概念。同时，兼顾构成要件与违法性独立评价的重要性。根据这一构想，犯罪的评价将会形成阶层式、多元化的评价体系，最终明确构成要件该当性、违法性、有责性阶层间的逻辑顺序。[⑧] 同时，他还从实务的角度论述了犯罪构成四要件说的缺陷。[⑨]

刘艳红教授倡导实质目的论的二阶层犯罪论体系。该犯罪论体系以客观主义为立场，以明确界分客观与主观要素为内容，以阶层化为结构，以规范论为基础。她的论证思路

---

① 陈兴良．规范刑法学．北京：中国政法大学出版社，2003：107-108.

② 陈兴良．作为犯罪构成要件的罪量要素——立足于中国刑法的探讨．环球法律评论，2003.

③ 张明楷．犯罪论体系的思考．政法论坛，2003（6）.

④ 张明楷．以违法与责任为支柱构建犯罪论体系．现代法学，2009（6）.

⑤ 张明楷．构建犯罪论体系的方法论．中外法学，2010（1）.

⑥ 曲新久．刑法学．北京：中国政法大学出版社，2009：78-79.

⑦ 周光权．刑法总论．北京：中国人民大学出版社，2007：103-104.

⑧ 周光权．违法性判断的独立性兼及我国犯罪构成理论的改造．中外法学，2007（6）.

⑨ 周光权．犯罪构成四要件说的缺陷：实务考察．现代法学，2009（6）.

为：首先从“范畴论抑或目的论”的角度考察犯罪论体系①，其次从“形式抑或实质类型”的角度分析犯罪构成要件②，再次明确提倡应建立实质的犯罪论体系③，随后对犯罪构成体系平面化进行批判④，最后论述我国犯罪论体系的变革及刑法学研究范式的转型。⑤

付立庆教授的论证思路则表现为，首先对社会危害性概念进行了反思⑥，其次从正面对于重构我国犯罪构成理论的主张进行了论证⑦，再次针对维持论和改良论提出了批判⑧，随后论述了重构我国犯罪论体系的宣言与自省⑨，最后以“教唆不满十八周岁的人犯罪”的规范理解为切入，对犯罪概念的分层含义与阶层犯罪论体系进行了再宣扬。⑩

李洁教授认为，四要件犯罪构成理论一次性评价的体系设计、出罪通道的不畅通，导致刑法运行安全方面的保障欠缺；将一个总体的犯罪评价对象即犯罪行为拆分为四个方面的理论体系思路，难于符合人的一般思维习惯；具有可操作性方面的问题。因此，通说四要件的犯罪构成理论体系不具有选择的合理性。⑪ 同时，李洁教授和王志远博士主张，定罪过程应当被概括为“前见的证成或者修正”，进而选择多元递进的犯罪构成理论模式。⑫

杨兴培教授认为，原苏联“四要件式”的犯罪构成模式的引进，给中国刑法理论与刑法实践带来了很大的负面影响。在引进大陆法系犯罪构成模式时应当将法益作为一种理论根基，应接受以个人为本位的价值观念。⑬

王政勋教授认为，尽管德日三阶层犯罪论体系同样存在不足，但是相较我国传统的犯罪论体系，该体系的解释思路更具逻辑性。而在效仿德日三阶层犯罪论体系时，其理论缺陷就是我国刑法学界应侧重研究和探索的问题。⑭

邓子滨研究员认为，从基本概念要素看，我国刑法理论大厦除了穹顶还是四要件外，主要构件都已经是德日的。但基于历史惯性与学术情感，知识转型相当困难。三阶层与四要件的取舍，应当取决于对司法现实的判断。德日三阶层犯罪论体系的位阶性，兼顾入罪与出罪路径设置，使得限制刑罚权和规范刑事司法流程成为可能。⑮

---

① 刘艳红．犯罪论体系：范畴论抑或目的论．中国法学，2008（1）．

② 刘艳红．犯罪构成要件：形式抑或实质类型．政法论坛，2008（5）．

③ 刘艳红．实质的犯罪论体系之提倡．政法论坛，2010（4）．

④ 刘艳红．犯罪构成体系平面化之批判．法学研究，2011（5）．

⑤ 刘艳红．我国犯罪论体系之变革及刑法学研究范式之转型．法商研究，2014（5）．

⑥ 付立庆．论违法性理论的应然位置．国家检察官学院学报，2007（4）．

⑦ 付立庆．我国犯罪成立理论之重构：基本依托和意义所在．法学评论，2008（6）．

⑧ 付立庆．犯罪构成理论体系改造研究的现场叙事——兼对一种改良论主张的若干评论．法律科学，2009（2）．

⑨ 付立庆．重构我国犯罪论体系的宣言与自省．中外法学，2010（1）．

⑩ 付立庆．犯罪概念的分层含义与阶层犯罪论体系的再宣扬——以“教唆不满十八周岁的人犯罪”的规范理解为切入．法学评论，2015（2）．

⑪ 李洁．中国通论犯罪构成理论体系评判．法律科学，2008（2）．

⑫ 李洁，王志远．前见的证成与修正：传统定罪思维之超越——兼论犯罪构成理论模式之选择．政治与法律，2008（6）．

⑬ 杨兴培．中国刑法学对域外犯罪构成的借鉴与发展选择．华东政法大学学报，2009（1）．

⑭ 王政勋．从四要件到三阶层．刑事法评论，2012（1）．

⑮ 邓子滨．犯罪论的体系更迭与学派之争．法学研究，2013（1）．

张文教授提出犯罪论体系的根基应当以犯罪人为中心[①]，并进一步论述了“人格不法”理论，认为应以行为人的人格为中心，对行为、行为构成、违法性进行整合。[②] 对此，陈兴良教授认为，行为刑法与行为人刑法是存在对立的，这主要表现为一元的犯罪论体系与二元的犯罪论体系之间的对立。以北京大学张文教授为代表的人格刑法学是行为刑法与行为人刑法互相融合的人格刑法学，其崛起可谓是侧重于主观主义与行为人主义的刑法学在我国的再生，对此应当予以高度的关注。但是人格刑法学的观点是否具有刑事政策上的可接受性和司法上的可操作性仍有待未来进一步研究。现今，人格刑法学只是一种美好的构想。[③]

此外，在对犯罪构成理论进行研究的学者中，肖中华教授以《刑法修正案（八）》为例论述了构成要件的形式与实质变更及其合理解释。[④] 阮齐林教授提出了自己对中国刑法学犯罪论体系之完善的见解。[⑤] 莫洪宪教授、彭文华副教授在分析了德日犯罪论体系利弊的基础上，提出德日犯罪论体系在方法论、认识论和模式论上各有利弊，这是适应本土文化传统、价值观念、思维模式要求的必然结果。[⑥] 陈忠林教授对现行犯罪构成理论的共性进行了比较，提出犯罪构成是犯罪成立基本条件的理论概括，具有指导司法实践正确理解相关法律规定的作用，但不应以其代替法律作为司法实践中认定犯罪的标准。[⑦] 齐文远教授、苏彩霞教授提出价值判断当属我国犯罪构成符合性判断的灵魂，进而应是整个刑法问题的核心。[⑧] 蔡桂生主张应当在重视体系性思考、坚持古典主义构成要件论基本面的同时，辅助性地进行机能性思考。[⑨] 欧阳本祺教授提出我国犯罪构成体系应从存在论走向规范论。[⑩] 钱叶六主张运用阶层性的思维来改造我国传统的四要件犯罪构成体系，并遵循先考察违法（客观）要件后考察责任（主观）要件之犯罪认定路径。[⑪] 学者王充提倡在构成要件属性问题上采取违法・有责类型说。[⑫] 此外，他还探讨了刑法问题类型划分方法与构成要件的排列顺序[⑬]以及问题类型划分方法视野下的犯罪概念。[⑭] 学者王志远则是从定罪思维方式的角度来思考犯罪构成理论模式的选择。[⑮]

陈家林介绍了犯罪论体系的演变。[⑯] 简爱以一起三阶层的具体判决书为中心，反思了

---

① 张文．以行为为中心，还是以犯罪人为中心——关于犯罪论体系根基的思考．中外法学，2001（5）．

② 张文．“人格不法”刍议．中国刑事法杂志，2007（5）．

③ 陈兴良．人格刑法学：以犯罪论体系为视角的分析．华东政法大学学报，2009（6）．

④ 肖中华．构成要件的形式与实质变更及其合理解释——尤以《刑法修正案（八）》为例．政治与法律，2011（8）．

⑤ 阮齐林．中国刑法学犯罪论体系之完善．法学研究，2013（1）．

⑥ 莫洪宪，彭文华．德、日犯罪论体系之利弊分析．刑法论丛，2009（3）．

⑦ 陈忠林．现行犯罪构成理论共性比较．现代法学，2010（1）．

⑧ 齐文远，苏彩霞．犯罪构成符合性判断的价值属性辩正．法律科学，2008（1）．

⑨ 蔡桂生．德国刑法学中构成要件论的演变．刑事法评论，2012（2）．

⑩ 欧阳本祺．犯罪构成诞生的权力分析．法律科学，2012（4）．

⑪ 钱叶六．我国犯罪构成体系的阶层化及共同犯罪的认定．法商研究，2015（2）．

⑫ 王充．论构成要件的属性问题——违法・有责类型说的提倡．法律科学，2016（2）．

⑬ 王充．刑法问题类型划分方法与构成要件的排列顺序．法制与社会发展，2007（4）．

⑭ 王充．问题类型划分方法视野下的犯罪概念研究．中国人民大学学报，2012（3）．

⑮ 王志远．定罪思维的常人化理解与犯罪构成理论模式之选择．刑事法评论，2008（1）．

⑯ 陈家林．犯罪论体系之演变．刑法论丛，2009（3）．

四要件理论的功能性不足。[①] 学者蓝娴通过对一份德国判决书的解读，挖掘了其体现出来的三阶层定罪逻辑。[②] 学者潘星丞试图澄清四要件论与三阶层论双方对于“构成要件”这一概念的误解。[③] 学者蔡道通基于人权保障的立场分析了“塔甘采夫”犯罪论体系的不可行。[④] 学者董泽史以刑法的精确性与模糊性为视角，主张以确定性与非确定性为本体的二元刑法观设计新的科学的犯罪论。[⑤] 学者黄得说提倡构建 S=kIZ 犯罪论体系。[⑥] 学者谢治东对完善犯罪论体系本土化的过程中如何取舍各元素进行了分析。[⑦] 学者郑丽萍主张我国犯罪论体系应分为两个层次。[⑧] 学者王俊从犯罪论体系中位阶性问题的反思入手，对阶层体系客观判断优先提出了质疑。[⑨] 学者孙平、博胥康介绍了法国犯罪二元论体系。[⑩] 学者王志祥、袁宏山对成立犯罪最低标准意义上的犯罪构成理论作了批判。[⑪] 学者庞冬梅介绍并评价了俄罗斯犯罪构成理论体系的发展历程。[⑫] 学者杜宇探究了犯罪构成体系的程序价值。[⑬] 学者刘广三、庄乾龙对犯罪构成的刑事推定功能提出了质疑。[⑭] 学者姚磊分析了犯罪论体系推定机能与刑事主观事实证明之间的互动。[⑮] 学者胡选洪在反思法学本科教育目的的前提下探讨了犯罪论体系的教学功能。[⑯] 学者王勇介绍了改良阶段（20 世纪 80 年代初期到 90 年代末期）的传统犯罪构成理论。[⑰] 学者陈银珠提倡我国犯罪构成解释范式应当转向功能论[⑱]，并且以程序法与实体法的功能区分为视角探讨了犯罪构成要件的逻辑顺序。[⑲]

学者赖早兴主张借鉴英美法系国家的犯罪构成理论来完善我国的犯罪构成理论。[⑳] 学者童德华以德国犯罪论的谱系为视角介绍了哲学思潮对犯罪构成的影响。[㉑] 学者邵栋豪探讨了变体构成要件与量刑情节的关系。[㉒] 学者张小宁提倡“不法·责任”体系论，同时分

---

① 简爱．三阶层犯罪论体系与刑事判决书的对接——以德国波恩州法院关于一起故意杀人未遂案的判决书为视角．刑事法评论，2013（2）．

② 蓝娴．三阶层的定罪逻辑及其背后的理论梳理——基于对一份德国判决书的解读．刑事法评论，2013（2）．

③ 潘星丞．构成要件理论的误解与澄清——兼与何秉松、陈兴良等教授商榷．政法论坛，2015（3）．

④ 蔡道通．论“塔甘采夫”犯罪论体系的不可行——基于人权保障立场的分析．法律科学，2009（5）．

⑤ 董泽史．二元犯罪论的理论构想——以刑法的精确性与模糊性为视角．中国刑事法杂志，2012（3）．

⑥ S 即罪责，k 即不法与罪责的转换系，I 即不法，Z 即期待可能性，为百分比。参见黄得说．S=kIZ 犯罪论体系的诠释．刑事法评论，2014（1）．

⑦ 谢治东．犯罪论体系本土化完善中各元素的取舍分析．政治与法律，2015（8）．

⑧ 郑丽萍．构建我国犯罪论体系之思考．中国刑事法杂志，2007（1）．

⑨ 王俊．犯罪论体系中位阶性问题的反思——对阶层体系客观判断优先的质疑．政治与法律，2015（3）．

⑩ 孙平，博胥康．法国犯罪二元论体系概述：行为和行为人．刑法论丛，2007（1）．

⑪ 王志祥，袁宏山．成立犯罪最低标准意义上的犯罪构成理论之批判．中国刑事法杂志，2013（3）．

⑫ 庞冬梅．俄罗斯犯罪构成理论体系发展历程述评．刑法论丛，2012（3）．

⑬ 杜宇．犯罪构成与刑事诉讼之证明——犯罪构成程序机能的初步拓展．环球法律评论，2012（1）．

⑭ 刘广三，庄乾龙．对犯罪构成刑事推定功能的质疑——兼论利用影响力受贿罪之证明责任分配．中国刑事法杂志，2011（7）．

⑮ 姚磊．犯罪论体系推定机能与刑事主观事实证明．政治与法律，2016（7）．

⑯ 胡选洪．犯罪论体系的教学功能——基于法学本科教育目的之反思．刑事法评论，2015（2）．

⑰ 王勇．改良阶段的传统犯罪构成理论研究．刑法论丛，2011（3）．

⑱ 陈银珠．我国犯罪构成解释范式的功能论转向．刑法论丛，2013（3）．

⑲ 陈银珠．论犯罪构成要件的逻辑顺序——以程序法与实体法的功能区分为视角．法律科学，2012（3）．

⑳ 赖早兴．英美法系国家犯罪构成要件之辨正及其启示．法商研究，2007（4）．

㉑ 童德华．哲学思潮与犯罪构成——以德国犯罪论的谱系为视角．环球法律评论，2007（3）．

㉒ 邵栋豪．变体构成要件与量刑情节的关系．中国刑事法杂志，2013（1）．

析了犯罪论体系与构成要件的机能。[①] 学者卢勤忠研究了程序性构成要件要素。[②] 学者张智辉就犯罪构成的客观要件进行了系统的分析。[③] 学者王晓辉探讨了刑事程序对四要件犯罪构成体系的隐性修正与重整。[④] 学者邵栋豪认为，我国刑法、民商法和行政法在立法、法律解释和司法判例中都遵循着阶层式犯罪论体系，从而形成对阶层式犯罪论体系的默契声援。[⑤]

以上学者提倡的新犯罪论体系都遵循了陈兴良教授等提出的客观判断优先于主观判断、事实判断优先于价值判断、形式判断优先于实质判断、定型判断优先于个别判断的规则。但是在处理客观—主观、积极—消极两对关系时先后顺序不一致：陈兴良教授、张明楷教授是先处理客观—主观关系，再分别在客观、主观阶层内处理积极—消极关系，可以说是偏向于德日体系的模式；而曲新久教授、周光权教授则是先处理积极—消极关系，再处理客观—主观关系，可以说是偏向于英美体系的模式。而两种体系的共同特点，就是阶层性，这正是犯罪论体系重构派所追求的目标。[⑥]

三、结语

1997 年新刑法典颁布二十多年来，我国刑法学再次迎来了一个关键的时刻——刑法知识理论面临着亟待突破的瓶颈。对于我国犯罪构成理论未来的发展方向，欧锦雄教授认为，应当对中外各种犯罪构成理论进行全面而深入的研究，并在如何将犯罪构成理论成果转化为实践应用理论的问题上作格外严肃地对待。中国法律实务教育应当统一采取一种犯罪构成理论作为其主流犯罪构成理论，并据此形成统一的刑法理论。在未来传统的犯罪构成理论应继续成为中国的主流犯罪构成理论，因为其符合罪刑法定的原则，也能体现人权保障优先的理念，具有较强的逻辑性且易于操作，并经过了三十多年刑事司法实践，对比德日犯罪成立理论可以发现我国传统犯罪构成理论更具科学性，但是针对其不足之处也要进行适度的改造，同时中国法律实务教育应当树立主流犯罪构成理论的权威，即为了保证刑法在全国适用的相对统一，通过统一的司法考试引领全国刑法实务教育的方向，传统犯罪构成理论成为我国法律实务刑法学教育的主流理论。[⑦] 莫开勤教授认为，不可否认我国传统犯罪构成理论具有直观、简单、易操作的特点，而且已根植于司法工作人员的思想中，并被广大理论工作者和司法实际工作者所接受，但是它同样面临严峻的挑战，简单来说可以归结为“完善”和“重构”。前者是在认可现行犯罪构成理论总体上是科学的前提

---

① 张小宁. 犯罪论体系与构成要件的机能——松宫孝明教授“构成要件的概念与机能”一文评析. 刑法论丛，2014 (2).

② 卢勤忠. 程序性构成要件要素概念的提倡. 法律科学，2016 (6).

③ 张智辉. 论犯罪构成的客观要件. 中国刑事法杂志，2016 (6).

④ 王晓辉. 论刑事程序对四要件犯罪构成体系的隐性修正与重整——以“犯罪认定一体化”与“相对化”为视角的解读. 政治与法律，2014 (3).

⑤ 邵栋豪. 三大部门法对阶层式犯罪论体系的默契声援. 国家检察官学院学报，2012 (3).

⑥ 曲新久. 共和国六十年法学论争实录 (刑法卷). 厦门：厦门大学出版社，2010：114-115.

⑦ 欧锦雄. 新中国犯罪构成理论的发展和完善//赵秉志，陈忠林，齐文远. 新中国刑法 60 年巡礼. 北京：中国人民公安大学出版社，2009：141-143.

下，保留现行犯罪构成理论的基本框架，对不足之处进行完善；后者则是在认为现行犯罪构成理论已经不能适应我国刑事法治建设对定罪的精细化要求的前提下，破旧立新来构建新的犯罪构成理论体系。对于上述两种思路不能简单地肯定一种而绝对地排除另一种，而应当坚持一种必要的学术宽容，允许乃至鼓励多种犯罪构成理论体系的存在，任何一种犯罪构成理论体系，只要能处理好形式与实质、事实与价值、规范与事实、主观与客观、定性与定量等关系问题都是具有生命力的，因此将来会逐渐出现多种各具相当影响力的犯罪构成理论并存的局面。① 彭文华教授则指出，全球化时代我国犯罪构成理论的发展需要立足于民族文化思维模式，这是构建犯罪论体系的前提和基础，需要辩证地扬弃其他国家或民族和学科的成果；是构成科学犯罪论体系的保证，需要吸收其他学科的营养成分；是构建科学犯罪论体系的必要补充。作为民族文化的一种，各国犯罪理论体系在建构上必然依循本国或本民族的文化思维模式，它们各有优劣，风险与收益并存，没有哪种犯罪论体系完美无缺，因此真正检验某一犯罪论体系是否科学、合理，不在于犯罪论体系的内部结构和层次，而是由一国国情和文化背景所决定的。我国现行犯罪构成理论在司法实务中的可操作性和实用性都较为科学合理，这在很大程度上证明了该体系与我国文化背景基本吻合。通过对我国犯罪论体系更加全面深入的研究和探索，汲取各法系的理论优势和实践经验，坚信我国刑法理论将会步入繁荣昌盛的发展阶段，并将国内刑法的理论层次提升到全新的发展水平。

---

① 莫开勤. 新中国犯罪构成理论的演进和展望//赵秉志，陈忠林，齐文远. 新中国刑法 60 年巡礼. 北京：中国人民公安大学出版社，2009：148.

第三章　犯罪构成要件

自1997年《刑法》颁布以来，我国学界在犯罪构成要件的研究上硕果颇丰，尤其是对犯罪客观方面、主观方面的研究，日益纵深延展，呈现出精深化的特征。犯罪构成之主客观方面乃犯罪论的重点领域，其重要性不言自明。自1997年《刑法》颁布以来，我国学界于此重要领域主要在研究哪些问题，学者们有何争议，不同观点背后的价值取向又是什么？这些问题对于梳理我国学术研究脉络，启发学者们今后的研究思路，均具有重要意义。

一、行为

行为是犯罪构成研究中的重要概念。我国学界对行为概念的研究，从研究进路上来看，经历了从危害行为向实行行为的构成要件要素化转变。从研究内容上来看，间接正犯的实行行为、不作为犯的实行行为认定等问题一直是关注的重点。

(一) 从危害行为到实行行为的构成要件要素化研究进路

在我国传统四要件犯罪论体系的语境下，行为概念的展开主要是以危害行为的形式在犯罪客观方面进行。而对危害行为的研究，主要着眼于行为的社会危害性本质。

陈兴良教授认为，只有具有社会危害性的行为才会受到刑法惩罚。四要件体系在犯罪客观方面的认定上，首要考虑的便是行为是否具有社会危害性的本质。社会危害性的认定是一种价值判断，但这种价值判断并不是在犯罪客观方面完成的，而是借助犯罪客体来具体论证。换言之，一个行为之所以具有社会危害性，原因正在于其侵犯了某一犯罪客体。如此一来，对行为的研究便陷入危害行为与犯罪客体的循环论证之中，缺乏对行为本身的规范性质研究。危害行为也成为社会危害性理论的重灾区，得不到深入展开。①

随着德、日刑法理论中的因果行为论、目的行为论、社会行为论、人格行为论等理论的引入，我国对危害行为的研究重点开始由价值判断转向事实判断、规范判断，更多地关注行为本身的事实特征以及规范特征。有学者提出，危害行为的构成特征应限定于意思因

---

① 陈兴良. 行为论的正本清源——一个学术史的考察. 中国法学，2009（5）：173-174.

素与刑事违法性。[①] 还有学者认为应将危害行为界定为“客观上违反刑法的禁止规范或命令规范的身体动静”[②]。

虽然危害行为是属于犯罪客观方面并作为其构成要件要素出现的，但对危害行为的研究其实并未体现构成要件要素化的特征。换言之，从危害行为视角展开的行为研究，主要是对行为的特征、性质作一般性的描述，但并未从构成要件要素的视角考虑行为的具体判断。对危害行为的研究并不是服务于某一犯罪构成成立与否，因而不具有构成要件要素化的特征。

对行为作危害行为理解的研究进路，自本世纪初期有了转向。随着德、日刑法学中的阶层式构成要件理论的引入和强调，作为犯罪客观方面核心构成要件要素的行为得到了重视，而危害行为概念由于无法承载对行为要素的具体认定，逐渐为更加具体化的实行行为（构成要件行为）概念所代替。通过整理法学 16 刊上的相应文献可以发现，自 2003 年以来，独立研究实行行为的文献开始增多，对行为概念的研究，已经从危害行为这一略显宏观、抽象的层面，具体化为对作为构成要件要素的实行行为的认定。比如有学者指出，行为概念的下位概念是危害行为，危害行为的再下位概念是实行行为，而从相对严格的意义上来说，实行行为是刑法典分则的具体条款规定的。[③] 对行为概念的具体划分，不同学者间在用词上可能略有差异，但将实行行为具体化定位于刑法分则的观点是相通的。[④] 也有学者并未直接对行为概念进行层级划分，而是提出用构成要件行为来表述我国刑法理论通说意义上的危害行为，将危害行为界定为具有危害性的行为，应当更为确切。[⑤] 甚至还有学者认为应当吸收大陆法系刑法学中行为论的学术资源，重视与建构构成要件行为论，取代我国传统危害行为的概念。[⑥] 稍微缓和一些的学者则指出，传统刑法将危害行为置于犯罪客观方面核心地位的做法存在缺陷。犯罪客观构成要件中的行为不应是真正的事实性行为，而只能是行为人主观罪过中认识或控制的行为的客观性质，因此客观构成要件中的行为不能脱离犯罪构成的其他要件独立存在。而危害行为并不符合上述对客观构成要件行为的要求，危害行为自身存在的概念确实与逻辑规律悖反，决定了犯罪客观方面的行为不能由危害行为取代。[⑦]

（二）实行行为视角下的焦点问题梳理

自实行行为视角下展开的行为研究，重点关注的问题在于实行行为的两种实施方式，即作为与不作为的认定。在以作为、不作为方式实施的实行行为认定中，对于行为人亲手实施的、以积极的身体动作实施的实行行为，相对而言较容易认定，因此争议也较少。真正引起学者们争议的是行为人并未亲手实施的、以消极不作为方式实施的行为认定问题。下文将对此方面的研究作综述分析。

---

① 肖中华. 论刑法中危害行为的概念. 法律科学，1996（5）：45.

② 倪德锋. 再论刑法中危害行为的概念. 现代法学，1999（2）：67.

③ 董玉庭. 论实行行为. 环球法律评论，2004（2）：188-189.

④ 聂立泽，孙海龙. 论刑法中的实行行为. 法商研究，2004（4）：100-105.

⑤ 张小虎. 犯罪实行行为之解析. 政治与法律，2007（2）：94-99.

⑥ 陈兴良. 行为论的正本清源——一个学术史的考察. 中国法学，2009（5）：172-190.

⑦ 陈忠林，徐文转. 犯罪客观要件中“行为”的实质及认定. 现代法学，2013（5）：109-118.

1. 作为

学界对于作为行为的探讨，重点在于作为的实施方式的研究而非作为的概念分析。传统理论认为，作为的实施方式有利用自己身体实施的行为、利用物质性工具实施的行为、利用自然力实施的行为、利用动物实施的行为以及利用他人实施的行为。在这其中，对于利用他人来实施的作为犯罪一直是学者们关注的重点，尤其是间接正犯问题，受到了学界的广泛关注。

间接正犯理论自 1980 年代被引入我国后[①]，一直是学术研究的重点与难点。我国刑法并无关于间接正犯的条文规定，传统刑法理论一般在行为论中对间接正犯进行探讨，认为间接正犯是指利用他人作为工具而实施犯罪的实行行为，并将其视作作为犯罪的实施方式之一。[②] 自作为犯罪视角下展开的间接正犯研究，关于间接正犯的概念和刑事责任的探讨相对减少，学术难点和热点在于间接正犯的正犯性、认定规则以及体系地位等问题。值得注意的是，新近出现了部分否定间接正犯的理论。

（1）间接正犯的正犯性

间接正犯的正犯性是间接正犯研究中的开篇问题。间接正犯并未亲手实行犯罪，为什么要将其以正犯处理？在展开间接正犯的其他问题前，必须对此问题予以回应。

刑法理论中对间接正犯的正犯性论证，主要有工具说，即认为间接正犯是利用他人作为工具犯罪；因果关系中断说，将间接正犯视为因果关系中断的一种排除情形，利用无责任能力人或无故意者实施犯罪，因果关系并不中断而成立间接正犯；原因条件区分说，即认为间接正犯是对结果的发生具有原因力的先行行为，应负正犯之责；主观说，即认为间接正犯是以自己犯罪的意思而利用他人犯罪，应视同正犯；国民道德观念说，即认为根据国民道德观念将利用他人犯罪者视为正犯；构成要件说，即认为实行符合构成要件定型性的行为均为正犯行为，间接正犯只不过是实行的方式而已；行为支配说，即认为间接正犯在整个犯罪过程中都居于支配的地位因而成为正犯。[③] 学者们关于间接正犯性问题的观点，论证角度均在其中。比如，有学者综合上述论证角度，认为应当从主客观相统一的角度，从利用者、被利用者两个方面对间接正犯的正犯性予以论证，间接正犯主观上有利用他人来进行犯罪的故意，客观上有利用他人作为工具进行犯罪的行为，因此应当被视为正犯。[④] 又如，有学者提出，间接正犯之所以是正犯是因为其完全具备正犯的实行行为性，即利用他人假他人之手实现了自己的犯罪目的，这种行为与自己亲自动手实施犯罪行为相比没有任何差别。[⑤]

还有学者从与直接正犯、帮助犯、教唆犯的区别角度来论述间接正犯的正犯性，提出间接正犯的正犯性在于利用者具有单方面、正犯的故意，主观上具有独立的实行罪过，客观上有通过他人实施犯罪的利用行为。与直接正犯的区别在于，利用者所具有的正犯性需要通过被利用者的行为得以体现；与帮助犯与教唆犯的区别在于，其本身并不直接实施犯

① 陈兴良. 论我国刑法中的间接正犯. 法学杂志，1984（1）：32-33.
② 刘士心. 论间接正犯之范围. 法商研究，2006（3）：109.
③ 林维. 间接正犯研究. 北京：中国政法大学出版社，1998：62.
④ 陈兴良. 间接正犯：以中国的立法与司法为视角. 法制与社会发展，2002（5）：6-7.
⑤ 杨延军. 间接正犯的几个基本理论问题新探. 法商研究，2010（6）：73.

罪构成要件行为，并非刑法规定的共犯行为。因此，在论证间接正犯的正犯性时，应结合间接正犯自身所具有的特征，坚持主客观相统一的原则进行展开更合理。①

（2）间接正犯的实行着手认定

间接正犯的实行着手认定，或曰间接正犯的实行行为认定，一直是学界讨论的热点与难点。关于实行行为的着手，学界历来存在主观说与客观说之争，客观说内部又有形式客观说与实质客观说的对立。② 受此研究思路影响，间接正犯的实行着手认定也存在主观说与客观说的对垒。比如根基于主观说基础上的利用者行为说认为，实行行为是行为人危险性的征表，只要利用者实施了利诱行为即视为实行行为的开始，而无关乎被利用者是否接受了利用和实施了犯罪行为。而立足于实质客观说基础上的被利用者行为说则认为，实行行为是具有实质法益侵害危险的行为，只有被利用者实行直接侵害法益或者具有侵害法益危险的行为之始，才可看作间接正犯的着手。此外，还有被利用者区别化说，该说认为间接正犯的着手，一般应以开始了利用者的诱致行为时为着手，但在利用“有故意的工具”时，则以被利用者行为时为着手。个别化说则主张，具有惹起构成要件结果发生之现实危险性时是实行着手，无论是利用者行为还是被利用者行为，只要行为能够引起侵害法益的现实危险即犯罪，故间接正犯的着手应以惹起危险之行为为开端。③ 不同的学者基于各自不同的学说立场，对于间接正犯的实行着手问题有不同的观点，但基本都在上述观点之范围内。

比如，有学者提出，在间接正犯的场合，若利用行为无法形成对法益侵害的现实危险，则其在本质上仍属于犯罪的预备行为，只有被利用者开始实施行为时，法益侵害的危险才能定型、才具有紧迫性，才能将其评价为犯罪的实行行为。④

又如，有学者认为间接正犯的实行行为始于被利用者开始实施行为且法益侵害的危险具备定型性和急迫性之时。“利用行为说”并非间接正犯实行行为的妥当理论，在间接正犯中，利用者的行为与被利用者的行为是一个有机整体，共同构成间接正犯的犯罪行为，将被利用者的行为解释为实行行为，符合实行行为的本质。⑤

也有学者提出，通常情况下，被利用行为是间接正犯的实行行为，但是例外情况下，即当利用行为已经具备侵害法益的具体危险，被利用行为只是法益侵害因果进程的一个环节，并未增加利用行为的危险性时，则利用行为就应当被认定为实行行为。对利用人是否构成间接正犯的判断中，被利用人的地位起决定性作用。判断实行行为是否被支配，应当结合被利用人的认识因素、意志因素和身份特征等因素。⑥

还有学者主张，虽然我国大陆刑法典没有对间接正犯的直接规定，但是从相关条文可以界定间接正犯存在的范围。《刑法》第 29 条应解释为限制的共犯从属性而非共犯独立性。区分正犯是“直接”还是“间接”，关键在于行为人是否以自身行为构成不法。对间

---

① 肖志锋. 间接正犯的正犯性学说述评. 法学评论，2009（3）：24-28.

② 赵秉志. 论犯罪实行行为着手的含义. 东方法学，2008（1）：14-22.

③ 马松建，蒋兆乾. 论间接正犯的着手. 政法论丛，2013（3）：40-41.

④ 何荣功. 论间接正犯的实行行为. 政治与法律，2007（6）：109-114.

⑤ 同④.

⑥ 杨延军. 间接正犯的几个基本理论问题新探. 法商研究，2010（6）：72-79.

接正犯的认定采用以下标准：被利用者在案件中已经变成纯粹工具的情形，利用者构成间接正犯；被利用者只要存在任何一点意识而非如同工具一般被操纵，则利用者只能成立教唆犯。[①]

此外，有学者主张，在承认间接正犯拟制的正犯性背景下，间接正犯的实行行为认定规则为：共犯对直接实行人而不对间接正犯具有从属性；间接正犯的利用行为、支配行为虽然是间接正犯的“正犯行为”，但是其着手则以被利用者即直接正犯的着手为标准判断时间点。[②]

（3）身份犯的间接正犯问题

间接正犯的形态之一是利用“有故意的工具”。所谓“有故意的工具”指的是被利用者具有责任能力和故意，但缺乏犯罪的目的或身份。基于此，身份犯的间接正犯问题向来也是间接正犯理论研究中的关注热点。

有学者认为，纯正身份犯能否构成间接正犯，需要结合该身份犯的自身属性予以判断：第一，利用人有身份而被利用人无身份的情况，应当根据该犯罪是否需要有身份者亲自实施进行判断；第二，利用人无身份而被利用人有身份的情况，应当根据身份与主体能否分离的角度进行分析。因此，不同类型纯正身份犯的间接正犯判断问题，需要结合身份犯犯罪的构成要件和身份特性予以解决。[③]

也有学者提出，身份犯的间接正犯必须具备身份，无身份者只能成立身份犯的教唆犯、帮助犯或者其他普通犯罪的正犯。在间接正犯的场合，事实上由被利用者的行为或者身体动作直接造成了侵害结果，只不过在归责意义上，要将结果归属于利用者的行为。[④]

（4）间接正犯的否定

间接正犯概念源自域外，是共犯区分制理论为了弥补共犯从属性的处罚漏洞而从法理上提出来的一个概念。我国刑法条文中并无关于间接正犯的规定，且关于我国的共犯参与体系，学界历来也有不同的声音。因此，对于间接正犯概念是否具有存在的必要，我国学界也是存在争议的。

有学者认为，在共同犯罪中探讨间接实行犯问题的做法，既违背刑法理论中对其本质的定性，又无益于司法实践中量刑问题的解决。应当认为，间接实行犯在我国刑法理论中的功能是拾遗补阙，是一个替补理论而并非是与直接实行犯相对应的一个概念。正当的做法是对我国共同犯罪理论进行重新认识，从规范性思维出发重新定义间接实行犯。[⑤]

也有学者指出，间接正犯应被全面否定。第一，在行为共同说与限制从属性理论的视角下，基于极端从属性说而提出的间接正犯理论没有存在的余地。对于原本作为间接正犯处理的案件，可以被教唆犯、帮助犯、直接正犯或者共同正犯等刑法理论解释和处理；第二，我国刑法条文并没有“间接正犯”的规定，刑法理论与司法实践对间接正犯的广泛讨

---

① 韩其珍．间接正犯的光与影——以比较刑法为视角的考察．刑事法评论，2013（1）：40-76.

② 黄继坤．论间接正犯的从属性及实行着手——基于间接正犯之拟制性的反思．刑事法评论，2015（1）：318-329.

③ 吴飞飞．身份犯的间接正犯构成——兼论身份犯与亲手犯的交叉关系．中国刑事法杂志，2008（2）：11-17.

④ 张明楷．论身份犯的间接正犯——以保险诈骗罪为中心．法学评论，2012（6）：126-135.

⑤ 肖吕宝．论我国刑法中间接实行犯的性质．政治与法律，2008（8）：111-115.

论和使用，并没有教义学主张。①

还有学者直接主张，间接正犯的概念应当被取消。第一，间接正犯的提出是德日刑法为了弥补限制的正犯概念和极端从属性说理论中产生的处罚漏洞，在我国采取不区分正犯与共犯的单一正犯体系之下，并无间接正犯存在的必要；第二，间接正犯理论在司法实践中存在处理障碍，我国放弃间接正犯理论而采用单一正犯体系，更有助于实践问题的解决、便宜司法活动的进行。②

近期，有学者从间接正犯概念泛化的角度，指出应在刑法理论中对此概念予以消解。该学者认为，基于我国刑法关于共同犯罪的规定，以及在实质解释尤其是犯罪支配说为根本理念发展起来的实质正犯说的指导下统一正犯体系的实质形成，正犯与共犯的界限愈显模糊，我国应以扩张正犯说为基础构建我国的犯罪参与理论，由此一切支配结果发生的原因皆为正犯，并无区分直接正犯与间接正犯的必要。因此，间接正犯概念应予以取消。③

2. 不作为

间接正犯的认定，难点在于行为人并未亲手实施符合犯罪构成的行为，而是利用他人的行为实施犯罪。尽管行为人并未亲手实施，但是其仍旧是以积极的身体动作去利用他人以达成自己的犯罪目的。不作为犯罪与其相似之处在于，行为人并未亲手去促成法益损害结果的发生；与之不同的是，行为人是以一种无所作为的形式促成了结果的发生，即并未有积极的身体动作的输出，而是以消极的身体静止不履行其应履行的义务而致使结果发生。由于行为人欠缺亲手实施性以及积极实施性，不作为犯的认定一直也是学界热议的重点与难点问题。

按照通说，不作为可以分为真正不作为与不真正不作为。真正不作为犯有刑法的明文规定，因此认定较为简单。不作为犯领域真正的认定难点在于不真正不作为犯的认定。

（1）不真正不作为犯的可罚性根据

不真正不作为犯是行为人负有某种作为义务，但是却不履行该义务以致发生构成要件结果。由于不真正不作为并无积极的实施犯罪构成的行为，因此对于不真正不作为犯可罚性根据的论证，是该理论的开篇问题。

通说认为，不真正不作为犯之所以可罚，是因为其与作为具有等价性。等价性内容是指不作为与作为导致的危害结果在法律评价上是一致的平行的，具有同样值得非难的负价值。有学者指出，等价性说不论是在大陆法系国家还是在我国刑法理论中，都应当具有重要地位，它决定着能否对不纯正不作为犯进行处罚以及如何处罚的问题。④

不作为与作为的等价值性，在哪个层次等价，学说史上经历了因果关系说、违法性说、构成要件说三个阶段，目前占主流的是构成要件说，亦即不作为之所以可罚，是因为在构成要件上与作为具有等价性。⑤ 构成要件说又被称为保证人说，即行为人具有保证结果不发生的作为义务，居于保证人地位。此时，作为义务便成为一个媒介，连接了作为与

① 黎宏，姚培培. 间接正犯概念不必存在. 中国刑事法杂志，2014（4）：34-47.

② 刘明祥. 间接正犯概念之否定——单一正犯体系的视角. 法学研究，2015（6）：98-115.

③ 张伟. 间接正犯泛化与统一正犯体系的确立. 法商研究，2018（3）：83-94.

④ 李晓龙. 论不纯正不作为犯的等价性. 法律科学，2002（2）：45.

⑤ 李希慧，杜国强. 身份犯及其相关概念辨析. 现代法学，2005（2）：120.

不作为的等价性。[①]

(2) 作为义务的来源

行为人负有的作为义务是其不作为的可罚性根据。至于作为义务的具体来源，学界一直以来就存在较大的争议。作为理论中，对于作为义务的界定一直是研究重点。关于不作为的作为义务来源，刑法上存在形式的作为义务论、实质作为义务论以及形式作为义务与实质作为义务结合理论这三种学说。

1) 形式作为义务论

对于作为义务，一般的划分方法以法义务产生的根据为准，这是“形式的法义务理论”。一般承认的义务来源有法律、契约和先期实施的有危险性的行为。[②] 我国刑法早期的通说也采取的是形式作为义务论，比如有学者认为，在不作为犯的形式作为义务考察中，对不同类型的作为义务来源进行具体分析：对于法律明文规定的义务，可以认为是作为义务的来源；对于职务或业务要求的义务，在出现义务规范缺失和义务难以认定的情况时，要考虑各种情形进行综合认定；对于法律行为引起的义务，如在对合同行为具体认定时，应考虑诸多限制性因素，而对于相关学者所提到的自愿承担行为，在对行为人进行认定时可以予以考虑但不能作为主要的考虑因素；对于先行行为引起的义务，不应仅仅限于违法行为、有责行为、作为，即便是犯罪行为亦可引起作为义务。[③]

也有学者认为，不作为犯罪不能过分扩大其义务来源，只有为法律、法规规定的特定义务和为先行行为形成的法律关系所确定和设定的特定义务，才能作为不作为犯罪的义务来源依据。传统的“三义务来源说”“四义务来源说”“五义务来源说”存在缺陷、应当摒弃，不作为犯罪的义务来源其实只限于法定义务。[④]

2) 实质作为义务论

形式作为义务虽然是我国刑法学界早期的通说，但也有学者对形式作为义务进行反思，提出在很多情况下形式的作为义务根据并不能提供定罪的真正理由。有学者提到，我国刑法学界对不作为义务来源研究较多的是形式义务，而缺少对实质义务的探讨，这对司法实践的指导作用非常有限，因为很容易证伪的是并非所有所谓法律规定的义务、职业或业务上要求的义务、先行行为产生的义务都可以成为不纯正不作为犯的义务来源，这不能不说是一大缺憾。[⑤] 也有学者认为，问题的关键不在于要从形式上确定不作为义务的来源，而是如何实质地确定不作为犯能否成立，判断不作为者是否掌握导致结果发生的因果链，从而具体地、事实地支配因果关系的发展经过。[⑥] 因此，实质的义务说逐渐得到提倡。

有学者认为，形式作为义务论向实质作为义务论的转变具有必然性。刑法对行为人赋加作为义务的实质根据在于，行为人与受害人或危险源之间具有排他的为保护法益而存在的关系，因此当该法益面临紧迫危险时，刑法基于保护法益的考虑要求行为人履行作为的

① 刘艳红. 论不真正不作为犯的构成要件类型及其适用. 法商研究，2002 (3)：54.

② 周光权. 论实质的作为义务. 中外法学，2005 (2)：216.

③ 原佳丽. 论不作为犯罪的作为义务——以故意杀人罪为研究视角. 刑法论丛，2013 (1)：165-183.

④ 杨兴培. 论不作为犯罪义务来源的法律属性. 政治与法律，2014 (6)：108-116.

⑤ 宫厚军. “保证人说”之演变及其启示. 法商研究，2007 (6)：115.

⑥ 同②.

保护法益义务或监控义务。只有立足于法益和社会功能关系地位的实质化立场，才能正确揭示不作为犯的作为义务来源。①

有学者指出，不作为犯作为义务来源类型之一的先行行为需要摆脱自然因果的束缚而转向客观归责的考察。首先，在功能二分说的框架下，先行行为的作为义务与其他形式法律义务具有体系上的差别；其次，客观归责理论视角下的先行行为必须是一种与损害结果之间存在风险关联的风险创设行为，并且风险的实现是在先行行为违反的规范保护目的范围之内；最后，对行为人的先行行为型不作为犯进行归责。②

有学者主张，在肯定先行行为成为不作为犯的作为义务来源的基础上，应当对先行行为进行实质的、合理的限制。在先行行为型不作为犯的认定中，首先，先行行为性质的考察，应当坚持使用制造或者升高危险标准，并分析行为人是否对此种危险具有排他性支配地位；其次，需要考察先前行为与后续行为以及造成的法益侵害结果有无直接的因果关系；最后，以“充分且不重复评价”原则为指导，根据先前行为和后续行为的行为个数、侵害法益的性质和个数等，并结合刑法有关结果加重犯和结合犯等的规定，判断犯罪的数量以及是否实行并罚。③

有学者指出，不能完全否定先行行为是义务来源之一，危险的先前行为不仅是不真正不作为犯的义务来源，而且是非典型的真正不作为犯的义务来源。实质限定先行行为的范围，才能合理界定不作为犯的处罚范围。具体而言，先行行为具备以下条件才能成为作为义务的发生根据：第一，对刑法所保护的具体法益造成了危险；第二，危险明显增大，如果不采取积极措施，危险就会立即现实化为实害；第三，行为人对危险向实害发生的原因具有支配作用。④

但是有学者提出了不同见解，认为先行行为本身并非构成要件评价的行为，刑法评价的重心是风险创设后至少维持法不允许的风险，故而先行行为与其他不作为犯虽然在判定基础与依据上存在不同，但是实际上在不作为犯的判断中并无二致，没有必要将先行行为抽离出不作为进行独立的判断。⑤

另外，有学者从不作为与作为的等价值角度进行分析，主张等价值是不真正不作为犯的成立要件之一，是限定不真正不作为犯的处罚范围的条件。等价值的判断应当基于不真正不作为犯中“起因、被害人、保证人”之间的“三重结构”，只有行为人具备故意或过失的先行行为型不作为犯才具有等价值。不真正不作为犯的行为人具有保证义务却利用或放任了具有法益侵害性的客观情势而导致了危害结果的发生。⑥

有学者提出，应当基于等价性（实质判断）对不作为犯进行认定，作为义务（形式判断）没有存在的必要。详言之，在不作为犯的作为义务认定中，既保留作为义务形式框架又以法益进行实质限缩的“二元论”考察模式并不妥当，不真正不作为犯的成立应当以构

① 谢绍华．作为义务来源的实质化．政法论坛，2008（2）：133-141．

② 王莹．先行行为作为义务之理论谱系归整及其界定．中外法学，2013（2）：325-346．

③ 温登平．先前行为作为义务来源否定说批判：第38卷．刑事法评论，45-67．

④ 张明楷．不作为犯中的先前行为．法学研究，2011（6）：136-154．

⑤ 陈逸群．对不纯正不作为犯的客观归责．刑事法评论，2014（2）：124-154．

⑥ 何荣功．不真正不作为犯的构造与等价值的判断．法学评论，2010（1）：106-112．

成要件为形式框架，摒弃作为义务，保留等价性作为构成要件的实质解释原理，体现犯罪论意义上的形式判断与实质判断的统一。①

3）形式作为义务论与实质作为义务论相结合

有学者主张，形式作为义务与实质作为义务相结合，构建一种递进、收缩式的不纯正不作为犯作为义务来源系统。在行为人具有形式作为义务的前提下，从作为义务的内容与不作为和作为等值性两方面，对作为义务来源的实质要素进行研究：首先，从作为义务的内容看，作为义务是指直接防止结果发生的义务，而并不是一种单纯行为的义务。其次，从作为与不作为等值性角度思考，作为是通过行为人积极的行动创造条件，从而控制因果关系流程，最终导致危害结果的发生。在行为人具有形式作为义务的同时又兼具实质作为义务来源时，才能够成立不纯正不作为的作为义务。②

有学者认为，在作为义务的判断中，形式义务论与实质义务论并非“二者选一”的关系，而是层次位阶关系：首先在存在论意义上对作为义务进行形式判断，然后在价值论意义上对作为义务进行实质判断，即在具备形式的作为义务基础上再进一步进行实质判断，此即作为义务的实质论。③

有学者指出，不作为犯作为义务来源的判断应当结合形式考察与实质考察。在作为义务发生根据的判断中，不能只肯定先行行为作为唯一的义务来源，因为不作为、具备违法阻却事由的行为、过失犯罪行为与故意犯罪行为，均可能成为产生作为义务的先前行为。④

有学者认为，形式作为义务论立场下的先行行为不作为犯难以确定边界，容易导致刑罚的扩张，完全否定先行行为不作为犯也不妥当。合理的做法应当是从形式与实质相结合的角度界定先行行为的范围，在此基础上运用犯罪事实支配理论论证先行行为不作为犯的等价性，最后对先行行为不作为犯进行科学界定。⑤

有学者提出，不真正不作为犯的作为义务来源的问题，随着开放的构成要件概念的提出与罪刑法定理念的转变而变得无足轻重。不真正不作为犯成立无须适用等价性理论，可以认为除真正的作为犯与真正的不作为犯之外的刑法分则规定既可以适用于作为犯，也可以适用于不真正的不作为犯。⑥

（3）不作为犯的实行行为

不作为犯的可罚性根据在于其与作为的等价性，而不作为何时能够与作为等价，便涉及行为人负担的作为义务问题。而行为人对作为义务的不履行何时能够被认定为实行行为，就涉及不作为的实行行为判断。

有学者直接从不作为的等价性角度对其实行行为展开研究，认为只有当行为人负担高度的作为义务时，比如法益面临着紧迫的危险，处于危险中的法益对行为人具有危险性，并且行为人能够操控危害结果的因果进程，在此之时，行为人严重地违反作为义务，其不

---

① 冯兆蕙，赵巴奥．作为义务“二元论”的批判与出路——以罪刑法定和结果无价值论为视角．中国刑事法杂志，2014（4）：19-26．

② 刘晓山，孙宝民．不纯正不作为犯作为义务来源的反思与重构．中国刑事法杂志，2008（4）：33-39．

③ 陈兴良．作为义务：从形式的义务论到实质的义务论．国家检察官学院学报，2010（3）：70-79．

④ 张明楷．不作为犯中的先前行为．法学研究，2011（6）：136-154．

⑤ 吴雨豪．论先行行为不作为犯的边界．刑事法评论，2014（2）：301-328．

⑥ 陈荣飞，肖敏．不真正不作为犯之等价性理论否定．政治与法律，2013（2）：89-95．

作为才具有与作为的等价性，此时才能认定不作为的实行行为的开始。[①]

有学者认为，不作为的本质在于行为人没有履行特定的法律义务而构成犯罪。不作为并非“什么都不为”而是“没有作出一定的行为”。不作为犯罪的实行行为需要满足三个条件：其一，保证人义务的存在；其二，不作为具有法益侵害的现实危险；其三，行为人具有作为的可能性。不作为犯的行为着手时点是：违反作为义务的不作为之时；或者是违反作为义务的不作为持续至存在法益侵害的现实危险之时。[②]

有学者指出，对于不作为犯的不法构成要件，应当注意以下几点：第一，形式化的保证人地位理论对于认定不作为犯的实行行为功能有限，应当结合客观归责理论规制不作为犯的不法构成要件的适用范围；第二，先行行为与构成要件行为（实行行为）并不相同，应当进一步厘清先行行为的风险、不作为的风险与客观归责理论风险规则之间的关系；第三，没有结果回避可能性时，不作为与结果之间欠缺规范上的风险关联，排除结果归责。[③]

3. 持有

关于实行行为的实施方式，除了作为与不作为之外，还有一种形态，即持有。对于持有的性质，究竟是属于作为或者不作为，或者是属于作为、不作为之外的第三种行为样态，再或者采取择一说认为有时属于作为、有时属于不作为，学界争议较大。采取择一说的学者认为，作为与不作为的界限在于所违反规范的类型，持有作为第三种行为类型无论在形式逻辑上还是事实上都不能成立。持有的性质只能视具体情况而定，通常情形是不作为，在仅有获取持有行为时才是作为。[④] 也有学者坚决犯罪择一说，认为持有并不是一种新的犯罪行为形式，完全可以将持有划入作为的行列。[⑤]

在英美法系中，刑法规定了大量的持有型犯罪，并对于持有型犯罪一般单列章节进行论述，但是对于持有的行为性存在较大争议。而在大陆法系，持有的行为性一般并不存在争议，学界通常认为持有是一种行为，但是对于持有的行为方式存在激烈的争论，主要有作为行为说、不作为说、择一说以及独立行为说等理论。域外这些关于持有的刑法理论，在一定程度上对传统理论中的持有观点产生了影响。我国学界对持有的研究，重点围绕持有的性质、持有的特征与持有犯罪的构造展开论述。

对于持有的性质，有学者认为，持有是一种行为而非“状态”或“状态行为”。在持有的处理中应当注意：其一，持有具备有意性这一行为本质特征；其二，持有具有状态性；其三，藏匿、携带等持有行为实质是不作为；其四，持有违反了命令规范，属于纯正的不作为犯；其五，作为可能性是事实认定的问题，不影响持有本身不作为的认定。[⑥]

关于持有的行为方式，有学者认为，持有不属于第三种行为方式，持有也不属于不作为，应当认为持有属于行为方式中的作为。对持有定位于行为方式中的作为既可以维护刑法行为理论的完整性，也能够强化持有犯罪的立法理由，并且兼顾了实践并明晰刑事责任

---

① 李晓龙．论不纯正不作为犯的等价性．法律科学，2002（2）：50-51．

② 钱叶六．不作为犯的实行行为及其着手之认定．法学评论，2009（1）：90-95．

③ 孙运梁．不作为犯中客观归责理论的适用．清华法学，2016（4）：148-161．

④ 石英．持有型犯罪争点探微．政法论坛，2001（1）：72-77．

⑤ 李立众．论“持有”的行为形式．法学评论，2000（4）：140-144．

⑥ 熊劲松．持有性质辨正．刑法论丛，2007（2）：90-104．

的证明理论，因而更具合理性。[①]

也有学者认为，与其争论持有的行为方式，不如立足于持有的本体进行实质考察。应当坚持持有的“一元说”立场，认为持有就是一种普通意义上的、人对物事实上的控制或支配。因此，持有不是一种危害行为，持有是否属于作为、不作为或者是第三种犯罪的行为方式的争论也就丧失了前提。[②]

有学者从持有型犯罪的立法价值与潜在危险处罚角度进行论述。认为持有型犯罪是以行为人非法持有特定管制物品或财产为客观要件的一种犯罪类型。但是持有型犯罪客观上也蕴含着违背刑法的谦抑性、削弱刑法人权保障功能以及因推定失误导致错误裁判的危险。对持有型犯罪应当采取慎重、谦抑的态度，立法上不宜盲目扩大其范围。[③]

有学者系统分析了持有型犯罪的特征及其司法认定，认为持有行为人因非法持有行为及其伴随的持有状态而构成犯罪。在认定持有型犯罪时应当坚持主客观相统一和补充性基本原则。持有型犯罪没有犯罪预备、犯罪中止和犯罪既遂的存在空间，行为人实施持有行为且齐备其他构成要件，犯罪即告成立。持有型犯罪与其他犯罪存在法条竞合的关系但是不存在成立牵连犯的情况。[④]

有学者具体研究了持有型犯罪的“附加条件”。刑法条文对持有型犯罪存在附加的“不能说明来源的”“没有证据证明持有物品构成其他犯罪的”等责任追究条件，这些附加条件并非“正常的工作程序”“证明责任倒置规则”等程序性设定，而是立法者将关联犯罪诉讼程序中可能出现的一种客观情势立法化为持有型犯罪成立所必需的客观实体条件。“附加条件”设立的根据，立法上表现为严密刑事法网、减少证明困难，司法上坚持持有型犯罪的最后手段性。[⑤]

二、危害结果

通常认为，刑法中的结果不仅包含现实侵害结果，而且包含现实危险状态。因此，危险也是刑法中结果的内容之一。学界对于危险的概念、性质和类型仍然存在激烈的争论：危险的概念有“行为人危险”“行为危险”“结果危险”等理论；根据危险性质的不同，危险犯可以分为具体危险犯与抽象危险犯，但是划分的标准有多种观点，例如存在根据危险是否作为构成要件要素进行划分、根据危险需要司法认定还是立法推定进行划分、根据危险属于结果的危险还是行为的危险的划分以及根据危险程度的区分等观点。

（一）危险犯的立法模式

对于危险犯的立法模式，我国部分学者认为，现行刑法中危险犯的规定存在规范不足、抽象危险犯的规定存在缺陷等问题，应当基于风险社会的变迁，或是在抽象危险犯的

① 马荣春. 也论“持有犯罪”的行为方式——兼与储槐植教授、杜宇博士商榷. 法学论坛，2008（5）：117-120.

② 张曙光. 论持有的实质——以巨额财产来源不明罪为例的分析. 刑事法评论，2010（1）：426-438.

③ 张建军. 谦抑理念下持有型犯罪的立法选择. 国家检察官学院学报，2011（3）：108-113.

④ 郭竹梅. 持有型犯罪的特征与认定. 法学杂志，2009（4）：47-49.

⑤ 张曙光. 论持有型犯罪的“附加条件”. 法学家. 2015（2）：46-60.

犯罪构成上进行优化等方面，对刑法中危险犯的立法进行优化。

有学者认为，风险刑法的重点应是危险犯的问题，危险行为犯罪化正是风险刑法的理念。我国刑事立法对危险犯应当作如下的造法活动：一是增设环境犯罪、食品安全和职务犯罪等犯罪的危险犯；二是增设过失危险犯；三是扩展危险犯的“危险类型”。而在司法活动中，首先应明确危险的认定，危险状态是危害行为引起的对公众安全预示一定实害结果发生现实可能性的法定客观事实，是否造成了公共危险的状态是能否对此种行为进行入罪判断的基石；其次应当肯定危险犯的各种停止形态，尤其需要注意的是应当允许危险犯中止形态的存在。①

有学者专门对抽象危险犯的立法技术进行了探讨，认为我国刑法关于抽象危险犯的条文一般只规定了行为，没有明文规定结果要素。用行为犯的不法根据、犯罪构成来解释抽象危险犯的犯罪构成，这直接导致了抽象危险犯的处罚范围过宽。应当以行为终了和结果之间是否有时间上的间隔为标准进行判断，可以发现抽象危险犯与行为犯在犯罪构成上既有本质区别又在特殊情况下存在交叉。为了限缩抽象危险犯的处罚范围，理论上必须对传统的“结果”概念进行延伸解释，并对行为犯的立法模式进行反思；为了促成抽象危险犯的理性立法，采用推定规则、没有拓展行为范畴、犯罪标准前移、删减犯罪构成要素等抽象危险犯的刑事立法技术应当进一步完善。②

从刑事立法的角度进行分析，有学者认为，危险犯在我国刑法中呈扩张形势，但危险犯的扩展必须坚持适度的原则，具体而言，可以从罪名范围的适度扩展和构成要件的适度扩展两个方面进行限制。而这两方面的扩展，都必须坚持适度的原则：增加的危险犯应当有公共危险性并且达到一定程度；该危险增加必须建立在相应的实害犯基础上；增加的危险犯应当与已有危险犯相近似。③

从抽象危险犯的立法界限处罚角度，有学者认为，对抽象危险犯在立法上要有合理限制，否则容易导致抽象危险犯被滥用。在对抽象危险犯进行限制时，应当同时兼顾法益最大化的保护与对公民权利最小限度的限制两个任务。换言之，在刑事立法中，应当坚持核心刑法的立场，坚守刑法谦抑性原则；另外，在对刑法的抽象危险犯进行立法时应当坚持比例原则的审查。④

（二）抽象危险犯的正当性根据与限制

关于抽象危险犯的正当性根据，以及对抽象危险犯扩张的限制，我国学者从抽象危险犯的可罚性、实质解释立场、两大法系的规定、风险社会的角度进行了论证。

对于抽象危险犯的限制与可罚性的论证，有学者认为，抽象危险犯既可表现为行为犯，也可表现为结果犯，但是该结果只是衡量、推导法益有无及程度的载体。抽象危险是一种拟制的危险，一般不需要进行具体的危险判断，应当坚持在原则上采取行为无价值立

---

① 李正新．风险社会中危险犯的改与造——以刑事立法与实践为视角．刑法论丛，2012（3）：121-134.

② 王永茜．抽象危险犯立法技术探讨——以对传统“结果”概念的延伸解释为切入点．政治与法律，2013（8）：10-20.

③ 华关根，王媛媛，冯云．论危险犯在我国刑事立法中的适度扩展．法学，2009（5）：151-156.

④ 王永茜．论抽象危险犯的立法界限．刑法论丛，2013（3）：71-108.

场，例外情形适用结果无价值进行判断。而抽象危险犯的正当性基础在于：更周延地保护法益；更有效地维持刑法规范；应对风险社会的挑战。抽象危险犯的构成要件设置是一种保护法益前置的措施，在风险社会下，具有合理性。但是，抽象危险犯的处罚与罪责原则间存在紧张关系，有必要限缩处罚范围。①

有学者以实质解释论为立场、从社会危害性的角度对抽象危险犯的可罚性进行论证，认为《刑法》第 13 条是唯一能够对抽象危险犯的适用进行限制的根据，这为在犯罪构成的架构内否定无风险的危险行为的实质违法性提供了规范依据。此外，允许行为人反驳抽象危险犯对行为风险的法律推定，也是合理控制抽象危险犯过度处罚无风险行为的合理路径。②

在对抽象危险犯的构造与适用分析中，同样有学者认为，我国刑法的但书规定可以实现对抽象危险犯适用的合理限制。抽象危险犯中的危险是根据生活经验而规定并进行判断的，并非完全可靠。正由于例外情况的存在，因此但书在抽象危险犯中就具有了适用的余地。在这种情况下但书的规定，符合抽象危险犯的本质，并且符合我国违法与犯罪二元体系。③

有学者从两大法系关于抽象危险犯的规定出发，对其违法性根据进行了分析。大陆法系通过法益侵害原则，建立了抽象危险犯的结果的不法，而英美法系通过危害性原则，根据抽象危险行为发生危害结果的可能性，建立了抽象危险犯的不法根据。相比之下，英美法系强调行为人在共同的社会生活中有合作义务，以及个人与社会其他人之间具有连带性，因此，英美法系的抽象危险犯比大陆法系更加严格，抽象危险犯的成立几乎不具有任何排除机制。但是无论是在大陆法系还是在英美法系，抽象危险犯的违法性根据都在于其法益侵害性或者危害性，这也是抽象危险行为实行犯罪化的核心根据。结合我国刑法理论，应当肯定抽象危险犯的违法性根据是法益侵害，而不是行为方式本身即具有刑事的可罚性。④

从风险社会下刑法的应对角度出发，有学者认为，抽象危险犯在德日等国家刑法中逐渐扩展的原因有：控制风险、提前保护法益；符合积极一般预防；减轻证明负担。为避免抽象危险犯过度扩张以致违背罪责原则、侵犯人权，应对其作必要的限缩。限缩的途径主要有立法论的限缩和解释论的限缩两种：立法论的限缩是指立法者在设计抽象危险犯的法条时，直接将某种情形排除在构成要件之外；解释论的限缩有从构成要件层次限定与从违法性层次限定两种途径。⑤

有学者认为，虽然抽象危险犯具有提前保护、重视预防的特性与功能，但是需要进一步划定其正当边界。具体而言，可以从立法、司法和程序三个角度进行分析：在立法论上进行价值权衡，限缩抽象危险犯的范围；在司法论上立足于实践操作，贯彻客观归责和责任主义下的量刑原则；在程序上允许反证，为其设定可能的边界。⑥

---

① 高巍．抽象危险犯的概念及正当性基础．法律科学，2007（1）：70－74．

② 谢杰．“但书”是对抽象危险犯进行适用性限制的唯一根据．法学，2011（7）：26－33．

③ 何荣功，罗继洲．也论抽象危险犯的构造与刑法“但书”之关系——以危险驾驶罪为引例．法学评论，2013（5）：49－53．

④ 王永茜．两大法系中抽象危险犯的违法性根据比较．国家检察官学院学报，2013（3）：94－102．

⑤ 苏彩霞．“风险社会”下抽象危险犯的扩张与限缩．法商研究，2011（4）：30－32．

⑥ 焦阳．风险社会视野下抽象危险犯的正当性证明．刑法论丛，2013（3）：53－68．

有学者指出，抽象危险犯虽然可以更好满足风险社会的立法需求，但是在刑法谦抑性原则基础上，需要对立法的正当性予以确证，也即实害犯与具体危险犯无法满足法益周延保护的机能必要性而不得不采抽象危险犯模式，由此可以更周延地保护法益：避免了结果犯模式对侵害结果难以规定和认定；避免因果关系判断难题；弥补结果犯之主观结果认识判断困难的责任漏洞。与此同时，对于抽象危险犯需要从基于法益论的无可察危险的反证排除模式和基于规范论的义务符合的偶然说例外模式两方面进行合理限缩。①

有学者主张，作为风险管控手段的抽象危险犯，具有以下理论基础：其一，法益保护的前置化；其二，积极的一般预防；其三，避免证明上的困难。对抽象危险犯的立法限制有：其一，抽象危险犯的立法应当主要运用于与现代风险相关的涉及核材料、环境污染、基因技术的运用、交通等方面的罪行；其二，依据刑法的谦抑性原则，在设立抽象危险犯时，应当首先考虑运用行政罚的手段是否可以达到强化规范性意识和预防的目的；其三，基于公共安全的考虑，对于某些抽象危险犯，可以明确规定如果能够对法益侵害危险积极消除的，应当从宽处罚。抽象危险属于“作为行为的危险”决定了对抽象危险犯之抽象危险不能进行反证。在我国刑法的当前规定之下，只需对抽象危险犯的犯罪构成作实质解释，就能确保对抽象危险犯处罚的司法正当性。②

从对抽象危险犯出罪机制的考察，有学者认为，法定犯司法认定对行政法制定标准的参考是相对的，这为抽象危险犯形态法定犯的出罪预留了解释空间。应在法教义学的框架内合理构建抽象危险犯类型法定犯的出罪机制以实现个案正义，具体而言：在实体法方面，应提倡法益的合目的性考虑，在具体案件的司法认定中适用“但书”进行实质解释；在程序法方面，不仅要加强有效辩护、灵活适用酌定不起诉等制度，而且应强调鉴定意见的规范适用。不提倡以刑事政策类理由直接出罪和由被告人承担犯罪不成立的证明责任的出罪路径。③

（三）危险犯的类型

关于传统危险犯中抽象危险犯与具体危险犯的划分方法，学者们提出了理论质疑，并进一步提倡，或是重构具体危险犯和抽象危险犯之间的区分标准，或是新增第三类型的危险犯。也有学者特别对公共危险犯进行了研究。

有学者认为，刑法分则中的“足以”规定并非具体危险犯或者危险犯的标志，而是对行为性质或者程度的要求，行为具有或者说达到“足以”程度的，才成立犯罪，否则不成立犯罪。所谓具体危险犯，是指以行为本身已经对法益形成了具体的、现实的、紧迫性危险为犯罪成立条件的犯罪（不包括犯罪的预备形态），而抽象危险犯，是指行为和对象本身决定了实施一定的行为就具有某种抽象的、类型性危险的犯罪。通说将刑法分则中“足

---

① 李川．抽象危险犯自身谦抑机制研究——以醉驾案件具体危险犯化认定倾向为视角．政治与法律，2013（12）：60-69．

② 王志祥，黄云波．论立法定量模式下抽象危险犯处罚之司法正当性．法律科学．2016（3）：72-81．

③ 杜小丽．抽象危险犯形态法定犯的出罪机制——以生产销售假药罪和生产销售有毒有害食品罪为切入．政治与法律，2016（12）：40-52．

以”的条文规定认为是具体危险犯和危险犯的标志，存在不当之处。[①]

有学者从醉驾型危险驾驶罪分析传统危险犯二分法的逻辑难题，即当个案中可能存在抽象危险犯的行为所推定的危险并未实际发生的情形，此时应否入罪难以抉择。此类抽象危险犯判断难题表明事先推定抽象危险的预设逻辑与具体危险状况的差异存在论理模型与实质合理性无法兼顾的问题，这导致抽象危险犯类型化理论与现实危险状况之间存在预设逻辑与实质合理性的冲突。应当提倡适格犯的概念，“足以”犯应视为形式意义上的适格犯，危险性情节犯应视为实质意义上的适格犯，并将其作为位于具体危险犯和抽象危险犯之间的危险犯的第三类型。[②]

关于危险犯的具体类型，有学者对传统的危险犯二分说进行质疑，并对准抽象危险犯的概念进行提倡。传统的危险犯二分说存在着缺陷：一方面根据相关刑法分则条文中是否存在“危害公共安全”“足以……”之类的表述，将危险犯直接划分为非此即彼的具体危险犯和抽象危险犯，另一方面在个别案件中又对所谓具体危险犯放弃了具体危险的判断。应当反思在传统的二分说中引入“准抽象危险犯”的第三种危险犯类型概念。拟抽象危险犯是介于抽象危险犯和具体危险犯之间的独立的危险犯类型，对于这类危险犯，除实施法律规定的行为外，还需在个案中进行一定程度的具体、实质性危险判断。[③]

有学者认为，公共危险犯是指以保护公共安全为法益的危险犯，这是依据法益标准对危险犯设立的类型，而公共危险犯也可以进一步按照传统二分法，区分为具体公共危险犯和抽象公共危险犯。公共危险犯的未完成形态：公共危险形成之前，可能构成公共危险犯的预备；在公共危险形成之后严重结果产生之前，可以看成只是产生了一种作为未遂的危险；因此，行为人及时采取措施防止危险避免实害的，成立犯罪中止。[④]

（四）对于危险犯中危险的判断

有学者从具体实践的角度出发，认为在判断危险犯的危险状态是否形成时，应当将事前判断与事后判断相结合；对危险状态应当采用人类的知识和经验即科学法则为基准进行判断，同时对于行为人的行为考察，须综合分析危害行为的属性、方法手段、侵害对象、实行程度和实害结果发生的现实可能性。[⑤]

有学者认为，危险状态的判断中，客观的危险说较为合理，而危险状态的判断因素包括五个方面：第一，危害行为的属性；第二，危害行为的方法、侵犯的对象；第三，危害行为的实行程度；第四，实害结果发生的可能性；第五，行为人的主观方面。对不同类型的危险犯有不同的危险判断标准：具体危险犯中危险状态的判断应当坚持一般人标准为基础的一般人标准与行为人标准相结合的判断标准；而抽象危险犯中危险状态的判断，应以行为本身的一般情况或者一般的社会生活经验为根据，认定行为具有发生侵害结果的可

---

① 杜文俊，陈红兵．质疑“足以”系具体危险犯或危险犯标志之通说．中国刑事法杂志，2012（2）：21-26．

② 李川．适格犯的特征与机能初探——兼论危险犯第三类型的发展谱系．政法论坛，2014（5）：61-72．

③ 陈洪兵．准抽象危险犯概念之提倡．法商研究，2015（5）：123-135．

④ 陈洪兵．公共危险犯的未完成形态．国家检察官学院学报，2008（1）：72-75．

⑤ 周建中，胡佳，曹俊华．危险犯的具体认定．法学，2009（5）：157-158．

能性。①

对于具体危险犯之危险的判断，有学者从具体案件的司法认定出发，阐述了具体危险犯的判断标准。在对具体危险进行主观判断时，目前刑法理论和审判实践宜采“客观说”，即应当以事后查明的行为时所存在的各种客观事实为基础，以行为时为标准，从一般人的立场出发来判断。具体而言，如果从事后查明的行为时存在的情况以及以一般人的观念来看，在侵犯特定对象安全的同时，发生危及不特定或多数人安全这一结果的可能性极大，即具有上述的高度盖然性时，就可以以危险方法危害公共安全罪论处；反之，如果该行为完全没有发生危及不特定或多数人安全这一结果的可能或者可能性极小时，就不能认定以危险方法危害公共安全罪。②

有学者认为，德国刑法理论与实践对具体危险的判断采用偶然性说的判断方法。具体危险的判断分为三阶段：首先把行为时的所有客观事实分为促使侵害结果发生的诱因与阻碍侵害结果发生的救助因素，其次以科学的因果法则为标准判断诱因是否已经使法益陷入危急之中，再次以一般人的认识为标准判断救助因素的出现是否值得信赖。我国刑法学关于具体危险的学说如客观危险说、综合判断说均存在不足，不能将日本刑法中的“独立燃烧说”作为我国《刑法》第 114 条放火罪的既遂标准。“危险状态”出现即排除了“行为人自动阻止侵害结果的可能性”，不存在所谓的“危险状态出现后行为人自动阻止侵害结果发生”问题。③

对于抽象危险犯之危险的判断，有学者从传统法益侵害说的角度进行分析。具体认定规则是，抽象危险犯中的危险判断应当通过考察有无法定的足以侵害法益的行为事实来间接地加以判断，此时应结合规范与事实进行判断。抽象危险犯中的危险，是基于一般社会生活经验而设定的类型性的危险，抽象危险犯是对这种“危险”进行经验判断的犯罪类型。④

（五）抽象危险犯的保护法益

有学者认为，从抽象危险犯的构成要件中，即可以寻找到对法益进行界定和提前风险控制的依据。抽象危险犯的可罚性理由在于，立法者出于保护制度性利益的需要而对破坏制度性利益的行为进行扩张性的风险预防，直接拟制某些特定行为具有破坏制度的危险潜在性，通过刑法规范集中加以提前保护。因此，抽象危险犯的犯罪构成要件可以对法益进行周延和提前的风险控制，是一种对法益的前置化保护措施。⑤

有学者认为，抽象危险犯的主要争议可以分为抽象危险犯与法益概念的矛盾、对抽象危险犯进行归责是否违背刑法责任主义以及抽象危险犯是否允许反证三个方面。应当作出的回应是：第一，关于抽象危险犯与法益概念的矛盾，应当注意以下几点：刑法理论下的

① 舒洪水．危险犯中危险状态的判断．法律科学，2012（5）：104-112.

② 于同志．驾车“碰瓷”案件的司法考量——兼论具体危险犯的可罚性判断．法学，2008（1）：157-159.

③ 欧阳本祺．论刑法上的具体危险的判断．环球法律评论，2012（6）：70-81.

④ 黎宏．论抽象危险犯危险判断的经验法则之构建与适用——以抽象危险犯立法模式与传统法益侵害说的平衡和协调为目标．政治与法律，2013（8）：2-8.

⑤ 谢杰，王延祥．抽象危险犯的反思性审视与优化展望——基于风险社会的刑法保护．政治与法律，2011（2）：75-80.

法益概念是以罪刑法定原则为指导的；法益的工具化色彩不容忽视；沿用法益概念是当下刑法理论界的选择，所以可以认为，抽象危险是对于法益的一般侵害可能的危险。第二，关于刑法责任主义的突破及其风险，应当注意：从预见“抽象危险”的可能性的角度考查，抽象危险犯的设立并没有违背责任原则；不能混淆对于抽象危险的处罚与对于可能发生的实害的倾向的归责；不排除在今后经济刑法等单行刑法的发展过程中出现新的责任形式；“抽象危险”应当被理解为一种可以反驳的法律推定。因此，对制造抽象危险的行为人归责并未突破刑法责任主义。第三，关于拟制的危险与实质的危险：“拟制的危险”是一个对于抽象危险犯的错误理解；抽象危险犯应当允许反证。①

有学者认为，风险犯属于抽象危险犯，风险犯抽象“危险”的有无及其程度，是不应当被形式推定的，而是应当被具体测量得出的。风险社会的风险犯就出现了双重的抽象化：一是法益的抽象化，二是危险的抽象化。在当下的风险刑法学领域，有必要采取二元违法性论立场，坚持从主观不法和客观不法两面出发，综合评价风险犯的危险性。②

有学者认为，危险犯旨在解决犯罪成立的问题，即以一定危险状态的形成作为犯罪成立条件。抽象危险犯的既遂以及未完成形态的判断，依照行为犯与结果犯的判断处理；而对于具体危险犯，即未遂的判断也就是危险状态是否形成的问题。具体危险犯中的危险是构成要件要素，而抽象危险犯中的危险是从处罚根据上作出的规定。无论是危险犯之间，还是危险犯与相关人身犯罪与财产犯罪之间，只要行为同时符合两个以上犯罪的构成要件，就应承认想象竞合犯的成立，从一重罪处罚。为应对危险社会的危险，对于可能涉及不特定的或者多数人的生命、重大健康的过失的公共危险犯，应增设为犯罪。但是，增设过失危险犯的前提是，应修改《刑法》第 15 条关于过失的定义。③

对于抽象危险犯的保护法益以及界限，有学者认为，应当以宪法为基础，通过宪法人权保障原则、比例原则以及刑法上明确性原则、实害原则等对抽象法益进行限制，同时，在法益构造方面，应当考虑价值因素和实证因素，以此指导抽象危险犯中法益侵害的认定和判断。超个人法益是法益理论随着社会发展自我完善的体现，抽象危险犯中的超个人法益是对核心法益实现的条件这种“侧方法益”进行保护，以实现宪法“尊重和保障个人人权”的内容与精神。④

有学者认为，行为犯不能混同于抽象危险犯，一个犯罪也不可能同时既是行为犯又是抽象危险犯。我国刑法学界及公安、司法实务部门对抽象危险犯在认识上的分歧及其理论归结为：应否允许抽象危险犯反证。应当对所有的抽象危险犯做实质化的理解；由于抽象危险犯中的危险是推定的危险而非拟制的危险，因此允许反证危险不存在而出罪。在我国刑法中，应允许反证的抽象危险犯除“醉驾型”危险驾驶罪外，还包括伪证罪，帮助毁灭、伪造证据罪，伪造货币罪，私自开拆、毁弃、邮件、电报罪，传播性病罪等犯罪。⑤

---

① 刘涛．法益 责任 危险——抽象危险犯争议问题探究．中国刑事法杂志，2012（9）：25-30.

② 冷必元．风险犯法益侵害的二元违法性评价．国家检察官学院学报，2014（1）：100-111.

③ 陈洪兵．危险社会的危险犯论纲．刑事法评论，2011（1）：290-316.

④ 李婕．论抽象危险犯的法益构造与界限．刑事法评论，2015（2）：363-376.

⑤ 付立庆．应否允许抽象危险犯反证问题研究．法商研究，2013（6）：76-84.

三、因果关系

因果关系指的是危害行为与危害结果之间的一种引起与被引起的关系[①]，也被表述为危害行为对于危害结果的发生所具有的引起、促成作用。[②] 刑法中的因果关系联结着危害行为与危害结果，用于说明二者之间内在的客观联系。由于我国刑法采取罪责自负原则，行为人只对自己的行为造成的后果承担刑事责任，因此因果关系对于刑事责任的认定具有重要作用，而有关因果关系的研究也一直是刑法学理论的重点。

（一）研究进路：从哲学因果到法律因果的比较研究进路

我国刑法学界对于因果关系的研究多从具体学说入手，提出判断因果关系的具体规则，以指导司法实践。新中国建立以来的刑法因果关系研究，从时间上来看，大体上遵循了必然因果关系说、偶然因果关系说、条件说、相当因果关系说、客观归责说的学说演变。有学者通过对中国刑法因果关系理论学说史的考察，得出中国刑法因果关系理论的发展就是一个逐渐摆脱苏俄刑法学的影响、融入德日刑法学的过程。[③] 这些学说演变的背后，体现的是以比较分析为主的研究方法，并且经历了一种从哲学因果到法律因果的转变。

由于中国刑法学同苏俄刑法学之间特殊的历史渊源，中国刑法因果关系理论的建立其实是完全照搬苏俄模式。而苏俄刑法学关于因果关系问题的讨论，从一开始就被哲学化了，并且陷入了意识形态的纷争。[④] 这直接导致中国刑法的因果关系理论，从建立之初就陷入了哲学化的思考倾向。这种哲学化倾向主要表现为从马克思主义哲学中寻找因果关系的法理依据，从唯物主义和唯心主义出发来考察因果关系概念。必然因果关系说与偶然因果关系说正是这一哲学化思考倾向的直接产物。必然因果关系说的提出便是从辩证唯物主义观点出发，依据原因和结果、可能性和现实性、偶然性和必然性这样一些辩证唯物主义范畴，对因果关系进行论证，其主要观点是只有当人的犯罪行为必然造成犯罪结果时，才能使之负担刑事责任。[⑤] 而必然因果关系说于 20 世纪 50 年代引入中国后，中国学者对解决犯罪中的因果关系的研究，重点也是放在了如何从哲学的根本问题上批评唯心主义思想，阐述辩证唯物主义思想，使构成犯罪的因果关系问题建立在辩证唯物主义的科学基础上。[⑥] 甚至于有学者的论文，开宗明义地指出为了解决刑法科学中的因果关系问题，首先需要阐明马克思列宁主义哲学如何理解因果关系。[⑦] 即使是随之兴起的必然因果关系说与偶然因果关系说之争，也是从马克思主义哲学出发，寻求各自学说的依据，主要表现在必然因果关系说抨击偶然因果关系说的非客观性、唯心主义倾向，而偶然因果关系说则致力

---

① 王作富．刑法．北京：中国人民大学出版社，2011：54.

② 冯军，肖中华．刑法总论．北京：中国人民大学出版社，2011：225.

③ 陈兴良．刑法因果关系：从哲学回归刑法学——一个学说史的考察．法学，2009（7）：22-42.

④ 同③.

⑤ ［苏］希绍夫，等．苏联刑法科学史．曹子丹，等译．北京：法律出版社，1984：52-53.

⑥ 梅泽濬．哲学上的因果关系及其在刑法上的运用．华东政法学报，1956（1）：48-54.

⑦ 马克．如何解决刑法科学中的因果关系．法学，1957（1）：56-61.

于论证自身的辩证唯物性。

在这种哲学化思考倾向影响下的中国刑法因果关系研究，学者的视角都被困在了哲学之内，讨论的都是如何把马克思列宁主义关于因果性、必然性、偶然性的原理运用到刑法科学中来，以及刑法因果关系有无必然与偶然之分的争论。①

20 世纪 80 年代开始，中国刑法学对于因果关系的研究注意到了哲学因果关系与法律因果关系的差别，主张应对二者进行区分，认为不可将哲学上的因果关系理论生搬硬套至刑法中来。② 可以说，这种研究视角的转变对于中国刑法因果关系理论而言是一次巨大的飞跃，虽然 80 年代的因果关系理论研究还局限于必然因果与偶然因果的判断之争，但已经从哲学因果的思维模式中解放出来，真正考虑作为刑法认定犯罪的前提的因果关系问题，开始从刑法思维出发，着眼于刑法因果关系的特定进行研究。

回归到法律因果关系视角下的中国刑法因果关系研究，以更加开放和包容的态度接受德日、英美等国的因果关系理论，诸如条件说、相当因果关系说、客观归责理论以及双层次因果关系判断模式等。因为无须再费尽心思为这些学说寻找辩证唯物主义上的依据，中国刑法因果关系理论的发展朝着规范化、定型化的方向进一步迈进。尤其是近年来随着客观归责理论研究的深入，刑法因果关系的判定问题被分解为两个部分：事实层面归因、规范层面归责。在事实层面的因果关系判断，运用条件说判定行为与结果之间的因果性联系。在就某行为引起的某结果进一步判断，是否应对行为人进行刑事责任的分配时，则需要结合刑法规范的保护目的等其他因素进行规范的判断。这种精细化的研究逻辑，无疑有利于刑事责任的正确分配，避免了处罚范围过宽的弊端，从而使刑法谦抑性得以践行。

（二）早期研究特色：对偶然因果与必然因果的热衷与反思

如前所述，我国学界传统上是以哲学因果的视角来看待刑法中的因果关系的。比如有学者提出，刑法因果关系是哲学因果关系的一部分，因此研究刑法因果关系必须要接受哲学因果关系原理的指导，与此同时也要注意结合刑法科学的特殊性，不要简单照搬哲学上的因果性原理；一定要把有关的哲学范畴理解准确，不能在基本理论上出现误解和偏见；此外，还要结合实际有创造性发展，不要固守原有的哲学原理。③

对哲学因果在刑法中的应用，学者们逐渐有了反思，尤其是对于哲学中的偶然因果、必然因果等概念的理解略显模糊，因此学者们开始对这些概念进行限定。比如重新界定必然性、偶然性等哲学概念，提出绝然性、准必然性和准偶然性三个新的概念。所谓绝然性是概率等于 1 的发展趋势，而必然性在概率的含量上则是接近于 1 但仍小于 1 的一种发展趋势。必然性不足 1 的那一部分正好是偶然性所占有的概率。据此，又将因果关系划分为

---

① 姜焕宸．什么是刑法科学中的因果关系问题．华东政法学报，1956（2）：43-46；元丁，余人，等．读者对刑法科学中的因果关系问题的意见摘要．华东政法学报，1956（3）：64-67；杨兆龙．刑法科学中因果关系的几个问题．法学，1957（1）：61-63.

② 李光灿．论犯罪中的因果关系．辽宁大学学报（哲学社会科学版），1980（3）：21-27；龚明礼．论犯罪的因果关系．法学研究，1981（5）：13-17.

③ 侯国云．将哲学上的因果关系应用到刑法中来需注意的问题．法学评论，1997（4）：61-64.

绝然的、必然的、或然的和偶然的四种。①

对偶然因果与必然因果的反思是学界的共识，但反思之后的道路选择却存在差异。如上所述，有的学者仍旧沿袭哲学因果的刑法化这一研究进路；但也有学者开始对偶然因果、必然因果的这一对范畴产生疑问，主张应回归到刑法本身的独特因果评价。比如有学者认为，要正确认识刑法中的因果关系，从事实因果与法律因果两方面展开研究，而不应纠缠在偶然因果与必然因果这一对法律范畴上。② 也有学者指出，应将哲学意义上对因果关系的研究和认识与对刑法上因果关系的认识把握区分开来，应充分认识刑法因果关系的特殊性和特定性，在具体把握作为构成犯罪客观方面要件之一的行为与结果的因果关系、准确认定罪与非罪时，不能简单地将哲学上的因果联系原理直接移植到刑法因果关系的认识和运用上。③ 这是对哲学因果与刑法因果关系的较早反思。

对因果关系的研究集中于对必然因果与偶然因果这对范畴的探讨是我国学界早期研究的主要特点。但进入 20 世纪以来，我国学者对此研究进路逐渐有了反思，慢慢地开始舍弃必然因果与偶然因果这一对范畴来研究因果关系，开始另辟蹊径。较早反映这一转变的文章提到，就因果关系这一对范畴而言，它不但与必然性、偶然性存在着一定的联系，从而表明因果关系产生的必然性与偶然性，而且它还与其他范畴发生联系，比如原因与条件。在一个因果关系中，一个结果的产生，离不开原因的作用，而原因在引起和促成结果的发生时，又离不开条件的作用。只有原因才与结果发生内在的本质联系，而条件不过是与结果发生外在的非本质联系的现象。条件可以起着制约原因的作用，使原因加速或延续引起结果的发生，但条件本身不能直接决定和制约结果的发生与否。④

比较早地反思“必然性”“偶然性”“内因”“外因”等哲学命题的文章见于 2001 年，有学者指出，这种哲学争论于司法实践的意义不大。因此，如何切换研究视角，构建新的研究模式是比较合适的进路。⑤ 也有学者比较旗帜鲜明地提出，研究刑法因果关系必须放弃必然性或偶然性的一层次逻辑方式，在出现一定犯罪构成的结果时，分层次判断行为人的行为对该结果是否具有一定原因力、具有原因力的程度、该原因力是否值得作为构成要件进行评价。对因果关系的具体判断，要进行定量与定性的分析：在定量分析时，根据“动力规则”，即判断行为对于结果的发生是否给予了动力；在定性时，则要兼顾罪责刑相适应的原则和刑法的“但书”规定。⑥

（三）借鉴域外成果而发展出的中国因果关系理论

在走出偶然因果与必然因果的迷思的研究呼声下，学界对因果关系的发展方向进行了各种思考，并且不断借鉴域外成果。对域外成果的借鉴是进入 21 世纪以来中国因果关系理论研究的最大特色。21 世纪初期对英美因果关系理论也有借鉴研究，但逐渐地便发展

---

① 赵秉志，刘志伟. 刑法因果关系研究的创新与发展——评侯国云教授新著（刑法因果新论）. 政法论坛，2001 (2)：153-157.

② 陈兴良. 刑法因果关系研究. 现代法学，1999 (5)：8-12.

③ 董明亮. 刑法意义上行为与结果关系的再思考. 法学，1998 (6)：：39-41.

④ 杨兴培. 也谈正确认识和认定刑法上的因果关系. 政法论坛，2000 (5)：94-102.

⑤ 储槐植，汪永乐. 因果关系研究. 中国法学，2001 (2)：146-157.

⑥ 童德华. 刑法中因果关系的层次及其标准. 政治与法律，2001 (5)：15-19.

成为以借鉴德日理论为主。对域外因果关系理论的借鉴，主要发展出以下成果：

1. 条件说

我国刑法因果关系理论较为混乱，许多学者都认识到这一点。比如有学者指出，要从理论的源头进行分析，而条件说是以其为因果关系的判断提供了合乎人类因果认识规律的思维规则，即“如无前者，即无后者”的反证规则，从而作为基石，奠定了它在刑法因果关系学说史上的基础性地位，成为刑法因果关系理论的源头。在理论上以条件说为支撑，借鉴以立法的方式来解决刑法因果关系的问题，是历史的启示，也是现实的选择。①

有学者认为，以条件说指导归因，以客观归责理论指导归责，坚持“先归因后归责”的逻辑层次是刑法因果应有路径。其中，在现代自然科技发展、刑法与科学关系的递进过程中，条件说对于判断法律因果关系的地位依然十分重要，而传统刑法理论中哲学式必然因果关系与偶然因果关系理论无益于具体归因归责问题的解决。②

有学者指出，基于主客观相一致标准，可以合理解决因果关系的认定，进而实现对行为人的归责。事实因果关系的认定是责任判断的客观基础，行为人主观罪过的存在是责任承担的主观条件，只有在“条件说”确定行为与结果存在客观因果关系的情况下，才能进一步基于主观心态规范责任的判定。③

2. 相当性因果关系

相当性因果关系中，相当性的判断是指将一切与行为的实行时间及地点相关的因素，或者客观上的相关条件，在一般人所能预见的范围内加以判断；如果行为人有特别认识的因素，也要纳入考察，进行事后的评测。④

有学者认为，因果关系认定模式可以采用一般性因果关系标准与补充规则相结合的模式。其中，相当因果关系可以作为一般性因果关系标准予以适用，但是需要克服传统认定中规则空泛的问题：因果关系相当性之判断，以事实性因果联结之存在为前提，通过具体的价值判断来软化因果关系的事实性，适度限制行为人的责任。⑤

有学者指出，相当性因果关系是适用于个案判断的一般化因果关系标准。相当性判断虽然是个案性判断，但它之所以是一般化理论而不是个别化理论，原因就在于相当因果关系说是以条件说为前提的。更为重要的是，相当因果关系说力图寻找行为与结果之间的一般性联系，这一联系是为人类生活经验法则所认同的，由此区别于个别化理论。⑥

但是有学者持不同观点，认为对刑法中因果关系的认定而言，不可能存在可以适用于所有个案的一般化标准，但提供一个统一的处理框架是可能的，后者必须具备规范性、动态性与可操作性的特点。刑法因果关系的认定本质上是归责的判断，承认刑法因果关系的规范性的一面，是完成重构因果关系理论任务中重要的一步：归因是归责的有机组成部分，而不是与归责相并列的独立因素；应当提倡一种中介本位的因果关系观；因果关系的

---

① 朱德才. 刑法因果关系理论源流考——写在刑法因果关系诞生200周年之际. 政治与法律，2005（5）：104-109.

② 邹兵建. 论刑法归因与归责关系的嬗变. 刑事法评论，2012（2）：317-349.

③ 冯亚东，李侠. 从客观归因到主观归责. 法学研究，2010（4）：123-132.

④ 苏俊雄. 从刑法因果关系学说到新客观归责理论之巡历. 法学家，1997（3）：68-81.

⑤ 叶金强. 相当因果关系理论的展开. 中国法学，2008（1）：34-51.

⑥ 陈兴良. 客观归责的体系性地位. 法学研究，2009（6）：38-39.

判断只能是个别的具体的判断。[①]

3. 疫学的因果关系

疫学的因果关系源自日本，即根据流行病学的方法去认识某种物质所造成的某种危害的必然性，再加上动物实验数据，并备有其他必然性的补充资料，就可以充分断定因果关系了。这种因果关系的判断方法主要适用于污染大气、水体、海洋等破坏环境资源保护的犯罪行为与其危害结果之间的因果关系，因为在这一类犯罪中，其因果关系比较特殊，具有多因性、复杂性、长期性等特征，用一般的因果关系判断法则难以判断其中的因果关系。[②]

有学者认为，鉴于传染病犯罪因果关系的不确定性、复杂性、认定的高技术性等特点，传统大陆法系条件说和相当因果关系说等因果关系理论难以应对挑战。提倡疫学的因果关系理论，以解决传染病犯罪因果关系的认定问题。认定传染病犯罪的因果关系时，不宜单纯采用以科学法则为依据的传统因果关系理论，而应着眼于更为广义的法律正义之立场，来探讨行为人对所发生的侵害结果是否应承担刑事责任。但同时应当辅以其他方式来综合判断行为人是否应承担刑事责任以避免刑罚滥用。[③]

有学者指出，疫学因果关系理论有助于解决特定类型环境侵权案件。将疫学型环境侵权的因果关系分为一般因与特定因，不但可以从理论上更为清晰地界定此类侵权因果关系的特征，还可以为司法中判断因果关系是否存在提供参考框架。建设符合我国国情的疫学型侵权审判的指南性框架，在对科学证据进行司法审查的基础上，结合其他证据和具体案情对因果关系作出司法判断，才有可能对疫学型环境侵权案件作出合理判决。[④]

有学者主张，归因到归责二分说框架的建构，存在简单化归因过程的缺陷。传统因果关系认定理论无法实现科学归因，而必须从存在论处罚以支配与义务概念为核心考察刑法中的因果关系，同时对于新型累积性犯罪应当引入类型思维对责任认定问题进行解答，由疫学因果与风险升高代表的概率提升型因果，应视为新的归责类型，引入 NESS（充分原因中的必要要素）标准与概率提升标准是科学处理路径。[⑤]

4. 普通法系刑法因果关系理论

有学者通过对英美和欧陆两大法系因果关系理论的介绍和比较，认为以英美刑法的“双层次原因”模式为借鉴来建构我国刑法的因果关系理论体系，也许是我国刑法因果关系研究走出“必然性”和“偶然性”、“内因”和“外因”等哲学迷障的最优选择。[⑥] 也有学者提出，应当重构新的刑法因果关系体系，建立具有可操作性的刑法因果关系理论。借鉴美国双层原因结构，在事实层面，注意存在作为实行行为的危害行为及其危害结果；在条件原因层面，注意没有该危害行为就不会产生该危害结果；在法律原因层面，注意行为时行为人知道（或预见）或应当知道（或预见）该结果发生，并且按经验规则该行为通常

① 劳东燕．风险分配与刑法归责：因果关系理论的反思．政法论坛，2010（6）：95-107.

② 李永升．破坏环境资源保护罪的构成特征探究．现代法学，2005（2）：133-134.

③ 姜正扬，王秋雯．传染病犯罪因果关系认定的局限与突破．政治与法律，2007（1）：124-128.

④ 陈伟．疫学因果关系及其证明．法学研究，2015（4）：146-217.

⑤ 劳东燕．事实因果与刑法中的结果归责．中国法学，2015（2）：131-159.

⑥ 储槐植，汪永乐．因果关系研究．中国法学，2001（2）：146-157.

会产生该结果（类似“相当因果关系说”或“法律原因”）。①

有学者认为，普通法在总结司法实践经验的基础上，总结出“双层次原因论”的因果关系认定模型，即在因果关系的判断过程中分为事实原因与法律原因两个层次进行研究。其中，事实原因为第一层次，主要适用条件公式与实质因素标准，研究因果发展过程的本体问题；法律原因为第二层次，通过近因判断标准进行认定，研究客观结果责任的归属问题。普通法中刑法因果关系判断方法对我国理论与实践的启发有：其一，注重司法实践中实际问题的解决；其二，因果关系判断体系应当层次清楚、可操作性强；其三，在事实因果关系认定基础上须进行刑法规范的价值判断。②

有学者指出，普通法系对因果关系判断的近因标准具备理论的科学性与实践的合理性，近因标准本质上是一个价值判断的责任认定过程，有助于因果关系的正确判断。“可预见性标准”是近因判断的核心标准，我国刑法理论应当引入“可预见性标准”作为结果归责的判断标准。③

5. 客观归责理论——归因与归责

德、日刑法理论中的客观归属论，是在解决行为与结果之间的因果关系理论上发展的，以条件说为前提，进而以危险联系论、规范的保护目的论，提出客观方面对一定行为进行责任归属的模式和标准。④ 我国因果关系理论的研究，在对客观归责理论的继受方面不遗余力，并且逐渐突破对单纯因果关系的思考，扩大到结果对行为之归责的整体性考察。在此一过程中，对归因与归责的区分使得我国因果关系理论研究逐渐精细化。有学者指出，客观归责是从因果关系问题转化而来，但归因与归责是有所不同的：归因是一个事实问题，通过因果关系理论解决；归责是一个评价问题，通过客观归责理论解决。客观归责理论所确立的有关规则，对犯罪构成的客观要素进行实质审查，从而使犯罪构成论更加合理化。我国有必要对客观归责理论加以借鉴。⑤

对我国传统刑法因果关系理论，有学者进行反思，认为传统刑法的哲学式必然因果关系和偶然因果关系理论存在缺陷，德日刑法理论中的条件说、相当因果关系说也缺乏明确性和可操作性，在因果关系的判断中，应当引入客观归责理论，区分归因判断与归责判断，解决因果关系认定的难题。客观归责的理论优势在于：明确区分事实判断与价值判断；提供清晰判断方法；区分为因果与归责两个层次。⑥

更进一步，有学者指出我国因果关系理论试图兼具归因与归责功能的做法，导致实务中因果关系认定的混乱，现有因果关系理论不堪承受事实判断与规范归责二者的重任，应当主张因果关系理论回归事实判断的功能定位。相比较而言，客观归责理论克服了传统因果关系理论的上述缺陷，客观归责理论不仅提倡归因与归责顺序进行的思维体系，而且提供了明确具体的判断规则，应当予以提倡。⑦

---

① 赵维加. 论中美刑法因果关系的差异. 政治与法律，2005（6）：73-78.

② 黎旸. 普通法刑法因果关系判断方法考察. 比较法研究，2012（1）：59-68.

③ 沈琪. 英美刑法中的近因判断及其启示. 比较法研究，2014（2）：160-174.

④ 童德华. 刑法理论中的客观归属论. 现代法学，2002（6）：4-8.

⑤ 陈兴良. 从归因到归责：客观归责理论研究. 法学研究，2006（2）：70-86.

⑥ 李勇. 客观归责理论之提倡——以渎职罪为例. 刑法论丛，2012（2）：187-200.

⑦ 孙运梁. 客观归责理论的引入与因果关系的功能回归. 现代法学，2013（1）：139-151.

对于因果关系的体系地位，有学者认为，虽然因果关系的判断被视为评价行为人是否应当对该结果负责流程中不可或缺的环节，但是在客观归责理论成为一个成熟构成要件理论的前提下，客观归责理论将以判断行为是否符合构成要件的形式出现而成为作为一种刑法评价论的“刑法因果关系理论”的终结者。①

有学者持相同观点，客观归责理论不是事实的因果关系理论，而是以事实的因果关系为前提的规范评价理论，也是构成要件理论。客观归责理论的合理性在于可以克服单纯采用条件说所形成的缺陷，能够从存在论到规范论进行类型化判断，但也存在将所有限缩客观构成要件的问题都当作结果归责来处理且没有分别讨论构成要件要素的缺陷。我国不能直接照搬德国的客观归责理论，而是在构成要件部分维持实行行为、行为对象、结果、因果关系的基本构架下，充分借鉴客观归责理论的具体内容：其一，在“实行行为”部分，应当借鉴制造不允许的危险的全部具体内容，以及危险实现与构成要件的效力范围的部分内容；其二，“结果”部分，应当采取规范判断的立场；其三，“因果关系”部分，应当借鉴危险实现的基本内容，将现行的因果关系分为事实的因果关系与结果归属两部分，分别进行事实判断与规范判断。②

但是有学者表示反对，主张客观归责理论实际是因果关系理论而非构成要件理论。客观归责理论定位于构成要件理论会导致诸多问题：其一，违背客观归责理论的归因归责本质属性；其二，模糊了三阶层犯罪论体系；其三，泛化了构成要件要素的内涵。应当澄清客观归责理论为因果关系理论，在处理因果关系认定问题上与其他因果关系理论相比并无优越之处，因此主张引入客观归责理论的观点值得商榷。在我国刑法因果关系的认定中，相当因果关系说本身具有自洽性和科学性，无须引入客观归责理论。③

在因果关系的判断上，有学者认为，客观归责理论可以使因果关系的研究摆脱困境，澄清因果关系判断的本质：传统哲学上的因果关系并不科学，条件说会导致因果关系的范围过于宽泛，而之后种种对条件说修正的理论都存在难以弥补的缺陷；客观归责理论视角下的因果关系是一种事实判断而非价值评价，因果关系应仅限于自然意义上的因果关系，客观归责理论本身成为解决因果关系的理想标准。④

有学者认为，客观归属论是对相当因果关系说所界定的因果关系范围的再次限缩，因此其具有合理认定因果关系与缩小犯罪圈的机能。从条件说到相当因果关系说再到客观归属论，刑法上的因果关系判断呈现层层限缩的现象，虽然客观归属论也存在不足，但是其限缩因果关系与科学的责任归属判断的功能，对我国限制犯罪和人权保障有重要意义。⑤

有学者认为，客观归责理论不仅能合理解决通常因果关系的认定问题，还能科学处理存在介入因素的因果关系判断难题。客观归责理论的方法论意义在于提供了崭新的思路——归责的理念、规范评价的思路路径均可用于指导介入因素下复杂因果关系问题的解决。其具体规则是：其一，在规范保护目的指导下进行价值和规范评价，这是解决介入因

① 倪培兴．解读客观归责理论．中国刑事法杂志，2007（1）：10-19.

② 张明楷．也谈客观归责理论——兼与周光权、刘艳红教授商榷．中外法学，2013（2）：300-324.

③ 刘艳红．客观归责理论：质疑与反思．中外法学，2011（6）：1216-1236.

④ 于改之，吴玉萍．刑法中的客观归责理论．法律科学，2007（3）：64-67.

⑤ 梁云宝．客观归属论之要义：因果关系的限缩．法学，2014（1）：49-61.

素下因果关系问题的最基本前提；其二，条件说确定因果关系之后，在规范指引下运用相当性标准因果关系的一般性与介入因素情况的相当性，最后运用客观归责理论具体排除规则进行反向评价，实现结果归责；其三，分析提炼介入因素下因果关系的判例并形成处理模式。①

对于归因与归责的二分判断，有学者认为，刑法中归因归责的解答应当结合客观归责与条件说理论，客观归责是在条件说所确立的因果关系范围内，对构成要件进行实质判断。条件说判断行为与结果之间的因果关系，客观归责理论将具有因果关系的结果归责于行为实施者。但是在我国四要件模式下，客观归责的引入存在障碍，应当在引入三阶层犯罪构成要件体系的基础上，运用客观归责理论对因果关系进行实质判断进而解决责任归属问题。②

有学者提出，事实因果关系与规范责任认定须分开探讨。归因与归责是两个不同的问题，行为与结果之间是否存在因果关系是归因问题，属于事实判断范畴，可以依据条件理论来判断；结果是否可以归咎于行为是归责问题，属于规范评价范畴，可以根据客观归责理论来判断。③

但是也有学者认为，归因与归责的二分框架在现有刑法理论支撑下存在缺陷，对于处理假定因果关系、择一因果关系、不作为因果关系与新型因果关系力有不逮，其问题在于条件说作为归因理论所具有的抽象空洞之内在。而客观归责理论在因果关系意义上与实质构成要件意义上的双重适用，有助于理论上归因归责的精细化和司法中定罪量刑的科学化。④

有学者提出，在因果关系与客观归责的范围内，对“假定因果关系”与“结果避免可能性”问题的解决，客观归责理论具有条件说或相当因果关系无法比拟的优越性。应当认为，假定因果关系不影响归责，结果避免可能性是否影响归责，要根据“合义务替代行为”的思考方法来确定。在具体判断中，只有在遵守义务能避免结果时，才能归责给违反义务的行为人；当遵守义务也不能避免结果时，义务违反与结果之间欠缺内在关联，应排除归责；当结果避免的可能性不确定时，应根据罪疑惟轻原则对行为人作出有利认定，视为义务违反关联性欠缺，从而排除归责。⑤

有学者主张，在两种特殊情形下的归因与归责：假定因果关系与合义务替代行为是不同层面的问题，前者不影响归责，后者会对客观归责的成立产生影响。合义务替代行为的假定性思维方式，是认定风险创设同损害结果之间是否具备规范关联的重要手段：当行为人实施了合义务替代行为，结果仍然有可能发生时，应当采纳结果避免可能性理论，根据“罪疑惟轻”原则，阻却客观归责。在客观归责理论框架下判断法所不允许之风险是否实现的风险升高理论，存在一系列缺陷。⑥

① 商凤廷. 介入因素下客观归责理论之借鉴. 中国刑事法杂志，2015（6）：23-42.
② 陈兴良. 客观归责的体系性地位. 法学研究，2009（6）：37-51.
③ 孙运梁. 被害人特殊体质案件中死亡结果的归责问题. 刑事法评论，2013（2）：65.
④ 杨绪峰. 条件说的困境与结果归责的类型化. 中国刑事法杂志，2015（4）：12-36.
⑤ 车浩. 假定因果关系、结果避免可能性与客观归责. 法学研究，2009（5）：145-160.
⑥ 徐成. 假定因果关系、合义务替代行为与法所不允许风险的实现. 刑事法评论，2015（2）：57-81.

有学者提出，假想的因果流程不能影响现实因果流程的规范含义，风险变形规则和合法替代行为规则本质上都运用假定因果关系，应当予以否定。在此基础上，客观归责理论必须抛弃假定因果关系的思维，对风险变形情形，应将其从客观归责之讨论对象中剔除，通过正当化事由之理论解决；对合法替代行为，只要行为创设了一种具体的不法风险，并现实地将该种风险转化为损害结果，该结果在客观要件上便可归责于行为。①

但也有学者否定客观归责理论之于归因与归责的适用，认为客观归责的风险创设与实现原理、风险降低与变形原理均存在理论缺陷，在归因归责问题上，应当放弃客观归责的路径，而应重拾主观归责的思路。因此必须坚持“规范的主观归责”的方向：通过检验结果与行为人的主观之间是否存在以禁止风险为纽带的规范关联，判断结果能否归责于行为人的主观。规范的主观归责理论亦可实现限制因果关系基础上的结果责任扩大之效果。②

有学者认为，虽然客观归责理论是在结果归因的基础上进行结果归责，但其自身有一定的独立性：即使行为与结果存在因果关系，如果结果不能客观归责于行为，那么该行为也不成立犯罪。因此，客观归责理论的归责判断是对因果关系成立之后的实质检验：行为必须创设了风险、该风险得以实现、风险实现的结果在规范保护范围内，结果才能被归属于行为人，倘若违背上述任一规则，即便存在因果关系也可以被反向排除归责。③

6. 介入因素的因果关系

有学者具体分析了被害人行为介入对因果关系认定的影响。该学者认为，这种情况下需要首先区分被害人介入行为的类型，采用一般理性人标准具体分析因果关系的成立情况：第一，被害人无意识举动介入型，又可分为被害人自始无意识型和先前行为引发无意识型，被害人自始无意识型行为的介入，不中断因果关系；先前行为引发无意识型状况下的无意识举动导致危害结果发生的，应当肯定实行行为；第二，被害人有意识行为型，又可以分为被害人被迫行为介入和被害人自主行为介入。对于被害人被迫行为介入，在被害人遭遇现实急迫危险的时候，选择避险行为而导致严重后果时，如果避险行为符合一般理性人之经验，则该严重危害结果仍要归属于被告人；被害人自主行为介入时，由于没有急迫的危险存在，被害人的意志是自由的，被害人是基于自己的自由意志选择了不符合一般人经验法则的危险行为从而导致了危害结果发生，因果关系中断。④

有学者指出介入因素的因果关系判断问题，并非事实因果关系被介入行为中断的成立与否问题，而是规范上的责任认定难题。因此，因果关系的判断应当区分归因与归责两个层次，在归责层面分析介入因素存在的状态与情况，结合介入因素的不同类型与介入力大小，判断最终责任的归属。⑤

有学者主张，存在介入行为的因果关系认定应当采纳折中说观点，在认定过程中将普遍认识与特别认识相结合。异质因素，应当是一种偶然发生的、超出因果关系进程的经验

① 庄劲．客观归责理论的危机与突围——风险变形、合法替代行为与假设的因果关系．清华法学，2015（3）：75-93.

② 庄劲．客观归责还是主观归责？——一条“过时”的结果归责思路之重拾．法学家，2015（3）：55-71.

③ 孙运梁，张誉馨．刑法中客观归责理论规则体系研究．法制与社会发展，2013（2）：141-159.

④ 汪东升．被害人行为介入情形下的因果关系判断．中国刑事法杂志，2013（8）：4-7.

⑤ 商凤廷．介入因素下客观归责理论之借鉴．中国刑事法杂志，2015（6）：23-29.

范围之外的一种要素。在一般的异质因素介入后中断因果关系的结构内，由于否认了前行为对结果的控制而产生的因果关系，因而对于结果而言的中心行为，只能是介入行为本身。对于实际的介入者而言，本质上来说可以成立一个独立的因果关系构成，可以独立地构成一个中心行为本身。①

对于被害人特殊体质案件的因果关系问题，有学者认为，因果关系应厘清“归因”与“归责”两种不同层次判断标准的界限，对故意伤害或殴打特殊体质人员致其死亡案件，在因果关系问题上应当采用条件说确定事实因果关系，而在刑事责任的确定问题上，应坚持客观归责与主观归责的一致性。②

有学者提出，客观归责理论也能处理被害人特殊体质案件的因果关系认定问题。传统刑法因果关系理论具有天然的难以克服的模糊性，而客观归责理论认为，对特殊体质案件中的因果认定和责任归属分开进行，归因归责层序化处理，则争论不休的特殊体质因果关系的认定将迎刃而解。③

（三）司法中的实践

有学者认为，在刑事审判指导案例中对因果关系的认定基本形成了统一立场与裁判规则：在一般性案件中，因果关系认定的理论立场是我国传统因果关系理论——先明确因果关系的必然性或是偶然性，再据此判断是否存在因果关系，认定简单且分歧较小；在疑难案件中，最高人民法院也通过指导性案例构建了统一的认定方法与裁判规则。指导案例在因果关系判断上更侧重于对现有理论的选择而非推动理论的发展。④

有学者主张，司法实践中只有小部分罪名因常见多发或因果关系判断难度较大而会较多涉及刑法因果关系问题。这类罪名因果关系判断难度高的原因在于：其一，客观层面上，法益类别会影响因果关系判断难易程度；其二，主观层面上罪过形式会影响刑法因果关系判断的难易程度。具体而言，司法实践中，只有小部分罪名的刑法因果关系问题会构成真正的司法难题。⑤

整体来看，我国的因果关系研究在借鉴域外成果的基础上，逐渐发展出适合于本国司法实践的理论道路。有学者对我国因果关系研究总结道，自然因果关系作为一种目的性因果关系理念，仍应是法律上因果关系的基础。法学界在分析和研究行为与结果的因果关系历程中，一方面不断吸收着宗教的、哲学的因果关系的理论，另一方面并没有否定自然因果之于法律因果关系的重要性。在如今的法律因果关系概念中，法律政策与法律目的的考量也被添加进来。⑥ 也有学者指出，刑法因果关系的判断应当遵循先相关关系后因果关系的顺位。其中客观方面先相关关系的引入，可以更好地对犯罪构成进行梳理、对法律事实进行提取，有助于传统刑法学因果关系判断的科学性与逻辑性；后因果关系的判断进一步

---

① 肖怡，龚力．因果关系中的异质因素认定问题探究．刑法论丛，2016（1）：178-197．

② 李文军．故意伤害致特异体质者死亡案件处断争议之辨析．法学，2010（8）：149-151．

③ 孙运梁．被害人特殊体质案件中死亡结果的归责问题．刑事法评论，2013（2）：64-65．

④ 杨海强．刑法因果关系的认定——以刑事审判指导案例为中心的考察．中国刑事法杂志，2014（3）：25-33．

⑤ 邹兵建．刑法因果关系的司法难点——基于刑事司法判例全样本的实证研究．政治与法律，2015（12）：23-37．

⑥ 涂永前．因果关系的历史轨迹与法律上的因果关系．国家检察官学院学报，2008（6）：91-97．

从司法实践中纷繁复杂的“多因一果”“多因多果”“多果一因”的因果流程中抽象出法律归因的理论框架，合理完善了刑事责任判断的流程。①

四、犯罪故意

（一）犯罪故意的概念

我国较早就有学者指出，刑事立法与通说中的犯罪故意概念，以社会危害性认识作为犯罪故意中的价值评判要素是不科学的，应当代之以违法性认识；以危害结果作为故意认识的内容和意志的对象，排除了行为犯构成犯罪故意的可能性，而对结果的法外认识与认定更是缺乏规范依据的，所以应当代之以“构成要件的事实”。由此，该学者提出，学理上的犯罪故意概念应当是：明知会发生违法的、构成要件的事实，并决意实施构成要件的行为，以及希望、容忍或放任构成要件的结果发生的心理状态。②

故意作为一种心理描述性概念上升为刑法上作为罪过形式的专业术语，经过了一个漫长的发展过程。关于故意的心理构造问题，即故意由哪些心理要素构成，经历了认识主义、希望主义、容忍主义三个学说的演进。③

有学者指出，故意概念还应包含行为故意。我国《刑法》第 14 条规定的犯罪故意概念以危害结果为认识与意志的核心内容，这在实际上排除了行为故意的存在空间，刑法理论界也几乎忽视了行为故意的存在事实。然而，这与我国刑法分则的规定以及刑法理论中承认行为犯的认识存在矛盾之处。行为故意就是行为犯的故意，是指明知自己的行为属于违法的、构成要件的事实，而决意并以意志努力支配实施该种行为的心理状态。行为故意以行为人对构成要件行为的明知及意志为主要内容，如具备则构成犯罪故意，并不要求行为人对行为的结果有所认识，也不必考察行为人对行为结果的意志态度。④

也有学者将故意理解为一种意欲，并将意欲定义为“情绪和意志互动的一种综合状态”。意欲要素不等于意志因素，它是由情绪因素和意志因素共同构成的一种动态的、综合心理状态，而我国故意概念中的“希望”和“放任”都是意欲的表现形式。有鉴于此，该学者进一步主张，情绪要素可以成为量刑的酌定情节。⑤

还有学者指出，犯罪故意的确立应当坚持双重标准即兼采结果标准和行为标准。结果标准适用于结果犯，行为标准适用于行为犯。对行为犯故意的理解，应当以行为人对行为的形态为考察标准；对结果犯故意的理解，应当采用客观的超过要素的概念。任何犯罪的罪过形式是由立法者所预先设定好了的，理论上对罪过形式的探讨只是对立法预设的揭示。⑥

---

① 周平．论刑法客观方面先相关关系后因果关系规则辨析的归位性思考．中国刑事法杂志，2015（5）：3-19.

② 贾宇．犯罪故意概念的评析与重构．现代法学，1996（4）：125-134.

③ 陈兴良．故意责任论．政法论坛，1999（5）：54-63.

④ 贾宇．刑法学应创制行为故意概念．法学，2002（4）：36-39.

⑤ 李兰英．探问“意欲”为何——对故意概念中希望和放任的新诠释．法律科学，2005（5）：49-54.

⑥ 林卫星．犯罪故意确立的双重标准：第 4 卷．刑法论丛，2011：69-98.

有学者主张，故意应当是对特定心理事实的规范评价而非纯粹规范性的概念，而纯粹规范性的故意概念主张仅仅规范性地对故意作出理解，将存在论意义上的无认识评价为故意的明知，有违解释理论的正当性与可操作性，因此纯粹规范性的故意概念不能得到支持。对故意的认定，正确做法是坚持主观的立场，以"事实存疑有利被告"原则作为故意认定的程序补救标准。①

有学者提出，故意界定的理论发展方向应由实体法视角转向程序法视角，由概念思维转向类型思维。并提倡通过建构类型学的故意概念实现实体与程序的沟通，通过对能够反映认识和意志强度的待证事实的解释性推论，来推断案件事实是否在整体上"充足"故意的类型。而在故意的认识因素和意志因素的理解上，认为认识因素标志着与法益保护的距离，意志因素是与规范忠诚的距离，二者之中的任一因素的距离越大，就越有可能成立故意。②

从我国传统刑律对故意含义的规定中研究犯罪故意，有学者认为古代刑律人命犯罪"六杀"所蕴含的类型式思维模式不同于现今刑法中故意、过失二分的界定模式，提倡在故意与过失的区分中应以概念式思维为基本而以类型式思维为补充，在犯罪故意与犯罪过失界限不明的地方，以行为类型作整体的观察，具体判定行为人的犯罪心态。③

从英国刑法犯罪故意的判例和现状的研究中，有学者得出对中国故意的研究和实践的启示：第一，我国刑法应该加强对"必然"含义的研究，可以对此进行量化研究和说明，使故意法律标准更明确；第二，可以参考英国刑法对间接故意的表述；第三，由英国陪审团认定故意的做法可以启示我们注重故意概念与生活实际不能相脱离。④

同样从英美刑法角度出发，有学者认为英美刑法的故意（intention）是与大陆法系刑法的"故意"相对应的术语；在功能上，英美刑法承担和大陆法系刑法"间接故意"相同功能的犯意形式是轻率（recklessness），都划定了刑事责任的下限。无论认识因素还是意志因素，两大法系的故意理论都面临着相同的问题：主观和客观在存在上的二元对立。这类问题只能通过对客观事实的分析得以解决，完全或者绝对地再现行为时的内心状态是不可能实现的任务。⑤

从心理学、伦理学和犯罪心理学等学科中的情感因素出发，有学者对刑法中的故意进行研究，认为情感因素可以对犯罪人的认知和意志产生抑制或者强化的效果：首先，情感因素的参与可以使得行为的认知处于一种蒙蔽或者强化的状态；其次，情感因素可以使得行为人实施某种犯罪行为的决意得以弱化或者加强；最后进一步影响犯罪故意的类型。在对犯罪故意进行认定时，分析认识因素与意志因素之后再对情感因素进行讨论，分析情感因素对二者减弱或强化的影响。⑥

---

① 陈磊．纯粹规范性的故意概念之批判——与冯军教授商榷．法学，2012（9）：26-35．

② 陈磊．类型学的犯罪故意概念之提倡——对德国刑法学故意学说争议的反思．法律科学，2014（5）：190-200．

③ 陈磊．犯罪故意的古今流变——兼评方法论意义上故意与过失的界分．环球法律评论，2014（4）：25-46．

④ 王雨田．英国刑法犯罪故意的判例及现状解析．刑法论丛，2007（1）：394-431．

⑤ 陈磊．两大法系故意理论的本源性问题及其解决——以英美刑法故意理论为视角切入．刑法论丛，2012（2）：353-385．

⑥ 李永升，张超．论情感因素在犯罪故意构造中的地位及运行机制．刑法论丛，2013（3）：208-244．

（二）犯罪故意的内容

1. 认识因素与意志因素

我国早期通说认为，在犯罪故意的全部认识因素中，行为人除了对行为性质（这里特指行为的自然性质、物质性质）、行为对象、行为结果要有认识外，对行为的社会危害性（即行为的社会性质、法律性质）的认识也应属于明知的必要内容。① 但我国较早就有学者指出，刑事立法与通说中的犯罪故意概念，以社会危害性认识作为犯罪故意的价值评判要素是不科学的，应当代之以违法性认识；以危害结果作为故意认识的内容和意志的对象，排除了行为犯构成犯罪故意的可能性，而对结果的法外认识与认定更是缺乏规范依据，所以应当代之以“构成要件的事实”；希望和放任概括的只是结果犯对结果的意志态度，犯罪故意中首先应揭示行为人对行为的意志态度；而且希望和放任并没有涵盖结果犯对结果的所有意志类型，二者之间存在一种“容忍”的意志类型。②

事实认识是犯罪故意中第一层次的内容，它是指行为人对于发生构成要件事实的明知，是违法性认识存在的前提，也是犯罪故意成立的前提。有学者主张，犯罪主体与犯罪客体都不应当是犯罪故意的认识内容，认识的内容应当是犯罪客观方面所有的构成要素事实，比如行为的性质、对象、时间、地点、方法、手段、结果以及行为与结果之间的因果关系。③

也有学者分别从心理构造、规范构造两个层面对故意的内容展开研究，进而提出故意的心理事实分为事实性认识与心理性意志，前者包括了行为的性质、结果、行为与结果之间的因果关系以及其他法定事实，后者包括希望与放任两种意志形态。故意的规范则包括违法性认识与违法性意志，违法性认识是指对行为人的违法性的判断，属于对于认识的规范评价因素；违法性意志是指心理性意志的评价因素，这种评价成为归责的根据。④

有学者认为，犯罪故意的事实认识内容包括行为性质、行为对象、行为结果、因果关系、行为时间、地点、方法、手段等特殊罪名的特定事实，对于某些特殊犯罪，还要求行为人认识到刑法规定的特定事实，如特定的行为时间、地点、方法、行为对象、特定的主体身份等。行为客体、行为主体、结果加重犯中的结果等特殊犯罪事实被排除在事实认识范畴之外。⑤

对于我国刑法中“明知”的规定，有学者认为，刑法总则中的“明知”是指对自己所要实施的行为将要引起的危害结果的认识，是对自身的一种明知；而刑法分则中的“明知”虽然也有对自身的明知，但是更多的是对外界的认识。不能机械地认为明知是明确知道，而应当关注“可能知道”这一认识状态的存在。“可能知道”作为《刑法》第 14 条的“明知”的一种形态，它与希望和放任也必然存在着某种联系。⑥

---

① 杨新培，陈昌．社会危害性不是犯罪故意的认识内容．政法论坛，1996（3）：11.

② 贾宇．犯罪故意概念的评析与重构．现代法学，1996（4）：125-134.

③ 贾宇．论犯罪故意中的事实认识．法制与社会发展，1997（3）：35-42.

④ 陈兴良．故意责任论．政法论坛，1999（5）：54-63.

⑤ 付玉明．犯罪故意的事实认识与内容解读．中国刑事法杂志，2016（6）：81-95.

⑥ 于志刚．犯罪故意中的认识理论新探．法学研究，2008（4）：96-109.

有学者指出，“明知”应当限定于通常行为人具有认识的情况中，通过司法实践认定明知成立与否，而非在行为人不具有认识的情况下推定其存在明知。因此，司法解释中，可以把“明知”解释为确实或实知，对于个别明显属于“推定”的场合，保留“应当知道”的表述。①

有学者主张，刑法分则中规定的“明知”的犯罪并不都是故意犯罪；“明知”具有一定的倾向性，倾向于“指导”而不是“不知道”；而“应知”是他人对行为人主观认识的评价与判断，事实上行为人可能知道也可能不知道，并且“应知”不应包括在“明知”之内。在刑法分则中规定“明知”的意义主要有：限缩犯罪圈、提示作用、证明实践的价值；应严格限制“推定明知”的适用，“怀疑”不等于“推定明知”②。

有学者提出，应当严格限制在故意犯的范畴内使用明知这一概念，对明知的推定需要符合科学推定、允许反驳等条件。我国刑法理论与司法上对明知的认定存在混乱的局面，“可反驳的客观推定”认定标准则标志着“明知”的立法技术的不断进步。③

有学者认为，“明知”并不等于故意犯罪。关于明知的理解，应当注意：其一，语义学上，“明知”与“预见”具有包含与被包含的关系；其二，在法理上，“明知”等于故意的观念是以认识作为故意的本质，并不合理；其三，对于认识的对象而言，“明知”不仅可以是对过去已发生的或正在发生的事情的认识，也可以是对未来的尚未发生的事情的认识；其四，就认识的程度而言，“明知”不仅可以是确定性认识，也可以是可能性认识。因此，“明知”不等于故意犯罪。④

有学者指出，犯罪故意中存在相对独立于认识因素和意志因素的对象因素。《刑法》第 14 条第 1 款规定故意犯罪这一概念应有的全部内涵就是：因明知自己的行为会发生危害社会的结果，并且希望或者放任这种结果发生，而构成的依照法律应当受刑罚处罚的行为。与此同时，我国刑法中犯罪故意的概念也应该相应地修改为：行为人对自己正在实施的事实上依照法律应受刑罚处罚的行为，主观上持有的明知自己的行为会发生危害社会的结果，并且希望或者放任这种结果发生的心理态度。⑤

有学者认为，明知与特别认知存在概念差异，在主观主义与客观主义之争中，以明知或是以特别认知对行为人归责存在分歧。在我国刑法理论语境下，从明知这一角度考察，基于明知内容、程度等内涵的分析，并从刑法处罚范围、归责的责任分配和归责效果等方面综合考虑，对特别认知者不进行刑法归责比较恰当。⑥

对于我国刑法中“应当知道”的规定，有学者认为，我国刑法和司法解释中的“应当知道”并非过失犯的预见规定，而是故意明知认定的一种形式。“应当知道”可以通过刑事推定的方式进行确定。“应当知道”是司法用语而非实体法用语，在认定时须遵守刑事

① 周光权．明知与刑事推定．现代法学，2009（2）：109-118.

② 张少林，刘源．刑法中的“明知”、“应知”与“怀疑”探析．政治与法律，2009（3）：145-151.

③ 王新．我国刑法中“明知”的含义和认定——基于刑事立法和司法解释的分析．法制与社会发展，2013（1）：66-75.

④ 邹兵建．“明知”未必是“故犯”——论刑法“明知”的罪过形式．中外法学，2015（5）：1349-1375.

⑤ 陈可倩．论犯罪故意的对象因素．法学，2015（12）：23-28.

⑥ 闻志强．明知、特别认知与刑法归责．中国刑事法杂志，2016（4）：25-52.

推定的规则，并在人权保障的前提下合理地限制认定的范围。①

有学者主张，在推定规则运用于刑法规范的演变过程中，“明知”正向“应知”不断位移。而在“应知”的认定中，应当注意：从附属到独立，从推论到推定，“应知”逐步迈向体系化；侵权法中一般理性人标准可以移植到刑法认定的“应知”之中；在“应知”的认定方法上应坚持刑事证明与刑事推定并举；对“应知”的认定程度应为排除合理怀疑；对“应知”的民事推定结论可直接适用于刑事案件。②

2. 违法性认识

违法性认识是犯罪故意的重要内容，学界对违法性认识的研究也很重视。比如有学者提出，在认定故意犯罪时，不仅应判断行为人是否对其行为事实有所认识，而且更应评判行为人是否具备违法性意识，否则行为人不应被认定为故意而构成故意犯罪。③

（1）违法性认识的内容与性质

违法性认识是指行为者认识到自己的行为是违法的，或者说是对自己的行为为法规范、法秩序所不容许的性质的认识。关于违法性认识的性质，有学者认为，“不知法不免责”本身并不符合当代法律语境，可以认为，刑法学界认可“不知法不免责”并无绝对适用效力，但是在司法实务界却仍保留“不知法不免责”的绝对适用效力。在刑法调控范围日益扩张的情况下，对违法性认识的研究应当重点关注在何种情况下不予追究行为人的刑事责任才是合理的。④

有学者认为，违法性意识的内容应为对法意侵害的认识，而非仅停留在对形式违法性的认识。违法性认识的内容应为实质违法性，其违法性认识的对象不是违反的规范内容，而是行为的禁止性。⑤

有学者指出，违法性认识应为对法律规定的整体认识，是对整体法规范的认识，不必区分刑法上的认识与刑法以外的法律认识。传统刑法中的广义违法性认识与狭义违法性认识理论并无重要理论价值。⑥

有学者提出，我国刑法中犯罪故意是实质化的规定，因此违法性认识同事实性认识一样都是犯罪故意的认识因素。违法性认识不必要说不可取，应当坚持违法性认识必要说理论。并且，在违法性认识的内容上，应当肯定通说的观点，即赞同“违反整体法规说”或“一般违法性说”。所谓违法性认识，就是认识到自己的行为为法律所禁止，既包括刑法规范，也包括民法、行政法、诉讼法等法律规范，但不包括非法律的伦理道德规范。⑦

有学者认为，“违法性认识”应当是犯罪故意的构成要素，并且是犯罪故意中“应当认识”的要素，而该因素的存在与否需要由实务界进行客观判断，因此，“违法性认识”是犯罪故意中“应当存在”而非“实际存在”的认识。并且认为，传统刑法中的“社会危

---

① 皮勇，黄琰．论刑法中的“应当知道”——兼论刑法边界的扩张．法学评论，2012（1）：53-59.

② 孙万怀，刘宁．刑法中的“应知”引入的滥觞及标准限定．法学杂志，2015（9）：32-45.

③ 周晶敏．违法性意识：故意犯罪之要件．法学，2003（3）：75-78.

④ 劳东燕．“不知法不免责”准则的历史考察．政法论坛，2007（4）：106-115.

⑤ 周晶敏．违法性意识：故意犯罪之要件．法学，2003（3）：75-78.

⑥ 王莹．论法律认识错误——德国禁止错误理论的变迁及其对我国犯罪构成理论改造的启示．刑事法评论，2009（1）：227-231.

⑦ 陈磊．违法性认识理论的疑义与辨析．刑法论丛，2014（4）：143-160.

害性认识”是“违法性认识”的法律表现形式。[①]

有学者指出，一般违法性认知结构模型由五个维度组成：概括违法性认知、形式违法性认知、实质违法性认知、可罚违法性认知和附属违法性认知。一般违法性认知是一个循序渐进的层次化认知，并非点对点的跨越式认知；违法性认知是一个概括性认知而非精确式认知；违法性认知是一个行为违法、行为危害和行为可罚的差异性认知，而非全面齐头并进式认知；违法性认知还是一个主观差异性认知。[②]

有学者指出，在我国现行刑法体系中，重点在于对违法性认识裁量制度的完善而非对其体系地位的论争。而在缺乏相应司法技术与判例制度的情况下，我国应当借鉴国外立法经验，通过推动立法修正，为问题的解决奠定良好的制度基础。[③]

（2）违法性认识与故意的关系

违法性认识在犯罪论体系中的地位问题是大陆法系刑法理论长期聚讼不休的一个重大的基础理论问题，而故意与违法性认识的关系则是这场论争的焦点。我国学者对该问题的研究虽然起步较晚，但近年来各种观点的交锋已日趋白热化。[④]

关于违法性认识与故意的关系，我国学界主要存在两种对立观点：违法性认识必要说、违法性认识不必要说。违法性认识必要说主张违法性认识是犯罪故意的构成要素。这种观点将犯罪故意的认识内容区分为事实的认识与法律的认识。所谓事实的认识，是指对构成事实的认识，而法律的认识是指违法性的认识。事实认识与法律认识对于犯罪故意的成立来说，是缺一不可的。违法性认识不必要说主张违法性认识并非是犯罪故意的构成要素，行为人只要具有构成要件事实的认识，就足以成立故意并具有可归责性。违法性认识必要说与违法性认识不必要说的对立实际上是道义责任论与社会责任论之争的表现。[⑤]

持违法性认识必要说的学者认为，违法性认识是故意的组成要素，并且主张以违法性认识替代社会危害性认识。犯罪故意中社会危害性认识的要求，旨在落实对故意犯罪人予以严厉责难的主观根据。但社会危害性认识是对行为本质属性的认识，需要站在一定的社会政治立场才能得出，而且其范围过大、标准不明确，因而缺乏科学性和可操作性。而违法性认识是达到一定程度的社会危害性认识的法律化和客观定型化的标准，应以违法性认识取代犯罪故意中的社会危害性认识。[⑥]

持违法性认识不必要说的学者认为，成立犯罪，必须要求行为人具有违法性认识的可能性，但违法性认识不是故意的内容。故意是事实性判断，与作为规范判断的违法性认识并不相同。必须把违法性认识作为与故意不同的责任要素看待，对犯罪的成立与否分层次进行判断，在确定（责任）故意存在的前提下，进一步判断违法性认识以及责任是否存在。[⑦]

此外，还有学者认为违法性意识作为故意的认识内容无以立论，就没有必要归入故意

---

① 陈可倩．论犯罪故意的对象因素．法学，2015（12）：23-28.

② 王超．违法性认知的结构模型分析．刑事法评论，2014（1）：378-395.

③ 劳东燕．责任主义与违法性认识问题．中国法学，2008（3）：149-166.

④ 谢望原，柳忠卫．犯罪成立视野中的违法性认识．法学评论，2002（3）：22-30.

⑤ 陈兴良．违法性认识研究．中国法学，2005（4）：131-141.

⑥ 贾宇．论违法性认识应是犯罪故意的必备条件．法律科学，1997（3）：58-64.

⑦ 周光权．违法性认识不是故意的要素．中国法学，2006（1）：165-175.

的认识内容之中。但违法性意识不必要说、违法性意识必要说和违法性意识可能性必要说都有失片面，合理的定位应当是将违法性认识作为行为主体的责任能力内容之一，违法性认识能力应当属于辨认能力之一。[①]

还有的学者认为，从犯罪成立的角度来看违法性认识不是故意成立的必要要件，但在一般情况下，缺乏违法性认识不阻却故意的成立；当行为人因缺乏违法性认识而致使其无法认识到行为的社会危害性时，则产生阻却故意成立的效果。[②]

关于违法性认识的体系地位，也有学者认为，第一，“违法性认识不必要说”的立论依据并非完全科学、合理，存在令人难以信服之处；第二，严格限定“不知法律免责”的适用条件，不会招致法律的松弛或鼓励法盲。第三，合理确定违法性错误的地位，不会引起我国刑法理论体系的崩溃。在我国《刑法》“犯罪与刑事责任”一节中应当明确规定：“不得因不知法律而免除刑事责任”，将违法性认识的必要性作为责任要素。[③]

但是也有学者持反对意见，对违法性认识的概念进行质疑。中国犯罪构成四要件体系呈现平面化的判断模式，在对行为违法性判断问题上，需要先进行犯罪故意的判断。如果将违法性认识作为故意的认识要素，则会在逻辑上存在矛盾。因而在中国传统的四要件犯罪构成体系中，讨论违法性认识的性质，价值十分有限。[④]

（3）违法性认识的判断

关于违法性认识的判断，学者们提过了多种方案。有学者主张区分自然犯、刑事犯与法定犯、行政犯来判断违法性认识，具体来说，在自然犯、刑事犯中，只要行为人具备对事实的认识，就可以推定其存在违法性认识，除非行为人存在阻却违法事由的错误认识。在法定犯、行政犯中，只要行为人具备对事实的认识，一般也可以推定行为人存在违法性认识，除非行为人提出推翻这种推定的充分证据。对于行为人所提出的不具备违法性认识的辩护理由，必须进行认真的审查，剔除无根据的狡辩，对于确实言之有理的进行查证落实，在此基础上，确认行为人不具备违法性认识，排除成立犯罪故意的可能；然后看行为人对于不具备违法性认识是否存在过失，如果存在过失而且法律上规定有相应责任时，追究其过失罪责；对于不存在过失或法律上没有相应规定的，不能追究行为人的刑事责任。[⑤]

有学者提出，如果对包含行为的社会意义在内的犯罪事实有所认识，通常就认定其具有违法性认识的可能性。但在有例外的、特殊的情况时，违法性认识可能性不存在。不具有违法性认识可能性的例外、特殊情况是：由于通讯不发达、所处地区过于偏僻等原因，行为人不知法律的存在；由于国家相关法律宣传、行政管理职能部门的懈怠，行为人对自己的行为是否违反特定领域的行政、经济法规完全没有意识；刑罚法规突然改变；外国与中国法律规范体系完全不同，外国人进入中国时间过短，对自己的行为可能违反法规范一无所知；知道刑罚法规的存在，但由于法规之间有抵触，错误解释刑法，误以为自己的行

① 彭文华. 论阻却犯罪的违法性错误. 政治与法律，2005（3）：105-110.

② 谢望原，柳忠卫. 犯罪成立视野中的违法性认识. 法学评论，2002（3）：22-30.

③ 竹怀军，利子平. “不知法不免责”原则价值的嬗变与选择——违法性错误理论与实践发展的比较考察及借鉴. 比较法研究，2007（5）：91-103.

④ 刘孝敏. 刑法学知识的引入与运用——以违法性认识的研究为例. 刑事法评论，2008（2）：1-16.

⑤ 贾宇. 论违法性认识应是犯罪故意的必备条件. 法律科学，1997（3）：58-64.

为合法；从值得信赖的权威机构（如司法机关）那里获得值得信赖的信息，或者阅读以前法院作出的判决，根据相关结论，认为自己的行为合法；行为人知道，他人以前曾经实施类似行为并没有得到刑罚的否定性评价，从而坚信自己的行为合法。[①] 类似的观点还有，在对是否具有违法性认识进行判断时，首先应明确，虽然故意犯罪的成立要求违法性认识，但这并不意味着在每一个案件中都需要具体进行违法性认识的专门考察，而只需要遵循"一般推定，例外查证"原则就可以了，即绝大多数故意犯罪案件的违法性认识都可以直接加以推定，只有个别例外案件需要特别查证违法性认识。[②] 还有学者也指出，违法性认识的判断，应当采取"原则与例外"的认识方法。具体而言，在原则上只要行为人对构成要件事实具有认识，则认为其具有违法性认识；在例外情况下，存在事实性认识与违法性认识脱节的现象。因此例外情形需要特别加以判断：例如在不同法域成长生活的人的情形、法律法规颁布即施行生效的情形、行为人具有相当性理由的情形等。[③]

关于违法性认识错误的判断，也有学者认为，刑法中的违法性认识错误实质上指的是刑事违法性认识错误，其中，既包括行为人对行为性质的认识错误，也包括对法律后果的认识错误；不仅包括对自己的行为违法性的错误认识，而且包括行为人对自己的行为合法性的认识错误。[④]

有学者主张，在法定犯时代，"不知法者不免责"与责任主义的冲突更加激烈。对于违法性认识理论的研究中心应当转移到违法性认识错误的可避免性上：一个可以避免的违法性认识错误，必须满足以下两方面的条件：客观上存在查明法律以避免错误的机会；行为人没有努力查明法律去避免错误。这两方面条件的审查应当递进性地进行。[⑤]

有学者认为，违法性认识错误不可避免性的判断应当以行为人个人的认识能力为基础，兼顾社会中一般人的认识能力。可以将"本来是否可以认识"作为一般标准，"本来是可以认识的"，应认定其具有违法性认识可能性，反之，则认为其违法性认识错误具有不可避免性。而是否属于"本来可以认识"，则需要从以下三个方面进行分析：是否存在影响法规范正确认识的客观障碍；是否存在影响法规范正确认识的行为人主观障碍；行为人有无尽到法规范的注意义务。[⑥]

（三）故意的类型

1. 直接故意与间接故意

直接故意与间接故意是刑法理论中故意的一种典型区分方式，通常认为行为人故意形态的不同，既有可能影响定罪（认为某些罪只能由直接故意构成），也会影响量刑（认为直接故意的罪过程度重于间接故意）。但是在理论研究中，学者们重点关注的是间接故意而非直接故意的研究，对直接故意的理论分析，通常是作为与间接故意的区分而进行的探

---

① 周光权．违法性认识不是故意的要素．中国法学，2006（1）：165-175.

② 莫晓宇．知与恶——犯罪故意中的违法性认识．法学评论，2006（4）：27-33.

③ 陈磊．违法性认识理论的疑义与辨析．刑法论丛，2014（4）：160-168.

④ 竹怀军，利子平．"不知法不免责"原则价值的嬗变与选择——违法性错误理论与实践发展的比较考察及借鉴．比较法研究，2007（5）：91-103.

⑤ 车浩．法定犯时代的违法性认识错误．清华法学，2015（4）：22-46.

⑥ 孙国祥．违法性认识错误的不可避免性及其认定．中外法学，2016（3）：702-724.

讨，或者是在目的犯中展开。而近年来，学者论述的重点仍然是间接故意，但是出现的新变化是，由过去对间接故意的适用性进行分析转向对间接故意存在的必要性的反思。

有学者认为，在一般间接故意案件中，可以适用犯罪“承接理论”进行处理，即当有较轻犯罪故意对较重的犯罪故意进行承接的情况时，使用承接理论进行处理具有妥当性。在此基础上可以认为，不是所有的间接故意均有承认未遂的必要，但是间接故意有成立未遂的可能性。①

有学者指出，不能赞成存在具体犯罪只能由间接故意成立的观点。目的犯与直接故意犯罪并非一一对应关系，在对行为人犯罪心态的认定上应当注意，虽然间接故意不存在相对应的犯罪目的，但是不能简单定论除目的犯以外的所有故意犯罪都不应当直接限定为直接故意，而应当结合刑法理论与事实状况进行科学论证。②

有学者主张，间接故意犯罪的存在范围非常狭窄，间接故意只能作为故意犯罪特殊形态加以考虑，而以存在直接故意为常态。虽然基于广义的“结果”概念，所有的故意犯罪原则上都可以由间接故意构成，但是行为犯和结果犯中间接故意犯罪没有存在的可能，实害犯中的目的犯亦排斥间接故意形态的存在。③

2. 确定故意与不确定故意

有学者认为，概括故意作为犯罪故意的形态之一，首先应具有故意的全部特征；其次，概括故意意指认识因素的不明确而非犯罪意志的不确定；再次，概括故意的认识不明确是指认识内容的不明确；最后应当认为，概括故意包括择一的故意。综上分析认为概括故意的概念是：行为人对于认识的具体内容并不明确，但明知自己的行为会发生危害社会的结果，而希望或者放任结果发生的心理态度。④

有学者认为，确定故意与不确定故意是基于认识因素而划分的犯罪故意类型，而概括故意作为不确定故意的下位概念，应当符合不确定故意的认识因素特征，因此，概括故意是指行为人仅明知其行为必然会导致一定的社会危害结果，但对于行为将要侵害的客体、对象及范围等并不明确，并且希望此危害结果发生的主观心理状态。⑤

3. 其他分类

对于故意的类型研究，学界也有其他声音。比如有学者提出了行为故意和结果故意的分类法，进而将结果故意划分为直接故意和间接故意、确定故意和不确定故意、实害故意和危险故意。比如提出容忍故意的概念，将间接故意划分为容忍故意和放任故意。还将故意分为目的故意和非目的故意、预谋故意和非预谋故意、作为故意和不作为故意等。⑥

五、过失

我国刑法中的过失作为犯罪罪过的类型之一，其理论渊源于苏联刑法学，并在一定程

① 郭小龙．间接故意以及犯罪承接理论的批判性反思．刑事法评论，2013（2）：164-180.

② 陈烨．区分故意类型定罪问题之我见．中国刑事法杂志，2013（2）：30-33.

③ 李森．反思间接故意犯罪的存在范围．政治与法律，2014（4）：104-116.

④ 张永红．概括故意研究．法律科学，2008（1）：79-87.

⑤ 赵远．论概括故意的构造与司法运用．法学评论，2015（3）：179-185.

⑥ 贾宇．犯罪故意类型新论．法律科学，2002（3）：52-58.

度上继承了苏联刑法中对过失侧重心理事实分析的研究方法。然而随着现代社会的发展，传统过失理论在大大增加的危险犯、累积性犯和业务犯等类型面前的分析进路受阻，纯粹心理事实的分析往往难以证立公共安全领域、环境领域和业务领域中行为人的犯罪过失。在这种情况下，学者们或是借鉴大陆法系、英美法系中的过失理论进行传统过失理论的改造，或是直接使用引入的德日、英美刑法过失犯概念进行理论研究。经过几十年来学术的研究，我国刑法理论引入了大量域外过失概念，不同立场的过失理论相互碰撞、互相启发，虽然一定程度上造成了理论的混乱与实践的困惑，但是这些理论研究对于我国过失理论体系的最终形成、对于迎接未来社会变革大有裨益。

(一) 犯罪过失的类型

基于分类标准的差异，犯罪过失具有不同的类型。比如，以行为人违反的注意义务种类的不同，过失可分为普通过失和业务过失。普通过失，是指行为人在日常生活、社会交往中，违反基于日常生活、交往所要求的注意义务，造成危害事实的过失心理态度。所谓业务过失是指行为人在业务活动过程中，违反基于业务活动所要求的注意义务，造成危害事实的过失心理态度。从行为人的注意能力出发，比较容易预见、并且能够避免违法结果的，行为人没有预见或者避免，表明行为人不负责任的程度比较高，这种过失是重过失。相反，较难预见或者避免违法结果，行为人因不注意履行义务没有认识到或者避免，则为轻过失。根据立法上对过失违反注意义务造成危害的事实所要求的具体形态，过失可分为实害过失与危险过失。实害过失是指因违反注意义务造成现实危害事实的过失心理态度。危险过失，是指因违反注意义务造成可能发生实害结果危险状态的过失心理态度。①

结合心理学知识进行分析，有学者认为，在过于自信过失中，由于其意志的方向与故意中的意志相反，是一种避免结果发生的意志，因此它不属于犯罪意志。对其进行评价时，应当将其与故意中的意志作反向评价，即过于自信过失中行为人的意志程度越高，其主观恶性就越小，对其就越应当从宽处罚。而在疏忽大意过失中，行为人并非没有意志因素，只是这种意志因素不属于犯罪方面的意志，它存在于犯罪意识发生之前，是刑法规范附加在行为人身上的。因此疏忽大意过失的心理活动不属于显意识的范围，而是在意识之外。对疏忽大意过失不能单纯用属于意识范畴的认识过程、情绪情感过程和意志过程来加以分析，合理的做法是通过利用预见能力和预见义务来进行分析。②

有学者指出，在间接故意与轻信过失之间存在的疑难案件，只能退而求其次将之认定为过失犯罪，并在相应刑罚幅度内适当从重处罚，这是司法实践解决问题的需要，也是对罪刑法定原则的回应。③

(二) 过失的构造

1. 注意义务：结果遇见义务与结果避免义务

注意义务是犯罪过失的核心的、本质的因素，我国《刑法》关于过失犯罪规定的内容

① 林亚刚．犯罪过失的理论分类中若干问题的探讨．法学评论，1999 (3)：38-44.

② 袁彬．罪过的心理学分析．中国刑事法杂志，2008 (3)：26-28.

③ 冯亚东，叶睿．间接故意不明时的过失推定．法学，2013 (4)：143-149.

中已经隐含着注意义务的要求。判定行为人是否担负着一定的注意义务，首先应解决注意义务的根据问题，也就是注意义务的规范表现形式。[①]

注意义务是指行为人作为时应当注意有无侵害某种法益，不作为时应当注意有无违反某种特定的法律义务的责任。注意义务也就是一种结果预见义务，关于其范围，在刑法理论上存在争论，狭义说将结果预见义务规定为法律规范所确定的义务，广义说将结果预见义务规定为社会规范所确定的义务。也有学者倾向于注意义务的范围可以扩大一些，甚至包括某些道德义务。根据注意义务的适用范围和对象，注意义务可以分为两类，一类是一般注意义务，是适用于社会上一切有责任能力的公民的义务，指在日常生活中尊重他人及社会权益的义务；一类是特别注意义务，只适用于特定职业或从事特定业务的人，指在特定职业或业务范围内，遵守有关规章制度及职业道德，不危害社会利益的义务。[②]

注意义务也被具体区分为结果预见义务与结果回避义务，至于其核心义务偏向何方，学界存在争议。有学者认为二者应当是并重的，从过失犯不注意而导致危害结果发生的意义上来说，结果回避义务是关键的；但只有具有结果预见义务，才有言及避免的必要。预见义务的主要内容是对危害结果的预见以及对过失行为与危害结果之间的因果关系的预见。避免义务即行为人在预见到自己的行为可能发生危害结果的基础上考虑如何才能避免结果发生的义务，具体来说就是行为人如果要实施某一有危险性的行为，就要负有考虑在行为前采取什么措施排除危害结果发生的义务、在实施危险行为中保持谨慎态度的义务以及在行为将导致危害结果发生之前采取什么措施防止危害结果发生的义务。[③]

关于注意义务的具体内容，也有学者认为，过失犯中的注意义务是指在社会生活上所要求的平均人的客观注意义务及具体的行为人以其能力为标准所要求的主观的注意义务。客观的注意义务，是指以抽象的一般人的注意能力为标准，一般人不能注意的，不是注意义务的内容；主观的注意义务主张以具体行为人的注意能力为标准，行为人不尽自己的注意力于其力所能及的范围而注意的，即法律上的不注意。这便将注意义务视作客观义务与主观义务的统一体。[④]

也有学者采取列举的方式对注意义务的内容展开研究，比如有学者提出所谓注意义务，是指犯罪过失成立所必需的，法律规范或者社会规范所要求的，行为人在危险行为中对于行为的危害结果应当预见或者应当避免的责任。注意义务规范所设置的认识要求，针对的是构成要件的危害结果；避免结果义务是“动意要求”与“行为责任”这对互为表里的统一体。注意义务的主要渊源，包括法律规定的注意义务、习惯要求的注意义务、先行行为产生的注意义务。[⑤]

有学者认为，我国刑法对过失论的研究经历了从苏俄刑法的以法条规定为中心到德日刑法的以违反注意义务为中心的转变，这种转变意味着对过失犯理论研究的全面提升，也有利于对过失犯本质的实质理解。对过失犯从过失构成特征的法条分析到认识因素和意志

---

① 李希慧，刘期湘．论犯罪过失中注意义务的实质标准．现代法学，2007（1）：107-112.

② 陈兴良．过失责任论．法学评论，2000（2）：31-38.

③ 赵秉志，刘志伟．犯罪过失理论若干争议问题研究．法学家，2000（5）：28-47.

④ 刘艳红．过失犯的构成要件构造及其适用．政治与法律，2003（1）：44-51.

⑤ 张小虎．犯罪过失心理结构要素探究．法学评论，2005（2）：42-53.

因素的过失心理要素的内容描述，再到认识特征和意志特征的过失心理构造的法理阐述，这是我国刑法学对过失犯认识的深化过程。①

有学者指出，对于犯罪过失中的注意义务能力判断，应当采取“客观主义的主观化标准”。过失中的注意义务能力是指，行为人有目的地和自觉地将思想集中于认识自己的行为可能会发生危害社会的结果，以及认识到自己应否采取措施和应采取怎样的措施以避免危害社会结果发生的选择性能力。②

有学者主张，注意义务的规范保护目的是过失犯结果归责判断的依据，其具有结果预见可能性不可替代的合理性，也与合义务替代行为有着根本不同。在特殊业务领域如交通、医药领域，“注意义务规范”应以特别规范为其认识根据。认定注意义务的规范保护目的并非从规范制定者的主观意图或规范成功避免结果的概率出发，而是应当基于注意义务的内容及其正当化根据的合理功能进行认定。③

有学者提出，过失犯的本质是注意义务违反，而注意义务是形式与实质统一的概念。结果预见义务是注意义务的表面的体系要素而非必要的内容，对过失犯的违法与责任判断没有影响，因而主张结果预见义务不要说，通过预见可能性可以实现故意与过失的区分。在注意义务的判断标准上，由纯粹主观事实的认定转向客观规范的评价更为妥当。④

2. 注意能力：结果回避可能

关于注意能力的含义，学界存在认识能力、个体能力、认识能力加避免能力三种学说。关于注意能力的判断标准，学界存在客观说、主观说、折中说三种观点：客观说，又称平均人标准说、常人标准说、抽象说，主张以社会平均人的注意能力为标准，来具体判断某一行为人是否具备注意能力；主观说，又称行为者标准说、个人标准说、具体说，主张以行为人本身的注意能力为标准，来具体判断该行为人是否具备注意能力；折中说，又称折中标准说，主张综合考虑社会平均人的注意能力与行为人本身的注意能力，以此为标准来具体判断某一行为人是否具备注意能力。⑤

也有学者指出新的判断标准，注意义务的标准是客观的注意义务与主观的注意义务的统一，在其注意能力的判断标准上理应同时考虑行为人与一般人的能力，亦即客观注意的主观化标准。具体来说，是以一般人的注意能力为基准，综合行为当时的具体条件，从实际出发，实事求是地根据行为人个人的具体主观特征，判断他在当时的具体情况下有无注意能力。当然，主观化不是没有限制，主观化的上限在于本人的注意能力超出一般通常人的情况，下限则是由行为者的主观能力限定的，因为行为人的注意能力低于一般通常人的情况，与之相对应的注意义务内容不得不个别化且主观化。⑥

有学者认为，预见可能性与结果回避可能性可共同概括为个人避免可能性，在期待可能性背景下，罪责同样可以归入个人避免可能性的范畴之内。个人可避免性同时为不法与

① 陈兴良. 过失犯论的法理展开. 华东政法大学学报，2012（4）：30-47.

② 李希慧，刘期湘. 论犯罪过失中注意义务的实质标准. 现代法学，2007（1）：107-112.

③ 陈璇. 论过失犯中注意义务的规范保护目的. 清华法学，2014（1）：27-48.

④ 胡洋. 注意义务论纲——基于行为无价值论的新思考. 中国刑事法杂志，2016（2）：3-23.

⑤ 张小虎. 犯罪过失心理结构要素探究. 法学评论，2005（2）：42-53.

⑥ 同②.

罪责之判断标准，只不过不法阶层并不依规范目的直接产生，而是源于上位指导原则，认为过失犯是主观上具备预见可能性而因疏忽大意或过于自信未预见构成要件结果的发生，客观上具备回避可能性然因主观上没有预见而最终导致了结果发生。[①]

有学者对行为人结果预见能力的判断标准进行了论述，对于犯罪过失中的预见能力的判断，应当采用类型人标准说，即以行为人所属领域的一般人的预见能力为标准判断行为人行为时的预见能力，符合预见能力判断标准的实质，客观说、主观说以及主客观统一说均存在一定缺陷。[②]

有学者指出，过失认定的重点并不在于结果预见义务或预见可能性，而是结果避免可能性，传统的过失理论并不合理，在我国的刑法学中应当引入客观归责理论，将客观的结果避免可能性视为典型的客观归责要素看待，将过失从责任层次提前到不法阶层，分别进行不法的过失判断与责任的过失判断。[③]

① 郑世创. 过失犯构造问题检讨. 刑事法评论，2011（1）：102-124.
② 张健. 类型人标准说之提倡——兼评预见能力判断标准的其他学说. 中国刑事法杂志，2013（1）：28-34.
③ 周光权. 客观归责与过失犯论. 政治与法律，2014（5）：16-26.

第四章　正当化事由

在时下的中国，刑事案件似乎非常容易得到新闻界的青睐，而只要稍微留意一下近年来被各路媒体广泛热议的刑事案件，我们就不难发现：点击量最高、评论数最多、转发量最大的刑事案件中就包括涉及正当化事由的刑事案件。也许是基于刑法学人对社会现实的人文关怀，正当化事由也始终是刑法学理论研究中的常春藤，吸引着一批又一批的学者向其倾注自己的心血。在刚刚过去的二十年里，中国刑法学界对于正当化事由的研究也着实取得了长足的进步，但就其过程而言，可谓跌宕起伏。

一、正当防卫

在正当防卫方面，研究成果几乎覆盖了所有问题。从研究内容上看，被研究者所重点关注的问题，不但包括了与实务较为贴近的难题，例如防卫过当的认定、假想防卫的处理，以及相互斗殴与正当防卫的区分等，而且也涵盖了正当防卫的正当化根据该如何定位这种纯理论性的问题；而从研究方法上看，不但有规范分析方法的运用，而且也有实证分析方法的采纳。

（一）防卫过当与正当防卫的正当化根据

在与正当防卫相关的问题中，最受到热议的一个问题，恐怕就是防卫过当的认定问题。究其原因，在司法实践中，由于对防卫限度的过严把控，正当防卫的整个制度似乎已经“僵尸化”。这样的论调并非空穴来风，而是已经得到了实证研究的支持，不仅仅是在防卫过当问题上，在整个正当防卫制度的各个方面，其成立范围都被限制在极小的范围之内。① 所以，从理论上赋予该制度以新的生命力是亟待完成的学术使命。多位学者指出，在司法实践中，防卫过当的认定存在着以法益衡量为原理的唯结果论倾向，即坚持以基本相适应说为判断标准、以结果反推行为的思维路径来认定防卫行为是否过当；而他们认为，为扭转唯结果论的不当倾向，应当以必需说为判断标准、以结果与行为分立的逻辑结

① 彭雅丽，邬丹．正当防卫制度的司法症结和解决对策研究．刑事法评论，2015（2）．

构来分析、判断防卫行为是否过当。[①]

在上述学者中，陈璇、劳东燕还以防卫过当与正当防卫的区分为切入点，展开了对正当防卫正当化根据的分析。可以说，这样的深入才真正切中肯綮。防卫过当的认定问题只是表象性的问题，对防卫限度的不同把握所透露的正是对正当防卫正当化根据的不同理解。如果不从根本观念上重新对制度予以定位，而仅仅对表象性的缺陷予以修正，那么，改进正当防卫正当化根据的理论初衷可能根本无法落实。以对 1997 年《刑法》中第 20 条第 3 款的讨论为例。1997 年《刑法》中关于正当防卫制度的条款被大幅度地修订；不论是学界还是司法实践均认为，修订该制度的目的在于扩大正当防卫权而非缩小防卫权，其中，在第 20 条中增加第 3 款就是一个典型的表现。长期以来，该款被认为是关于特别防卫权或者说无限防卫权的规定，与此同时，其与第 20 条前两款的关系如何是一个被广泛讨论的问题。但其实，不论是如何命名该款以及如何理解该款与前两款的关系，还是说在称其为特别防卫权或无限防卫权的同时，能否又认为该款是前两款的注意规定，都只是表面的形式问题，而根本的实质问题还在于如何理解正当防卫制度，即如何定位正当防卫的正当化根据。换言之，即便采纳近年来多数学者的主张，即第 20 条第 3 款是提示性的注意规定[②]，正当防卫权也完全有可能被限制而不是扩张，司法实践的现实状况就是最好的说明。总而言之，核心的问题就在于如何定位正当防卫的正当化根据。

学者劳东燕认为，根植于结果无价值论的、基于法益衡量的优越利益原理，为上述司法实践中的唯结果论倾向提供了理论支撑，应当被抛弃，不该以此作为正当防卫的正当化根据；进一步地，她认为，应当采纳德国通说，以个人权利保护原则与法确证原则作为正当防卫的正当化根据。[③] 就如何定位正当防卫的正当化根据而言，学者欧阳本祺、高维检以及梅文娟也表达了与劳东燕相同或者类似的看法。学者欧阳本祺认为，以个人权利保护原则和法确证原则作为认定正当防卫的政策性标准既具有合理性，也具有合法性。[④] 而学者高维检、梅文娟提出，正当防卫的判断根据应当采纳社会相当性说，社会相当性的判断是对行为通常性的事实判断和对行为适当性的价值判断的二元结构。[⑤] 与学者劳东燕不同，学者陈璇并未将上述唯结果论的司法倾向与结果无价值论联系在一起，并且对德国通说进行了鞭辟入里的分析，认为法确证原则不应作为正当防卫的正当化根据，以新解读过后的个人权利保护原则作为正当防卫的正当化根据足矣；因为在他看来，只有从侵害人的视角着手，着眼于侵害人法益值得保护性的下降，而不是从防卫人的视角切入，关注于防卫人法益值得保护性的升高，才能妥当地处理好各类正当防卫案件，由此，舍弃法确证原则，

---

① 陈璇. 论正当防卫中民众观念与法律解释的融合. 中国刑事法杂志，2007（4）；陈璇. 正当防卫中风险分担原则之提倡. 法学评论，2009（1）；劳东燕. 结果无价值逻辑的实务透视：以防卫过当为视角的展开. 政治与法律，2015（1）；陈璇. 侵害人视角下的正当防卫论. 法学研究，2015（3）；劳东燕. 防卫过当的认定与结果无价值论的不足. 中外法学，2015（5）；诸陈城. 正当防卫回归公众认同的路径. 政治与法律，2015（9）；陈璇. 正当防卫与比例原则. 环球法律评论，2016（6）；张宝. 防卫限度司法认定的困境与出路. 法学杂志，2016（10）.

② 魏东，钟凯. 特别防卫权的规范解释与滥用责任. 国家检察官学院学报，2013（11）；彭文华. 无限防卫权的适用. 政治与法律，2015（9）.

③ 劳东燕. 结果无价值逻辑的实务透视：以防卫过当为视角的展开. 政治与法律，2015（1）；劳东燕. 防卫过当的认定与结果无价值论的不足. 中外法学，2015（5）.

④ 欧阳本祺. 正当防卫认定标准的困境与出路. 法商研究，2013（5）.

⑤ 高维检，梅文. 防卫行为之社会相当性判断. 国家检察官学院学报，2013（6）.

赋予个人保护原则以新的理论内核，并以此作为正当防卫的正当化根据，才是问题的解决之道。[①]

除了正当防卫与防卫过当的区分以外，另一个被认为与正当防卫正当化根据密切相关的防卫过当认定问就是防卫过当的罪过形式有哪些。例如，学者胡东飞指出，防卫过当的罪过形式与对正当防卫是否必须具备防卫意识的认识密切关联，如果站在行为无价值的立场，坚持防卫意识必要说，则防卫过当的罪过形式宜确定为过失；如果站在结果无价值的立场，采取防卫意识不要说，则在偶然防卫的场合，防卫过当的罪过形式既可能是故意，也可能是过失。[②] 而学者劳东燕在批评结果无价值论的论述中也指出，在防卫过当的场合，如果确定行为人存在罪过，应优先考虑成立过失犯罪，只有蓄意滥用权利的情形，才有成立故意犯罪的余地，而结果无价值理论极易促成防卫过当一般构成故意犯罪的结论。[③] 其实，防卫过当的罪过形式如何，与结果无价值论、行为无价值论的对立并无必然的联系。其中的难点问题是属于这两个不同价值立场阵营的学者都无法回避的，即在侵害与防卫两种意识并存的情况下如何对这种混合的主观状态进行规范定性。学者郭泽强曾专门撰文指出，防卫过当的罪过形式应限于间接故意与过于自信的过失，将防卫过当的罪过形式包含直接故意与将该行为认定为防卫行为存在逻辑矛盾，而之所以将疏忽大意的过失排除在防卫过当的罪过形式之外，其原因在于《刑法》第 20 条第 2 款中的“明显”二字。[④] 但是，从其论述来看，作者其实回避了上述关键性的问题。先不考虑支撑作者观点的理由是否充分，该文并未回答在侵害与防卫两种意识并存的情况下，如何对行为人的主观状态进行规范定性，而讨论的重点在于，在已经完成规范定性的情况下，应当将何种情况认定为防卫过当。由此可以说，对该问题还需要进行进一步的认真研究。

（二）正当防卫的成立条件

其实，上述问题的重要性不止于此。如何对侵害与防卫的混合主观状态进行规范定性，不仅仅关乎防卫过当罪过形式的认定，甚至还与正当防卫的成立与否有关。换言之，该问题也关乎成立正当防卫的主观条件。例如，学者储陈城就曾指出，司法机关往往会通过认定防卫人的主观意思不唯一来否定正当防卫的成立和适当，而事实上，任何防卫人在主观上都必然包含着侵害与防卫的双重意思，混合主观意思的存在并不一定排除正当防卫的成立，防卫人是否符合正当防卫的主观要件，关键要看两种意思在防卫人主观中所占据的地位。[⑤] 再如，学者李本灿、姜睿雅提出，只要具有防卫认识，并具有与此对应的心理状态，就可以认定防卫意思，即便在认识之外具有攻击的意图。当然，上述学者的判断与论调是站在传统通说的立场或者行为无价值论的立场上作出与发出的，在晚近有力的少数说看来，即根据结果无价值论，正当防卫的成立并不需要防卫意识。[⑥] 也正是因为如此，

① 陈璇．侵害人视角下的正当防卫论．法学研究，2015（3）．

② 胡东飞．论防卫过当的罪过形式．法学评论，2008（4）．

③ 劳东燕．结果无价值逻辑的实务透视：以防卫过当为视角的展开．政治与法律，2015（1）；劳东燕．防卫过当的认定与结果无价值论的不足．中外法学，2015（5）．

④ 郭泽强．防卫过当罪过研究．中国刑事法杂志，2007（2）．

⑤ 储陈城．正当防卫回归公众认同的路径．政治与法律，2015（9）．

⑥ 黎宏．论正当防卫的主观条件．法商研究，2007（2）．

关于如何对侵害与保护并存的主观状态进行规范定性的问题，才会在防卫过当的问题领域引起波澜。毕竟，在防卫过当时，即便是结果无价值论者，也无法回避该问题；不论是行为无价值者还是结果无价值者都必须对此有明确的答案。

与上述问题尚待认真研究不同，对正当防卫主观要件是否应当存在的讨论却成果丰硕。传统通说认为，正当防卫的成立需要防卫意识，这样易于明确正当防卫与相互斗殴、挑拨防卫二者的界限，以及有利于处理偶然防卫案件。这一点也与新近关于相互斗殴与正当防卫区分问题的研究相吻合。学者陈兴良近来指出：在双方相互的对打中，先动手的一方一般属于侵害方，后动手的属于防卫方；但是，后动手一方的反击行为，在具有事先斗殴意图的情况下可以否定其行为的防卫性；如果是即时的反击行为，则可以认定其行为具有防卫性；在预期的侵害场合，具有积极的加害意思则否定行为的防卫性。如果是事先准备工具，在受到他人侵害的情况下利用事先准备的工具实施反击行为，则应当认定其行为具有防卫性。[①] 显然，根据该论述，行为的主观状态对行为是否具有防卫性具有举足轻重的影响。相反，黎宏认为，正当防卫的成立无需主观条件，偶然防卫应当按照无罪处理，但其对于相互斗殴案件以及挑拨防卫案件的处理并未提出妥当的意见，甚至表达了与其立场相左的观点，如“就相互斗殴和挑拨防卫而言，不能仅仅因为双方具有加害对方的意图而一概否定正当防卫存在的可能性，而应该先对对立双方的法益进行比较衡量，然后考虑行为人的主观内容，最后作出正当防卫成立与否的判断”[②]。

从具体问题的角度来看，对偶然防卫的处理是与正当防卫主观要件存废相关的问题中，被讨论最多的一个，而且也是分歧最大的一个，不同价值立场的学者往往都会觉得对方的论述逻辑矛盾、结论反常，而自己的说理首尾一贯、结果妥当。自学者张明楷根据结果无价值论提出偶然防卫构成正当防卫后[③]，又有两位学者即李世阳与邹兵建，发长文讨论偶然防卫并认为其应按照未遂犯处理。[④] 其实，从司法实践的角度看，讨论偶然防卫的意义极其有限，毕竟，这类案件发生的概率即便不为零也微乎其微。从学术研究的角度来看，其理论价值也并不大，即便是根本立场相同的学者，就偶然防卫案件是按无罪、未遂还是按既遂处理也依旧存在着内部的分歧，其并不是最佳的检验不法理论的试金石。

在正当防卫领域，结果无价值论对我国传统理论产生冲击的、能够真正起到检测不法理论的、也是争论最为激烈的，当属对正当防卫对象要件的理解。结果无价值论认为，不法侵害就是指客观的法益侵害，所以，只要在客观上存在导致法益侵害的行为，就可以对该行为人进行正当防卫。例如，学者许强、郭泽强、张艺娇就表达了相同或者相似的观点。[⑤] 相反，我国传统理论以及行为无价值论认为，对不法侵害的判断不应该仅仅从客观上进行，而应该结合主观与客观两个方面的资料进行。由此，不同的基本立场，在对物防卫、对无责任能力之人防卫以及对无故意、无过失之行为防卫的问题上产生了较大的分

① 陈兴良．互殴与防卫的界限．法学，2015（6）．

② 黎宏．论正当防卫的主观条件．法商研究，2007（2）．

③ 张明楷．论偶然防卫．清华法学，2012（1）．

④ 李世阳．以偶然防卫检测不法理论．刑事法评论，2013（1）；邹兵建．偶然防卫论．刑事法评论，2013（1）．

⑤ 许强．论正当防卫中的不法侵害．刑事法评论，2007（2）；郭泽强，张艺娇．正当防卫的第三者效果．中国刑事法杂志，2011（7）．

歧，而且从现有的研究趋势上看，这种争论丝毫没有消弭的迹象，毕竟，不同理论的主张者对自己的理论都进行了深入的学术开发根深蒂固。不过，虽然结果无价值论依旧拥有较多的支持者，但是对该理论的批评逐渐有力，越来越多的学者对结果无价值论的解释力产生了质疑。除了客观不法论与主观不法论的争论，在正当防卫的对象要件方面，如何处理假想防卫案件与自招不法侵害案件，也是近年来学界讨论的重点，而且该问题是不同根本立场的学者都必须面对的难题。在自招不法侵害方面，不少学者一致认为，自招不法侵害的行为并不一定导致正当防卫权的丧失。[①] 学者陈璇还进一步指出，自招侵害者应承担的不利后果仅有两项：其一，需要为其违法招致行为本身承担法律责任；其二，对其防卫行为必要限度的把握更为严格。[②] 在假想防卫方面，从定罪量刑的结论上看，主张假想防卫阻却故意犯罪而仅有可能构成过失犯罪的观点依旧有力。[③] 这其实也是学术研究的主流观点与司法实践的通行做法。不过，对于是否存在不法侵害的判断标准，却有学者提出了新的主张。例如，学者陈璇指出，当防卫人对不法侵害事实有错误认识时，对于不法侵害的存否与强弱，应当以风险分担为原则，决定是采取行为时判断还是行为后判断。一般认为，不法侵害是否存在是完全客观性的问题，剩余的问题基本上属于行为人是否具有过失的问题。因此，上述提出的判断标准相比通说而言更具有主观性。在客观主义盛行的当下，似乎任何一种理论只要与主观性相关联，那么其合理性就具有了天生的缺陷。其实不然，客观着实易于操作，但也常常过于僵化，而主观更为灵活，但也难于统一。二者各有利弊，很难说孰优孰劣。其实，在假想防卫的相关问题上，还有一种更为主观性的观点，为学者马乐所主张，该观点也是英美法所普遍坚持的立场，即基于合理信念而实施的防卫行为，即便属于假想防卫，也同样被正当防卫条款所涵盖，行为人得以主张成立正当防卫。[④] 最后，在假想防卫的问题上，还存在一个尚待解决的难题，即如何处理假想防卫过当。该问题不仅涉及假想防卫还涉及防卫过当的罪过形式，至今学界还未对此进行深入的研究。学者黎宏曾指出，对于假想防卫过当的场合，根据行为人对过当事实有无认识，可以区分为故意犯罪和过失犯罪，由于行为人在对假想侵害进行反击时有防卫过当的认识，因此，其责任的追究，只能在其主观认识即防卫过当的认识限度内进行，否则，有违反责任原则的嫌疑，只是在以防卫过当的规定处罚假想防卫过当时，必须注意其与通常只能作为过失犯定罪量刑而不能“减免处罚”的假想防卫之间的平衡。如前文所述，如何对防卫人的混合主观状态进行规范评价是一个十分棘手的问题。而假想防卫过当如何处理则可以说是该问题的升级版，需要进行更为细致的研究才能形成有力学说。

经常与正当防卫对象要件相牵连的一个问题是关于正当防卫时间要件的问题。不法侵害存在与否，并不是抽象的存在与否，而是具体的存在与否。换言之，如果存在不法侵害，那么一定是在具体的某时与具体的某地存在某种具体不法侵害。这样，当一种具体的不法侵害不存在时，可以认为此时正当防卫的对象要件有所欠缺，但从时间的角度上看，

---

① 李本灿，姜睿雅. 正当防卫问题新论. 中国刑事法杂志，2013（7）；陈璇. 克服正当防卫判断中的“道德洁癖”. 清华法学，2016（2）.

② 陈璇. 克服正当防卫判断中的“道德洁癖”. 清华法学，2016（2）.

③ 李运才. 假想防卫的司法认定. 国家检察官学院学报，2013（6）.

④ 马乐. 论基于合理信念的假想防卫. 刑事法评论，2016（2）.

也可以认为此时正当防卫的时间要件没有得到满足。对于时间要件的判断标准，以制止不法侵害、保护法益是否具有必要性为根本根据的观点基本上已经成为通说。既有直接表达该观点的学者，例如学者胡飞东认为，对于正当防卫的时间条件即“不法侵害正在进行”的判断，应当以当时情形下，采取防卫行为对于制止不法侵害、保护法益是否具有必要性为根本根据①；也有婉转表达此态度的学者，例如学者陈璇指出，“不法侵害正在进行”应当包括了行为虽然已经既遂但能够即时挽回损失的场合。② 再如学者黄静野认为，应当在维持现实防卫制度的前提下，进一步构建预见防卫制度，而预见防卫的提出在本质上与根据上述观点对现时性作扩张解释无异。③

（三）警察防卫权

随着我国法治化进程的加速，在正当防卫领域，除了传统的关于公民个人正当防卫成立条件的问题受到学界重视外，与警察防卫权相关的议题也进入了学者们的视野，受到了广泛的关注。讨论的一个重点问题就是，警察的防卫行为是否属于正当防卫。目前，学界对于该问题的回答依旧存在分歧。例如，学者侯帅就持该种观点，并对警察防卫适用条件进行了系统性的研究。④ 再如，学者邓卓行表达了相似的看法。⑤ 不过，更为有力的观点是认为警察的防卫行为也属于正当防卫的范畴。而在这种观点的内部，对其成立条件的判断却不尽一致。学者陈璇认为，警察防卫权的限度应严于普通人，因为必要性条件本身会随着防卫主体防卫能力的升高而提出更高的要求。而学者于改之、蒋太珂认为，对于防卫限度的认定应该在考虑具体案件事实的基础上，以行为时一般的理智第三人的立场进行判断。⑥

二、紧急避险

在紧急避险方面，虽然其是与正当防卫相并列的法定排除犯罪事由，但是学界对紧急避险的关注却远不及对正当防卫的关注，从研究的内容上看，讨论的重点也仅集中在紧急避险的正当化根据。

一般认为，紧急避险是在不得已的情况下通过损害小的利益来避免大的利益受损害的行为。不过，随着讨论的深入，特别是当“生命”这个关键词进入紧急避险研究者的视野之后，学界对紧急避险正当化根据的认识莫衷一是。

学者陈璇认为，在紧急避险正当化根据的问题上，古今中外的刑法学理论都充分展示了从法益衡量和人性可宽恕这两个角度诠释紧急避险理论根基各自所具有的合理性。⑦ 学者黎宏也指出，紧急避险是合法利益之间的冲突，其之所以被允许，是因为没有引起成立

① 胡东飞．正当防卫的时间条件．国家检察官学院学报，2013（6）．
② 陈璇．论正当防卫中民众观念与法律解释的融合．中国刑事法杂志，2007（4）．
③ 黄静野．预见防卫论——以正当防卫现时性要件之反思为线索．刑法论丛，2014（2）．
④ 侯帅．未经审判的正义．刑法论丛，2014（4）．
⑤ 邓卓行．论《人民警察法》第10条的刑法理论基础与具体适用．刑事法评论，2016（6）．
⑥ 于改之，蒋太珂．论警察防卫行为正当性的判断．法律科学，2016（1）．
⑦ 陈璇．对紧急避险正当化根据的再思考．刑法论丛，2007（2）．

犯罪程度的法益侵害。[①]

这种观点在学界是一种十分常见的看法。但是，根据这种法益衡量的思想，并基于生命的不可衡量性，是否认可对生命的紧急避险就成了无法回答的问题。一般认为，在区分不法与责任的思维之下，对生命的紧急避险应当被认可，但是其并不是阻却违法，而是阻却责任。可是，正如学者王钢所言，通说并没有将立场到结论的论证过程予以清楚的阐释；由此，其提出，紧急避险并非基于功利权衡，而是由于理性人自愿负担的社会团结义务才成为违法阻却事由，与此相应，对生命的紧急避险正是由于超出了这种社会团结义务的限度才无法得以正当化。[②] 的确，根据法益衡量原理，即便认为生命是无法估量的，承认对生命的紧急避险也未尝不可。毕竟，鉴于生命的无法衡量性与法益衡量原理，没有办法确认这种行为在整体上损害了法益。从这个意义上讲，学者黎宏关于对生命紧急避险的论述也可以被认为是一致的。其指出，对生命的紧急避险，从犯罪的本质是值得刑罚处罚程度的法益侵害的角度来看，未尝不可，只是在其适用上必须严格限定。[③] 总而言之，从结论上讲，不论结论是可以被正当化还是不可以被正当化，从法益衡量的功利主义思想来看，二者都难言对错。

当然，若是根据我国传统的四要件犯罪构成理论，不法与责任并不需要被区分，似乎上述难题就被解决了。但是，这只能说是回避了问题，而不能说是解决了问题。这种对待问题的方式本身就被有的学者所诟病。[④]

面对生命不可衡量性所带来的难题，学者陈璇指出，生命确实无法区分优劣，但是生命的值得保护性却存在高下，当冲突一方属于紧急状态的引起者时，其生命的值得保护性会降低，这就为防御性紧急避险中杀人行为的正当化提供了可能，而以攻击性紧急避险为表现形式的杀人行为，则只能成立责任阻却事由。[⑤] 这种论述似乎为难题的解决提供了方案，但其实不然。首先，攻击性的紧急避险为何构成不法没有得到说明；其次，将“生命”的衡量替换为“生命值得保护性”的比较究竟有多大的区别，以及能有多大的区别，是有待进一步思考的。

其实，紧急避险正当化根据所要解决的难题并不在于其对法益会造成何种结果。一方面，在某些情况下，即便损害的法益大于保护的法益，也能够成立紧急避险。这就是防御性的紧急避险。我国刑法学界一直缺少对防御性紧急避险的研究，以至于正当防卫的概念外延被无限扩张。例如，学者陈璇指出，从紧急权的体系来看，直接针对危险制造者的防卫行为，除了可能成立正当防卫外，还可能以防御性紧急避险的名义而获得正当化，家庭暴力的受害者在别无其他求救途径的情况下，为保护自身或者其他家庭成员的生命以及重大身体健康，将施暴者杀伤的行为，就是一个防御性紧急避险的事例。[⑥] 而另一方面，在某些情况下，即便损害的法益小于保护的法益，该行为也有可能不构成紧急避险。正如学

① 黎宏．紧急避险法律性质研究．清华法学，2007（2）．

② 王钢．对生命的紧急避险新论．政治与法律，2016（10）．

③ 黎宏．紧急避险法律性质研究．清华法学，2007（2）．

④ 何鹏．紧急避险的经典案例和法律难题．法学家，2015（4）．

⑤ 陈璇．生命冲突、紧急避险与责任阻却．法学研究，2016（5）．

⑥ 陈璇．家庭暴力反抗案件中防御性紧急避险的适用．政治与法律，2015（9）．

者彭文华所言，认定紧急避险限度，“小于说”与“不超过且必要说”均有缺陷，无论紧急避险造成的损害大于、等于还是小于所避免的损害，只要造成了不适当损害，且社会危害严重，均成立避险过当。[①] 相似地，学者石聚航也提出，避险行为必须受到比例性的目的限制，不仅法益的大小衡量，而且避险行为的方法、避险措施的时间等均应在比例原则的考虑之内。[②]

那么，紧急避险的正当化根据所要解决的难题是什么呢？答案在于“不得已”。紧急避险最为重要的特征在于其是出于不得已而实施的行为。不论采取何种不法理论，“不得已”肯定是一个责任层面的问题，会对责任的有无、强弱产生影响。这也就是为何研究者会对自招危险能否成立紧急避险的问题给予强烈的关注。毕竟，根据法感情，自招危险可能会对行为人的可谴责性产生重要影响。从各位学者的研究结论上看，如何处理自招危险的案件，答案也是众说纷纭，但似乎没有学者仅仅从法益衡量的视角下展开论述。[③] 由于这是一个责任层面的问题，因此笼统地讨论紧急避险的正当化根据可能过于粗糙，也无法得出恰当的且具有可操作性的结论。事实上，学界早已展开了对紧急避险的分类，例如，阻却违法的紧急避险、阻却责任的紧急避险、攻击性的紧急避险以及防御性的紧急避险等。这也就意味着，对于不同类型的紧急避险可能在正当化根据上采取不同的立场。根据不同的思想所构建起来的紧急避险在犯罪论体系的安排上可能有不同的表现。

三、被害人承诺

被害人承诺是近年来被学界重点关注的研究领域，虽然其并非法定的排除犯罪事由，但是从研究成果上看，其获得的关注度已经远超过了属于法定犯罪排除事由的紧急避险。学者们的关注点集中在被害人承诺的理论基础、体系定位、成立或要件以及被害人承诺与危险接受的比较。

在理论基础上，学者车浩指出，自我决定权的解释力可以辐射到包括被害人同意在内的诸多刑事法领域，家长主义是自我决定权在刑法上的对立者与保护者，二者的关系呈现出既有正向排斥又有逆向制约、既有积极保障又要拒绝溺爱性保护的复调结构，这种二元互动的理论框架，能够在微观层面为具体的被害人教义学问题提供思想支撑，在更抽象的层面上，则取决于解释者的价值立场在自由主义与保守主义之间的倾向。[④] 在被害人同意的体系性地位，学者车浩也曾专门撰文分析，但是其并未明确表达自己对该问题的态度，而是借该问题为出发点对犯罪论体系的构建与法益概念的理解展开了思考，不过从倾向性上看，其似乎更青睐于一元论，即将被害人承诺作为排除构成要件符合性的事由。[⑤] 在学者车浩的研究基础之上，学者宋盈对被害人同意中法益的内涵展开了后续分析，其认为，

---

① 彭文华. 紧急避险的适当性标准. 法学，2013 (3).

② 石聚航. 刑法中避险限度的目的解释. 政治与法律，2015 (10).

③ 黎宏. 紧急避险法律性质研究. 清华法学，2007 (1)；胡嘉金，王昭振. 论紧急避险中“自招危险”的理论诠释及内在价值构造. 法学评论，2007 (3)；张宝，侯华生. 论自招危险之紧急避险的判断路径. 中国刑事法杂志，2013 (9).

④ 车浩. 自我决定权与刑法家长主义. 中国法学，2012 (1).

⑤ 车浩. 论被害人同意的体系性地位. 中国法学，2008 (4).

被害人同意中法益内涵的界定在同刑法家长主义交互约谈下，基于原则和例外的分析框架而逐渐予以明细化，自我决定权本身应当作为法益的构成要件要素看待，而绝非是和法益完全不同的东西，被同意主体的同一性、同意侵害方式的特定性、同意侵害后的拒绝权作为自我决定权的关联概念而在被害人同意中法益内涵的讨论下得以凸显。① 对于被害人承诺的要件，学者车浩认为②：第一，被害人的同意能力是被害人承借的生效要件之一，包括认识能力和控制能力两个要素，在判断上分为事实性和规范性两个层次，同意能力的确定没有统一的标准，既不能从刑事责任能力中直接推导，也不以民法上的行为能力为必要，在刑法有明确规定的情况下，以刑法规定为准，在没有法律规定的情况下，不能简单照搬刑事责任能力和民事行为能力的标准，而是应当考虑具体行为人的年龄和心智状况，结合案件发生的具体场景以及被害人支配的具体法益，综合考量加以确定。③ 学者凌萍萍也表达了类似的想法，认为被害人的承诺能力是被害人承诺理论成立的前提性条件之一，承诺能力的界定并不是一个单纯与确定的刑法问题，而是一个涉及法律体系对于利益保护的整体性问题，承诺能力的事实判断标准与价值判断标准存在理论上的特殊性，设定承诺能力必须遵从安全性与层次性原则，在原则之下分析其能力结构，确定影响承诺能力的因素。④ 第二，被害人同意要求对结果兼具认识和意志双重要素，换言之，应区分被害人同意与危险接受，在他控风险型的案件中，不能适用被害人同意理论作为出罪事由。

除学者车浩外，学者黎宏、肖敏、刘德法、范再峰也对被害人承诺进行了全面性的论述。学者黎宏认为：被害人承诺的法理基础是刑法以保护个人利益为首要任务，被害人自愿放弃的利益不在刑法的保护范围之内；被害人承诺的适用范围，应是除了侵害生命之外的一切侵害个人利益的犯罪；被害人承诺的成立条件，必须从体现被害人的真实意思的角度来考虑；被害人只有在有关法益处分的决定上具有错误的场合，其承诺才无效；推定承诺兼具被害人的现实承诺和紧急避险的特征，其适用要受到严格限制。⑤ 学者肖敏认为，刑法意义的被害人承诺是构建于以民权刑法为基石的利益衡量说之上的，被害人承诺是适格主体在法律规定的可支配范围内于适宜之时间所作出的真实意思表示，被害人承诺具有阻却违法性之刑法效果，而被害人承诺过当可减少行为违法性。⑥ 学者刘德法与范再峰的视角比较特别，借鉴了行政行为效力的内容，以对“成立”和“生效”的辨析为切入，纠正了存在于以往被害人承诺成立要件中的逻辑漏洞，在此基础之上，以承诺的现实存在为前提，根据被害人承诺的刑法效果，从横向上划分为无效、生效和有效三种效力形态，并对每种效力下的具体要件进行纵向上的深度解析，并认为作为与现实承诺相对之推定承诺，根据作为义务存在与否，可从横向上对其成立要件作第一层次的划分，然后从纵向上研究两种情形不同效力的成立要件。⑦

其他学者的研究大多聚焦于被害人承诺中的一个点。其中，最为热点的就是被害人承

① 宋盈．被害人同意中法益的内涵与刑法家长主义．刑法论丛，2016（3）．
② 车浩．过失犯中被害人同意与被害人自陷风险．政治与法律，2014（5）．
③ 车浩．论刑法上的被害人同意能力．法律科学，2008（6）．
④ 凌萍萍．被害人承诺能力研究．当代法学，2010（4）．
⑤ 黎宏．被害人承诺问题研究．法学研究，2007（1）．
⑥ 肖敏．被害人承诺探究．政治与法律，2007（4）．
⑦ 刘德法，范再峰．论被害人承诺成立要件．中国刑事法杂志，2015（4）．

诺的适用范围。例如，学者杨春然认为，对于人身伤害，被害人同意通常被认为是无效的，现实中法院往往以保护被害人或者第三人的利益为由，否定被害人同意的效力，故意伤害禁止所保护的法益是人们的自决权和人格尊严等重大利益，被害人同意的效力实质上都是有效的，其只是否定行为的侵权性，并不否定行为对人格尊严的侵犯，这样，被害人同意只能阻却行为的部分违法性，如果在实体法上有充分理由，被害人同意则可以完全阻却伤害行为的违法性。[①] 再如，学者赵星认为，鉴于生命法益、健康法益的性质，将故意杀人罪、故意伤害罪中的被害人同意作为阻却构成要件事由的例外，对于得到被害人承诺的故意伤害（包括轻伤）和故意杀人行为均认定为故意伤害罪、故意杀人罪。[②] 还有，学者邓毅丞、申敏认为：在被害人承诺中，法益处分权存在司法界限和立法界限；在司法界限中，刑法保护个人法益的目的是为了保护国民自己决定的自由不受侵犯，因而社会伦理规范和法益的重要性都不得作为限制自己决定权的理由；在法无明文规定的场合，被害人对法益的处分自由不受限制；但生命是一切自由的基础，无论有无承诺，侵害生命的行为都同时彻底摧毁被害人的自由，因此承诺杀人符合故意杀人罪的构成要件；在立法界限中，刑法可以基于重大法益面临的普遍危险性、个人法益和超个人法益的关联性以及自律判断的不充分等方面的实质理由对法益处分权进行特别限制，这些立法限制只能在刑法明文规定的范围内适用，而不得类推适用于其他法益处分情形。[③] 其次，许多学者也特别关注被害人承诺的体系地位。例如，学者杨春然认为，根据规范说和伦理主义，被害人同意系故意伤害罪的正当化事由，并非是犯罪构成要件要素。[④] 再如，学者赵星认为，应当将被害人承诺界定为阻却构成要件事由。[⑤] 最后，假定同意以及被害人承诺的效力范围也是学者们的关注点之一。学者周维明认为，假定同意在刑法教义学体系中的定位属于构成要件阶层的排除客观归责事由，排除行为的结果不发生但保留着未遂的可罚性，其适用范围能够适用同意的犯罪构成要件，保护法益限于身体、自由、财产等个人法益，其判断基础应当以被害人本人为准，将行为时存在的与被害人的真实意思有关的全部资料从事后的角度进行盖然性判断，存在与否的证明责任则应当由行为人负担，在运用“罪疑有利于被告”原则时，不能仅仅依据假想的被害人同意的可能性进行判断，还必须有补强证据。[⑥] 学者付立庆指出，被害人同意阻却犯罪成立的根据，是相应法益失去了“要保护性”，在判断被害人因受骗而作出的同意是否有效时，法益关系错误说提供了合理的思考方式，总体上值得支持。在不存在法益关系错误时，虽然可以推定同意有效，但例外地也可能因为该同意欠缺任意性而导致同意最终无效，以法益关系错误为基础、以客观判断任意性之有无为实质的客观真实说，是对既有理论的继承和发展。学者俞小梅以“酒托”案为切入点，认为经济社会的发展对于刑法理论的更新与变革提出了新的要求，新类型案件的刑法适用，既是检验刑法能否适应社会现实需要的标尺，也是刑法实现社会管理机能的重要体

---

① 杨春然．论被伤害权对同意效力范围的限制．清华法学，2013（3）．

② 赵星．被害人承诺的体系定位及其展开．政法论坛，2014（4）．

③ 邓毅丞，申敏．被害人承诺中的法益处分权限研究．法律科学，2014（4）．

④ 同①．

⑤ 赵星．被害人承诺的体系定位及其展开．政法论坛，2014（4）．

⑥ 周维明．刑法中假定同意之评析．环球法律评论，2016（2）．

现，“酒托”类案件就是其中一例。通过对财产犯罪中被害人承诺效力判断标准的扩大化与财产损失界定的实质化，可以为“酒托”类案件的司法定性提供充分的法理依据，其更深层次的刑事政策考量则是“酒托”诈骗行为具有以预防为目的的处罚必要性，同时，为了应对因财产犯罪实质化解释立场所可能带来的“酒托”诈骗案处罚范围的过大，在“酒托”诈骗案的主从犯认定上应作出精细化的、合理化的区分。[①]

从整体上看，对被害人同意或承诺的研究是刑法教义学研究中与道德哲学、政治哲学联系最为紧密的部分之一。这种紧密的联系体现了学者们对被害人承诺研究的深入，有利于推动刑法教义学的发展。但是，这种紧密的联系也使得关于被害人承诺的讨论，纵向过深但横向不足。换言之，目前的讨论似乎忽略被害人同意对刑法教义学体系带来的冲击，研究大多集中在被害人承诺的成立条件。最为典型的问题就是，如学者车浩所言，如何理解法益的概念内涵。很多学者依旧在法益保护的思想下来理解并构建被害人承诺的教义学体系。这种对法益保护思想予以坚持的态度值得肯定，但是，采取这种立场的学者并没有正视他们对法益概念的差异化理解。

四、治疗行为、危险接受以及其他正当化事由

与被害人承诺紧密相关，但多数情况下学者一般单独对其进行详细论述的议题，一个是治疗行为，而另一个就是危险接受，而且，各位学者的研究都十分全面，既深入正当化根据的层面，而且落实到了成立要件的层面。

在危险接受方面，学者张明楷指出[②]：根据是自己侵害还是他者侵害这一标准，危险接受分为两种；被害人自己支配实害结果发生的，被告人的行为属于自己危险化的参与；被告人的行为支配实害结果发生的，则是基于合意的他者危险化；被害人承诺、规范的保护目的、被害人自我答责等理论，均不能妥当说明危险接受的法理。在自己危险化的参与的场合，被害人支配实害结果发生的行为不符合任何犯罪的构成要件，故参与者（被告人）的行为不可能成立犯罪。在基于合意的他者危险化的场合，被告人支配实害结果发生的行为，符合过失犯的构成要件且不具有违法阻却事由，原则上不排除犯罪的成立；但是，如果能够认定被害人对被告人实施强制行为，或者具有优越的知识，支配了因果发生进程，对实害结果的发生处于间接正犯的地位，则被告人的行为不成立犯罪。学者庄劲认为，被害人危险接受理论的主要内容是客观不法排除，同时又以危险的优越认知理论作为其补充，这导致其陷入体系性和逻辑性的困境。其实，无论是自我答责原理、被害人教义学等法哲学理论，还是共犯从属性套用理论、构成要件范围理论等均无法自圆其说，摆脱该困境的唯一办法是将归责排除的路径从客观方面转换至主观方面，即排除归责的根据是行为人对被害人自我保护的合理信赖，即使行为人认识到被害人接受危险，但如果从规范目的或者社会交往规范看仍无法合理信赖被害人能够避免损害，那么行为人仍应对损害结果承担刑事责任。[③] 学者沈琪认为，现有理论对不处罚故意自危场合的被告人基本没有争

① 俞小梅．财产犯罪中被害人承诺效力的扩大化与财产损失的实质化．政治与法律，2014（7）．

② 张明楷．刑法学中危险接受的法理．法学研究，2012（5）．

③ 庄劲．被害人危险接受理论之反思．法商研究，2017（2）．

议，但对于同意他人造成危险的处理，却存在截然相反的两种观点，以张明楷教授为代表的学者主张有罪论，该理论也是我国司法实践所持的基本立场，但是，有罪论存在着逻辑困境而应该采取无罪论。[①] 学者马卫军也认为，从尊重被害人自我决定权及其实现出发，考虑被害人是否基于自己的意思而形成了“任意、行为与结果的统一体”，危险接受的相关问题完全可以用被害人自我答责理论，在客观归责理论视域下进行讨论，原因是被害人的“任意、行为与结果的统一体”的形成，从而显著地提高了不被允许的危险的层次，行为人的行为从规范上来看，可以评价为没有实现不被允许的危险，从而排除行为人答责，而对法益侵害结果由被害人自我答责。[②] 学者靳宁认为，被害人的危险接受具有独立于风险实现判断的基本法理，为了解决危险接受问题，刑法理论提出了共犯从属性理论、自我决定权理论、溯责禁止理论等，最终落脚在规范论的溯责禁止理论上。根据规范论的溯责禁止理论，在面对危险接受的案例时，首先要区分支配犯与义务犯，违反积极义务者成立义务犯的正犯，直接该当犯罪构成要件，违反消极义务者处于支配犯的正犯责任范围，是否该当犯罪构成要件进而成立正犯，还需要在对法益侵害的实现流程进行判断后才可得出结论。[③]

在治疗行为方面，众多知名学者也给予了强烈关注，而且每位学者的讨论也大多并不局限在某一个或者某几个问题上，而是给予该议题全面性的理解。学者林东茂提出：没有得到病人承诺的医疗，如果对于病人的身体完整性有所破坏，除非有正当的事由（如紧急避难或推测的承诺等），否则都可能成立伤害罪；病人的承诺，需要医师提供完整的信息；病人的承诺必须建立在意识清楚而且意愿自由的条件下，才是有效的承诺；病人的承诺不能违反善良风俗与公共利益，否则承诺无效；病人的承诺，除了意识清楚与意志自由外，必须是理智的；在安乐死中，仅有消极的安乐死被允许。[④] 学者冯军指出，知情同意原则作为最高医疗准则，不仅已被国际社会普遍确认，而且在我国的法律、法规和规章中均获得系统性肯定；患者的最佳利益与患者的自我决定权并不存在冲突，患者“最佳利益”的内容原则上必须由患者自己决定，只有在患者因为意识昏迷等原因而无法自己决定时才能例外地由患者的亲属等其他主体来决定，专断性医疗行为不仅是民事侵权行为，在严重情形中，也是犯罪行为。[⑤] 学者莫洪宪、李颖峰认为，治疗目的是成立治疗行为的核心要件，治疗行为的正当化根据是建立在治疗目的基础上的社会相当性，判断社会相当性的要素原则上包括医学的适应性、医术的正当性以及患者的同意，而这三个要素也正是治疗行为的正当化要件。[⑥] 学者章瑛也表达了与学者莫洪宪、李颖峰观点相近的看法。[⑦] 还有不少学者也在知情同意原则的情况下对治疗行为展开论述，只是在具体细枝末节的问题上有不同的看法，例如学者刘建利、吕英杰。[⑧] 然而与此不同，学者曹菲提出：治疗行为的正当化

---

① 沈琪．论同意他人造成危险的归责．刑法论丛，2015（4）．

② 马卫军．刑法中的危险接受．刑事法评论，2016（2）．

③ 靳宁．被害人危险接受理论研究．刑法论丛，2015（3）．

④ 林东茂．医疗上病患同意或承诺的刑法问题．中外法学，2008（5）．

⑤ 冯军．病患的知情同意与违法．法学，2015（8）．

⑥ 莫洪宪，李颖峰．论刑法中治疗行为的正当化．刑法论丛，2014（3）．

⑦ 章瑛．医疗告知后同意法则的刑法适用性研究．华东政法大学学报，2014（4）．

⑧ 刘建利．刑法视野下医疗中止行为的容许范围．法学评论，2013（6）；吕英杰．“肖志军拒签案”医生的刑事责任分析．政治与法律，2008（4）．

根据在于保护了患者身体的这种优越利益性；治疗行为的正当化是否需要患者同意，这种讨论产生的根源在于，区分医疗侵袭涉及的患者身体利益是否属于外观、生活技能这种主观利益，治疗行为的正当化对患者意思的依存程度不同；在通常情况下，医师基于诊疗合同对患者实施能够期待保护其优越利益、具有医学上正当性的治疗行为，就应当予以正当化；在对治疗行为是否具有优越利益进行判断时，如果医疗侵袭涉及的是身体重要部分的外观或基本的生活机能这种主观利益，应当取决于患者自己的意思；除此之外的情况，优越利益性的判断应以健康状态这种客观尺度为标准；医师为了改善患者的健康状态，为患者选择最合适的治疗方法，既是医师裁量权限的行使，也是医师（基于诊疗合同的）裁量义务的履行；不能因为患者对治疗过程的某一环节不存在同意，就直接否定治疗行为的正当性。①

除了上述正当化事由外，还有其他关于正当化事由的议题也受到了学者的关注。例如体育行为。学者吴玉萍研究指出，竞技体育行为在正当化事由体系中应定位为正当业务和被害人承诺这两种正当化事由的竞合，其正当化根据在于社会相当性理论。在正当的对抗性体育比赛中，在比赛时间、比赛场地，参赛运动员以比赛为目的并遵守比赛规则的竞技行为具有社会相当性，正当的竞技体育行为和体育暴力界分的理论依据是社会相当性理论，界分的实践标准是行为人客观上是否遵守了比赛规则以及行为人主观上是否具有罪过。② 再如义务冲突。学者简永发认为，对于义务冲突法律性质的根据，大陆刑法学界有法益衡量说、社会目的说、社会相当性说、欠缺期待可能性说的争论，以上学说并非是矛盾的，在行为人选择履行高阶义务而放弃低阶义务时，行为应当基于社会相当性而予以排除犯罪性，即使是行为人错误的选择，也应当与完全不履行义务的行为予以区别，从而相应减免其刑。③ 还有被害人维权运动、国家政策。学者李希慧、李冠煜认为，作为正当化事由的环境犯罪被害人维权运动包括正当防卫、自己行为和劳动争议三种类型，每种维权运动都有其特定的适用标准，正当防卫要注意时间条件和限度条件的运用，自救行为要注意手段的控制，而劳动争议尤其要注意原因的特殊性。④ 学者邓子滨提出，所谓“国家官员的超法规免责事由”，并非刑法理论上公认的“阻却事由”，而是专指国家官员实施了违法乃至犯罪行为，但基于国家宏大制度和宏观政策背景，在实践中得以减免其法律责任的情形，其基本逻辑是“目的证明手段正当”，为了限制公权力，必须对这种超法规的免责事由予以极大的限制。⑤

五、正当化事由与犯罪论体系的构建

除了详细分析个别的正当化事由以外，对所有正当化事由的统一根据以及正当化事由在犯罪论体系中的位置进行研究，也是晚近以来刑法教义学研究的热点。

① 曹菲．治疗行为正当化根据研究．刑事法评论，2011（2）．

② 吴玉萍．竞技体育行为与体育暴力行为界分的刑法考察．中国刑事法杂志，2012（3）．

③ 简永发．略论刑法中义务冲突法律性质的根据．法学评论，2008（5）．

④ 李希慧，李冠煜．作为正当化事由的环境犯罪被害人维权运动：实质根据与适用标准．刑法论丛，2012（1）．

⑤ 邓子滨．如何看待国家官员的超法规免责事由．法学，2012（8）．

近二十年以来，废除我国传统四要件犯罪构成理论的声音逐渐有力，而支持该观点的一个重要理由就是，在四要件犯罪构成理论中，正当化事由没有一席之地，由此导致犯罪构成理论并不是认定犯罪的唯一标准。这些主张废除四要件犯罪构成理论的学者提出，应该借鉴德国或者日本刑法学中的三阶层犯罪论体系，将犯罪成立条件划分为构成要件符合性、违法性以及有责性三个阶层，在违法性阶层展开与正当化事由相关问题的讨论。

毋庸置疑，四要件理论与三阶层理论确实存在着诸多差异，但是，有些差异其实并无实质意义，仅仅是思维路径的不同，而并不涉及价值立场的分歧，并不会导致定罪量刑的不同。经过多年的讨论，不少学者发现，以正当化事由在犯罪构成理论中没有一席之地为由来否定四要件犯罪构成理论其实并不合适，这样的争论完全是停留在形式层面的概念之争。①

其实，在与正当化事由相关的问题中，四要件与三阶层之争是否存在差异，主要取决于根据何种价值立场来构建三阶层犯罪论体系。如果以结果无价值论的立场来构建三阶层犯罪论体系，那么不仅仅在与正当防卫相关的问题上，在与共同犯罪等相关的问题上，传统四要件犯罪构成理论与三阶层犯罪论体系将产生激烈的碰撞。但是，如果以行为无价值理论来构建三阶层犯罪论体系，那么，二者基本上并不会由于方法论的不同而在与定罪量刑相关的问题上产生分歧，只能说三阶层犯罪论体系在说理的过程中更为精细。例如学者杨春然所言，对正当化事由与免责事由进行区分，可以更为精确地表述行为的性质，而且，这还是当前“双轨制”处罚体系适用的前提。②

所以，以正当防卫与犯罪构成理论的关系为议题，近年来的四要件与三阶层之争本质上其实是行为无价值与结果无价值之争，三阶层理论的强势崛起在本质上是结果无价值论的强势崛起。例如，学者张健一认为，正当化情状错误应当归属于事实错误的范畴，从罪刑法定原则的明确性要求出发，构成要件的故意规制机能在解决正当化情状错误问题中应有一席之地，较之于行为无价值论，结果无价值论将故意、过失作为责任要素对待的立场更有利于正当化情状错误之下恶意共犯等问题的妥当解决。③ 不过，随着我国刑法教义学研究的深入，结果无价值论的解释力不足已经凹显。多位学者从正当化事由的角度对结果无价值论展开了批判。例如，学者王华伟提出，应当认可主观的正当化要素。④ 再如，学者杨春然认为，如果功利主义和自由主义的道理理论对某一行为有不同的评价结论，且两者的根据力量相当，行为不得评价为违法。⑤ 最后，学者劳东燕更是从正当防卫、紧急避险以及被害人承诺等多方面对结果无价值论展开分析，并指出将法益衡量说作为违法阻却一般原理的做法存在重大疑问。⑥ 从总体上看，在正当化事由领域，甚至是在整个刑法教义学领域，结果无价值论缺乏解释力的事实正在被越来越多的学者所洞见，在不久的将来，对该理论的批评也将更为激烈与透彻。

---

① 陈檬．正当化事由体系地位初探．刑事法评论，2007（2）；孙道萃．犯罪构成与正当化事由的体系契合：学说、视角、立场与路径．刑法论丛，2012（1）；丁华宁．对正当行为与犯罪构成关系之坚持．刑法论丛，2014（3）．

② 杨春然．正当化事由与免责事由．中国刑事法杂志，2015（2）．

③ 张健一．阶层体系下正当化情状错误的困境与破解．中国刑事法杂志，2012（12）．

④ 王华伟．论主观正当化要素的坚持．刑事法评论，2013（1）．

⑤ 杨春然．论违法性与正当化事由缺失之间的规范缝隙及跨越．中国刑事法杂志，2011（3）．

⑥ 劳东燕．法益衡量原理的教义学检讨．中外法学，2016（2）．

第五章 共同犯罪

与单个行为人实施犯罪不同，在两个以上的行为人（数人）通过互相配合、协作实现构成要件的场合，并非所有参与犯罪人的行为都具有构成要件符合性，但从责任报应与预防犯罪的角度而言，有必要将助力实现构成要件符合性的犯罪参与人都纳入处罚范围。因此，如何从刑法理论上说明对犯罪参与人处罚的根据与范围，是共同犯罪理论所要解决的核心问题。

理论的形成与深化要以实体刑法规定为依托，否则就可能陷入无的放矢的境况之中。我国《刑法》在第 25 条规定了共同犯罪的含义，第 26 条至第 29 条则分别就主犯、从犯、胁从犯、教唆犯的概念及其相应的处罚原则进行了规定。我国学界围绕这些规定就共同犯罪理论在中国的展开进行了热烈的讨论，并形成了丰富的文献资料。

一、共同犯罪的本质

我国《刑法》第 25 条第 1 款规定："共同犯罪是指二人以上共同故意犯罪。"对于此处的"共同"该作何理解呢？行为人之间在哪些方面的共同才能成立共同犯罪，是否需要完全符合同一个犯罪构成才能成立共同犯罪？这事实上是在回答共同犯罪的本质问题，即所谓共同犯罪是指各行为人之间在同一的意思之下互相加功于对方的行为，形成一个意思一体的集团从而实现犯罪，还是指各行为人只是在自己的意思之下通过互相利用对方的行为来达致犯罪结果的发生。国外刑法理论针对共同犯罪的本质问题形成了犯罪共同说（包括部分犯罪共同说）与行为共同说两大不同观点，我国学界也在这两大观点的基础上对我国共同犯罪的本质展开了探讨。

犯罪共同说认为，共同犯罪是指行为人之间就特定的犯罪共同实行之，且主观上对于所实施的特定犯罪有共同意思。详言之，行为人之间只有在犯罪构成上完全一致，方可成立共同犯罪。依照该理论认定的共同犯罪范围是相当窄的，而且会导致以下不当的结论。例如，在甲以杀人故意、乙以伤害故意致丙死亡的场合，由于故意杀人罪与故意伤害罪之间并未完全重合，因此甲、乙之间不能成立共同犯罪，只能按照单独犯罪处理。可是，在这样的案例中，一则，行为人之间互相借助对方的行为造成了被害人死亡，是比单独犯罪危害性更为严重的犯罪样态，按照单独犯罪处理有所轻纵；二则，在无法查明究竟是甲还是乙的行为导致丙死亡的情况下，对甲、乙都只能按照未遂犯处理，这明显造成了出现死亡结果却未充分评价的缺陷。为了避免上述不当结论，共同犯罪说认为，此时行为人成立重罪的既遂，但对于没有实施重罪的行为人，则按轻罪的刑罚量刑（在上述案件中，甲、乙成立故意杀人罪，但对乙按照故意伤害罪量刑），但这造成了适用罪名不当、罪名与量刑相脱离的问题。所以，目前基本上没有持犯罪共同说的学者了。

有鉴于犯罪共同说的缺陷，学界在维持犯罪共同说的框架下，对犯罪共同说作了修正，此即部分犯罪共同说。该说认为，成立共同犯罪并不需要行为人之间实施完全相同的犯罪，只要行为人所实施的犯罪之间存在重合部分，则该重合部分就成立共同犯罪。例如，在上例甲、乙致丙死亡的场合，由于死亡结果之中包含伤害的因素，因此甲、乙在故意伤害罪的范围内成立共同犯罪；又因为甲具有杀人的故意，所以对甲最终按故意杀人罪处理，对乙则按故意伤害罪处理。学界通常的见解认为按照部分犯罪共同说，行为人之间就轻罪的部分成立共犯。

围绕共同犯罪中的行为内涵，行为共同说对共同犯罪的本质之理解经历了从自然行为到构成要件行为的变化。早年的行为共同说基于行为人刑法与主观主义的立场，认为共同犯罪中的行为共同，是指脱离于构成要件（或称前构成要件）的或自然的行为共同，即凡是能够征表出行为人反社会人格的行为都属于犯罪行为，因此，只要数个行为人所实施之行为在客观上是相同的，即便他们具有不同的犯意，也不影响数个行为人均表现出来的对社会具有危害的人格特征，如此一来，是否成立共同犯罪与构成要件之间是否一致无关，这导致成立共同犯罪的范围非常宽大。有鉴于早年的行为共同说的缺陷，现在得到较多认同的是行为主义与客观主义立场下的行为共同说。现代的行为共同说认为，不能脱离构成要件来理解共同犯罪中的行为概念，亦即必须根据罪刑法定原则，在构成要件的视角下来理解行为概念。行为必须符合构成要件才有成立犯罪的余地，各个犯罪具有不同的构成要件，也因此导致其实行行为具有不同的类型与特征。在共同犯罪之中，讨论行为人是否成立共同犯罪，必须考察行为人所实施的行为是否属于构成要件的行为相同。

在我国，基本上没有赞成完全犯罪共同说的学者，学界关于共同犯罪本质的主流见解是围绕着部分犯罪共同说与行为共同说展开论争的。肖中华教授赞成部分犯罪共同说的观点，并认为，完全犯罪共同说过于严格限制了共同犯罪成立的范围，无法满足处理共同犯罪的司法实践的客观要求；而且这种学说对于二人以上实施的具有重合性质的不同犯罪的处理，将对行为人适用的罪名与法定刑相分离，有悖罪刑关系中的罪刑不可分原则。行为共同说则走向另一极端，过于宽泛地、有失公正地扩大了共同犯罪的成立范围，因为在一定意义上讲，共同犯罪的本质在于共同故意，共同犯罪的共同性主要表现为共同故意，正是共同故意使行为人的个人行为之间相互配合，彼此作用，组成有机联系密不可分的整体，对于刑法来说，这类共同犯罪才是打击的重点。如果仅仅根据客观事实的相同，而不考虑各个行为人之间是否具有共同故意，就确定各行为人成立共犯并以共犯论处，则设立共犯形态的旨意何在，甚至有无必要设立就大可推敲。部分犯罪共同说，把共同犯罪成立须以符合同一犯罪构成为前提作为一个原则，即在不同犯罪构成的犯罪之间，没有共同犯罪成立的余地，但也不排除当二人以上共同实施的行为具有主客观方面的重合部分时，各行为人就重合部分成立共同犯罪。此说立论持平，确定共同犯罪成立之范围恰到好处，当最为可取。[①] 陆诗忠教授认为，行为共同说所宣称的较之于部分犯罪共同说的一系列比较优势不仅是无法立足的，而且司法实践中所出现的有关共同犯罪的疑难问题，运用部分犯罪共同说同样能够迎刃而解。因此，没有必要有悖于司法实践的通行理解与做法而去倡导所谓的行为共同说。况且，如果真的以行为共同说作为认定是否成立共同犯罪的依据，那么还将面临着一系列的风险。这些风险大体可以分为两个方面，一是与相关的刑法理论存在冲突，二是与我国的刑法规定存在着矛盾。因此，就共同犯罪的本质而言，应坚持部分犯罪共同说的立场。[②]

张明楷教授早年亦赞同部分犯罪共同说，并分别对犯罪共同说与主观主义立场下的行为共同说提出批判，认为犯罪共同说存在扩大共同犯罪的认定范围与导致罪名与刑罚相脱离的缺陷，而主观主义立场下的行为共同说由于将两种完全不同的犯罪认定为共同犯罪，有悖于构成要件的原理，过于扩大共同犯罪的成立范围，因此亦不可取。在此基础上，张明楷教授进一步主张，共同犯罪是指二人以上共同故意犯罪，这表明只有二人以上以相同的故意实施了相同的犯罪行为，才可能成立共同犯罪，又由于各罪的构成要件之间存在交叉或重叠的关系，因此行为人可在重叠的范围内具有共同的故意与行为，也就可以成立共同犯罪。[③] 不过，张明楷教授转变了上述立场，采取行为共同说来说明共同犯罪的本质，认为部分犯罪共同说试图既维持罪名的从属性，又妥当处理共同正犯案件，亦即，在逻辑思维的中间阶段维持了罪名的同一性，在最终阶段又承认了罪名的非同一性。其中间阶段的要求，不仅没有实际意义，而且导致一些案件不能得到妥当处理。在行为共同说的立场下，共犯通过共同实施“行为”来实施各自的犯罪，共犯也是对自己的“行为”承担责任，因此，共犯者相互之间的罪名不必具有同一性（罪名从属性的否认），也不要求共犯人之间存在作为共通的犯罪意识的故意。共犯的处罚并不是借用他人的可罚性，因而不要求与他人有共同的责任。之所以处罚共犯，是因为各人为了实现自己的犯罪，通过利用他人扩张了自己的因果影响力的范围。由此可见，从共犯的处罚根据上来说，行为共同说与因果共犯论紧密联系，既然如此，就应当在共犯的本质上采取行为共同说。此外，虽然由于行为共同说要求二人以上的构成要件相同，当行为人对构成要件行为具有故意时，因为构成要件的行为共同而成立共同犯罪的范围，与部分犯罪共同说所承认的共同正犯的范围几乎没有区别。但是，就过失的共同正犯、过失犯与故意犯的共同正犯而言，行为共同说与部分犯罪共同说的结论还是存在差异的。在构成要件的部分行为并不独立构成犯罪时，行为共同说与部分犯罪共同说的结论也不相同。[④]

黎宏教授也坚持行为共同说的立场，认为从数人共同参与同一犯罪，但最终却各自受罚的现象来看，可以说共同犯罪不过是行为人利用和他人一起行动的机会，实现自己犯罪目的的一种手段而已，与单打独斗的个人犯罪没有什么两样，共同犯罪的本质应当从数人

---

① 肖中华．论共同犯罪成立是否以符合同一犯罪构成为前提．中国刑事法杂志，1999（6）．

② 陆诗忠．我国《刑法》中的“共同犯罪”：“犯罪共同说”抑或“行为共同说”．华东政法大学学报，2016（1）．

③ 张明楷．部分犯罪共同说之提倡．清华大学学报（哲学社会科学版），2001（1）．

④ 张明楷．共犯的本质——“共同”的含义．政治与法律，2017（4）．

共同行为，实现各自犯罪的“行为共同说”的角度来理解。其理由在于，这样的理解符合近代刑法所主张的个人责任原则，又与客观主义刑法观并不矛盾，亦不会扩大共同犯罪的处罚范围，且不违反我国刑法关于共同犯罪的规定。[①]

张小虎教授从过失犯的角度展开了关于共同犯罪本质的见解，他认为，基于相对完全犯罪共同说的共犯理论建构，我国《刑法》所规定的“共同故意犯罪”是指共同故意实施同一具体犯罪的实行行为。由此，在由多人参与共同故意实行的犯罪中，各个参与人虽对行为的结果持过失心态，但也不排除可以成立共同犯罪。换言之，我国《刑法》中的“共同过失犯罪，不以共同犯罪论处”的规定，仅仅是对纯粹过失犯之共犯的否定。通过对我国《刑法》的共同犯罪做这样的理解，张小虎教授认为，这可以使得我国《刑法》总则有关共同犯罪的一般规定，与分则中有关共犯的规定以及某些司法解释的相应规定，获得刑法教义学上的法条体系性的贯通。[②]

陈洪兵教授认为，《刑法》第 25 条第 1 款“共同犯罪是指二人以上共同故意犯罪”中的“二人”，无须其达到刑事责任年龄、具有刑事责任能力、存在违法性认识的可能性以及具备期待可能性；“共同”，是指行为的共同而非犯罪的共同，因而行为共同说具有合理性；“共同故意”是指共同实行的意思；“犯罪”是指违法性意义的犯罪。进一步而言，陈洪兵教授主张，认定共同犯罪，应坚持从违法到有责、从正犯到共犯、从物理因果性到心理因果性的顺序。不仅故意内容不同的可成立共同犯罪，而且故意犯与过失犯甚至意外事件者，均可成立共同犯罪，最终应否承担责任，则是有责性阶段个别判断的问题；共犯人之间无需意思联络，应当承认片面的教唆犯、帮助犯及共同正犯。[③]

针对学界中强势兴起的以行为共同说来解释我国共同犯罪本质的观点，刘明祥教授基于我国的共犯体系乃单一正犯体系的立场，对上述观点提出了批判。刘明祥教授认为，以来自德日刑法的行为共同说来解释我国刑法规定的共同犯罪，不仅是行不通的路径，而且其理论根据也不可靠。我国刑法规定的共同犯罪之所以不能用行为共同说来解释，归根到底是因为行为共同说是区分正犯与共犯的区分制犯罪参与体系的产物，而我国刑法采取的是不区分正犯与共犯的单一正犯体系。德日刑法中的共同正犯或共犯必须在定罪阶段（犯罪论层次）确定，而我国刑法中的共同犯罪则是在量刑（处罚）阶段才涉及的问题。[④]

此外，王志远教授则反思能否以犯罪共同说（包括部分犯罪共同说）与行为共同说来合理解释我国刑法中的共同犯罪之规定。其认为，在日本共犯制度实践思维当中，以“何为共犯之‘共同’”这一提问为代表的“主体间思维”，以及由此产生的犯罪共同说、行为共同说和所谓共同意思主体说等共同犯罪本质观念一直被作为解释参与犯成立条件和解决诸多疑难问题的当然前提。然而，“主体间思维”在运用过程中存在“学说贯彻不彻底”“主体间思维超越”和“学说内部分歧”等三种理论现象，充分说明了其解释能力的有限性。王志远教授进而主张，德国共犯实践中的“单方化思维”对于共犯问题的解释、解决

---

① 黎宏．共同犯罪行为共同说的合理性及其运用．法学，2012（11）．

② 张小虎．论我国〈刑法〉中非纯粹过失犯的共犯成立．政治与法律，2016（10）．

③ 陈洪兵．“二人以上共同故意犯罪”的再解释——全面检讨关于共同犯罪成立条件之通说．当代法学，2015（4）．

④ 刘明祥．不能用行为共同说解释我国刑法中的共同犯罪．法律科学，2017（1）．

对比“主体间思维”显然具有无可比拟的优势，应该以德国刑法理论的“单方化思维”来重新审视我国关于共同犯罪本质的见解。[①]

二、犯罪参与体系

共同犯罪是多人参与实施犯罪的特殊犯罪形态，在其间常存在着不同的参与形式，由此可将参与人区分为实行犯（正犯）、教唆犯与帮助犯（共犯）。那么，是否可以或有必要从参与形式上对犯罪参与人作上述区分呢？如果持肯定回答的话，又该以什么标准来作出清晰界分呢？对于前者，我国学界通过比较、借鉴国外刑法理论与规定，并结合我国刑法规定，围绕我国的犯罪参与体系产生单一制犯罪参与体系（又称单一制）与二元制犯罪参与体系（又称二元制、区分制）的争论。至于后者，则存在着主观说、形式的客观说、实质的客观说与犯罪事实支配理论等主张。

对共犯理论的研究围绕着刑法规定展开，属于解释论的范畴，因此首先应当指出的是，与日本、德国的刑法典不同，我国《刑法》并没有在总则中对正犯、共犯作出明确的规定，而是分别规定了主犯、从犯、胁从犯、教唆犯。所以，我国学者们大多从学理上将正犯解释为实施了刑法分则所规定的构成要件行为的人，共犯则是没有实施构成要件行为的人。这样的解释结论是从构成要件理论出发来理解正犯与共犯，其理论的前提是刑法分则所规定的构成要件行为都是针对正犯而非共犯。德国、日本刑法中的二元论便是在上述解释路径之下来区分正犯、共犯，由此推导出二元制犯罪参与体系。但如前所述，我国并没有在总则中就正犯、共犯进行明确规定，由此导致我国分别存在着以单一制或二元制来解释、构建我国犯罪参与体系的观点。刘明祥教授认为，我国刑法采取的犯罪参与体系是不区分正犯与共犯的单一制，即单一犯罪人体系。与其他采取单一制的国家刑法不同，我国刑法将所有参与共同犯罪的人分为主犯与从犯两大类，分别给予轻重不同的处罚。这既突出了共同犯罪在处罚上不同于单个人犯罪的特点，又弥补了区分制根据参与行为的形式来确定处罚轻重的缺陷。与区分制相比，它不仅不存在难以区分正犯与共犯的问题，而且具有定罪更为科学、处罚更为合理、操作更为简便的优越性。其主要缺陷在于，主犯与从犯的规定还不够明确，导致在处理具体共同犯罪案件时，要由司法人员来作判断。由于没有客观的判断标准，难免带有主观随意性，很可能出现判断失误或执法不公的现象。但这一缺陷可以通过完善立法与合理司法来弥补。[②]

同样支持以单一制来解读我国犯罪参与体系的江溯教授首先对单一正犯体系的立法史和学说史进行梳理，在此基础上对单一正犯体系内部所存在的形式的单一正犯体系与功能的单一正犯体系分别进行考察，认为形式的单一正犯体系完全不区分参与形态，而功能的单一正犯体系则对参与形态有所区分，因此，其认为单一制的本质并不在于是否区分不同的参与形态；在这之后，江溯副教授对单一正犯体系的理论基础进行整理和反思，认为如果以因果关系为基础的单一正犯体系还存在缺陷与疑问，那么“共同的二重性”理论无疑

① 王志远. 德日共犯制度实践思维当中的“主体间”与“单方化”——我国共犯制度思维合理性的域外视角审视. 法律科学，2013（6）.

② 刘明祥. 论中国特色的犯罪参与体系. 中国法学，2013（6）.

可以为单一正犯体系提供充分的正当化基础，高桥哲夫教授的二元规范理论也可以在一定程度上为单一正犯体系提供刑法规范的依据；在回应了区分制对单一正犯体系的各种批判后，江溯教授得出结论认为，在单一正犯体系的立场下，凡是对不法构成要件在事实上有所贡献者，在参与形态上均应视为正犯，无须再因贡献程度的不同而区分参与形态。这不但统一了参与形态，而且也避免了区分制所带来的各种区分困难，如教唆犯与间接正犯、共同正犯与帮助犯、教唆教唆犯、教唆帮助犯等，因此，无论是从体系的清晰程度还是刑法适用经济性的角度上看，单一正犯体系，尤其是功能的单一正犯体系不失为一种值得提倡的犯罪参与体系。[①]

赞成单一制的学者还有瞿俊森、符天祺、赵希等。[②]

区分制在我国也得到了许多学者的支持。钱叶六教授认为，在德日刑法中，正犯与共犯的区分具有同时解决参与人的定罪与量刑的双重功能，在此种单层区分制下，重视参与人在不法事实实现过程中的实质支配力或作用大小的犯罪事实支配理论、重要作用说有其论理上的妥当性。中国刑法对参与人同时采用了分工和作用两种并存不悖、功能各异的分类标准。分工分类标准下的正犯与共犯旨在解决参与人的定性及其间的关系问题，而不直接决定和评价参与人的刑罚轻重，承载量刑功能的是作用分类标准下的主犯和从犯。在这种双层区分制立法模式下，正犯与共犯的界分宜采以构成要件为轴心的实行行为说。[③] 因此，不同于德、日刑法对参与人类型与参与人程度进行单层次操作的区分制模式，中国刑法采取的是区分参与人类型与参与人程度的双层次操作的模式，即分工和作用相结合。对于采取区分制所具有的意义或优势，钱叶六教授认为，区分制具有能够深入地揭示现实生活中所存在的纷繁芜杂的共犯分工现象，适合于构筑"构成要件为中心"的法治国的刑法基础以及能够合理地限定共犯的处罚范围等诸多优点，在制度的层面上更具妥当性。[④] 何庆仁教授认为，学界一直以来就单一制与区分制的界定陷入对刑法条文的解释漩涡之中，仅从是否区分了正犯与共犯，或者是否区分了定罪与量刑等方面，已经难以准确界定单一制与区分制，因此，有必要从归责的视角出发来深化对这一问题的讨论，且只有引入归责的视角，才能看到单一制的单独归责模式给不法概念的内涵带来的深层次问题。其认为，我国刑法总则"共同犯罪"一节采取的是归责意义上的区分制，除了我国刑法规定的共同犯罪条款并非仅旨在解决量刑问题之外，更实质的理由在于：其一，我国刑法明文规定的是主犯和从犯等概念，而并未使用正犯和共犯的表述，因此不必像德日刑法理论那样，紧紧围绕是否实施了构成要件行为或其部分行为来区分二者；其二，主犯与从犯的分类与共同归责的理念相契合，一方面，从归责的角度而言，所有的犯罪参与人都要对构成要件的实现负责，只是在不法归责的轻重上，才需对犯罪参与人进行主犯、共犯的区分。[⑤] 同时，何庆仁教授对建构在构成要件论、法益论、规范论基础上的共犯论中的直接——间接模式

① 江溯．单一正犯体系研究．刑事法评论，2009（1）：402-429．

② 瞿俊森．正犯与正犯体系研究．刑事法评论，2013（1）：1-39；符天祺．限制正犯概念的批判性考察——基于构成要件的视角．刑事法评论，2015（2）：157-171；赵希．两种犯罪参与论之比较分析与反思．刑事法评论，2012（2）：190-203．

③ 钱叶六．双层区分制下正犯与共犯的区分．法学研究，2012（1）．

④ 钱叶六．中国犯罪参与体系的性质及其特色——一个比较法的分析．法律科学，2013（6）．

⑤ 何庆仁．归责视野下共同犯罪的区分制与单一制．法学研究，2016（3）．

进行了批判。[①]

支持区分制的学者还包括杨金彪、张伟、郝守才、王华伟、王志远等。[②]

由于我国《刑法》中仅存在着主犯、从犯的规定，因此，基于正犯是构成要件实施过程中的核心人物、构成要件行为系针对正犯规定、法益保护立场、规范立场等不同见解，学界多倾向于将正犯纳入我国《刑法》所规定之主犯的范畴。但此处既涉及不同刑法规定与理论下的话语转换问题，又存在着是否具有可行性的疑问，这也可归纳为中国刑法语境下主犯与正犯的关系问题。因此，犯罪参与体系部分涉及的第二个问题便是“主犯正犯化”，即将我国刑法中的“主犯”与德日刑法中的“正犯”等同化并用“正犯”概念代替“主犯”。例如，丁胜明副教授认为，传统观念认为正犯等同于实行犯，但是通过对一些具体正犯类型的考察可以发现，当前理论中的正犯概念已经远远超出了实行犯的范畴；德日刑法对正犯作出扩张解释系源于区分制的立法模式，但这种立法模式错误地理解了决定刑罚的因素，混淆了分工分类法和作用分类法的功能，引发了解释论上的混乱。因此，其主张只有通过学说重塑立法，将正犯解释为主犯，把帮助正犯解释为从犯，才能使区分制走出困境。[③] 刘明祥教授对这种倾向持否定态度，认为在犯罪参与体系上，德日刑法采取的是区分正犯与共犯的区分制，而我国刑法采取的是将共同犯罪人分为主犯与从犯的单一制，这就决定了“主犯”与“正犯”的概念有重要差异，不能用“正犯”代替“主犯”。主犯正犯化的思想根源是认为单一制存在缺陷，有必要用区分制的观念来解释我国刑法的相关概念和规定。但这既违反了罪刑法定原则，又忽视了我国所采取的单一制的优越性。主犯正犯化的隐患是从根本上否定有中国特色的犯罪参与体系，导致我国刑法失去公平合理处罚共同犯罪人的优势，使简单问题复杂化。[④]

犯罪参与体系部分涉及的第二个问题是，主张以区分制来解释或构建我国刑法所规定的共同犯罪之犯罪参与体系的学者，必须要提出如何区分正犯与狭义共犯的标准。刘艳红教授认为，纵观正犯理论的发展，呈现出物理性到功能性、主观性到客观性和形式性到实质性的轨迹，最终形成当今正犯理论主流学说即客观实质的正犯论。我国宜提倡客观实质的正犯论，它有助于实现问题思考与体系思考的双重目标：前者有效地解决了间接正犯及幕后支配者作为共同正犯的合法性等具体问题；后者有效地克服了我国犯罪论体系的缺陷，避免了将刑事责任能力作为犯罪构成主体要素时所造成的共犯处罚漏洞，也给正当防卫等可罚性阻却事由确定了位置，并与当前我国犯罪论体系的改良论即实质的犯罪论形成体系上的圆通自洽，使其得以通过共犯论这块犯罪论体系的试金石而顺利建立。在客观实

---

① 何庆仁. 归责视野下共同犯罪的区分制与单一制，法学研究，2016（3）.

② 何庆仁. 共犯论中的直接 间接模式之批判——兼及共犯论的方法论基础. 法律科学，2014（5）.

③ 杨金彪. 分工分类与作用分类的同一——重新划分共犯类型的尝试. 环球法律评论，2010（4）；张伟. 我国犯罪参与体系与双层次共犯评价理论. 刑法论丛，2013（4）；张伟. 我国犯罪参与体系与双层次共犯评价理论. 刑法论丛，2013（4）：1-24；张伟. 我国犯罪参与体系下正犯概念不宜实质化——基于中、日、德刑法的比较研究. 中国刑事法杂志，2013（10）；郝守才. 共同犯罪人分类模式的比较与优化. 现代法学，2007（5）；王华伟. 中国犯罪参与模式之定位：应然与实然之间的二元区分体系. 中国刑事法杂志，2015（2）；王志远. 共犯制度模式比较研究——以解读我国共犯制度模式为线索. 刑法论丛，2008（3）：1-33；王志远. 我国参与犯处罚原则及其实践困境. 国家检察官学院学报，2012（1）；王志远. 我国共犯制度之历史误读. 刑事法评论，2015（2）：145-156.

④ 刘明祥. 主犯正犯化质疑. 法学研究，2013（5）.

质正犯论的四种学说中，宜采重要作用说。[1] 学界亦有主张对形式客观说进行修正进而将其作为区分正犯与共犯之标准的见解，如张开骏博士认为，我国《刑法》除了以分工为标准规定了组织犯、实行犯、教唆犯和帮助犯以外，还根据作用规定了主犯和从犯，并且明确将组织犯规定为主犯，实现了犯罪参与人的定罪与量刑的有机结合。在这样的立法规定之下，我国的刑法规定有效地弥补了德、日等大陆法系刑法仅根据分工对参与人分类且规定僵硬的处罚原则而可能导致的刑罚失衡的弊端。因此，这就决定了在我国区分正犯与共犯的问题上，没有必要采用实质判断，而可以采取形式客观说，即构成要件的实行行为标准，即重视构成要件的实行行为的规范意义，对构成要件的实行行为进行法规范的价值性理解，例如当被利用之人不具有规范意识，沦为类似于工具之时，行为人所实施的利用行为也应被评价为构成要件的实行行为，这便将间接正犯纳入正犯的范畴。[2]

近年来，“正犯后正犯”亦成为我国学者讨论的问题之一，如张伟博士认为，在实质正犯理论视域下，“正犯后正犯”逐渐得到普遍认可；作为共动形态的“正犯后正犯”，明确肯定了幕后参与者的犯罪支配及优越的犯罪支配，再次印证了共同犯罪仅系实现不法的方法类型，揭示了共动现象中各参与犯的不法评价应个别且独立进行；“正犯后正犯”在间接正犯的延长线上极度拓展了正犯的外延，根本上重塑着正犯的形象与内涵，也实质性地影响着犯罪参与理论的重构；“正犯后正犯”虽衍生于正犯与共犯区分制立法，却与限制的正犯概念及二元犯罪参与体系完全相悖，实质上走向了单一正犯概念与单一正犯体系。[3] 欧阳本祺教授和学者温登平就如何区分不作为正犯与共犯分别提出了自己的见解。其中，欧阳本祺教授认为，不作为的正犯共犯区分应当与作为的正犯共犯区分适用同一标准，多元区分标准说过于重视不作为与作为之间在存在论上的差异；结果原因支配说在形式的机能二分说基础上增加了实质的考察，具有较大的合理性，可以合理区分不作为的单独正犯与共犯，以及不作为的共同正犯与共犯。[4] 学者温登平认为，在不作为者与作为者存在共谋的场合，可以成立共同正犯；不存在共谋的，如果否认义务犯理论，应当根据是否存在事实支配关系或者行为人对法益侵害结果发生的作用力的大小，分别成立不作为的共同正犯和帮助犯。在行为人以不作为参与他人的不作为犯的场合，根据具体情况分别成立不作为的共同正犯或者同时正犯。[5]

此外，江溯副教授通过研究国际刑法中的行为控制理论，就正犯与共犯的区分问题认为，正犯与共犯的区分之明确性问题广受批判，因此，国际刑法共犯理论的建构不能简单照搬国内法中的现成理论，而应当注重国际刑法在事实层面和法律规范层面所具有的特点，“因地制宜”地建构国际刑法共犯理论。[6] 周光权教授着眼于行为无价值论与犯罪事实支配说的关系，指出犯罪事实支配说中的意思支配、功能支配、行为支配都强调基于正犯意志（犯罪计划）对共同犯罪事实的支配，这是行为无价值论肯定主观违法要素才会得出

---

① 刘艳红. 论正犯理论的实质客观化. 中国法学，2011（4）.
② 张开骏. 区分制犯罪参与体系与“规范的形式客观说”正犯标准. 法学家，2013（4）.
③ 张伟.“正犯后正犯”与犯罪参与理论研究. 法学家，2015（5）.
④ 欧阳本祺. 论不作为正犯与共犯的区分. 中外法学，2015（3）.
⑤ 温登平. 以不作为参与他人的法益侵害行为的性质——兼及不作为的正犯与帮助犯的区分. 法学家，2016（4）.
⑥ 江溯. 国际刑法中的行为控制理论. 环球法律评论，2015（2）.

的结论。结果无价值论一方面按照法益侵害性建构客观违法性论，另一方面又得出犯罪事实支配说的结论，在理论上是自相矛盾的。[①]

三、共犯的从属性

在共同犯罪的场合，行为人之间常存在着正犯（实行犯）与共犯（教唆犯、帮助犯）的区分，正犯属于实施构成要件行为的人物，教唆犯、帮助犯通过加功于正犯的行为来导致构成要件结果的发生。此时，对正犯可直接根据其实施的构成要件行为处罚之，但对于共犯而言，是因为其教唆行为或帮助行为本身即已满足处罚之必要性与合理性故可径直处罚之，还是仅在正犯着手实施行为之后方可处罚之，学界在此问题上形成了共犯从属性说与共犯独立性说的对立。此外，与此问题相关的是，如果坚持共犯从属性说，则需进一步思考的问题是，共犯应在何种程度上从属于正犯，亦即共犯的成立与处罚，需要正犯在犯罪构成上具备哪些要件。由此，以共犯从属性为核心展开了实行从属性与要素从属性两个方面，实行从属性的关切点是共犯（教唆犯、帮助犯）之成立及可罚性是否要求从属于正犯着手实行构成要件行为；而要素从属性则是在主张实行从属性之立场的前提下，进一步探讨共犯的成立与处罚还要求正犯在犯罪构成上具备何种程度（要件）的问题。

就实行从属性上的论争而言，我国学界分别存在着关于共犯独立性说与共犯从属性说的有力支撑观点，由此导致任何一说尚未取得完全的通说地位。我国学界早年多倾向于认为我国刑法采取了共犯独立性说[②]，但随着德日刑法理论在我国的大量引入、广为传播，试图以共犯从属性说来限定共同处罚范围的观点亦在学界中强势兴起。如钱叶六教授认为，在客观主义刑法观已然基本确立、刑罚权应予谨慎发动的当代中国，共犯从属性说因具有符合客观主义刑法观、合理限定共犯的处罚范围、实现对教唆犯处罚的协调性以及能够妥当说明身份犯共犯的成立条件和处罚根据等诸多优点，以及基于共同犯罪是违法形态和责任个别性，主张共犯的成立以正犯实施了侵犯法益的违法行为即为已足的立场，因此应予以提倡。[③] 但与此相对，刘明祥教授认为我国没有采取共犯从属性说的规范依据及必要性，理由在于，我国刑法采取不区分正犯与共犯的单一正犯（或单一行为人）体系，不存在共犯从属性说赖以存在的犯罪参与体系之基石；刑法分则将许多教唆行为、帮助行为规定为独立的犯罪，表明我国刑法没有采取共犯从属性说；实行从属性原则不具有理论上的合理性；德、日刑法学中有关要素从属性的几种不同学说是以三阶层的犯罪论体系为基础的，但我国刑法与德日刑法存在重大差异。对于不采取共犯从属说所存在的扩大教唆犯和帮助犯处罚范围的风险，刘明祥教授认为可以通过完善立法和司法的途径来有效控制。[④]

共犯独立性说与共犯从属性说的论争，在教唆犯的成立范围上得到了显著的体现，如何解释我国《刑法》第 29 条第 2 款成为证成各自学说与我国《刑法》相契合的关键点。

---

① 周光权．行为无价值论与犯罪事实支配说．法学，2015（4）．

② 赵秉志，魏东．论教唆犯的未遂——兼议新刑法第 29 条第 2 款．法学家，1999（3）．

③ 钱叶六．共犯的实行从属性说之提倡．法学，2012（11）；共犯与正犯关系论．中外法学，2013（4）．

④ 刘明祥．论我国刑法不采取共犯从属性说及利弊．中国法学，2015（2）．

我国《刑法》第 29 条第 2 款规定："如果被教唆的人没有犯被教唆的罪，对于教唆犯，可以从轻或者减轻处罚。"围绕该款规定，学界基于共犯独立性说与共犯从属性说的分野，分别依据不同的解释路径得出了不同的解释结论。陈兴良教授认为，从属性说与独立性说的区别在于共犯的可罚性根据，从属性认为共犯不具有独立的可罚性，其可罚性依附于正犯而存在，但独立性说认为共犯行为本身具有可罚性，因此，在被教唆的人没有犯被教唆的罪的情况下，教唆犯也在处罚未遂犯的犯罪中具有可罚性，既然如此，我国《刑法》处罚教唆未遂的规定体现了教唆犯的独立性。① 刘明祥教授认为，我国刑法采取的是单一正犯体系，教唆犯从属性说无存在的法律基础，用此说来解释我国《刑法》第 29 条第 2 款中的"被教唆的人没有犯被教唆的罪"，不具有合理性。应当将《刑法》第 29 条第 2 款解释为被教唆的人没有按教唆犯的意思实施犯罪，刘明祥还进一步指出适用该款的四种情形：（1）教唆犯已实施教唆行为但教唆信息（或内容）还未传达到被教唆的人；（2）被教唆的人拒绝教唆犯的教唆；（3）被教唆的人接受教唆，但还未为犯罪做准备；（4）被教唆的人接受教唆，但后来改变犯意或者因误解教唆犯的意思实施了其他犯罪，并且所犯之罪不能包容被教唆的罪。对于刘明祥教授的上述见解，周光权教授针锋相对地指出，如果体系性地考虑刑法总则关于共犯的规定以及分则关于拟制正犯的规定，就应该认为我国刑法对共同犯罪采取区分制而非单一正犯概念，共犯从属性说应该得到肯定。《刑法》第 29 条第 2 款规定的"被教唆的人没有犯被教唆的罪"，只能解释为教唆犯教唆他人犯罪，被教唆的人已经着手实行犯罪，但没有达到既遂状态，这样的解释既有助于维持共犯的实行从属性，坚持刑法客观主义，也不会放纵犯罪。对于刘明祥教授所指出的教唆信息完全没有传递给被教唆人、被教唆人明确拒绝教唆、被教唆人虽然接受教唆但尚未开始实施预备行为等情形，周光权教授认为，此时，教唆行为对法益的危险仅仅停留在教唆者内心，不能成立非共同犯罪的教唆未遂，将上述教唆情形评价为教唆未遂，是对《刑法》第 29 条第 2 款的曲解，没有体系性地解释刑法规范，有走向刑法主观主义的危险。② 针对周光权教授的上述批判，刘明祥教授并不赞同，其认为，即便认为我国刑法采取了区分制和共犯从属性说，也不能否认其作出了处罚教唆未遂（即处罚"被教唆的人没有犯被教唆的罪"的教唆犯）的例外规定。德国刑法就是适例。德国的通说对他们刑法中的"教唆他人实施重罪而未遂"（即教唆未遂）的解释，与我国的通说对"被教唆的人没有犯被教唆的罪"的理解大体相同，这足以说明我国持共犯从属性说的论者所作的上述解释不具有合理性。我国的通说并非是站在主观主义的立场所作的解释；所采取的严格解释方法是罪刑法定主义的基本要求，并且正确说明了《刑法》第 29 条第 2 款与第 1 款的关系，完全符合体系解释的要求。教唆未遂（即"被教唆的人没有犯被教唆的罪"）的情形，在犯罪形态上，不属于犯罪未遂，而属于犯罪预备。我国《刑法》第 29 条第 2 款对这种特殊预备犯的处罚规定尚有缺陷，有必要通过修改刑法来予以完善。③ 学界亦有将《刑法》第 29 条第 2 款视为特殊预备犯的观点，但其解释路径与刘明祥教授的观点有所不同，即处罚教唆未遂与采取共犯从属性说并不矛盾，对于性质严重的教唆未遂，仍可认定为犯罪预备，并直接援引处

---

① 陈兴良．走向共犯的教义学——一个学术史的考察．刑事法评论，2009（2）：432-467.

② 周光权．"被教唆的人没有犯被教唆的罪"之理解——兼与刘明祥教授商榷．法学研究，2013（4）.

③ 刘明祥．再释"被教唆的人没有犯被教唆的罪"——与周光权教授商榷．法学，2014（12）.

罚预备犯的特别法条第 29 条第 2 款，至于可能导致的罪刑失衡问题可通过《刑法》第 37 条补救；对于共犯从属性，该观点进一步指出，实行从属性关注的仅仅只是共犯对正犯必须具有最低限度的从属，教唆犯、帮助犯构成犯罪未遂、既遂，必须存在正犯该当构成要件的实行行为，至于该实行行为是否必须是违法、有责的，并不属于实行从属性的范畴，而是需要在要素从属性即共犯从属程度中讨论的内容。[①] 何庆仁教授提出了教唆犯具有两种涵义的命题，其认为，我国《刑法》中规定的教唆犯是广义的教唆犯，具有两种不同的表现形式，即狭义教唆犯和以教唆方式实施的间接正犯，《刑法》第 29 条第 1 款规定的是狭义教唆犯或本来意义上的教唆犯，刑法对此采取的是从属性说；而第 29 条第 2 款则规定的是以教唆方式实施的间接正犯，对此则采取独立性说。[②] 此外，值得引起关注的是，蔡桂生博士针对《刑法》第 29 条第 2 款提出了“独立性例外说”。其认为，尽管《刑法》第 23 条第 1 款和第 29 条第 1 款给共犯从属性说留出了论证空间，但《刑法》第 29 条第 2 款构成了该说的法律障碍，该款事实上反映的是教唆的独立性；在解释该款时，应将法律规定上教唆的未遂和学理上未遂的教唆区分开，并将第 29 条第 2 款解释为立法上规定的、教唆犯独立成立的例外条款。虽然独立性例外说和二重性说一样，都会促成第 29 条第 2 款解释为未遂，以及都无法解决因立法之故而导致的处刑失衡，但在法律适用上和从属性原则立场上，独立性例外说和二重性说并不相同。[③]

在坚持共犯从属性说的立场下，要求共犯对正犯具有何种程度的从属性，理论上存在着四种学说，以从属程度从低到高展开，分别是：（1）最小从属性说：只要正犯的行为具备构成要件符合性，共犯即可成立。按照该说的见解，只要正犯实施的行为符合构成要件，就应当认为成立共犯，无须对正犯还要求具备违法性、有责性。（2）限制从属性说：当正犯的行为符合构成要件且违法时，才成立共犯。按照该说的见解，若对参与他人虽然符合构成要件但并不违法的行为进行处罚，则欠缺考虑共犯的实质，又由于责任是个别判断的，因此只要正犯的行为具备构成要件符合性与违法性，就可认定成立共犯。（3）极端从属性说：当正犯具备构成要件符合性、违法性、有责性时，共犯方可成立。按照该说的见解，即使正犯实施的行为具有构成要件符合性与违法性，但若对此不具有责任承担能力，则不成立共犯，这导致共犯的成立范围很狭窄。（4）夸张从属性说：正犯除了具备构成要件符合性、违法性、有责性之外，还需在具备其他的可罚性条件（如客观处罚条件、刑罚加重或减轻事由）时，方可成立共犯。按照该说的见解，共犯的成立范围将极为狭窄。

夸张从属性说因将共犯的成立范围限制在极为狭窄的范围内，因此在学界并未获得多少支持。就要素从属性而言，我国学界早年认为，成立共同犯罪要求行为人不但实施了违法的犯罪行为，而且必须具备刑事责任能力，因此，在 18 周岁的甲帮助 15 周岁的乙盗窃财物的场合，由于乙不能承担盗窃罪的刑事责任，故甲、乙不成立共同犯罪。这实际上是采取了类似极端从属性的立场。但这样的见解随着学术研究的进一步深入，遭到了部分学者的批判。张明楷教授认为，我国认定共同犯罪的传统方法，存在不区分不法与责任、不区分正犯与狭义的共犯、不分别考察参与人行为与正犯结果之间的因果性三个特点，这种

---

① 秦雪娜. 共犯的实行从属性说在我国的困境与出路. 法学家，2015（4）.

② 何庆仁. 我国刑法中教唆犯的两种涵义. 法学研究，2004（5）.

③ 蔡桂生.《刑法》第 29 条第 2 款的法理分析. 法学家，2014（1）.

认定方法导致难以解决诸多复杂案件；认定共同犯罪的方法应当是：其一，共同犯罪的特殊性仅在于不法层面，应当以不法为重心认定共同犯罪，至于其中的责任判断，则与单个人犯罪的责任判断没有区别；其二，正犯是构成要件实现过程中的核心人物，应当以正犯为中心认定共犯，当正犯造成了法益侵害结果（包括危险）时，只要参与人的行为对该结果具有贡献，就属于不法层面的共犯；其三，只有参与人的行为与正犯结果之间具有因果性时，才承担既遂犯的刑事责任，所以共同犯罪的认定应当以因果性为核心。在提出以上认定共同犯罪的方法之后，张明楷教授倡议，并不需要回到“共同犯罪犯的是什么罪”这类问题，在刑法理论与司法实践中，可以淡化“共同犯罪”概念。① 此后，张明楷教授进一步撰文否定共犯对正犯故意的从属性，认为共犯对正犯故意的从属性会形成明显的处罚漏洞，导致处罚的不公平。只要故意引起或者促进他人实施符合客观构成要件的违法行为，就分别成立教唆犯与帮助犯；就教唆犯、帮助犯的成立条件而言，正犯故意只是表面要素，仅对区分教唆犯、帮助犯与间接正犯起作用。② 换言之，张明楷教授采取的是限制从属性说的立场。何庆仁教授亦支持限制从属性说，其认为，我国传统刑法理论没有在犯罪构成之中区分不法与罪责，由此导致在共犯论领域陷入一系列难题，而实际上，共犯判断仅与不法有关，所有的罪责要素（责任能力、期待可能性和违法性的认识可能性）均对共犯成立与否没有影响。不过不同于张明楷教授的是，何庆仁教授认为故意不是罪责要素，所以正犯与共犯的判断并非与故意毫无关系。③ 此外，张开骏博士以在共犯处罚根据上采取因果共犯论中的混合惹起说、在共犯本质上采取构成要件的行为共同说为基础，认为应提倡限制从属性说。④

在我国学界，亦不乏支持最小从属性说的学者。如王昭武教授从比较刑法的角度主张我国应采取最小从属性说，其认为，与我国刑法一样采取二元论共犯体系的日本刑法已完全摒弃了极端从属性说，而以限制从属性说为通说，但随着违法相对性理论的提出，最小从属性说的影响力正日益扩大；借鉴日本共犯的从属性理论，探讨要素从属性的内涵，倡导最小从属性说，对于发展我国的共犯理论、解决相关实际问题具有积极意义。⑤ 由于正当防卫等合法行为也是符合构成要件的行为，因此能否对利用这些行为侵害他人法益的利用人认定成立共犯，成为是否可以采纳最小从属性说必须解决的难题。对此，主张最小从属性说的周啸天副教授认为，利用合法行为的核心问题在于直接行为人的违法阻却事由能否连带作用于利用人，即便以结果无价值为基本理论立场，因为违法阻却事由判断的相对性等原因能够导致正犯合法而共犯违法的情况出现，所以，最小从属性说值得提倡；在根据优越利益原理而被正当化的事由当中，利用人虽不成立间接正犯，但是因其引起了法益之间的对立冲突状态，所以能够就最终结果承担共犯责任；在根据利益阙如原理而被正当化的事由之中，正犯与共犯的违法始终保持一致。⑥ 秦雪娜博士认为，关于共犯的要素从

① 张明楷．共同犯罪的认定方法．法学研究，2014（3）．

② 张明楷．共犯对正犯故意的从属性之否定．政法论坛，2010（5）．

③ 何庆仁．共犯判断的阶层属性．中国刑事法杂志，2012（7）．

④ 张开骏．共犯限制从属性说之提倡——以共犯处罚根据和共犯本质为切入点．法律科学，2015（5）．

⑤ 王昭武．论共犯的最小从属性说——日本共犯从属性理论的发展与借鉴．法学，2007（11）．

⑥ 周啸天．最小从属性说的提倡：以对合法行为的利用为中心．法律科学，2015（6）．

属性，违法二元论的“客观构成要件从属性说”和结果无价值论的最小从属性说是合理的，所以应采取“客观构成要件从属性说”，即共犯只是从属于正犯该当客观构成要件的行为与结果，在违法性和有责性上则具有独立性，但是，秦雪娜博士认为其所主张的“客观构成要件从属性说”并不同于学界通常所言的最小从属性说。①

此外，陈子平教授认为，既然共犯之处罚根据，即处罚共犯之理由，系因共犯是透过正犯之实行行为而间接惹起法益之侵害或侵害之危险，则共犯之成立，不仅须有正犯之实行行为之存在，且须以该实行行为惹起法益之侵害或侵害之危险为必要；易言之，以正犯者该当构成要件而惹起法益之侵害或侵害之危险（结果反价值）为必要，而未必以正犯具有违法性（即未必以正犯同时具有行为反价值与结果无价值）为必要，此即采限制从属性说与最小从属性说之中间立场。②

四、共同正犯

所谓共同正犯，通常情况下是对所有实施构成要件行为（规范评价意义）之犯罪参与人的称谓，但在明确区分正犯与共犯的刑法典中，如《德国刑法典》与《日本刑法典》，对共犯的处罚依附于正犯，而若固守上述关于共同正犯概念之界定，则会导致有些对犯罪的发生、既遂起到关键、重要甚至决定作用的犯罪参与人只能被认定为共犯，由此导致处刑不均衡。为了解决这个问题，日本在旧刑法时代便提出了共谋共同正犯的概念。共谋共同正犯是指二人以上共同谋划实施犯罪，即使有部分共谋者没有实施实行行为，也应将其认定为正犯。但该概念并未被日本学界所广泛接受，原因在于学界认为该概念蕴含着违背个人责任原则、动摇正犯认定标准等危险。但以第二次世界大战后的“练马事件”“松川事件”为契机，虽然就是否承认共谋共同正犯还存有争议，但最高裁判所与地区裁判所相继作出了承认共谋共同正犯的判决。德国刑法虽然没有直接提出共谋共同正犯的概念，但亦存在着将在共同犯罪中起决定、支配作用的犯罪参与人认定为正犯的主张，并且提出了“正犯背后的正犯”概念，通过扩张间接正犯的范围来达到对起重要作用之犯罪参与人的均衡处罚目的。

刘艳红教授认为应承认共谋共同正犯概念。她指出，在实行行为与共犯理论实质化思潮影响之下，日本刑法对共谋共同正犯的争论早已由“是否当罚”的问题转为“如何处罚”的问题。在我国研究共谋共同正犯，有助于构建精细化的正犯与共犯区别理论，实现对主犯核心共犯体系的反思，并推动我国犯罪论体系阶层化的前行。对共谋共同正犯的成立，应从客观上对其条件进行细化，以尽量限定其处罚范围。二人以上共谋事实的存在，是其责任要件；实行的必要性及共谋者对实行行为的实质分担性，是其客观违法要件。共谋共同正犯实行部分行为全部责任的法理；实行者既遂时，共谋共同正犯亦应负既遂罪责任；共谋共同正犯具有独立的被处罚性。承认共谋共同正犯概念，是对实行行为扩大解释的结果，并不违反罪刑法定原则。③ 与此同时，她也进一步指出了共谋共同正犯研究上的

① 秦雪娜. 共犯的客观构成要件从属性之提倡. 刑事法评论，2016（1）：68-93.

② 陈子平. 论共犯之独立性与从属性. 刑事法评论，2007（2）：1-30.

③ 刘艳红. 共谋共同正犯论. 中国法学，2012（6）.

理论误区及其原因。①

对于引入共谋共同正犯可能遭遇的阻碍，阎二鹏教授认为，共谋共同正犯所涉及之核心问题在于对其按照共同“正犯”处罚如何在理论上进行圆说。在日本学界，以重要作用说为代表的实质正犯论是解释共谋共同正犯现象的主流理论；我国刑事立法文本没有“正犯”之规定仅仅是引入共谋共同正犯概念的形式障碍，与主犯概念完全重叠才是移植这一概念的实质障碍；由共谋共同正犯概念所衍生之实质正犯论与其基本立场之间存在严重冲突，于我国立法框架下可通过参与类型与参与程度的双层次操作避免这一体系性弊端。②

与上述主张引入共谋共同正犯概念相对，刘明祥教授基于我国共犯参与体系乃单一正犯体系的前提，反对我国引入共谋共同正犯的概念。刘明祥教授指出，共谋共同正犯理论是从判例发展而来，宗旨是为使犯罪的共谋者中未分担实行行为的幕后大人物受到更重的处罚（即作为正犯处罚）。目前这种理论已被日本刑法学界多数学者接受，也得到许多德国学者的支持。但是，将未分担实行行为者作为正犯来处罚或评价，违背了区分正犯与共犯的初衷，会动摇区分制的根基。我国采取不区分正犯与共犯的单一正犯体系，刑法对作为犯罪参与特殊类型的共同犯罪及其处罚原则有明文规定，将有严重社会危害性和危险性的共谋犯罪案件认定为共同犯罪，根据共谋者在犯罪之中所起作用的大小分为主犯或从犯，给予轻重不同的处罚，能确保参与者之间处罚均衡合理，根本不需要引进共谋共同正犯论。③

共同正犯部分涉及的第二个问题是过失共同正犯。所谓过失共同正犯，是指二人以上由于违背注意义务，而共同过失实施犯罪的情形。我国学者基本上对过失共同犯罪持否定的立场，纵有认为该概念有必要且事实上亦存在此犯罪情形从而有必要予以特别考察者，亦主张通过立法来完善。

刘明祥教授认为，二人以上共同过失犯罪能否成立共同正犯，是中外刑法理论界颇有争议的问题。过失的共同正犯肯定说与否定说是区分正犯与共犯的区分制体系的产物；肯定说不仅难以自圆其说，而且与区分制的体系相冲突，会动摇区分制的根基；否定说视共同过失犯罪为同时犯，不仅与同时犯和单独犯的理论不符，而且存在无视犯罪的共同性的明显缺陷。我国刑法采取单一正犯体系，不能用德、日的过失共同正犯肯定说或否定说来解释我国刑法中的共同过失犯罪。按单一正犯的解释论，不仅能克服过失共同正犯肯定说与否定说的弊病，而且能更好地适应司法实践的需要，更合理地处理共同过失犯罪案件。对我国有关司法解释中“以交通肇事罪的共犯论处”的规定，按单一正犯理论不难作出合理的说明。④

郑泽善教授认为，在大陆法系中，有关过失共同正犯问题，过去的主流观点一般认为，这一问题与犯罪共同说和行为共同说有密切的关联性，即犯罪共同说取否定说，行为共同说则取肯定说。随着将过失犯的客观注意义务视为实行行为，完全可以将共同实施不

① 刘艳红．共谋共同正犯的理论误区及其原因．法学，2012（11）．

② 阎二鹏．共谋共同正犯理论中国化的障碍及其解释对策．中外法学，2014（4）．

③ 刘明祥．从单一正犯视角看共谋共同正犯论．法学评论，2018（1）．

④ 刘明祥．区分制理论解释共同过失犯罪之弊端与应然选择．中国法学，2017（3）．

注意的行为理解为“犯罪的共同”。但是由于《刑法》第 25 条的规定，试图从解释论上肯定过失的共同犯罪几乎是不可能的；有关过失共同正犯问题，有从立法的角度重新思考之余地和必要。①

李希慧教授、汤媛媛博士批判了共同过失正犯中的“共同注意义务”，提出“共同注意义务共同违反说”实为风险社会中过度关注刑法的秩序维持机能的表现，是对个人责任的不当加重与扩大。可将共同注意义务分解为个人注意义务并进行个别因果关系的考察，遵循单独犯罪的路径解决共同过失犯罪问题。②

陈珊珊以交通肇事罪的相关规定为例，质疑过失共同正犯理论，认为过失共同正犯肯定论者无论是以“共同的注意义务”替代“相同的注意义务”，还是企图规避“因果关系上的证明”，都存在若干待商榷之处。承认过失共同正犯的理论及立法有违现代刑法的谦抑思想与共同正犯的本质，会导致过失犯罪罪责的不当扩张。无论是从过失共同正犯概念的正当性与必要性，还是从我国现行的共同犯罪体系与司法背景而言，我国目前都不宜肯定过失共同正犯。③

共同正犯部分涉及的第三个问题是承继共同正犯。所谓承继共同正犯，是指在他人（前行为人）已实施完部分实行行为的情况下，后加入的行为人参与实施了其他实行行为，此时与前行为人成立共同犯罪的话，后加入的行为人被称为承继共同正犯。

陈兴良教授以一个案例为切入点，考察了共同正犯的承继性与重合性，认为在承继的共同正犯中存在着承继的正犯独自完成其介入以后的行为的情形。部分的犯罪共同说承认在犯罪之间存在重合的情况下，在重合的限度内可以成立共同正犯。但部分的犯罪共同说并不是犯罪共同说的否定或者是为弥补犯罪共同说而出现的理论。毋宁说，部分的犯罪共同说是在犯罪重合的情况下犯罪共同说的一种实际适用。因此，这不是一个在共同正犯的性质上坚持犯罪共同说还是行为共同说的问题，而是一个在犯罪重合情形下共同正犯的认定问题。④

桥爪隆教授、王昭武教授认为，在坚持因果共犯论的立场下承认承继共同正犯遇到的问题是如何避免由此可能带来的处罚漏洞，对此，两位教授主张，缓和共犯因果性的内容，不要求后行为人的行为与所有构成要件该当事实之间均存在因果关系，而只要与构成要件结果的引起之间存在因果关系即可，且这种对因果性的缓和，既适于狭义的共犯也适于共同正犯。⑤ 但陈洪兵教授认为，只要坚持因果共犯论，就应坚持承继共犯否定说。以日本学者平野龙一为代表的不彻底的因果共犯论的致命错误在于，将利用先行为人造成的状态与参与引起这种状态的先行为等同起来，导致理论上不能自洽。⑥ 对于这样的否定立场与批评，肯定承继共犯的马荣春教授认为，承继共犯的成立问题主要在承继共同正犯中予以讨论，在日本，承继共犯的成立问题存在承继共犯肯定说、承继共犯否定说与承继共

---

① 郑泽善．论过失共同正犯．政治与法律，2014（11）．

② 李希慧，汤媛媛．共同过失正犯中“共同注意义务”之否定．国家检察官学院学报，2013（5）．

③ 陈珊珊．过失共同正犯理论之质疑——兼及交通肇事罪的相关规定．法学评论，2013（2）．

④ 陈兴良．共同正犯：承继性与重合性——高海明绑架、郭永杭非法拘禁案的法理分析．刑事法评论，2007（2）：31-50．

⑤ 桥爪隆，王昭武．论承继的共犯．法律科学，2018（2）．

⑥ 陈洪兵．承继共犯否定论：从因果共犯论视角的论证．刑事法评论，2009（2）：414-431．

犯中间说的分歧，而在我国当下则主要是承继共犯肯定说与承继共犯中间说的分歧。承继共犯否定说得到国内个别学者的极力推崇。承继共犯否定说的主要立论依据是“因果责任论”和“责任主义”，但其在各种行为类型中存在这样或那样的问题。而这些问题在暴露出承继共犯否定说“自相矛盾”的同时，集中地说明了该说所犯的无视共同犯罪事实的“分割评价”错误，从而违背罪刑法定原则和罪刑均衡原则，以至于走向“责任主义”的反面。承继共犯肯定说完全可以在直面和恰当把握“因果性”问题和“责任主义”包括“部分实行全部责任”原则中，通过妥善地解决承继共犯包括承继共同正犯所对应的实践问题而获得“新生”①。

共同正犯部分涉及的第四个问题是片面共同正犯。陈家林教授认为，是否承认“片面的共同正犯”，在国内外刑法学界都有不同意见，问题的关键在于如何理解共同正犯的本质。鉴于刑法的具体规定，应当认为犯罪共同说比较符合我国的法律环境。而根据犯罪共同说的观点，不能承认片面的共同正犯，对有关的案件，有的可以直接按照单独犯进行处理，有的可以作为片面的帮助犯进行处理。② 林亚刚教授、何荣功教授肯定片面共同正犯的概念，并根据我国的犯罪构成理论，阐述了片面共同正犯可以单方面成立共同犯罪的根据和理由，对片面共同正犯的成立条件和刑事责任作了初步分析。③ 刘涛博士亦肯定片面共同正犯的成立，认为以往文献中的多数否定其成立的观点不仅没有结合正犯理论（构成要件说下的单独正犯与功能性支配的共同正犯理论）中对客观正犯行为的有力学说，而且以共同正犯的处罚原则即“部分行为全部责任”作为否定片面共同正犯的理由，这一因果倒置的论述不能成立；将片面共同正犯与片面帮助犯的成立条件进行割裂，甚至运用完全相反的理由去说明有紧密联系的两种行为类型不合逻辑；基于客观行为共同说强调物理因果力的肯定说把握了片面共同正犯的实质问题，并在正确解读“部分行为全部责任”的正犯处罚原则的前提下，运用犯罪实行概念、实质共犯的支配理论中的部分学说解决片面共同正犯处罚范围的问题。④ 郑泽善教授认为应当否定片面共同正犯的成立，理由在于，就共同正犯而言，在双方具有共同实行的意思，即具有意思上的联络时，与只有一方具有共同意思相比，更具危险性和冲击性，因此，有必要区分两种情形。如果肯定片面共同正犯，则应依“所有参与者均成为正犯”而对另一方引发的结果承担正犯之责任，这样会过于扩大共同正犯的范围，并加重片面共犯者的责任；如果否定片面共同正犯的成立，至少可以成立未遂或其他罪名，不会轻易放纵犯罪。但郑泽善教授认可了片面的教唆犯与帮助犯的成立。⑤

此外，学者李强从语义解释的角度展开了认可片面正犯的立场，认为学界围绕《刑法》第 25 条第 1 款形成了片面正犯的肯定说与否定说，这些意见的关键分歧是对“共同故意”的语义理解不同，但是二者在将解释《刑法》第 25 条第 1 款规定的重心置于“共同故意”以及将之解释为“共同的故意”这一点上是一致的；事实上，该款规定的语义

---

① 马荣春．承继共犯的成立：肯定说的新生．东方法学，2015（5）．

② 陈家林．“片面的共同正犯”若干问题探讨．中南大学学报（社会科学版），2004（4）．

③ 林亚刚，何荣功．片面共同正犯刑事责任的探讨．法学评论，2002（4）．

④ 刘涛．片面共同正犯的成立及其范围．政治与法律，2014（11）．

⑤ 郑泽善．片面共犯部分否定说证成．政治与法律，2013（9）．

解释重心应当是“共同故意犯罪”，且根据基于汉语结构助词隐现规律的语义解释，“共同故意犯罪”可被解释为两种含义：“共同的故意地犯罪”以及“共同地故意地犯罪”，在后一种语义之下，片面共犯肯定论的立场可以得到维护。① 学者袁彬从作为义务和片面共犯的角度探讨不作为片面共犯的成立，并在此基础上讨论了不作为主犯与从犯的区分问题。②

五、间接正犯

在利用他人实现构成要件结果的情况下，直接实施构成要件行为的人与利用他的人并不存在共同实行的意思，此时，利用者成立间接正犯。虽然我国《刑法》并未明文规定间接正犯的概念，但学界对其展开了深入而广泛的研究。

为何将没有实施构成要件行为的人认定为正犯呢？学界以往采取工具说来进行诠释，即利用者像使用工具一样地利用直接行为人实施犯罪。但这样的解释理由更多的是对事实的归纳与现象的说明，而缺乏对其本质的挖掘。此后，学界采纳犯罪事实支配说来解释间接正犯的正犯性，即利用者通过强制他人实施犯罪或利用他人的错误或缺乏成立犯罪的要素来实施犯罪。

学界存在着否定间接正犯概念的观点，如刘明祥教授从单一正犯体系的立场出发，认为“间接正犯”是德、日刑法学为弥补限制的正犯概念与极端从属性说所带来的处罚漏洞，而不得不提出的“补救概念”；尽管间接正犯的正犯性无法得到合理论证，承认间接正犯概念会产生许多弊病，甚至会动摇区分正犯与共犯的区分制犯罪参与体系的根基，因而早就有学者从不同立场提出了取消间接正犯概念的观点，但因为间接正犯概念具有弥补区分制缺陷的功能，所以，在采取区分制的德、日国家，还不得不保留这一概念；我国刑法在犯罪参与体系的问题上，采取不区分正犯与共犯的单一正犯体系，因此并无间接正犯概念赖以依存的法律基础；在我国，采用间接正犯概念不仅不能合理解决相关问题，而且在处理有关案件时存在明显的弊病；在不采用间接正犯概念的同时，运用单一正犯体系反而能更好地解决相关问题，还有操作更为简便、易于司法人员掌握执行的优点。

间接正犯与教唆犯都是通过他人来实施犯罪，因此，在主观上持间接正犯故意却客观上产生了教唆效果的场合，或在主观上持教唆故意但客观上产生了间接正犯效果的场合，如何区分二者需要加以研究。此外，对于教唆不满 18 周岁的未成年人犯罪的，是否一概成立间接正犯，也是学界争论的问题之一。付立庆教授基于犯罪论体系的重构立场出发，认为客观意义上的犯罪（违法意义上的犯罪）概念，既有助于理论研究的丰富与深入，也有助于实践中具体问题的解决；要想肯定“犯罪”概念的不同含义，不能指望平面四要件体系，而唯有在犯罪成立条件上采取区分违法与有责的阶层体系；有必要区分“教唆”不满 18 周岁的人犯罪与“利用”不满 18 周岁的人犯罪，并且在前者的场合肯定教唆者与被

---

① 李强. 片面共犯肯定论的语义解释根据. 法律科学，2016（2）.

② 袁彬. 论不作为片面共犯. 刑法论丛，2008（1）：285-312.

教唆者之间成立共同犯罪。① 此外，付立庆教授进一步认为，正犯与共犯的区分应该坚持实质客观说中的支配理论，以被唆使者是否具有对相应行为的规范意识为标准，作为成立教唆犯与间接正犯的区分标准。② 不同意见指出，以未达到刑事责任年龄者事实上可能具备了规范意识为由，将引诱其犯罪者认定为教唆犯，有损法的安定性。原则上将引诱未达到刑事责任年龄者犯罪的人认定为间接正犯，并不违反限制从属性说。《刑法》第 29 条第 1 款后段中的“教唆”，是广义的教唆，其含义与第 301 条第 2 款中的“引诱”相同，包括了第 347 条第 6 款中的“利用、教唆”这两种情形。因此，引诱未达到刑事责任年龄者犯罪的间接正犯，虽然不成立教唆犯，但其利用行为仍属于广义的教唆，应当从重处罚。③

六、教唆犯

教唆犯，是指使未有犯罪意思的人产生犯罪意思并将该意思付诸实现的犯罪形态。就教唆犯的定义而言，其系犯意的制造者或引起者，但又由于教唆犯本身并未参与实施构成要件行为，因此对教唆犯的处罚不能一概而论。我国《刑法》第 29 条第 1 款即规定对教唆犯要根据其在共同犯罪中的作用进行处罚。上述处罚规则在事实上存在共同犯罪关系的场合不存在争议，成为问题的是，在事实上不存在共同犯罪关系或未存在正犯的场合，能否根据教唆行为对教唆犯进行处罚，也即《刑法》第 29 条第 2 款所规定的“如果被教唆的人没有犯被教唆的罪，对于教唆犯，可以从轻或者减轻处罚”能否在不存在共同犯罪关系或未存在正犯的场合得到适用。可将这个问题归纳为教唆犯的性质问题，即教唆犯是具有二重性（二重性说）、从属性（从属性说），还是具有独立性（独立性说）。

国内最早讨论共犯二重性说的学者是伍柳村教授，其认为：“教唆犯的犯罪意图既然必须通过被教唆人的决意，并且去实施他所教唆的犯罪行为，才能发生危害结果或者达到犯罪目的；所以，就教唆犯与被教唆人的关系来讲，教唆犯处于从属地位，教唆犯具有从属性。但是，教唆犯给予他人以犯罪意图这一行为，它与单个人犯罪的犯意表示，其危害性是不同的。单个人犯罪的犯意表示还没有发生社会关系，只是个人犯罪意思活动的流露而已，所以不能认为犯罪；而在共同犯罪中，教唆犯的教唆行为则是教唆犯与被教唆人已经发生了人与人之间的社会关系，而且在这种社会关系中，又已显示出教唆他人犯罪这一行为本身对社会危害的严重程度。无论被教唆人是否去实行犯罪，教唆行为本身都应该认为犯罪，当然在处罚时也必须考虑被教唆人已否认了教唆的罪这一事实。所以，从这个意义上说，教唆犯在共犯中又处于相对的独立地位，教唆犯又具有独立性。”进一步而言，伍柳村教授还认为，刑法关于“教唆他人犯罪的，应当按照他在共同犯罪中所起的作用处罚”的规定，说明教唆犯不是独立的犯罪，他的犯罪意图一定要通过被教唆人去实施他所教唆的犯罪行为，才能看出他的教唆行为在共犯中所起的作用，也即教唆犯对实行犯而言

① 付立庆. 犯罪概念的分层含义与阶层犯罪论体系的再宣扬——以“教唆不满十八周岁的人犯罪”的规范理解为切入. 法学评论，2015（2）.

② 付立庆. 阶层体系下间接正犯与教唆犯的区分标准：理论展开与实践检验. 华东政法大学学报，2018（6）.

③ 黄旭巍.《刑法》第 29 条第 1 款后段的教义学分析——兼与付立庆教授商榷. 法律科学，2018（6）.

具有明显的从属性；刑法关于“如果被教唆的人没有犯被教唆的罪，对于教唆犯可以从轻或者减轻处罚”的规定，说明教唆犯又是相对独立的犯罪。[①] 理论上将伍柳村教授的观点称为抽象的二重性说，原因在于该说仅从学理层面而没有结合立法规定来诠释教唆犯，换言之，系先在理论上认为教唆犯具有二重性，而后再一一对应地解释法条。因此，马克昌先生在二重性说的基础上主张对其进行具体的说明，详言之，教唆犯固然是一种社会现象，但它毕竟也是一个法律概念，论证他的独立性与从属性不能不结合一个国家的刑法来进行。要论证教唆犯的从属性或独立性，应当了解从属性的具体内涵与外延，从属性包括犯罪的从属性与处罚的从属性。马克昌先生认为教唆犯确实具有二重性，但独立性是主要的。具体而言，1979 年《刑法》第 26 条（现行《刑法》第 29 条）第 1 款规定的教唆犯，只有在被教唆的人实施犯罪时才能成立，这时教唆人与被教唆人构成共同犯罪关系，教唆人的犯罪形态从属于被教唆人的犯罪形态，这就是教唆犯犯罪的从属性，但是对于教唆犯的刑事责任，则是依据其在共同犯罪中的作用处罚，而不是依据实行犯的刑罚处罚，这就是教唆犯处罚的独立性。第 26 条（现行《刑法》第 29 条）第 2 款规定的教唆犯是被教唆人没有犯被教唆之罪的情况。在这种情况下，教唆犯与被教唆的人根本不构成共犯，刑法却仍对其规定了刑事责任，这里的教唆犯既无犯罪的从属性，又无刑罚的从属性，而只有独立性。[②]

教唆犯从属性说系对共犯从属性说立场的贯彻，也即认为对于教唆犯的处罚以正犯实施了可处罚的行为为前提。赞成教唆犯具有从属性的学者中，张明楷教授认为，二重性说在逻辑上有自相矛盾之嫌，因为教唆犯从属性说与独立性说是截然相反的两种立场，将两种非此即彼的立场所谓地调和在一起，只会引起理论上的混乱。进一步而言，张明楷教授认为所谓的二重性说实际上就是独立性说，理由在于，对于被教唆人没有实施被教唆行为时，二重性说与独立性说均得出了一致的结论。至于独立性说，将犯罪征表说作为理论基础，导致过于关心伦理主义与社会防卫，从而在理论根据与具体结论上存在诸多疑问，况且在中国刑法已事实上倾向于客观主义立场的情况下，采取独立性说不仅不能说明我国刑法的理论根基，也难以说明教唆行为、帮助行为、实行行为的关系，还会导致对帮助犯处罚的不当扩大。由此，张明楷教授认为，可以基于我国刑法的规定采取修正惹起说作为教唆犯的处罚根据，只有当被教唆者着手实行犯罪，使法益受到具体、紧迫的危险时，才处罚教唆犯，对于《刑法》第 29 条第 2 款的解释亦应在教唆犯从属性说的立场下展开，也即如果被教唆的人着手实行犯罪后，由于意志以外的原因未得逞或者自动放弃犯罪或有效地防止犯罪结果发生的，对于教唆犯，可以从轻或减轻处罚。[③] 周光权教授认为，如果体系性地考虑刑法总则关于共犯的规定以及分则关于拟制正犯的规定，就应该认为我国刑法对共同犯罪采用区分制而非单一正犯概念，共犯从属性说应该得到肯定。《刑法》第 29 条第 2 款规定的“被教唆的人没有犯被教唆的罪”，只能解释为教唆犯教唆他人犯罪，被教唆人已经着手实行犯罪，但没有达到既遂状态。如此解释

---

① 伍柳村．试论教唆犯的二重性．法学研究，1982（1）．

② 马克昌．论教唆犯．法律学习与研究，1987（5）．

③ 张明楷．论教唆犯的性质．刑事法评论，2007（2）：76-90．

既有助于维持共犯的实行从属性，坚持刑法客观主义，也不会放纵犯罪。[①] 王昭武教授也支持教唆犯从属性说。[②]

与上述学者的观点相对，赞成教唆犯具有独立性的学者中，刘明祥教授认为，我国刑法采取的是单一正犯体系，教唆犯从属性说无存在的法律基础，用此说来解释我国《刑法》第 29 条第 2 款中的“被教唆的人没有犯被教唆的罪”不具有合理性，应当将其解释为被教唆的人没有按教唆犯的意思实施犯罪。刘明祥还归纳了具体的四种情形：（1）教唆犯已实施教唆行为但教唆信息（或内容）还未传达到被教唆的人；（2）被教唆的人拒绝教唆犯的教唆；（3）被教唆的人接受教唆，但还未为犯罪做准备；（4）被教唆的人接受教唆，但后来改变犯意或者因误解教唆犯的意思实施了其他犯罪，并且所犯之罪不能包容被教唆的罪。对于上述论断提出后遭受的批判，刘明祥教授回应道，我国刑法不是采取德日刑法那样的区分正犯与共犯的犯罪参与体系，而是采取单一正犯体系，也没有采取德日所流行的共犯从属性说，因而不存在依据共犯从属性说解释教唆犯之从属性的法律基础；况且，即便是认为我国刑法采取了区分制和共犯从属性说，也不能否认其作出了处罚教唆未遂（即处罚“被教唆的人没有犯被教唆的罪”的教唆犯）的例外规定，德国刑法即适例，因为德国学界的通说对他们刑法中的“教唆他人实施重罪而未遂”（即教唆未遂）的解释与我国的通说对“被教唆的人没有犯被教唆的罪”的理解大体相同，这足以说明我国持共犯从属性说的论者对《刑法》第 29 条第 2 款所作的解释不具有合理性；我国通说对教唆未遂的解释并非是站在主观主义立场上所作的解释，所作的严格解释是罪刑法定主义的基本要求，并且正确说明了教唆未遂与《刑法》第 29 条第 1 款之间的关系，完全符合体系解释的要求；教唆未遂在犯罪形态上属于犯罪预备，可依据《刑法》第 29 条第 2 款对其进行处罚，至于在处罚合理性方面所存在的缺陷有必要通过立法来完善。[③]

除了上述立场之外，学界还有观点认为《刑法》第 29 条第 2 款是共犯从属性的例外，如蔡桂生博士认为，《刑法》第 29 条第 2 款事实上反映的是教唆的独立性。在解释该款时，应将法律规定上教唆的未遂和学理上未遂的教唆区分开，并将该款解释为立法上规定的、教唆犯独立成立的例外条款。虽然独立性例外说和两重性说一样，都会促成将第 29 条第 2 款解释为未遂，以及都无法解决因立法之故而导致的处刑失调，但在法律适用上和从属性原则立场上，独立性例外说并不同于两重性说。[④] 此外，陈兴良教授对设定性教唆进行了研究[⑤]，学者张建、俞小海分析了教唆犯中实行过限的认定问题。[⑥]

七、帮助犯

帮助犯，概括而言，是指为正犯实施构成要件行为提供帮助的人，包括物理性的帮助

---

① 周光权．“被教唆的人没有犯被教唆的罪”之理解——兼与刘明祥教授商榷．法学研究，2013（4）．

② 王昭武．教唆犯从属性说之坚持与展开．刑法论丛，2008（3）：56-96．

③ 刘明祥．“被教唆的人没有犯被教唆的罪”之解释．法学研究，2011（1）；刘明样．再释“被教唆的人没有犯被教唆的罪”——与周光权教授商榷．法学，2014（12）．

④ 蔡桂生．《刑法》第 29 条第 2 款的法理分析．法学家，2014（1）．

⑤ 陈兴良．设定性教唆：一种教唆类型的证成．国家检察官学院学报，2012（4）．

⑥ 张建，俞小海．教唆犯中实行过限的认定问题研究．政治与法律，2012（1）．

与心理性的帮助。我国《刑法》并未明确规定帮助犯，学界赞成区分制的学者多根据《刑法》第 27 条来解释我国刑法中的帮助犯概念，即帮助犯是指在共同犯罪中起次要或者辅助作用的人。但是，由于有关从犯的规定亦可以从其他角度进行解释，如此条亦可适用于对正犯与教唆犯的处罚，因此，学界并未普遍认可此条系对帮助犯的规定。近年来，在帮助犯领域受到广泛关注与讨论的是以下两个问题，即中立帮助行为与帮助行为正犯化。前者是指一种看似普通、无害的行为（如正常业务行为或日常生活行为）在客观上帮助了正犯时，对于实施这种行为的人，能否认定其成立帮助犯，也即如何区分可罚的帮助行为与不可罚的中立帮助行为，例如，出租车司机甲明知乙要去杀人，仍驾车将乙送达被害人处，此时，甲是否成立帮助犯；后者是指刑法分则将一些事实上属于帮助行为的行为规定为正犯行为，这是否具备合理性。

对于中立的帮助行为，陈洪兵教授认为，按照传统的帮助犯的构成要件理论，在知悉正犯的犯罪意图时还提供中立帮助行为，则行为人主观上有帮助的故意，客观上有帮助的行为，帮助行为与正犯行为、结果之间的物理因果关系也不容否定，因而符合帮助犯的构成要件。但是，考虑到行为的日常生活性或正当业务性，为了保护正常的业务活动和正常的日常生活交往，将符合传统帮助犯构成要件的行为全部作为帮助犯处罚，显然不妥当。为了限制处罚范围，陈洪兵教授主张通过客观归责论来考察行为是否制造了法不容许的风险，进而考虑是否应将结果归责于行为人。① 曹波博士亦认为，确定中立帮助行为刑事可罚性，应当立足行为之“客观中立性”特征，通过演绎客观归责理论，规范评价行为升高正犯实行犯罪的风险是否为法所不允许。只有在违反相关刑法前规范升高正犯行为之风险且该规范之目的在于避免行为被用于犯罪时，才应肯定中立帮助行为的刑事可罚性。② 在刑法分则部分，黎宏教授重点探讨了中立的诈骗帮助行为的定性，指出中立的诈骗帮助行为是否构成诈骗罪，应当从其对诈骗结果的发生所具有的贡献的角度来判断。也就是说，应当站在事后观察的立场上，将有该行为和没有该行为的情形进行对比，看该帮助行为对正犯结果的发生具有多大的影响。在产生了重大影响，导致了构成要件结果的重大变更的场合，可以说，该中立行为构成诈骗罪的帮助犯，否则，就不能构成。③ 刘艳红教授以德日的理论和实务为比较基准，分析了网络中立帮助行为可罚性的流变及批判。对于是否应当限制网络中立帮助行为，我国采取的是逐步肯定网络中立帮助行为的可罚性，而德日则是通过一系列的理论限制（网络）中立帮助行为的可罚空间。由此可知我国目前所采取的态度根源于我国传统的入罪思维，而极端地将网络中立帮助行为入罪化将会阻碍网络技术的发展。在网络时代，对于中立帮助行为的判断应当经过“全面性考察”的审核，合理界定网络中立帮助行为的可罚性。④

研究帮助行为正犯化的学者中，刘艳红教授对网络犯罪帮助行为正犯化进行了批判，指出从某种意义上讲，利用网络实施犯罪对法益造成的社会危害性要高于一般犯罪行为。

---

① 陈洪兵．中立的帮助行为论．中外法学，2008（6）；陈洪兵．论中立帮助行为的处罚边界．中国法学，2017（1）．

② 曹波．中立帮助行为刑事可罚性研究．国家检察官学院学报，2016（6）．

③ 黎宏．论中立的诈骗帮助行为之定性．法律科学，2012（6）．

④ 刘艳红．网络中立帮助行为可罚性的流变及批判——以德日的理论和实务为比较基准．法学评论，2016（5）．

面对这一新的形势，法益保护的严苛化和前置化成为我国立法者乐于采取的重要手段，如将中立帮助行为的出罪空间予以限缩，将帮助行为予以正犯化。但这两种立法手段会模糊可罚与不可罚行为之间的界限，容易将不具有可罚性的行为认定为犯罪。① 于志刚教授阐述了网络空间中犯罪帮助行为的制裁体系与完善思路，认为当前刑事立法、司法为制裁网络犯罪帮助行为建立的“单向双轨三核”应对模式存在着单向基本思路偏颇、刑事法网不严、责任认定失位的缺陷。树立双向思维模式、扩大罪名体系制裁犯罪以及完善共犯责任、正犯责任、平台责任三类责任的评价体系，是实现网络社会背景下帮助行为刑事制裁体系科学化的必然选择。② 在刑法分则部分，姜敏教授认为，我国刑法对侵害食品安全的帮助行为，立法上没有进行直接惩罚，实践中即使有帮助行为涉嫌食品安全犯罪，也是依据共犯等理论进行惩罚。食品安全保护的重要性、帮助行为的高风险性、惩罚帮助行为的依附性、帮助行为正犯化的可行性，决定了我国刑法应以刑事法治内在要求和外在要求为前提，考量帮助行为和实质损害之间的规范关联性、帮助行为与实质损害行为的因果关系、帮助行为的风险系数等，在附条件情况下实现食品领域高风险帮助行为正犯化，严密食品安全保护刑事法网，保护民生。③ 张明楷教授认为，我国《刑法》第 287 条之二所规定的帮助信息网络犯罪活动罪，并不是帮助犯的正犯化，而是帮助犯的量刑规则；帮助信息网络犯罪活动罪的成立，以正犯实施符合构成要件的不法行为为前提，故帮助信息网络犯罪活动罪的设立也不表明《刑法》第 287 条之二对帮助犯采取了共犯独立性说；《刑法》第 287 条之二第 1 款将“情节严重”作为成立条件，为限制中立的帮助行为的处罚范围提供了法律依据，对于网络服务商为业务行为所实施的中立的帮助行为，原则上不能以该罪论处；帮助信息网络犯罪活动罪的设立，也没有加重帮助犯的处罚程度。④

八、共犯的脱离

共犯的脱离，系指在犯罪结果发生之前，部分犯罪参与人放弃与其他犯罪参与人共同实施犯罪的意思，切断与其他犯罪参与人的共犯关系，此时能否将发生的犯罪结果归责于其先前的参与行为问题。换言之，共犯的脱离，其核心问题是因果关系的考察问题，也即先前的参与行为对最终结果的发生是否具有因果关系。

付晓雅博士、高铭暄教授认为，我国刑法中并没有关于共犯关系脱离的明确规定，对于实践中的相关案件，理论界通常比照犯罪中止的相关规定，按照“一人既遂、全体既遂”的原则进行处理，而脱离的情形仅作为酌定量刑的情节予以考虑，但此种做法显然对于意图脱离的共犯者过于苛刻，也有违我国罪责刑相适应的原则。因此，需要在对其进行研究的基础上，分析将其引入我国的必要性，并最终作出本土化的制度建设。⑤

① 刘艳红．网络犯罪帮助行为正犯化之批判．法商研究，2016（3）．

② 于志刚．网络空间中犯罪帮助行为的制裁体系与完善思路．中国法学，2016（2）．

③ 姜敏．法益保护前置：刑法对食品安全保护的路径选择——以帮助行为正犯化为视角．北京师范大学学报（社会科学版），2013（5）．

④ 张明楷．论帮助信息网络犯罪活动罪．政治与法律，2016（2）．

⑤ 付晓雅，高铭暄．论共犯关系脱离的具体认定与法律责任．法律科学，2016（1）．

谢望原教授、王波博士介绍了英国刑法中的共犯退出，指出英国刑法中的共犯退出是共犯参与制度领域的一项特殊辩护事由，具有免除退出人共犯参与责任的效果。其构成要件为：共犯退出须在实行犯着手实行之前；退出的共犯人必须打消自己的犯罪意念；退出人须将自己退出犯罪的意思明确地通知其他参与人；退出人须有实际退出行为。共犯退出的本质在于撤销共犯先前行为对于实行犯的加功效果。①

刘艳红教授主张将规范的因果关系遮断说作为共犯脱离的判断基准。因果关系遮断说无法解决行为人产生的影响虽在事实上存在但承认脱离比较合适的案件处理问题，以及判断因果关系是否遮断存在规范的性质。在规范的因果关系遮断说的具体贯彻问题上，应以表达了脱离的意思并为其他共犯者所了解作为主观基准条件，以停止了自己的犯罪行为且解除了共犯关系作为客观基准条件，以规范地考察是否遮断了物理与心理因果关系作为效果基准条件。②

与刘艳红教授不同，马荣春教授和姚万勤博士支持“因果关系遮断”③。其中，马荣春教授认为，“因果关系遮断”不但能够从根本上说明处理共犯脱离的根据，而且构成了共犯脱离成立的“充要条件”，但主观因素即“任意性”可直接影响或决定共犯脱离成立后的具体犯罪形态；共犯脱离以“共犯关系的截短”为真相，其不仅可以促使共犯脱离理论本身的完善，而且可以丰富和发展既往的共同犯罪理论。姚万勤博士认为，我国刑法理论中，对共犯人的分类采用的是四分法，所以，在我国确立的共犯关系脱离制度应当有别于国外刑法中确立的类型。

学者王昭武在研究共谋射程理论的基础上，探讨了实行过限和共犯关系脱离的认定。④同时，他提倡实行过限新论，认为只有在某行为属于有关基本犯罪之共谋射程之外的行为时，才能认定实行行为人的行为属于实行过限，在此基础之上再根据共犯的本质论与错误论确定具体的罪责。⑤ 就共犯关系脱离的认定而言，他认为共谋射程理论可以为共犯脱离的认定提供明确的解决路径。是否成立共犯脱离，取决于剩余共犯的行为是否属于当初的共谋射程之内的行为。⑥

此外，学者陆凌、王昭武、温登平也对共犯的脱离发表了自己的看法。⑦

九、共同犯罪与身份犯

法律明文规定对于定罪量刑具有影响的资格、要素即刑法上之身份。其中，又可区分

① 谢望原，王波．论英国刑法中的共犯退出．法律科学，2013（5）．

② 刘艳红．共犯脱离判断基准：规范的因果关系遮断说．中外法学，2013（4）．

③ 马荣春．论共犯脱离．国家检察官学院学报，2014（4）；姚万勤．共犯关系脱离要件刍议——一个域外制度的中国化思考．刑法论丛，2013（4）．

④ 王昭武．论共谋的射程．中外法学，2013（1）．

⑤ 王昭武．实行过限新论——以共谋射程理论为依据．法商研究，2013（3）．

⑥ 王昭武．共谋射程理论与共犯关系脱离的认定——兼与刘艳红教授商榷．法律科学，2016（1）．

⑦ 陆凌．脱离共犯关系的行为性质及其效果——基于德、日、美、英相关进路的展开．当代法学，2016（5）；王昭武．我国“共犯关系的脱离”研究述评．刑法论丛，2007（2）：130-148；温登平．论帮助关系的脱离．刑法论丛，2016（1）：391-441．

为真正身份犯与不真正身份犯，前者是指具有一定身份才能构成的犯罪（亦称构成身份），后者是指身份的存在只影响量刑而不影响定罪（亦称加减身份）。对于无身份者参与不真正身份犯之犯罪的场合，由于不真正身份只影响量刑而不影响定罪，因此对有身份者按刑法的特别之量刑规定处理，对无身份者适用通常之刑即可，这在学界已取得共识。当有身份的人与无身份的人共同实施具有身份者才能实施的犯罪之时，是否认定为共同犯罪以及如何认定为共同犯罪，是共同犯罪与身份这一问题的核心。

陈兴良教授以比较法为视角，采用德日刑法学关于共犯之身份犯的教义学原理，结合我国刑法与司法解释的规定，对共犯之身份犯的定罪及量刑问题进行了较为细致的分析。他指出，共犯与身份是刑法理论上一个较为疑难的问题，德国、日本以及我国台湾地区刑法典对此都有明文规定，因此形成关于共犯之身份犯的教义学原理。我国刑法并没有关于共犯与身份问题的一般性规定，而只是在刑法分则中存在个别性规定以及在有关刑法解释中存在规定，并且这种规定也经历了一个演变过程。①

周光权教授认为，对于行为人各自利用其身份实施犯罪的身份犯竞合，通常的观点有分别定罪说、主犯性质决定说、实行犯决定说、为主的职权行为决定说、想象竞合犯说等，但这些观点存在缺陷。对于身份犯竞合，合理的处理进路是：首先，由于身份和积极义务的履行存在紧密关联，而义务具有一身专属性，身份犯竞合的行为人都应成立相应身份犯的同时正犯。其次，与某种身份相关的义务越重要，行为人违反义务的行为对法益的侵害也就越大，义务重要者由此成为犯罪的中心人物，义务不重要者的身份属于“不真正的保证人身份”，其只成立义务重要者的狭义共犯。最后，身份犯的核心是正犯性的确定，而不是要解决竞合论的问题。基于这种思路，应该在整体上对犯罪进行评价，对义务重要者定罪的效果“映射”到所有人，同时，对义务次要者的处罚可以通过量刑活动实现罪刑均衡，即便对其处罚较轻，也是可以接受的，没有必要再借助于想象竞合犯的原理来处理案件。② 对身份犯竞合问题，王志远教授认为问题在于我国共犯制度自身的缺陷，即我国现行共犯制度逻辑使得多元身份主体共同犯罪情况下的定性问题成为我国“共犯与身份”问题的核心难点：无论统一定罪说、分别定罪说还是区别对待说，均无法妥善地实现共犯制度适用的逻辑自洽性、周延性以及与罪刑均衡原则之间的协调性。我国共犯处罚原则设定要求的“确定刑罚以确定共同所犯的罪名为前提”的制度逻辑是形成上述困境的真正原因，改变我国共犯制度逻辑之“主体间性”为应然的“单方化”是解决问题的唯一出路。③

陈洪兵教授主张，根据身份是影响行为的法益侵害性还是行为人的非难可能性，可将身份区分为违法身份与责任身份；非身份者参与违法身份犯罪的，虽成立违法身份犯的共犯，但应减轻处罚；非身份者参与责任身份犯罪的，应分别定罪处罚。委派到非国有公司从事公务的国家工作人员只是一种责任身份，其伙同公司人员侵占本单位财产、收受贿赂、挪用本单位资金的，具有国家工作人员身份的分别成立贪污罪、受贿罪、挪用公款罪，公司人员则相应成立职务侵占罪、非国家工作人员受贿罪、挪用资金罪。④

---

① 陈兴良．身份犯之共犯：以比较法为视角的考察．法律科学，2013（4）．

② 周光权．论身份犯的竞合．政法论坛，2012（5）．

③ 王志远．多元身份主体共同犯罪之定性难题及前提性批判．法律科学，2010（2）．

④ 陈洪兵．共犯与身份的中国问题．法律科学，2014（6）．

周啸天博士认为，真正身份、不真正身份这一形式化区分无法决定身份的实质作用。联系违法与责任对身份进行功能性重构是我们应当选择的理论进路。在违法身份、责任身份这一实质化区分的基础上，根据限制从属性原理，“违法身份起连带作用、责任身份起个别作用”的教义学原理能够被证成。立法的缺失是引起有关解决身份犯的共犯问题之理论混乱的直接原因。要走出理论上的困境，就应跳出单纯的解释学而将目光转向立法论。[①]

除以上问题外，这一阶段值得关注的讨论还有以下内容：

储槐植教授、贾凌博士研究了有组织犯罪与我国社会发展进程、我国现代化进程之间的现状与关系，认为应综合刑法学、犯罪学、刑事政策学乃至法哲学方面的研究成果，兼顾学理与实践，以期提出积极、有效、符合实际的应对策略。[②] 张小虎教授主张有组织犯罪仅指黑社会犯罪，此后围绕黑社会犯罪展开了对有组织犯罪的特征及其在我国刑法中之规定的研究。[③] 学者刘远从刑法哲学维度对有组织犯罪概念进行了分析，认为有组织犯罪当然属于犯罪集团的范畴，但犯罪集团却不一定是有组织犯罪，只有那些以市场经济为依托亦即通过经济交易行为来获取生存基础的犯罪集团所实施的犯罪，才是有组织犯罪。[④] 学者赵微、王昭振探讨了有组织犯罪的界定、组织行为实行行为化的必要性、组织行为实行行为化的限度和具体类型。[⑤] 莫洪宪教授、张小宁博士对中、日有组织犯罪的现状进行了比较研究。[⑥] 学者赵辉论述了组织犯的概念界定、成立条件、成立范围、与其他共犯的区别。[⑦] 学者蔡军探讨了我国惩治有组织犯罪的实践困境与立法对策[⑧]，同时，他基于对《联合国打击跨国有组织犯罪公约》立法精神的解读，反思了我国反有组织犯罪刑事政策观念。[⑨] 学者张远煌、赵赤介绍了美国有组织犯罪观念的变迁及其启示。[⑩] 学者谢焱对全球化视野下的有组织犯罪概念进行了再思考。[⑪] 学者梁利波考察了有组织犯罪立法的国际谱系。[⑫]

对于不作为共犯这一问题，我国学者认为，关于不作为犯与共犯的关系，可以分为两类情况：一类是以不作为方式实施的共犯情况，包括不作为的共同正犯、不作为的教唆犯、不作为的帮助犯；另一类是对于不作为犯的共犯，主要包括对不作为犯的教唆犯和对不作为犯的帮助犯，即教唆不作为和帮助不作为。关于不作为的共同正犯，应采全面肯定说；不存在不作为方式的教唆，但存在不作为方式的帮助；关于不作为共同正犯与帮助犯

---

① 周啸天．身份犯共犯教义学原理的重构与应用．中外法学，2016（2）；周啸天．德日身份犯的立法梳理及其启示．中国刑事法杂志，2013（7）．

② 储槐植，贾凌．有组织犯罪预防论要．法学家，2008（3）．

③ 张小虎．有组织犯罪的事实特征与刑法规定．法学家，2008（3）．

④ 刘远．有组织犯罪概念的刑法哲学分析．法学家，2008（3）．

⑤ 赵微，王昭振．有组织犯罪界定及其组织行为实行行为化——基于犯罪学与刑法学的视角转换．法学家，2008（3）．

⑥ 莫洪宪，张小宁．中日有组织犯罪现状比较研究．刑法论丛，2009（2）：41-73．

⑦ 赵辉．组织犯的概念及成立．刑法论丛，2007（1）：140-191．

⑧ 蔡军．我国惩治有组织犯罪的实践困境与立法对策．华东政法大学学报，2013（4）．

⑨ 蔡军．我国反有组织犯罪刑事政策观念的检讨与重塑——基于对《联合国打击跨国有组织犯罪公约》立法精神的解读．刑法论丛，2012（2）：478-500．

⑩ 张远煌，赵赤．美国有组织犯罪观念的变迁及其启示．法商研究，2010（5）．

⑪ 谢焱．全球化视野下的有组织犯罪概念再思考．刑法论丛，2012（4）：507-521．

⑫ 梁利波．有组织犯罪立法的国际谱系．刑法论丛，2014（3）：416-449．

的区别，在法益保护的场合，不作为者原则上是正犯，但在拒不作为无法实现构成要件的场合，不作为者仅以帮助犯论；在监督危险源的场合，不作为者构成帮助犯。对不作为犯的教唆犯和帮助犯都可以成立，而且帮助他人不作为既包括有形帮助，也包括无形帮助。① 孙立红博士重点探讨了不作为共犯中如何认定正犯的问题，其认为，不作为在共同犯罪中的参与形式不能简单地按照作为犯的分工方式进行区分，这是因为不作为在存在结构上与作为有着本质的差异；不作为必须与作为犯在构成要件上具有等价性，才有可能在共同犯罪中成立正犯，这种等价值性不能用传统的因果关系说和形式的保证人说加以说明；在对保证人说确立的形式的保证人义务进行实质解释的学说中，应采用基于不作为对结果的事实性支配来确定不真正不作为的成立，除此之外，违反功能性的保证人义务也补充性地成为不作为正犯的标准；不作为的正犯性正是建立在此两种标准的基础之上。② 欧阳本祺教授认为，结果原因支配说在形式的机能二分说基础上增加了实质的考察，具有较大的合理性，可以合理区分不作为的单独正犯与共犯，以及不作为的共同正犯与共犯。③

关于共犯处罚根据，钱叶六教授认为，共犯的处罚根据在于，共犯通过介入或参与正犯的违法行为，并同正犯一起惹起法益侵犯的结果。所以，正犯与共犯的违法性具有连带性，既不存在"无正犯的共犯"，亦不存在"无共犯的正犯"。但是，违法的连带并不意味着各参与人行为的违法程度相同，更不意味着责任的连带和共同。相反，应承认参与人之间的违法性的程度差异和责任上的个别性。④ 秦雪娜博士认为，修正惹起说不仅在论证方法上倒为因果，在具体问题上亦不能自圆其说；混合惹起说在论证方法上自相矛盾，解决具体问题的能力也有局限性；纯粹惹起说主张共犯具有独立的违法性和有责性，其实在论理上更加可取，适用于具体问题时也更灵活；但出于法治国原则的要求，纯粹惹起说应接受构成要件的限制进行自我改良，由此才能更加合理地划定共犯的处罚范围。⑤

就共同故意中的认识因素，我国学者指出，共同故意的认识因素同时包含对本人和共同行为人相关的事实认识和违法性的认识；在事实认识中，除了对共同行为人行为的性质、行为的对象及行为结果有认识外，还需对共同行为人的主体性有所认识；关于对事实的程度的认识，不仅对结果犯中结果的出现概率存在必然性与可能性的认识，而且行为犯中对共同行为人行为的出现概率也存在必然性与可能性的认识；在违法性认识方面，共同故意的行为人须对自己行为和对共同行为人行为均存在违法性认识，而且应对"共同行为人对其自身行为是否存在违法性认识"有所认识。⑥

对于共同犯罪中首要分子的刑事责任，于佳佳博士认为，对犯罪集团中"知而不为"型首要分子的刑事责任可以基于首要分子"概括的犯意"进行认定；对"不知不为"型首要分子的刑事责任可以借鉴国际刑法中的"归咎责任"进行认定；根据罪责自负原则，首要分子对超过其控制力或支配力的犯罪行为不承担刑事责任。⑦

---

① 赵秉志，许成磊．不作为共犯问题研究．中国刑事法杂志，2008（9）．

② 孙立红．论共同犯罪中的不作为参与．法学家，2013（1）．

③ 欧阳本祺．论不作为正犯与共犯的区分．中外法学，2015（3）．

④ 钱叶六．共犯违法连带性说的合理性及其应用——基于共犯处罚根据论的探讨．清华法学，2014（3）．

⑤ 秦雪娜．共犯处罚根据的全新定位——改良的纯粹惹起说之提倡．环球法律评论，2015（5）．

⑥ 贾宇，王东明．论共同故意中的认识因素．中国法学，2009（6）．

⑦ 于佳佳．论犯罪集团首要分子的刑事责任．中国刑事法杂志，2007（3）．

对于参与实施纯正自然人犯罪的单位成员的刑事责任，王良顺教授认为，由于我国刑法对参与实施纯正自然人犯罪的单位成员是否应当负刑事责任没有作明确的规定，而司法解释又相互矛盾，因此我国学术界对应否追究参与实施纯正自然人犯罪的单位成员的刑事责任一直是众说纷纭；处罚参与实施纯正自然人犯罪的单位成员符合法益保护原则、责任主义原则和刑罚的目的，并且承认法人犯罪的外国法都处罚参与实施纯正自然人犯罪的单位成员；修正的犯罪构成理论为我国当下追究参与实施纯正自然人犯罪的单位成员的刑事责任提供了具体的路径；在我国现行刑法修改之前，最高人民法院应当尽快出台司法解释，明确规定参与实施纯正自然人犯罪的单位成员的刑事责任，而解决参与实施纯正自然人犯罪的单位成员的刑事责任问题的根本方法在于完善刑法。[①]

对于共犯论中的行为无价值与结果无价值，阎二鹏教授认为，行为无价值与结果无价值的对立贯穿于共犯论之中，行为无价值在共犯论中的延伸表现为在共犯处罚根据上采取责任共犯论、不法共犯论、因果共犯论中的纯粹惹起说或修正惹起说，在对共犯成立基础的理解上采取共犯独立性说，在共犯本质上采取行为共同说；而结果无价值在共犯论中的延伸表现为在共犯处罚根据上采取因果共犯论中的折中说，在共犯成立基础上采取共犯从属性说，在共犯本质上采取犯罪共同说。[②]

此外，我国学者对我国共犯论刑法知识的渊源考察与命题辨正[③]、罪量要素的价值属性在共犯中的运用[④]、实行过限之构成及其判定标准[⑤]、实行犯对犯罪集团的首犯实行过限问题[⑥]、先前行为与实行过限下知情共犯人的刑事责任[⑦]、“共同实行犯的既遂与未遂形态并存说”[⑧]、必要共同犯罪司法适用[⑨]、对向犯[⑩]、共同犯罪案件死刑适用标准[⑪]等问题进行了研究。

---

① 王良顺．论参与实施纯正自然人犯罪的单位成员的刑事责任．法商研究，2013（2）．

② 阎二鹏．共犯论中的行为无价值与结果无价值．刑事法评论，2007（2）：91-111．

③ 魏东．我国共犯论刑法知识的渊源考察与命题辨正——兼与陈兴良教授商榷．现代法学，2013（6）．

④ 王强，胡娜．罪量要素的价值属性在共犯中的运用．中国刑事法杂志，2012（12）．

⑤ 叶良芳．实行过限之构成及其判定标准．法律科学，2008（1）；肖本山．过限之罪结构探析．中国刑事法杂志，2008（3）．

⑥ 王俊平．实行犯对犯罪集团的首犯实行过限问题研究．刑法论丛，2012（1）：153-169．

⑦ 姚诗．先前行为与实行过限下知情共犯人的刑事责任．法学研究，2013（5）．

⑧ 王俊平．“共同实行犯的既遂与未遂形态并存说”之质疑．法学评论，2009（2）．

⑨ 熊亚文．必要共同犯罪司法适用问题研究——以与任意共同犯罪的分类功能为视角．刑法论丛，2016（2）：189-212．

⑩ 陈志军．对向犯研究．刑法论丛，2013（1）：209-237．

⑪ 左坚卫．共同犯罪案件死刑适用标准探疑．国家检察官学院学报，2012（2）．

第六章 罪数论

罪数，即根据一定的认定标准来判断行为人之行为构成几个犯罪，也即判断罪名个数的问题。就认定标准而言，学术史上存在着以行为人的犯罪意识为标准的“意思标准说”，以行为人所实施之行为个数为标准的“行为说”，以行为所造成之犯罪结果为标准的“犯罪结果说”，以行为人所实现之构成要件个数的“构成要件说”，等等。我国学界在罪数认定标准上具有重大影响力的观点是以行为所符合的犯罪构成个数为标准的“犯罪构成说”，但近年来亦出现修正犯罪构成说的观点，即原则上以行为所符合的犯罪构成个数为标准，但也应该考虑刑法的特殊规定，从而做到具体判断的“个别说”。

合理的罪数标准具有重大的意义。一方面，其可以正确地认定行为人的罪数，从而做到对行为人之犯罪行为的充分、全面评价，并且还可以避免重复评价；另一方面，正确的罪数又进一步为量刑奠定了基础，从而做到一罪一罚、罪刑相适应。因此，正确区分罪数具有重大的实务价值，必须在理论上予以深刻的把握。

一、法条竞合与想象竞合的区分

陈兴良教授对法条竞合的学术演进史进行了考察，指出法条竞合是我国刑法学中一个颇具特色的理论问题，对于正确地解释立法以及正确地适用法条都起到了重要的作用。法条竞合从概念引入到本土化，经历了一个逐渐的学术演变进程，这也是我国刑法学术史成长的过程。法条竞合理论讨论中涉及的重法优于轻法等原则的理解与适用，无不与罪刑法定原则相关。可以说，法条竞合的学术史恰是我国刑法理论发展的一个缩影。①

张明楷教授研究了法条竞合与想象竞合的区分标准，并论述了法条竞合中特别关系的确定与处理。他认为，法条竞合与想象竞合的法律后果存在明显区别，对二者必须进行严格区分。不借助具体案件事实的联结，仅通过对构成要件的解释，就能够肯定两个法条之间存在包容或交叉关系，是法条竞合的形式标准。实质标准之一是法益的同一性，即一个行为侵害了两个以上犯罪的保护法益时，就不可能是法条竞合，而只能认定为想象竞合。实质标准之二是不法的包容性，即在一个行为同时触犯两个法条，只适用其中一个法条就能够充分、全面评价行为的所有不法内容时，两个法条才可能是法条竞合；倘若适用任何

---

① 陈兴良．法条竞合的学术演进——一个学术史的考察．法律科学，2011（4）．

一个法条都不能充分、全面评价行为的不法内容，即使符合形式标准与法益的同一性标准，也只能认定为想象竞合。此外，法条竞合与想象竞合的区分并不是固定不变的。①

就法条竞合中的特别关系而言，张明楷认为，法条内容具有对立关系与中立关系时，并不存在法条竞合关系；补充关系只是特别关系的另一种表述；包容关系只是特殊关系的外表现象。对于特别关系，原则上采用特别法条优于普通法条的原则，但在一定条件下应当适用重法优于轻法的原则；某种行为没有达到司法解释确定的特别法条的定罪标准，但符合普通法条的定罪标准时，应当适用普通法条定罪量刑。②

同时，张明楷教授认为，两个犯罪之间具有排他关系时，才存在明确的界限；刑法理论为区分此罪与彼罪的界限所提出的观点往往缺乏法律根据，曲解构成要件，没有现实意义，增加认定难度；妥当的做法应是，不必讨论犯罪之间的界限，正确解释各种犯罪的构成要件，对案件事实由重罪到轻罪作出判断（有时也可能由轻罪到重罪作出判断）；并善于运用想象竞合犯的原理，准确适用刑法条文。③

与张明楷教授的主张有所不同，周光权教授认为，我国刑法中的法条竞合类型，在特别关系、补充关系、吸收关系、择一关系之外，还应包括包容关系。基于行政刑法上的特别考虑，在经济犯罪中大量增加的特别法条和普通法条之间的特别关系，与传统的法条竞合论中的特别关系有一些差别。对于行为性质符合特别法条的构成特征，但因数额、数量未达到特别法条要求时，不能以普通法条定罪。此时，需要考虑立法上的预设、法益侵害原理、特别法条的立法必要性、特别法条定型化的构成要件观念、实质的刑法方法论等问题。法条竞合的排斥关系不仅仅在行为人按照特别法条和普通法条都构成犯罪时存在；在行为属于特别法条所规范的行为类型时，也具有排斥普通法适用的可能性。法条竞合与想象竞合之间具有对立关系，不存在一个行为既成立想象竞合犯又属于法条竞合的情况。④

黄京平教授、陈毅坚博士主张区分法条竞合和法条竞合犯，认为法条竞合是一种条文形态，而法条竞合犯是在法条竞合的基础上形成的特殊犯罪形态。法条竞合具有相对的独立性，法条竞合犯则必须依附于法条竞合而存在。法条竞合犯的类型与法条竞合的种类并非一一对应的关系。对于独立竞合犯适用特别法优于普通法原则，对于交互竞合犯适用重法优于轻法原则，对于基于交叉关系的偏一竞合犯适用全部法优于部分法原则。对于基于补充关系的偏一竞合犯适用基本法优于补充法原则。⑤

黎宏教授、赵兰学博士认为，当一个行为虽然形式上符合数个犯罪的构成要件，但其法益侵害事实能够被其中一罪的构成要件所完整评价时，成立法条竞合；反之，当一个行为形式上符合了数个犯罪的构成要件，且法益侵害事实不能被其中任一犯罪的构成要件所完整评价时，成立想象竞合。从逻辑上讲，法条竞合的类型包括特别关系与择一关系，但在我国刑法中并不存在择一关系的法条竞合。就特别关系而言，一般是特别法条优先于普通法条适用；法律有特别规定时，重法优于轻法。当行为的其他要素均满足特别法条的犯

① 张明楷．法条竞合与想象竞合的区分．法学研究，2016（1）．

② 张明楷．法条竞合中特别关系的确定与处理．法学家，2011（1）．

③ 张明楷．犯罪之间的界限与竞合．中国法学，2008（4）．

④ 周光权．法条竞合的特别关系研究——兼与张明楷教授商榷．中国法学，2010（3）．

⑤ 黄京平，陈毅坚．法条竞合犯的类型及其法律适用．中国刑事法杂志，2007（4）．

罪构成，只是数额未达到特别法条的入罪标准时，即使这一数额满足了普通法条的入罪标准，仍然不能以普通法条论罪。①

时延安教授以规范目的为视角，对法条竞合问题进行了重新审视。他认为，法条竞合是多个法条所承载的法律规范评价范围之间出现的重合现象。不同法律规范评价范围之重合根源在于不同法律规范目的的重合。对法条竞合现象的认识及处理，可以规范目的为视角进行分析和解决。在这一视角看来，法条竞合的形式包括两种：复杂（规范目的）法条与单一（规范目的）法条关系，和一般（规范目的）法条与特殊（规范目的）法条关系。法条竞合的处理，属于法律规范选择，而非直接的法律规范适用。对于法条竞合两种不同形式的处理，亦采复杂法条优于单一法条适用、特殊法条优于一般法条适用之规则，但法律有明确规定重法条优于轻法条适用的情形除外。对规范目的，应从立法者意志、法条及不同法条关系、刑法规范之前规范三个方面来加以识别。②

鉴于区分想象竞合与想象竞合所带来的一系列问题，学界亦存在着对二者不必予以区分，径直以竞合犯概括二者，然后以统一标准确定所应适用的法条的观点。例如，陈洪兵教授提倡大竞合论，认为只有包容、交叉关系的法条之间才能成立法条竞合，而想象竞合的成立与法条关系无关，完全取决于偶然的案件事实“激活”法条之间的关系。法条竞合的本质是犯罪构成要件的重合，旨在防止重复评价，而想象竞合的本质是法益侵害事实（结果）的叠加，旨在避免遗漏评价和双重处罚。法条竞合中被排除的法条（劣位法）也能发挥作用，想象竞合的所谓“明示机能”不过是犯罪事实的查明与宣告；只要查明了全部案件事实并在判决书中予以宣告，并从一重处罚，严格区分法条竞合与想象竞合就已然失去意义，进而主张不必严格区分法条竞合与想象竞合，只要构成要件间存在“竞合”关系，从一重处罚即可。我国不存在类似国外刑法中所公认的具有减轻根据的特别法条，故无需严格区分法条竞合与想象竞合；大竞合论不仅有助于实现罪刑相适应原则，而且有助于处理所谓罪名之间的界限问题，还有助于克服所谓的立法缺陷。犯罪构成要件之间存在广泛的重合，构成要件要素之间也普遍存在规范性包含关系。所谓构成要件符合性判断，只需满足最低限度的要求即可，故而，完全可以将高度（重度）要素事实评价为低度（轻度）要素事实，例如，可将故意评价为过失，故意杀人评价为故意伤害，强奸评价为强制猥亵，等等。陈洪兵教授以《刑法修正案（九）》为例，认为《刑法修正案（九）》中“同时构成其他犯罪”条款的大量增设，说明立法者已经厌倦了是“特别法优先”还是“重法优先”的无谓争论，认可了无论法条竞合还是想象竞合，均从一重处罚。③ 但对于上述学者所提倡的大竞合论，并未得到学界的广泛承认。学者王强主张法益同一是判断法条竞合的实质标准。法条竞合与想象竞合的结构差异，表明不必区分二者的“大竞合论”不能成立。“本法另有规定的，依照规定”是注意规定。“异质的法条竞合”现象下特殊法条数额

① 黎宏，赵兰学．论法条竞合的成立范围、类型与处罚规则．中国刑事法杂志，2013（5）．

② 时延安．法条评价范围的重合与竞合法律规范的选择——以规范目的为视角对法条竞合问题的重新审视．刑法论丛，2012（2）：124-160．

③ 陈洪兵．不必严格区分法条竞合与想象竞合——大竞合论之提倡．清华法学，2012（1）；陈洪兵．竞合处断原则探究——兼与周光权、张明楷二位教授商榷．中外法学，2016（3）；陈洪兵．犯罪构成要件之间的重合与竞合．法学评论，2016（3）．

标准的双重任务以及“典型（常态）立法技术”，表明“特别法条惟轻”立法并非没有章法；即便立法有误，适用重法优先原则也无异于让行为人为立法错误“埋单”；罪量要素的特殊性表明，应先运用法条竞合理论决定行为类型定型，再根据数量要素判断该行为是一般违法抑或犯罪、轻罪抑或重罪。只有交叉、双包容关系下的法条竞合，方有“重法优于轻法”之适用。①

王彦强博士同样认为区分法条竞合与想象竞合的实质标准是法益同一性，并且进一步阐述了法益同一性的判断标准，认为属于同类法益的具体法益之间未必具有同一性，而不属于同类法益的具体法益之间也未必不具有同一性。当判断竞合关系涉及侵害复合法益的犯罪时，不能忽视必要保护之次要法益，次要法益与它罪法益亦可能具有法益同一性；不能混淆次要法益与附随法益，误将附随法益当作次要法益，将导致法条竞合现象的不当扩张。法益是否同一除考虑法益性质和内容外，也受制于法益保护范围和程度，即保护相同法益，但保护程度或范围存在轻重大小之别的条文之间，亦可认为法益不同一，而成立想象竞合。②

蔡道通教授以金融诈骗罪行为类型的意义为分析视角，主张特别法条应优于普通法条适用。相对于普通诈骗罪而言，立法对于金融诈骗罪的被害人采取的是弱保护的刑事政策立场。金融领域的制度安排，效益价值往往是其首要追求，其公平和安全的内涵已经与一般市场领域中的公平、生活领域的安全含义不完全相同。针对市场领域的不法行为，还有民事、行政的规制手段。而这些构成了市场领域刑事立法规定的犯罪行为类型化或者定型化，以及相应的法定刑设置的价值所在。金融诈骗行为，在任何情形下都不应当按照生活领域的普通诈骗罪定罪处罚。③

对于法条竞合的范围和处理原则进行讨论的学者还包括叶良芳、陈珊珊、陈烨、周建军、吕英杰、庄劲、古加锦、陈山、赵丙贵、丁慧敏、郑世创等。④

二、论罪类型的展开

对于想象竞合犯，丁慧敏博士认为，将罪数论升级为竞合论，关键在于要使罪数论的定罪量刑功能转变为竞合论的量刑功能。想象竞合是竞合论中最为重要的成员，它是一个

① 王强．法条竞合特别关系及其处理．法学研究，2012（1）．

② 王彦强．犯罪竞合中的法益同一性判断．法学家，2016（2）．

③ 蔡道通．特别法条优于普通法条适用——以金融诈骗罪行为类型的意义为分析视角．法学家，2015（5）．

④ 叶良芳．法条何以会“竞合”？——一个概念上的澄清．法律科学，2014（1）；陈珊珊．法条竞合的内涵与处断规则探析——以嫖宿幼女罪与强奸罪的法条竞合关系为例．中国刑事法杂志，2013（7）；陈珊珊．法条竞合时的量刑衡平方法研究——以嫖宿幼女罪与强奸罪间的量刑衡平问题为例．法商研究，2012（6）；陈烨．再议法规竞合的两个基本问题——以贯彻罪刑法定主义为视角的研究．政治与法律，2016（4）；周建军．法条竞合犯抑或想象竞合犯——法条竞合犯与想象竞合犯的界限之争．刑事法评论，2008（1）：473－497；吕英杰．刑法法条竞合理论的比较研究．刑事法评论，2008（2）：464－486．庄劲．法条竞合：成因、本质与处断原则．刑法论丛，2008（1）：370－383．古加锦．法条竞合与想象竞合犯的界限新探．中国刑事法杂志，2012（10）；陈山．刑法法条竞合之特别关系的法律适用．政治与法律，2012（3）；赵丙贵．法规竞合的若干疑问及其重新解读——兼论法规竞合与想像竞合的本质区别．中国刑事法杂志，2007（5）；丁慧敏．德国竞合论下的法条竞合．刑事法评论，2013（2）：456－488；郑世创．假性竞合与想象竞合之辨．刑事法评论，2012（2）：439－465．

针对自然行为犯数罪如何量刑的理论。在对想象竞合行为定罪时，犯罪构成仍是定罪的唯一标准，因此想象竞合为数罪，在判决书中，要将数罪一一列明。如果对想象竞合数罪并罚，就否定了其存在的必要性。不能对想象竞合数罪并罚的理由，就是想象竞合的存在根据。想象竞合的数罪中，不法量刑情节与特殊预防必要性的情节高度重合，数罪并罚会造成量刑中的重复评价。较轻的一罪在想象竞合的量刑中仍具有一定的发言权，即宣告刑不能低于轻罪的最低刑，同时必须考虑轻罪的附加刑。[①]梁云宝博士认为，存在论意义上的事实行为与“刑法上有意义的行为”之间的不一致，使得受制于禁止重复评价和充分评价而“从一重处断”的想象竞合在拟制规则上涉及罪与刑两个方面。其中，罪的拟制是取舍罪名的规则，刑的拟制包含着刑罚裁量的规则。在我国，“从一重处断”规则是刑法的基本立场，“从一轻”处断与数罪并罚是刑法的重要立场，后者意味着我国刑法在想象竞合规则上有重大突破，因此，区分性立场才是我国刑法的准确立场。完全置身于域外刑法语境来解决我国想象竞合问题的论调与做法，会陷入“以偏概全”的困境。立足于我国想象竞合的区分性立场并最大化维持想象竞合的传统规则，才能妥当处理“重罪”与“轻罪”难以判定时的规则适用问题和刑罚拟制中加减刑罚事由如何准确适用问题。[②] 肖本山教授研究了想象竞合的共犯过限问题。[③]

张小虎认为转化犯有如下特征：基础行为必须构成犯罪；基础犯罪与转化犯罪性质不同，并且后者重于前者；转化条件的发生紧接于基础行为之后，或者在基础行为持续期间；转化条件独立符合转化犯罪的构成要件，或者基础犯罪并转化条件符合或者大致符合转化犯罪的构成要件；转化犯是法定的一罪，以刑法规定为限。转化犯包括典型转化犯与准型转化犯。[④] 学者龙洋分析了转化犯立法的理论根据，其认为，转化犯是我国刑法理论对刑法中特有行为形式所作的理论概括，转化犯最大的立法价值在于它凸现了罪责刑均衡原则。基于转化犯是轻罪向重罪的单向转化，转化犯的法定性既缘于罪刑法定原则的要求，也是刑法规范作为裁判规范的属性使然。基于注意性规定的转化犯与拟制性规定的转化犯的区分，作为规范的表达方式，注意性规定的转化犯，其立法的理论根据缘于犯罪构成学说；而拟制性规定的转化犯，其立法的理论根据则基于法律拟制的正当性，即借助于法律拟制立法的正当性要求，拟制性规定的转化犯既可以弥补刑法条文的漏洞或缺陷，还可以满足刑法规范对实质正义的立法诉求。[⑤] 学者邓毅丞重点探讨了结果型转化犯的法律属性，认为学界现存的注意规定说与法律拟制说均存在缺陷，“注意规定说”无法解释结果型转化犯存在的必要性和合理性，而“法律拟制说”则陷入重刑主义的窠臼。实际上，结果型转化犯属于间接加重处罚的犯罪类型。在行为人对转化结果的发生存在过失的场合，对行为加重处罚的根据在于基本犯的特殊危险以及其直接引起转化结果。因此，结果型转化犯的成立范围应当受到严格限制。[⑥] 学者柳忠卫着眼于共同犯罪的转化犯，认为转

---

① 丁慧敏．想象竞合的功能及其存在根据．现代法学，2013（3）．

② 梁云宝．论我国想象竞合的规则及其限制．政法论坛，2016（1）．

③ 肖本山．想象竞合犯的共犯过限．国家检察官学院学报，2013（5）．

④ 张小虎．转化犯基本问题探究．现代法学，2003（6）．

⑤ 龙洋．论转化犯立法的理论根据．法律科学，2009（4）．

⑥ 邓毅丞．结果型转化犯法律属性新探．法商研究，2015（5）．

化犯是真正身份犯，并讨论了转化犯的具体认定与适用情形。[①] 谢望原教授探讨了共同犯罪成立范围与共犯转化犯之共犯认定，认为只有行为人既有实施任意共犯基本犯的共同故意与行为，又有实施转化犯的共同故意与行为，基本犯的共同犯罪人才同时成立转化犯的共同犯罪；至于作为必要共犯的聚众斗殴转化犯中的共同犯罪认定，只要是聚众斗殴的首要分子或积极参加者，就应对整个聚众斗殴行为造成的后果负责，故只要聚众斗殴造成了重伤、死亡后果，所有参与聚众斗殴的首要分子与积极参加者就应转化为伤害罪或杀人罪的共同犯罪。[②]

牵连犯，是指行为人出于一个最终的犯罪目的而实施了两个以上的异质行为，最终按照行为人所实施的目的行为进行处罚以综合评价全案的犯罪形态。高铭暄教授、叶良芳教授认为，牵连犯是一种客观存在的犯罪形态，因此，对其宜存不宜废。判断牵连关系，应坚持主客观相统一原则，并由法官结合具体案情判定。对牵连犯的处罚，应坚持从一重重处断原则。[③] 庄劲博士认为，由于现行牵连犯的概念过于宽泛，既包括数罪的情形也包括一罪的情形，因而无论对牵连犯采数罪并罚还是一罪处断的处罚方针，都是不科学的。实现牵连犯处断原则合理性的关键，并不是在数罪并罚与从一重处断之间进行取舍或者折中，而应当是限制现行牵连犯的概念，将外延限制在只包含一罪的类型的范围之内。只有将牵连关系限定在“对同一客体的同一次侵犯”之中，才能够保证牵连犯具有一罪的属性，才能对其从一罪处断。[④] 张小虎教授探讨了牵连犯的典型特征问题，认为牵连犯的主观标志应为“一个主导犯罪意图”，而不宜谓之“一个犯罪目的”；其客观标志实为数个异质事实行为的牵连，从而排除同质行为的牵连犯归属。牵连关系是牵连犯构成之核心所在，然而将牵连关系描述为“方法行为与目的行为”或“原因行为与结果行为”的密切关联却不尽恰当，不同罪行之间的“方法准备、主旨支配、后续结果”的规律性发展关系才是牵连关系的应有之义。行为对象的差异与同一，是牵连犯与吸收犯的一个核心区别。[⑤]

关于吸收犯，罗翔教授认为，虽然学界存在着废除吸收犯的观点，但鉴于我国的法条竞合理论并没有所谓的吸收关系，因此吸收犯还是有存在的必要的。吸收犯是指数个不同犯罪行为，由于侵害法益相同，因此其中一个行为被其他行为所吸收，只以吸收之罪论处的犯罪形态。基于行为的复数性，吸收犯有别于法条竞合与想象竞合；基于法益的同一性，吸收犯有别于牵连犯和想象竞合；基于行为的不同性，它又区别于连续犯。但是，应明确吸收犯的概念，所谓吸收犯实际就是大陆法系刑法理论中不可罚的事后行为，也即在状态犯的场合，利用该犯罪行为的结果的行为，如果孤立地看符合其他犯罪的构成要件，具有可罚性，但由于被综合评价在该状态犯之中，故没有必要认定成立其他犯罪。[⑥] 林亚刚教授认为，吸收犯是立法中不可避免的立法现象，在理论上仍然有存在的必要；吸收犯的最本质形式是重罪行为吸收轻罪行为；吸收犯与牵连犯的区别在于行为人主观上不具

① 柳忠卫. 论共同犯罪的转化犯. 法律科学，2014（3）.

② 谢望原. 共同犯罪成立范围与共犯转化犯之共犯认定. 国家检察官学院学报，2010（4）.

③ 高铭暄，叶良芳. 再论牵连犯. 现代法学，2005（2）.

④ 庄劲. 从一重断还是数罪并罚——从牵连关系的限定看牵连犯的处断原则. 甘肃政法学院学报，2007（1）.

⑤ 张小虎. 论牵连犯的典型界标. 中国刑事法杂志，2013（5）.

⑥ 罗翔. 吸收犯之再认识. 中国刑事法杂志，2003（5）.

“目的的同一性”；与连续犯之区别则在于其“犯意的多次性”和“犯罪行为的连续性”[①]。邵维国教授认为，吸收犯不是异种数罪之间的吸收，而是形式上符合犯罪客观要件的数行为之间的吸收。这种吸收的根据在于数行为共同侵害了同一对象之同一法益，只能被评价为一个犯罪。吸收犯的成立要件包括：数行为在形式上都符合犯罪客观要件，数行为侵害同一对象之同一法益，数行为由同一主体实施。犯罪意图、犯罪目的、犯罪计划等主观要素并不是吸收犯的成立要件。吸收犯应当划分为两类六种。“法条内容的吸收”并不成立，所谓“伴随犯”也不是吸收犯的类型。[②]

郭莉博士研究了结果加重犯的本质问题，其认为，结果加重犯在客观上是一种双行为双结果的结构，其加重结果是由基本行为与后续行为累积造成的，且基本行为本身蕴含发生重结果的风险；主观上则存在基本犯罪是故意而对加重结果是过失或故意，及基本行为是过失、加重结果也为过失的情形。而刑法上的结合犯，如果从广义理解，即结合两个单一的犯罪为一个犯罪的类型。可见，结果加重犯在本质上，应当归属为结合犯的一种，两者都是以单一的刑罚规定来取代刑法总则竞合规则的适用，即以重刑取代轻刑。[③] 对于结果加重犯的未遂问题，王志祥教授认为，行为人的行为只有符合基本犯的全部构成要件并且发生了加重结果，才能被认定为结果加重犯的既遂。在基本犯未遂而加重结果发生的场合或者在出于直接故意而未发生加重结果且基本犯既遂的场合，均有可能成立结果加重犯的未遂。[④] 但于志刚教授提出了不同的观点，其认为，在加重犯中，基本犯与加重情节是平行、并列关系，二者是两个不同层面的问题：加重情节（结果）只是一种量刑情节，只有具备与否的问题，而不涉及既、未遂问题，犯罪的既、未遂问题只与犯罪行为有关。加重犯的理论构造是“加重犯罪（情节加重与结果加重）＝基本犯的形态（停止形态）＋加重情节或结果”。在这一结构下，加重情节或结果仅仅是加重法定刑的条件，只有条件具备与否的问题；犯罪的停止形态取决于基本犯的停止形态，随着基本犯停止形态的变化而变化。加重情节（结果）决定着最终适用的法定刑幅度，但是与预备、中止、未遂、既遂等犯罪停止形态毫无关系和影响。[⑤] 对于结果加重犯中的基本行为与加重结果之间的关系，郭莉博士认为，结果加重犯最为重要的客观结构是其基本行为与加重结果之间的关系。这种关系包括基本行为和加重结果的因果关系及其内在联系，其关系对结果加重犯的归责有重要影响。因果关系理论中的条件说蕴含着证据法的反证法则，条件说不涉及法律评价，而仅提供认定责任的前提，不会造成处罚范围的过分扩大，可以作为判断结果加重犯因果关系的依据。结果加重犯的严苛刑罚使其客观要件限制比一般的犯罪更为严格，除了在基本犯罪与加重结果之间具备条件的因果关系之外，还需要肯定直接性要件，即基本犯罪固有内在危险的实现。直接性是判断结果加重犯是否成立时独立附加的构成要件，在经验上，不同类型的犯罪会出现不同类型的加重结果风险，因此对直接性的解释无法做到统

① 林亚刚．论吸收犯的若干问题．政治与法律，2004（2）．

② 邵维国．论吸收犯的罪数本质、成立要件及类型．河北法学，2012（4）．

③ 郭莉．结果加重犯本质探究．河北法学，2010（5）．

④ 王志祥．结果加重犯的未遂问题新论．法商研究，2007（3）．

⑤ 于志刚．犯罪停止形态中基本犯与加重犯的关系．中国刑事法杂志，2009（1）．

一，必须结合具体犯罪构成要件而作个别化的解释。[①] 鉴于结果加重犯处罚的严厉性，张明楷教授主张严格限制结果加重犯的适用，指出结果加重犯是结果责任的残余，缺乏加重刑罚的合理根据。因此，一方面，要严格限制结果加重犯的成立范围：加重结果必须是成立条件之外的、具体罪刑规范阻止的加重结果；被害对象必须限于基本行为的对象；基本行为必须具有发生加重结果的特别危险性；因果关系必须符合“直接性要件”；行为人对加重结果至少有过失，而且对人身伤亡、公共危害之外的加重结果必须具有故意。另一方面，也要从量刑上限制结果加重犯的刑罚。[②] 林亚刚教授、何荣功教授探讨了结果加重犯共同正犯的刑事责任问题，认为二人以上共同实行了结果加重犯的基本犯罪时，有一部分人的行为发生了重的结果，其他即使没有直接动手或者对结果发生不具有直接原因力的共同行为者，也应该对加重结果承担共同正犯的刑事责任。[③] 陈家林教授在区分“故意＋过失型结果加重犯”与“故意＋故意型结果加重犯”的基础上，认为我国的结果加重犯存在两种类型，即基本犯为故意、重结果为过失的结果加重犯（纯正结果加重犯）与基本犯为故意、重结果也为故意的结果加重犯（不纯正结果加重犯）。前者不能成立结果加重犯的共同正犯，而后者可以成立结果加重犯的共同正犯。[④]

三、对罪数论的总体反思

陈兴良教授对从罪数论到竞合论的学术史进行了考察，认为罪数论以一罪与数罪的区分以及一罪的特殊类型为主线展开，对于正确适用数罪并罚原则具有重要意义。我国罪数理论是在上个世纪 80 年代后期从日本引进的，学者们在此基础上结合我国刑法规定进行了研究。随着近年来德国刑法知识更多地传入我国，以竞合论为中心建立理论体系的学术努力得以显现，由此开始了我国从罪数论到竞合论的转变。在这一转变过程中，我国刑法理论逐渐成长起来。[⑤]

对于从罪数论到竞合论的学术转变，张明楷教授认为，罪数论与竞合论所讨论的具体现象相同、目的相同，只是研究方法略有不同（但不矛盾），部分用语与归类有所不同，因而导致对部分问题（现象）的处理不同。在我国既有的学术背景下，虽然可以吸收竞合论的部分内容，但是不可能完全以竞合论取代罪数论。我国的罪数论仍应以一罪与数罪的区分作为逻辑起点，将数罪现象分为单纯的一罪（包括法条竞合）、包括的一罪、科刑的一罪（包括想象竞合与不必并罚的牵连犯）、实质的数罪（实质竞合）四类展开研究，至于是使用竞合论的名称还是使用罪数论的名称并不重要。[⑥]

刘宪权教授试图对罪数形态理论进行正本清源，提出罪数形态理论既涉及罪数的判定，也涉及罪数的处罚，罪数形态的体系定位应为兼具犯罪论与刑罚论的二元论。在罪数

---

① 郭莉．结果加重犯基本行为与加重结果的关系研究．政治与法律，2013（12）．

② 张明楷．严格限制结果加重犯的范围与刑罚．法学研究，2005（1）．

③ 林亚刚，何荣功．结果加重犯共同正犯刑事责任的探讨．郑州大学学报（哲学社会科学版），2002（4）．

④ 陈家林．结果加重犯的共同正犯浅论．河北法学，2006（12）．

⑤ 陈兴良．从罪数论到竞合论——一个学术史的考察．现代法学，2011（3）．

⑥ 张明楷．罪数论与竞合论探究．法商研究，2016（1）．

的判断标准上，应注意将形式上罪数的区分标准与法律评价上罪数的处断标准相区别，形式上罪数的区分标准只能是犯罪构成，法律评价上罪数的处断标准则应考虑罪刑均衡、诉讼效益等原则。犯罪构成的复数性、非典型性与法律后果上的不并罚性是罪数形态的两个基本特征。应以有无刑法规定为标准，将罪数形态分为法定的罪数形态和处理的罪数形态两类。①

学者陈洪兵提倡构建实体与程序双层次的罪数论体系，提出实体上罪数论的目的在于追求罪刑均衡，而程序上的罪数论旨在禁止双重危险。我国刑法总则未规定一罪形态，使得我们可以分别基于罪刑均衡原则与禁止双重危险原则，构建实体与程序双层次的罪数论体系。理论上的牵连犯、连续犯、吸收犯因有违罪刑均衡原则应被取消，分别作为包括一罪和数罪并罚处理。应以自然意义上的行为个数确定程序上的一罪与数罪，因而包括一罪（包括集合犯、接续犯、共罚的事后行为等）不生一事不再理效力，而法条竞合、想象竞合犯、继续犯、结果加重犯（限于一个行为的类型）因只有一个行为，应受一事不再理原则的约束，判决生效后对于遗漏的部分事实不得再行追诉，复行为犯、结合犯因存在两个自然意义上的行为，不受一事不再理原则的约束。②

刘刚博士认为，应坚持以犯罪构成作为罪数评价的标准，在司法实践中重点把握“加减·普通的犯罪构成”在罪数评价中的具体适用，并严格遵循全面评价原则和禁止重复评价原则。③ 相似地，陆诗忠教授也认为应坚持将犯罪构成说作为罪数判断的标准。他同时提出，目前对一罪类型所作的划分存在不少问题，突出表现为对犯罪构成类型和犯罪构成要素复杂性缺乏应有的思考，应当将一罪划分为单纯一罪与复杂一罪；将继续犯、集合犯、吸收犯、结合犯纳入其中不符合罪数论的研究宗旨。④ 不同的观点来自学者刘灿华，他对犯罪构成说提出了批判，认为犯罪构成标准其实已经被传统理论本身所架空，这也是传统罪数理论体系混乱的根源所在；因此，他主张重构罪数理论体系，以“充分但不过度评价”为标准及逻辑起点，以罪数判断的三个阶段为主要内容，同时在具备实质合理性的前提下，对一罪进行类型化。⑤

袁建伟博士则侧重共犯罪数的判断，提出共犯由于其特殊的犯罪构成内容、参与犯罪的方式以及共犯行为显著的广度与重合特征，在罪数的认定方面与实行犯既有一致性，也存在很大的区别。具体来说，共犯的罪数判断要建立在共犯行为的基础之上，考虑共犯人参与实行犯的范围，依据共犯行为所构成的犯罪的数量来进行。⑥

此外，张明楷教授以《刑法修正案（九）》第 4 条的适用为切入点，研究了数罪并罚的新问题，认为《刑法修正案（九）》第 4 条增加的《刑法》第 69 条第 2 款，对拘役与有期徒刑的并罚采取了吸收原则，对管制与有期徒刑、拘役的并罚实行了并科原则。拘役虽然重于管制，但并罚时却轻于管制，这样的规定使拘役与管制的选择对被告人产生重大影

① 刘宪权. 罪数形态理论正本清源. 法学研究，2009（4）.

② 陈洪兵. 实体与程序双层次罪数论体系的构建. 国家检察官学院学报，2016（6）.

③ 刘刚. 论罪数评价. 法律科学，2011（3）.

④ 陆诗忠. 我国罪数理论之基本问题研究. 法律科学，2007（2）.

⑤ 刘灿华. 罪数理论体系化：反思与重构. 中国刑事法杂志，2011（8）.

⑥ 袁建伟. 论共犯罪数的判断. 法学评论，2012（3）.

响。法官在对数罪分别定罪量刑时，不得考虑并罚的结局，而是应当以刑罚的正当化根据为指导，基于案件事实、依照刑法规定、按照量刑规则，独立地对被告人所犯之数罪分别定罪量刑，然后再根据刑法的规定实行并罚。《刑法》第69条第2款的规定，还使数罪并罚、刑期折抵、累犯、剥夺政治权利、缓刑和假释的适用产生诸多新问题，需要深入研究和妥善处理。①

庄劲博士认为，奉行“本来的思考方法”的传统罪数论，把罪数视为犯罪本来的数量属性。这种朴素的思考方法造成罪数论庞杂的问题域、双主线的矛盾体系和不合理的结论。移植竞合论也不能摆脱上述困境，因为二者在思考方法上是相似的。在罪数论中应提倡“机能的思考方法”，以罪数论在刑法学体系中的机能为导向，限制其问题域，重新确立界分一罪和数罪的罪数标准。罪数论承担的是并罚前的过滤机能：在进入数罪并罚之前，把诸罪名之间存在重复不法评价的情形过滤出来，避免对其进行并罚。据此，只有触犯不同罪名的情形才需要判断罪数；罪数判断并非对犯罪个数进行计算，其标准应是诸罪名所评价的法益侵害之重合性；若诸罪名所评价的法益侵害存在重合，为一罪，反之则一律数罪并罚。

林亚刚教授、张莉琼博士探讨了反复实施危害行为的成罪及处罚模式，认为反复实施危害行为与不同的故意结合可能形成不同的犯罪形态，在同一或概括的故意下，反复实施的犯罪行为形成连续犯，应该从一重罪从重处断；在实施某一犯罪的犯意倾向支配下，反复的危害行为形成集合犯，是法定的一罪，按相应的法定刑处罚；在单一犯意支配下，为完成犯罪而反复实施无独立评价意义的危害行为形成接续犯，是实质一罪，依相应的法定刑处罚；同种数罪虽具有反复危害行为的特征，但只是与上述犯罪形态具有相对照的意义，应该数罪并罚。②

源自德国的量刑规则理论在我国得到了一定范围内的讨论。张明楷教授认为，我国现行刑法理论没有区分加重的犯罪构成与量刑规则，因而导致犯罪形态的认定与量刑出现偏差。刑法分则条文单纯以情节（特别）严重（恶劣）、数额（特别）巨大、首要分子、多次、违法所得数额巨大、犯罪行为孳生之物数量（数额）巨大作为法定刑升格条件时，只能视为量刑规则；刑法分则条文因为行为、对象等构成要件要素的特殊性使行为类型发生变化，进而导致违法性增加，并加重法定刑时，才属于加重的犯罪构成。加重的犯罪构成存在未遂犯，量刑规则不存在未遂犯。③ 对此，学界的不同见解指出，我国刑法中的“量刑规则”与德国刑法中的“量刑规则的通例”并不相同。对我国法定刑升格条件进行分类时，若依定型性标准，会导致划分出来的量刑规则在贯彻责任主义上表现不一致。而依违法性标准，法定刑升格条件分为真正的不法加重要素与表面的不法加重要素，前者可塑成加重构成要件，后者属于单纯的量刑规则，二者具有体系上的对立排斥关系，也即前者需要贯彻责任主义，存在未遂、共犯及竞合问题，而后者不存在这些问题。财产罪的“数额（特别）巨大”应区分为累计数额与单次数额。前者属于单纯的量刑规则，后者属于加重构成要件，具有未遂形态。不过，单次盗窃数额（特别）巨大财物的未遂与单次盗窃数额

---

① 张明楷. 数罪并罚的新问题——《刑法修正案（九）》第4条的适用. 法学评论，2016（2）.

② 林亚刚，张莉琼. 反复实施危害行为的成罪及处罚模式探讨. 法学评论，2009（3）.

③ 张明楷. 加重构成与量刑规则的区分. 清华法学，2011（1）.

较大财物的既遂，并非法条竞合，而是想象竞合关系。[①]

吴尚赟博士认为，我国的刑法罪名整体上通过加重处罚情节及法定刑的阶段升高而呈现一种层级嵌套的模式。在这种“定性＋定量”分析的立法模式中，以数额为代表的违法性的量级升高本身不足以撑起构成要件的品格。在对我国刑法基本构成与加重处罚情节进行理论解构的过程中，不能囿于形式规定仅作表面化的解读，应当进行深入的实质性研究，对于加重处罚情节进行类型化的思考，发现其内部蕴含的层级属性以作不同处理。[②]

学者贾学胜、刘伟、侯志君分别对事后不可罚行为进行了研究[③]，学者陈洪兵探究了选择性罪名的若干问题[④]，学者陆诗忠阐述了结合犯的立法意义。[⑤]

---

① 柏浪涛．加重构成与量刑规则的实质区分．法律科学，2016（6）．

② 吴尚赟．加重处罚情节的类型化研究．内蒙古社会科学（汉文版），2017（4）．

③ 贾学胜．事后不可罚行为研究．现代法学，2011（5）；刘伟．吸收犯视野下的事后不可罚行为．刑事法评论，2008（1）：498-524；侯志君．论共罚的事后行为．中国刑事法杂志，2013（12）．

④ 陈洪兵．选择性罪名若干问题探究．法商研究，2015（6）．

⑤ 陆诗忠．论结合犯的立法意义．法学评论，2007（5）．

第七章　刑罚论

一个科学的犯罪论需要一个协调的刑罚论与之相配。我国学界在刑罚论上进行的研究，主要从静态和动态两个维度来展开，其中，静态维度上的探讨，主要是从观念层面深掘刑罚的理论根基，进而在刑罚观念的指导下进行相应的刑罚体系建构，并随着刑罚观念的嬗变对刑罚体系予以调整和完善。而动态维度上的刑罚论，则是侧重于刑罚裁量和刑罚执行方面的研究，旨在探寻用刑之技，亦即，刑罚在何种情形下，以何种方式来实施，才可能为公众所认可和接受；以及如何通过刑罚的适用来实现刑罚内蕴的目的、发挥刑罚的功能、从而落实刑罚制度设计的初衷，等等。如果说刑罚的裁量和执行是国家对犯罪人予以否定评价后所最终呈现的状态或结果，那么刑罚体系的具体建构则是刑罚适用的前提。而相对于刑罚体系，对刑罚观念的追问和回答则是一个更加前置性的问题，因为理论上若缺乏根基，实践上便会有弊无利，刑罚观念关系到刑罚权及其运作的合理性、必要性何在，它不仅影响着刑事政策的制定，甚至还决定着刑罚种类的选择和刑罚体系的构建。概括而言，最近二十余年来，刑法学界在刑罚论部分展开了各类纷繁复杂的讨论，贯穿其中的线索其实是：刑罚观念的追问、刑罚体系的建构、刑罚裁量与刑罚执行的改进与完善，这四个环节有着紧密的内在联系，依次递进，层层相应。

一、刑罚观念的学说争鸣

刑罚观念是关于刑罚的基本看法，它是刑罚设立、适用和执行的重要指导。比如：有论者对缘起于西方国家的刑罚民粹主义进行了系统梳理，发现自上世纪 90 年代以来，西方国家的刑事立法领域出现了民粹主义的倾向，具体表现为：一是借助媒体对司法个案的过分渲染，以及对犯罪受害人的过分关注，鼓动大众对犯罪的集体恐惧，进而要求出台更加严厉的刑罚反击措施；二是强调刑罚的报应，忽视甚至拒绝犯罪人的复归。刑罚民粹主义表面上服务于民众对安宁秩序的追求，实则源自政客的选举策略，并变成政客与被害人各取所需的表演；不过，刑罚民粹主义的出现，标志着“犯罪治理”不再被专业精英所垄断，而是进入社会公众领域，并已成为大众议题。① 可见，一个国家的刑罚观念与该国的社会文化、经济发展、法制状况、传统观念等方面都有着莫大关联，刑罚改革的纵深推进

① 李怀胜. 西方刑罚民粹主义的缘起、立场与策略. 政法论坛，2015 (4).

亦需要一个长久、科学、正确的刑罚观念作指引。正因如此，有论者指出，鉴于理性、人道、效率和时代性是科学刑罚观的基本要求，为适应我国社会发展和刑罚观念变迁的需要，我国应当确立人本主义的刑罚观，积极促进刑罚的谦抑观念、适度轻缓化观念、效益观念、社会化观念和衡平观念的深化和贯彻，推动我国刑罚立法、适用和执行的科学发展。① 总之，一国刑罚观念的样态，对于刑罚的宽严、刑罚的设立、刑罚的适用等方面都有着重要影响，下面将就刑罚的正当性、刑罚的目的与刑罚的功能，进行分而述之。

（一）刑罚的正当性追问

刑罚作为刑法适用的主要法律后果，囿于其蕴含的惩罚性痛苦本质，以及往往表现为对犯罪人财产、自由乃至生命的限制与剥夺，故而刑罚的正当性基础常受到追问。刑罚的正当性与刑罚目的是不同维度的概念，目的正当并不意味着手段也正当，因此为了实现刑罚目的，所科处的刑罚不一定是正当的。在学说史上，刑法旧派与新派在刑罚论领域的绝对主义（报应刑论）与相对主义（目的刑论）之争，并不是关于刑罚目的本身的争论，而是关于刑罚的正当化根据的争论。② 其中，报应刑论是旧派所持的理论，主张刑罚的正当性根据在于报应，刑罚是对行为人基于自由意志而选择犯罪的报应，以行为人具备自由意志为前提，以行为人的责任为刑罚的上限，因此报应刑也谓之责任刑；与此相应，新派则倾向于目的刑论的立场，认为刑罚的正当性根据在于目的的正当性，刑罚的意义在于实现一定的目的即预防犯罪，以预防犯罪的必要性和有效性为限，因此也称之为预防刑，对此还可以进一步细分为威慑刑论、教育刑论、改善刑论等理论支系。总体来看，我国学界在刑罚正当性根据的探究过程中，大多沿着刑法新旧派学说观点的理论谱系进行爬梳，进而选取能同我国刑罚制度设计或实践相契合的观点进行解读，虽然论者们的见解不尽一致，但得出的结论大体上可以归纳为三类：要么倚重于报应刑、要么青睐于预防刑、要么对二者的利弊进行斟酌取舍后得出折中说，试图让两种理论在刑罚的设计、裁量和执行阶段能各有侧重、博采众长。

1. 关于报应刑论

由于报应刑论主张刑罚是报应已然之罪，它难以发挥出面向未来的社会治理作用，加上该理论具有导致刑罚重刑化的隐患，因此受到了来自预防刑论者的质疑。为了回应报应主义所面对的诸多传统挑战，有论者对报应主义进行了历史梳理，认为报应的发展进程大致经历了神意报应——道义报应——法律报应三大阶段。刑罚功利论的勃兴源于对报应主义的反思和批判，不过，随着将近半个世纪的矫正、康复、治理等实践的相继失败，刑事司法迎来了报应主义的回归，这一现象在美国、德国、英国以及北欧等国家和地区都有所体现。为了证明报应的合理性，就必须回答报应主义是否符合正义的要求。该论者认为，正当报应对刑罚与犯罪的关系进行了重新定位，刑罚对于犯罪的报应乃是正当、恰如其分的、不过多考虑其他要素的，而这也是刑罚唯一能够做到的。③

另有论者以“共同善”为核心对犯罪的本质和刑罚的证成进行重构，一是主张法律的

① 袁彬，帅美琴．论科学刑罚观的现代标准及内涵．刑法论丛，2011（3）．

② 张明楷．刑法学：上．北京：法律出版社，2016：504．

③ 金翼翔．报应主义的历史梳理．刑法论丛，2016（3）．

道德基础在于共同善，法律通过设置一个制度性框架让社会成员可以追求和实现共同善，而刑法是以强制方式保护社会成员的共同善实践机制的特殊规范。二是认为犯罪是对共同善的严重破坏而应受公共回应的行为，刑法将某些行为规定为犯罪，反映了这些行为对共同善的不尊重。共同善的本质决定了国家将犯罪者驱离共同善之外是内在回应性的，这支持了刑罚报应主义的合理性。共同善提供了一种规范的刑法理论的基石，在此基础上可以对刑法的疑难进行理性的探析。①

还有论者提出，为了回应对报应刑论的消极评价，如果仅考虑报应主义在建构国家与法的合法根据上的积极价值，则将潜藏着维护法之权威优越于确认自由的危险，对此的可行之径，一是必须回到报应主义的内涵，即一种蕴含着确认公民自由的报应主义刑罚理念；二是有必要从实践具体正义的角度——恢复到一种平等状态，来发掘报应刑的积极价值，在这一维度上，报应刑的价值在于使被害人能够作为一方主体积极参与刑罚基准权的博弈，从而使法对正义的追求不再体现为纯粹的结果性要求，而是一种实践性机制。②

2. 关于目的刑论

有学者提出，随着矫治与改善理论的无效性被普遍地接受，刑罚再次陷入了正当化的危机之中。为了使刑罚能够走出正当化危机，必须建构一种既能通过经验有效性与（或）规范妥当性的检验，又能对刑罚的内容与形态、刑罚所涉的主体以及刑罚的存在范围作全面阐释的理论。然而，传统的特殊预防理论、威慑的一般预防理论、报应理论以及综合理论都无法达到前述标准。由于积极的一般预防理论以“民众对规范有效性的认同”缓和了刑罚经验有效性的逼问，以宏观上回应民众期待与微观上的“合比例原则”兼顾了民众与罪犯的利益，并能对经验研究的结论持开放的态度，故而，积极的一般预防理论能够在解决经验有效性难题上提供一种有效的方案，对于缓解刑罚正当化的危机具有重要的意义。不可否认的是，积极的一般预防理论也难以独自承担刑罚正当化的重任，不过，作为一种开放性的理论，积极的一般预防理论提供了借鉴经验性研究结论和其他原则的空间。综上，以积极的一般预防理论为内核，结合经验性研究的结论，同时结合“合比例原则”，刑罚遭遇的正当化危机就有望得以解除。③

还有学者以目的刑论中的教育刑为视角，指出教育刑是以教育为刑罚本质，强调教育贯穿刑罚实践全过程，由此造成了教育与刑罚的异质性、刑罚目的位阶性、实操作性等方面难以克服的多元困惑；但是，对教育刑理论的批判性反思，并不代表我们要否定刑罚的教育功能，刑罚作为有效调处社会问题的一种手段，其多元功能的发挥仍然无法遮蔽实践运转中刑罚教育改造犯罪人的积极效果。该论者认为，一则，宽严相济的刑事政策不仅是重新调整刑法结构的政策性导向，而且也是重塑刑罚理念与司法实践的指导性方针，这一“轻轻重重”的刑事政策是刑罚的惩罚性与教育性的统一，刑罚的教育功能是宽严相济刑事政策的具体化与现实化；二则，应当注意区分教育刑与刑罚的教育功能，对此要结合刑罚理论和司法实践理性审视教育要素的结果，这是对刑罚正本清源之后合理引导刑罚教育

① 郑玉双. 犯罪的本质与刑罚的证成：基于共同善的重构. 比较法研究，2016（5）.

② 孙立红. 论报应主义刑罚的积极价值. 环球法律评论，2015（5）.

③ 陈金林. 刑罚的正当化危机与积极的一般预防. 法学评论，2014（4）.

功能的需要。[①]

3. 关于折中说

有论者指出，对于刑罚正当化根据理论中的报应论与预防论，应在横向上予以融合，在纵向上进行分配。具体而言：首先，关于刑罚诸正当化要素在横向上的融合方式，刑罚应遵循责任主义原则，以报应论为根据确立刑罚的上限；同时，刑罚必须服从公众的容忍度，以一般预防论确立刑罚的下限；再在前两方面设置的幅度内，以特殊预防的需要确立一个“点”。其次，以立法、司法与行刑三个阶段作为纵向维度，将刑罚诸正当化要素予以灵活分配，一是在刑罚设置阶段，一般预防在报应论容忍的幅度内起主要作用，特殊预防在刑种的选择上扮演重要角色；二是在刑罚的裁量阶段，报应论的作用在于为特定的案件确立一个更加具体的刑罚幅度，特殊预防是一个游码，意在确立一个最能实现特殊预防的宣告刑，而一般预防则是防止刑罚畸轻，尤其是在法定刑幅度以下判处刑罚时发挥作用；三是在刑罚的执行阶段，特殊预防发挥着主导作用，一般预防在该阶段为刑罚的执行设定底限，防止刑罚执行过于轻缓。综上可知，作为预防论构成要素的一般预防论、特殊预防论，与报应论相融合，共同为刑罚提供正当化的根据，支撑整个刑罚制度。这三个要素在刑罚所处的不同阶段，各自所起作用的性质和大小也不同。司法实践应当纠正当前过于重视报应的观念，应当适当压缩报应论的观念，摆正预防论的位置。[②]

有论者提出了“观念刑”说，认为刑罚是为了满足人们的报应观念而被规定和科处的，观念刑与报应刑和目的刑的关系在于：首先，报应刑中的报应是指刑罚对犯罪的报应，刑罚的轻重由犯罪造成的侵害大小所决定；而观念刑中的报应是为了满足人们的报应观念而对犯罪进行的报应，刑罚的轻重不直接由罪的轻重所决定，而是与反应在报应观念上的应当受到惩罚的轻重相适应。所谓的报应观念，是指长期形成的为社会普遍认可的观念，具有客观性、相对性，并且由于报应观念在内容上随着时代的发展而变化，因此观念刑是一种运动的刑罚观。其次，观念刑以满足人们的报应观念为目的，所以亦可视为一种新的目的刑；观念刑并不排斥刑罚具有预防犯罪的作用，只不过主张预防作用是在满足人们的报应观念的过程中产生的，如：通过满足人们的报应观念而适用刑罚，不仅平复了被害人及其亲属等的报复心理，而且也使普通民众的报应情感得到满足，因此对犯罪具有一般预防的作用；同时，基于报应观念适用的刑罚，被告人也会认为受到了公正的判决，进而心悦诚服地接受判决结果并积极地进行劳动改造，由此体现了刑罚对犯罪具有特别预防的作用。[③]

除了以上的学说史研究进路之外，刑罚正当性的研究还经历了一个由“国家”到“个人”的视角转换。譬如论者们提到，刑罚作为人类理性的产物，是人基于人性设置的规则，因此刑罚目的应当是保障基本人权，以适应人性的基本要求；刑罚目的的实现，不仅需要在制刑阶段设置适度的刑罚，在用刑与行刑过程中注重人的主体性地位，同时还需要提升法官的职业素养，保障其在实施裁判行为时尊重人的尊严与价值，引导公众逐步更新

---

① 陈伟. 教育刑与刑罚的教育功能. 法学研究，2011（6）.

② 刘晓山. 报应论与预防论的融合与分配——刑罚正当化根据新论. 法学评论，2011（1）.

③ 王联合. 观念刑论纲. 法学评论，2013（1）.

刑罚价值理念，培育人们对刑罚改革理性认同的社会基础。① 刑罚不是为了贬低、减损人（个人）的价值，而是以尊重人（个人）的价值为基础而进行惩罚，通过惩罚不仅确保被害人的基本权利不受侵犯，而且也要确证犯罪人的基本权益不受非法和过度剥夺。② 刑罚的适用即意味着对自然人或单位重大权利的剥夺或限制，这类权利应否被剥夺或限制以及在何种程度上被剥夺或限制，不应从权力本身去自我证明其正当性，而必须以权利来反向证明刑罚权从形成到运作的正当性问题，因此以“权利”作为具体的检验标准应着眼于：一是任何权利行为都不应视为犯罪；二是单纯地违反没有利益体现的秩序的行为不应视为犯罪③；三是任何社会相当的行为，不应视为犯罪，而相当性的判断，应从公众承受能力和固有文化加以考虑。④

（二）刑罚的目的探寻

如果说刑罚的正当性涉及刑罚本身应否存在的问题，那么刑罚目的则是国家采用刑罚措施应对犯罪现象所期望达到的效果，关系到国家在构建刑罚体系和设置刑种时应当怎样取舍，由此成为论者们在继刑罚正当性证明之后所关注的另一个维度。对于这个问题的探讨，学界兼容和善纳了不同观点，形成了刑罚目的一元论、二元论、层次论、系统论等不同学说，下面择要予以述之。

一是刑罚目的一元论，其特点是仅将某一元素作为我国刑罚的根本目的，其中首推预防论，即认为刑罚的目的在于预防犯罪，包括特殊预防和一般预防，而惩罚和教育是达到刑罚目的的手段，特殊预防针对的是预防犯罪分子本人的再犯可能性，而一般预防不仅具有警戒社会上潜在犯罪人的功效，还具有增强广大人民群众的法制观念，提高同犯罪分子斗争的积极性⑤；对此，也引发了学界对一般预防对象范围的质疑，如有论者认为一般预防的对象不是犯罪人，而是包括以下四类社会人员：（1）危险分子，即具有犯罪危险的人；（2）不稳定分子，即容易犯罪的人；（3）犯罪被害人，即直接或间接受到犯罪行为侵犯的人；（4）其他社会成员，即上述以外的广大公民。⑥ 但有学者认为“不稳定分子”即“潜在犯罪人”在刑法领域是不存在的，即一般预防虽然以一般人为对象，但不意味着一般人属于潜在犯罪人。⑦ 还有学者提出了“改良的一般预防论”，认为刑罚的目的是保护包括犯罪人在内的全体公民的基本人权，为确保该目的的实现，决定了只能确立的量刑基准是犯罪的成本刚刚大于犯罪的收益。据此，应当确立一种同时兼顾了报应（即正义）和特殊预防的内容为核心的“一般预防论”，亦即，借一般预防的“外壳”实现保障包括犯罪人在内的全体公民的基本人权的“内核”，这与传统的只考虑遏制一般潜在犯罪人犯罪的

---

① 陈异慧．刑罚目的的人性反思．法学杂志，2014（6）．

② 时延安．理性与经验的弥合——中国刑罚改革中的认识论与方法．法学论坛，2006（4）．

③ 时延安．刑罚的正当性探究——从权利出发．法制与社会发展，2010（2）．

④ 时延安．以刑罚威吓诽谤、诋毁、谣言？——论刑罚权对网络有害信息传播的干预程度．法学论坛，2012（4）．

⑤ 曲新久．共和国六十年法学论争实录（刑法卷）．厦门：厦门大学出版社，2010：215-217．

⑥ 张明楷．刑法学．北京：法律出版社，2014：461．

⑦ 曲新久．刑法的精神与范畴．北京：中国政法大学出版社，2000：305-306．

一般预防论有天壤之别。[①]

二是刑罚目的二元论，该类学说在研究刑罚目的时不拘泥于单一元素，而是对各个可能成为刑罚目的的元素进行有机结合，旨在避免一元论片面强调刑罚的报应目的或单纯推崇刑罚的预防目的的偏颇。在新中国成立初期，学界曾出现过“教育与惩罚说”[②]，以及“预防和消灭犯罪说”[③]，这些学说带有鲜明的时代印痕，譬如教育改造说意在教育改造犯罪人，体现了社会主义国家与资本主义国家刑罚的本质区别；而消灭犯罪说则曾一度成为上世纪50年代学界在研究刑罚目的时达成的共识，反映了当时我国刑法基础理论薄弱、实践经验匮乏、对犯罪产生的原因和规律认识的有误。此外，前述学说还折射出一个问题，那就是混淆了刑罚目的和刑罚功能之间的关系。刑罚功能是刑罚目的得以实现的重要环节，是国家在制刑、量刑、行刑过程中所产生的直接社会效应，若没有刑罚功能的存在，刑罚目的就如同海市蜃楼般虚无缥缈、难以实现。[④]可见，刑罚目的是刑罚预期达到的结果，而刑罚功能则是推动这种预期成为现实的有效催化剂。尔后，随着时代发展尤其是改革开放以来，“消灭犯罪说”逐渐销声匿迹，“报应与预防说”以及“报应与特殊预防说”日渐成为当前较具影响力和认可度的学说。其中，持“报应与预防说”的论者认为，囿于犯罪具有双重属性，是社会危害性与人身危险性的统一，因此，与之相应的刑罚目的也必然是二元论，对于已然之罪，刑罚以报应为目的；对于未然之罪，刑罚以预防为目的。[⑤]对此，持“报应与特殊预防说”的论者则主张，将一般预防作为刑罚的目的，不仅违反了公正这一刑罚首要的价值追求和保障人权的刑法机能，而且也不符合一般预防与特殊预防、一般预防与报应之间的逻辑关系，因此在偏重特殊预防的基础上兼顾报应的要求，才是我国刑罚目的及其发展方向。[⑥]不过，将一般预防从刑罚目的中所摒弃的观点也招致了质疑，有学者对“报应与特殊预防说”的观点进行了如下反驳：其一，一般预防与报应之间是一种既对立又同一的关系，基于二者的同一性，将一般预防作为刑罚的目的未必会导致严刑苛罚，基于二者的对立性，一般预防具有相对于报应而作为刑罚目的的独立意义；其二，解决一般预防与特殊预防冲突的正确途径不在于简单地取舍而是保全两者。[⑦]

除前述诸说之外，学界还曾出现过刑罚目的层次论和系统论，这两类学说的共性在于意图揭示刑罚目的各元素间的内部规律。对于层次论，有论者将刑罚目的分为应然目的和实然目的，并进一步认为实然目的包括以下三个逐渐递进的层次：第一层是惩罚犯罪人；第二层是改造罪犯，预防和减少犯罪；第三层是保护人民，保障国家和社会公共安全，维

---

① 肖洪．刑罚目的应该是“一般预防”．现代法学，2007（3）．

② 林克谐．谈谈我国刑罚的目的．法学研究，1957（3）．

③ 张景岳．预防犯罪和消灭犯罪是我国刑罚的目的．教学简报，1956（21）；曲新久．共和国六十年法学论争实录（刑法卷）．厦门：厦门大学出版社，2010：221．

④ 例如：有学者将刑罚功能分为特殊预防的刑罚功能和一般预防的刑罚功能，前者包括限制、消除再犯条件的功能、个别威慑功能、教育感化功能，后者包括一般威慑功能、法制教育功能、安抚补偿功能、强化规范意识功能等。张明楷．刑法学：上．北京：法律出版社，2016：519-520．

⑤ 陈兴良．刑罚目的新论．华东政法学院学报，2001（3）．

⑥ 田宏杰．刑罚目的研究——对我国刑罚目的的理论的反思．政法论坛，2000（6）．

⑦ 邱兴隆．论一般预防的正当性——兼与否定论者商榷．中国法学，2001（4）．

护社会主义秩序。[①] 另有论者主张，刑罚目的包括“惩罚犯罪——预防犯罪——保护法益”三个层次，三者之间相互依存、相互作用，共同调整刑罚的制定、刑罚的裁量和刑罚的执行。[②] 而所谓的系统论在一定程度上可以归为层次论的范畴，该类学说试图将刑罚目的作为一个系统进行思考，并对其中的各个要素进行层次划分，例如有论者认为预防和消灭犯罪是国家适用刑罚的最高宗旨（第一层次的目的），为实现预防和消灭犯罪的最终目的，需要借由一般预防和特殊预防的双重手段加以实现（第二层次的目的），而上述的预防手段又须人民法院对犯罪分子适用管制、拘役、有期徒刑、无期徒刑、死刑以及附加刑（第三层次的目的）。[③] 应当说，层次论和系统论在研究刑罚目的时均展现了一种立体思维，因此该类学说不失为一种方法论上的有益尝试。但该类学说将刑罚目的、刑罚功能甚至具体的刑罚种类等不同维度的概念相混淆，其合理性仍有待商榷。

行文至此不难发现，前述的二元论、层次论、系统论等诸多学说，归根到底都是一种折中说，只不过刑罚目的元素在各自学说中所占的权重或排列的顺序有所差别，因此也可将折中说称为一种综合的刑罚目的论。对此，有论者对以上折中说提出了反对观点，认为目前流行的综合刑罚目的论中，大多数学说都是一种伪装的报应刑论或者预防刑论，比如：报应与预防地位等同说、报应与预防一体两面说、刑罚运行阶段区分说、报应为主预防为辅说、预防为主报应为辅说等；然而，折中说虽然避免了在报应与预防之间寻求简单折中所可能产生的弊病，却没有实现真正意义上的综合，是故刑罚目的的确定需要另辟蹊径，即探寻超越于报应与预防之上的以自由为核心的目的价值体系。[④]

（三）刑罚的功能定位

所谓刑罚功能，指的是国家在制刑、用刑、行刑过程中可能产生的社会效应，譬如：威慑功能、教育功能、安抚功能等。刑罚目的的实现有赖于刑罚功能的发挥，换言之，刑罚目的是刑罚功能的基本前提，同时刑罚功能又是实现刑罚目的的重要环节。学界关于刑罚的功能的讨论，择其要者，可包括以下几个方面。

1. 基于整体视角的研究

有论者将刑法规范体系看作一个相对独立的系统，把刑罚视为该系统的一个要素，进而对刑罚的功能作了如下区分：一是刑罚的外部功能，指的是刑罚作为国家法律的一种制裁手段，对社会及其成员所能产生的作用，包括报应、预防、威慑、谴责、改造、教育、鼓励、抚慰等功能，这是刑罚权以外部力量作用于刑法系统之外的世界时所发挥的功效，它表征刑罚与社会生活之间的关系。二是刑罚的内部功能，是指刑罚作为刑法系统的一个基本要素，在刑法系统的建构中所能产生的作用，亦可称其为刑罚的系统内功能。[⑤] 从立法意义上看，刑罚要素从“质”和“量”两个方面发挥其评价作用，其中：质的评价表现为刑罚所代表的是国家对行为的否定，在刑法规范中，刑罚具有对类型化的行为进行定性

① 谢望原．刑罚价值论．北京：中国检察出版社，1999：122．
② 韩轶．刑罚目的的层次性辨说——兼论刑罚的最终目的．法商研究，2004（4）．
③ 苏惠渔，张国全，史建三．对刑罚目的的系统思考．法治论丛，1989（3）．
④ 邱帅萍．综合刑论的厘清与反思．法学杂志，2014（9）．
⑤ 周少华．刑罚的内部解释功能．法律科学，2007（3）．

的作用；而量的评价则体现于刑罚的配置，即针对犯罪类型的评价活动，因为一个罪行规范中的刑量，其实不过是立法者对作为该规范内容的犯罪行为所作的罪量评估。①

另有论者对刑罚功能进行了多维视角的解读，首先从横向维度，分别阐述了刑罚对犯罪人、潜在犯罪人、受害人以及一般守法者所产生的功能；其次从纵向维度，对比了国家在确立、适用与执行刑罚这三个循序渐进的过程中，刑罚所发挥的不同作用；再次，又以系统论的视角，进一步揭示了刑罚诸功能之间的联结，以展示刑罚功能系统的内部结构；最后，刑罚的惩罚功能、鉴别功能均会存在一定的局限性。②

还有论者反思道，刑罚功能之所以具有局限性，其原因有三个方面：一是由犯罪原因的复杂性所决定，刑罚仅是治理犯罪的一种手段而非唯一手段，若欲从根本上减少犯罪，必须对社会进行综合治理。二是由刑罚功能自身的能力所决定，如刑罚面对激情犯罪和深思熟虑型犯罪时难以发挥遏制作用。三是由适用刑罚的客观环境条件所决定，若刑罚的适用缺乏及时性、针对性、公正性和必要性，那么刑罚的功能将难以发挥。③

2. 基于局部视角的探讨

有论者侧重于刑罚安抚功能的研究，认为该功能所发挥的作用是：国家通过用刑和行刑来平复被害人及其亲属、了解案情的群众因犯罪行为而产生的愤恨情绪。从刑罚安抚功能存在的原因来看，它与报应刑论相关；从刑罚安抚功能的效果分析，它与功利刑论相连。该论者进一步指出，尽管刑罚存在安抚功能，但该功能具有一定的局限性，即：一是刑罚并非在任何犯罪处理中都具有安抚功能；二是刑罚并非针对任何安抚对象都可起到安抚作用；三是刑罚安抚功能还会受到被害人主观意愿的制约。据此，为了刑罚的安抚功能在司法实践中得以实现，须在立法上完善刑法中的告诉才处理制度，在司法中合理运用刑事和解制度，并且在办案过程中处理好民意采纳的问题等。④

还有论者着眼于刑罚矫正功能的探究，指出矫正功能（在我国亦称之为改造功能）的提出，是人们对刑罚现象认识的升华。自 19 世纪末开始，在人道主义思潮的影响下，刑罚的矫正功能被寄予厚望，矫正犯罪人并使之复归于社会成为国际社会共同追求的目标；然而自 20 世纪 70 年代以来，矫正被打上了没有任何效果的标签。该论者认为，矫正没有任何效果的结论与实践经验不符，矫正所蕴含的人道主义精神应当受到尊重，同时也指出，矫正思想既不能被抛弃也不能被神秘化，应当理性地看待刑罚的矫正功能，并对其加以调整以适应社会发展的需要。⑤

二、刑罚体系的改革论争

“法与时转则治，治与世宜则有功”（《韩非子·五蠹》），社会的变迁与法律的稳定性之间的矛盾一直是古往今来难以破解的困局。如今我国正处于社会转型时期，政治、经

① 周少华. 刑罚在立法上的评价功能. 政法论坛，2007（2）.
② 邱兴隆. 揭开刑罚的面纱——刑罚功能论. 法学研究，1998（6）.
③ 张绍谦. 试论刑罚功能的局限性. 社会科学，2005（1）.
④ 赖早兴，孙禹. 刑罚安抚功能重读与考量. 刑法论丛，2017（2）.
⑤ 康伟. 论刑罚的矫正功能：在理想与现实之间. 南昌大学学报，2009（5）.

济、文化的发展必然带来犯罪态势的变化，于是也催生着刑法改革和刑事政策的调整。由于刑法是如何运用刑罚权的法律，因此这种诊脉自疗的回应便集中于刑罚体系的调整和完善上。

一则，着眼于认识基础、方法论方面的探究，为我国刑罚的改革思路提供宏观指导。例如：有论者指出，虽然刑罚的本性是对人的权利的剥夺或限制，但这并不应当视为对人的尊严的抹杀，相反，对人的尊重，推崇人的价值，应当被作为未来刑罚改革的认识基础。[①] 又如：有论者以实践社会学为分析工具，反思了我国刑罚改革建议"被冷落"的原因，一是因为我国尚缺乏一个能够有力推动刑罚制度改革的"场域"；二是研究人员在知识结构上缺乏实证知识，其关于刑罚制度改革的建议不具有实证根据的支持；三是改革建议接受者具有重视上级指示的"惯习"。对此，为了使刑罚制度的改革建议不"被冷落"，刑事司法机构及相关机构应公开相关信息，在大学开设实证方法教育课程，促进刑罚制度改革建议论证的科学化，同时应选拔专业人员行使刑罚权。[②] 再如：有论者指出，单纯就某一种刑罚而言，无论完善建议本身设计得多么缜密，都可能导致不同刑种之间发生冲突，甚至与刑罚总体发展趋势相悖；不仅如此，当前国际社会的刑罚发展、我国刑罚内在的结构缺陷和外在的衔接失调，都决定了我国刑罚改革必须依据系统论的思路进行综合考量，采取严格限制死刑、重构自由刑、扩大非监禁刑和非刑罚方法的适用的进路。[③]

二则，立足于我国刑罚体系的具体制度设计，为我国刑罚体系的改进提出建言。回顾我国恢复社会主义法制以来的刑罚改革，可谓是忧喜共存，总体上一直朝着尊重和保护个人价值的方向倾斜，不过其中也有些许举措差强人意，不但有沉疴，而且有新疾，值得我们认真反思。学界的研究线索主要着眼于以下四个方面：死刑制度的改革、刑罚结构的调整、刑罚种类的完善、保安处分的探究。

（一）改革死刑制度

在死刑制度改革方面，学界主要从理论和实践两条路径进行探索：一是在理论层面，首先需要回答"为何要废除死刑"的问题，目前学界有关废除死刑的主要论述可归纳为人道主义说[④]、人权违背说[⑤]、宪法抵触说[⑥]三条理论路径，然而以上学说都难以形成压倒性的说服力，其原因在于不同国家和社会对文明、人权的解读不尽相同，而各国宪法对基本权利的规定也存在差异，势必会对死刑问题有不同态度，这就决定了在我国语境下呼吁废除死刑，应着眼于"国家性质与功能抵触说"来寻找理论支撑。由于社会主义国家的功能定位是保护人民利益并实现每个人的"自由发展"，显然死刑的存在与这一基本定位背道而驰、殊不可取，因此当社会主义制度处于稳定发展时期时，死刑的存在因与我国国家性

---

① 时延安．理性与经验的弥合——中国刑罚改革中的认识论与方法．法学论坛，2006（4）．

② 翟中东．我国刑罚制度改革建议"被冷落"现象之反思——以实践社会学为分析工具．法商研究，2011（2）．

③ 郑丽萍．中国刑罚改革的系统性思路与进路．法学评论，2010（6）．

④ 赵秉志，张伟珂．传统与现代：死刑改革与公众"人道"观念的转变．当代法学，2016（2）．

⑤ 邱兴隆．从信仰到人权——死刑废止论的起源．法学评论，2002（5）．

⑥ 刘仁文．死刑的宪法维度．国家检察官学院学报，2013（4）；李立众．死刑的宪法控制方案初探．国家检察官学院学报，2014（5）．

质和职能相悖，应当予以废除。[①] 其次，还面临着“如何废除死刑”以及“废除哪些罪名的死刑”的进一步追问，对此，有论者主张区分作为革命工具的死刑和作为刑罚形式的死刑，认为应当立即废除针对犯罪人的死刑，而保留针对敌人的死刑。[②] 不过，大多数论者趋向于认为对经济犯罪、贪利型犯罪和其他非暴力性犯罪的罪名适用死刑只是制表之策，非治本之道，其理由既有从罪刑相适应的角度对上述犯罪适用死刑的正当性进行拷问，又有从功利主义角度对死刑适用后的预防效果进行分析。[③] 除此之外，暴力犯罪的死刑罪名也可运用立法技术予以压缩，如采用转化犯理论的立法模式代替结果加重犯和情节加重犯的立法模式。[④]

二是在实践层面的努力则表现为死刑罪名的削减、死刑实际执行规模的限缩以及死刑替代措施的探寻等方面。具体而言：我国死刑制度的改革呈现出“由缓入苛、逐步削减”的演进趋势，我国 1979 年刑法典的死刑规定政治色彩浓郁、罪名配置宽疏，在仅有的 28 个死刑罪名中便有超过 50％（15 个）来自反革命罪名；之后的十多年间我国死刑罪名急剧膨胀为 74 个，同时受“严打”氛围的影响，实践中死刑适用率也居高不下；及至 1997 年全面修订刑法时仍然保留了 68 个死刑罪名，尽管此后我国没有再新增死刑罪名，但刑事立法在死刑问题上没有做出根本改善；直到 2007 年伊始最高人民法院收归了死刑复核权以及一系列有关死刑案件的程序性改革，使死刑改革在程序法上实现破冰；随后，实体法以《刑法修正案（八）》为起点拉开了新中国成立以来首次削减死刑罪名的序幕，废除了走私文物罪、票据诈骗罪、盗窃罪等 13 个非暴力犯罪的死刑罪名；接着在《刑法修正案（九）》则进一步取消了集资诈骗罪、组织卖淫罪、强迫卖淫罪等 9 个死刑罪名，使我国刑法的死刑罪名总数由之前的 68 个限缩至如今的 46 个，同时还进一步提高了死缓犯被执行死刑的门槛，并规定了对已满 75 周岁的人原则上不适用死刑，以及调整了 1997 年《刑法》对绑架罪规定的绝对确定的死刑，以此来进一步减少死刑立即执行的适用。

（二）调整刑罚结构

就刑罚结构调整而言，为了弥合无期徒刑、死刑缓期执行和死刑立即执行之间的不均衡，进一步满足罪责刑相适应的要求，在“加重生刑”方面的改革主要体现在：一是提高有期徒刑数罪并罚的最高刑期为 25 年；二是规定了“对累犯以及因故意杀人、强奸、抢劫、绑架、放火、爆炸、投放危险物质或者有组织的暴力性犯罪被判处 10 年以上有期徒刑、无期徒刑的犯罪分子”不得假释；三是规定了限制减刑型死缓，即“对被判处死刑缓期执行的累犯以及因故意杀人、强奸、抢劫、绑架、放火、爆炸、投放危险物质或者有组织的暴力性犯罪被判处死刑缓期执行的犯罪分子”限制减刑；四是提高了无期徒刑的最低实际执行期限，以及限制减刑型死缓犯被减刑后的最低实际执行期限；五是规定了终身监

---

① 时延安．死刑、宪法与国家学说——论死刑废除的理论路径选择．环球法律评论，2017（6）．

② 冯军．死刑、犯罪人与敌人．中外法学，2005（5）．

③ 梁根林，张文．对经济犯罪适用死刑的理性思考．法学研究，1997（1）；张小虎．废除死刑的理论预期与保留死刑的现实必然——论我国死刑制度的完善．社会科学研究，2007（1）；张远煌．贪利性犯罪死刑正当性的犯罪学追问．现代法学，2007（3）．

④ 储槐植．刑罚现代化：刑法修改的价值定向．法学研究，1997（1）．

禁型死缓，即对贪污、受贿罪数额特别巨大，并使国家和人民利益遭受特别重大损失的，“被判处死刑缓期执行的，人民法院根据犯罪情节等情况可以同时决定在其死刑缓期执行二年期满依法减为无期徒刑后，终身监禁，不得减刑、假释”。学界对于以上“加重生刑”举措的评价褒贬不一，尤其以终身监禁引发的争议为甚，肯定论者认为对严重的贪污和受贿犯罪以终身监禁作为死刑立即执行的替代措施，有利于达到严惩严重贪污受贿犯罪和着力减少死刑立即执行之适用的双重功效。① 但反对论者们对此持否定意见，其观点可归纳为以下几个方面：一是终身监禁的创设违反罪刑法定原则，认为其无论作为一种刑罚种类还是刑罚执行方式，在刑法总则中均无法找到与之对应的规定，因此不满足刑罚法定化的要求②；二是终身监禁的创设违反罪责刑相适应原则，认为将贪污贿赂犯罪的罪责归结于比杀人、强奸、抢劫等暴力犯罪更为深重的做法不具备合理性③；三是终身监禁的适用导致罪犯实际服刑时间过长，如此不仅与保障人权的理念相抵牾，还会徒增刑罚执行成本和难度，由于刑有限而罪无极，一味地增加刑罚执行的报应程度终将难以实现一般预防与特殊预防的效果。④

不过，还有论者从未成年人犯罪的特点来反思我国现行刑罚制度的缺陷，主要表现在：首先，没有体现出对未成年犯罪人予以特殊司法保护的精神，仅在《刑法》第 17 条第 2 款对已满 14 周岁不满 16 周岁的人的犯罪行为范围作了限制性的从宽处罚规定，至于第 49 条规定对不满 18 周岁的犯罪人不适用死刑，也主要是出于人道主义的考量，不是基于对未成年人犯罪的特殊性的考虑。其次，在对未成年人的监禁刑的适用上缺乏相应的制度性约束，并未对成年犯罪人和未成年犯罪人作区分。再者，对适用于未成年犯罪人的非刑罚处罚方法缺乏系统的专门规定。综上所述，我国现行刑法典在对犯罪的处罚上，总体上是以成年人的犯罪人为模板，基本没有顾忌未成年人犯罪的特点以及与此相适应的处罚上的特殊要求，无论是刑事立法还是刑事司法，都应当对该问题予以重视。⑤

（三）完善刑罚种类

对于刑罚种类的完善，我国近年来进行了一系列的有益探索。例如：一则是调整轻刑种的执行方式或适用范围，避免过于倚重生命刑和严厉的自由刑的不良倾向。具体而言：一方面扩大罚金刑的适用范围，1979 年刑法典中只有 23 个罪名适用罚金、占罪名总数的 17.7%，而 1997 年刑法典中可适用罚金的罪名增至 180 个、约占罪名总数的 43.5%，并且在之后的刑法修正案中进一步加大罚金刑的适用与执行⑥；另一方面，创新了非监禁刑罚的执行方式，即增加了社区矫正，是一种集合社会力量矫正其犯罪心理和行为恶习，促进其顺利回归社会的非监禁刑罚执行活动。二则是逐步形成刑罚与保安处分的二元制裁体系。优化了资格刑的配置，如《刑法修正案（九）》新增的职业禁止制度，规定因利用职

① 赵秉志．论中国贪污受贿犯罪死刑的立法控制及其废止——以《刑法修正案（九）》为视角．现代法学，2016（1）．

② 魏东．刑法总则的修改与检讨——以《刑法修正案（九）》为重点．华东政法大学学报，2016（2）．

③ 车浩．刑事立法的法教义学反思——以《刑法修正案（九）》为中心．法学，2015（10）．

④ 时延安．死刑立即执行替代措施的实践与反思．法律科学，2017（2）．

⑤ 张远煌．从未成年人犯罪的特点看现行刑罚制度的缺陷．法学论坛，2008（1）．

⑥ 高铭暄．十一届三中全会以来我国刑法的回顾和展望．法制现代化研究，1999．

业便利实施犯罪，或者实施违背职业要求的特定义务的犯罪被判处刑罚的，自刑罚执行完毕之日或者假释之日起，人民法院可以根据犯罪情况和预防再犯罪的需要禁止其从事相关职业。

此外，有论者主张废止没收财产刑，该刑种具有以下两个特点：一是对于财产的来源与持有的合法与否，在所不论；二是对于受刑人重返社会的可能性不予考虑。从某种意义上讲，没收财产刑相当于在经济上判处了犯罪人“死刑”。以追缴犯罪资产的国际合作视角来看，由于该刑种已被大多数国家的刑事立法所摒弃，因此我国依据没收裁决所提出的境外资产追缴请求一般会被外国所拒绝。我国刑事立法应尽快废止“没收个人全部财产”的刑罚做法，将没收的适用范围与违法所得及其产生的收益挂钩，并应确立“等值没收”制度，允许用被判刑人的个人财产折抵被挥霍或已灭失的犯罪所得及其收益，并采用罚金刑给予犯罪人以财产性制裁，以保证我国境外资产追缴的国际合作得以顺利进行。①

需要注意的是，没收财产和违法所得的没收，二者具有本质区别。有论者对违法所得没收条款进行了教义学研究，主张应将《刑法》第 64 条和《刑事诉讼法》（2012 年）第 280 条相结合进行解释，以保证刑事司法的平稳运行。具体而言：首先，考虑到违法所得没收条款的设置初衷是为了实现预防而非惩罚，以及财产权利的可恢复性，因此对于违法所得没收案件的事实认定不应适用《刑事诉讼法》（2012 年）第 53 条所确定的证据标准，而应采取较低的证据标准。其次，关于违法所得没收程序案件的适用范围，其中，“贪污贿赂犯罪”应限于国家工作人员所实施的腐败犯罪，但不包括巨额财产来源不明罪和隐瞒境外存款罪；出于积极预防恐怖活动犯罪的考量，对“恐怖活动犯罪”应进行广义界定；至于“重大刑事案件”的范围相对复杂，应结合犯罪人可能被判处的刑期、社会影响程度以及可没收财物的金额等因素进行综合判断。再者，对于违法所得没收程序的对象范围，除直接通过犯罪获得的财产外，需要考虑对于犯罪成本和所获得收益这两部分应否予以没收，同时还需兼顾第三人的利益。最后，《刑事诉讼法》（2012 年）第 280 条中“没收”的界定，应与《刑法》第 64 条中的“追缴”一词作同样理解。②

（四）探究保安处分

在前现代社会时期，类似于“保安处分”的做法已广泛出现，其思想渊源可追溯至古罗马；及至中世纪晚期，一些国家便开始收容精神病人。③ 保安处分制度在现代社会中的兴起，与刑事实证学派的理论发展有着莫大关联。作为一种社会治理手段，保安处分与社会制度、意识形态没有直接关系，相反，该类措施在英美法系国家和大陆法系国家的相关立法中均有体现。具体而言：英国 1908 年的《预防犯罪法》可谓是保安处分较早的正式立法例，其中规定了对惯犯判处监禁刑之外，须附加一定期限的预防性拘留（preventive detention）；第一次世界大战后，大陆法系的一些国家相继在刑法典中创设了保安处分制度④；不仅如此，原苏联和处于社会主义时代的东欧国家，也在其刑法典中规定了类似做

① 黄风．论“没收个人全部财产”刑罚的废止——以追缴犯罪资产的国际合作为视角．法商研究，2014（1）．

② 时延安．违法所得没收条款的刑事法解释．法学，2015（11）．

③ 谢瑞智．犯罪学与刑事政策．台北：文笙书局，1996：270．

④ 储槐植．刑罚现代化：刑法修改的价值定向．法学研究，1997（1）：111-120．

法。而美国除了针对精神病人的民事监管具有保安处分性质外，1997 年联邦出台的“梅根法”，以及华盛顿、堪萨斯等州推行的“性暴力侵犯者法（Sexually Violent Predator Act）”等，都具有明显的预防犯罪、维护社会安全的性质。[①] 可见，通过利用保安处分措施以实现预防犯罪之效，是各国治理社会的一种普遍做法，究其原因，是由于保安处分措施是刑罚的必要补充。具体而言：一方面是为了实现保卫社会安全的目的，针对没有责任能力的危害社会的精神病人和没有达到刑事责任年龄的危害社会的人，尽管无法对该类行为人适用刑罚，但仍有必要对其采取其他的相应措施（保安处分）；另一方面则是基于预防犯罪的需要，对于单靠判处普通刑罚还无法实现改造目的的犯罪人，还需采取矫正等措施来加以辅助（如对有毒瘾的犯罪人可以在执行刑罚前先执行戒毒的矫正措施），抑或在刑罚执行完毕后，针对人身危险性依然较大者采取必要的监督措施。[②]

我国学界对保安处分制度的探索，可追溯至上世纪 80 年代。[③] 论者们就该领域所进行的探索，可归纳为两条路径：一则，认为我国刑法中并不存在保安处分，通过研究域外的保安处分制度的缘起和作用机制，来论证我国是否有必要调整刑法结构以引入相应的保安处分制度。二则，主张我国现行法律中虽无保安处分的概念，但在刑法中已有实质性的保安处分措施，对此，不仅需要将这些“隐性的”保安处分措施予以梳理和提炼，而且还需要从合法性的视角对其进行全面考察，以实现我国保安处分制度的法治化。其中，持第一种研究路径的论者，通过考察我国 1979 年《刑法》第 57 条规定的量刑原则和一系列刑罚制度，认为我国刑法上并不存在以行为人的人身危险性为主要依据的保安处分。[④] 即使是 1997 年《刑法》施行后，我国刑法大体上只相当于国外刑法中的重罪内容，仍欠缺对保安处分的系统规定。[⑤] 一些学者即使承认我国刑法中存在一些具有保安处分性质的措施，也并不认为该类措施就此具备了保安处分地位，主要原因在于该类措施没有明确的法律规定、裁决的主体也非法院。[⑥] 相比之下，采取第二种路径的论者们则直接以“保安处分”之名来界定我国刑法中的某些措施，例如：有学者将现行《刑法》第 64 条规定的“刑事没收”界定为保安处分[⑦]；另有论者主张《刑法》第 18 条第 1 款关于“精神病人的强制医疗”属于保安处分[⑧]；还有论者对我国刑法总则中的保安处分措施进行了系统而细致的梳理，将其归纳为以下四类：一是限制或剥夺人身自由，包括收容教养（第 17 条第 4 款）、对无刑事责任能力的精神病人的强制医疗（第 18 条第 1 款）、禁止令（第 38 条第 2 款、第 72 条第 2 款）、缓刑监督（第 75 条）、假释监督（第 84 条）；二是剥夺个人财产权益，即犯罪所得、违禁品和供犯罪所用的本人财物的没收和追缴（第 64 条）；三是限制个人劳动权，即强制劳动（第 46 条）；四是剥夺外国人在我国的居留权，即驱逐

---

① 时延安. 劳动教养制度的终止与保安处分的法治化. 中国法学，2013（1）：175-191.

② 刘仁文. 调整我国刑法结构的一点思考. 法学研究，2008（3）：151-154.

③ 全理其. 英国的保安处分. 现代法学杂志，1984（2）：96；廖增昀. 关于我国可否采取保安处分制度的探讨. 法学家，1989（5）：15-19.

④ 储槐植. 刑罚现代化：刑法修改的价值定向. 法学研究，1997（1）：111-120.

⑤ 刘仁文. 调整我国刑法结构的一点思考. 法学研究，2008（3）：151-154.

⑥ 屈学武. 保安处分与中国刑法改革. 法学研究，1996（5）：55-69.

⑦ 张明楷. 论刑法中的没收. 法学家，2012（3）：55-70.

⑧ 曲新久. 刑法学. 北京：中国政法大学出版社，2012：108.

出境（第35条）。[①]

前述的两种研究路径的分歧在于，对我国刑法中是否存在保安处分的问题持不同看法。为了明晰保安处分在我国刑法中的体系地位，便需要首先厘清刑罚与保安处分的关系，只有在学理上充分把握二者之间的实质区别，才能够从现行刑法中“挖掘整理”出相关的保安处分规范。刑罚与保安处分的界分，主要可以通过以下方面来予以识别：第一，从刑罚和保安处分的裁量差异来看，量刑以过去的罪责为前提，通常要考虑行为方式和违反义务的程度等客观要素、行为动机和目的等主观要素、行为的有责后果以及行为人行为时的精神状态、法律认识错误以及期待可能性等狭义的罪责程度，同时还包括行为人行为时的人格表现、行为人的事后态度等对罪责有意义的要素。相比之下，保安处分则与行为人的罪责无关，而是以行为人未来实施犯罪的可能性为基础，在适用时应着重考虑两点，一是预测适用对象是否将实施犯罪，二是某种处分是否适宜预防上述犯罪行为。第二，如果采纳报应性的综合理论，便可以从各自蕴含的目的来区分刑罚和保安处分，因为保安处分的目的不包含报应，而是主要考虑特殊预防。如果将报应视为刑罚的功能之一，同样可以从功能上区分刑罚和保安处分，因为刑罚具有报应功能，而保安处分则不是如此。第三，还可从法律特征方面来论证和澄清我国现行刑法中存在保安处分，归纳保安处分的适用条件就是描述其基本的法律特征，对此主要应当考虑两点，即：适用保安处分规范的积极条件是适用对象已实施的行为构成犯罪或者刑事不法，且其具有再次实施犯罪或者刑事不法的危险性；适用保安处分规范的消极条件是不以罪责为前提。如果能证明某一刑法规范的假定部分包含上述条件，且其法律后果是限制或剥夺个人权益，即可判断此规范属于保安处分规范。[②] 值得注意的是，前述标准在一定程度上有助于将保安处分从刑罚内容中剥离而出，但为了证明保安处分在我国现行刑法中的体系定位，还应从权力特征的角度来说明刑法中规定的收容教养、没收等措施并非行政强制措施，而是终局性的保安处分措施。换言之，上述刑罚措施的适用对象是实施了犯罪或刑事不法行为者，且其决定权应归属于法院，其与行政性保安性措施有着本质区别。[③]

综上所述，我国现行刑法中虽无保安处分概念，但实际上存在诸多保安处分规范，包括：对不满16周岁人的收容教养、对无刑事责任能力的精神病人的强制医疗、驱逐出境、禁止令、强制劳动、刑事没收、缓刑监督和假释监督。前述保安处分措施与刑罚共同构成我国刑法所规定的法律后果，形成了“双轨制”格局；囿于我国刑法条文体系中并未明确使用“保安处分”概念，故将该格局称为“隐性双轨制”[④]。

三、刑罚裁量的理论聚讼

实现刑罚的公正，不仅取决于刑罚观念的指导和刑罚制度设计的合理，而且更取决于

① 时延安．隐性双轨制：刑法中保安处分的教义学阐释．法学研究，2013（3）：140-157.

② 同①.

③ 尽管“由政府收容教养”由公安机关决定并执行，但从保障人权的应然角度看，收容教养的决定权应归属于法院。目前，刑事诉讼法对精神病人强制医疗决定权的规定，为收容教养的决定权和程序提供了法律尺度。

④ 时延安．隐性双轨制：刑法中保安处分的教义学阐释．法学研究，2013（3）：140-157.

刑罚适用的轻重程度。于是，对刑罚裁量的研讨，是继刑罚观念探究和刑罚体系设计之后的又一个逻辑环节。相较于前两个环节对刑罚基础理论的抽象建构，刑罚裁量无疑与司法实践的联系更为直接。不过，司法实践中存在“重定罪、轻量刑”的现象，量刑的偏差不仅会导致量刑不公，使刑罚的适用效果大打折扣，难以实现个案正义，而且会间接产生司法腐败、降低诉讼效率等一系列负面效应，这些罪刑失衡的现象关涉着犯罪人的权益保护，更影响着我国刑事司法实践的科学性与合理性。因此，近年来学者们在刑罚裁量领域围绕量刑情节与量刑方法等方面进行的艰辛探索与持续追问，不仅是为了推进司法实践中的罪刑配置更趋合理，而且也是为了促进刑罚、刑事责任与犯罪构成之间的理论互动。

（一）关于量刑情节的争论

量刑情节，是指某种行为已构成犯罪的前提下，法院对犯罪人量刑时据以处罚轻重或免除刑罚的各种主客观事实情况。量刑情节是刑事个案中宣告刑的调节器，一个案件有无量刑情节、有几个量刑情节、每个量刑情节的功能怎样，直接影响该案件的最终量刑结论。对此有论者曾指出，为了规范地识别量刑情节，一是要树立根据一定的评价标准及与标准之间的关联性来进行量刑情节的识别和判断的意识；二是要建立对量刑情节的个数进行识别和认定的思维；三是要对量刑情节进行功能性的区分，从而将量刑情节的识别纳入以责任主义主导量刑情节活动的理论设计和思维上来。①

对于量刑情节的类型划分，我国学界一般依循着三类标准对量刑情节进行区分：一是，根据刑法是否有明文规定，把量刑情节分为法定量刑情节与酌定量刑情节。二是，以情节对刑罚轻重产生的影响，把法定量刑情节划分为从严情节（从重处罚）和从宽情节（从轻处罚、减轻处罚和免除处罚）；至于酌定量刑情节，理论上一般承认酌定减轻处罚和酌定从轻处罚情节，但对酌定从重情节的存在根据和适用标准存有争议。三是按照情节与责任刑和预防刑的关系，将量刑情节区分为影响责任刑的量刑情节和影响预防刑的量刑情节。接下来，将以第一种分类标准为基础，对学界围绕量刑情节的论争作一梳理：

1. 法定量刑情节

（1）累犯

在累犯研究方面，学界所关注的重心主要表现为两方面：一是有关累犯情节的理论根基，试图阐明累犯从重处罚的根据是什么；二是关于累犯情节的认定思路，意在解析认定累犯时所应遵循的具体标准，并对现有累犯制度的完善提供可行之径。

对于第一个问题，有关累犯的理论根据，我国通说的核心要义包含两个要素：一是累犯的主观恶性远大于初犯，因而从重处罚，如何认识主观恶性并不影响累犯重于初犯的结论；二是累犯因无视之前所经历的刑罚体验而具有更大的再犯可能性，所以应对其予以从重处罚。然而，有论者认为，现行累犯通说的假设都是未经实证调查所得出的论断，不能为累犯制度提供正当性和合理性，理由在于：其一，累犯主观恶性既不应因再犯而认定其恶意程度超出其前次犯罪，也不应超出初犯者；其二，认为再犯基于无视前次刑罚体验与后罪刑罚从重前后矛盾，换言之，既然前次刑罚无益于预防，便无法保证本次从重处罚有

① 王瑞君．如何规范地识别量刑情节——以实务中量刑情节的泛化和功利化为背景．政治与法律，2014（9）．

效；其三，通说认定再犯罪率要高于初犯率，并无坚实的实地调查和数据统计，关于初犯率和再犯率的统计样本、统计方式、计算指标等要素都有待统一。[①] 另有论者基于实证研究，发现累犯情节作为一个整体确实对量刑结果存在显著的从严调整作用，然而就累犯情节各个构成维度而言，除了累犯后罪的性质与轻重和累犯从严幅度呈显著正相关以外，累犯前罪的轻重与性质、累犯前后罪的关系、累犯前罪刑罚执行完毕或赦免以后至再犯实践的长短对于量刑结果均不产生显著影响，由此可见，累犯从严量刑适用的实际操作与规范指引之间事实上是一种“貌合神离”的状态。[②] 还有论者以刑法学派的流变为视角，来阐释累犯制度的形成和变化，比如：在客观主义刑法理论的指导下，以行为为中心的累犯制度在累犯成立条件方面关注的是行为特征，对行为所要引起的法律后果方面强调以罪责为基础从严惩处；而以主观主义刑法理论为影响的累犯制度，则立足于“以行为人为中心”来设计累犯的成立要件，倾向于把肯定人格评价因素作为累犯成立的基本内容。不过，由于行为中心累犯制度和行为人中心累犯制度各有利弊，因此现代各国累犯立法都是兼采二者之长，在关注行为和行为人之间呈现出折中调和的趋势。[③]

对于第二个问题，即累犯情节的认定思路，有论者提出了“累犯情节前置论”，即在判断是否符合《刑法》第 65 条规定的“应当判处有期徒刑以上刑罚”时，应该只根据与后罪本身直接相关的犯罪事实，在确定了是否成立累犯之后再考虑其他的与行为人可谴责性相关的案前或案后情节。[④] 与之相反的是“后置累犯情节认定”的命题，主张累犯情节的认定不仅应当后置于所有犯中情节，还应后置于所有犯后情节，理由在于：首先，在犯罪实施过程中，所有事实情节都构成了对行为人社会危害和主观恶性程度的评判基础，是评判现行犯罪所不可或缺的部分；其次，所谓犯后情节诸如自首、立功等法定情节与现行犯罪的关系是相当紧密的，尤其自首内容直接指向构成后罪的基本事实，至于行为人对被害人的赔偿、行为人与被害人的关系等虽然都属于酌定情节，但它们与行为人后一次犯罪的关联性明显比自首、立功等情节的附着犯罪程度更大，因此在运用这些情节、完成对后罪的整体评价后，累犯情节才可能进入确认阶段。[⑤] 不过，“累犯情节前置论”对此给予了几点批判，一是后置论可能导致不合理的量刑结果，先考虑从轻情节相当于为被告人划定了一个刑罚下限，之后在认定累犯情节时，就缺乏对“从重”的足够约束和控制，由此可能导致刑罚适用过度。二是后置论会导致其他情节在累犯情节的认定中被弱化。三是后置论会导致累犯在犯后罪后处于不能确定的状态，因为行为人是否因犯后罪而构成累犯，并不是在后罪完成后即判定，而是须在法院将自首、立功、赔偿等法定、酌定从宽情节或者从重情节予以综合考量后，才能认定是否构成累犯。然而，尽管累犯的成立与否离不开规范判断，但值得注意的是，累犯首先是一个事实范畴，即行为人再次犯罪后，依据后罪的犯罪事实即已能确定是否构成。四是后置论会导致法官不由自主地陷入先入为主的误区

① 熊建明．累犯通说的反省与批判．环球法律评论，2011（3）．

② 劳佳琦．累犯从严量刑适用实证研究．中国法学，2016（1）．

③ 单民，刘方．累犯制度立法完善若干问题探讨．国家检察官学院学报，2012（3）．

④ 付立庆．累犯情节前置论．法学，2014（7）．

⑤ 王利荣．普通累犯制度的法律解析．中国刑事法杂志，2005（6）．

中。[①] 除了前述关于累犯情节认定的"前置说"与"后置论"之争外，还有论者出于避免刑法重刑化倾向的考量，提出应当限制特殊累犯的认定，其理由在于：《刑法修正案（八）》将构成特殊累犯的犯罪类型从 1 种增加为 3 种，基于特殊累犯的构成特征，特殊累犯的构成大类将由 1 种增加为 9 种；而恐怖活动犯罪和黑社会性质组织犯罪的组织性、涉案人员众多性决定了构成特殊累犯的人数将大量增加。在特殊累犯构成基数的猛增和累犯从重处罚刑事政策的共同作用下，刑法将呈现出向重刑化发展的趋势。为了避免重刑化的出现，应当从限定特殊累犯前后罪犯罪性质的同一性、限定构成特殊累犯的主体为组织犯罪中的主犯、禁止对特殊累犯的多重评价等三个方面来避免特殊累犯可能出现的裂变式增加，并进而防止刑法重刑化。[②]

（2）自首与立功

在围绕自首的讨论中，有论者针对余罪自首的成立要件进行解析，余罪自首是相对于一般自首而言的，又称为特殊自首或准自首，规定于《刑法》第 67 条第 2 款，其认定需要具备以下条件：一是成立余罪自首的主体为被采取强制措施的犯罪嫌疑人、被告人和正在服刑的罪犯；二是认定余罪自首的重点不在于犯罪人是否被剥夺了人身自由，而在于交代的是否"余罪"；三是余罪自首的客观要件为"如实供述司法机关还未掌握的本人其他罪行"，无论该罪行与司法机关已掌握的或判决确定的罪行属同种还是异种，只要其可单独构成犯罪，就应认定为自首。[③] 还有论者着重对单位自首问题进行探讨，认为在现行刑法肯定单位能够成为犯罪主体的前提下，应致力于消除单位自首认定时存在的技术性障碍，以期使单位自首的适用能达到理论上的自洽。具体而言：其一，单位自首的主体包括单位的法定代表人和直接负责的主管人员，由于其他直接责任人员仅是具体执行者，无法代表单位意志，因此其他直接责任人员的自首仅成立个人自首，除非单位授权。其二，单位自首的客观行为，单位自首的主体必须如实供述自己知道的单位犯罪行为，供述的内容在其认知范围内必须全面、真实。其三，单位自首的主观方面，单位整体意志必须符合有权决策和有效执行两个要求，前者是看决策者的资格、决策程序的正当性等，后者是能够代表单位意志的人自动投案并如实供述单位的罪行。[④]

关于立功的研究，一方面基于立功情节的根基本身进行学理探讨，譬如：有论者认为，我国立功制度的理论基础不是功利主义，实际上应该是国家实用主义，它体现的是国权主义的刑法观；立功制度的实质是指立功的各种表现形式符合刑法规定且对国家和社会达到突出以上程度的贡献；但是，我国立功制度存在缺陷和不足，应通过列举方式明确规定"立功表现"和"重大立功表现"的形式和范围；完善立功认定程序制度。[⑤] 另一方面结合具体立功情形的认定进行分别梳理，例如：对于共同犯罪案件中犯罪人犯罪后揭发同案犯的行为是否构成立功，有论者认为，关键要看犯罪人揭发的是否同案共犯共同犯罪以外的其他犯罪。对此的判定，应根据犯罪人的交代是否超过了自己的罪行的范围；作为共

① 付立庆. 累犯情节前置论. 法学，2014（7）.
② 王强军. 特殊累犯裂变式增加的理性应对. 国家检察官学院学报，2012（2）.
③ 黄京平，杜强. 余罪自首成立要件解析. 政法论坛，2003（5）.
④ 李翔. 单位自首正当性根据及其认定. 法学家，2010（4）.
⑤ 徐科雷. 刑法立功制度若干问题刍议. 中国刑事法杂志，2012（3）.

同犯罪人自己的罪行内容之一的同案犯的共同的犯罪行为，仅限于犯罪人所知的同案犯及行为的范围之内，亦即不排除共同犯罪人即使揭发同案犯共同的犯罪行为，也会因已超过自己罪行的范围，而应以立功认定的情形。[①] 又如：对于协助抓捕同案犯是否应认定为立功，周光权教授主张，认定协助抓捕同案犯型立功，要判断是否存在足以被实质地评价为“协助”的行为，被告人是否比坦白做得更多。至于是否带领侦查人员抓捕同案犯并不是关键。对于同案犯当场指认，或者非现场辨认的，都应该成立协助抓捕同案犯型立功。协助抓捕行为和同案犯最终被抓捕之间，只要有条件关系，能够为有关机关抓捕同案犯带来一些便利即可，不必苛求该协助行为是同案犯被抓捕的主要原因或唯一途径。[②]

至于自首和立功发生竞合时如何适用，有论者提出：在刑罚适用过程中，自首与立功作为对被告人有利的法定量刑情节，在二者存在竞合时，不能通过对自首的优先适用而绝对排斥对立功情节的认定。对此，应坚持有利于被告原则并加以区别对待：首先，当行为人存在重大立功表现时，其法律后果相对于一般自首的“可以从轻或减轻处罚”更为有利，因此将行为人的行为认定为立功更为有利。其次，当行为人的犯罪行为本身较轻，那么依据《刑法》第 67 条规定“犯罪较轻的，可以免除处罚”，此时由于立功的法定情节较之于自首的法定情节并不具有从轻处罚程度上的优越性，因此需优先适用自首而非立功。再者，如果自首与立功都只是一般情形，那么此时对自首与立功均是“可以从轻或减轻处罚”，从有利于被告的角度看，作任何一个认定对行为人而言都是合适的。最后，自首与立功在事实层面竞合时仍然存在并合适用的可能性，因为同一事实认定下的自首与立功竞合，就具体刑罚裁量下的犯罪人而言，属于两种独立的量刑情节，不能简单根据“择一性”而予以排除适用。总之，作为有利于被告人的量刑情节，自首与立功仍然存在“择一性”或者“并合性”适用的理论基础，应当根据行为人的量刑个数和有利于被告的刑事司法原则予以审慎处理。这既是尊重人权的体现，也是严守宽严相济刑事政策的体现。[③]

（3）坦白

坦白是指犯罪人被动归案后，如实供述自己罪行的行为。坦白原为酌定量刑情节，《刑法修正案（八）》增设了第 67 条第 3 款，实现了“坦白从宽”刑事政策的法定化。对此，有论者指出，坦白情节的法定化是贯彻和落实我国宽严相济刑事政策的需要，并体现了“宽”的一面：一方面，坦白从宽是自首从宽的逻辑延伸，坦白情节的法定化有利于实现刑法的公平，保障量刑的公正；另一方面，该举措有利于鼓励犯罪嫌疑人尽早交代犯罪事实，协助侦破案件，节省司法资源，提高诉讼效率，同时还有利于分化瓦解犯罪分子，鼓励犯罪嫌疑人积极坦白，实现刑罚的目的。[④]

关于坦白的研究中，如何厘清“认罪”与“坦白”之间的关系成为论者们所关注的问题。认罪在我国司法实践中是一个比较重要的问题，在刑法现代化及刑罚轻缓化、刑事司法资源紧缺背景下，犯罪人认罪既具有实体价值又具有程序价值，应当受到充分的重视。其中，广义的认罪，包括自首、坦白、当庭认罪、退赃、赔偿等行为人的犯罪后态度；而

① 龙洋. 共同犯罪中立功之探究——以共同犯罪中揭发型立功的认定为视角. 法学评论，2008（1）.

② 周光权. 协助抓捕同案犯型立功的认定. 国家检察官学院学报，2012（4）.

③ 陈伟. 自首与立功竞合时该如何认定问题研究. 法商研究，2016（1）.

④ 王宇展，黄伯青. “坦白从宽”入律之法理研究与实践操作. 政治与法律，2012（2）.

狭义的认罪，是将认罪态度好坏作为一个独立的酌定量刑情节进行评价。有论者尝试从理论层面界定“认罪”的范畴，主张认罪具有以下特征：一是认罪的主体是犯罪人，包括犯罪嫌疑人、被告人及已决犯人。二是认罪的对象是国家司法机关，即侦查机关、审查起诉机关和审判机关。三是认罪的内容为承认自己的罪行，既包括主动交代犯罪事实，也包括在事实面前认罪服法。四是从时间上看，犯罪人认罪可以发生于犯罪以后至刑罚执行完毕之间的任何阶段。五是从行为效果上看，认罪对行为人的量刑及行刑都会产生实体法上的有利影响，同时从程序法角度而言，认罪是放弃诉讼权利的意思表示行为，可以引起程序的发生、变更以及终结。六是认罪具有自愿性、真实性及明智性。① 另有学者从实务角度分析了认罪态度对量刑的影响，发现实践中认罪态度在量刑中的适用存在以下问题：其一，认罪态度对量刑的影响存在不确定性，认罪态度在立法上的定位模糊，致使实践中法院对认罪态度与量刑的关系认识与评价模棱两可，进而影响到对不同认罪态度类型的被告人的处罚标准把握不够准确。其二，认罪态度与其他量刑要素受到重复评价，一种是认罪态度与法定量刑情节之间相互独立，各自对量刑发挥作用，另一种则是认罪态度与其他量刑要素混同评价。其三，认罪态度受到法官积极、主动地评价，可能损害法官中立性与被动性。鉴于此，首先要解决的是立法应明确认罪态度对量刑的影响，使被告人在认罪后得到与之相适应的刑罚处理结果，避免强调打击犯罪而忽视保障被告人权益的价值；在此基础上，应进一步完善认罪态度在量刑中的评价机制，即设立认罪从宽的告知程序，合理划分认罪态度的类型及提供相应的处理结果；另外，在司法操作层面，应确立法官对认罪态度的精细化量刑模式。②

党的第十八届四中全会于 2014 年 10 月 23 日通过的《中共中央关于全面推进依法治国若干重大问题的决定》中指出“要完善刑事诉讼中的认罪认罚从宽制度”，使得认罪认罚从宽政策与坦白从宽政策之间的关系再次成为学界关注的焦点。有论者认为前述两种政策具有高度相似性，表现在：其一，二者主要是围绕口供问题的刑事政策；其二，二者在价值导向上，既追求效率，也追求程序公正；其三，二者有利于促进刑法适用、特别是刑罚适用上的轻缓化，从而有利于轻缓化刑事政策的贯彻。不过，认罪认罚从宽政策虽是对坦白从宽政策的继承，但也与之有明显区别：一是内涵不同，坦白从宽政策基本只是口供政策；而认罪认罚从宽政策的内涵更为丰富，不仅将是否认罪作为程序适用和刑罚裁量的重要考量因素，其认罪的自愿性与程度远胜于坦白，而且也包括对是否认罚、是否积极退赃等作为判断程序从简、实体从宽与否的重要因素。二是适用阶段不同，坦白从宽政策主要适用于审前阶段，但认罪认罚从宽政策贯穿于刑事诉讼的全过程。三是从宽方式不同，坦白从宽政策限于实体法，主要影响刑罚裁量，而认罪认罚从宽政策既包括实体从宽，也包括程序从简。四是法律关系不同，坦白从宽政策体现的是公权机关和被追诉人之间的关系，但认罪认罚从宽政策中，法律关系不仅有坦白从宽政策所包含的类型，更为重要的是还贯彻了恢复性司法的理念，即体现出加害方同被害方的关系。综上可知，认罪认罚从宽政策是对坦白从宽政策的扬弃、继承与发展。③

---

① 程芳. 认罪概念的刑事一体化思考. 刑法论丛，2014 (4).

② 贺小军. 认罪态度对量刑的影响实证研究——以 A 省 B 市为例. 政治与法律，2015 (12).

③ 卢建平. 刑事政策视野中的认罪认罚从宽. 中外法学，2017 (4).

关于认罪认罚从宽的制度设计，还有论者主张应当从实体法和程序法两个层面进行改革和完善，具体包括：一是改革规范认罪认罚从宽制度的实体文件的制定范式，将犯罪嫌疑人、被告人认罪认罚作为“应当”型的法定情节；二是构建科学合理、相互衔接的认罪认罚程序，赋予犯罪嫌疑人、被告人适用认罪认罚程序的选择权，对选择或同意适用认罪认罚程序的犯罪嫌疑人、被告人予以从轻处罚，并规定对其减少基准刑的幅度等。① 不过，另有论者对将认罪认罚作为“应当”型法定情节持不同观点，认为“认罪从宽”“认罪认罚从宽”并不等于“认罪当然从宽”，在具体个案中，要以认罪的真实性为主要标准，兼顾被告人罪行的轻重，运用恰当的判断方法，以掌握实体上的刑罚裁量从宽与否及其幅度。②

2. 酌定量刑情节

酌定量刑情节是指法律未作出明确规定而由裁判者根据刑事法律政策在司法实践中总结且在裁判中酌情予以灵活适用的量刑情节。在这一部分内容的研析中，有两个方面值得关注：一是关于酌定量刑情节法理根据的探讨，二是对酌定量刑情节所可能涵摄的范围进行辨明。

（1）就酌定量刑法理根据而言

有论者认为罪刑法定原则与罪责刑相适应原则之间是相辅相成、互相制约的关系，基于这样的认识，应当以罪责刑相适应原则对罪刑法定原则的修正作为酌定量刑情节存在的法理依据，并承认酌定量刑情节存在一定的法定化趋势。该论者进一步提出了酌定量刑情节的法定化路径：一是关于酌定从重或从轻情节，可在《刑法》第 62 条中增加第 2 款规定“虽不具有本法所规定的从重、从轻情节，但酌定下列情况，可以从重或从轻处罚”。二是关于酌定减轻情节，可在《刑法》第 63 条中增加第 3 款规定“案件的特殊情况指第 62 条第 2 款规定的情况”，至于酌定减轻的程度，可以借鉴减刑制度的已有规定，设置一个酌定减轻处罚的下限，如此一方面能够赋予法官较大的自由裁量权，交由法官在个案中作出具体的判断；另一方面为减轻处罚设定一个合理的底线也不至于脱离犯罪构成事实。三是主张酌定减轻情节不宜具有免除处罚的功能，确定是否免除处罚应适用的法定量刑情节更为妥当。③

与前述观点不同的是，有论者主张现行《刑法》第 63 条第 2 款是关于酌定减轻处罚适用的实体性规范与酌定减轻处罚适用的程序性规范，这一规定是以责任主义原则为前提，充分考虑了特殊预防和积极的一般预防的必要性，体现了量刑个别化原则的意旨，有利于在特殊案件的裁判中克服罪刑规范的“刚性”，兼顾民意和社会伦理，进而确保个案实体处理结果能够被公众广泛认可。适用该规定的理由可归纳为四点：一是犯罪行为虽然导致严重后果发生但是犯罪行为的作用一般，二是犯罪分子主观恶性小、人身危险性不大，三是法律规定存在漏洞或法定刑配置不合理，四是基于有效追诉犯罪的刑事政策考量。此外，在具体适用酌定减轻处罚规定时有两方面的因素需要考量，其一，要判断犯罪行为及其危害程度，进而对犯罪分子的可谴责性进行判断；其二，要考虑犯罪分子的再犯

---

① 谭世贵．实体法与程序法双重视角下的认罪认罚从宽制度研究．法学杂志，2016（8）．

② 王瑞君．“认罪从宽”实体法视角的解读及司法适用研究．政治与法律，2016（5）．

③ 林亚刚，袁雪．酌定量刑情节若干问题研究．法学评论，2008（6）．

可能性。最后，在我国现行刑法已对该规定的适用作出严格程序限制的情况下，审判机关应根据一定的规则妥善而积极地适用该规范，进而作出具有充分说服力且能够被广泛接受的量刑裁判。[①]

（2）从酌定量刑情节的类型确定来看

第一，关于酌定从重情节的取舍：有论者认为应当对酌定从重情节进行取舍，使之在法治的轨道上运行，这一方面是因为酌定从重情节没有法律的明确规定，所以适用该情节违背了刑法的明确性原则，从而与“法无明文规定不处罚”相忤逆；另一方面，则因为在酌定从重情节中，依据影响预防刑的情节所确定的预防刑必然超过责任刑的上限，所以该类情节的适用不符合量刑基准的要求。据此，应对酌定从重情节设置一个合理的限度，即应区分影响责任刑的酌定从重情节和影响预防刑的酌定从重情节，在此基础上，由于前者是决定基准刑的情节，因此无论是从宽处罚还是从重处罚情节均可适用，而后者的适用会导致刑罚量超过责任刑，因此影响预防刑的酌定从重情节应当予以否定。[②]

第二，关于赔偿被害人损失在量刑中的定位：我国《刑法》第 36 条将“赔偿损失”与刑罚作为并列的责任后果加以规定，第 37 条将“赔偿损失”作为非刑罚处理措施加以规定，适用于犯罪情节轻微不需要判处刑罚的人，然而，现行刑法对“赔偿损失”可否作为量刑情节却没有明确规定。对此，有论者认为，若刑事加害人对被害人的损失进行了赔偿，能够表明刑事加害人真诚悔罪及再犯的可能性降低，可将“赔偿损失”作为酌定从宽情节减轻其刑事责任；并主张，实践中应以“悔罪—赔偿—谅解—从宽”作为基准模式，在此基础上，根据案件性质的不同，依个案中“悔罪”“赔偿”“谅解”等因素在组合数量、程度上的递减，在从宽的幅度上递减。[③] 另有论者认为，将赔偿损失作为酌定从宽情节，有助于促进行为人、被害人、第三方修复社会关系，减少刑罚的副作用，减少遗留问题，减少循环报复、私刑；同时，也是能动司法的体现，是社会管理创新和化解社会矛盾的客观要求。有鉴于此，应当对不同性质的赔偿损失在刑法中作类型化规定，比如：对侵犯财产性利益的犯罪，行为人赔偿经济损失的，刑法应综合考虑犯罪性质、赔偿数额、赔偿能力等情况，明确规定一个相对较大的从宽定罪、量刑的幅度；同时，刑法应当规定类似“随时追缴”的“随时赔偿”制度，并可以考虑对因赔偿损失而从宽处罚的环境犯罪等适用惩罚性赔偿制度。[④]

第三，关于被害人谅解在刑罚裁量中的运用：有论者主张，被害人及其家属的谅解不是减少责任刑的情节，而是使一般预防必要性减少的情节。一般预防的对象是犯罪人以外的社会成员，既包括具有犯罪危险的人、容易犯罪的人，也包括犯罪被害人，这主要是因为被害人直接或间接受到犯罪行为的侵犯，往往具有报复性倾向，也容易通过犯罪手段达到报复目的，是故对犯罪人适用刑罚，有利于消除被害人的报复心理，增强被害人的规范意识。而被害人的谅解表明其报复性倾向减少，不会通过犯罪手段实现报复目的。综上，

---

① 时延安．酌定减轻处罚规范的法理基础及司法适用研究．法商研究，2017（1）．

② 苏永生．“酌定从重处罚情节”之否定——一个罪刑法定主义的当然逻辑．政法论坛，2016（6）．

③ 王瑞君．赔偿该如何影响量刑．政治与法律，2012（6）．

④ 王文华，刘宏武．“赔偿损失”对刑事责任的影响——兼论我国《刑法》中“赔偿损失”的类型化研究．法学杂志，2014（1）．

一般预防必要性大虽然不能成为加重量刑的理由，但体现一般预防必要性小的被害人谅解却可作为从宽量刑的理由。①

第四，关于罪后态度对量刑的影响：有论者提出反省、悔罪与赔礼道歉虽然不是法定量刑情节，却是减少预防刑的重要情节，法官在裁量预防刑时必须予以重视；事后积极退赃、赔偿损失与积极挽回损失的行为，既可能使特殊预防必要性减少，也可能使一般预防必要性减少；行为人犯罪后为逃避刑事责任而隐瞒事实、毁灭证据与负案潜逃属于犯罪后的常态，不能成为增加预防刑的情节；另外，法官不应将犯罪后的常态作为增加预防刑的情节，例如：犯罪后毁灭罪证、拒不交代等并不是增加预防刑的情节，而是行为人犯罪后的常态而已，而且完全没有期待可能性。换言之，应当区分被告人事后为了逃避、减少刑事责任的情节与表明被告人再犯罪危险性大的情节，围绕特殊预防目的对犯罪后态度予以判断。②

（二）有关量刑方法的争论

量刑偏差是由诸多因素共同造成的，既有立法上的原因，如刑法规定的量刑幅度过宽、模糊语言的大量存在；又有学界的局限，即未能提供一个科学的量刑方法，法官在量刑时缺乏科学方法的引导；还有司法实践的原因，比如量刑主体的个体差异决定了其在理解法律、认定量刑情节时会出现偏差；此外，审判体制、各方干扰造成法官不能独立行使量刑裁量权等，亦是不可忽略的影响量刑结果的因素。不过，在立法相对完备和排除干扰的前提下，发生量刑偏差的原因，主要来自量刑方法的问题。基于此，学界一直致力于在裁量原则、步骤和尺度上寻求共识，以期通过构建一种科学的量刑方法来尽可能地减少或纠正量刑偏差，以下将择其要者而述之。

1. 传统量刑法

传统量刑法，亦可称为经验量刑法，是指法官首先审理案件掌握案情，在法定刑的范围内，参照司法实践的经验，大致地估量出对该案应判的刑罚，接着再考虑案中存在的从重、减轻、从轻等各种量刑情节，最后综合地估量出应当执行的刑罚并加以宣告的量刑方法。

有论者提出了“分段量刑法”，主张量刑方法应当基于量刑过程在每个阶段所呈现的功能与特点予以分段构建，具体表现为：在定罪所确定的具体法定刑或依减轻处罚情节所确定的处断刑基础上，依本罪的具体构成事实在相应法定刑幅度内确定量刑起点，再依本罪的从重或从轻处罚情节确定本罪的宣告刑，在案件存在数罪、羁押、情节轻微不需要判处刑罚、缓刑情节、减刑情节、假释情节等情形下，需依相应的量刑制度，确定本案的执行刑。③

上述“分段量刑法”实质上是遵循着首先在法定刑范围内确定一个量刑幅度、然后结合具体个案中的量刑情节进行综合考量、最终确定宣告刑的思维路径。与之类似的观点认为，量刑情节的适用前提是基准刑的确定，因为只有确定了基准，才可能反复处断，最终

① 张明楷. 论影响责任刑的情节. 清华法学，2015（2）.

② 张明楷. 论犯罪后的态度对量刑的影响. 法学杂志，2015（2）.

③ 石经海，骆多. 量刑过程视角下量刑方法分段构建研究. 中国刑事法杂志，2015（1）.

决定宣告刑。其中，基准刑应当针对具体罪行分别确定，而不能按照法定刑的中点抽象地、简单地确定；而适用量刑情节时，基准刑应当为起点刑，在从重从轻情节竞合情形，在量化的前提下，可以通过加减方式量刑，但是在适用减轻情节时，必须把握减轻处罚优先原则。①

另有论者着重探讨了预防刑的裁量思路，总结出了以下几条裁量规则：其一，裁量预防刑时应当重点追求特殊预防，不得使积极的一般预防优于特殊预防。其二，若裁量预防刑时难以追求积极的一般预防，则不得追求消极的一般预防；但是，如果一般预防的必要性小则应当从宽处罚。其三，预防刑的裁量是刑罚个别化的过程，任何犯罪中表明被告人再犯罪危险性小的情节都应当受到重视，对罪行严重的犯罪不适用或者严格适用酌定从宽情节的做法，违反刑罚目的。其四，裁量预防刑时，对影响责任刑的情节与影响预防刑的情节，既不能进行综合判断，也不能使之相互抵消；既要考虑类型化的情节，也要考虑非类型化的情节。②

还有学者就个案中报应刑与预防刑的冲突，提出了以下解决思路：如果一个犯罪人的罪行很严重但预防必要性较小，或者罪行较轻但预防必要性较大，如何进行刑罚量的裁决，是裁判者和刑法学者共同思考的问题。以责任为基础，采纳点的理论来解决报应刑与预防刑的冲突是较好的选择。当然也要避免将应当作为责任刑考虑的因素当作预防刑因素予以考虑，或者过于抬高犯罪人悔罪等事后情节的地位，从而不适当地减轻责任刑。③

2. 现代量刑法

现代量刑法，是运用现代科学技术对传统量刑方法予以革新，例如：多层次加权分析决策法，基于系统论而对定量事件作定量分析和对人们的主观判断作客观描述的方法；又如：数学模型法，基于量刑的法律系统模型而使用量刑数学化的量刑方法；再如：定量分析法，具体又可分为加权平均测评法、指数确定法和积分量化法等，即基于系统论而对犯罪事实情节和法定刑幅度作定量分析的量刑方法；还有电脑量刑法，通过运用计算机系统存储的法律和有关知识进行推理判断的量刑方法。然而，正如有的论者所指出的，这些量刑方法都运用了现代系统论、控制论和信息论等理论成果，但量刑毕竟不是一个简单的算术或数学问题，不能简单地推理和证明，它既需要实现一定的法律功能，也需要达到一定的社会效果，单纯数学上的加减乘除无法解决量刑所涵盖的复杂社会矛盾；那种以贝卡里亚关于"刑罚运用的相关问题应当用几何学的精确度来解释"以及用马克思关于"一种科学只能在成功地运用数学时，才算达到了真正完善的地步"的观点来论证电脑量刑或数学量刑的科学性和合理性，其论证本身就值得商榷。④

值得注意的是，现代量刑法的产生，一方面是由于科技发展在司法领域的延伸，另一方面也是因为传统的经验量刑法存在不足，因此更为妥当的做法是，理性看待两种量刑方法的利弊优缺，在此基础上通关各取所长来构建更为合理的量刑方法。不过，在折中的过程中，根据折中程度的不同，有论者倾向于传统量刑法，主张传统量刑法所具有的逻辑规

① 林维. 论量刑情节的适用和基准刑的确定. 法学家，2010（2）.

② 张明楷. 论预防刑的裁量. 现代法学，2015（1）.

③ 王瑞君. 如何解决个案量刑时报应刑与预防刑的冲突. 政治与法律，2013（5）.

④ 石经海. 量刑思维规律下的量刑方法. 法律科学，2010（2）.

律仍应是构建现代量刑方法的基石，据此，刑法现代化下量刑方法的构建，应把传统经验量刑法与各种现代量刑方法进行整合，以形成定量与定性相结合的量刑方法。① 而有的论者则侧重于现代量刑法，提出应当在司法实践中引入数字化量刑方法，并通过数字化量刑方法借以实现量刑上的规则之制，使法官的量刑思维清晰和理性，让量刑活动做到有章可循，并以此为主，配以其他解决方法，才是当前解决量刑偏差的可行之道。②

（三）关于“量刑反制定罪”的反思

“以刑制罪”“量刑反制定罪”理论被视为对传统定罪量刑理论与实践的新变革，意在纠正罪名与刑罚失当所导致的罪刑失衡问题，以期弥合以罪制刑与实现罪刑均衡之间的功能裂缝。囿于以刑制罪本身仍算不上是一种成熟的知识形态，因此学界目前对其的态度并没有绝对意义上的赞成派和反对派之分，即使倾向于肯定“以刑制罪”价值的论者依然致力于提出种种合理化建议来优化以刑制罪的知识体系，所以，对该领域内观点的归类，更为妥当的提法是“积极说”和“消极说”之分。

其一，持“积极说”的论者们：有的提出，以刑制罪始于定罪与量刑的失衡，目前已指向罪刑关系的实践模式、刑事政策及刑法解释等深层问题，具有以反思罪刑关系为起点、重在纠偏罪刑失衡、适用的慎重、范围的特定与鲜明的政策导向等特征；然而，以刑制罪也面临适用空间有限与范围模糊、涉嫌与罪刑法定抵牾、严重依赖刑法解释与刑事政策、与以罪制刑和刑事责任的关系不明等教义化困局。职是之故，为整体夯实教义基础与优化适用机制，以刑制罪应作为动态罪刑关系的常态适用与优化模式，消解理论与司法中似是而非的地位难题；应与刑事政策保持合理界限，破解过度倚靠刑法解释的适用路径，以求功能与运作机制的正本清源；应确认和激活刑罚有效性的逆向检验功能，促成刑事归责与刑罚范畴形成互建性的动态合作机制；应与刑事立法及完善保持良性互动关系，契合罪刑法定主义追求的实质正义要求。③ 有的认为，在方法论的体系定位上，完全可以将所谓的以刑制罪纳入刑法目的解释之中。所谓以刑制罪，其本质内涵实际上是在刑法解释过程中，发挥刑罚妥当性对于解释裁决的指引功能和批判审查机能，其并不必然地违背罪刑法定，也并不违背司法三段论逻辑。这样一种实质性的刑法解释方法，对于沟通刑事政策与刑法体系具有重要意义。④ 还有的主张，对刑罚反制应有清晰、合理的认识，不能忽视其在实践上的功用，也不能夸大其潜在的价值。不管人们对刑罚反制抱多高的期望，都不能替代形式逻辑在司法实践中的作用，司法三段论不仅应当坚持，而且应当强化，应当始终被置于法律适用过程的基石地位。由此，对于以刑制罪的做法不是抛弃，而是要对其进行结构重构，以克服传统司法三段论的理论缺陷。⑤

其二，持“消极说”的论者们：有的主张，以刑定罪是转型期中国笼罩在多重司法压力阴霾下的刑事法官所进行的一种“法律的非正式运作”，这种“逆向型”的定罪思维或

---

① 石经海．量刑思维规律下的量刑方法．法律科学，2010（2）．

② 袁涛．数字化量刑方法研究．刑事法评论，2009（1）．

③ 孙道萃．以刑制罪的知识巡思与教义延拓．法学评论，2016（2）．

④ 王华伟．误读与纠偏：“以刑制罪”的合理存在空间．环球法律评论，2015（4）．

⑤ 赵运锋．刑罚反制机能的梳理与展开——基于传统罪刑关系的反思．中国刑事法杂志，2012（11）．

逻辑，不可能成为一种个案裁判意义上的“普适性知识”，而只能以一种疑难个案“处理术”的方式隐性存在。[①] 有的论者对此持类似观点，认为以刑定罪是司法实践中客观存在但有待学理进一步探讨的一种“逆向型”定罪思维，刑事法治的步履艰难也在不时地提醒我们，必须时刻警惕各种功能主义包装下的“温情毒药”。鉴于此，对于以刑定罪，在给予必要的人文关怀的同时，还需进一步对其理论及实践上的功能加以系统性的检视，对其在制度与规范上的冲击予以全面地分析。唯有此，刑事法治建设才不至于走回头路。[②] 另有论者提出，量刑反制定罪论并不是化解疑难案件中定罪与量刑之间矛盾的合法的、有效的进路，这一理论主张不仅背离了刑事法治的基本精神，扭曲了定罪与量刑之间的应然关系，而且还忽略了刑法解释对定罪与量刑之间矛盾的调适作用。[③] 还有论者对以刑定罪所持的消极立场更为明确主张，在定罪与量刑的关系上，必须坚持定罪决定量刑的理论，唯有定性准确，方能实现量刑适当。量刑反制定罪的理论存在问题，除想象竞合犯与牵连犯外，量刑并不能反制定罪，譬如：司法实践中个案定性准确、量刑失当的现象出现时，只需援引《刑法》第 63 条第 2 款减轻处罚的特别规定即可；如果量刑失当现象反复出现，这就说明该条文确实罪刑失衡，必须由立法者对该条文加以及时修订。所以，量刑反制定罪理论的提出貌似解决了个案量刑不公的问题，其实质则是社会危害性理论在司法上的重现，是对罪刑法定原则的反动与颠覆，对刑事司法有百害而无一利，必须予以抛弃。[④]

四、刑罚执行的现状省思

（一）社区矫正的完善建言

社区矫正，指的是将符合法定条件的罪犯置于社区内，由专门的国家机关在相关社会团体、民间组织和社会志愿者的协助下，在判决、裁定或决定确定的期限内，对罪犯的心理和行为进行矫正，促使其顺利回归社会的非监禁刑的执行活动。《刑法修正案（八）》标志着社区矫正制度的正式确立，其后“两院两部”所出台的《社区矫正实施办法》进一步明确了社区矫正的适用规则，以保障该制度能在实践中顺利贯彻执行。应当说，社区矫正的确立不仅意味着我国刑事司法中刑罚执行方式发生的根本性变革，而且反映出我国刑事政策随时代发展作出的因应调整。关于社区矫正制度所涉及的研讨，主要分为两个维度：一是结合其产生背景和社会发展，探讨其背后所依据的理论变迁；二是立足于其现有的实践困惑，提出完善途径以消除该制度贯彻时所遭遇的现实障碍。

1. 剖析社区矫正制度的理论依据

有论者从刑事一体化的视角出发，剖析了社区矫正的理论根基，一则，认为社区矫正是人类刑罚文明演变的历史必然，相较于监禁刑，社区矫正不将罪犯与社会隔离，而将其置于社区进行救治性的处遇，无疑对罪犯而言更为宽和、人道以及更有利于协助其复归社

---

① 周建达．以刑定罪的知识生产——过程叙事、权力逻辑与制约瓶颈．法制与社会发展，2015（1）．

② 周建达．“以刑定罪”的实践样态及其分析——以 Y 市法院的实证考察为基础．环球法律评论，2015（1）．

③ 姜涛．批判中求可能：对量刑反制定罪论的法理分析．政治与法律，2011（9）．

④ 郑延谱．量刑反制定罪否定论．政法论坛，2014（6）．

会；二则，认为社区矫正是二元社会中犯罪控制模式的理性选择，社区矫正植根于社区，体现了“国家—社会”的双本位犯罪控制思路；三则，社区矫正是罪刑问题研究趋于理性化的产物，在承认犯罪的不可避免性以及刑罚作用有限性的基础上，以罪犯再社会化为宗旨的社区矫正的合理性和必要性得到了凸显；四则，社区矫正是优化刑法运作机制的内在要求，有利于提升刑事执行在刑法运作中的地位，加强刑事执行对刑事司法的能动制约作用；五则，社区矫正是与监狱矫正相辅相成的矫正模式，前者可以缓解监狱人口压力，降低刑罚运作成本，同时，监禁刑又保持着刑罚的威慑作用，在非监禁刑适用效果不佳的情况下，可以通过易科监禁刑来进行衔接。① 另有论者指出，社区矫正的思想理论基础是对犯罪、刑罚及罪刑关系以及刑事政策和社区矫正特质等基本问题的认识，具体而言：一是基于对犯罪产生原因的认识，国家和社会对犯罪的产生负一定的责任；二是出于对刑罚作用有限性的认识；三是源于刑事政策的科学调整，刑事政策的目标由剥夺、惩罚转变为教育和改善；四是由于社区矫正的灵魂和要义在于社会化，以促进被矫正者重返社会。可见，以上思想基础是支撑社区矫正赖以产生和长期健康发展的必要条件。②

2. 完善社区矫正制度的可行之径

第一，关于社区矫正的机能转变，有论者提出，社区矫正机能的演进史就是社会变迁和实践需求推动的刑罚理念递嬗史，其经验表明：社区矫正机能理论并非僵化不变，而是随着社会背景和制度实践的需要而不断变化。社区矫正制度虽缘起于特殊预防的目的需求，但亦是随着社会境况变迁和刑事政策演变而不断创制、实验、形塑并最终重构理念机制的动态发展过程。在这一过程中，恢复性司法与被害保护需求下的正义修复、处遇规制化影响下的规范矫治以及风险管理推动下的分流监控相结合的三种复合机能论，推动着社区矫正向目标多元和机能复合的多维图景延展。在广义的风险语境下，三机能各具特色应当兼顾；而在机能竞争时，根据风险紧迫性形成分控、矫治、修复的先后择序。③

第二，有关社区矫正的机构建设，有论者认为我国社区矫正机构的设置有待完善，社区矫正机构有广义和狭义之分，狭义的社区矫正机构是指社区矫正执行机构，而广义上的社区矫正机构则包括社区矫正决定机构、社区矫正法律监督机构、社区矫正管理机构、社区矫正工作机构（其中包括社区矫正执行机构）、社区矫正协作机构等。其中，县级及其以上司法行政机关是社区矫正的管理机构，县级司法行政机关及其派出司法所是社区矫正的执行机构，人民法院是社区矫正的决定机构，人民检察院是法律监督机关，社区矫正工作的开展，还需要公安部门、立法部门、编制部门、人力资源和社会保障部门、财政部门、民政部门、工商部门、税务部门、教育部门、卫生部门等相关机构的支持与配合；而司法所是司法行政机关开展社区矫正工作的主要实践载体，应当进一步加强司法所建设，夯实社区矫正一线工作机构体系。④

第三，关于社区矫正的人员配置，有论者主张，尽管我国的社区矫正工作已引入了社

① 冯卫国，储槐植. 刑事一体化视野中的社区矫正. 吉林大学社会科学学报，2005（2）.

② 张绍彦. 社区矫正的基础、目标和发展方向. 政法论坛，2015（6）.

③ 李川. 修复、矫治与分控：社区矫正机能三重性辩证及其展开. 中国法学，2015（5）.

④ 郭健. 我国社区矫正机构论纲. 刑法论丛，2011（4）：99-129.

会工作者，但是社会工作者的数量以及专业化和职业化程度都远不能满足社区矫正工作的需要。为改变这种局面，一方面，应当扩大社会工作者的来源和数量；另一方面，应当对社会工作者的任职资格、待遇和职业发展等进行规范和完善，以促进社会工作者在社区矫正工作中功用的积极发挥。①

第四，有关社区矫正的适用对象，有论者指出，随着我国经济社会情况的变化和法律制度的改革，有必要对社区矫正适用对象的范围进行一定调整。一是社区矫正的正式对象，社区矫正工作的主要对象应包括《刑法修正案（八）》实施之前的5类罪犯，即管制犯、缓刑犯、暂予监外执行犯、假释犯和剥夺政治权利犯，即剥夺政治权利犯也应被纳入社区矫正适用对象的范畴；二是社区矫正的兼顾对象，即利用社区矫正辅助机构的资源对其开展一定工作的人员，至少可以包括社区戒毒人员、附条件不起诉人员、轻微违法人员等，将兼顾对象也纳入社区矫正的范畴，将有助于充分利用资源，分担社会治安综合治理的任务。②

值得一提的是，有的论者建议设立社区性刑罚，以应对我国短期监禁问题所带来的挑战。短期监禁犯症状的蔓延，不仅加重了国家管理监狱的负担，而且使得重新犯罪率上升。制定社区性刑罚是国际社会解决短期监禁犯症状的成功探索。鉴于我国刑罚体系存在的功能性不足，不能充分应对短期监禁犯所带来的问题，故应当考虑制定社区性刑罚，如：我国可以从设立社区劳动刑入手，先制定社区性刑罚中的社区刑罚，然后再规定半监禁刑。③

（二）减刑假释制度的改进路径

减刑与假释是我国重要的刑罚变更制度，是实现刑事法治目的的重要保障之一，二者的共性表现为：一是适用目的相同，均是以教育刑的理念贯之，以期能够实现教育和改造罪犯的目的，帮助犯罪人早日重返社会；二是适用效果相似，都能起到提前释放罪犯的效果；三是在适用对象和适用条件上均存在一定程度的重合。然而，减刑与假释在实践运用中的弊端也日益凸显，一方面表现为制度目标与实践效果的错位，比如减刑制度本是以激励罪犯改造的初衷而设置，但部分罪犯将获得减刑视为理所当然，不仅在获得减刑后不会产生悔改之心，还会因无法获得减刑而心生敌对或是抗拒改造的情绪；另一方面则体现为减刑、假释的实践操作不当，导致犯罪人的罪行及其危害程度与其实际受到处罚的比例失调，并且还可能伴随着司法腐败、倾斜适用、释放后再犯罪等现象，加上减刑、假释制度的封闭性使然，导致缺乏公众的有效监督等问题的产生。有鉴于此，学界对完善我国的减刑、假释制度提出了以下建言。

有论者提出，对现行减刑制度的改革完善，有必要重新回到对刑罚目的这一基础问题进行讨论，减刑制度的设计初衷在于预防观念，而近年来减刑适用门槛的提高、罪犯实际服刑时间的延长，都使减刑的报应观念日趋明显。值得注意的是，通过提升刑罚的一般威慑力来解决问题的做法，终将会面临边际效用递减的困境。对此，当减刑改革在实体法层

① 廖明．社区矫正中社会工作者参与的问题困难与对策建议．刑法论丛，2013（2）．
② 吴宗宪．论我国社区矫正的适用对象．北京师范大学学报（社会科学版），2017（3）．
③ 翟中东．社区性刑罚的立法与短期监禁刑问题的解决．法学家，2018（2）．

面无法寻求更好的解决方案时，应在程序设计上探寻因应之道，就减刑程序来看，可以从以下三个方面入手：一是要求监狱等执行机关提出减刑建议时，应有充分事实根据；二是通过设立听证程序、完善证据制度等具体措施来强化法院对减刑的审理环节；三是加强检察机关的监督力度，着重通过将监督措施具体化、实效化的方式来落实。①

就设立减刑、假释的听证制度而言，其现实原因在于我国长期以来对假释案件采用书面审理的方式，被报请假释的服刑人员被排除于程序之外，没有表达意见和申辩的机会，检察机关对人民法院的裁判过程亦无法监督。由于这种审理方式缺乏公开性和透明度，从而导致裁判结果的公正性受到质疑。于是有论者认为构建假释听证制度成为弥补书面审理方式的封闭性和缺乏监督等缺陷的必然选择。我国各地正在试行的假释听证实践虽然彰显了假释听证制度的合理性，但由于缺乏立法的根据使其面临合法性危机，因此，有必要通过立法的方式将假释听证制度“合法化”②。另有论者提出，以书面审理为原则、开庭审理为例外的庭审方式已经难以承担减刑、假释的重任；刑事听证作为公民参与司法的重要和有效途径，应引入减刑、假释程序之中；从确保我国减刑、假释制度顺利实施的目的出发，此种刑事听证应当包括减刑、假释提请听证和减刑、假释审理听证。③

然而，有论者对上述观点持不同意见，认为通过公示、听证、开庭审理、检察监督等方式可以有效减少虚假立功的减刑，但对减少基于平时悔改表现的减刑和假释中的各种舞弊现象效果不佳。相较之下，在信用减刑、假释制度中，给予减刑、假释是自动的，因而对每一个犯罪人是公平的；撤销减刑或假释需要有明确的不良表现，如有争议，可通过诉讼途径展开事实和法律的辩论，从而真正实现程序的司法化。④ 该论者以比较法的视野研究了法国的信用减刑、假释制度，其中：信用减刑是法国减刑制度中最基本的减刑种类，根据这种减刑，任何被判处剥夺自由刑的犯罪人，在刑罚交付执行之时，即自动获得减刑，如果犯罪人在刑罚执行过程中或者刑罚执行完毕后的一定时间内有不良表现或者又再犯罪的，则撤回相应的信用减刑；为了保证减刑的公正性，减刑过程引入司法化程序。⑤基于此，可以对我国的减刑、假释制度作出完善，即构建“以自动减刑为基础的提前释放制度”，其基本构建是：首先，犯罪人在判决交付执行时，就按既定比例计算出其应得的减刑时间，从而预先确定假释日期；在刑罚执行期间，如果有不良表现，则撤销全部或部分减刑，并因而撤销或延迟假释。其次，假释以后，还将接受相应时间的后续监督，在此期间再故意犯罪或者有其他严重违法行为，也全部或部分撤销假释，重新执行原判刑罚。值得注意的是，信用减刑、假释制度给予每个人的机会都是平等的，犯罪人在入狱之初就能预见自己的出狱日期，因而能得到绝大多数犯罪人心理上的接受，减少因减刑、假释不公而导致的对抗情绪，从而使其安心改造，遵规守纪，争取早日获得自由。该制度与判决刑期相关，判决刑期越长，所得的减刑的期限越长，越能持久激励犯罪人为之努力；同样，刑期越长，假释期限越长，也就意味着从监狱到正常社会生活的过渡期越长，从而更

① 时延安．刑罚目的反思与减刑制度改革完善．人民检察，2014（8）．
② 张建军．我国假释听证制度的构建．法商研究，2011（2）．
③ 程绍燕．我国减刑、假释听证制度研究．政法论坛，2016（4）．
④ 张亚平．减刑、假释的目的反思与制度变革．现代法学，2015（6）．
⑤ 张亚平．法国信用减刑制度及其借鉴意义．中国刑事法杂志，2013（5）．

有利于犯罪人逐渐融入社会。[1] 以上理论是建立在肯定减刑、假释制度并存且相互独立，虽然各有优缺但不能被相互替代的基础上，希望通过对二者的综合改革，以分别发挥各自优势。

不过，与上述肯定减刑、假释制度各有优势的观点不同，有论者认为我国的普通减刑制度积弊已久，在司法实践中的弊端日益凸显，相比之下，假释制度具有减刑的所有积极功能，而且具有减刑所不具备的优越性，适用假释可以克服或者弥补减刑的各种缺陷与弊端，因此我国应当调整现行的刑罚变更执行司法政策，扩大假释的适用比例，严格限制普通减刑的适用，建立“假释为主、减刑为辅”的刑罚变更执行模式，即除了对死缓罪犯、有重大立功表现的罪犯可以减刑以外，一般情况下对原判 10 年以上有期徒刑的罪犯实行“1 次减刑＋1 次假释”的策略，而对原判 10 年以下有期徒刑的罪犯一般不再适用减刑，只实行一次性假释。[2] 还有论者基于世界上某些国家仅实行假释的刑罚执行变更制度的考量，对我国减刑、假释制度的改革路径作了如下规划：一方面对判处管制、拘役的犯罪分子继续适用减刑制度；另一方面，在减刑与假释制度重合适用的领域，即在有期徒刑、无期徒刑的范围内，废除适用减刑制度，并在累进处遇制的基础上重构我国的假释制度。[3]

此外，《刑法修正案（八）》增加了第 50 条第 2 款“对被判处死刑缓期执行的累犯以及因故意杀人、强奸、抢劫、绑架、放火、爆炸、投放危险物质或者有组织的暴力性犯罪被判处死刑缓期执行的犯罪分子，人民法院根据犯罪情节等情况可以同时决定对其限制减刑”，这是我国首次对被判处死刑缓期执行的犯罪分子规定限制减刑。在目前尚不具备全面废除死刑条件的时代背景下，限制减刑型死缓在某种程度上能够限缩死刑立即执行的适用规模，切实贯彻我国“少杀、慎杀”的死刑政策和以“以宽济严”为核心的宽严相济的刑事政策。为了避免限制减刑型死缓在实践中被滥觞，学界纷纷就其适用标准展开了探讨：有论者认为，适用限制减刑型死缓时，必须在罪刑法定和罪刑相适应原则的指导下，全面考虑行为的社会危害、行为人的主观恶性和人身危险性等各方面的因素，着重考虑其从轻情节在所有情节中的作用，其适用情形可包括以下几种类型：一是行为人有法定可以从轻的情节，罪该致死但处死刑立即执行过重，处死缓（不限制减刑）过轻；二是行为人犯罪的手段不是特别残忍；三是犯罪对象不是无辜的特殊群体；四是行为人基于可宽恕动机实施犯罪；五是从行为人在犯罪后表现出的认罪、悔罪态度，可得出其再犯可能较小或者无再犯可能；六是从最终法律适用效果上看，限制减刑可使法律效果和社会效果有机统一。[4] 另有论者对首批刑法指导案例有关死缓限制减刑适用标准的裁判进行梳理，主张民间矛盾的裁判价值只有依附于刑法规范才能彰显，基于现代刑事法治的基本要求，法官必须在合理解释民间矛盾的基础上，以事实还原的方式澄清民间矛盾与死缓限制减刑裁量基准之间的关系；同时，民间矛盾并不必然带来“由死转生”的结果。换言之，作为犯罪动机中的一种，民间矛盾因具有可宽恕的理由而成为死刑适用阻却事由之一，但民间矛盾并

---

① 张亚平. 我国减刑、假释关系之反思与重构. 法律科学，2016 (4).

② 尚爱国. 论我国普通减刑制度的弊端与改革对策. 中国刑事法杂志，2011 (7).

③ 王志祥. 我国减刑、假释制度改革路径前瞻. 法商研究，2009 (6).

④ 孙万怀，耿国美. 限制减刑的性质、适用标准及其最终解决. 法制与社会发展，2014 (4).

非行为人的“免死金牌”[①]。还有论者就限制减刑型死缓的程序设计提出了有别于通说的主张，认为通说将限制减刑的适用置于定罪量刑阶段所依据的理由缺少说服力。限制减刑属于刑罚变更问题，主要根据被执行人在死缓考验期内的表现作出是否限制减刑的裁决，其程序问题发生在死缓减为自由刑阶段，与死缓减为何种自由刑同时作出裁决。据此，《刑法》第 50 条第 2 款有关对死缓犯限制减刑的规定应理解为，人民法院在对死刑缓期二年执行减为无期徒刑或者有期徒刑时，根据其犯罪情节中的主观部分以及其在死缓考验期内的表现作出是否限制减刑的决定。换言之，限制减刑应置于死缓变更程序中予以一并解决，通过完善死缓变更程序，在充分保障被执行人权益的前提下，妥善解决如何适用限制减刑的问题。[②]

刑法是运用刑罚手段规制危害行为的法律，刑罚权在整体作用范围上的扩张或收缩，或是在局部意义上的强化或弱化，都与一国社会结构的变迁有着莫大关联。由于任何刑罚方式最终都可还原为对个体（个人或单位）权利的限制或剥夺，因此刑罚权配置的合理与否也成为迈向刑事法治进程不可忽视的一隅。较之于犯罪论领域所进行的各类如火如荼的论争，我国学界对刑罚论领域的研习热度略有不及。不过，进入 21 世纪以来，随着对死刑问题的聚焦、社区矫正的兴起、劳教制度的存废等一系列问题的关注，尤其是《刑法修正案（八）》和《刑法修正案（九）》对刑罚制度作出的重要改革，学界就刑罚论领域所展开的探讨也逐渐形成一种“燎原之势”。可以说，在依法治国的大背景下，关注刑罚论领域的意义与探讨犯罪论领域，对于我国而言都具有举足轻重的意义。通过回顾我国近二十年来对刑罚论领域的研究，可以发现

在刑罚观念的追问上，学者们通过对刑法新旧派学说理论的爬梳和引介，结合我国社会经济文化发展的状况，分别就刑罚的正当性、刑法的目的以及刑罚的功能等基底性理论进行深挖，以期为我国刑罚改革的纵深推进提供一个长久、科学的观念指引。

在刑罚体系的建构方面，我国社会转型时期政治、经济、文化领域都发生了变迁，促使着刑罚制度随着社会结构和犯罪态势的变化而进行调整，学者们不仅着眼于认识基础、方法论的研究来为我国刑罚的改革思路提供宏观指导，而且亦立足于我国刑罚体系的具体制度设计为我国刑罚体系的改进提出建言。

至于刑罚裁量与刑罚执行领域的探讨，均指向于对罪刑均衡原则的践行，二者与司法实践的联系直接而密切，近年来学者们对刑罚裁量和刑罚执行领域所进行的持续探索，一方面是为了确保刑罚适用的公正，使司法实践中的罪刑配置更为合理；另一方面，也是为了在既定罪之后的量刑环节，能够实现刑罚、刑事责任与犯罪构成之间的良性互动。

总之，我国学界对刑罚论领域的研究，从静态维度开展了对刑法观念的追问和刑罚体系的构建，并在动态维度对刑罚裁量与刑罚执行进行调整与完善，这四个领域覆盖了我国刑罚论研究的主要内容，相信未来的探索还会在其基础上有所突破。

---

① 姜涛. 死缓限制减刑适用中的“民间矛盾”——从首批刑法指导案例切入. 政治与法律，2015（4）.

② 时延安. 论死缓犯限制减刑的程序问题——从对《刑法》第 50 条第 2 款的法理分析引入. 法学，2012（5）.

第八章　死刑问题

一、我国死刑制度的跌宕演进

我国刑法的现代化始于百年前的晚清修律，中华传统刑法原有的陈规旧习在域外法学思潮的冲击下不断地被解构和置换。死刑作为长期盘踞于我国刑罚体系的主要刑种，首当其冲地成为了改革的重点对象，例如：1910 年《大清新刑律》将《大清刑律》中 840 项死刑罪名削减至 20 余项[①]，执行方式也主张改为绞决一种。[②] 其实，我国古代也曾短暂、零星的出现过限制死刑的举措，如曹操曾主张用肉刑代替死刑，唐太宗也曾欲将绞刑五十条改为断右趾等[③]，但这些试图限制死刑的努力多是出于彰显帝王矜恤民情、仁政治世的考量。在儒家思想中不乏"慎用死刑"的理念，如孟子提出的"左右皆曰可杀，勿听；国人皆曰可杀，然后察之；见可杀焉，然后杀之"[④]。不过，这与明确提出"废除死刑"的主张仍有较大差距，因此，我国古代死刑制度的正当化根基未曾受到过根本性的动摇，及至晚清修律才算得上是我国死刑制度史上的一次真正转型。尔后的民国时期，有关死刑的存废之争也曾掀起了长时段的思想交锋，主废派和主留派的观点势均力敌，在一定程度上拓宽了人们对死刑价值合理性的多元质疑。[⑤] 随着 1949 年新中国的成立，连绵不断的动乱使得我国刑法典的起草工作一度废弛，刑法学研究亦停滞不前。直至 1978 年党的十一届三中全会重新将民主与法制提上了党和国家的议事日程，我国刑法学的研究才逐渐复苏，在会议精神的鼓舞下，沉寂数年的刑法起草工作得以重启，在以刑法草案第 33 稿为基础的同时，结合当时的新经验和新情况，终于在 1979 年 7 月 1 日五届全国人大二次会议庄严通过了《中华人民共和国刑法》，结束了新中国成立 30 年来刑法典缺位的历史，从此拉开了构筑新中国刑事法制大厦的序幕。[⑥]

---

① 曲新久. 共和国六十年法学论争实录（刑法卷）. 厦门：厦门大学出版社，2010：239.

② 《大清新刑律》明确规定，死刑只适用绞刑，并且要在特定场所秘密执行；谋反大逆及谋杀祖父母、父母等罪，另依"专例"，仍用斩刑。陈伟. 死刑执行仪式流变与理性回归. 比较法研究，2018（1）.

③ 同①.

④ 孟子·梁惠王下.

⑤ 李凤鸣. 过去的喧嚣与响声：民国死刑存废问题的论争. 刑法论丛，2013（1）.

⑥ 高铭暄. 刑法学//张友渔. 中国法学四十年. 上海：上海人民出版社，1989：215-220.

自1978年恢复法制以来，死刑问题一直是我国迈向刑事法治征途的一个挥之不去的魅影。死刑制度在我国的演进，可以划分为以下三个阶段：第一阶段，是从1979年《刑法》颁布至1997年《刑法》正式实施的18年间，死刑在我国呈一种扩张趋势，一方面在刑事立法层面，我国的死刑罪名从28个激增至68个，平均每年新增2个死刑罪名；另一方面，伴随1983年"严打"工作的开展，司法实践中的死刑适用数量高居不下。第二阶段，是从1997年《刑法》施行到2011年《刑法修正案（八）》颁布之前，我国刑法中死刑罪名的总数维持不变，其中2007年最高人民法院收归死刑核准权以及开展一系列的有关死刑案件审视程序和证据方面的改革措施①，死刑实际执行数量在一定程度上有所减少。第三阶段，是以2011年的《刑法修正案（八）》和2015年的《刑法修正案（九）》的颁行为标志，意味着死刑在我国刑事立法上取得了重大突破，两个修正案一共废除了22个死刑罪名，同时在限制死刑适用对象上规定了已满75周岁的人原则上不适用死刑，并对死缓制度进行了较大调整，以及调整了1997年《刑法》对绑架罪规定的绝对确定的死刑，以此来进一步减少死刑立即执行的适用。与之相应，我国刑事法学界对死刑问题的关注，也在这一大背景下展开，例如：通过探寻死刑背后的法哲学根基或社会学理据，回答"为何要限制或废除死刑"，从而寻求限制或废除死刑的理论路径。又如：遵循着立法上不断消减死刑罪名、实践中减少死刑的适用规模、积极探索合理的死刑替代措施等实践路径，真正落实"如何限制死刑适用"，以期最终实现废除死刑的目标。

应当说，死刑制度的改革对整个刑事法制的进步有着巨大的涟漪效应，死刑改革与立法和司法之间的互动，有关死刑的理念革新和制度设计，会进一步辐射、波及至整个刑事法领域，在有形或无形间促使着人们主动或被动地重塑自己的死刑观念，重新认识刑罚在整个社会治理体系中的地位和作用，从而形成更加文明的法治观念。若将自晚清修律以来死刑制度的演进作纵向梳理，毫无疑问，过去近二十年的死刑改革成就在过去一百多年中是最为显著的，这段时期虽然短暂，却极大地形塑了我国刑法的时代形象，由此也奠定了我国死刑制度未来发展的基本走向。

因此，本章的旨趣在于，一方面对1979年《刑法》颁布后，尤其是晚近二十年来我国死刑制度的发展作脉络性梳理，另一方面回顾支撑其发展背后的理念转换和潮流跟进，试图挖掘和分析其中的思想基础，寻求目前已达成的基本共识，甄别仍未得出确切结果的分歧，以及在激辩过后余留下的未尽探讨，从而客观的呈现出死刑在我国的当下命运和未来趋势。

二、死刑问题备受关注的原因体现

关于死刑在我国刑法中如何规定，早在新中国成立初期便有学者进行关注，认为"在刑法中应把死刑作为一种临时性、特殊性的刑罚，以逐步达到完全废除死刑的目的，这是

① 参见2006年9月25日起施行的《最高人民法院、最高人民检察院关于死刑第二审案件开庭审理程序若干问题的规定（试行）》；2007年2月28日起施行的《最高人民法院关于复核死刑案件若干问题的规定》；2010年7月1日起施行的《最高人民法院、最高人民检察院、公安部、国家安全部、司法部关于办理死刑案件审查判断证据若干问题的规定》；2008年12月26日起施行的《最高人民法院关于适用停止执行死刑程序有关问题的规定》。

大家所一致同意的，在这方面还没有听到什么异议"[①]，不过囿于时局所限，围绕死刑存废问题的讨论未能形成一股蔚为大观的思潮。及至上世纪80年代末、90年代初，学界关于死刑的立法亦存有不同主张，有论者主张废除死刑，但大多数人认为应当适当缩小死刑的适用范围，如对经济犯罪不适用死刑等。[②] 围绕死刑存废的讨论真正形成一场理论争鸣，是在上世纪90年代中期，恰逢全面修订刑法典的酝酿之际，学者们就死刑的扩张抑或限制各抒己见。之后，关于如何限制或废除死刑的呼声就未曾断绝，在某种意义上也为《刑法修正案（八）》和《刑法修正案（九）》的出台积蓄了必要的理论支撑，值此两个修正案的颁行，死刑在我国的未来走向也日渐明朗。

（一）死刑罪名的激增现实不容忽视

1979年《刑法》作为新中国的首部刑法典，分别就死刑的适用范围、判决、程序、执行等方面作了明确规定，应当说该部刑法典对死刑的规定并不严苛。具体而言：一方面体现在死刑罪名数量上，由于1979年《刑法》颁行后，我国最高司法机关未就罪名界定作出统一的司法解释，因此学者们基于对刑法分则条文的不同理解，对罪名数量的统计也不尽相同。通说认为1979年刑法分则中规定有116个罪名[③]，其中，配置死刑的犯罪有28个，占罪名总数的24.1%；在死刑罪名中有15个属于反革命罪名，占死刑罪名总数的50%以上，其他的13个死刑罪名来源于杀人、放火、强奸、抢劫等普通刑事犯罪。另一方面，刑法总则第43条对死刑的适用条件作了明确规定，即"死刑只适用于罪大恶极的犯罪分子"，并且"如果不是必须立即执行的"适用死缓，同时在第44条对死刑的适用对象进行限制，对犯罪时不满18周岁的人以及审判时怀孕的妇女不得适用死刑。此后，1982年施行的《惩治军人违反职责罪暂行条例》新增了24个罪名，其中有13个罪名被配之以死刑。[④] 综上，若从广义刑法的角度来看，我国在进入"严打"刑事周期之前，刑法中共规定了140个罪名，其中有41个死刑罪名，占罪名总数的29.3%。其后，面对改革开放背景下新型犯罪带来的问题和挑战，出于维护社会经济秩序与治安秩序的考虑，适用重典成为当时情境下的政策选择。自1982年至1995年间，我国陆续制定了22个单行刑法（包括决定和补充规定），死刑罪名随着新罪名的增加而陡然增多，截至1997年全面修订刑法，我国的死刑罪名增至71个。[⑤]

1997年全国人大全面修订了刑法典，本着"对现行法律规定的死刑，原则上不减少也不增加"的精神，保留了68个死刑罪名。[⑥] 至此之后，我国虽然在维护社会治安、预防和惩罚犯罪方面也面临着新挑战，但却未再增设新的死刑条款，不过尽管如此，学界关于改革我国死刑罪名的呼声仍日渐高涨，尤其是在涉及经济犯罪以及其他非暴力犯罪领域应

---

① 李琪．我国刑法中应规定哪些刑种．政法研究，1957（1）；马克昌．我国刑法中的死刑．法学评论，1980（3）．

② 高铭暄，赵秉志，余欣喜．1991年刑法学研究进展概览．政法论坛，1991（5）．

③ 高铭暄．中华人民共和国刑法的孕育诞生与发展完善．北京：北京大学出版社，2012．

④ 赵秉志．中国特别刑法研究．北京：中国人民公安大学出版社，1997：754-798．

⑤ 郎胜．我国刑法的新发展．中国法学，2017（5）．

⑥ 王汉斌．关于《中华人民共和国刑法（修订草案）》的说明．1997年3月6日第八届全国人民代表大会第五次会议．

否配置死刑的论争尤为凸显。从 1997 年《刑法》颁布实施至 2011 年，我国最高立法机关先后颁布 1 个单行刑法和 8 个刑法修正案，新增设罪名 41 个，相应废除原有犯罪 2 个，总罪名数由 412 个增至 451 个。① 2011 年《刑法修正案（八）》是我国死刑在立法上的重要转折点，该修正案取消了 13 个经济性非暴力犯罪的死刑②，占死刑罪名总数的 19.1%，死刑罪名的总数也下降至 55 个，占总罪名数的 12.2%。如果将《刑法修正案（八）》视为开启我国逐步减少死刑罪名进程的重要标志，那么随后的《刑法修正案（九）》在推动我国人权事业发展上更具有里程碑式的意义。2015 年的《刑法修正案（九）》进一步减少了 9 个罪名的死刑，包括走私武器弹药罪、走私核材料罪、走私假币罪、伪造货币罪、集资诈骗罪、组织卖淫罪、强迫卖淫罪、阻碍执行军事职务罪、战时造谣惑众罪。通过以上两次修订，如今我国刑法中保留有死刑的罪名为 46 个，减少了约 1/3。

对此，陈兴良教授认为，虽然《刑法修正案（九）》削减的死刑罪名数量不及《刑法修正案（八）》，但本次被削减的死刑罪名已由非暴力犯罪扩展至部分暴力犯罪，如强迫卖淫罪、阻碍执行军事职务罪；并且从“备而不用”的死刑罪名扩展至“偶尔适用”的死刑罪名，如集资诈骗罪、组织卖淫罪和强迫卖淫罪，这对于减少司法实践中的死刑适用具有实质性意义。③ 不过，时延安教授则持不同观点，理由在于：一则，就已废除死刑的 22 种犯罪而言，绝大多数是非暴力犯罪，其本身就不该配置死刑，因此废除这些犯罪的死刑仅仅是罪刑结构的调整和优化，从以往司法实践来看，这些犯罪也极少适用死刑立即执行；二则，需要注意的是，强迫卖淫罪、阻碍执行军事职务罪属于被废除死刑的暴力犯罪，但根据修正后的《刑法》第 358 条第 3 款规定，强迫卖淫并有杀害、伤害、强奸、绑架等犯罪行为的，依照数罪并罚的规定处罚，换言之，如果行为人在强迫卖淫过程中实施了故意杀人等行为，仍有可能被判处死刑立即执行；至于阻碍执行军事职务罪，其在实践中极少被适用，而且如果行为人实施暴力行为导致杀人或重伤结果的，完全可以按照故意杀人罪和故意伤害罪来处理，并被适用死刑立即执行。因此，即便上述两罪的死刑已被废除，在具体案件中仍存在适用死刑立即执行的可能。④ 由此可见，尽管我国的死刑制度改革已取得了突破性进展，但既有的死刑立法现状仍有值得改善的空间和进一步探讨的余地。

（二）国际交流的增进带来了积极影响

在过去百年里，“法律移植”是我国刑法学发展的主要路径，这既是一种历史事实，同时也成为一种路径依赖。我国现代刑法学的发展与三次大规模的知识体系引进具有莫大关联：第一次大规模的引进过程发生于清末民国时期，其知识来源主要为日本刑法，然而本次引介在法哲学、法学方法论层面有所欠缺，因此该时期的学习具有“形”“神”不兼备的特点；第二次大规模的引进是新中国成立初期，主要是对原苏联社会主义刑法学理论

① 苏永生．变动中的刑罚结构——由《刑法修正案（九）》引发的思考．法学论坛，2015（5）．

② 《刑法修正案（八）》废除了以下罪名的死刑：走私文物罪，走私贵重金属罪，走私珍贵动物、珍贵动物制品罪，走私普通货物、物品罪，票据诈骗罪，金融凭证诈骗罪，信用证诈骗罪，虚开增值税专用发票、用于骗取出口退税、抵扣税款发票罪，伪造、出售伪造的增值税专用发票罪，盗窃罪，传授犯罪方法罪，盗掘古文化遗址、古墓葬罪，盗掘古人类化石、古脊椎动物化石罪。

③ 陈兴良．犯罪范围的扩张与刑罚结构的调整——《刑法修正案（九）》述评．法律科学，2016（4）．

④ 时延安．死刑立即执行替代措施的实践与反思．法律科学，2017（2）．

的引介，与第一次大规模引进域外刑法学知识体系不同，本次引入的知识体系是全方位的，包括该知识体系所依赖的哲学方法论和政治意识形态；相较于前两次具有明显政府推动色彩的知识引入，第三次大规模的学习主要是基于刑法学发展的内在需求，从上世纪 80 年代首先研究我国台湾地区刑法，尔后转向日本刑法，再到 21 世纪全面研究德国刑法理论，兼之同时引介英美等普通法系国家的刑法学研究成果，这次大规模的学习不仅引入的知识理论体系多元，而且更注重将域外刑法理论尽可能地与本土刑法知识体系相整合，例如：本世纪以来我国刑法学界对死刑问题的研究，主要参考资料来自英美，可以说，《刑法修正案（八）》和《刑法修正案（九）》规定的限制减刑型死缓和终身监禁型死缓主要是受美国死刑实践的影响。[①] 可见，三次大规模的法律移植，对我国刑法学现代化的形塑具有不可估量的意义，国门打开后西方法律制度与思想的传播与借鉴，以及国内智识性代表们的较早觉悟，潜移默化地影响着权利意识的苏醒与理性法治的推动。死刑作为剥夺生命权的代表刑罚，自然招致了诸多的质疑与批判。

上世纪 80 年代“法治国际化”的潮流发展迅猛，有关刑事内容的国际公约不断出现，刑事领域的国际合作日渐频繁，我国的刑法学发展亦主动地融合入当下的潮流中，积极推动国际公约的国内法化进程，将国际公约内容转化为国内刑法的研究。

在废除死刑方面，联合国以及职能部门做出了不懈努力，先后出台了一系列呼吁废除死刑的文件。例如：联合国大会 1989 年 12 月 15 日通过了《旨在废除死刑的公民权利和政治权利国际盟约第二项任择议定书》（第 44/128 号决议），其序言中提出“废除死刑有助于提高人的尊严和促使人权的持续发展”，其第 1 条要求缔约国废除死刑。又如：进入 21 世纪后，联合国在第五届大会上通过了《暂停使用死刑》的大会决议，并将暂停使用死刑与人权保障联系在一起；联合国第 62 届大会在 2007 年 12 月 18 日通过的《暂停使用死刑》（第 62/149 号决议）的序言中提出，“使用死刑有损人的尊严，深信暂停使用死刑有助于加强和逐渐发展人权”，因而吁请保留死刑的缔约国“暂停执行处决，目标是废除死刑”；其后的第 63 届大会在 2008 年 12 月 18 日通过的《暂停使用死刑》的大会决议（第 63/168 号）中重申了 2007 年 12 月 18 日关于暂停使用死刑的决议，并决定“在大会第六十五届会议题为‘促进和保护人权’的议程项目下继续审议这一事项”；而第 65 届大会在 2010 年 12 月 21 日通过的《暂停使用死刑》（第 65/206 号决议）的序言中再次提出，“暂停使用死刑有助于尊重人的尊严及加强和逐渐发展人权，并认为死 刑的威慑作用并无任何确切证据”，并吁请缔约国暂停使用死刑。再如：在 2012 年联合国第 67 届大会、2014 年联合国第 69 届大会上都再次作出相同标题的决议。[②] 综上所述，废除死刑逐渐成为一种共识和潮流，以联合国为代表的国际社会确实对保留死刑的国家带来了一定程度的舆论压力。

我国于 1998 年 10 月正式签署了联合国 1966 年 12 月通过的《公民权利与政治权利国际公约》（以下简称《权利公约》），该公约第 6 条集中规定了有关死刑的国际准则，其第 6 条第 1 款明确规定了生命权，第 2 款规定了“在未废除死刑的国家，判处死刑只能是作为

① 时延安．中国现代刑法学嬗变的脉络与反思．法学杂志，2018（10）．

② 时延安．死刑、宪法与国家学说——论死刑废除的理论路径选择．环球法律评论，2017（6）．

对最严重的罪行的惩罚”，同时在第 4 款规定了“任何被判处死刑的人应有权要求赦免或减刑”，以及在第 5 款限制了死刑适用的对象，即对 18 岁以下的人不得判处死刑以及对孕妇不得执行死刑。纵观该公约第 6 条内容，虽并未明文要求所有缔约国现阶段一律废除死刑，但其每一款内容无不是朝着废除死刑的目标迈进。至于如何理解第 6 条第 2 款的“最严重的罪行”，《权利公约》对死刑适用的这一实质标准并未作出详细解释，不过根据其他相关文件可得出，“最严重的罪行”应理解为“死刑的范围只限于蓄意而结果为害命或其他极端严重后果的罪行”①。对此，刘艳红教授认为，《权利公约》所针对的是类似于故意杀人罪等结果为侵犯他人生命权利的犯罪，据此，我国刑法仍保留故意杀人罪、故意伤害罪、绑架罪、强奸罪等严重侵犯公民人身权利犯罪的死刑，具有合理性；至于何为“其他极端严重后果的罪行”，依照国际惯例，一般都是指那些严重危害国家安全、公共安全的犯罪以及某些军事犯罪，因此在目前形势下，保留诸如分裂国家罪、武装叛乱、暴乱罪、放火罪、爆炸罪、投降罪、勾结敌人造谣惑众、动摇军心罪等危害国家安全犯罪、公共安全犯罪和军事犯罪的死刑，基本上也是合理的；然而，对于一些本质上只为财图利的经济犯罪的死刑设置，殊值深入检讨。② 目前，除了贪污、受贿罪外，我国刑法中的经济性非暴力犯罪基本上不再配置死刑，剩下的死刑罪名基本上直接与国家安全、公共安全和公民人身安全相关。应当说，如何实现《权利公约》限制死刑适用乃至最终废除死刑这一目标，一直是我国政府和全社会关注的焦点，《刑法修正案（八）》和《刑法修正案（九）》对于死刑改革所作出的努力，以及我国刑法学界进入 21 世纪以来所极力倡导的限制死刑适用乃至局部废除死刑，从某种意义上讲，均是意在将公约之于死刑的精神予以贯彻和实现。

（三）死刑政策的引导具有重要意义

慎用死刑一直是中国共产党在死刑政策上的一贯主张。1922 年《中共中央第一次对于时局的主张》中曾提出，中国共产党的奋斗目标之一是“改良司法制度、废止死刑、实行废止肉刑”。1956 年 9 月 15 日刘少奇副主席在所作的《中国共产党第八次全国代表大会政治报告》中明确提出，“凡属需要处死刑的案件，应当一律归最高人民法院判决或者核准。这样，我们就可以逐步地达到完全废除死刑的目的，而这是有利于我们社会主义建设的”。从上述历史文献中可看出，在死刑存废问题上，无论是建党初期抑或新中国成立后作为执政党领导社会主义建设时期，中国共产党都曾提出过在条件允许的情况下减少死刑适用，并最终取消死刑的主张。事实上，在我国和苏联社会主义实践过程中，都没有回避死刑存废的问题，新中国成立初期还一度将废除死刑作为社会主义社会的发展目标，而苏联则有过短期废除死刑的实践。③ 当然，死刑政策内容的侧重点与其特定的时代背景密不可分，死刑是否会占据一国刑事法制的一席之地，均需置于当时的社会情境中予以考量。1979 年彭真在《关于七个法律草案的说明》中谈到刑法立法中的死刑问题时，提到“我国现在

---

① 联合国经济及社会理事会 1984 年 5 月 25 日第 1984/59 号决议所通过的《保护死刑犯权利的保障措施》第 1 条 b 项。

② 刘艳红．刑罚轻缓、人权保障与《刑法修正案（八）》——以相关国际公约为蓝本的分析．法学家，2011（3）．

③ 时延安．死刑、宪法与国家学说——论死刑废除的理论路径选择．环球法律评论，2017（6）．

还不能也不应废除死刑，但应尽量减少使用”①。可见，当时可能存在保留死刑的必要性。

改革开放后，由于维护社会正常秩序的机制在之前的“文化大革命”中遭到破坏，社会矛盾累积而多发，社会经济秩序和治安秩序面临着前所未有的挑战，为遏制犯罪，我国先后开展了三次“严打”工作：第一次是从 1983 年 9 月至 1987 年 1 月，为使社会治安形势得到根本好转，直接催生出了《关于严惩严重破坏经济的罪犯的决定》和《关于严惩严重危害社会治安的犯罪分子的决定》，开启了广泛适用死刑的不良先例。第二次是从 1996 年 4 月至 1997 年，以杀人、抢劫、强奸等严重暴力犯罪，流氓罪，涉枪犯罪，毒品犯罪，流氓恶势力犯罪，黑社会性质犯罪等严重刑事犯罪作为打击重点。第三次是从 2001 年 4 月开始，将打击锋芒指向了黑社会性质的团伙犯罪，流氓恶势力犯罪，爆炸、杀人、抢劫、绑架等严重暴力犯罪，盗窃等严重影响群众安全的多发犯罪。② 然而，“严打”刑事周期后所带来的弊端有：一是对限制死刑造成了巨大阻力，不仅使得我国刑法中的死刑罪名急剧膨胀，而且由于司法实践中死刑适用标准过低，致使死刑适用数量居高不下；二是过于侧重惩治犯罪而忽视了人权保障，如 2001 年 4 月“全国社会治安工作会议”确立的“严打”基本办案原则是“基本事实清楚，基本证据充分”，将平时的“事实清楚，证据充分”降格为了“基本事实清楚，基本证据充分”，无疑会有损犯罪嫌疑人的人权保障③；三是“严打”所追求的短时效应，不利于实现长期的犯罪预防。由此也意味着，“严打”时期在对待死刑问题上，一定程度上背离了慎用死刑的轨道。

进入 21 世纪后，我国处于稳定的社会发展阶段，在当前的社会发展现实中讨论死刑的存废具有重要意义。2008 年，中共中央在《关于深化司法体制和工作机制改革若干问题的意见》中提出，完善死刑法律规定，适当减少死刑罪名；2011 年的《刑法修正案（八）》对有关减少死刑、完善刑种之间衔接的修改，可谓是对此进行了积极响应；自党的十八届三中全会提出“逐步减少死刑罪名”的目标和任务后，为落实贯彻中央要求，积极稳妥地推进减少死刑罪名的进程，经过反复研究、充分论证，《刑法修正案（九）》又进一步减少了 9 个罪名的死刑。

值得注意的是，2015 年 6 月 24 日全国人大法律委员会《关于〈中华人民共和国刑法修正案（九）（草案）〉修改情况的汇报》对前述针对废除死刑罪名的反对意见作了以下回应：“法律委员会经研究认为，逐步减少适用死刑罪名，是党的十八届三中全会提出的改革任务，取消 9 个罪名的死刑，是与中央各政法机关反复研究、论证，并在广泛听取了人大代表、专家和各有关方面意见的基础上提出的，同时，为防止可能产生的负面影响，事先作了慎重评估，对其中一些严重犯罪，取消死刑后，在法律上还留有从严处罚的余地，如取消了走私武器、弹药罪、走私核材料罪的死刑，仍保留了制造、买卖、运输、储存枪支、弹药、爆炸物犯罪和非法制造、买卖、运输、储存放射性物质犯罪的死刑；取消了以暴力方法阻碍执行军事职务并造成人身伤亡犯罪的死刑，仍保留了故意杀人罪、故意伤害罪的死刑。司法实践中如有走私武器、弹药、核材料、暴力阻碍执行军事职务的犯罪，情

① 高铭暄，赵秉志. 新中国刑法立法文献资料总览：上. 北京：中国人民公安大学出版社，1998：558.

② 曲新久. 共和国六十年法学论争实录（刑法卷）. 厦门：厦门大学出版社，2010：252.

③ 李晓明. “严打”与我国犯罪学的反思. 中国青少年犯罪研究会犯罪学基础理论专业委员会 2001 年年会论文，2001.

节特别恶劣，确需判处极刑的，还可以根据案件情况，依照刑法现有规定判处。其他取消死刑的罪名也都有相应的法律安排，不会出现轻纵犯罪的情形。”[①] 这段话表明了立法机关在论证死刑罪名废除的同时，还须兼顾避免造成轻纵犯罪的负面影响，并且以极大的决心和勇气推进减少死刑的工作。可以说，死刑罪名的减少，体现了我国刑事政策的重要调整，契合了时代变化的要求，标志着我国刑法向着现代化的方向不断前进。

（四）研究视角的多元促进了认识转变

突破研究视角上的自我禁锢，同样为反思死刑的合理性增添了有益注脚。在我国的传统文化中有诸多关于“注重伦理道德，轻视物质利益”的例证，譬如：“君子喻以义，小人喻以利”，强调“德在人先，利在人后”，“陷于不义，生不若死”，认为“贪得者虽富亦贫，知足者虽贫亦富”等。正是在这些传统观念的影响下，我国整个奴隶社会和封建社会的刑罚体系中均没有财产刑的地位，即使清代曾较为普遍的使用“赎刑”，即以赎金来代替刑罚，但其本身并非独立刑种[②]，由此可见，相较于财产刑对西方人有较强的威慑力，我国自古以来对生命刑的倚重根植于我国固有的文化特性。我国作为具有上千年死刑历史传统的国度，除了前述传统文化上的原因之外，死刑存在的合理性还在于其对犯罪产生的遏制作用，以期通过死刑来兼收一般预防和特殊预防之功效。然而，随着研究视角的多元化，尤其是来自社会学科、经济学科的方法的引入，人们逐渐发现死刑对于犯罪的遏制作用并非如臆想中的有力，相反，死刑适用的泛化所带来的负面影响还远远超出其正面效应，具体而言。

其一，从社会学的视角来看，犯罪现象虽是人类社会的沉疴痼疾，却也是一种不可避免的正常现象。正如法国著名社会学家迪尔凯姆所言，“犯罪不仅是见于大多数社会，而且见于所有类型的所有社会，不存在没有犯罪行为的社会，只要犯罪行为没有超出每类型社会所规定的界限，它就属于正常的”[③]。换言之，犯罪是一种社会现象，其产生是诸多因素合力使然。菲利对此作了深刻论述，他认为犯罪是由自然原因、人类学原因、社会学原因三种因素造成，不存在天生犯罪人，每一个社会均有犯罪，犯罪的质与量同每一个社会集体的发展相适应，即“犯罪饱和法则”；在对犯罪现象的认识上，李斯特指出大众贫穷是培养犯罪的最大基础，也是遗传素质所以质变的培养基，改善劳动阶级景况是最好和最有效的刑事政策。[④] 基于此，犯罪作为一种社会现象有其存在的必然性，刑罚仅是社会防卫的最后手段，试图用刑罚完全消灭犯罪是一种不切实际的幻想。以盗窃罪为例，自 1982 年 4 月全国人民代表大会常务委员会在颁布的《关于严惩严重破坏经济的罪犯的决定》中对盗窃罪增补死刑之后，1982 年盗窃案件的数量确实略有减少，为 73 372 件；然而，1983 年全国法院审理的盗窃案件即猛增至 163 100 件，1984 年也达到 128 539 件。[⑤] 不难

① 陈兴良．犯罪范围的扩张与刑罚结构的调整——《刑法修正案（九）》述评．法律科学，2016（4）．

② 王平．罚轻重的根据——兼论“严打”．政法论坛，2002（2）．

③ ［法］迪尔凯姆．社会学方法的准则．狄玉明，译．北京：商务印书馆，1995：83．

④ 董邦俊．刑罚结构改革之观念基础．法学论坛，2011（4）．

⑤ 最高人民法院研究室．全国人民法院司法统计历史资料汇编：1949-1998（刑事部分）．北京：人民法院出版社，2000：170-208；王志祥，敦宁．刑罚配置结构调整论纲．法商研究，2011（1）．

看出，死刑对盗窃罪的实际威慑效果极为有限。而 1997 年《刑法》对盗窃罪的死刑适用进行严格限制后，也并未出现盗窃犯罪的剧增情况，例如：1996 年全国法院审理盗窃案件 203 637 件、判决 178 791 件，1997 年全国法院审理盗窃案件 136 180 件、判决 135 443 件，1998 年全国法院审理盗窃案件 131 512 件、判决 123 732 件。[①] 根据统计资料可以推出，对盗窃罪减少适用死刑并没有导致盗窃犯罪数量的大幅增长，相反其发案量在总体上还呈下降趋势，由此也进一步促使着人们对死刑的威慑效果进行反思。

其二，从经济学的视角来看，尽管刑罚的制度设计并非是一个纯粹的经济学问题，它还关涉着政治、社会、文化、宗教、伦理等诸多方面的内涵诉求与实体支撑，但利用经济学方法分析刑罚问题的必要性和可行性，有助于从宏观上确立效率导向的刑事控制模式。[②] 譬如：刑罚威慑效应的取得有赖于刑罚资源的投入，即侦查、拘捕、审判以及定罪量刑后的执行等刑罚成本。不同的刑罚所需的成本投入不尽相同，就死刑而言，由于它是一种剥夺生命权的最严厉的刑罚，因此决定了其适用的谨慎性，程序的复杂性，法官、公诉人、辩护人对此也不得不投入更多的时间和精力。由此可见，刑种的设置、刑罚的适用量除了需在微观上考虑犯罪行为的性质、情节、危害以外，还需在宏观上考虑刑罚适用所占用、耗费的社会资源以及它所能带来的社会效益。[③] 刑罚的制度设计受生产力水平的制约，梁根林教授和张文教授指出，在人类文明尚不发达的早期社会，刑法对侵犯他人财产因而危害他人生存条件的行为规定死刑尚有某种合理性，但在现代文明社会和市场经济条件下，人的价值不断提高，人的生命至高无上的人道观念逐渐融入社会正义观念，成为价值判断的重要标准，经济犯罪对社会经济利益的危害与死刑对罪犯生命的剥夺两者的负价值显然无法实现均衡，对经济犯罪适用死刑不仅无法实现罪刑相当，而且也不符合以罪刑等价为基础的现代报应观念，因此对经济犯罪配置死刑缺乏了报应这一刑罚正当根据。[④] 与之相应，田宏杰教授指出经济犯罪发生的根源在于人的贪利本性，剥夺生命的死刑虽表现为猛药，但对经济犯罪却并不对症，自然难收其效，实际上，财产刑的配置和适用才是更为对症的防治途径；正因如此，《刑法修正案（八）》才取消了一部分经济犯罪死刑设置，同时加大了财产刑的配置，以收“以毒攻毒”之效；一言以蔽之，无论是死刑罪名的限缩，还是刑罚体系和量刑制度、行刑制度的调整，不仅需要顺应刑罚改革的世界发展趋势，而且更为重要的是要符合犯罪发生的机理和犯罪防治的经济学要求。[⑤]

三、死刑制度的存废之辩的观点对峙

死刑应否废止，关乎死刑的正当性追问。在对死刑问题本身尚且缺乏充分理解的情况下，径直谈论解决方案未免仓促，于是死刑保留论和废除论展开了旷日持久的论战，分别

---

① 最高人民法院研究室．全国人民法院司法统计历史资料汇编：1949-1998（刑事部分）．北京：人民法院出版社，2000：382-387；王志祥，敦宁．刑罚配置结构调整论纲．法商研究，2011（1）．

② 卢建平，苗淼．刑罚资源的有效配置——刑罚的经济分析．法学研究，1997（2）．

③ 同②．

④ 梁根林，张文．对经济犯罪适用死刑的理性思考．法学研究，1997（1）．

⑤ 田宏杰，温长军．理解制度变迁：我国《刑法》的修订及其适用．法学杂志，2011（9）．

从应然和实然维度为各自的立场进行辩护。值得注意的是，相较于世界刑法史上曾演绎的死刑存废之争，我国对该问题的理论聚讼较为缓和与务实。如果仅就刑法学界而言，死刑保留派的论者从应然层面论证死刑的报应刑价值，青睐于死刑的威慑力；并从实然层面出发，基于现实国情、主流民意等因素来论述我国保留死刑具有现实合理性。相比之下，死刑废除派既有从应然层面来寻求动摇死刑合理性根基的法哲学依据，又有从实然层面来考察和反思死刑在现实中对遏制犯罪所发生的作用究竟如何。在死刑问题上，废除论已日渐成为我国刑法学界所达成的共识基础，尤其自1997年新刑法典颁行至今，支持维持现状、不消减抑或适时增加死刑罪名的彻底死刑保留论者已寥寥无几。只不过，在死刑废除派中又可进一步区分为死刑立即废除论和死刑渐进废除论，持前者观点的论者出于对死刑负面效应的隐忧，主张我国应立即将废除死刑的工作提上日程，尽早实现全面、彻底废除死刑的目标；而后者的观点则较为缓和，主张死刑的废除仍有待时日，故而又可将其称为"死刑限制论"，持该立场的论者倾向于认为死刑在应然层面缺乏正当性根基，这决定着死刑未来必将走向寿终正寝的命运。尽管我国当前并不具有全面废除死刑的条件，但是论者们依然坚信着，通过在立法上积极逐渐消减刑法中的死刑罪名，同时在司法实践中严格限制死刑的适用，逐渐转换和培养国民新的死刑观念，有朝一日全面废除死刑的目标终将在我国得以实现。

（一）死刑保留论

我国死刑保留论的产生根植于特定的时代情境，主要出现于上世纪80年代和90年代初期，论者们从社会现实出发，认为死刑的适用符合我国当时的政治、经济情形以及同犯罪作斗争的形势需要。例如：在上世纪80年代，有论者认为，"严打"期间增设的死刑罪名有以下积极意义，一是弥补了1979年《刑法》死刑条文较少的缺憾，使得我国的刑罚制度更加符合近年来同严重刑事犯罪作斗争的客观需要；二是在严惩犯罪方面具有重要的现实意义，严重犯罪分子的嚣张气焰有所收敛、出现分化瓦解趋势，轻微犯罪分子逐步迷途知返、重新做人，即兼收特殊预防和一般预防之效；三是具有积极的社会意义，广大群众深受鼓舞，积极行动起来同各种犯罪和违法行为作斗争。① 该观点具有鲜明的时代特性，与之处于同一时代，还有何秉松教授1989年提出的主张，即自改革开放以来十年内，我国刑事犯罪日趋严重，其中青少年犯罪所占的比例大，重大刑事案件急剧上升，流窜犯逐年增多，各种经济犯罪也呈直线上升趋势，故而对刑法的修改，在战略指导思想上，应当坚持从严惩办的政策，在此原则下，刑法关于死刑的规定不仅大体上保持目前的水平，而且不能排除适量增加的可能。② 主张扩张死刑立法的论者，还提出了许多新设大量死刑条款的具体建议，其中大致包括两个方面：一方面是将1979年刑法典中某些严重犯罪的法定最高刑提高到死刑，如建议在反革命罪一章中，对危害特别严重的组织、领导反革命集团罪，可以规定死刑；在破坏社会主义市场经济秩序罪中，对情节特别严重的抗税罪、伪造货币罪和盗伐林木罪，可以规定死刑；在侵犯财产罪中，对诈骗罪可以规定死刑；在妨害

① 成光海．当前扩大死刑适用范围实属必要．现代法学，1985（1）．

② 何秉松．我国的犯罪趋势、原因与刑事政策：下．政法论坛，1989（6）．

社会管理秩序罪中，对使用暴力造成警卫人员死亡的脱逃罪，也可以规定死刑；另一方面主张增设一些适用死刑的新罪名，如妨害国交罪、劫持交通工具罪、海盗罪、非法涨价罪、高利贷罪、挥霍浪费罪、擅离配置地罪、丢弃军用品罪等。[①]

直到1997年全面修订刑法之际，尽管学界已日趋在死刑废除论上达成共识，但死刑保留论仍在司法实务界和民间具有广泛的影响力，又恰逢第二次严打期间，因此多重因素导致1997年《刑法》未能在死刑废除问题上取得实质性进展，仍有68个罪名被配置了死刑，其中包括了一些备而不用以及适用率极少的死刑罪名。正因如此，1997年3月6日王汉斌在第八届全国人大第五次会议上所作的《关于中华人民共和国刑法（修订草案）的说明》中指出："关于死刑问题，有些同志认为现行法律规定的死刑多了，主张减少。考虑到目前社会治安的形势严峻，经济犯罪的情况严重，还不具备减少死刑的条件，对现行法律规定的，原则上不减少也不增加。"[②] 如今，绝对、彻底的死刑保留论在学界几乎已销声匿迹，代之以较为缓和的有限保留论，如谢望原教授指出，一切事物都有正反两方面的价值，死刑亦是如此，从刑罚的功能、人类的情感需求以及作为解决社会矛盾的手段这三方面来看，死刑仍有其存在的合理性与正当性；就我国的情况而言，当前应当关注的不应该是立即废除死刑，而是应当如何限制死刑，申言之，我国刑法中的死刑应仅适用于以下两类犯罪，一是故意实施的造成人员重伤、死亡的极端严重暴力犯罪，二是故意实施的极端严重危害国家安全的犯罪。[③] 又如，田宏杰教授认为死刑存废不可一概而论，应视本国社会经济现实和犯罪防治的需要而定，我国未来死刑问题的行进路径是"死刑的备而不用"，即立法上应逐步消减而不是完全彻底废除，司法上则应严格克制并慎用乃至于逐步不用死刑，备而不用的同时，又保留着动用死刑的可能性，如此不仅可以使刑法最大限度地保障人权，还能把死刑的威慑效果发挥到最大限度，进而有效地保卫社会。[④]

（二）死刑立即废除论

相较于死刑渐进废除论，死刑立即废除论者对我国早日实现无死刑化的意愿更为强烈，观点也更为激进。比如曲新久教授曾主张，我国当前不仅应当废除死刑，而且越快越好，希望更多的人能成为废除死刑的宣传者，以期国家早日废除死刑。按照曲新久教授的观点，倘若为行为寻找理由时，那么该行为本身从某个角度看即存在错误，死刑问题亦是如此，当人们试图为死刑寻找合理性根据时，便意味着死刑本身就是存在问题的；死刑作为剥夺他人生命的刑罚，剥夺了一个人原意维持的状态并导致了极端痛苦，即使从我国当前犯罪率居高、民众无法接受马上废除死刑等角度来论证，都不足以成为否定死刑废除的理由；况且，如果仅坚持死刑渐进废除论，那便意味着当代学者无法对于死刑废除作出任何贡献，要积极呼吁死刑废除并寻找精准着力点配置以行之有效的措施，否则的话，奢谈

---

① 赵秉志．刑法修改研究综述．北京：中国人民公安大学出版社，1990；赵秉志，肖中华．论死刑的立法控制．中国法学，1998（1）．

② 高铭暄，赵秉志．新中国刑法立法文献资料总览：中．北京：中国人民公安大学出版社，1998：1837．

③ 谢望原．死刑有限存在论．中外法学，2005（5）．

④ 田宏杰，温长军．理解制度变迁：我国《刑法》的修订及其适用．法学杂志，2011（9）．

未来我国能够真正实现无死刑的目标。[①] 据此，曲新久教授还提出了当代刑法学者推动死刑废除的三项责任：一是引导民意，让废除死刑的社会意识成为主流意识；二是启蒙政治，通过学者的工作给政治家以启迪；三是改造文化，让人道主义精神为内核的民族文化成为最终废除死刑的决定性力量。[②]

除前所述，在死刑应否立即废除的问题上，冯军教授则采取了不同的论证思路，其核心观点是应当立即废除针对犯罪人的死刑，但是应该继续保留针对敌人的死刑。[③] 冯老师认为在论及死刑的存废时，应当特别关注人道问题和误判问题，并且须采取犯罪人与敌人的二分法的标准来进行具体判断。具体而言：犯罪人指的是基本遵守了实在法基本规范的现实社会成员，而敌人则是通过其行为从根本上对现实社会基本规范进行破坏的人；基于人道和误判问题的考量，由于现实社会中存在大量与犯罪人犯罪行为相关的因素，犯罪人的犯罪行为中总是存在一些值得社会宽恕的理由，因此犯罪人依然是享受人类尊严、拥有基本人权的公民，如果对犯罪人适用死刑，则可能出现对无辜者的误判，既然如此，应当立即废除对犯罪人的死刑；但是应划清犯罪人与敌人的界限，后者不应该在现实社会中享有人类尊严，也不应拥有现实社会所保障的基本人权，对敌人适用死刑也不会发生在无辜者身上，因此应当保留对敌人的死刑，是否事实上对敌人动用死刑取决于敌人是否仍然具有通过行为从根本上破坏社会基本法规范的危险。

近来，在我国死刑立法已取得较大成就的情况下，冯军教授继续从规范论的立场出发，运用刑法教义学的方法，通过对刑法规定进行体系化的解释，来进一步阐明我国死刑的适用标准，以期为我国司法机关作出统一的死刑判决提供必要的理论支持。具体而言：首先，关于《刑法》第 48 条中规定的“罪行极其严重”的理解，“罪行”指的是行为人的犯罪行为及其造成的危害后果在违法性和有责性上都极其严重；对于“极其严重”的判断，不仅要根据刑法分则中配置死刑的条文所描述的罪状，还要参照刑法分则中把死刑作为绝对确定的法定刑来配置的条文所描述的罪状，进而综合评价行为人的犯罪行为是否属于“罪行极其严重”。其次，在上述判断的基础上，只有行为人不存在《刑法》第 49 条规定的不适用死刑的例外情形之一，并且不存在必须把刑法抽象规定的可以从轻处罚的情节作为应当从轻处罚的情节来适用的情形，才能对其作出适用死刑的判决。最后，如果被判处死刑的犯罪分子确实不存在再次实施情节恶劣的故意犯罪的危险，对其就“不是必须立即执行”死刑，就需要对其判处死刑缓期二年执行。但是，如果行为人在犯下某一应当判处死刑的极其严重的罪行之后，又犯下另一情节恶劣的故意犯罪的，那么对其就“必须立即执行”死刑，而不应当判处死刑缓期二年执行。[④]

（三）死刑渐进废除论

在死刑废除问题上，虽然立即废除论和渐进废除论的观点各有差异，一个倡言我国应立即废除死刑，一个主张我国死刑制度之废除问题不能一蹴而就，欲最终废除死刑须通过

---

① 陈兴良．法治的使命．北京：法律出版社，2003：218.

② 曲新久．推动死刑废除：刑法学者的责任．法学，2003（4）.

③ 冯军．死刑、犯罪人与敌人．中外法学，2005（5）.

④ 冯军．死刑适用的规范论标准．中国法学，2018（2）.

逐步减少和限制死刑的适用来予以实现，可是二者都坚信我国未来必将废除死刑。在渐进废除论者看来，当前阻碍废除死刑的主要因素主要来自三个方面，即主流民意、传统文化以及现实国情，对这三种因素的不同解读，既可能成为死刑保留论者的主要理由，又可能作为渐进废除论者有别于立即废除论者观点的差异来源，以下将分而述之：

其一，死刑存废与民意之间的关系。卢建平教授主张从宏观和微观两个维度来分析死刑与民意之间的关系，一是就宏观维度（立法阶段）而言，似乎普遍的民意是反对废止死刑的，这与作为社会精英的法学家强烈要求废止死刑的态度形成鲜明对照；二是从微观维度（司法阶段）来考察民意对于个案中死刑适用与否的影响，情况则有所不同，即民意在具体个案中的舆论导向，绝大多数情况下均要求枪下留人、免处死刑。不过需要注意的是，尽管目前随着聂树斌、佘祥林等冤案错案的披露，人们对于死刑适用的个别正义有了更多的质疑，但是对于死刑的存置，民意仍然是赞许的。[①] 不可否认，民意是在谈及死刑废除时无法绕开的考量因素，废除死刑与民众对犯罪的容忍程度密切相关，而对犯罪的容忍度又往往与社会治安情况的良好与否、贫富差距的大小情况以及社会福利保障体系的健全与否等诸多因素相关联。如今，学界在肯定民意之于死刑制度改革的重要性上已达成了共识，对于如何才能有效地引导民意，有论者认为这关涉到决策层、精英层与民众层之间的互动，并据此指出了当前提升民众认知的现实困境在于：一则，学界研究死刑常用的实证研究方法只能简单反映事实，对死刑民意的形成原因和具体构成不能系统阐释，导致沟通工作的针对性差，“不能”主动沟通民意；二则，从历史和现实的制度实践来看，死刑民意的形成有客观原因且影响长期存在。因此“不易”沟通民意；三则，知识精英沟通民意时存在着地位、语言等方面突出问题，这就“不便”沟通民意。基于此，我国死刑改革的“结果向度”，必是以精英话语为导向，大幅减少与部分废除死刑的同时，侧重于对民众认知的提升，这是我国逐步废止死刑之路的必然要求和理性抉择；而我国废止死刑的成熟时机，有赖于法学家和政治精英的不懈努力来共同促成，只要成功地开启民智转变观念，加之政府推动与国家决策层的魄力，并辅以有关的配套制度，就有可能最终促成质变达此目标。[②]

其二，死刑存废与传统文化之间的关系。国人的死刑观念在某种程度上影响着死刑制度的改革，而死刑观念的养成与一国的传统文化有莫大关联，这主要是体现在人们对生命的认知。邱兴隆教授认为，人文精神和信仰基础的阙如是我国废除死刑道路上的困境之一，我国古代不乏慎用死刑的实践尝试，如唐玄宗时期曾大量消减死刑，虽然没有最终废除，但最少的一年只有15起，不过这与当时佛教成为国教而秉持忌杀生的信仰基础有关，目前我国学界尚未对人的生命价值普遍抱有强烈的人文关怀，换言之，我国仍然缺乏生命神圣的理念。[③]“杀人偿命”作为一种传统文化的心理沉淀，构成了我国民众对死刑的基本认知态度，由此导致犯罪人的权益保护长期处于被忽视与遮蔽的状态。对此，有论者指出，在传统中国，杀人偿命不仅表现为一种公平原则，而且还嵌入了中国人有关善终与凶死的意义世界，这主要是受祖先崇拜的影响，生活于祖荫之下的传统中国人追求善终，认

① 卢建平．死刑适用与“民意”．郑州大学学报，2005（5）．

② 蒋娜．社会建构主义视阈中的死刑民意沟通．清华法学，2013（5）．

③ 邱兴隆．死刑的德性．政治与法律，2002（2）．

为遭遇凶死之人将因无法善终而成为冤死之鬼作祟人间，于是冤魂难眠意识成为中国民众追求杀人偿命的重要动因；在现代中国，善终与凶死观念的弱化让中国人的杀人偿命观念呈现出松弛的趋势，但冤魂难眠意识仍激励着部分被害人亲属在命案中寻求以命抵命；同时，即便在死刑和解中，杀人偿命作为一种基本准则，也仍然是支配性的公正标准。由此可知，在大多数民众仍认可杀人偿命的情况下，将死刑废除或者命案中死刑立即执行判决数量逐年减少作为死刑改革的目标，极有可能因背离民众的价值认同而导致法律与社会的断裂。[①] 故而，唯有改变根深蒂固于普通民众心中的“杀人偿命”观，实现死刑文化的更新，方能减少我国废除死刑的制约力量。有鉴于此，有论者提出，鉴于我国立足于公民基本权利层面的生命至上观念的缺乏，培育生命至上观念，对于死刑之废除具有深远意义。相应地，刑法所能做的，首要的便是对非故意侵犯生命的犯罪所配置的死刑予以废除，以引导民众生命至上的观念。只有如此，方能完备死刑废除的观念基础。[②] 另有论者注意到媒介对我国死刑文化观念的影响，认为我国民众的死刑观并非与生俱来的生物性反应或者天经地义的东西，而是被各种文化传播的媒介通过信息的加工、处理、控制而人为塑造出来的；民意对于具体个案的影响虽然有限，但若是借助新闻媒体的力量助推力量便足以形成汹涌的舆论浪潮，甚至将与权力有关的决策层推向风口浪尖。因此废除死刑必须从媒介对文化观念的塑造功能入手，而法学学者应当注重大众传播媒介与死刑观的关系研究与实践，通过各种媒介的交互网络作用去制造、复制、传播、强化“反思死刑”的文化信息。[③]

其三，死刑存废与现实国情之间的关系。刘明祥教授认为，我国在未来短时期内也不可能废除，因为我国仍是发展中国家，社会处于变革时期，预计在较长时期内这种状况不会发生根本性改变，这就决定了我们不得不保留死刑，以便有效惩治严重犯罪，维护社会秩序。[④] 陈兴良教授认为我国目前尚不具备与废除死刑相契合的物质条件和精神条件，从物质文明程度来看，在物质文明程度较低的社会，人们往往将惩罚犯罪置于第一位，死刑被视为最为节省成本的刑罚支出而被屡屡滥用，目前我国仍是一个发展中国家，尽管我国正在全面建设小康社会，但距离这个目标尚有差距；从精神文明程度来说，在一个精神文明程度较低的社会，报应观念表现得越强烈，对于死刑的认同感就越强，我国目前的精神文明程度还处于较低的水平，废止死刑尚缺乏广泛的社会认同，尤其是杀人者死之类的报应观念在我国传统文化中源远流长，成为中华民族社会心理的重要组成部分，其对死刑的废除起着强烈的阻却作用。综合以上两方面的考量，不难得出，我国目前尚不具备废除死刑的条件。[⑤] 除前述观点外，梁根林教授则将死刑的存废问题归为一种刑事政策选择，其立论的前提是，死刑的存废去留并不取决于其自身无法辨明的正义性或非正义性，以及无法证实或证伪的威慑性，深究该问题的本质，是一个受集体意识的公众认同以及政治领袖的政治意志左右的政策选择问题，具体而言：集体意识对死刑的广泛认同为死刑制度提供了正当性和合法性资源，但集体意识是理智与情感、意识与潜意识、理性与非理性、正义

---

① 尚海明．善终、凶死与杀人偿命．法学研究，2016（4）．

② 朱本欣．论生命权视野中的生命刑．刑法论丛，2008（1）．

③ 周详．媒介对大众死刑观的塑造：中国废除死刑的路径分析．法学，2014（11）．

④ 刘明祥．日本死刑制度的现状与我国死刑制度的展望．法学，2004（5）．

⑤ 陈兴良．死刑存废之应然与实然．法学杂志，2003（4）．

与非正义的矛盾统一体，因此决策者既要尊重民意，又要善解和引导民意，运用政治智慧作出科学的死刑决策，使死刑政策、死刑制度与死刑适用成为一种理性的实践和实践的理性。[①] 此外，王平教授还指出了刑罚制度的设计须同本国的生产力发展水平相适应，在生产力发展水平不同的国家，人们对刑罚轻重的感知是不同的，由于国情使然，我国现阶段的生产力发展水平较之于西方发达国家还有很大差距，相应地，我国的刑罚使用在总体上也应当较西方发达国家重；当然，随着生产力发展水平的不断提高，人类文明程度的不断提高，人本身的生命和自由价值也随之提高，现在较轻的刑罚对人们的威慑力会相当于从前较重的刑罚对人们的威慑力，因此我国刑罚的未来应当逐步宽和化。[②]

至此，渐进废除论者们通过列举前述三种因素，阐明了为何我国的死刑改革是“渐进式”而非“突变式”，继而为论证死刑废除的必然性，又从不同角度提出了种种理由，最终使“死刑在我国终将走向寿终正寝”的结论得以渐行渐明。需要指出的是，当下对废除死刑的理由可谓众说纷纭，主要从理论根据和现实理由两个层面来进行展开。

1. 理论根据

(1) 人道主义说

人道主义（Humanitarianis）是起源于欧洲文艺复兴时期的一种思想体系，提倡关怀人、爱护人、尊重人，是一种以人为本、以人为中心的世界观，其意在强调人的价值，尤其是对人的生命、基本生存状况的关注。1764 年，贝卡里亚在《论犯罪与刑罚》一书中谈及死刑之时，首先以“人道”的名义对死刑的正当性进行了非难，认为“死刑并不是一种权利，笔者已经证明这是不可能的；而是一场国家同一个公民的战争，因为，它认为消灭这个公民是必要的和有益的。然而，如果笔者要证明死刑既不是必要的也不是有益的，笔者就首先要为人道打赢官司”[③]。此后，“人道主义”便成为后世学者们在质疑死刑正当性根基时援引的基本理由之一。例如：陈兴良教授认为，死刑废止论是从刑罚人道主义出发所得出的必然结论，因为社会文明发展到今天，人道主义已经不允许通过残酷的刑罚去追求刑罚的威慑效果，否则就是不正当的。正是在这样一个社会历史背景下，死刑从过去的天然正当演变为如今因其野蛮残酷而即将退出历史舞台。因此，人道是超越功利的，人道是人类的必然选择；在死刑问题上也是如此，刑罚人道主义必然要求超越功利与报应从而为死刑废止论提供理论支持。[④] 又如：有论者在论述“只有人道主义才是死刑改革最根本的依据和支撑”的观点时，通过结合我国的传统文化而将人道主义区分为传统的人道主义和现代法治意义上的人道主义，认为我国传统的“人道”观念实质上是维护等级差别、维护封建皇权的片面、保守的民本主义，而非追求自由、平等、人权的人道思想，并且还会演化为死刑改革的藩篱；相对于此，现代意义上的人道主义才是死刑改革所需要的思想利器，因此欲推动中国的死刑改革，必须实现传统人道观念向现代人道主义思想的转变，这不仅要求我们通过严格的证据标准和司法程序来限制死刑的适用，而且推动我们不断调

① 梁根林. 公众认同、政治抉择与死刑控制. 法学研究，2004 (4).

② 王平. 刑罚轻重的根据——兼论“严打”. 政法论坛，2002 (2).

③ ［意］贝卡里亚. 论犯罪与刑罚. 黄风，译. 北京：中国法制出版社，2002：52.

④ 陈兴良. 死刑存废之应然与实然. 法学杂志，2003 (4).

整刑罚结构，建立更具有人性化、科学化及实现犯罪治理目的的刑法体系。[①] 再如：提倡死刑立即废止论的冯军教授亦将人道主义作为衡量死刑存废的最终根据，因为人们在论及死刑存废时，往往从同样的视角亦会得出完全不同的看法，比如同样基于宗教教义，有人用“以眼还眼、以牙还牙”来论证死刑的正当性，有人则用“慈悲为怀、不得杀生”来提出反证；同样从被害人亲属感情的视角出发，有人认为死刑可以消除被害人亲属的愤恨，有人则认为死刑不能消除被害人亲属的愤恨等；相比之下，人道作为共识性价值，是一种无争议的事实，有助于避免从同样的视角得出完全不同的结论。[②]

（2）人权违背说

保障人权是死刑废除的另一个基本理由，其核心立场在于论证死刑与生命权之间的冲突和抵牾。在废除死刑方面，联合国及其职能部门作出了不懈努力，相关的例证由于前文已述，故在此不赘，不过需要注意的是，联合国所持的废除理由主要是保护人权和人的尊严。在讨论保障人权何以能够衍生出死刑废止论上，邱兴隆教授对死刑废止论作了追本溯源，指出死刑废止论由兴起到展开的历史是一个对生命的神圣性的信仰到对自然权利的推崇再到对基本人权的尊重的过程，其中：生命神圣是死刑废止论的宗教理念，生命权是死刑废止论的自然权利理念，而“生命权是人不可剥夺的基本权利”是死刑废止论的人权理念。邱教授进一步指出，罪犯应该与普通人一样享有不可剥夺的生命权。而死刑恰恰以剥夺罪犯的生命为内容，因而构成对罪犯作为人的最基本人权的生命权的一种侵犯。因此，废除死刑是保障基本人权的必然要求，这就是当代人权论者要求废除死刑的基本立论与逻辑。[③]

然而，赵秉志教授指出，从人权角度论证死刑的不正当性，很容易陷入对立双方自说自话的局面。[④] 时延安教授的观点与之颇有相通之处，主张如果从人权的普遍性出发，死刑构成了对人最终的权利即生命权的侵犯，那么为了维护和发展人权必然会得出死刑须废除的结论；但是倘若对人权的多样性进行考量，则不难发现，不同国家在不同时期，由于历史传统和本国国情的差异使然，人权制度的变化也会呈现出各自政策、措施和执行标准上的差异。以违反人权来论证死刑的不正当性，必然会受到基于人权理解的多样性和国情、文化特殊性辩解的强烈抵制，例如以保障犯罪人人权来作为废除死刑的理由，反而会令公众产生“杀人者有人权，被害人没有人权”的困惑，因此，对于我国而言，仅以人权学说还不能充分论证死刑的不正当性。[⑤]

（3）宪法抵触说

有关死刑是否与宪法抵触的争鸣在域外学界早已展开，譬如：上世纪 80 年代，日本最高法院通过个案使死刑成为宪法问题，日本学界就此围绕死刑的宪法论命题展开了理论聚讼，通过将死刑纳入宪法框架来反思其正当性，让死刑制度接受宪法价值的评判。[⑥] 然

---

① 赵秉志，张伟珂．传统与现代：死刑改革与公众“人道”观念的转变．当代法学，2016（2）．

② 冯军．死刑、犯罪人与敌人．中外法学，2005（5）．

③ 邱兴隆．从信仰到人权——死刑废止论的起源．法学评论，2002（5）．

④ 赵秉志．死刑改革之路．北京：中国人民大学出版社，2014：702-707．

⑤ 时延安．死刑、宪法与国家学说——论死刑废除的理论路径选择．环球法律评论，2017（6）．

⑥ 韩大元，林维，时延安．死刑制度的当代命运：宪法学与刑法学对话．中国法律评论，2017（4）．

而，对于我国学界而言，围绕死刑合宪与否的讨论自近年来才逐渐兴起，论者们意在通过充分挖掘我国宪法文本中的资源，从宪法学角度对死刑制度的正当性予以否定。通过梳理相关观点，其论证角度归纳起来可包括以下几个方面。

一是从生命权角度来看，通过解释宪法所规定的基本权利来作为废除死刑的根据。对于采取在宪法中明确规定生命权和禁止死刑条款的立法例的国家而言，死刑有违宪法自不待言。然而，我国的宪法文本中并没有明确规定生命权，由此便需考虑根据既有的宪法资源，能否从应然层面推导出相应的结论。对此，刘仁文教授认为，从我国《宪法》第33条有关国家尊重和保障人权的条款，可以引申出我国宪法中的人权包括生命权。① 不过值得注意的是，刘仁文教授所持有的是相对生命权立场，认为即使在宪法上规定生命权，也并不表明要立即废除死刑，这实质上与缓和的渐进废除论的观点相似；与之不同的是，绝对的生命权理论则主张人的生命权在任何情况下都不应被剥夺，国家职能在紧迫的情况下基于正当防卫的理念杀人，由此可见，持以上两种不同的生命权立场，可能在死刑废除问题上得出不同的结论。同样是就我国宪法没有明确规定生命权这一事实而言，韩大元教授则有不同看法，其认为宪法上是否规定生命权，并不影响死刑制度的评价，因为宪法是一种生命的载体，拥有生命的人们用制宪权来选择了宪法，那么生命的存在是这种政治共同体存在的前提，换言之，宪法上是否明文规定生命权，并不影响宪法对生命权的关怀和保护。②

二是从禁止残忍的、不人道的、有辱人格的刑罚来看，最典型的是美国联邦宪法第八修正案中规定了禁止“残酷、异常的刑罚”，因此在以前的司法实践中曾以此作为判定死刑是否与宪法抵触的根据，时延安教授预测美国未来仍会以“残酷、异常的刑罚”作为废除死刑的根据。③ 我国宪法中没有类似的规定，但刘仁文教授认为可从国家尊重和保障人权的条款中推导出禁止残忍的、不人道的、有辱人格的刑罚内容。④

三是基于比例原则来限制死刑。宪法的比例原则问题，就是讨论一个涉及人权的公权力（可能是立法、司法及行政行为），其目的和所采行的手段之间，有无存在一个相当的比例问题。⑤ 通过比例原则来指导和限制死刑，可以具体体现在：非暴力犯罪不适用死刑，检视绝对确定的死刑条款的正当性，考察从轻情节对死刑判决的影响等。此外，李立众还提出了以以命偿命原则构建死刑宪法控制的初步构想：即根据法律面前人人平等的宪法原则（生命权平等）与死刑的正当化根据报应刑论，被害人死亡是死刑适用诸要件中最为核心的要件，以命偿命原则符合宪法上的生命权平等观念，不违反尊重和保障人权的宪法理念；以命偿命原则具体包括现实死亡原则、一命偿一命原则与偿命方式对等原则三方面的内容；尽管运用以命偿命原则来控制死刑的适用尚有不完美之处，但是通过现实死亡原则、一命偿一命原则与偿命方式对等原则，这一死刑的宪法控制方案获得了公平性、明确

---

① 刘仁文．死刑的宪法维度．国家检察官学院学报，2013（4）．

② 韩大元，林维，时延安．死刑制度的当代命运：宪法学与刑法学对话．中国法律评论，2017（4）．

③ 时延安．死刑、宪法与国家学说——论死刑废除的理论路径选择．环球法律评论，2017（6）．

④ 同①．

⑤ 陈新民．德国公法学基础理论：下册．济南：山东人民出版社，2001：369．

性与可实践性。[①]

除了通过前述所列的视角来论证死刑是否与宪法抵触，还有从以下几个角度来阐述死刑的宪法之维度，例如：从保障公民的知情权、监督权的角度来阐明我国公开死刑数据的必要性；又如：从宪法的平等原则出发反思了我国曾经死刑核准权下放造成的各地死刑标准严重不统一，由此肯定了2007年最高人民法院收回死刑核准权的宪法意义，并且进一步推导出统一死刑执行方式是宪法平等原则的必然要求；再如：基于公民的人格尊严不受侵犯得出死刑犯应当受人道对待的结论；以及死刑犯应当有申请赦免的权利等。[②]

（4）国家性质与功能抵触说

在谈及死刑存废问题时，无法摆脱一国固有文化、国情、人权等方面的考量。囿于不同社会对文明、人权的理解存在差异，且各国宪法对基本权利的规定也存在差异，因而对待死刑问题时便会存在不同态度，难以形成压倒性的说服力。有鉴于此，时延安教授试图从国家学说来论证死刑的不正当性：首先，基于人民民主专政的国家性质可知，按照“人民”与“敌人”二分的理论，死刑的适用对象仅限于“敌人”，即对于向社会主义国家发动战争的敌对势力中的首要分子和实施严重危害行为的人保留死刑的可能，当然，考虑到惩罚的比例性原则，对于属于“敌人”的组成分子也不能一概适用死刑。其次，基于社会制度对死刑的分析不难得出，社会主义社会以维护个人的自由发展为目的，任何刑罚都应以教育和改造为最终目的，死刑剥夺了作为人自由发展的基础——生命，因而具有不正当性。再者，从国家的职能角度来看，社会主义国家的基本职能是保护人民的利益，而死刑的存在显然与这一职能相抵牾，为确保国家基本职能的实现，势必需要废除针对公民的死刑，同时作为例外保留针对敌人的死刑。时延安教授在论证的同时，也进一步指出了国家性质与功能抵触说存在的局限性，一是它只能结合特定国家的国家学说予以展开，才能得出死刑是否正当的结论；二是它只能置于特定的社会发展时期予以展开，譬如：我国已进入社会主义建设的稳定期，在专政对象已发生明显转变且国家主要职能是保护人民利益的情况下，废除死刑便理所当然了。[③] 任何理论学说都有其内在局限性，然不可否认的是，从国家性质与功能抵触说来论证死刑不正当性，不失为契合我国本土情况的一次有益尝试。

2. 现实理由

（1）死刑在预防犯罪方面发挥的作用有限

死刑对犯罪具有强烈的威慑力，一直是死刑保留论的重要理据，无论是各国政府、学界、实务界抑或普通民众在为保留死刑辩护时，都毫无例外地提出了这一理由。然而从上世纪80年代后期开始，便有论者将死刑置于犯罪预防的体系中予以考量，从犯罪率增长的原因和死刑有限的遏制作用入手，对以期利用死刑来遏制犯罪发生的臆想进行批驳，比如薛瑞麟教授认为，希冀以扩大死刑适用范围来抑制犯罪的发案率恐怕难收其效，唯有动用各种手段实现综合治理，方是减少和预防犯罪的根本途径[④]；又如有论者指出，死刑之

① 李立众．死刑的宪法控制方案初探．国家检察官学院学报，2014（5）．

② 刘仁文．死刑的宪法维度．国家检察官学院学报，2013（4）．

③ 时延安．死刑、宪法与国家学说——论死刑废除的理论路径选择．环球法律评论，2017（6）．

④ 薛瑞麟．关于完善我国刑法中死刑适用范围的思考．中国法学，1989（4）．

存废与犯罪率的升降之间没有必然联系，世界上不少国家废除死刑或减少死刑适用后，未对其社会稳定产生何种灾难性的影响，相反其犯罪率还有所下降（如荷兰）。[①]

进入21世纪以来，不断有论者发声质疑死刑的威慑力，如有论者指出，将死刑的威慑力作为死刑的正当性根据，其立论的错误在于混淆了刑罚效果和刑罚效益之间的界限，预防犯罪是刑罚的效果之一，但效益同样是刑罚不可或缺的价值，换言之，不计代价只求效果，或不计投入只求产出的刑罚不是真正有效益的刑罚，诸如盗窃罪所侵犯的权益价值远低于生命价值，对盗窃罪配置死刑将有违刑罚的效益性。[②] 又如，张远煌教授从实证分析角度，对死刑的威慑力进行辩伪，其观点体现在以下两方面：一是死刑立法对犯罪人并无特殊的威慑力，因为侥幸心理的存在，以及死刑抽象恫吓到死刑执行之间的时间差，都将在很大程度上阻断犯罪与刑罚之间的必然联系；二是死刑的执行亦无特殊的威慑力，充其量只能产生暂缓其他凶杀行为发生的效果，并不能真正消除凶杀犯罪发生的原因，甚至死刑执行本身还可能产生刺激凶杀行为的反向效应。在死刑存废问题上，张远煌教授认为真正值得追问的，既不是死刑存在正当根据的伦理或道德基础，更不是死刑有无威慑力，而是死刑存废与我们人类自身生存状况之间的关系。[③]

（2）死刑误判或被错误执行的后果不可恢复

有论者就美国学者对死刑误判问题所作的定量研究进行了详细介绍，以期对我国死刑乃至整个刑事司法制度的研究以及改革与完善有所助益，其中的一项建议便是：一方面在刑事立法上减少规定死刑的罪名，对非暴力性犯罪一律取消死刑；另一方面，在刑事司法层面缩小死刑的适用范围，严格控制死缓改判死刑立即执行的条件。[④] 近年来，随着聂树斌案、呼格吉勒图案、杜培武杀妻案、佘祥林杀妻案等死刑误判案件得以昭雪，人们不得不接受“死刑可能存在误判”的警醒。诚然，任何刑罚在适用过程中都有可能存在误判或错误执行的可能性，然而较之于其他刑罚方式，死刑的误判或错误执行必须得到更多的重视，这乃是由死刑剥夺权益的重要性以及死刑执行的不可恢复性所决定。林维教授提出，一则是源于死刑的误判可能性是死刑正当性确实的固有顽疾，自由刑的误判或错误执行总是能在一定程度上得到挽回，但生命权的剥夺却不具有可回溯性，倘若死刑的误判因素无法从根本上消除，那么即便是死刑支持论者也可能不得不转向统一废除死刑。二则是因为死刑误判所冲击的不仅仅是死刑制度本身，整个刑事审判的正义都会受到系统性的挑战和根本性的质疑。[⑤]

上述“显性的”死刑误判案一旦得以昭雪，就往往容易引起关注和共鸣，但值得注意的是，付立庆教授则认为不可忽视司法实践中“隐性的死刑冤案”，即并非属于完全无罪者被判死刑，而属于司法者在法律适用和政策把握上出了问题：被告人虽然有罪，却罪不至死，但“可杀可不杀的杀了”，或者干脆是“原本不该杀的杀了”。这类案件往往在对于冤假错案的群声讨伐中被遮蔽，其结果仍然可能会造成屈死的冤魂，因此，对于这种隐性

① 鲍遂献．对中国死刑问题的深层思考．法律科学，1993（1）．

② 胡云腾．存与废：死刑基本理论研究．北京：中国检察出版社，2000：226-230．

③ 张远煌．死刑特殊威慑力之辨伪：以实证分析为视角．刑法论丛，2008（1）．

④ 陈永生．死刑与误判——以美国68%的死刑误判率为出发点．政法论坛，2007（1）．

⑤ 林维．死刑的误判与废除．东北师大学报，2017（3）．

冤案的挖掘、反思与清理，既是学者们的任务，更是司法者们的职责。[①]

（3）废除死刑已是一种势不可挡的国际潮流

随着国际社会对废除死刑的呼吁声日渐高涨，学界也试图借此作为死刑废除的论证理由之一，认为死刑废除乃当下多数国家的选择。譬如：刘仁文教授指出，面对国际上废除死刑运动的势不可挡，我国在死刑问题上的取向亟待明确，其中，从国内形势看，我国已经由激烈的革命年代进入和平建设年代，已从“以阶级斗争为纲”转向“全面建设小康社会”，已从频繁地依靠运动治国转向依法治国；从国际形势来看，废除死刑已成为一种全球趋势，在联合国的支持下，越来越多的国家高举人权和人道的旗帜，在死刑存废之争中占据明显优势，虽然保留死刑的国家也对适用死刑持日趋严格的立场，但是真正在实践中频繁执行死刑的已微乎其微。[②]

值得注意的是，将废除死刑视为一种国际潮流的论者，往往以废除死刑作为“文明国家”的重要标志，其论证逻辑是：置身于限制并废除死刑的国际社会大环境之下，判断一个国家文明与否的标准，在于其有关死刑的法律、政策与实践中所持的基本立场。比如，贾宇教授曾指出，死刑是从原始社会的以血复仇制度遗留、演变而来的产物，它必将随着人类文明的发展而废止；死刑所真正发挥的现实功能只是满足民众的报应观念，而要求死刑的报应观念显然已不符合人类文明的发展需求。[③] 在死刑问题与国家文明程度的关系上，张远煌教授也持类似的观点，认为将死刑问题视为一个国家文明程度的重要标志之一，是人类文明进化程度与人类本能的被限制程度此消彼长的历史事实和思维定式使然。死刑存废之争的实质在于，现代文明应该在多大程度上承认和满足人类的报应本能。当人类文明理性能够对报应的本能情感予以越充分地压制，死刑的非理性成分所能宣泄的空间就越少，其存在的理由就日趋弱化而逐渐归于消亡；反之，当人类的文明理性在压抑人类的报应情感时尚不能获得优势地位，就存在充满残虐性的非合理主义表现形式的死刑。[④]

然而，将废除死刑视为一种世界潮流的看法亦有可推敲之处。从死刑存废的世界版图来看，于志刚教授曾指出的“废除死刑是一种世界潮流和趋势”是臆想性认识，因为目前人口在一亿以上的国家中，全面废除死刑的只有墨西哥；俄罗斯自 1996 年开始不执行死刑，仅在 1996-1999 年车臣共和国执行了死刑；巴西废除了普通犯罪的死刑；而其他人口在一亿以上的国家均保留了死刑，除了美国和尼日利亚外，均为亚洲国家。[⑤] 而时延安教授则着眼于文明差异对制度选择的影响，指出当前废除死刑国家的文明类型，是受基督教、天主教和东正教影响的国家，是所谓西方文明发源及所实质影响的地区；而受伊斯兰文明、中华文明和印度文明影响的国家，在死刑问题上一直保持强大的韧性，基本上都保留了死刑。因此，倘若仅以数字统计结果作为死刑废除是世界潮流的依据，并进一步将之作为制度文明与否的标志，无疑将陷入某种意义上的“文明异己论”，只有在尊重当今世

① 付立庆．应当关注隐性的死刑冤案．中外法学，2015（3）．

② 刘仁文．死刑政策：全球视野及中国视角．比较法研究，2004（1）．

③ 贾宇．死刑的误判与废除．东北师大学报，2017（3）．

④ 张远煌．死刑特殊威慑力之辨伪：以实证分析为视角．刑法论丛，2008（1）．

⑤ 于志刚．关于废止死刑国家的数量统计结论之反思．法学，2009（1）．

界各种文明类型差异的前提下，合理、审慎地看待死刑废除问题，方是应有的研究态度。[①]

四、我国限制死刑的路径选择

经过死刑存废之争的论战，死刑已然不是当今社会所要倡导的刑罚类型，很难再找回昔日的风采，势必将从当代刑罚体系中逐渐隐退。应当说，死刑改革不仅是当代中国刑法改革过程中最受关注、最具现实意义且备受争议的重大问题，而且也关乎当代中国刑事法乃至整个法治领域的进步与发展。有论者曾就我国死刑制度的改革提出过阶段性设想，认为我国在本世纪上半叶应分三个阶段逐步废除死刑：一是及至 2020 年中国计划实现小康社会之发展目标之时，先行逐步废止非暴力犯罪的死刑；二是再经过一二十年的发展，在条件成熟时进一步废止非侵犯生命的暴力犯罪的死刑；三是在中国社会文明和法治进步发展到中等发达国家程度时，至迟到 2050 年亦即新中国成立 100 周年之际，全面而彻底地废除死刑。[②] 如今，囿于国际和国内因素的共同作用，决定了我国死刑制度改革必将围绕限制、减少乃至最终废止死刑而展开。从 1997 年《刑法》颁行至今，我国刑法学界围绕死刑问题的探索、思考、建言从未停歇，正是由于学者们二十余年来对该领域投入了大量的心智和精力，才积累了如今关于死刑改革的论文、著作、译作、文集等大量文献，归纳而言，主要依循着立法改革和司法控制两条路径具体展开。

（一）刑事立法之维：消减死刑罪名与调整刑罚结构

死刑的立法控制对于我国死刑制度改革乃至整个刑罚制度改革具有根本意义，通过立法消减死刑在我国刑法中的比重、提高死刑的适用标准、调整我国刑罚体系结构，不仅具有宣示意义和里程碑价值，而且还能为刑事司法限缩死刑适用规模奠定制度性保障。

1. 消减死刑罪名

死刑罪名的取舍标准应当如何把握？张小虎教授认为，尽管人类价值根基决定了死刑应当被废除，但由于社会现实所限，决定了我国当前社会必然保留死刑，甚至可以说，至少在未来的 50 年内我国刑法典不会废除死刑，基于此，构建合理的死刑制度成为了现阶段刑法理论的基本责任。在死刑罪名的控制上，应遵循着“总体原则废除死刑，故意命案保留死刑”的基本立场，由此彰显刑法优先保护个人法益与侧重保障人权并重的理念，其中：一是在刑法总则中明确规定“只有具体犯罪中存在故意杀人或者致人死亡情节的犯罪，可以适用死刑”，“死刑只适用于罪恶极其严重的犯罪分子”，即罪行极其严重并且主观恶性极深、人身危险性极大的犯罪分子；二是在刑法分则中将死刑罪名仅限定为“故意杀人罪”，若行为人实施刑法所规定的其他犯罪，同时伴有故意致人死亡情节从而有必要适用死刑的，可以通过适用总则规定，根据罪数形态理论按照故意杀人罪或者根据数罪并罚而判处死刑。[③]

---

① 时延安．死刑、宪法与国家学说——论死刑废除的理论路径选择．环球法律评论，2017（6）．

② 赵秉志．中国逐步废止死刑论纲．法学，2005（1）．

③ 张小虎．废除死刑的理论预期与保留死刑的现实必然——论我国死刑制度的完善．社会科学研究，2007（1）．

在死刑罪名的取舍上，部分学者主张应取消所有财产性犯罪或非暴力犯罪的死刑，然而田宏杰教授认为不可一概而论，首先，就财产性犯罪而言，我国《刑法》第 263 条规定的抢劫罪既侵犯财产所有权，又侵犯被害人的人身权。而在司法实践中，有些抢劫罪对人身权的侵犯采用的是极其残忍的手段。对于这种犯罪，如果完全废除死刑，不论是从预防还是惩治的角度，其效果堪忧。其次，就非暴力性犯罪来说，死刑的存废也应具体情况具体分析。例如，在 21 世纪的今天，毒品犯罪的严重危害性已为国际社会所公认，毒品犯罪也因此被联合国有关机构和世界各国列为最严重的 17 类国际犯罪之一，但毒品犯罪的实施，不仅并不必然使用暴力手段，而且即便是非暴力方式实施的毒品犯罪，其对社会公众的身心健康和社会秩序的稳定和谐所造成的社会危害并不因而减少。此外，在网络信息化时代危害国家安全的犯罪，犯罪手法不仅日新月异，而且也并不都要用传统的暴力手段实施，但其对国家安全、社会秩序及百姓权益的侵犯，同样并未因犯罪手段的非暴力性而有所降低。①

如前所述，毒品犯罪已俨然成为我国死刑制度改革无法回避的领域，当前我国毒品案件的死刑适用呈明显上升趋势，甚至在特定时间及个别地方，毒品犯罪的死刑适用数量超过了涉及人身死亡的人命案件。尽管法院一再提高毒品案件的死刑适用标准，但毒品犯罪仍日益猖獗、形势严重，可见通过司法控制毒品犯罪的死刑适用似乎无法起到根本性的限制和减少作用。毒品犯罪的死刑适用现状值得反思，时延安教授认为我国应该尽快废除毒品犯罪的死刑，理由在于：其一，从国际公约来看，毒品犯罪并不符合《公民权利与政治权利国际公约》所要求的、保留死刑的国家应将死刑适用于“最严重的罪行”。诚然，毒品犯罪在实施过程中往往伴随一定的暴力犯罪行为，但对于伴随而生的有组织犯罪和暴力犯罪，完全可以依据刑法相关罪名予以严惩。其二，从我国《刑法》第 48 条规定来看，死刑适用的前提是“罪行极其严重”，如果以故意杀人罪作为“罪行极其严重”的衡量标准，那么毒品犯罪显然也未达到该标准。②

2. 提高死刑适用标准

提高死刑适用标准旨在限制死刑的适用规模，既包括严格死刑立即执行的适用条件，也包括限制死缓的适用。具体而言，主要包括以下措施：其一，提高了死缓犯被执行死刑的门槛，将死缓执行死刑的条件由“故意犯罪，查证属实的”修改为“故意犯罪，情节恶劣的”；同时对于死缓期间故意犯罪、但未执行死刑的罪犯，增加规定了重新计算其死刑缓期执行期间，并报最高人民法院备案。其二，限缩死刑适用对象的范围，1997 年《刑法》规定犯罪时的未成年人和审判时的怀孕妇女不适用死刑，《刑法修正案（八）》进一步规定，对审判的时候已满 75 周岁的人，不适用死刑，但以特别残忍手段致人死亡的除外。其三，1997 年《刑法》对绑架罪规定了绝对确定的死刑，《刑法修正案（九）》对该规定作了调整，有助于司法实践中进一步减少适用死刑。

3. 调整刑罚体系结构

我国立法机关近年来对刑罚体系结构的调整，主要是调整死刑、无期徒刑以及有期徒

① 田宏杰，温长军．理解制度变迁：我国《刑法》的修订及其适用．法学杂志，2011（9）．

② 韩大元，林维，时延安．死刑制度的当代命运：宪法学与刑法学对话．中国法律评论，2017（4）．

刑之间的结构关系，其重要的前提预设是：我国当前存在“生刑过轻”的结构性缺陷，未能充分体现罪刑相适应原则。正如立法机关指出，“司法实践中对判处无期徒刑、死刑缓期执行的罪犯，绝大部分都适用了减刑，个别还适用了假释，很少有终身关押的情况。但是，在执行中也出现一些问题，如一些司法机关对减刑条件把握过宽，减刑频率过快、次数过多，假释条件掌握过于宽松，致使一些因严重犯罪被判处死缓或者无期徒刑的罪犯实际执行刑期过短，与被判处死刑立即执行的犯罪分子相比，法律后果相差太大的情况。”① 于是，立法机关通过出台刑法修正案的方式，在减少死刑罪名的同时，采取了以下举措加重生刑。

一是延长一般死缓的实际执行刑期。根据我国 1997 年《刑法》规定，在死缓执行期间有重大立功表现的，可以减为 15 年以上 20 年以下的有期徒刑；《刑法修正案（八）》对此修改为：死缓考验期内有重大立功表现的，减为 25 年有期徒刑。相当于，对于死缓考验期内有重大立功表现的死缓犯，其减为有期徒刑的最低刑期由 15 年提高为 25 年。

二是增设了限制减刑型死缓。根据《刑法修正案（八）》的规定，对被判处死缓的累犯以及因故意杀人等八类严重犯罪被判处死缓的罪犯，人民法院可以同时决定对其限制减刑。被限制减刑的罪犯，死刑缓期执行期满后依法减为无期徒刑的，实际执行刑期不能少于 25 年；死刑缓期执行期满后依法减为 25 年有期徒刑的，不能少于 20 年。如此意味着总体上较大幅度地提高了死缓罪犯的实际执行刑期。

三是增设了终身监禁型死缓。《刑法修正案（九）》对特别严重的贪污、受贿犯罪规定了终身监禁型死缓，即犯贪污罪、受贿罪被判处死缓的，人民法院根据其犯罪情节等可以同时决定在其死刑缓期执行二年期满依法减为无期徒刑后，终身监禁，不得减刑、假释。同时，根据《刑事诉讼法》第 265 条规定，可以暂予监外执行的对象是被判处有期徒刑或拘役的罪犯，可见，被判处终身监禁型死缓的罪犯也不得暂予监外执行，真正实现了终身关押的效果。

四是延长无期徒刑实际执行的最低刑期。《刑法修正案（八）》对判处无期徒刑罪犯减刑、假释的，最低实际服刑期限，由原刑法规定的 10 年延长至如今的 13 年。这同时也意味着，对于被判处一般型死缓依法减为无期徒刑的罪犯，在减刑、假释后的最低实际执行刑期也提高为 13 年。

五是延长有期徒刑数罪并罚的最高限额。《刑法修正案（八）》将有期徒刑数罪并罚后决定执行的刑期不超过 20 年，修改为“有期徒刑总和刑期不满 35 年的，最高不能超过 20 年，总和刑期在 35 年以上的，最高不能超过 25 年。”

就以上加重生刑的种种举措而言，刑法学界对其评价褒贬不一，主要有肯定说和否定说之分。持肯定说的论者认为，首先，这是对我国罪刑关系严格考察后的理性回应，因为以上举措并非普遍延长有期徒刑、无期徒刑、死缓的最低实际执行刑期，不仅维护了刑法的稳定和刑罚结构的合理性，而且也符合教育改造罪犯的实际情况，同时还做到了对社会

---

① 全国人大常委会法制工作委员会刑法室.《中华人民共和国刑法修正案（九）》解释与适用. 北京：人民法院出版社，2015.

危害严重罪犯的精准发力、重点打击，有助于体现罪刑相适应原则。[①] 其次，以上举措并未和刑罚轻缓化的潮流相背离，因为这是在作为死刑替代措施的意义上提出加重生刑，而非是在普遍意义上加重生刑，换言之，以上举措虽加重了无期徒刑和长期徒刑，但并未加重较轻犯罪的刑罚。[②]

否定说的论者对以上观点进行了回应，首先，"生刑偏轻"的提法值得反思，一则，如果"生刑"意指法定刑，则该提法不成立，因为我国的法定刑总体水平高于很多国家（地区）；二则，如果"生刑"指的是宣告刑也不妥，因为我国法院判处的宣告刑并不轻；三则，如果"生刑"是指执行刑，我国大陆地区的罪犯实际羁押率并不明显比其他国家地区（美国除外）高；由此，"生刑偏轻"实际上是相对于死刑立即执行而言，自由刑和死缓的实际执行期限偏轻，但这种观点既缺乏实证研究基础，也对我国监狱执行状况缺乏了解。即使认为"生刑偏轻"，基于刑罚个别化、社会化等共识性的刑罚理念，也没必要在立法上提高最低实际羁押期限甚至创设终身监禁型死缓。[③] 其次，以上举措虽不是普遍加重了生刑，但也存有考虑不周之处，比如对于某些罪名而言，死刑未予废除，生刑却延长了，对此若不作相应调整，那么短期内必定会加重某些犯罪的刑罚。总体而言，生刑的调整、特殊累犯范围的扩大、数罪并罚总和刑期的增加会抵消刑罚轻缓化取向的努力。[④] 再者，我国刑罚体系本身不存在格差，因为死刑之后便是无期徒刑。倘若为了弥补或消除刑罚执行中的差异而增设终身刑，则必然会剥夺了人身危险性小的受刑者获得减刑、假释的权利，从而侵犯其人权。[⑤]

4. 探寻死刑替代性措施

我国刑法学界一直致力于推进死刑制度改革，调整刑罚结构以限缩死刑的实际适用规模，在此意义上，寻找和设计死刑改良措施的意义便得到了凸显。在围绕死刑替代性措施的探讨中，首先需要明确的问题是：学者们究竟在哪种维度上使用"死刑替代性措施"这一概念？学者们是在实然抑或应然语境下展开论述？

（1）死刑替代措施的概念界定

高铭暄教授认为，所谓死刑替代措施，是指基于限制死刑适用的目的，对于立法上特定性质的犯罪，司法中特殊情况下的罪犯，不适用死刑立即执行，而代之以其他刑罚处罚方法。对此，高铭暄教授进一步提出了三种死刑替代措施：一是作严厉化调整后的死缓制度，即对于死缓犯在死缓考验期满后依法被减为无期徒刑的，严格限制其减刑、假释的适用条件和次数，进而控制其最低实际执行刑期。二是严格的无期徒刑，通过改革无期徒刑制度，以区分出严格的无期徒刑与一般的无期徒刑。三是附赔偿的长期自由刑，该种措施意在减轻被害方对法院适用死刑的压力，在一定程度上换取被害方对不适用死刑的理解。[⑥] 王作富教授主张，根据我国刑法典规定，应将死刑缓期执行，而不是无期徒刑，作为死刑

---

① 郎胜．我国刑法的新发展．中国法学，2017（5）．

② 陈兴良．犯罪范围的扩张与刑罚结构的调整——《刑法修正案（九）》述评．法律科学，2016（4）．

③ 时延安．死刑立即执行替代措施的实践与反思．法律科学，2017（2）．

④ 王利荣．我国刑罚体系结构再协调问题之思考——以〈中华人民共和国刑法修正案（八）〉为分析样本．法商研究，2011（3）．

⑤ 张明楷．死刑的废止不需要终身刑替代．法学研究，2008（2）．

⑥ 高铭暄．略论中国刑法中的死刑替代措施．河北法学，2008（2）．

立即执行的替代措施。[①] 由此可见，以上二位先生均是在替代死刑立即执行的层面上使用“死刑替代措施”的概念。

相比之下，李希慧教授认为，借鉴意大利和加拿大的做法，将 25 年不得假释的无期徒刑作为死刑的替代措施。[②] 也就是说，李希慧教授不仅将 25 年不得假释的无期徒刑作为死刑立即执行的替代措施，而且亦作为死刑缓期执行的替代措施，其使用的“死刑替代措施”概念，较以上两位先生所使用的概念外延更宽。

（2）死刑替代性措施的语境分析

通过前述分析不难发现，高铭暄教授和王作富教授是从实然层面探讨死刑替代措施，即立足于我国现行刑法规定，在当下死刑尚未全部废除的情况下，通过挖掘现行刑法所提供的资源来尽可能地限制死刑立即执行的适用规模。然而，刘宪权教授提出的“限制或废除死刑并不必然要提高生刑期限”，则是着眼于应然层面，认为如果通过提高生刑期限来限制或废除死刑，就相当于在增加善的同时增加一种性质相当甚至更严重的恶；在当今社会，死刑的限制或废除根本不需要刻意地去寻找替代刑，也根本没有必要提高实际已经不轻的生刑的期限；随着社会的进步以及人们对自由的珍视，只要依据现行的刑法规定，完善刑罚执行制度并严格执法，生刑完全可以起到与死刑一样的威慑效果，而这应该是限制或废除死刑的应然路径。[③] 与之类似，张明楷教授主张的“死刑的废止不需要终身刑替代”，亦是从应然层面出发，认为终身刑是侵害人格尊严、比死刑更为残酷的惩罚方法，由于其本身不具备刑罚的正当化根据，且无助于完善刑罚体系，因而不应成为死刑的替代刑。[④] 换言之，张明楷教授主张即便今后我国废除了死刑，也没有必要在刑罚体系中再增设新的死刑替代性措施。针对张明楷教授的观点，陈兴良教授反驳道，“在废除死刑而又不需要替代措施的情况下，当然无须考虑终身刑。但在我国当前这种对待死刑还较为迷恋的氛围下，可能是一厢情愿，难以真正实现。在这种情况下，死刑替代措施的设计就成为不得不面对的一个问题”[⑤]。可见，陈兴良教授亦是在应然与实然语境的区分下展开论述，认为在死刑废除的情况下，可以从应然层面得出没有设置终身刑的必要；但是立足于当下我国尚未废除死刑的实然维度，有必要以死刑替代措施来改变人们对死刑的迷恋。

（3）死刑替代性措施的反思

在当前我国尚未完全废除死刑的现实背景下，如何基于现有的制度资源来限制死刑的实际适用尤为关键，因此，接下来将限制减刑型死缓和终身监禁型死缓，作为反思死刑替代性措施的例证。

其一，基于刑罚目的的反思。一是从报应刑观来看，当今社会的报应刑观念，并不是为了使惩罚与罪行具有“等同性”，而是为了限制惩罚程度。[⑥] 然而，无论是限制减刑型死缓还是终身监禁型死缓，均是出于建立与犯罪人所实施严重罪行之间的比例性，仍然是以

---

① 赵秉志，黄晓亮．限制与减少死刑的积极探索——中美死刑替代措施学术座谈会研讨综述．刑法论丛，2008（1）．

② 李希慧．死刑的替代措施——以我国刑法立法为基点．河北法学，2008（2）．

③ 刘宪权．限制或废除死刑与提高生刑期限关系论．政法论坛，2008（2）．

④ 张明楷．死刑的废止不需要终身刑替代．法学研究，2008（2）．

⑤ 陈兴良．犯罪范围的扩张与刑罚结构的调整——《刑法修正案（九）》述评．法律科学，2016（4）．

⑥ 同④．

“等同性”或“报复性”为依据的传统报应刑观念，有违当今已经过洗练的新报应刑观。二是就预防刑观而言，一方面，上述两种死缓难以发挥一般预防的威慑效果，正如死刑废除论者所批判的一样，死刑难以发挥出遏制犯罪发生的威慑效果，犯罪人在实施危害行为前，并不总是事先进行精确的风险计算，概言之，刑罚的一般威慑功能都是有限的。另一方面，上述两种死缓无法实现特殊预防的功能，虽然二者适用均增加了罪犯的实际服刑期限，在客观上剥夺了罪犯的再犯能力，但再犯能力的考察不能仅依据审判前的事实材料予以判断，还应结合死缓考验期的综合表现来对罪犯的人身危险性进行合理判断。由于上述两种死缓都是法官在量刑阶段依据审判前的犯罪情节作出裁量，因此无法对罪犯的人身危险性进行合理判断；此外，贪污受贿罪犯一旦丧失权力，其犯罪能力就不复存在，对其进行特殊预防的必要性也相应降低。

其二，关于适用标准的反思。自一般死缓和死刑立即执行之间增加了限制减刑型死缓和终身监禁型死缓后，死缓的执行方式呈现出了新的梯度排列方式，一是对于一般“罪行极其严重”的案件，存在一般死缓、死刑立即执行两个阶位；二是对于累犯及故意杀人等8种严重犯罪案件，会形成一般死缓、限制减刑、死刑立即执行三个阶位；三是对于贪污贿赂案件，则存在一般死缓、终身监禁、死刑立即执行三个阶位。如此一来，如何正确区分不同阶位案件的适用标准，具有重要的现实意义和实践价值。对此，时延安教授认为，首先，就一般死缓、限制减刑型死缓与死刑立即执行三者而言，其共同的适用条件就是《刑法》第48条所规定的“罪行极其严重”，而一般死缓与限制减刑型死缓又有着共同的适用条件，即《刑法》第48条所规定的“不是必须立即执行”。“不是必须立即执行”是死缓与死刑立即执行相区分的条件，然而，该条件极为模糊且具有太大的弹性，尤其是在实践当中会随着刑事政策的变化而伸缩。尽管一般死缓与限制减刑型死缓之间存在适用范围上的差异，但作为“死刑大户”的毒品犯罪被排除在限制减刑型死缓之外，如此看来，二者在适用范围上仍然难以区分。其次，就死缓、终身监禁型死缓与死刑立即执行三者而言，也存在同样的问题。在实践中，如果仅以贪污、受贿数额来区分三者并不合适，而且从以往的实践看，犯罪数额与量刑的比例关系很难建立。如果考虑因其他情节，如因贪污、受贿而导致其他严重后果发生等，也未必妥当，理由在于：一则认定因果关系比较复杂，贪污、受贿行为与严重后果之间因果链条过长，将该后果归责于贪污、受贿行为人过于牵强：二则犯罪人多基于监督过失而导致犯罪，其罪责程度相对较轻。在这种情形下，判处死刑立即执行或者终身监禁型死缓也很难形成说服力。①

再者，围绕适用程序的反思。针对死刑替代性措施，除了前述从实体层面予以反思，还需要从程序适用的角度来进行考察。以限制减刑型死缓为例，目前将《刑法》第50条第2款视为量刑规范而非刑罚变更规范在司法实践中获得了共识，然而时延安教授主张应当在死缓变更时适用限制减刑规则，主要理由在于：一是从同一条文的内在联系来看，单一刑法条文内的多个款项之间必然具有内在联系，这是刑事立法的基本规则，然而如果将《刑法》第50条第2款视为量刑规范，那便意味着第50条第2款的适用完全与该条第1款脱离，而是直接与第48条相衔接。二是结合不同条文之间的逻辑关系来看，若被执行

① 时延安．死刑立即执行替代措施的实践与反思．法律科学，2017（2）．

人在死缓考验期内发生“故意犯罪，情节恶劣的，报请最高人民法院核准后执行死刑”的情况，则在审判阶段中作出限制减刑的宣告将毫无意义。此外，根据《刑法》第78条规定，减刑的适用对象是被判处管制、拘役、有期徒刑、无期徒刑的犯罪分子，并不包括死缓犯。如此而言，对于死缓犯的减刑进行限制，其前提理应符合减刑条件的一般特征，即只有被判处有期徒刑、无期徒刑的犯罪分子才能予以限制减刑，此意指，只有死缓犯依法被减为无期徒刑或25年有期徒刑的情况下，才符合减刑的对象条件，对其限制减刑才符合逻辑。三是就限制减刑的功效而言，在死缓变更阶段作出限制减刑的裁决，有益于形成有说服力的判决，因为只有结合被执行人在死缓考验期内的表现，才能充分评估被执行人的可教育和可改造的可能性和程度，从而对被执行人的危险人格进行正确衡量。[①]

（二）刑事司法之维：严格限缩死刑适用规模

死刑的司法控制旨在最大限度地减少死刑适用，从而实现死刑罪名的“备而不用”，并推动在立法上最终全面废除死刑，这一共识的获得也促使人们进一步思考：如何妥当、合理的阐释刑法典所规定的死刑条文，使死刑的适用条件更加明确、具体且具有可操作性。应当承认，不同的法官在不同的司法环境中，针对同类型的案件亦会产生不同的理解，从而在是否适用死刑上会得出大相径庭的结论。上述差异和分歧可能导致死刑适用的泛滥。可以说，统一死刑适用标准对于当前我国限缩死刑适用规模具有重要的基础意义和实践价值。

1. 死刑适用标准的统一化

（1）运用刑法解释予以阐明

正确理解刑法总则有关死刑的法条内涵，是统一死刑适用标准的基本前提。根据《刑法》第48条规定，“死刑只适用于罪行极其严重的犯罪分子。对于应当判处死刑的犯罪分子，如果不是必须立即执行的，可以判处死刑同时宣告缓期二年执行”，对于该条文的理解，论者们给予了不同的解释。例如：黎宏采取客观说，认为只要是犯罪的客观危害、行为本身的危害极其严重、性质极其恶劣就足够了，并不要求对主观方面的责任形式或者是责任程度等的限制，主观恶性与可谴责性是区分死刑立即执行和缓期二年执行的标准，死缓适用于“罪大但不恶极者”[②]。但付立庆教授认为，采取客观说会导致现行《刑法》的法定死刑圈（包括死缓）范围大于1979年《刑法》，不利于严格控制死刑（包括死缓），因此对“罪行极其严重”应采取主客观相统一说，具体而言：客观危害由结果的严重程度与行为手段的严重程度组成，而主观上则大致可以用主观恶性和人身危险性来评价。就故意杀人罪的死刑裁量来说，结果的严重程度通过被害人的数量体现出来，行为手段的严重程度通过手段是否残忍及残忍的程度加以衡量。而杀人的动机等影响主观恶性的判断，是初犯、偶犯还是累犯、惯犯，是否有自首、坦白等情节，是否进行了赔偿等则对于行为人的人身危险性判断产生影响。如此，被害人的数量，行为手段的残忍性，犯罪动机，有无自首或坦白情节，初犯、偶犯还是惯犯，是否进行了赔偿，这些主要因素之和决定了是否属

---

① 时延安. 论死缓犯限制减刑的程序问题——从对《刑法》第50条第2款的法理分析引入. 法学，2012（5）.

② 黎宏. 死缓限制减刑及其适用———以最高人民法院发布的两个指导案例为切入点. 法学研究，2013（5）.

于“罪行极其严重”及其程度，决定了对杀人者是否判处死刑，以及死刑的具体执行方式。尤其需要强调的是，上述因素对于死刑裁量的影响权重并非平均，而是根据前述顺序依次递减地发挥作用。[①] 又如，劳东燕教授虽然也赞同主客观统一说，但其观点内容与付立庆教授相比则略有不同。劳东燕教授认为，对“罪行极其严重”应从行为刑法入手来界定，“罪行”的内容包括行为的主客观侧面，但不应包含人身危险性的内容；对“不是必须立即执行”的理解则采取行为人刑法的视角，着眼于行为人的人身危险性；有必要转换思路从正面界定“必须立即执行”[②]。

再如，黄晓亮教授从比较法角度，对“罪行极其严重”的立法完善提出建言。他认为《刑法》第 48 条第 1 款中“罪行极其严重”的规定过于抽象和模糊，有违罪刑法定原则有关明确性的要求。从比较法的角度来看，《公民权利与政治权利国际公约》第 6 条第 2 款规定“死刑适用于最严重的罪行”。其中“最”的程度性用语大大限制了可配置死刑的罪名范围，在内涵和外延上完全不同于我国《刑法》第 48 条第 1 款中的“极其”，具体而言：一是从内涵上看，只有蓄意非法剥夺他人生命的犯罪才能揭示罪行危害程度顶点的“最”；二是从外延上看，《关于保护面临死刑的人的权利的保障措施》也是将“最”限定于故意杀人罪以及危害程度与故意杀人罪相当的犯罪。据此，从立法改进的角度看，有必要将我国《刑法》第 48 条第 1 款中“罪行极其严重”的表述，调整为“故意以特别残忍手段致人死亡的罪行”，从而在死刑适用上更为彻底和全面地贯彻罪刑法定原则。[③]

此外，叶良芳教授认为“不是必须立即执行”是区分死缓和死刑立即执行的实质标准，二者区分的关键不在于罪责层面，而是在伦理层面，因此应当将“不是必须立即执行”解读为“被害人宽恕加害人的罪行”。如此而言，在加害人应当被判处死刑的前提下，如果存在被害人宽恕的因素，那么可以对加害人适用死刑缓期二年执行；但是，如果加害人犯下了震撼人类良知的罪行，那么即使其得到被害人的宽恕，法官仍得基于普遍正义的考量依法决定对其不适用死刑缓期二年执行。[④]

（2）厘清基本立场以作指导

如劳东燕教授指出，当前我国死刑适用的主导思路存在严重缺陷，对《刑法》第 48 条第 1 款应采取“以适用死缓为通例、以适用死刑立即执行为例外”的解读方式，该款前句是划定“死刑圈”的标准，后句是进一步适用死刑立即执行的条件；《刑法》第 50 条第 2 款限制减刑条款的规范目的，意在减少死刑立即执行的适用，对该款规定的适用条件应从人身危险性的角度来解读。总之，适用死刑时有必要采取“普通死缓、死缓限制减刑、死刑立即执行”的思考顺序，在满足“死刑圈”标准的前提下，应以普通死缓为量刑基准，优先考虑其适用；是否适用死缓限制减刑或死刑立即执行，则进一步取决于对人身危险性的评估与测定。[⑤] 与之类似的观点，诸如有论者认为，死刑适用应当以“死缓”为基

---

① 付立庆．案例指导制度与故意杀人罪的死刑裁量．环球法律评论，2018（3）．

② 劳东燕．死刑适用标准的体系化构造．法学研究，2015（1）．

③ 黄晓亮．走出理论迷思与实践困局：被误读的“罪行极其严重”．法学评论，2015（5）．

④ 叶良芳．死缓适用之实质标准新探．法商研究，2012（5）．

⑤ 劳东燕．死刑适用标准的体系化构造．法学研究，2015（1）．

本立场，以“纯分则构成要件”为量刑基准，采用递进式的思维方法，遵循基本的裁量规则。①

（3）发挥司法机关的能动作用

诚然，通过刑法解释和立场阐明，能在一定程度上甄别和减少死刑适用过程中的理解分歧，但是光靠上述二者之力仍然不能将死刑适用的标准予以统一化，这就决定了司法机关需要对死刑具体适用情况进行调查、归纳和总结。正如有论者提出，死刑适用标准的统一化应在最高人民法院的主导下实施，考虑到司法实务的特征，死刑适用标准的统一化应该遵循从抽象到具体的原则，即对死刑适用标准的认识不仅要在抽象的层次上统一化，而且也要在应用的层次上具体化。具体而言：一是通过量刑情节将“罪行极其严重”的基本要素予以具体化；二是通过阐明不同类型犯罪适用死刑的条件，使死刑的适用标准更具可操作性，例如：区分暴力犯罪与非暴力犯罪，对于暴力犯罪应进一步区分熟人之间的暴力犯罪与非熟人之间的暴力犯罪，对于非暴力犯罪应区分毒品犯罪与贪利犯罪等，以此有计划地调查、总结和研究不同类型死刑犯罪的死刑适用规则。②

又如，陈兴良教授主张，在我国目前的国情下，限制死刑主要还是应当采取司法控制的途径。最高人民法院对死刑的间接控制，是指通过制定死刑的司法政策，颁布死刑的指导性案例，为死刑适用提供明确可行的统一规则，指导中高级人民法院的死刑审判活动，以此达到限制死刑的司法适用之目的。③ 对此，付立庆教授也肯定了指导性案例不仅具有释法功能和统一尺度功能，而且在死刑裁量的问题上，还具有吸纳被害人（或其亲属）不满、稀释其抵触情绪的功能，换言之，通过案例指导制度的示范效应以及死缓（限制减刑）实际执行期限延长的实质效果，会最大限度吸纳被害人亲属的不满，尽可能获得其认可。有鉴于此，未来在完善指导案例制度时，最高人民法院应该更多地通过二审、死刑复核或者提审、再审等各种途径和方式，直接对一些重大案件作出判决以形成判例，并从该类判例的说理部分凝结出裁判规则，由此来指导法官适用法律，这比单纯“由最高人民法院审判委员会通过”这种形式上、程序上的途径更有说服力。④

2. 死刑适用程序的改良化

除前所述，在死刑的司法控制上还可以从死刑案件证明标准和程序的角度予以考量。例如：陈兴良教授通过研究具体死刑案件中的证明标准和证据判断问题，认为从死刑的严厉性以及死刑错判难纠的性质考虑，应当对死刑案件提出更为严格的证明标准。对于在司法实践中较为普遍的留有余地的死缓判决，只有在定罪证据确实、充分，但判处死刑的量刑证据不能排除合理怀疑的情况下，才具有正当性；如果定罪证据没有达到确实、充分的程度，则不应当判处留有余地的死缓，否则，就会造成死刑的冤假错案。因此，在司法实践中应当避免定罪证据没有达到确实、充分情况下留有余地的死缓判决。⑤

在死刑案件的审理时限上，黎宏教授呼吁不能片面强调过快。因为适用死刑必须体现

---

① 杜邈，朱超然．死刑适用的积极标准与消极标准——以故意杀人案为视角．刑法论丛，2015（3）．

② 赵秉志，黄晓亮．论死刑适用标准的统一化问题——以限制死刑适用为立场．政治与法律，2008（11）．

③ 陈兴良．死刑适用的司法控制——以首批刑事指导案例为视角．法学，2013（2）．

④ 付立庆．案例指导制度与故意杀人罪的死刑裁量．环球法律评论，2018（3）．

⑤ 陈兴良．忻元龙绑架案：死刑案件的证据认定——高检指导性案例的个案研究．法学评论，2014（5）．

国家理性，不能简单地“以暴制暴、以恶治恶”，国家适用死刑本是为了谴责杀人者，彰显生命的尊贵，所以国家在万不得已而选择死刑时，就应当万分慎重，最起码在审理时限上不要太过仓促和任性。[①] 然而，胡云腾教授和周振杰教授对此则有不同看法，认为死刑适用程序的精细化和复杂化固然有利于保障死刑犯行使辩护和救济权利，保证死刑适用的程序公正和实体正确，并且防止可能发生的死刑错判，但这些做法也使得死刑犯受到了监禁与处死的双重重罚：即死刑与长期监禁同时加诸罪犯一身，由此造成一些死刑犯由于难以忍受长期的寂寞而祈求速死，因而自我了断；有些由于熬不过漫长的“候斩”岁月而病死、老死狱中，而这些问题则往往易被忽视，反而因一些国家为博得少杀、慎杀的好名声而有愈演愈烈的趋势。[②]

五、结语

如果从纵向的时间轴来看，死刑制度的百年演进正是我国刑法现代化的重要一环，其间吸纳和接受了来自域外法律学说思想的洗礼，既充斥着中西法律思想、文化的冲突与交融，同时也反映着我国不同时期刑事政策的选择。百年前，传统中华法系中被视为落后的刑罚制度、残酷的待决被告，遭到了前所未有的抨击和控诉，为了使我国刑法跻身于世界的文明潮流，沈家本通过刑制改革重构了我国的刑罚体系，其中死刑作为传统刑法中的核心刑种，首当其冲地成为被整顿和重塑的重点对象，无论是死刑罪名的数量抑或其执行方式都被作了重大调整，这可谓是死刑制度自成文化以来所经受的第一次大动干戈的改革。四十多年前，我国恢复法制建设，随后颁行的 1979 年刑法典让死刑重回了刑法规制的视野，从此结束了法外死刑的历史。然而，其后开展的“严打”运动致使我国死刑在一定时期内急剧膨胀，无论是立法中的死刑罪名数量，还是司法实践中的死刑适用规模，均呈扩张之势。二十多年前，1997 年新刑法典的正式实施，意味着曾经似乎欲挣脱控制的死刑膨胀趋势得到了及时有效的遏制，死刑制度改革进入了重要的转折时期。

我国死刑的道路选择问题，围绕着死刑存留与废除这两个问题展开，争论也由此衍生，该问题因涉及历史、文化、法理、国情的判断和释读而显得复杂。在争论的过程中，我们不仅看到了来自西方法哲学、法经济学、社会学、政治学等学科的思想，在追问死刑正当性根基时所提供的多维角度，而且也看到了我国学者们在完善我国死刑制度时所进行的本土化努力。学者们不单是从保障人权、发扬人道主义、顺应世界潮流来批判死刑的正当性根基，同时也结合我国当下的现实国情、社情、民情来综合思考死刑存在的合理性和必要性。争论既丰富了死刑制度本身的学理积淀，也促进了整个刑罚结构的调整和完善，同时还推动了我国刑事法治的进步。

如今，对死刑问题的研究已从单纯的存废之争转向为更加客观地分析死刑存在的利弊，充分发挥现有刑法资源限缩死刑适用规模，并积极考察和论证死刑立即执行的替代措

---

① 黎宏．死刑案件审理不宜片面强调从快．中外法学，2015（3）．

② 胡云腾，周振杰．严格限制死刑与严厉惩罚死罪：当代死刑制度的基本特点与未来走向．中国法学，2007（2）．

施。尽管时下学界对于死刑替代性措施的制度设计还存有分歧，但这些未尽的探讨已充分展现了学者们对限制和减少死刑适用的关注和努力，我们相信这样的研究旨趣还会一直持续下去。死刑问题牵涉了国家、社会、民众多维主体之间的权益分配，或许正因其本身复杂，它的改进与完善在当代仍不失为极富有挑战性的话题。

第九章　危害公共安全罪

危害公共安全犯罪涉及国家对于公共安全的保障，关乎每一位公民的重大利益，近来的刑法修正案也往往会涉及本章罪名的增补、修改。因此，本章的犯罪向来得到社会与学者们较高的关注。其中，学者们研究的重点集中在以危险方法危害公共安全罪、恐怖主义犯罪、交通肇事罪、醉酒型危险驾驶罪。一方面，由于相关罪名为国际、国家、社会公众所重视，学者们的研究也往往会涉及与国际法的衔接、刑事政策、公众舆论等方面。另一方面，由于相关罪名为刑法修正案所调整，学者们往往会论述犯罪化的合理性、有关的立法建议以及此后的解释边界等司法适用问题。

一、以危险方法危害公共安全罪

本罪的口袋化倾向一直为人们所诟病，学者们从产生原因和对策两个方面对此问题进行了讨论。此外在司法适用中，对于公共安全的界定、条文之间的关系以及以危害公共安全方法杀人的行为之定性问题等，也是学者们研究的焦点。

（一）口袋化

作为典型的口袋罪，以危险方法危害公共安全罪面对的最大批评是其不断扩张的问题，这一问题与罪刑法定原则之间存在着矛盾的关系。

1. 原因

就本罪在司法实践中被不断扩张适用的原因而言，有学者指出其中一个重要的因素是本罪行为要件的开放性，并且其缺少必要的形式限定。具体而言，本罪是以“其他危险方法”作为其行为特征的，并且还在其他方法或者行为中，添加了用于界定其他方法或者行为的内容。但是由于此处添加的内容并非本罪所特有的，故而这更是造成了对于本罪的宽泛理解。[①]

有学者认为除了不合理的罪名本身因素外，还存在以下重要原因：第一，对于刑事政策的不合理解读；第二，对于社会效果的片面阐释；第三，无视罪名的确定性内容。司法犯罪

---

① 陈兴良．口袋罪的法教义学分析：以以危险方法危害公共安全罪为例．政治与法律，2013（3）．

化的思想，使得人们对于结果的危害性给予了过分的关注，然而却轻视了规范的规定。[①]

有的学者则注意到了本罪的过度扩张适用与公民舆论之间的关系，认为公众的舆论使得许多社会问题被司法化。并且相关的适用背离了罪刑法定主义，而其目的却是在于顺应舆论严惩犯罪的诉求。[②]

张明楷教授通过梳理、总结有关司法判决，得出了本罪被不当扩大适用的原因。这些原因包括：第一，没有认识到以危险方法危害公共安全罪是具体危险犯，或者没有正确判断具体危险的有无；第二，没有意识到以危险方法危害公共安全罪必须是足以造成他人重伤、死亡或者是公私财物遭受重大损失的物质性结果的犯罪行为；第三，误解了危害公共安全罪中的“不特定人”的含义；第四，误以为社会法益优于个人法益，将故意杀伤多人的行为均认定为本罪；第五，误以为是兜底性规定，没有遵循同类解释的规则；第六，误以为本罪重于其他法定刑相同的犯罪；第七，难以区分具体案件符合何种犯罪构成要件时，将本应认定为其他犯罪的行为认定为本罪；第八，司法解释的不当规定；第九，将其他法院先前的判决例作为认定本罪的理由。[③]

2. 对策

为了解决前述问题，学者们提出了相应的对策。一方面，立法上可以考虑优化刑事立法，进一步明确“其他危险方法”。此外还应注重对公众舆论的引导，贯彻刑法谦抑的解释原则。[④] 另一方面在具体认定时，需要严格把握本罪的成立要件。第一，行为必须危害了公共安全。[⑤] 第二，行为已经产生了现实、紧迫的危险。[⑥] 第三，在对“其他危险方法”进行解释时，需要以同类解释规则严格限缩本罪的适用。[⑦] 第四，行为不能符合具体危害公共安全罪构成要件和具体人身犯罪构成要件。[⑧]

（二）具体适用

1. 公共安全

对于公共安全的理解需要回答两个问题，即单纯的财产安全是否属于公共安全以及如何看待“不特定”与“多数”。

就第一个问题而言，我国传统观点认为单纯财产安全也可属于公共安全，但是有的学者对此加以否认。[⑨] 就第二个问题而言，有的学者认为应放弃不特定的概念，围绕多数人

① 孙万怀．以危险方法危害公共安全罪何以成为口袋罪．现代法学，2010（5）．

② 徐光华．公众舆论与以危险方法危害公共安全罪的扩张适用．法学家，2014（5）．

③ 张明楷．论以危险方法危害公共安全罪．国家检察官学院学报，2012（4）．

④ 同②．

⑤ 陈洪兵．以危险方法危害公共安全罪“口袋化”的实践纠偏．刑事法评论，2015（2）．

⑥ 同⑤．也有的学者表述有直接性、迫切性、高度盖然性的现实危险。樊建民．论以危险方法危害公共安全罪过度适用检讨．法商研究，2016（4）．

⑦ 陈兴良．口袋罪的法教义学分析：以以危险方法危害公共安全罪为例．政治与法律，2013（3）．

⑧ 同⑤．

⑨ 劳东燕．以危险方法危害公共安全罪的解释学研究．政治与法律，2013（3）；王立志．人身安全是危害公共安全罪的必备要素——以刘襄瘦肉精案切入．政法论坛，2013（5）；陈洪兵．以危险方法危害公共安全罪“口袋化”的实践纠偏．刑事法评论，2015（2）；樊建民．论以危险方法危害公共安全罪过度适用检讨．法商研究，2016（4）；胡东飞．论刑法意义上的“公共安全”．中国刑事法杂志，2007（2）．

的生命、身体安全展开。[①] 有的学者将之限定为不特定多数人的人身安全。[②] 还有的学者认为是不特定或者多数人的生命、身体安全。[③]

有学者指出，针对公共的定义，一元论在解释时存在明显的困境，认为公共安全有一个统一的内涵的观点是存在偏差的。实际上刑法中的公共安全具有多元的规范内涵。[④]

在判断公共安全时，有学者认为对于国家需要保护的重大利益，在解释时可以适当扩张。对于一些频繁发生的、社会危害性相当的行为，必要时可以认定为危害公共安全的行为。[⑤] 有的学者强调对此一方面要求存在危险，另一方面要求进行定量对比，行为必须达到“放火、决水”等方法的危险程度。[⑥] 以生产、销售伪劣商品为例，有学者主张不能为了定罪任意将之扩大解释为以危险方法危害公共安全罪，其往往只能限定于传统安全的生产、销售模式下。[⑦]

2. 条文关系

在理解《刑法》第 114 条和第 115 条第 1 款的关系时，有的学者认为需要采纳未遂犯——既遂犯的模式。《刑法》第 115 条第 1 款属于既遂犯，第 114 条则属于该款的未遂犯。倘若以基本犯——结果加重犯的模式来解释会存在一些弊端，其会导致具体危险犯的故意与侵害犯的故意在内容上不一致，并且使得该罪不存在适用中止的空间。[⑧] 以未遂犯——既遂犯的模式来理解，则其存在中止的空间。[⑨]

有的学者则是将《刑法》第 114 条理解为基本犯，将第 115 条理解为情节加重犯。认为同一犯罪构成由于行为人行为对法益侵害程度的不同，在情节上存在差异进而导致法定刑的差别。由于不能将加重情节作为既遂的条件，因此不能认为基本犯是情节加重犯的未遂形态，并且情节加重犯不能单独存在停止形态。[⑩]

3. 以危险方法杀人

关于以危害公共安全的危险方法杀人的行为如何定罪，通说主张认定为以危险方法危害公共安全罪。但是有学者对这一观点提出了批判，其认为故意杀人罪重于放火罪等危害公共安全犯罪，通说与之相抵触；进而通说违反了想象竞合的处理原则；并且通说还可能导致处罚不均衡的现象。其主张凡是以杀人故意实施了足以剥夺他人生命的杀人行为，除了刑法明文规定以外，都应当以故意杀人论处。[⑪]

对此，支持通说的学者认为，故意杀人罪重于危害公共安全的犯罪这一结论是难以成

---

① 侯国云. 过失犯罪法定刑的思考. 法学研究，1997（2）；劳东燕. 以危险方法危害公共安全罪的解释学研究. 政治与法律，2013（3）.

② 樊建民. 论以危险方法危害公共安全罪过度适用检讨. 法商研究，2016（4）.

③ 陈洪兵. 以危险方法危害公共安全罪“口袋化”的实践纠偏. 刑事法评论，2015（2）；胡东飞. 论刑法意义上的“公共安全”. 中国刑事法杂志，2007（2）.

④ 邹兵建. 论刑法公共安全的多元性. 中国刑事法杂志，2013（12）.

⑤ 吴贵森. 刑法上“公共”概念之辨析. 法学评论，2013（1）.

⑥ 陈晨. 以危险方法危害公共安全罪中危险方法的“二元制”判断. 国家检察官学院学报，2014（4）.

⑦ 高铭暄，陈冉. 生产、销售伪劣商品可否构成“以危险方法危害公共安全罪”. 法学，2012（10）.

⑧ 劳东燕. 以危险方法危害公共安全罪的解释学研究. 政治与法律，2013（3）.

⑨ 陈洪兵. 公共危险犯的未完成形态. 国家检察官学院学报，2008（1）.

⑩ 付晓雅. 以危险方法危害公共安全罪的形态辨析. 法学，2014（10）.

⑪ 张明楷. 论以危险方法杀人案件的性质. 中国法学，1999（6）.

立的，并且通说也不会导致罪刑失衡。将以危害公共安全的方法杀人的行为认定为故意杀人罪，还会导致放火罪等与故意杀人罪之间在犯罪构成上发生混同。①

有的学者则进一步论证故意杀人罪重于危害公共安全的犯罪，其强调从《刑法》第 17 条第 2 款、第 56 条、第 81 条第 2 款所列举犯罪的前后顺序看，总是杀人罪在前而放火罪在后。从罪名排列顺序中，可以得出故意杀人罪重于放火罪的结论。此外，其还从立法演变史、法益相对重要性演变史、外国刑法比较研究等不同角度加以论证。选择认定为故意杀人罪，能够发挥其罪名教育功能，也更加符合立法者的意图。这样的做法，不仅有利于划清罪名的界限、实现量刑均衡，还能鼓励行为人中止犯罪、处理《刑法》第 17 条第 2 款在适用中的问题。②

二、恐怖主义犯罪

恐怖主义犯罪的社会危害性十分严重，近年来也是法律创设、修订的重点考虑问题。学者们不仅关注其刑事政策的选择，还从立法和司法两个方面，对于如何应对此犯罪提出了许多建议。

（一）刑事政策

面对来势汹汹的恐怖主义犯罪，片面严打的刑事政策可能存在不少问题。其往往变动性强而稳定性不足，并忽略了治理的可持续性。有学者提出当下我们应对恐怖主义犯罪应当树立科学的理念，具体而言包括零容忍、全民反恐、法治反恐、人权保障等理念。③

就反恐的模式而言，精英反恐模式中政府起着主导的作用，但是其中社会公众的反恐参与明显不足，这显然已经不能满足现在反恐形势的需要。对此，有必要在构建我国反恐模式时，选择参与模式。将政府公权力与社会公众参与的权利结合起来，保障公民的知悉反恐信息权、防范恐怖风险参与权、处置恐怖事件参与权和制裁恐怖行为参与权。此外，还应构建相应的激励模式，促进公民充分地参与到反恐中来。④

有学者认为面对疯狂的恐怖主义犯罪，有的国家实施了一些体现“责任不自负”的处置措施，让行为人的亲属替行为人承担一部分责任，进而起到防控的效果。因而其主张在针对恐怖犯罪的场合下，我国至少有必要在民事责任领域突破责任自负的原则，进而更好地保障国家的基本秩序和民众的福祉。⑤ 有的学者则主张在惩治恐怖主义犯罪的同时，也需要强调人权保障的理念，针对恐怖主义犯罪分子时，敌人刑法观对于现代法治社会构成的威胁将会远远大于其合理性。⑥ 而在反恐犯罪中重视人权的保障，就需要选择合理、合法的方式进行反恐，禁止采用侵犯公民隐私权的形式进行反恐。⑦

---

① 周振晓．也论以危险方法杀人案件的定性．政法论坛，2001（2）．

② 李立众．再论以危险方法杀人案件之定性——兼与周振晓先生商榷．政法论坛，2002（1）．

③ 王秀梅，任成玺．论反恐怖主义理念的时代语境与科学体系．刑法论丛，2016（4）．

④ 郭永良．论我国反恐模式的转型——从精英模式到参与模式．法学家，2016（2）．

⑤ 赵星．遏制恐怖犯罪应适度引入责任不自负原则．政法论坛，2015（5）．

⑥ 赵秉志，杜邈．我国惩治恐怖活动犯罪制度细化的合理性分析．法学，2012（12）．

⑦ 任永前．我国反恐立法走向初探．法学杂志，2014（11）．

由于恐怖犯罪具有十分严重的后果，因此需要十分重视对于恐怖主义犯罪的预防打击，也即针对恐怖主义犯罪的立法应当确立预防至上的原则。① 有学者指出我国目前相关的反恐刑事立法具有预防性的特征，其体现为国家对之宽容的降低和对秩序、安全价值保护的加强。对此，我们需要警惕缺乏宽容的刑事政策的不合理扩张。因而我国未来的反恐刑事政策需要合理平衡安全与公民自由之间的关系，努力促进刑法与其他社会政策之间的有效合作。②

有的学者指出，反恐立法同样也需要注意坚持宽严相济。具体说来：在严的层面需要更多地体现在严密法网上，并对国外例如预防性羁押等制度进行借鉴。此外"严"并不意味着对于死刑的过度倚重，对于恐怖犯罪的死刑适用也需要持谨慎的态度。在宽的层面则需要重视对于从组织脱离的恐怖分子给予特殊奖励。③

（二）立法建议

近些年来，由于恐怖主义犯罪日益猖獗，国际社会以及国内社会均对之给予了高度的关注。《刑法修正案（九）》中对相应犯罪的增设以及《反恐怖主义法》的出台，都是对于这一问题的回应。为了更好地处理这一问题，保证国家稳定和保障公民的基本权利，学者们提出了许多关于立法的相关建议。下文将以《刑法修正案（九）》的实施前后作为时间节点，对此前和之后的有关立法建议进行论述。

1. 实施之前

为了能够有效地打击恐怖主义犯罪，有学者建议我们应当制定专门的反恐法律。为了完善相关立法，除了制定专门的反恐法之外，还需要进一步明确恐怖主义犯罪的概念、规定专门的反恐机构和反恐监督机构。④

如前所述，有学者建议为了应对恐怖主义犯罪，还需要制定专门的反恐法。就反恐法而言，有学者认为首先应将之定位为行政法；其次在价值取向上应当将安全保护与自由保护结合起来，不能采用敌人刑法的观念；最后需要做好其与刑法、刑事诉讼法之间的衔接。⑤ 在惩治恐怖主义犯罪的过程之中，要维护公共秩序与尊重人权的平衡关系。⑥

就立法模式而言，赵秉志教授主张我国在进行相关立法的时候，应当选择独立式的立法模式，维持现行法律体系的完备；选择立体防御型的立法模式，确立行政、刑事、军事的反恐手段，构架起具有层次性的责任体系；选择一般式的立法模式，不能仅局限于某一地区或者部分人群；选择集权型立法模式，由全国人民代表大会和全国人民代表大会常务委员会进行立法，地方只能制定地方性法规或政府规章，且不能和中央相关立法冲突。⑦

就相关立法的具体操作而言，有学者主张采取列举法，立法者只需要把握犯罪的核心

---

① 王利宾．反恐怖犯罪刑事法完善研究——兼论反恐怖系统化立法．政治与法律，2014（10）．

② 何荣功．"预防性"反恐刑事立法思考．中国法学，2016（3）．

③ 刘仁文．中国反恐刑事立法的描述与评析．法学家，2013（4）．

④ 王立民．完善反恐立法 有效打击恐怖主义犯罪．法学，2003（6）．

⑤ 同①．

⑥ 王秀梅．惩治恐怖主义犯罪中维护公共秩序与尊重人权的平衡．法学评论，2006（2）．

⑦ 赵秉志，杜邈．反恐立法模式的理性选择．法学，2008（3）．

内涵，采取列举的方式去描述恐怖犯罪的相关特征，而外延范围则交由法律适用者根据解释规则确定。其中立法者需要考虑这几个方面的因素：第一，列举的应该是恐怖主义犯罪中的重大事项；第二，对于达成共识的恐怖活动事项进行充分、详尽的列举；第三，列举的事项之间应该具有较强的类似性和本质上的一致性。这样的方式能够保证刑法的安定性，并且能够应对恐怖犯罪变化多端的特点。采用此种立法模式，在解释时需要特别注意规范目的和同类解释规则对于解释的边界的限制。①

就立法的内容而言，学者们主张在进行刑事法完善时，首先需要准确界定恐怖主义犯罪的概念。② 其次，还需要明确其侵害的客体。再次，还需要对恐怖活动犯罪行为类型作出明确区分。

（1）恐怖主义犯罪的概念

关于恐怖主义犯罪的概念，存在两个主要的争议焦点：其一，行为主体是否包括国家；其二，行为是否要求必须具有政治目的。

为了严密打击范围，学者们主张恐怖主义犯罪的主体应当包括国家，否则将会为国家进行恐怖主义犯罪留下方便之门。③ 有的学者认为国家作为恐怖主义犯罪主体涉及许多政治和法律障碍，在对之下定义的时候，最好不在犯罪主体中列举国家，这样可以使得定义具有较大的包容性。④ 也有学者认为我国刑法及刑法修正案中对恐怖主义的界定没有要求具备犯罪目的和犯罪动机，这有利于实现对于恐怖主义犯罪的惩治。⑤

有的学者在区别恐怖主义犯罪和恐怖犯罪的基础上，强调恐怖主义犯罪需要具有明显的政治动机。⑥ 有的学者则表述为其是为了满足政治、宗教或者其他社会目的。⑦ 有的学者则强调这一犯罪是为了通过恐怖手段来达到非法的目的。⑧

虽然有的学者认为《反恐怖主义法（草案）》有关恐怖主义的定义与英美等国家是一致的。⑨ 但有的学者认为《反恐怖主义法（草案）》中恐怖主义的概念没有体现出我国恐怖主义与极端主义之间的关系，并且难以与国际反恐立法相接轨。因此，建议将恐怖主义界定为，企图以非法暴力、破坏、恐吓手段实现分裂国家、宗教极端思想或者其他极端主义思想的目标，以制造社会恐慌、危害公共安全或者胁迫国家机关、国际组织为目的，造成或者意图造成人员伤亡、重大财产损失、公共设施损坏、社会秩序混乱等严重社会危害的行为。此外还应对恐怖活动进行一定的列举。⑩

---

① 赵春玉．恐怖主义犯罪的类型化与解释规则．刑法论丛，2015（3）．

② 王秀梅．论恐怖主义犯罪的惩治及我国立法的发展完善．中国法学，2002（3）；王立民．完善反恐立法 有效打击恐怖主义犯罪．法学，2003（6）；王利宾．反恐怖犯罪刑事法完善研究——兼论反恐怖系统化立法．政治与法律，2014（10）．

③ 王立民．完善反恐立法 有效打击恐怖主义犯罪．法学，2003（6）．

④ 田宏杰．恐怖主义犯罪的界定．法律科学，2003（6）．

⑤ 王秀梅．论恐怖主义犯罪的惩治及我国立法的发展完善．中国法学，2002（3）．

⑥ 喻义东．论恐怖主义犯罪在刑法分则中的地位．法学，2005（2）．

⑦ 同④．

⑧ 同③．

⑨ 管建强，曹瑞璇．惩治国际恐怖主义以及完善我国惩治恐怖主义法律体系．法学杂志，2015（7）．

⑩ 皮勇，杨淼鑫．论煽动恐怖活动的犯罪化——兼评《刑法修正案（九）（草案）》相关条款．法律科学，2015（3）．

（2）恐怖主义犯罪的客体

就本罪侵害的客体而言，根据刑法的相关规定，恐怖主义犯罪侵犯的客体是复杂客体。[①] 有的学者认为应当在危害公共安全罪中设一节加以规定[②]，有的学者则认为其主要侵害的客体是国家安全，应该确立其在我国刑法分则中危害国家安全罪的地位。[③]

（3）恐怖主义犯罪的行为类型

对恐怖活动犯罪行为类型作出明确区分，具体而言，需要将纯正的恐怖活动犯罪定位为法定犯，采取刑法＋反恐法的形式。在定罪方面，应适当前移恐怖活动犯罪打击阵地，构建反恐罪名体系。在这之中需要增设入境发展恐怖组织罪，包庇、纵容恐怖组织罪，其他常见、多发、手段性非纯正恐怖活动犯罪罪名。在刑罚方面考虑对犯罪分子附加剥夺政治权利、增设财产刑并明确刑罚特殊处遇情况。[④] 有的学者则强调对于恐怖主义犯罪均应附加财产刑，并增加减免刑罚的特别情节。[⑤]

有的学者同样主张重视刑法保护的早期化和严密化，主张增设恐怖活动罪以及组织、领导、参加极端主义团体活动罪；将组织、利用会道门、邪教组织、利用迷信破坏法律实施罪改为组织、利用会道门、邪教组织、利用宗教极端思想和迷信破坏法律实施罪；将非法剥夺公民宗教信仰自由罪和侵犯少数民族风俗罪的犯罪主体改为一般主体；通过司法解释，将宣传民族分裂主义、宗教极端主义和暴力恐怖主义思想及制作、传播非法宗教宣传品进行分裂国家和煽动分裂国家活动的行为纳入惩治范围。[⑥]

有的学者从煽动恐怖活动出发，认为可以在刑法之中增设条文，对恐怖活动犯罪进行界定。并且将以暴力、胁迫等方式强制他人在公共场所穿着、佩戴宣扬恐怖主义、极端主义服饰、标志的行为，规定为宣扬恐怖主义、极端主义思想或者煽动恐怖活动罪的选择性行为。其中煽动还应包括煽动他人资助或者以其他方式协助恐怖活动，应将间接煽动明确规定为煽动恐怖活动罪的犯罪行为，而且其法定刑应附加剥夺政治权利。[⑦]

就资助恐怖活动罪而言，有学者建议借鉴相关国际组织和国家的立法例，在《反洗钱法》的名称、具体条款等中涉及洗钱字眼的后面，加入恐怖融资的术语，从而有效地实现打击恐怖融资犯罪。[⑧]

为了更好地应对外国恐怖主义参战人员问题，有学者针对《反恐怖主义法（草案）》提出了相关的意见。其建议立法机关在反恐立法中将通过社交媒体、信息平台、利用多种语言进行反招募宣传加以详细的规定，并将播放伊斯兰教义权威解读、典型案例等规定为网络服务提供商的法律义务；考虑规定剥夺国籍的处罚措施；完善其中出入境限制的条款；

---

① 王秀梅．论恐怖主义犯罪的惩治及我国立法的发展完善．中国法学，2002（3）．

② 莫洪宪，王明星．我国对恐怖主义犯罪的刑法控制及立法完善．法商研究，2003（6）；王利宾．反恐怖犯罪刑事法完善研究——兼论反恐怖系统化立法．政治与法律，2014（10）．

③ 喻义东．论恐怖主义犯罪在刑法分则中的地位．法学，2005（2）．

④ 王利宾．反恐怖犯罪刑事法完善研究——兼论反恐怖系统化立法．政治与法律，2014（10）．

⑤ 莫洪宪，王明星．我国对恐怖主义犯罪的刑法控制及立法完善．法商研究，2003（6）．

⑥ 舒洪水．我国新疆地区恐怖主义犯罪的刑事法规制研究．刑事法评论，2015（1）．

⑦ 皮勇，杨淼鑫．论煽动恐怖活动的犯罪化——兼评《刑法修正案（九）（草案）》相关条款．法律科学，2015（3）．

⑧ 王新．零适用的审判现状：审视资助恐怖活动罪的适用．政治与法律，2012（7）．

建立旅客姓名记录制度，逐步与重点国家建立信息交换机制。[①] 而针对网络恐怖主义行为，有学者建议在《反恐怖主义法》中，应对网络恐怖行为的特点和方式有所规制。[②]

2. 实施之后

《刑法修正案（九）》实施之后，有的学者对之进行了相应的检讨，认为其尚存在如下问题：第一，结构体系上缺乏系统性，相关犯罪的规定十分零散；第二，在犯罪界定上不甚明确。例如在犯罪的概念、是否承认个体层面恐怖活动犯罪、是否要求政治诉求等问题上均没有进行明确的规定；第三，规制范围上缺乏严密性，遗漏了如入境发展恐怖活动组织成员等行为；第四，刑罚设置上缺乏针对性，缺乏资格刑的设置等。为此，在立法完善时需要注意以下几点：完善结构体例；完善罪刑设置，例如明确恐怖活动犯罪的概念、补充相应的罪名、合理配置刑罚种类等；加强涉恐财产的科学处置；完善恐怖组织、人员的认定机制。[③] 有的学者则认为有必要创制反恐特别刑法，并在其中对时效性作出特别规定，即创立所谓的反恐限时刑法，进而更好地应对恐怖主义犯罪。[④]

为了应对微恐怖主义（小规模恐怖主义），有学者主张在《反恐怖主义法》中明确规定境内网络用户不得访问境外宣扬恐怖主义的网站、下载宣扬恐怖主义的信息，不得传播、持有宣扬恐怖主义的材料等。并且还需要规定恐怖事件风险评估和预警机制，必要时立即启动临事应对处置预案。此外还应赋予执法机关监控恐怖活动网络的相关权力。就刑法而言，建议将对恐怖主义活动进行否认、开脱、赞同或为其辩护等行为规定为宣扬恐怖主义、极端主义、煽动实施恐怖活动罪的行为类型。在公共信息网络空间实施的，从重处罚。同时还需要增设走私、贩卖、运输宣扬恐怖主义、极端主义物品罪。[⑤]

面对网络恐怖主义犯罪，有学者指出现行反恐罪名体系无法包容独狼式等个体型恐怖主义犯罪，并且对于恐怖主义犯罪的某些外围行为也缺少相应的关注。建议增设实施恐怖活动罪，将网络恐怖袭击犯罪和普通计算机犯罪予以区别对待，将之以网络恐怖袭击罪定罪处罚。将赞美或辩解恐怖主义纳入宣扬恐怖主义、极端主义、煽动实施恐怖活动罪进行打击，并明确赞美和辩解的含义。[⑥]

就前述的独狼恐怖袭击，虽然《刑法修正案（九）》中增设了准备实施恐怖活动罪，但是其无法将独狼恐怖主义犯罪的未遂形态涵盖于其中。有学者建议在我国刑事立法、反恐怖主义法中增设反独狼恐怖袭击条款以及增设实施恐怖活动罪，此外还需要对独狼恐怖分子的含义作出明确规定。[⑦]

有的学者通过实证分析，同样认为传统的恐怖主义犯罪罪名体系已经难以应对恐怖主

① 周振杰．欧盟国家防治外国恐怖主义参战人员对策研究．中国刑事法杂志，2015（6）．

② 高铭暄，李梅容．论网络恐怖主义行为．法学杂志，2015（12）．

③ 梅传强．我国反恐刑事立法的检讨与完善——兼评《刑法修正案（九）》相关涉恐条款．现代法学，2016（1）．

④ 吴亚可．我国恐怖主义犯罪的立法规整方式检讨——反恐特别刑法之提倡．刑法论丛，2016（4）．

⑤ 皮勇，杨淼鑫．互联时代的微恐怖主义及其治理——兼评《刑法修正案（九）》和《反恐怖主义法》相关条款．刑法论丛，2016（3）．

⑥ 王志祥，刘婷．网络恐怖主义犯罪及其法律规制．国家检察官学院学报，2016（5）．

⑦ 曾赟．论独狼恐怖主义犯罪的构成要素．政法论坛，2016（5）．

义犯罪的网络化转型，建议增设实施恐怖袭击罪和协助恐怖活动罪。[①] 而就煽动恐怖主义犯罪而言，有学者建议对其构成要件作出更加细化、严格的规定。对于以发布言论方式进行的煽动和宣扬恐怖主义犯罪，规定公然或者公开进行作为限制性条件；对于以传播出版物形式进行的煽动，即使私下针对一人进行，也应构成犯罪。[②]

作为有组织犯罪的一种特殊形式，恐怖主义组织犯罪也同样需要人们予以关注。有学者建议增设恐怖行为罪；明确恐怖主义组织的定义，统筹完善有组织犯罪乃至共同犯罪的立法规定；将组建和参加恐怖主义组织与组织和参加恐怖主义组织活动分别设置独立的罪名。[③]

（三）司法适用

1.《刑法修正案（九）》实施前

有的学者主张，对恐怖活动犯罪的认定应该坚持主客观相统一的原则。其在主观方面的特征具有双层性，即一方面需要有危害故意，另一方面需要有特定的目的，只要具备制造社会恐慌、危害公共安全、胁迫国家机关、国际组织这三个目的之一即可。在客观方面的特征表现为暴力、破坏等直接危害行为，而一旦实施将会对社会造成重大现实危害，需要大量人力、物力才能加以修复。在实际结果发生以前，需要将煽动、资助等间接危害行为一并规制。在认定的过程中需要注意以人权保障为导向的例外情形。其中对于刑法无明文规定的危害行为、情节显著轻微的危害行为、主观目的无法查明的危害行为，不应认定为恐怖活动犯罪。[④]

就具体的罪名而言，有学者认为在行为人以危害公共安全的故意实施了导致不特定多数人死伤的行为，导致了不特定或者多数人死伤的严重后果时，应当构成危害公共安全类罪名，不成立个人法益犯罪；在行为人以危害公共安全的故意实施了可能导致不特定或者多数人死伤的行为，未导致实害发生时，也应当成立危害公共安全类犯罪；行为人基于杀害或伤害特定个体的故意对特定个体进行侵害，事实上导致不特定或者多数人死伤的实害或者危险时，如果行为人对于自己的行为侵害其他不特定或者多数人的生命、健康的可能性有认识，则根据具体行为方式成立不同的以危险方法危害公共安全罪。[⑤]

有的学者则着眼于恐怖主义组织，认为其具有目的多元性、手段恐怖性、结果形式多重性的特点。[⑥] 我国对于恐怖组织的认定采取以司法认定为主、行政认定为有益补充的形式。有学者建议在行政认定模式中，构建严格的认定程序并增加司法审查程序。[⑦]

2.《刑法修正案（九）》实施后

总体上，反恐工作的进行不能仅仅依靠刑法，还需要各种法律之间相互配合。在这之

---

① 田刚. 我国恐怖主义犯罪的实证分析和未来刑法之应对. 法商研究，2015（5）.

② 李哲、张一. 中英煽动恐怖主义犯罪比较. 国家检察官学院学报，2016（5）.

③ 沃晓静. 中俄恐怖主义组织犯罪比较. 国家检察官学院学报，2016（5）.

④ 杜邈. 恐怖活动犯罪的司法认定. 国家检察官学院学报，2014（4）.

⑤ 高巍. 暴恐犯罪的刑法规制. 法学杂志，2014（11）.

⑥ 同⑤.

⑦ 简基松. 论认定恐怖主义组织之机构模式. 法律科学，2011（2）.

中，需要防止刑法不合理的扩张。[①] 在打击恐怖主义犯罪时，需要做好行刑衔接。这是因为恐怖活动具有严重的社会危害性，并具备双重违法性。需要行政机关与司法机关分工负责、相互合作、互相制约，在涉恐行为的处理、恐怖组织和人员的认定、涉恐财产的甄别等方面处理好行刑衔接问题。[②] 有的学者还主张，在应对宗教极端主义犯罪时，需要从社会治理的角度进行展开。综合考虑相关的经济、教育、民族交往、利益分配、社会习俗等社会问题，围绕相关因素，展开针对性、系统性的社会治理。[③]

从恐怖主义的概念出发，有的学者认为这一概念涉及众多学科和领域，对之的研究需要在合理确定研究范围的前提下，科学把握评价标准，注重多元研究并选择合理的概念模式。[④]

《反恐怖主义法》第 3 条规定："本法所称恐怖主义，是指通过暴力、破坏、恐吓等手段，制造社会恐慌、危害公共安全、侵犯人身财产，或者胁迫国家机关、国际组织，以实现其政治、意识形态等目的的主张和行为。"有学者认为在对此条文进行解读时，需要强调恐怖主义犯罪的客观构成要素应涵盖暴力威胁；主观上只要具备制造社会恐慌、危害公共安全、侵犯人身财产，或者胁迫国家机关、国际组织两者中任一犯罪意图即可；该条的后段应解释为主观构成的选择要素，纠正个人冤屈应被包含在"等"中。[⑤]

有的学者对恐怖主义的概念进行分析，主张就主体而言，其包括了个人和组织，由于相关条文具备解释的空间，必要时可以将国家也解释为行为主体；就目的而言，恐怖主义的最终目的包括政治、意识形态等目的，总体上看其目的不具有正当性。即便其目的具有正当性，恐怖行为也是一种恶的行为；就行为的手段而言，只要是能够产生制造社会恐慌、危害公共安全、侵犯人身财产，或者胁迫国家机关、国际组织的效果的手段都可能成为恐怖主义的手段；就对象而言，其具有群体确定性、个体不确定性特征，并且包括但不限于无辜者。[⑥]

就《刑法》第 120 条参加恐怖组织罪而言，为了应对公民参与境外恐怖主义活动的行为，有学者认为涉恐人员以参加恐怖组织为目的，偷越国边境时，将构成偷越国（边）境罪和组织、领导、参加恐怖组织罪的想象竞合。其中对既遂的中国籍"外国恐怖主义战斗人员"或者出境未遂但有其他严重情节的行为人，可以认定为"积极参加"；对未遂但不具有其他严重情节的行为人，可以认定为"其他参加"[⑦]。

张明楷教授对《刑法修正案（九）》中帮助犯的正犯化以及预备行为的既遂化进行了讨论。其认为《刑法》第 120 条之一的第 1、2 款，对帮助行为作了正犯化规定。帮助行为在被正犯化之后，必须直接按照分则条文规定的法定刑处罚，不再以正犯实施符合构成要件的不法行为为前提，对之的教唆、帮助行为又能成立共犯。《刑法》第 120 条之二第 1 款，对于预备犯实行了既遂化。在既遂化之后，对之教唆、帮助的行为能成立共犯。按照

---

① 高铭暄，李梅容．论网络恐怖主义行为．法学杂志，2015（12）．
② 杜邈．反恐领域的行刑衔接．国家检察官学院学报，2016（5）．
③ 赵军．法治语境下极端主义犯罪治理定量研究．中国法学，2016（6）．
④ 王秀梅，任成玺．哲学视域下的恐怖主义概念的界定．刑法论丛，2016（2）．
⑤ 曾赟．论独狼恐怖主义犯罪的构成要素．政法论坛，2016（5）．
⑥ 王政勋，徐丹丹．恐怖主义的概念分析．法律科学，2016（5）．
⑦ 黄星．公民参与境外恐怖主义活动的刑事法律应对．政治与法律，2016（1）．

独立预备犯处理导致处罚程度轻于从属预备犯时，以从属预备犯处理。[①]

就《刑法》120 条之三宣扬极端主义罪而言，有学者认为极端主义是体系性的极端思想及其行为；具有体系性、绝对性、排他性和暴力性；既包括宗教性极端主义，也包括非宗教性极端主义。对于没有增设为犯罪的其他极端主义行为，凡符合恐怖犯罪的犯罪构成的，就应当以相应的恐怖犯罪来处理。多次宣扬极端主义的行为，以一罪处理并适用加重法定刑处罚。[②]

三、交通肇事罪

在刑法典修订之后，便有学者对交通肇事罪在立法上存在的疏漏发表看法，其指出了以下三个缺陷：首先，在刑事责任上，未将业务主体和一般主体区别开来；其次，仍未提高交通肇事罪的法定刑；再次，错把转化的故意犯罪规定为交通肇事罪。[③] 除此之外，学者们对于本罪中刑事责任和行政责任之间的关系进行了分析，强调刑事责任在认定时应具有的独立性。值得注意的是，对本罪中与“逃逸”相关的问题的理解一直是学者们关注的话题。2000 年 11 月 10 日最高人民法院《关于审理交通肇事刑事案件具体应用法律若干问题的解释》中，对于逃逸、逃逸致人死亡、指使肇事人逃逸等问题进行了规定，学者们对于相关的规定也有着不同的看法。

（一）责任认定

在审理交通肇事案件的司法实务中，存在着法院迷信交通部门责任认定书的问题。对此有学者进行了批判并提出了解决的方案，主张需要对交通肇事罪的构成要件进行检验，以此罪的构成要件为依据认定刑事责任。[④]

具体说来，有的学者认为需要考察此时是否存在刑法上的行为、是否具备犯罪构成的符合性、是否存在主观上的过失、是否具有违法性和有责性。在道路交通法上行为人负次要以下责任时，则需要注意行为人与直接肇事人之间构成过失共犯、过失竞合的情形。[⑤] 在判断有无交通肇事罪的实行行为时，有学者认为需要考虑如下因素：是否违反了交通运输管理法规、违章行为是否具有导致重大交通事故发生的现实危险性、行为与重大交通事故的发生是否具有因果关系。[⑥]

有的学者认为在进行司法认定时，除了前述要素之外还需要注意其中的责任推定。对于交通部门根据行为人在事故发生之后，违反及时报案、保护现场等行政义务，导致事故事实无法查清时所作的责任推定，不能将之作为认定交通肇事罪的依据，否则将存在违反

---

① 张明楷. 论《刑法修正案（九）》关于恐怖犯罪的规定. 现代法学，2016（1）.

② 王良顺. 宣扬极端主义罪的基本构成要素与司法适用探析. 法学杂志，2016（10）.

③ 侯国云. 也谈刑法典应力求垂范久远——论修订后的《刑法》的矛盾和问题. 法学，1998（5）.

④ 张明楷. 交通肇事罪的刑事责任认定. 人民检察，2008（2）；张卫彬，叶兰. 交通肇事罪中的责任认定. 法学，2012（11）；蔡仙. 反思交通肇事罪认定的结果责任. 政治与法律，2016（11）.

⑤ 王海涛. 交通管理部门的事故责任认定与交通肇事罪之判断. 刑事法评论，2016（1）.

⑥ 李朝晖. 论交通肇事罪的实行行为. 法学，2014（3）.

罪刑法定、罪疑从无、禁止重复评价原则的嫌疑。[①] 鉴于推定存在前述的问题，有学者建议在交通事故认定中的推定应采取拟制说。这样将能够防止证明责任的转移，保护被告人的合法权益，并且这也增强了法律的可预测性。[②] 有的学者则认为在责任推定被完全剔除前，至少应当允许当事人提出反驳。[③]

(二) 逃逸

交通肇事罪中最为引人关注的便是对于“逃逸”的理解，交通肇事罪中在两处地方使用了“逃逸”一词，分别为“交通运输肇事后逃逸”与“因逃逸致人死亡”。学者们对此展开了激烈的讨论。

1. “交通运输肇事后逃逸”

根据2000年11月10日最高人民法院《关于审理交通肇事刑事案件具体应用法律若干问题的解释》的有关规定，逃逸是指在发生交通事故后，为逃避法律追究而逃跑的行为。

有的学者将“交通运输肇事后逃逸”解释为，在发生交通肇事后，放弃救助伤者和保护现场之义务的行为。[④] 因为把救助伤者的大事撇在一边，说明解释者对于交通肇事案件首先予以关注的是追究肇事者的法律责任，而不是救助伤者。这就把立法的本意给颠倒了。刑法规定对交通肇事后逃逸的加重处罚，其用意是在督促肇事者及时救助伤者，而不是为了督促肇事者不要逃避法律追究。

有的学者从先行行为的角度对规范目的进行了说明，认为交通肇事者因为肇事行为处在保证人的地位时，其具有救助被害人生命法益的义务。[⑤] 法律加重逃逸的量刑，是为了防止被害人得不到及时的救助，因此不能将规范目的理解为防止行为人逃避法律制裁。[⑥] 也有学者对规范目的的解释提出了怀疑，认为应该从逃逸的行为性去进行解释，并以文义解释作为解释的起点，认为没有离开肇事现场不应被认定为逃逸。[⑦]

也有学者主张不作为意义上对作为义务的逃避是评价逃逸的重点，其中包括了救助被害人的义务、为肇事现场设置警示标志或者报警的义务、消极不逃跑的义务。这三者的重要性存在着位阶，其中救助被害人的义务最为重要，在被害人受伤时，肇事人只有履行了救助义务才不构成逃逸。[⑧] 冯亚东教授则认为应将逃逸仅仅理解为作为，对肇事后的其他各种不作为可以视为与作为相并列的“其他特别恶劣情节”[⑨]。

就“逃逸”的定位而言，有学者则将之理解为相对于交通肇事罪的基本罪而言，逃逸是一个完全独立存在的行为情节。[⑩] 有学者认为交通肇事后逃逸的情形实际上包括了两个

---

① 万尚庆，常明明．论交通肇事罪中的责任认定．法学杂志，2014 (10).

② 吴云．交通肇事罪认定若干问题研究．政治与法律，2009 (8).

③ 王飞跃．论道路交通事故责任认定中几对关系的区分．政治与法律，2016 (6).

④ 侯国云．论交通肇事后逃逸．法制与社会发展，2003 (2)；侯国云．有关交通肇事罪的几个疑难问题．中国法学，2003 (1).

⑤ 姚诗．交通肇事“逃逸”的规范目的与内涵．中国法学，2010 (3).

⑥ 彭菊萍．浅析交通肇事因逃逸致人死亡的有关问题．法学杂志，2009 (7).

⑦ 黄伟明．“交通肇事后逃逸”的行为性解释——以质疑规范目的的解释为切入点．法学，2015 (5).

⑧ 李波．交通肇事“逃逸”的含义——以作为义务的位阶性为视角．政治与法律，2014 (7).

⑨ 冯亚东，李侠．对交通肇事罪“逃逸”条款的解析．中国刑事法杂志，2010 (2).

⑩ 黄伟明．“交通肇事后逃逸”的行为性解释——以质疑规范目的的解释为切入点．法学，2015 (5).

行为，即交通肇事行为和逃逸行为，交通肇事事后逃逸不能够成立交通肇事罪的结果加重犯，也不成立交通肇事罪的情节加重犯、转化犯，这二者是实质的数罪。[①] 劳东燕教授认为可以将之解释为交通肇事罪与遗弃罪的结合，从而避免与其他法条之间的不协调。[②] 也有学者主张应当将“交通肇事后逃逸”罪名化，因为将之作为交通肇事罪的情节加重犯并不合理，并且其实质在于没有履行救助义务，具有刑事可罚性。[③]

2. “因逃逸致人死亡”

在前述司法解释出台之前，学者们早已对“因逃逸致人死亡”展开了讨论。学者们总结了可能存在的三种情况：第一，交通肇事后，行为人逃离现场，致使被害人因得不到救助而死亡；第二，交通肇事后，行为人在逃离现场的过程中，发生第二次交通事故致被害人死亡；第三，交通肇事后，行为人为了毁灭罪证，将被害人移到一些让人不容易察觉的地方，致使被害人丧失抢救机会而死亡。

部分学者认为对于前两种情况，应当属于“因逃逸致人死亡”，而第三种情况成立故意杀人罪。[④] 有学者进一步指出对于第三种情况，可以按照故意杀人罪（以危险方法危害公共安全罪）与交通肇事罪数罪并罚。[⑤] 与前述学者观点不同，有的学者则强调从立法者原意角度出发，逃逸致人死亡中的人只能是先行肇事行为的受害人，并且“因逃逸致人死亡”的主观面只能是过失。其规定的是，肇事者在肇事后，对于救助义务或者救助可能性以及不救助行为本身是否包含着致使被害人死亡的现实危险性缺少正确认识而逃离现场，导致被害人因抢救不及时而死亡。[⑥]

根据前述司法解释第 5 条的规定，“因逃逸致人死亡”是指行为人在交通肇事后为逃避法律追究而逃跑，致使被害人因得不到救助而死亡的情形。针对这一规定，有学者指出对逃逸致人死亡的解释存在错误。正确的做法应当是，对待死亡结果，行为人主观上是过失的，定交通肇事罪（结果加重犯）；主观上是间接故意的，定故意杀人罪。[⑦]“因逃逸致人死亡”的法定刑为 7 年以上有期徒刑，与故意杀人罪的法定刑相差较大，从罪责刑相适应原则考察，该规定只限于过失致人死亡的情形，应将“因逃逸致人死亡”构成故意杀人罪的情形排除在《刑法》第 133 条之外比较合理。[⑧]

有学者主张“逃逸致人死亡”应当是指，交通肇事致人受伤后，行为人明知如不及时救助，伤者就有死亡的危险，但为了逃避法律责任，自行逃跑，放任伤者死亡的情形。行为人既构成了交通肇事罪，又构成了（间接）故意杀人罪，但认为在审判实践中应只定（间接）故意杀人罪，不再定交通肇事罪。[⑨] 有的学者认为应将之限于遗弃致人死亡（过失

---

① 劳东燕. 交通肇事罪逃逸的相关问题研究. 法学，2013（6）.

② 同①.

③ 黄河. 论“交通肇事后逃逸”的罪名化. 政治与法律，2005（4）.

④ 吴学斌，王声. 浅析交通肇事罪中“因逃逸致人死亡”的含义. 法律科学，1998（6）；李晓龙，李立众. 试析交通肇事罪中的“因逃逸致人死亡”. 法学，1999（8）.

⑤ 黄祥青. 浅析新刑法中的交通肇事罪. 政治与法律，1998（4）.

⑥ 王俊平. 论交通肇事不救助的问题. 法学，2000（1）.

⑦ 侯国云. 交通肇事罪司法解释缺陷分析. 法学，2002（7）.

⑧ 喻贵英. 交通肇事罪中四种“逃逸”行为之认定. 法律科学，2005（1）.

⑨ 侯国云. 论交通肇事后逃逸. 法制与社会发展，2003（2）；侯国云. 有关交通肇事罪的几个疑难问题. 中国法学，2003（1）.

致人死亡）情形，不能包括故意杀人，否则应当以交通肇事罪（基本犯）与故意杀人罪数罪并罚。[①] 有的学者作出了更加具有独立性的解读，认为“因逃逸致人死亡”是独立的情节，其不以基本犯的成立为前提，主观罪过形式为间接故意。[②]

有的学者以“因逃逸致人死亡”中的“人”为视角展开了分析，认为其包括了因逃逸致先前肇事事故的被害人死亡以及因逃逸致其他被害人死亡两种情形。[③] 有的学者则持反对意见，认为其仅限于既有的伤者。[④] 根据因果关系的原理，被害人的死亡是由行为人逃逸而得不到救助所导致的，交通肇事后的二次肇事致人死亡的，成立的只可能是另一个交通肇事罪。[⑤] 有学者指出对于二次肇事的情形，应当采取数罪并罚原理进行处理。[⑥]

根据前述司法解释第 6 条的规定，行为人在交通肇事后为逃避法律追究，将被害人带离事故现场后隐藏或者遗弃，致使被害人无法得到救助而死亡或者严重残疾的，应当分别以故意杀人罪或者故意伤害罪定罪处罚。

显然，如果肇事者明知对受害人不实施救助行为会发生受害人死亡的危害结果，将被害人带离现场而逃逸，则放任这种危害结果发生的间接故意心理态度，已超出交通肇事罪的界限。[⑦] 也有学者质疑相关司法解释将之作为故意伤害罪或者故意杀人罪定罪处罚的做法。其主张，这样的行为属于作为形式的故意（直接故意）杀人犯罪，不能根据伤亡结果来分别认定为故意伤害罪或者故意杀人罪。[⑧]

3. 指使逃逸

最高人民法院《关于审理交通肇事刑事案件具体应用法律若干问题的解释》第 5 条第 2 款规定：“交通肇事后，单位主管人员、机动车辆所有人、承包人或者乘车人指使肇事人逃逸，致使被害人因得不到救助而死亡的，以交通肇事罪的共犯论处。”

学界一般认为这一解释有失妥当，原因在于：我国并不承认过失的共同犯罪；事后的指使不可能与实行终了的行为一同构成共同犯罪。[⑨] 这一规定既不符合共同犯罪的原理，也不符合共同过失犯罪的理论。[⑩] 交通肇事事后的逃逸行为并不是定罪情节，肇事者与前述主体之间不具有共同注意义务，他们之间不能成立共同犯罪。[⑪]

有学者指出将前述教唆行为认定为交通肇事罪的共犯存在如下的问题：与交通肇事罪

---

① 劳东燕. 交通肇事罪逃逸的相关问题研究. 法学，2013 (6).

② 李会彬. “因逃逸致人死亡”情节的独立性解读. 政治与法律，2014 (8).

③ 冯亚东，李侠. 对交通肇事罪“逃逸”条款的解析. 中国刑事法杂志，2010 (2).

④ 龚昕炘，刘佳杰. 交通肇事因逃逸致人死亡的法律适用分析. 法学杂志，2008 (6)；王俊梅. 关于交通肇事罪的几个问题的探讨——由成都醉驾者孙伟铭案引起的. 法学杂志，2010 (S1)；劳东燕. 交通肇事罪逃逸的相关问题研究. 法学，2013 (6).

⑤ 喻贵英. 交通肇事罪中四种“逃逸”行为之认定. 法律科学，2005 (1).

⑥ 彭菊萍. 浅析交通肇事因逃逸致人死亡的有关问题. 法学杂志，2009 (7).

⑦ 冯金银. 交通肇事罪认定中的几个问题. 政法论坛，2004 (4).

⑧ 李运才. 交通肇事后隐匿、遗弃被害人的罪名分析——对“交通肇事罪司法解释”第六条的质疑. 中国刑事法杂志，2009 (5).

⑨ 劳东燕. 交通肇事罪逃逸的相关问题研究. 法学，2013 (6).

⑩ 冯金银. 交通肇事罪认定中的几个问题. 政法论坛，2004 (4).

⑪ 刘源，杨诚. 交通肇事罪共犯问题辨析. 法学，2012 (4).

的客观表现不相符合；与交通肇事罪只能是过失的理论不相符合；与犯罪客体的理论不相符合。其应该构成（间接）故意杀人罪的共犯。[①]

类似地，多数学者均主张前述行为不成交通肇事罪共犯，其中有的学者认为根据被害人是否有被救助的可能性，指使者可能构成相应的遗弃罪或者故意杀人罪的教唆犯。[②] 有学者主张当逃逸行为升高伤者伤亡危险且肇事者客观上对伤者的法益保护欠缺排他性支配地位时，在遗弃罪的范围内成立共同犯罪；在逃逸行为升高伤者伤亡危险且肇事者在客观上对伤者的法益保护处在排他性支配地位时，在故意杀人罪的范围内成立共同犯罪；在逃逸行为没有升高伤者伤亡风险的情况下，指使者成立窝藏罪。[③] 有的学者则建议设立交通肇事逃逸罪，前述的指使逃逸行为以交通肇事逃逸罪的共同犯罪处理。[④]

还有的学者对前述解释作了相应的限制，主张仅限于交通肇事致 1 人以上重伤，行为人负全部或者主要责任，并有为逃避法律追究而逃离事故现场的情节，因而构成交通肇事罪这一种情况下，前述教唆行为可以成立交通肇事罪的共犯。[⑤]

（三）其他

根据最高人民法院《关于审理交通肇事刑事案件具体应用法律若干问题的解释》第 2 条第 1 款第 3 项规定，对于交通肇事造成公共财产或者他人财产直接损失，负事故全部或者主要责任的行为人，若无能力赔偿数额在 30 万元以上的，均应认定成交通肇事罪，承担刑事责任，处 3 年以下有期徒刑或者拘役。反之，若有能力赔偿的，则不以犯罪论处。对于司法解释的这一规定，有学者指出其混淆了刑事责任与民事责任的界限，破坏了法律面前人人平等的原则。[⑥] 有的学者则强调这一规定不仅违反了平等原则，而且更是违反了罪刑法定原则。[⑦] 但也有学者认为这一规定大有积极意义，不仅不存在不平等的问题，而且还符合现代刑法谦抑原则，对当事人、国家、社会都有益无害。[⑧]

此外，信赖原则作为分配注意义务的原则，在过失犯罪的交通肇事罪中也能发挥相应的作用。有学者指出，在我国交通肇事罪中，信赖原则的适用依赖于交通事故责任的认定。[⑨] 有的学者还对信赖原则在交通肇事罪中的适用提出了建议。其认为我们应谨慎地适用该原则，仅在满足以下情况时可以适用：道路设施完善、交通教育普及；驾驶人员因为受过专门培训，行为可信赖度高；存在汽车高速并顺利行驶的场所。[⑩]

---

① 侯国云. 交通肇事罪司法解释缺陷分析. 法学，2002（7）.

② 陈洪兵. 指使交通肇事者逃逸构成遗弃罪或者故意杀人罪的教唆犯——兼质疑周光权老师提出的“窝藏罪”说. 政治与法律，2008（5）.

③ 劳东燕. 交通肇事罪逃逸的相关问题研究. 法学，2013（6）.

④ 吴云. 交通肇事罪认定若干问题研究. 政治与法律，2009（8）.

⑤ 黎宏. 论交通肇事罪的若干问题——以最高人民法院有关司法解释为中心. 法律科学，2003（4）.

⑥ 杨忠民. 刑事责任与民事责任不可转换——对一项司法解释的质疑. 法学研究，2002（4）.

⑦ 冯金银. 交通肇事罪认定中的几个问题. 政法论坛，2004（4）.

⑧ 同①.

⑨ 王玉珏. 信赖原则在中日交通肇事罪中适用之比较. 法学，2002（3）.

⑩ 毛元学. 信赖原则在交通肇事罪中的适用. 法学杂志，2009（6）.

四、危险驾驶罪

在《刑法修正案（八）》增设危险驾驶罪之前，有的学者已经观察到我国民众要求严惩“酒驾”行为这一现象。其认为如果增设相应的犯罪，将会增加司法成本并且可能会侵犯人权，故而应慎重对待。① 此后，危险驾驶罪的增设也引发了学者们激烈的讨论。其中，最引人注目的便是醉驾型危险驾驶罪，下文也将围绕醉驾型危险驾驶罪展开。其中关于醉驾型危险驾驶是否为过失抽象危险犯以及醉驾是否一律入罪存在着激烈的争议。此外，学者们也就其相关立法建议和司法适用进行了讨论。

（一）立法建议

有学者指出以立法语言和规范目的为视角，有关危险驾驶罪的立法存在一些问题：“追逐竞驶”“醉酒驾驶”的语言表达，具有明显的不周延性，应取消这样的行为类型限制；对于“追逐竞驶”增加情节恶劣的限制，具有不明确性，对之不应该附加这一限制；对于罚金刑的规定应表述为“或单处罚金”②。有的学者则对微罪化的立法趋势进行了反思，认为刑法单独对醉酒驾驶采取单纯的行为犯模式，缺乏充分的依据。并且由于我国缺乏必要的前科消灭等制度，一旦判罪，其后果较为严重。据此，微罪化需要注意两个前提：第一，需要逐步健全前科消灭制度、复权制度；第二，需要先审查是否可以通过其他手段对之加以治理。③

就“醉驾”的完善而言，赵秉志教授从多个角度加以论述。其主张在对象方面，由机动车扩大至机动车、船只、航空器等；在情节方面，增加醉驾入刑的情节限制；在行为方面，增加与醉驾类似的危险驾驶行为，例如吸毒后驾驶等；在形态方面，扩充其内涵，使之包括醉驾的危险犯、结果犯和结果加重犯；在刑罚方面，需要合理、分段地设置自由刑，规定没收财产刑并增设资格刑。④ 就刑罚而言，有的学者还主张设立醉驾的累犯制度。⑤

就“毒驾”是否应当入刑，有的学者与赵秉志教授的观点不同，认为对此应持保守态度。其认为应慎重对待法益侵害还没有被完全确证的“毒驾”行为，不能将吸毒者作为社会防卫的工具。⑥ 对此，有的学者主张立法时针对新型危害行为能否入罪，可以作如下几个方面的检验：行为具有社会危害性、入罪后能够通过公平且不歧视的规定来认定、入罪能够实现刑罚的目的、没有其他社会控制手段可以代替刑罚。⑦

在对日本危险驾驶致死伤罪进行考察后，还有的学者主张在我国增加规定危险驾驶致死

---

① 汪明亮．严惩“酒驾”肇事犯罪观念之反思．法商研究，2009（6）．

② 姜涛．危险驾驶罪——法理与规范的双重展开．刑事法评论，2013（1）．

③ 付晓雅．关于危险驾驶罪之罪刑规定的立法技术反思．刑法论丛，2012（4）．

④ 赵秉志，袁彬．“醉驾入刑”热点问题探讨．刑法论丛，2011（3）．也有别的学者提出了扩大“机动车”的立法建议。郭纹静．醉驾入刑的理性规制．法学杂志，2014（9）；张磊，肖马．醉驾超标电动车刑法规制问题的反思与对策．刑法论丛，2015（1）．

⑤ 王永杰．构建我国醉驾累犯制度初探．政治与法律，2012（4）．

⑥ 褚宸舸．论“毒驾”不应入罪．刑法论丛，2015（3）．

⑦ 李琳．新型危害社会入罪标准之确定——以质疑“毒驾入刑”为视角之分析．法学评论，2014（2）．

伤罪[①]，有的学者则主张采用危险犯与实害犯相结合的形式，进一步完善本罪的刑法规制。[②]

（二）相关争议

1. 醉驾是否一律入刑

就此问题而言，根据能否适用《刑法》第13条的“但书”规定，主张不应一律入刑的学者们的相关意见可以分为两方。此外，也有学者主张对之应一律入刑。

（1）可适用《刑法》第13条

赵秉志教授认为，刑法中“但书”的规定使得醉驾不应一律入罪。刑法总则的规定，对所有分则条文都起着限制作用。成立危险驾驶罪不仅要符合本罪的构成要件，而且实质意义上还需要具有严重的社会危害性，司法适用中应将情节显著轻微危害不大的情形加以排除。[③]

舒洪水教授认为刑法分则需要接受刑法总则的制约与指导，在此意义上，对危险驾驶罪的犯罪构成通过但书进行实质解释，这也是符合罪刑法定主义的。此外由于受到刑法谦抑性的制约，判断者需要结合案件情节斟酌犯罪是否成立。[④]

何荣功教授从抽象危险犯的本质以及我国“违法和犯罪区分的二元体系”出发，认为“但书”在抽象危险犯中的适用具有合理性。抽象危险犯中法益侵害的危险具有一般性，但其也可被反证、推翻，由于存在例外的情况，故而也就有了“但书”适用的空间。[⑤]

周详教授认为从法教义学的角度看，可以用“但书”的规定限制处罚范围并实现正义的最大化。最高人民法院有权根据“但书”对醉驾作出“情节显著轻微危害不大的，不构成犯罪”的司法解释。[⑥]

（2）不适用《刑法》第13条

曲新久教授主张不必适用“但书”条款，想要实现不必一律入罪的目的，则需要给“醉酒”设立一个量的标准。另一方面，醉驾不必一律起诉，也不必一律通过法院宣告其为犯罪并判处刑罚。[⑦]

冯军教授也认为没有必要根据“但书”来进行出罪。应当从犯罪论体系之中找出出罪

---

① 赖正直，朱章程．日本刑法中的危险驾驶致死伤罪述评．中国刑事法杂志，2012（5）．

② 谢佳君．日本危险驾驶致死伤罪的立法探析——以对我国危险驾驶罪的立法借鉴为视角．刑法论丛，2015（3）．

③ 赵秉志，赵远．危险驾驶罪研析与思考．政治与法律，2011（8）；赵秉志，袁彬．“醉驾入刑”热点问题探讨．刑法论丛，2011（3）．还有其他学者观点与此类似。赵绘宇，纪翔虎．对于危险驾驶行为适用“但书”并无不当．法学，2011（7）；杨兴培．从醉驾入罪看如何消弭法治分歧．法学，2011（7）；王志祥，敦宁．危险驾驶罪探析．中国刑事法杂志，2011（7）．

④ 舒洪水．“醉驾型”危险驾驶罪的理论与实务．刑法论丛，2013（3）．也有其他学者强调实质解释，可参见徐苗．论“醉驾一律入刑”的适用性限制路径．刑法论丛，2013（2）；秦新承．醉驾案件若干司法问题研究．中国刑事法杂志，2011（12）．有的学者认为具备形式违法性时，公安机关应当立案、检察机关可以起诉，是否具备实质违法性需要由听审机关判断。参见刘军．危险驾驶罪的法理辨析——兼论刑法法益保护的前期化．法律科学，2012（5）．

⑤ 何荣功，罗继洲．也论抽象危险犯的构造与刑法“但书”之关系——以危险驾驶罪为引例．法学评论，2013（5）；何荣功．危险驾驶罪的争议问题．刑法论丛，2013（3）．

⑥ 周详．“醉驾不必一律入罪”论之思考．法商研究，2012（1）．

⑦ 曲新久．醉驾不一律入刑无需依赖于“但书”的适用．法学，2011（7）．

的标准，这一根据应该是存在违法性阻却事由或者责任阻却事由，特别是责任极其轻微的情况。[①]

梁根林教授认为醉驾型危险驾驶罪在构成要件之中已经包含了暗示罪量要素，因此不能在构成要件之外再根据“但书”对醉驾的罪量要素予以涵摄。但这并不意味着醉驾一律成立犯罪，因为其还有可能存在违法阻却事由和责任阻却事由。[②]

（3）应一律入刑

谢望原教授主张醉驾行为原则一律入刑，但存在例外。因为醉驾型危险驾驶罪排斥“但书”的适用，并且一律入罪与我国违法犯罪区分二元体系并不矛盾。此外，虽然醉驾行为一律入罪，但是对之不应当一律判刑，并且应扩大缓刑的适用比例，对醉驾缓刑犯适用社区矫正和禁止令。[③]

陈伟教授认为，出于罪刑法定原则的考量，司法机关应该对醉驾行为一律入刑，以此呼应明确性要求，并且一律入刑的主张也不会和宽严相济的刑事政策的内在精神相冲突。[④]有的学者从本罪所属的情节犯类型出发，认为醉酒驾驶个案情况不同，应当作为酌定量刑情节来使用，不能适用“但书”的规定。[⑤]

2. 是否为过失抽象危险犯

冯军教授认为本罪是过失的抽象危险犯，其是为了弥补交通违法行为与交通肇事罪之间的处罚漏洞而增设的。首先就过失而言，其是指醉驾行为产生了抽象的危险，行为人对此在主观上是过失。至于醉酒行为，则无论是故意还是过失均可，但要求行为人知道自己是在醉酒状态下在道路上驾驶机动车。就抽象危险而言，要求醉驾行为至少产生了危害公共安全的抽象危险。对于故意在道路上醉酒驾驶机动车并且故意引起公共安全的抽象危险的行为，应当认定为以危险方法危害公共安全罪的未遂犯。[⑥]

张明楷教授认为危险驾驶罪是故意抽象危险犯，要求行为人认识到自己在道路上醉酒驾驶机动车，认识到自己的行为会发生危害公共安全的抽象危险，并希望或者放任这种危险发生。在判断抽象危险时，需要考虑醉酒驾驶的过程中，是否有其他车辆和行人出现。[⑦]有的学者从抽象危险犯的特点与构造出发，认为不可能出现冯军教授主张的对构成要件是故意、对抽象危险是过失的过失抽象危险犯情形。只要行为人对醉酒驾驶机动车为故意，就不可能得出本罪属于过失犯的结论。[⑧]

梁根林教授虽然也主张本罪为过失的抽象危险犯，但是其具体界定与冯军教授的观点有所出入。其认为，无论行为人对于醉驾行为引起的危害公共交通安全的抽象危险是出于

---

① 冯军．论《刑法》第133条之一的规范目的及其适用．中国法学，2011（5）．

② 梁根林．“醉驾”入刑后的定罪困扰与省思．法学，2013（3）．

③ 谢望原，何龙．“醉驾型”危险驾驶罪若干问题探究．法商研究，2013（4）．

④ 陈伟．醉驾：“一律入刑”还是“区别对待”．法制与社会发展，2012（1）．

⑤ 夏勇．作为情节犯的醉酒驾驶——兼议“醉驾是否一律构成犯罪”之争．中国刑事法杂志，2011（9）．

⑥ 同①．

⑦ 张明楷．危险驾驶罪的基本问题——与冯军教授商榷．政法论坛，2012（6）．

⑧ 何荣功．危险驾驶罪不应解释为过失抽象危险犯与冯军教授商榷．刑法论丛，2014（3）．赞同故意说的学者较多，还可参见黄继坤．论醉酒驾驶中的主观有责性问题——兼与冯军教授商榷．法学，2013（3）；张克文．也论危险驾驶罪的基本问题——与冯军、张明楷两位教授商榷．当代法学，2014（1）．

故意还是过失，均应当被规范地评价为过失抽象危险犯的危险驾驶罪。[①] 谢望原教授基于故意犯与过失犯区分理论、危险犯罪过认定标准以及对过失论的反驳，认为本罪的罪过形式既可以是故意也可以是过失。[②]

（三）司法适用

1．客观构成要件

（1）本罪为具体危险犯还是抽象危险犯

一般而言，大多数学者都认为本罪是抽象危险犯[③]，但是对此也有不同的看法。有学者主张本罪是具体危险犯[④]，有的学者认为本罪是“准具体危险犯”，其是一个介于具体危险犯和抽象危险犯之间但又偏向具体危险犯的形态。[⑤]

（2）醉酒标准

根据《车辆驾驶人员血液、呼气酒精含量阈值与检验》的规定，醉酒标准主要以血液、呼气酒精含量为准。除此之外，一定条件下应进行唾液酒精定性检验或者人体平衡步行回转试验或者单腿直立试验。由此可见我国采取了形式标准为主、实质标准为辅的检验标准。在适用时需要注意血液检验的效力应优于呼气检验的效力、需要审慎对待驾驶者逃避血液检验时的状态认定；需要恰当处理驾驶者故意现场喝酒的问题。[⑥]

对于这样的标准，有的学者提出了批评的意见，其认为由于个体之间存在很大的差异，实际上统一的测量标准很难说明行为人是否处于醉酒状态。[⑦] 有的学者则主张应适用“显见可能性”作为危险驾驶罪的入罪标准。[⑧]

有的学者则强调虽然实际上存在个体之间的差异，但是形式的公平对我国当下而言具有重要价值，故而客观标准有其合理性。[⑨]

（3）道路

根据《道路交通安全法》第 119 条第 1 项，道路是指“公路、城市道路和虽在单位管辖范围但允许社会机动车通行的地方，包括广场、公共停车场等用于公众通行的场所”。

冯军教授认为判断是否属于本罪犯罪构成中的“道路”，需要根据场所的属性和状态

---

① 梁根林．“醉驾”入刑后的定罪困扰与省思．法学，2013（3）；梁根林．《刑法》第 133 条之一第 2 款的法教义学分析——兼与张明楷教授、冯军教授商榷．法学，2015（3）．

② 谢望原，何龙．“醉驾型”危险驾驶罪若干问题探究．法商研究，2013（4）．

③ 如前所述，冯军教授、张明楷教授、梁根林教授、谢望原教授、何荣功教授等都持这一观点。

④ 舒洪水．“醉驾型”危险驾驶罪的理论与实务．刑法论丛，2013（3）．

⑤ 熊琦．刑法总论视野下的“醉酒驾驶”行为的中德对比研究——兼析该行为之“准具体危险犯”的性质．刑法论丛，2011（4）．

⑥ 赵秉志，袁彬．“醉驾入刑”热点问题探讨．刑法论丛，2011（3）．

⑦ 付晓雅．危险驾驶罪的客观要件．法学杂志，2014（8）；李川．醉驾犯罪酒精临界值标准法理定位与适用思辨．法学，2012（10）．

⑧ 李川．论危险驾驶行为入罪的客观标准．法学评论，2012（4）．

⑨ 赵秉志，赵远．危险驾驶罪研析与思考．政治与法律，2011（8）；何荣功．危险驾驶罪的争议问题．刑法论丛，2013（3）．

来判断。桥梁、隧道、开放性的码头、广场、小区、大学校园等都属于道路。[①]

梁根林教授认为"道路"只限于属于公共交通管理范围的道路，封闭的单位大院、居民小区、乡农村小道等均不属于本罪的"道路"，因为在这些场所不可能产生对公共交通安全的抽象危险。[②]

有的学者则主张原则上对道路的认定应该与前述规定保持一致，但是允许社会机动车辆通行的校园、大型厂矿内的道路也应属于本罪的道路。而相对封闭的小区道路、体育场等，由于不允许社会机动车辆通行，因此不应解释为本罪的道路。[③]

（4）机动车

就本罪中的"机动车"而言，冯军教授认为只要是以动力装置驱动或者牵引，在道路上驾驶足以引起公共危险的车辆便可。[④]

然而实践中对于超标电动车是否属于机动车仍然存在争议，有的学者就主张其不属于机动车。何荣功教授认为，在执法机关并未将之作为机动车对待时，国民的信赖利益应受到保护，对之是否认定为机动车需要尽可能慎重。[⑤] 有的学者认为虽然这些车辆存在较大安全隐患，但是在法律、法规尚未明确时应当十分谨慎，解决之道在于通过法律重新界定机动车的范围。[⑥] 有的学者认为，即便是《机动车运行安全技术条件》（GB—2012）也没有明确这类车辆是否属于机动车，显然也不能据此认为此类车辆属于"机动车"[⑦]。

2. 主观构成要件

如前所述，本罪的主观构成要件颇具争议。其中有的学者认为是过失[⑧]，有的学者认为是过失、故意均可[⑨]，大多数学者则认为应该是故意。[⑩]

在故意说的阵营之中，对于故意的要求也存在不同。张明楷教授认为行为人需要认识到自己在道路上醉酒驾驶机动车，并且行为人还需要认识到自己的行为会发生对公共安全的抽象危险，而希望或者放任这种危险发生。[⑪]

有的学者则认为，对于危险驾驶罪，只要行为人对不法行为有认识即可，不需要考察意志因素。对于醉驾型危险驾驶罪，其故意内容只要求行为人对在道路上醉酒驾驶机动车

---

① 冯军：论《刑法》第133条之一的规范目的及其适用. 中国法学，2011（5）.

② 梁根林. "醉驾"入刑后的定罪困扰与省思. 法学，2013（3）.

③ 何荣功. 危险驾驶罪的争议问题. 刑法论丛，2013.

④ 同①.

⑤ 同③.

⑥ 郭纹静. 醉驾入刑的理性规制. 法学杂志，2014（9）.

⑦ 张磊，肖马. 醉驾超标电动车刑法规制问题的反思与对策. 刑法论丛，2015（3）.

⑧ 冯军. 论《刑法》第133条之一的规范目的及其适用. 中国法学，2011（5）；舒洪水. "醉驾型"危险驾驶罪的理论与实务. 刑法论丛，2013（3）；付晓雅. 危险驾驶罪的主观要件研究. 当代法学，2014（5）.

⑨ 谢望原，何龙. "醉驾型"危险驾驶罪若干问题探究. 法商研究，2013（4）. 梁根林教授认为，无论行为人对于醉驾行为引起的危害公共交通安全的抽象危险是出于故意还是过失，均应当被规范地评价为过失抽象危险犯的危险驾驶罪。参见梁根林. "醉驾"入刑后的定罪困扰与省思. 法学，2013（3）；梁根林. 《刑法》第133条之一第2款的法教义学分析——兼与张明楷教授、冯军教授商榷. 法学，2015（3）.

⑩ 张明楷. 危险驾驶罪的基本问题——与冯军教授商榷. 政法论坛，2012（6）；何荣功. 危险驾驶罪不应解释为过失抽象危险犯——与冯军教授商榷. 刑法论丛，2014（3）；王耀忠. 危险驾驶罪罪过等问题之规范研究. 法律科学，2012（5）；徐苗. 论"醉驾一律入刑"的适用性限制路径. 刑法论丛，2013（2）.

⑪ 张明楷. 危险驾驶罪的基本问题——与冯军教授商榷. 政法论坛，2012（6）.

的行为有认识即可。①

有的学者主张犯罪故意包括了认识因素和意志因素，行为人需要认识到自己饮酒和驾驶机动车的事实，但是不需要对醉酒的状态和抽象的危险有认识，并且行为人仍需要对抽象危险的发生持放任或者希望态度。行为人对危险驾驶行为有认识，在此认识的基础上仍进行驾驶，就能表明其对抽象危险的发生持放任态度。②

有的学者则表述为只要行为人主观上能够认识到自己是在醉酒驾驶机动车，便满足了本罪故意的成立要件。③ 也有别的学者表述为本罪的犯罪故意主要表现在先前的醉酒行为或者醉驾选择上，只要有行为故意即可推定结果故意。④

3. 与其他罪名的关系

(1) 醉驾且对公共安全造成实际损失存在过失

冯军教授认为，行为人若实施了醉驾行为并且对醉驾行为会给公共安全造成实际损失存在过失，在符合了交通肇事罪其他构成要件时，行为转化为交通肇事罪。⑤ 张明楷教授认为这种情况属于结果加重犯，并不是所谓的“转化犯”⑥。

梁根林教授认为对此应具体分析，当在同一时点上危险驾驶行为同时又触犯交通肇事罪时，需要依据想象竞合从一重罪处理；当不在同一时点而是在持续的危险驾驶过程中发生前述情况时，也不能将之分割，仍应按照想象竞合处理。⑦ 有的学者则认为此时符合法条竞合，应按照吸收法优于被吸收法的原则，以交通肇事罪处理。⑧

对于前述不同情形的讨论，有的学者主张行为人只要对危险驾驶行为具有明知，就可以推定其对于造成实害结果具有故意。据此，不存在成立交通肇事罪的可能，应当按以危险方法危害公共安全罪处理。⑨

(2) 醉驾且过失致人伤亡后逃逸

冯军教授认为，在肇事后又醉酒驾驶机动车逃逸的，无须把此后的酒驾行为认定为危险驾驶罪，只需要将之作为酌定的从重处罚情节来考虑即可，这符合《刑法》第133条第二段的规定。⑩ 张明楷教授认为，此时应当数罪并罚。⑪ 梁根林教授则认为后一行为不需要再独立构成危险驾驶罪，应直接将之视为交通肇事后逃逸，但将之作为酌定的从重处罚情节则不妥当。⑫

---

① 黄继坤. 论醉酒驾驶中的主观有责性问题——兼与冯军教授商榷. 法学，2013 (3).

② 李翔. 危险驾驶罪主观方面新论. 法商研究，2013 (6).

③ 王志祥，敦宁. 危险驾驶罪探析. 中国刑事法杂志，2011 (7).

④ 张克文. 危险驾驶罪的客观不法与主观罪责. 环球法律评论，2013 (6)；张克文. 也论危险驾驶罪的基本问题——与冯军、张明楷两位教授商榷. 当代法学，2014 (1).

⑤ 冯军. 论《刑法》第133条之一的规范目的及其适用. 中国法学，2011 (5).

⑥ 张明楷. 危险驾驶罪的基本问题——与冯军教授商榷. 政法论坛，2012 (6). 赵秉志教授也同意将之理解为结果加重犯。赵秉志，袁彬. “醉驾入刑”热点问题探讨. 刑法论丛，2011 (3).

⑦ 梁根林. 《刑法》第133条之一第2款的法教义学分析——兼与张明楷教授、冯军教授商榷. 法学，2015 (3).

⑧ 舒洪水. “醉驾型”危险驾驶罪的理论与实务. 刑法论丛，2013 (3).

⑨ 同④.

⑩ 同⑤.

⑪ 张明楷. 危险驾驶罪的基本问题——与冯军教授商榷. 政法论坛，2012 (6).

⑫ 梁根林.《刑法》第133条之一第2款的法教义学分析——兼与张明楷教授、冯军教授商榷. 法学，2015 (3).

若肇事之后，行为人又以极其危险的方式逃逸，引起对公共交通安全严重且具体的危险时，应当以交通肇事罪与以危险方法危害公共安全罪数罪并罚。①

(3) 行为人通过醉酒驾驶来故意引起公共安全的抽象危险，尚未给公共安全造成具体危险

在讨论这一问题之前，有必要先分析一下危险驾驶罪与以危险方法危害公共安全罪之间的关系。有的学者主张因为醉酒驾驶的危险程度难以达到危险方法的要求，故而这两个罪之间是相互排斥的关系。② 赵秉志教授则认为，危险驾驶行为可以具有与放火、爆炸等行为相当的危险，一定条件下危险驾驶行为也可以被认定为以危险方法危害公共安全罪。③

冯军教授认为，此时应该将这样的行为视为以危险方法危害公共安全罪的未遂犯。④ 有的学者对此表示反对，认为若将《刑法》第 114 条理解为《刑法》第 115 条第 1 款的未遂犯，则不可能存在未遂犯的未遂这样的情况。⑤ 梁根林教授也不赞同将之作为以危险方法危害公共安全罪的未遂犯来处理。⑥ 张明楷教授主张对此只能认定为危险驾驶罪。⑦

(4) 行为人刚开始对抽象的危险为过失，此后故意实施高度危险的危险驾驶行为引起具体危险

就行为人这一行为而言，冯军教授认为，此时先前的过失危险行为被后续的故意危险行为吸收，仅成立以危险方法危害公共安全罪。⑧ 张明楷教授则认为，此时只要能评价为两个行为与两个结果，则应实行并罚。⑨ 梁根林教授指出，在理论上数罪并罚具有合理性，但是出于司法节制的逻辑，司法实务中一般仅以危险驾驶罪处理。⑩

在司法层面，学者们除了讨论本罪的犯罪构成要件、相关罪名之间的关系外，还对相关的量刑问题有所关注，许多学者对此进行了实证研究。

有的学者主张确定基准刑时需要以醉酒程度为主，并同时考虑车辆的危险系数。在确定从重或者从轻时，需要考虑被告人的驾驶能力等因素。⑪ 有的学者认为血醇含量是量刑的主要影响因素，通过筛选的血醇含量和刑罚的对应关系可以为基准刑提供参考。⑫ 有的

---

① 冯军．论《刑法》第 133 条之一的规范目的及其适用．中国法学，2011 (5)；张明楷．危险驾驶罪的基本问题——与冯军教授商榷．政法论坛，2012 (6)；梁根林．《刑法》第 133 条之一第 2 款的法教义学分析——兼与张明楷教授、冯军教授商榷．法学，2015 (3).

② 舒洪水．"醉驾型"危险驾驶罪的理论与实务．刑法论丛，2013 (3).

③ 赵秉志，袁彬．"醉驾入刑"热点问题探讨．刑法论丛，2011 (3).

④ 冯军．论《刑法》第 133 条之一的规范目的及其适用．中国法学，2011 (5).

⑤ 丁胜明．危险驾驶的行为样态与罪名选择——以危险驾驶罪、交通肇事罪、以危险方法危害公共安全罪为视角．刑事法评论，2013 (1).

⑥ 梁根林．《刑法》第 133 条之一第 2 款的法教义学分析——兼与张明楷教授、冯军教授商榷．法学，2015 (3).

⑦ 张明楷．危险驾驶罪的基本问题——与冯军教授商榷．政法论坛，2012 (6).

⑧ 冯军．论《刑法》第 133 条之一的规范目的及其适用．中国法学，2011 (5).

⑨ 张明楷．危险驾驶罪的基本问题——与冯军教授商榷．政法论坛，2012 (6).

⑩ 同⑥.

⑪ 蔡智玉．醉驾型危险驾驶罪量刑情节的把握——对 59 件危险驾驶案例的调查分析．中国刑事法杂志，2012 (4).

⑫ 褚志远．醉酒型危险驾驶罪量刑规律实证研究．政治与法律，2013 (8).

学者认为确定拘役的基准刑以及确定是否免予刑事处罚时，需要考虑血醇浓度、车辆类型、车辆载客人数等因素。① 有的学者则通过研究得到影响量刑的基准事实，并据此计算出基准刑。② 有的学者甚至还提出了相应的量刑模型。③

① 储陈城. 以危险度构建“醉驾”案件的罪刑关系. 法学，2013（3）.

② 文姬. 醉酒型危险驾驶罪量刑影响因素实证研究. 法学研究，2016（1）.

③ 章桦，李晓霞. 醉酒型危险驾驶罪量刑特征及量刑模型构建实证研究——基于全国 4 782 份随机抽样判决书. 中国刑事法杂志，2014（5）.

第十章　破坏社会主义市场经济秩序罪

一、生产、销售伪劣商品罪

随着商品经济的发展，越来越多的人开始注重商品的质量，特别是对于食品与药品而言。近年来，学界在生产、销售伪劣商品领域，除了讨论一般性的理论外，其他研究成果基本上都集中在食品犯罪与药品犯罪领域。

（一）生产、销售伪劣商品罪的一般理论

在生产、销售伪劣商品罪的一般理论部分，研究成果多样且深入。[①]

例如，学者陈洪兵认为，生产、销售伪劣商品罪诸多问题的处理，应以法益为指导；生产、销售伪劣商品罪所保护的主要法益是消费者的生命权、健康权、财产权，产品质量管理制度和社会主义市场经济秩序只是反射利益；为了有效保护消费者权益，不应以加工费和中间商的协议价计算销售金额，应一概以最终按正品出售给消费者的市场零售价计算；生产、销售伪劣商品罪不全都是选择性罪名，只有生产假药、不符合卫生标准的食品、有毒或有害食品、不符合标准的医用器材而未销售的才单独成立相应犯罪的既遂；在生产、销售伪劣商品过程中假冒商标、非法经营的，由于侵犯了数个法益，规范性意义上也存在数个行为，故应数罪并罚。[②]

再如，学者叶良芳认为，法人犯罪的成立，既需要基本客观要件，也需要具备主观要件；法人犯意的认定，不能简单地将法人雇员的犯意直接归属于法人，而应当将法人作为一个独立的人格体来对待，从法人整体的组织结构、决策程序、政策文化等方面来考察其犯意内容；在涉及产品质量的犯罪中，隐瞒产品缺陷是认定法人犯意的一个极其重要的因素；隐瞒产品缺陷是违反行业文化的悖德行为，是法人犯意认定的基础；如果所隐瞒的产品缺陷是国家法律、行业规范所明确禁止的，则悖德程度严重，足以认定存在犯意；在丰

---

① 于志刚，李怀胜．提供更有毒、有害产品原料案件的定性思路．法学，2012（2）；李波．瑕疵产品生产、销售过程中不法集体决策问题的归因和归责．中国刑事法杂志，2014（1）；徐凌波．因果关系在产品刑事责任案件中的认定问题．政治与法律，2014（11）；卢建平，姜瀛．论制售伪劣商品犯罪的死刑剥离．政治与法律，2015（1）．

② 陈洪兵．生产、销售伪劣产品罪的法益及其展开．政治与法律，2011（3）．

田“召回门”事件中，丰田公司之所以最终未被诉诸刑事审判，根本原因在于其并未向公众隐瞒产品缺陷。[①]

还有，学者陈洪兵认为：《刑法》第149条系注意规定，而非特殊规定；刑法分则中“本法另有规定的，依照规定”，不是特别法优于普通法的法条竞合适用原则的重申，而是一种注意规定，没有排除从一重处罚的可能性；《刑法》第3条前段与第5条，均强调在保障人权的同时保护法益，禁止有罪不罚、重罪轻罚；法定刑设置主要考量的是行为对主要法益的侵害程度以及与同类罪名法定刑的协调，当行为不符合此罪构成要件（如销售金额未达5万元而不构成第140条生产、销售伪劣产品罪），但符合彼罪构成要件（如诈骗罪），能够以彼罪定罪处罚；当行为同时符合两罪构成要件，如使用假币罪与诈骗罪、保险诈骗罪与诈骗罪、盗伐林木罪与盗窃罪，原则上应从一重处罚。[②]

（二）食品犯罪

在生产、销售伪劣商品罪的各个具体罪名中，被讨论罪多的就是与食品犯罪相关的罪名，这也体现了我国刑法学界对近年来食品犯罪频发这一社会现实的密切关注。

有学者详细分析了相关罪名的犯罪构成要素或者具体涉罪行为的刑法性质。[③] 例如，学者孙建保认为：鉴于刑法的最后保障性特点，生产、销售有毒、有害食品罪中“食品”的概念应有别于《食品安全法》中的“食品”的概念，前者的外延要比后者的广；食品原料包括但不限于广义的添加剂；该罪中的“掺”在“生产”和“销售”中有不同的含义，并且表现形态各异；该罪中的“有毒”与“有害”既有联系又有区别，将二者并举不妥，“有毒、有害”的毒性来源不一，对于添加物是否有毒、有害应当采用客观标准为主、主观标准为辅的原则，行为人对于添加物是否有毒、有害的主观认识可以通过是否超量、超范围添加等方式来推定。[④]

也有学者从立法论的角度对法律漏洞提出了修补意见。[⑤] 例如，胡胜友、陈广计认为：应当将“生产、销售有毒、有害食品罪”“生产、销售不符合安全标准的食品罪”的犯罪客体定为危害公共安全，并适当调整和变更其罪名和行为表现方式；应当将“生产、销售不符合安全标准的食品罪”规定为行为犯；应当明确规定对其他危害食品安全的犯罪行为予以从重处罚；应当加大查办食品监管渎职罪的力度，并完善食品监管渎职罪的客观行为方式；应当规定对认定各类危害食品安全犯罪行为涉及连续行政违法时五年内不受“一事不再理”的限制；应当为基层食品监管部门配备必要的快速而准确的各类食品安全鉴定仪

---

① 叶良芳．产品缺陷隐瞒与法人犯意认定．中国刑事法杂志，2012（5）．

② 陈洪兵．以罪刑相适应原则破解刑法中的注意规定．政治与法律，2013（2）．

③ 王玉珏．刑法第144条中“有毒有害食品原料”的合理定位．法学，2008（11）；于志刚，李怀胜．提供有毒、有害产品原料案件的定性思路．法学，2012（2）；高峰，乐绍光．“地沟油”入罪若干问题研究．中国刑事法杂志，2012（11）；舒洪水．生产、销售有毒、有害食品罪中“明知”的认定．法学，2013（8）；郑明玮．食品安全犯罪定罪论．中国刑事法杂志，2013（11）．

④ 孙建保．生产、销售有毒、有害食品罪司法认定解析．政治与法律，2012（2）．

⑤ 刘伟．风险社会语境下我国食品安全犯罪刑事立法的转型．中国刑事法杂志，2011（11）；吴喆，任文松．论食品安全的刑法保护．中国刑事法杂志，2011（10）；左袖阳．中美食品安全刑事立法特征比较分析．中国刑事法杂志，2012（1）；孙平．食品安全刑法保护问题研究．刑法论丛，2013（3）；于杨曜．非法添加类食品安全犯罪刑事规制体系及完善．政治与法律，2013（10）；张道许．转基因作物的风险管理与刑法规制．刑法论丛，2016（2）．

器和设备；应当进一步健全各类食品的安全标准；应当建立生产、经营食品职业风险金强制提取制度。①

还有学者从刑事政策的角度探讨了规制、惩罚食品犯罪的基本理念。② 例如，黄星认为：食品安全刑事规制进路上出现的立法空隙，有待以国民预测可能性为法律发现提供支撑力，只是国民预测可能性也会有左右刑事司法的危险。两者逻辑思路上的契合造成了刑事司法不自觉地坠入唯法益损害论为判断标准，而忽视了刑法的义务宣示作用，不利于针对食品安全类犯罪实现刑罚的一般预防目的，故应当强调对义务的恪守，发掘适用公共领域内所形成的“非必须”规则，以达致规范判断的独立，让刑罚处罚更具层次性，避免法律发现的恣意和相同行为不处罚的结果发生。③

（三）药品犯罪

药品犯罪是生产、销售伪劣商品罪中除食品犯罪以外被全社会最为广泛关注的领域。近年来，刑法学界也不乏对假药犯罪的研究成果，有对具体涉罪行为的刑法定性分析④，也有对司法理念的讨论⑤，还有对刑事政策的分析或对立法修改的建议。⑥

二、走私罪与妨害对公司、企业的管理秩序罪

走私罪的具体罪名虽然不少，但是其体系较为简单，各个罪名的犯罪构成要素中有共同的走私行为，主要区别在于走私对象不同。近年来，刑法学界对走私罪的研究也较少。其中，有对走私罪犯罪构成要素的研究⑦，但更多的是对具体涉罪行为的定性分析。⑧

---

① 胡胜友，陈广计．危害食品安全犯罪的实证研究．中国刑事法杂志，2014（3）．

② 李涛．风险社会视阈下食品安全犯罪的刑法规制．刑法论丛，2012（1）；黄星．维护食品安全的刑事政策之生成与调整．刑法论丛，2012（2）；何柏松．论危害食品安全犯罪的刑法适用理念．中国刑事法杂志，2012（6）；李兰英，周微．惩治危害食品安全犯罪的刑事政策．中国刑事法杂志，2013（3）；全世文，曾寅初．我国食品安全犯罪的惩处强度及其相关因素分析．中国刑事法杂志，2013（4）；李森，陈烨．食品安全领域泛犯罪化思考．政治与法律，2013（7）；景景，王剑波．风险社会下我国食品安全刑法规制的反思．刑法论丛，2014（3）；房清侠，许天夫．食品安全问题刑法规制的理性立场．刑法论丛，2013（4）；孙万怀，李高宁．有毒有害食品犯罪的量刑偏向考证．政治与法律，2013（7）．

③ 黄星．食品安全刑事规制路径的重构．政治与法律，2011（2）．

④ 徐松青，杨庆堂．网上无证销售假“伟哥”的刑事责任辨析．法学，2008（7）；叶良芳．代购境外仿制药行为的定性分析．法学，2015（7）．

⑤ 刘晓莉，逄晓枫．制售假药行为之行政处罚与刑罚适用研究．中国刑事法杂志，2012（9）；孔祥参，刘芳．论销售假药罪的重刑化倾向及其司法消解．政治与法律，2013（8）；时方．生产、销售假药罪法益侵害的规范解释．政治与法律，2015（5）．

⑥ 王珂．论风险社会视野下我国药品犯罪的刑事立法完善．刑法论丛，2013（4）；刘炯，王嘉伟．药品风险刑法规制的变革及其重塑．刑法论丛，2015（2）．

⑦ 曹坚．以主客观相一致的视角检视走私犯罪的主观故意．政治与法律，2007（2）；曹坚．走私珍贵动物、珍贵动物制品犯罪的认定．法学，2007（3）；胡春健．单位走私罪主体的认定．法学，2007（3）；曹坚，樊彦敏．走私珍贵动物及其制品犯罪案件司法实践问题研究．政治与法律，2012（2）．

⑧ 胡春健，潘如新．论寄售代销贸易走私犯罪的司法认定．政治与法律，2012（9）；王显荣．伪报贸易性质走私犯罪研究．政治与法律，2008（7）；张弛．自贸区内走私罪的认定与处理．政治与法律，2015（4）．

妨害对公司、企业的管理秩序罪的罪名体系具有范围广、规律性弱的特点。学界近年来研究该罪的理论成果也比较分散[①]，主要涉及下述罪名：（1）虚报注册资本罪与虚假出资、抽逃出资罪[②]；（2）妨害清算罪、虚假破产罪[③]；（3）商业贿赂犯罪；（4）背信损害上市公司利益罪。[④] 此外，也有对此类犯罪共性问题的研究。[⑤]

总的来看，研究成果大多集中在商业贿赂犯罪领域，涉及此类罪名犯罪构成要素的解释、刑事政策与立法建议以及国际合作。其中，解释论的论文数量极少[⑥]，多数深入的研究都位于刑事政策与立法建议层面[⑦]，或者关注反商业贿赂犯罪的国际合作问题。[⑧]

例如，学者谢望原指出：商业贿赂犯罪与刑法中两类贿赂犯罪呈现交叉关系，包括一部分非国家工作人员贿赂犯罪，以及一部分国家工作人员及单位贿赂犯罪；这两类犯罪既有共性亦有个性；破坏市场的公平竞争秩序，严重危害社会经济，是其共性，但是，在分割的客体和危害性存在个性差异，打击商业贿赂犯罪根本上应当采取综合治理的刑事政策；对公务商业贿赂犯罪和非公务商业贿赂犯罪，应当采取“分而治之，宽严相济”的刑事政策分别对待。[⑨]

三、金融犯罪：破坏金融管理秩序罪、金融诈骗罪

金融犯罪是近年来刑法学界在破坏社会主义市场经济秩序罪中最为关注的领域，甚至成为整个刑法学研究的热点与难点，包括破坏金融管理秩序罪与金融诈骗罪。

---

① 吴卫军，崔希俭．非法出售上市公司股权（股票）行为的刑事责任解析．政治与法律，2008（2）；吴菊萍．中日期满交易刑事规制比较研究．政治与法律，2011（12）．

② 黄伯青，黄晓亮．新公司法背景下虚报注册资本罪的适用与完善．政治与法律，2008（1）；刘伟．资本功能转变中的虚报注册资本罪．中国刑事法杂志，2008（7）；肖中华，徐藩．公司资本制度变革中的刑法保障．国家检察官学院学报，2012（5）；李军．认缴制下对“资本三罪”的修订或重新解读．政治与法律，2015（9）．

③ 潘家永．虚假破产罪探析．政法论坛，2008（2）；贺丹．虚假破产罪中的“实施虚假破产”．政治与法律，2011（10）；巫文勇．公平清偿与刑法保护：破产债务偏颇清偿行为入罪．刑事法评论，2016（1）．

④ 安文录．刑法第169条立法问题研究．政治与法律，2007（1）；顾肖荣．危害公司财产犯罪的比较研究．政治与法律，2007（5）；杜文俊．大股东侵占上市公司资产行为的刑事责任认定．政治与法律，2007（6）；李军．背信损害上市公司利益罪中“违背对公司忠实义务”的认定．政治与法律，2016（7）．

⑤ 林亚刚．论妨害公司、企业管理秩序、侵犯公司、企业利益犯罪的若干共性问题．法学评论，2007（6）．

⑥ 谢杰，吕继东．商业贿赂犯罪“经济往来”系列条款研究．中国刑事法杂志，2007（1）；赵廷光．论商业贿赂罪．中国刑事法杂志，2007（2）．

⑦ 王鑫，韩铁．商业贿赂犯罪主体的分析与立法完善．国家检察官学院学报，2007（2）；谢静．商业贿赂研究：竞争法和刑法的双重视角．刑事法评论，2007（1）；古丽阿扎提·吐尔逊．反商业贿赂犯罪立法评析．刑事法评论，2007（1）；柯葛壮，张亚杰．论惩治商业贿赂的制度缺失及完善．政治与法律，2007（3）；王静．商业贿赂的公司治理控制．国家检察官学院学报，2007（4）；周茂玉．商业贿赂犯罪的刑事政策．国家检察官学院学报，2008（2）；姜涛．有关商业贿赂犯罪治理中的话语表达．政法论坛，2008（3）；钱小平，魏昌东．创新商业贿赂治理机制研究．国家检察官学院学报，2008（5）；徐岱，王俊明．商业贿赂犯罪范畴的源流及立法定位．国家检察官学院学报，2008（5）；李怀胜．非国家工作人员受贿犯罪的刑事政策之省思．中国刑事法杂志，2013（1）；莫洪宪，张昱．我国刑法中的商业贿赂犯罪及其立法完善．国家检察官学院学报，2013（2）；周振杰．惩治企业贿赂犯罪的冲突模式与合作模式研究．刑法论丛，2016（2）．

⑧ 陈雷．《联合国反腐败公约》视角下的国际商业贿赂犯罪．国家检察官学院学报，2007（6）．

⑨ 谢望原．商业贿赂犯罪刑事政策研究．中国刑事法杂志，2008（1）．

（一）金融刑法的一般理论

在金融刑法领域，不仅对各个具体罪名的研究是热点，而且关于建立全面的金融刑法体系的讨论也在逐步开展，金融刑法一般理论研究也开始出现。①

例如，学者刘建认为：金融刑法学是金融法学和刑法学在研究对象、研究范围和研究方法等方面有部分重合关系而产生和发展起来的科学；研究金融刑法的目的是加强金融刑事法治建设，明晰金融刑法法治的双重内涵，强化普遍性的积极预防金融刑事政策，为构筑我国安全有序的金融秩序，为推动中国金融业发展和全球金融一体化的形成创造良好的环境。②

（二）破坏金融管理秩序罪

在破坏金融管理秩序罪中，研究成果从数量上看基本上集中在洗钱罪、非法吸收公众存款罪与证券犯罪上，其他很多罪名虽然有所涉及，例如使用假币罪③、骗取贷款罪④、伪造、变造金融票证罪⑤、妨害信用卡管理罪⑥，但在关注度上远不及洗钱罪、非法吸收公众存款罪与证券犯罪。

1. 洗钱罪

洗钱犯罪通常具有跨国、跨地区的特征，因此国际、地区合作对打击洗钱犯罪具有十分重要的意义。

基于对国际、地区合作的重视，近年来我国刑法学界对洗钱罪的研究也大多集中在立法论的层面，关注国际、地区合作的构建以及反洗钱罪刑规范体系的设置。⑦ 例如，学者马克昌指出：《联合国反腐败公约》在我国的批准、实施带来了国内立法完善问题；该公约关于洗钱罪的规定与我国《刑法》在洗钱罪的上游犯罪、洗钱行为方式以及犯罪主体范

---

① 康均心，李娜．金融安全的刑法保护研究．刑法论丛，2008（3）；刘宪权．论我国金融犯罪的刑罚配置．政治与法律，2011（1）；任燕珠．论转型社会背景下金融犯罪刑罚观念的调整．中国刑事法杂志，2013（3）；顾肖荣，胡春健，陈玲．中日金融消费者刑事法保护比较初探．政治与法律，2013（8）；高旭，张阳．金融犯罪罚金刑的升格和配置研究．中国刑事法杂志，2014（6）．

② 刘建．建立独立的金融刑法学．国家检察官学院学报，2007（4）．

③ 张明楷．使用假币罪与相关犯罪的关系．政治与法律，2012（6）；杜文俊．论使用假币罪与相关犯罪的关系．法学，2015（5）．

④ 戴有举．骗取贷款罪初探．中国刑事法杂志，2007（1）；孙国祥．骗取贷款罪司法认定中的三个问题．政治与法律，2012（5）；刘宪权，吴波．骗取小额贷款公司贷款行为的定性研究．中国刑事法杂志，2012（9）；孙国祥．骗取贷款罪司法认定的误识与匡正．法商研究，2016（5）．

⑤ 刘宪权．伪造、变造金融票证罪疑难问题刑法分析．法学，2008（2）；喻名峰．伪造类犯罪的扩张现实与限缩适用．政治与法律，2014（12）．

⑥ 周骏如．妨害信用卡管理罪若干问题研究．政治与法律，2007（6）；刘宪权．妨害信用卡管理罪疑难问题刑法探析．政法论坛，2008（2）．

⑦ 刘守芬，牛广济．《联合国反腐败公约》洗钱犯罪规定在我国的贯彻实施．国家检察官学院学报，2007（6）；王新．司法实践的追问：审视刑罚在遏制洗钱罪中的作用．中国刑事法杂志，2008（9）；黄晓亮．论国际视野中的海峡两岸反洗钱刑事司法互助问题．刑法论丛，2013（2）；莫洪宪，吴占英．中俄刑法中的洗钱罪之比较．刑法论丛，2013（2）；郭德香．试析电子金融化时代反洗钱措施之变革．中国刑事法杂志，2014（4）；李云飞．我国广义洗钱罪概念下的体系混乱及成因分析．政治与法律，2014（8）；周锦依．洗钱罪立法进程中的矛盾解析．国家检察官学院学报，2016（2）；李春．毒品犯罪防控中截利问题研究——以涉毒洗钱犯罪为视角．刑事法评论，2016（1）．

围等方面的规定存在着一定的差异；为履行我国承担的国际义务，有必要依据该公约的规定，完善洗钱罪立法，使我国《刑法》相关规定与之协调一致。[①]

从解释论的角度对洗钱罪犯罪构成进行阐释的数量较少，多是对该罪法益或者犯罪客体的讨论。学者李云飞认为：关于洗钱罪侵害的客体到底是国家金融管理秩序、还是正常的司法活动，在我国长期争论不休；侵害金融管理秩序说背后反映的是刑法对国家金融安全法益保护的利益诉求，但其错误之处在于未区分社会整体洗钱行为与个体洗钱行为之间危害的区别，将整体的危害性作为个体洗钱行为的入罪理由，导致刑法评价对象的错误；就侵害法益的评价标准而言，两种争论反映的是行为无价值和结果无价值之间的争议，但由于个体洗钱行为对金融安全危害的轻微性和不确定性，即使从行为无价值的视角也无法得出个体洗钱行为对金融安全的危害值得刑法介入的合理结论，洗钱犯罪侵害并值得刑法予以保护的法益只能是国家司法权。[②]

2. 非法吸收公众存款罪

从某种意义上讲，非法吸收公众存款罪是一种特别的非法经营罪，不过，虽然其不像非法经营罪一样在立法上有进一步明确的空间，但是该罪的认定也着实是司法实践中的难点。

对此，有不少学者直接撰文对该罪的犯罪构成予以明晰。[③] 例如，学者钟志勇建议，将以下情形定为非法集资罪：向不特定对象借贷或发行证券超过 50 人；向特定对象借贷或发行证券超过 200 人，但自然人向三等直系与旁系亲属和关联关系人借贷、法人向关联关系人借贷、法人向第一、二类特定对象借贷或发行证券不计算在内；法人向内部职工借贷超过 500 人。[④]

这种对犯罪构成的分析固然具有十分重要的价值，直接为司法实践中的难题提供了结论性的答案。但要看到的是，非法集资行为花样翻新、层出不穷，十分具体的结论对个案处理有极大的帮助，但适用面可能较窄，而较为抽象的结论虽然可能具有普遍性，但往往在个案处理时还是需要进一步具体化。这样，从方法论上明确一套合理的处理程序，可能才是协调具体与抽象二者之间利弊的有效路径。

对此，学者彭冰指出，现有对非法集资的处理制度不能准确界定非法集资活动，无法明确区分一般的商业交易行为与集资行为，以非法吸收或者变相吸收公众存款定性和处理非法集资行为，实际是以间接融资手段处理了所有直接融资问题，不符合法律解释的逻辑，不能实现保护投资者的公共目标，也无法为民间融资的合法化预留空间，对此需要扩

---

① 马克昌. 完善我国关于洗钱罪的刑事立法. 国家检察官学院学报，2007（6）.

② 李云飞. 宏观与微观视角下洗钱罪侵害法益的解答. 政治与法律，2013（11）.

③ 涂龙科，胡建涛. 非法委托理财的涉罪问题研究. 中国刑事法杂志，2008（1）；刘宪权. 刑法严惩非法集资行为之反思. 法商研究，2012（4）；丁嘉，吴飞飞，赵拥军，周廉洁. 非法吸收公众存款罪构成要件的解释与认定. 政治与法律，2012（11）；姜涛. 非法吸收公众存款罪的限缩适用新路径：以欺诈和高风险为标准. 政治与法律，2013（8）；陈宝富，周少怡. 私募和非法集资犯罪的边界. 法学，2013（11）；贺伟，王鲁峰. 论非法吸收公众存款罪的“公众”的界定标准. 法学，2013（11）；王荣芳. 合法私募与非法集资的界定标准. 政法论坛，2014（6）；金善达. 非法吸收公众存款罪中“不特定对象”标准之改良. 政治与法律，2015（11）；田向红，吴春妹，王拓，胡静，王瑶. 涉众型非法集资犯罪的司法认定. 国家检察官学院学报，2016（5）.

④ 钟志勇. 自由融资权与刑罚权的冲突及解决. 刑法论丛，2014（1）.

大《证券法》的适用范围，扩大对证券的定义，从而使其能够应对现实中花样翻新的各类集资活动。[①] 对于类似或者相同的问题，不少学者在方法论上也提出了相似的方案，即要重视前置法在刑事定性中的作用。[②]

还有很多学者更是从我国整体金融制度的角度对非法集资行为的定性难题与形成原因作了分析。[③] 例如，学者黄韬认为：治理非法集资的刑事司法实践活动反映了我国当下金融刑法规范的诸多不足，具体表现为罪刑法定原则和罪责刑相适应原则没有得到很好的落实，同时还存在着对正常民间融资活动扩大打击面的倾向，法律制度运行的实际情况表明，金融刑法规范的不完善归根结底是由于基础性金融法律制度的欠缺而导致的，它已经不再是一个纯粹的刑法制度完善的问题了，唯有对基础性金融法律制度进行有针对性的改革，我国的刑事立法者才有可能顺势而为地在未来逐步完善关于治理非法集资的刑法规范，我国的金融刑事司法水准才能得到相应的提高。[④]

3. 证券犯罪

证券犯罪是近年来我国刑法学界研究的重中之重，成果数量较多；根据内容的不同，大致可以分为对治理证券犯罪的刑事政策或是司法理念的讨论、研究证券犯罪罪刑规范的司法适用，以及对证券犯罪刑法体系的立法建议；在具体的内容上，研究集中在内幕交易、泄露内幕信息罪、利用未公开信息交易罪与操作证券、期货市场罪，而其他罪名[⑤]则较少讨论。

在证券犯罪的刑事政策与立法层面，有多位学者发表意见。[⑥] 例如，学者高铭暄、王剑波认为：我国证券犯罪立法采用了“以刑法典为主、附属刑法为辅”的模式，这一立法模式的选择主要是出于对本土化因素的考虑，它符合我国的刑事立法传统，有利于证券市场的稳定发展；但是，承认我国证券犯罪立法的本土化特征，并不意味着对证券犯罪立法国际化趋势的否认；相反，在我国证券犯罪存在范围的划定上，我们应更多地考虑国际化因素，以实现与国际的接轨和交流；总之，我国证券犯罪立法应实现本土化与国际化的协调统一。[⑦] 再如，学者汪明亮认为：“牛市内幕交易第一案”杭萧钢构案的一审判决引起了社会的强烈关注；从证券犯罪刑事政策视角考察，鉴于我国证券市场的特殊性和证券犯罪的特殊性，当前证券犯罪刑事政策的价值追求应定位为“功利优先、兼顾公正”，表现为

---

① 彭冰. 非法集资活动规制研究. 中国法学，2008 (4).

② 巫文勇. 非法集资入罪与私募基金的发展. 刑法论丛，2012 (3)；张理. 民间集资行为异化为集资诈骗罪的分析研究. 中国刑事法杂志，2013 (12)；钟志勇. 自由融资权与刑罚权的冲突及解决. 刑法论丛，2014 (1)；张东平，赵宁. 民间融资的立法规制梯度及刑事法边界. 政治与法律，2014 (4).

③ 刘伟. 非法吸收公众存款罪的扩张与限缩. 政治与法律，2012 (11)；闵轸，朱亮. 非法集资类案件实证研究. 中国刑事法杂志，2013 (1)；邵超. 中小民营企业家融资类犯罪的制度原因探析. 刑法论丛，2015 (3)；何小勇. 我国金融体制改革视域下非法集资犯罪刑事规制的演变. 政治与法律，2016 (4).

④ 黄韬. 刑法完不成的任务. 中国刑事法杂志，2011 (11).

⑤ 李江发. 伪造有价证券罪若干问题比较研究. 刑法论丛，2015 (1).

⑥ 顾肖荣. 近期证券市场的主要涉罪问题. 法学，2007 (6)；顾肖荣. 为解决证券市场“老鼠仓”问题的若干立法建议. 政治与法律，2008 (5)；周建军. 证券刑法的基本问题. 政治与法律，2008 (10)；廖明，刘炯. 二十年来中国证券市场刑法规制的理论研究. 刑法论丛，2011 (4)；顾肖荣，陈玲. 政治证券犯罪效果的反思与优化. 法学，2012 (10).

⑦ 高铭暄，王剑波. 我国证券犯罪立法的本土化与国际化思辨. 法学家，2008 (1).

一种宽和的刑事政策；在此意义上，“牛市内幕交易第一案”之判决，虽然是一种轻刑化的表现，但有其现实的合理性；然而，宽和的证券犯罪刑事政策已经带来了一系列的社会问题，已经影响到证券犯罪刑事政策价值的实现；因此，在坚持宽和的证券犯罪刑事政策前提下，必须完善证券犯罪刑事立法、证券犯罪刑事司法以及相关的证券社会政策。① 又如，学者毛玲玲认为：证券执法的矛盾状态引发一贯的质疑；影响执法数量的各种要素多元且具有可变性，以数量线性推断出证券执法政策会造成执法资源配置的偏差；在“刑法谦抑主义”背景下出现的证券执法观念矛盾源于对如何具体践行该原则存在误读，实务中行政认定与刑事执法错位，刑事判断险失独立性的情形尤其需要校正；虽然以惩治内幕交易为主的“选择性执法”受到质疑，但其原因表明执法重点的确定要以本国证券市场违法犯罪的实际样态为依据；增强证券刑事执法能力，需要在观念上校正对“刑法谦抑主义”的误读，通过转变证券刑法的制度范式来修补成文法渊源的自身局限性；此外，在证券刑事司法中要注重发挥司法能动作用，探寻证券刑事执法的多元终结机制。②

对于内幕交易、泄露内幕交易信息罪，学者多数关注该罪司法适用过程中的难点。③

例如，缪劲翔认为：针对我国内幕交易犯罪易发多发的现状以及对其规制难的问题，宜将内幕交易罪主体规定为一般主体，并运用刑事推定对被追诉人的主观方面进行认定；允许被追诉人对推定提出“不构成内幕信息”“并非利用”等反驳；在内幕信息“偶然获知”或“二次转手”等场合，如果行为人之间没有可识别的关系，可成立有责性的例外。④

再如，学者曾洋认为：证券内幕交易的法定构成要件中是否应包含知情人的交易利用了内幕信息———即所谓“利用要件”，一直是内幕交易法律问题的一个难点：一方面，含有“知情人利用内幕信息”的法定构成要件具有逻辑合理性，在实践中无法绕过；另一方面，“知情人是否利用内幕信息”又存在几乎无法突破的证明藩篱，逼使人们放弃这一要件；通过对相关法律规范和若干判例的比较解读后发现，推定证明方法可以在一定程度上消弭“利用要件”的证明困境，并将判例形成的事实推定结论上升为法律推定，形成合理的内幕交易违法构成要件；我国应借鉴比较法上这些证券发达国家的经验，将历经检验的事实推定上升为法律推定并辅以知情人法定抗辩事项的立法模式，才能既有效打击内幕交易，又避免违背市场公平。⑤

又如，学者万志尧认为：内幕交易是一种利用信息优势实现定向利益输送的证券犯罪；内幕交易违法所得包括犯罪所得和一般违法所得，作为判处罚金和犯罪数额依据的违法所得仅包括犯罪所得；内幕信息对证券市场的影响具有时效性，应在内幕消息对证券市场影响期间内认定犯罪所得，对于内幕信息已经被证券市场完全吸收之后的获利，不得认定为犯罪所得，可以一般违法所得予以追缴；内幕交易违法所得具有正数和负数之别，计

① 汪明亮. 证券犯罪刑事政策的价值追求和现实选择. 政治与法律，2008（6）.

② 毛玲玲. 证券刑法的矛盾样态及反思. 中外法学，2014（3）.

③ 王新. 行政违法与行政犯罪区分视角下的内幕交易罪. 政治与法律，2012（8）；谢杰. 最新内幕交易犯罪司法解释的缺陷与规则优化. 法学，2012（10）；王涛. 内幕信息敏感期的司法认定. 中国刑事法杂志，2012（11）；赵渊. 论国家机关工作人员内幕交易罪的几个问题. 中国刑事法杂志，2013（4）；谢杰. 内幕信息形成时间司法认定问题研究. 中国刑事法杂志，2013（5）.

④ 缪劲翔. 证券内幕交易罪的认定. 比较法研究，2013（4）.

⑤ 曾洋. 证券内幕交易的“利用要件”. 环球法律评论，2013（6）.

算违法所得时不得将亏损数额在违法所得总额中予以扣除；对于内幕交易没有违法所得或者违法所得为负数时，应区分情况，对于为逃避处罚而抛售致亏损的，不应以行为人的抛售价来认定有无违法所得，而应以抛售当日的收盘价作为基准计算行为人是否有违法所得；对于其他亏损或者没有犯罪所得的，应当依据比例原则等没收用于内幕交易的自有资金。[①]

还有，学者吴昉昱认为：我国现行立法规定的内幕交易知情人范围分类标准不明、范畴界定不清；我国内幕交易规制的基本理论应采用市场平等理论，以“知悉”作为实质认定标准，即行为人知道或应当知道获取的是内幕信息，以此排除偶然获悉的情形；内幕交易主体统称知情人，包括自然人和单位主体，具体分为合法知情人和非法知情人；合法知情人因任职关系、监管关系、合同关系获悉内幕信息，通过直接证据认定；非法知情人通过不法或不当方式获悉内幕信息，通过间接证据认定。[②]

对于利用未公开信息交易罪，学者也基本上是站在解释论的立场上研究司法适用过程中的疑难问题。[③]

例如，学者王涛、汤琳琳认为：利用未公开信息交易罪构成要件的模糊性造成实践认定中缺乏明确标准；未公开信息是指行为人所在金融机构形成的在投资运营、资本运作等方面所形成的除与上市公司自身信息有关的对交易价格具有影响力的尚未公开的信息；“违反规定”的范围应当进行合理界定；对交易活动与未公开信息关联性的判断标准也应当明确。[④]

再如，学者王欣元、康相鹏认为：“未公开信息”具有秘密性、价值性、职务性和差别性等四个特征，应以此为标准界定其内涵和外延；利用未公开信息交易罪的成交额应累加计算，应运用“相减法”而非“评估法”；根据现行立法规定，对利用未公开信息交易罪最高仅能判处5年有期徒刑，宜完善立法解决同类罪行不同处罚的问题；“跑仓”和“获利”不是利用未公开信息交易罪的构成要件，本罪不存在犯罪未遂。[⑤]

又如，学者古加锦认为：应从实质上和形式上两方面把握未公开信息的内涵，从实质上来说，未公开信息与内幕信息有着相同的本质特征；从形式上来说，应当尽快出台有关认定未公开信息范围的司法解释或法律、法规；因职务便利而获取未公开信息的金融机构的从业人员以及有关监管部门或者行业协会的工作人员，明示、暗示“他人”从事与该信息相关的证券、期货交易活动的，金融机构的从业人员以及有关监管部门或者行业协会的工作人员是利用未公开信息交易罪的间接正犯，“他人”是该罪的从犯（帮助犯）；利用未公开信息交易罪与内幕交易、泄露内幕信息罪的法定刑一样，既存在“情节严重”这个基本量刑幅度，也存在“情节特别严重”这个加重量刑幅度。[⑥]

① 万志尧．内幕交易刑事案件“违法所得”的司法认定．政治与法律，2014（2）．

② 吴昉昱．我国证券内幕交易主体之理论解读与规则构建．政治与法律，2015（7）．

③ 谢杰．利用未公开信息交易罪量刑情节的刑法解释与实践适用．政治与法律，2015（7）；刘宪权．论利用未公开信息交易罪法定刑的设置及适用．现代法学，2016（5）．

④ 王涛，汤琳琳．利用未公开信息交易罪的认定标准．法学，2013（2）．

⑤ 王欣元，康相鹏．利用未公开信息交易罪疑难问题探析．法学，2014（6）．

⑥ 古加锦．利用未公开信息交易罪司法适用的疑难问题研究．政治与法律，2015（2）．

对于操纵证券市场罪，多数学者关注点在于该罪的司法适用难点[①]，只有少数学者作刑事政策或者跨学科分析。[②]

例如，学者田宏杰认为，操纵证券市场行为具有一定的欺诈属性，但滥用证券市场的优势或者影响力，人为控制或者影响证券市场行情，才是其本质特征和危害实质所在；只有在主观上具有操纵或者影响证券市场行情的目的，客观上具有操纵或者影响证券市场行情的可能性，操纵证券市场行为才能充足操纵证券市场罪的法定构成要件；由此决定，操纵证券市场罪在我国并非结果犯，而是具体危险犯和目的犯；至于行为人是否具备特殊身份或者特殊地位，在所不问。[③]

再如，学者刘宪权认为，刑法理论应以同质性解释规则为核心对操纵证券、期货市场罪“兜底条款”进行限制性解释，以抢帽子交易属性辨正为契机，诠释市场操纵的实质内涵；各国普遍将抢帽子交易规定为市场操纵犯罪，这为判断我国刑法是否有必要启动“兜底条款”评价抢帽子交易提供了重要参考；操纵证券、期货市场罪明示行为类型均系价量操纵，而本罪实质是市场操纵，价量操纵并非市场操纵全部内容；证券期货市场包括金融商品与资本两类要素，操纵投资者配置资本也是市场操纵类型；抢帽子交易不属价量操纵，但契合资本操纵机理，具有操纵证券、期货市场的犯罪实质，应纳入“兜底条款”归责；抢帽子交易操纵的犯罪属性应通过司法解释明确并从严把握入罪标准。[④]

又如，学者王新认为，既有的理论界定不清、法律适用模糊之困境让操纵市场的认定举步维艰，而不断翻新的操纵证券市场犯罪手法和试图依托金融创新主题的“花式抗辩事由”，也使操纵市场主观故意的内涵界定及认定实践，更加显得扑朔迷离；从操纵行为的本质进行分析可得出，操纵故意不需涵摄目的要素；而且信息操纵等“兜底”操纵行为与危害后果之间不成立直接的因果关系，对情节严重的认知又需特别阐释和证明；鉴于操纵证券市场行为特性以及法律适用现状，确立司法推定规则以证明成罪实有必要；排除合理怀疑和形成证据链条，需要在遵循构成要件内在需求的基础上，设置允许反驳的事实推定。[⑤]

（三）金融诈骗罪

在金融诈骗罪中，信用卡诈骗罪与集资诈骗罪是研究的重点，其他具体罪名[⑥]与金融诈骗一般理论[⑦]的研究成果较少。

研究信用卡诈骗罪的学者们所集中讨论的问题基本上涉及该罪所有的构成要件要素，分析细致、深入，主要的问题在于：机器能否被骗、如何理解“冒用”以及何为“恶意透

① 吴波．操纵证券市场犯罪法律适用疑难问题研究．中国刑事法杂志，2014（3）；王越．LIBOR操纵案的刑法学反思．政治与法律，2015（12）．

② 刘宪权，谢杰．市场操纵犯罪的实质解构：法律与经济分析．现代法学，2014（11）．

③ 田宏杰．操纵证券市场罪：行为本质及其司法认定．中国人民大学学报，2014（4）．

④ 刘宪权．操纵证券、期货市场罪“兜底条款”解释规则的建构与应用．中外法学，2013（6）．

⑤ 王新．操纵证券市场犯罪之主观故意的认定．中国刑事法杂志，2016（6）．

⑥ 徐澜波．我国刑法应以金融欺诈罪代替金融诈骗罪．政治与法律，2007（2）；龚振军．论票据诈骗罪司法认定中的疑难问题．政治与法律，2008（12）；王立志．被保险人自残后骗取保险金行为定性之困境及因应．政治与法律，2012（3）．

⑦ 刘远．金融欺诈犯罪的概念及其功用．刑法论丛，2008（1）；王占洲．金融诈骗罪“非法占有目的”的判断标准．政治与法律，2008（6）．

支”等。[①]

例如，学者刘明祥指出：用拾得的他人信用卡在ATM机上取走大量现金的行为，既不能定盗窃罪，也不能定侵占罪，而应该定信用卡诈骗罪；以“机器不可能被骗”作为否定信用卡诈骗罪成立的理由不可靠；认为用拾得的信用卡在ATM机上取款，如同拾得他人的钥匙后用钥匙开门取走财物的观点，不符合客观事实；拾得信用卡并不等于拾得了信用卡上记载的现金，而信用卡本身也不能成为侵占罪的对象；信用卡诈骗罪具有不同于传统诈骗罪的特殊性，不能用传统的观念来解释；用拾得的信用卡在ATM机上取款是《刑法》第196条规定的信用卡诈骗罪中的“冒用他人信用卡”的行为，若按其他罪定罪，就违反了有法必依和罪刑法定的原则。[②] 此外，学者刘明祥还认为：机器不能被骗不妨碍信用卡诈骗罪的成立；将《刑法》第196条中的“冒用”“使用”信用卡的行为，限制解释为仅对自然人使用，违反罪刑法定原则；信用卡诈骗罪并非诈骗罪的特殊类型；用信用卡（包含拾得的信用卡）在ATM机上恶意取款，是通过银行的电子营业员交付而取得现金的，不可能构成盗窃罪，而属于信用卡诈骗；此外，我国刑法有必要增设使用计算机诈骗罪。[③]

再如，学者刘宪权认为：将借记卡归入“信用卡”的含义之中，符合刑法信用卡诈骗罪的立法初衷；对拾得信用卡并加以使用的行为以信用卡诈骗罪定性，符合刑法原理；对以抢劫等犯罪手段获取他人信用卡并加以使用的行为应以重罪吸收轻罪的原则具体定罪处罚；对伪造信用卡并加以使用的行为应以伪造金融票证罪定性；对行为人使用虚假的身份证明骗领信用卡后又加以使用的行为应以信用卡诈骗罪定性；对行为人使用虚假身份证明骗领信用卡后没有使用的行为应以妨碍信用卡管理罪定性。[④] 另外，学者刘宪权认为：无论是何种形式的“养卡”行为，只要行为人在收回垫付款及手续费时未额外帮助持卡人“套现”，就不构成非法经营罪；类似借记卡性质的预付费的储值卡、房贷卡等属于刑法意义上的“信用卡”，但不属于《关于办理妨害信用卡管理刑事案件具体应用法律若干问题的解释》第7条关于信用卡“套现”规定中的“信用卡”；不以牟利为目的的“套现”行为不构成非法经营罪，但行为人有可能成立持卡人所构成犯罪的共犯；持卡人使用POS机为自己“套现”的行为属于非法经营罪与骗取贷款罪的想象竞合，应对持卡人以非法经营罪一罪论处；使用POS机为自己“套现”后又恶意透支的行为属于非法经营罪与信用卡诈骗罪的想象竞合，应对持卡人以信用卡诈骗罪一罪论处。[⑤] 此外，学者刘宪权还认为：我国刑法规定的信用卡形式主要有：伪造的信用卡、作废的信用卡、以虚假的身份证明骗领的信用卡、他人信用卡、空白信用卡、伪造的空白信用卡与信用卡信息资料等；伪造信

---

① 戴有举．对刑法第196条第3款的理解与适用．中国刑事法杂志，2007（4）；吴飞飞．信用卡的取得方式与行为定性．政治与法律，2008（9）；王春丽，曹冬敏．信用卡诈骗罪实务难点及应对．政治与法律，2011（9）；宁建海，乔苹苹．论恶意透支型信用卡诈骗罪的法律适用．中国刑事法杂志，2011（12）；占加锦．“冒用他人信用卡”型信用卡诈骗罪若干疑难问题研究．政治与法律，2013（5）；张建，俞小海．恶意透支型信用卡诈骗罪出罪之实践反思与机制重构．中国刑事法杂志，2013（12）；廖梅．试论信用卡犯罪法律解释中的两个问题．法学评论，2014（2）；王华伟．恶意透支的法理考察与司法适用．法学，2015（8）．

② 刘明祥．用拾得的信用卡在ATM机上取款行为之定性．清华法学，2007（4）．

③ 刘明祥．再论用信用卡在ATM机上恶意取款的行为性质．清华法学，2009（1）．

④ 刘宪权．信用卡诈骗罪若干疑难问题研究．政治与法律，2008（10）．

⑤ 刘宪权．信用卡“养卡”“套现”行为的刑法定性分析．法学，2012（7）．

用卡犯罪的对象应当包含空白的信用卡；窃取、收买、非法提供他人信用卡信息罪的对象包含了印制在信用卡表面的持卡人姓名、信用卡号码等信息资料；在理解与适用刑法其他涉信用卡犯罪规定时，应当将信用卡信息资料与实体形式的信用卡、公民个人信息相区别；在信用卡诈骗罪中，根据卡与使用主体真实性与虚假性的介入程度，“假卡假人”“真卡假人”以及“真卡真人”这三种排列组合所对应行为的危害性（即骗的程度）是逐渐降低的，但对行为方式的认定则应依据由高至低的规则；认定行为人所使用的信用卡是否为骗领的信用卡，应当以金融机构是否基于虚假证明材料而产生认识错误为标准；“盗窃信用卡并使用”中的“信用卡”仅包含真实有效的信用卡，而不包括伪造的信用卡、已经作废的信用卡，甚或以虚假的身份证明骗领的信用卡等。①

又如，学者李翔、周啸天认为：如何定性在 ATM 机上冒用他人信用卡的这一情形素有探讨，对此种情形进行刑法规制的前提是准确分析《刑法》第 196 条第 3 款中“冒用”一词的合理内涵并于此之上界定 ATM 机的法律性质及其法律关系；ATM 机的法律性质应为银行发出的要约邀请，银行管理者在信用卡只能由本人持有的这一国际规则下作出了凡是经过 ATM 机验证的人皆为持卡人本人的推定；对于在 ATM 机上冒用他人信用卡的情形应认定为信用卡诈骗罪。②

还有，学者何荣功认为：在现行法律制度下，信用卡“养卡”并非都属于违法行为；当行为人专门成立“养卡公司”，在持卡人不能如期偿还透支款，“养卡公司”根据持卡人要求替持卡人先行向银行偿还透支款项，随后由持卡人在“养卡公司”POS 终端机上进行无实物虚假同额（包括手续费）刷卡消费，以偿还“养卡公司”先前为持卡人垫付资金的场合，“养卡公司”的行为不属于民间借贷的范畴，也无法解释为是两高司法解释规定的“非法套现”，而应当认定为《刑法》第 225 条规定的“非法从事资金支付结算业务”的行为，情节严重的，应依法构成非法经营罪。③

集资诈骗罪与非法吸收公众存款罪关系密切，二者的区别在于非法集资的行为人是否具有非法占有的目的，有则构成集资诈骗罪，无则仅构成非法吸收公众存款罪。由此，上述对非法吸收公众存款罪所面临的困境及其解决方案的分析，对于集资诈骗罪的司法实践来说，同样具有十分重要的意义。

从另一个角度来看，这也就意味着对集资诈骗罪犯罪构成的研究，需要予以特别关注的是如何认定非法占有目的的存在，而非法占有目的的认定一直以来都是司法实践的难点。近年来，就该问题所引发的讨论中，最为热烈的莫过于围绕吴英案而展开的讨论。原本该案的关键点之一在于吴英是否具有非法占有的目的，但是鉴于该案的标志性，不仅仅是刑法学界，甚至是全社会，都围绕该案展开了一场不但涉及集资诈骗罪犯罪构成而且涵盖法律、金融、社会等多方面的大讨论。④

---

① 刘宪权．涉信用卡犯罪对象的评析及认定．法律科学，2014（1）．

② 李翔，周啸天．信用卡诈骗罪中“冒用”的展开．中国刑事法杂志，2008（5）．

③ 何荣功．“养卡”行为的刑法定性初探．中国刑事法杂志，2011（8）．

④ 张建，俞小海．集资诈骗罪对象研究中的认识误区及其辨正．中国刑事法杂志，2011（9）；张绍谦．论吴英罪不当死．法学，2012（3）；侯婉颖．集资诈骗罪中非法占有目的的司法偏执．法学，2012（3）；徐文文．经济犯罪的社会危害性及其考察．刑法论丛，2012（3）．

例如，学者薛进展认为：吴英集资诈骗案折射出刑法如何应对金融犯罪的问题，如何在保护和惩罚之间实现平衡的问题，具体来说包括如何避免刑法保护失衡、对非法吸收公众存款者的集资是否存在骗与被骗的相对关系以及对非法吸收公众存款的集资是否还存在间接被骗人和间接被害人等，这些问题需要从社会和刑法自身的多个角度进行思考，也是准确认定此类案件的必要考虑。①

再如，学者叶良芳认为：判断某一行为是否成立集资诈骗罪，必须考证行为人是否使用诈骗方法，是否向社会公众非法集资，在吴英案中，集资对象是特定的高利贷经营者，并非不特定的多数人，且借贷双方不存在信息不对称问题，因而排除“社会公众”和“诈骗”要素的存在。②

（四）互联网金融

随着互联网技术的发展，互联网金融逐渐进入公众的视野，而伴随这种发展的，还有互联网金融犯罪的出现与扩张。这种社会发展趋势也受到了我国刑法学界的广泛关注。然而，从研究成果上来看，很少学者讨论司法实践中的具体问题，更多的是表达刑事政策与司法理念层面的主张。③

例如，学者刘宪权认为：基于互联网金融目前缺乏完备的征信体系和规范的融资模式等原因，在互联网金融领域容易产生擅自设立金融机构罪、非法经营罪、非法吸收公众存款罪等多种犯罪；这些刑事风险凸显了对互联网金融活动进行刑法规制的必要性；无论是从金融形式的创新角度，还是从互联网金融的价值和作用角度看，互联网金融均是一种重大的金融创新，而这也决定了刑法对互联网金融活动的规制应保持一定的限度性，以免阻滞甚或扼杀创新；针对互联网金融，刑法应当进行限缩性规制，摆正其作为社会最后一道防线的地位，有所为，有所不为。④

再如，学者李晓明认为：P2P 网络借贷在带来民间融资正面效应的同时，也出现了一些法律风险，因涉嫌触犯擅自设立金融机构、非法经营、非法吸收公众存款、集资诈骗等罪名，故对其有必要加以刑法控制；刑法控制的具体措施可以包括以下方面：谨慎介入的刑事政策控制，细致缜密的犯罪构成控制，完善实用的刑罚措施控制以及行刑衔接与轻罪建构控制等措施。⑤

又如，学者李永升、胡冬阳认为：对 P2P 网络借贷实施刑法规制有充分的必要性，但必须保持谦抑；互联网金融的开放性决定了 P2P 网络借贷比传统金融更容易构成非法集资类犯罪；以我国近三年涉 P2P 网络借贷犯罪的裁判文书为样本分析可知：被告人所犯罪行基本为非法吸收公众存款罪，设立平台的目的主要是为了企业融资和专门提供中介服务两种；涉 P2P 网络借贷犯罪定罪量刑并未体现宽严相济的刑事政策，存在整体偏重的现象；

---

① 薛进展．从吴英集资诈骗案看刑法保护的平衡性．法学，2012（3）．

② 叶良芳．从吴英案看集资诈骗罪的司法认定．法学，2012（3）．

③ 黄晓亮．第三方支付风险的刑法防控．法学，2015（6）；刘宪权．互联网金融时代证券犯罪的刑法规制．法学，2015（6）；刘宪权．互联网金融股权众筹行为刑法规制论．法商研究，2015（6）；刘宪权．互联网金融平台的刑事风险及责任边界．环球法律评论，2016（5）．

④ 刘宪权．论互联网金融刑法规制的“两面性”．法学家，2013（5）．

⑤ 李晓明．P2P 网络借贷的刑法控制．法学，2015（6）．

将企业生产经营为目的的网络借贷定为犯罪，资金池定性模糊，处罚对象范围较宽、较传统非法集资案件处罚较重等问题亟须解决；应纠正夸大刑法规制作用的理念和僵化的入罪标准，进一步通过司法解释明确免予刑事处罚和不作为犯罪的事由，确定“数额 + 情节”的综合性定罪量刑标准，缩小共同犯罪认定范围。①

因此，总的来看，在该领域，由互联网飞速发展而带来的真正司法实践难题及其解决方案，有待学者进一步发现与解决。

四、危害税收征管罪与扰乱市场秩序罪

（一）危害税收征管罪

近年来，我国刑法学界对危害税收征管罪的研究大多采取立法论的立场②，而采取司法论的研究成果虽然较少但是相当深入。

学者杨得志、吴加明认为：持有伪造的普通发票的追诉标准之一是持有伪造的普通发票 200 份以上，导致实践中大量持有伪造小额普通发票的无证经营者、个体小商贩因此标准而被刑事追诉，这有违本罪立法本意和刑法的谦抑精神；普通发票与增值税专用发票等存在诸多差异，相应犯罪的两种定罪量刑标准比例不能简单援用；当前，司法实践中应本着宽严相济理念，援引《刑法》第 13 条对轻微的普通发票犯罪予以出罪处理；长远看，应以社会危害性大小为基础，参照假币犯罪定罪处罚的标准，协调普通发票犯罪定罪处罚的份数标准与面额标准，以防罪刑失衡。③

学者杜文俊认为：目前应充分解释现有发票犯罪的刑法规定，以有效遏制日益严重的发票犯罪势头；“擅自制造”增值税发票的，亦属于“伪造”发票；在伪造的发票上虚开的，应评价为虚开发票；购买抵税发票与普通发票的行为不应作为出售行为的共犯论处；盗窃、诈骗增值税、抵税发票定盗窃、诈骗罪的规定系注意规定，敲诈勒索、侵占其他发票的亦构成财产犯罪；“伪造的”是表面的构成要件要素，发票种类认识错误属于评价的错误，对象认识错误应以客观对象对应罪名的既遂处理；虚开增值税专用发票罪属于抽象危险犯，不管是否具有骗税的目的，是否“如实代开”，只要存在致使国家税收损失的抽象性危险，即构成犯罪；在真实的发票上虚开，仅以销项数额计算虚开的税额，在伪造的发票上虚开的，将销项税额与进项税额合并计算。④

学者王佩芬认为：在真实的交易活动中被动接受虚开的增值税专用发票的行为，是否属于“让他人为自己虚开”的情形以及是否构成虚开增值税专用发票罪，是关系到罪与非罪的一个重要问题；被动接受虚开的增值税专用发票，与主动的“让他人为自己虚开”的

---

① 李永升，胡冬阳．P2P 网络借贷的刑法规制问题研究．政治与法律，2016（5）．

② 郑侠．对刑法第 201 条偷税罪立法缺陷的思考．政治与法律，2007（1）；毛玲玲．逃避税收义务刑事责任的修正与方向．法学，2008（12）；张书琴．发票犯罪的立法完善探究．中国刑事法杂志，2011（12）；刘荣．美国逃税刑事法网之介评及启示．比较法研究，2012（4）；张书琴，汪睿．税收犯罪刑罚轻缓化刑事政策的思考．中国刑事法杂志，2012（12）；王佩芬．论虚开发票犯罪的刑事立法误区．政治与法律，2014（12）．

③ 杨得志，吴加明．小额普通发票犯罪的司法实践难题及其对策．政治与法律，2012（10）．

④ 杜文俊．发票犯罪若干问题辨析．政治与法律，2013（6）．

情形，在行为性质上存在区别，其与虚开发票者并不存在主观上的共同故意，并不构成犯罪；对于既无过错又无过失的善意受票人，应当优先保护受票人的合法权益，允许其进项税额的抵扣；对于非善意受票人，则应当区分瑕疵取得与恶意取得；对于瑕疵取得，由于其不可能造成实质危害，因此如果补开真实规范的专用发票，允许其进项税额抵扣，则对其不规范的行为应予以行政处罚；对于恶意取得，不得抵扣进项税额，税务机关应对其予以行政处罚，且不排除构成其他犯罪的可能性。①

（二）扰乱市场秩序罪

在扰乱市场秩序罪领域，非法经营罪与合同诈骗罪无疑是研究的重中之重，此外，鉴于近年来传销犯罪的猖獗以及垄断行为频出，这些问题与类似的热点问题也被权威学者所讨论。②

对于组织、领导传销活动罪，学者陈兴良认为：根据是否存在实际经营内容，传销可以分为经营型传销和诈骗型传销；在《刑法修正案（七）》设立组织、领导传销活动罪之前，根据司法解释的规定，对经营型传销行为按照非法经营罪定罪处罚；组织、领导传销活动罪中的传销是指诈骗型传销，因此该罪与诈骗罪之间存在特别法与普通法的法条竞合关系；随着司法解释将团队计酬的经营型传销行为非犯罪化，传销犯罪的范围被进一步限缩。③

对于垄断行为④，学者认为：垄断作为一种典型的反竞争行为，是良好经营的大敌。垄断在国内市场普遍存在，其社会危害性日益显现：不但破坏公平竞争的市场经济秩序，而且损害国家、集体或者公民的合法权益，扼杀技术进步，败坏社会风气，危害社会的和谐稳定；我国目前针对垄断行为的责任体系缺陷严重，刑事责任虚置，对垄断打击不力；随着经济体制改革的深入和对外开放的不断扩大，有必要引入刑法手段，将垄断行为合理犯罪化；宜在立法上借鉴经济发达国家对垄断行为入罪化的方法，在我国刑法中单独规定“垄断行为罪”⑤。

在我国刑法学界，非法经营罪一直被视为一个“口袋罪”，很多行为能否构成该罪颇受争议，例如民间高利贷。⑥ 由此，虽然在学界也有详细、中立地研究该罪各个犯罪构成要件的成果出现⑦，但大多数的研究都展现出一种批评的倾向，旨在提出限制该罪恣意扩

① 王佩芬．真实交易中被动接受虚开增值税专用发票行为是否构成犯罪．政治与法律，2013（9）．

② 阴建峰．中介犯罪刑法规制研究．法学评论，2007（4）；邹清平．非法转让、倒卖土地使用权罪探析．法学评论，2007（4）；周啸天．论强迫交易罪中的若干问题．政治与法律，2011（8）；卢勤忠．涉典当犯罪的法教义学分析．法学，2016（3）；刘宪权．经济活动中以停止供货相威胁行为性质之司法认定．政治与法律，2015（8）．

③ 陈兴良．组织、领导传销活动罪：性质与界限．政法论坛，2016（2）．

④ 胡莎．论卡特尔行为的过度化犯罪．中国刑事法杂志，2015（5）．

⑤ 马志萍．垄断行为犯罪化问题研究．刑法论丛，2014（2）．

⑥ 贺平凡．涉烟犯罪的罪数形态认定．政治与法律，2011（7）；刘伟．论民间高利贷的司法犯罪化的不合理性．法学，2011（9）；邱兴隆．民间高利贷的泛刑法分析．现代法学，2012（1）；龚振军．民间高利贷入罪的合理性及路径探讨．政治与法律，2012（5）；张伟，吴晓峰，赵宇．法外投机交易刑法介入必要性之反思．政治与法律，2013（11）．

⑦ 龚培华．非法经营罪的立法沿革及其构成．法学，2008（1）；秦新承．非法经营罪中“国家规定”及有关刑事罚则的理解．法学，2008（1）；华肖．非法经营罪中“严重扰乱市场秩序”行为的界定．法学，2008（1）；欧阳本祺．对非法经营罪兜底性规定的实证分析．法学，2012（7）；张建，俞小海．涉烟非法经营罪未遂之辨正．法学，2013（2）；马春晓．使用他人许可证经营烟草的法教义学分析．政治与法律，2016（9）．

张的方案。[①] 例如，学者高翼飞认为：《刑法》第225条第4项内容的抽象性，导致非法经营罪的构成要件具有高度的开放性；司法解释的不断补充使该罪由扩张走向变异，并最终形成“口袋罪”，实践中，司法机关对该罪名的滥用，违反了罪刑法定和刑法谦抑性的要求，有悖于市场经济的价值追求，应当对非法经营罪的客体重新认识，并从几个影响非法经营罪弹性空间的关键问题入手，将非法经营罪限制在合理的适用范围内。[②] 当然，除了这些批评的声音以外，肯定的意见也是存在的。例如，学者张勇以非法从事保安服务行为为切入点，提出非法经营罪兜底条款的存在是基于刑事司法的现实需要，并不违反罪刑法定原则。[③]

如果仅仅从用语上来看，那么毋庸置疑的是，非法经营罪的规定确实在一定程度上存在着有悖于明确性原则的嫌疑。对此，不论是从解释论的角度予以修补，还是从立法论的角度予以批判，其实都无可厚非，这样的努力都值得肯定。但有一点需要明确的是，对于一个在立法上存在不足的规定来说，从解释论的角度对其进行修正固然是成本最为低廉的一种方式，但这种小修小补的方式在多大的范围之内能起到多大的作用值得怀疑。学界对非法经营罪研究的现状就是最好的说明。正是因为非法经营罪的兜底性太过于强烈，以至于在解释论的层面上，诸多学者虽然都意图对其进行限制，但具体方案都莫衷一是、众说纷纭，由此也就没有形成具有共识性的方案。不难断言，如果一个罪刑规范的用语极度欠缺明确性，那么，即便对该罪名的构成要件进行再过细致的教义学研究与讨论，这种工作的实际意义也并不大。所以，要真正地解决非法经营罪在司法实践中带来的困境，解释论上的研究定然必不可少，但是立法论上的方案似乎更应该是当下关注的焦点。

认定合同诈骗罪最为疑难的地方就在于非法占有目的的认定，以及该罪与其他类型的诈骗罪的区分，对此有多位学者进行了详细的分析。[④]

例如，学者陈兴良认为，“两头骗”是司法实践中较为复杂的一种合同诈骗罪的特殊类型，它是指前后存在两个欺骗行为，但通常只有一个欺骗行为构成合同诈骗罪，而另一个欺骗行为只构成民事欺诈；目前我国司法实践中，对于“两头骗”在定性上存在着混乱现象，对相同案件在处理结果上不同；同时，在刑法理论上对于“两头骗”也缺乏应有的研究；在“两头骗”的处理过程中，应该严格区分刑事诈骗和民事欺诈，正确地认定哪一个欺骗行为构成合同诈骗罪。[⑤]

再如，学者吴加明认为，房屋买卖中的合同诈骗行为方式宜作扩张解释；被认定为诈骗罪的被害人不一定是最后损失承担者；刑法上认定合同诈骗成立，不必然导致民事领域该合同无效；合同效力的认定及房屋产权归属，应适用民法相关规定；同一案件中，刑法上的合同诈骗罪与民法上的表见代理可以并存；刑法侧重于对反面破坏行为的打击以保护

---

① 马春晓．非法经营罪的“口袋化”困境和规范解释路径．中国刑事法杂志，2013（6）；莫洪宪，罗钢．非法经营罪司法解释再解读．中国刑事法杂志，2013（11）；武良军．非法经营罪堵截条款异化之研究．环球法律评论，2014（5）；葛恒浩．非法经营罪口袋化的成因与出路．当代法学，2016（4）；王立志．非法经营罪之适用不宜无度扩张．法学，2016（9）．

② 高翼飞．从扩张走向变异：非法经营罪如何摆脱“口袋罪”的宿命．政治与法律，2012（3）．

③ 张勇．非法从事保安服务行为的定罪处罚．中国刑事法杂志，2013（7）．

④ 万毅．诉讼诈骗还是合同诈骗之辨．法学，2007（12）；范红旗．合同诈骗罪解析．政治与法律，2007（4）．

⑤ 陈兴良．合同诈骗罪的特殊类型之“两头骗”：定性与处理．政治与法律，2016（4）．

法益、维护社会秩序，民法侧重于正面的设计制度以引导交易安全、高效进行，这种差异导致在财产犯罪、重婚罪、合同诈骗罪等领域出现刑民冲突的表象；刑民调整方式各异，但最终之价值目标却相同。①

又如，学者舒洪水认为，对合同诈骗罪中“非法占有目的”的认定应综合考虑各种积极推定因素和消极排除因素，非法占有目的可以有效区分合同诈骗罪与民事欺诈；合同诈骗罪的数额认定应区分既遂和未遂形态而分别认定，宜参考民事违约的数额认定标准；其中的“合同”指能够体现财产转移或交易关系，能够为行为人带来财产利益，与市场经济秩序有关的合同。②

五、侵犯知识产权犯罪

在受关注度上，侵犯知识产权犯罪是破坏社会主义市场秩序罪中与金融犯罪并驾齐驱的研究领域。鉴于知识产权法修改频繁，我国刑法学者很多采取立法论的视角，从刑事政策层面讨论知识产权刑法保护立法模式等问题。③

例如，学者刘科认为：我国现行知识产权刑法立法采取的是集中型模式，这种模式具有较大的局限性，它使得刑法典难以保持稳定性，在具体适用中可操作性也不强；而刑法典与附属刑法规范相结合的立法模式由于既能及时、灵便地针对新出现的犯罪予以制定、修改，又能维护刑法典的权威性，因而是我国知识产权刑法立法模式完善的一种合理选择。④

再如，学者徐岱、刘余敏、王军明认为：在经济高速发展的全球化时代，知识产权在经济社会发展中的贡献愈加提升，侵犯知识产权犯罪也随之愈演愈烈；知识产权犯罪属于“智能型”犯罪，其犯罪现状具有显著特点；而我国目前刑事司法体系在惩治侵犯知识产权犯罪方面呈现诸多困境；因此，亟须明晰知识产权刑法保护的诸种困境，其目的在于探求实现知识产权刑法保护的路径，即通过司法解释、立法解释抑或修订刑法等方式加以实现，旨在实现刑法的正义性、安定性与合目的性，进而实现法律正义与法律的人文关怀。⑤

又如，学者陈志鑫认为：通过对中国裁判文书网 306 件侵犯著作权罪刑事判决书的分

---

① 吴加明．合同诈骗罪与表见代理之共存及其释论．政治与法律，2011（11）．

② 舒洪水．合同诈骗罪疑难问题研究．政治与法律，2012（1）．

③ 青锋．关于网络与知识产权刑事法律保护的几个基本理念．中国刑事法杂志，2007（3）；陈忠林．关于知识产权刑法保护的几个问题．中国刑事法杂志，2007（3）；黄太云．知识产权与网络犯罪立法完善需认真研究的几个问题．中国刑事法杂志，2007（3）；贺小勇．中美知识产权“刑事门槛”争端的法律问题．现代法学，2008（2）；杨辉忠．我国知识产权刑事立法之检讨．政治与法律，2008（7）；卢建平．知识产权犯罪门槛的下降及其意义．政治与法律，2008（7）；王世洲．塑造世界水平和世界标准的中国版权刑法．中外法学，2008（5）；金铁．中美商业秘密刑事法律制度比较研究．国家检察官学院学报，2012（2）；彭辉，姚颉靖．侵犯著作权罪刑罚适用的理论与实证研究．中国刑事法杂志，2012（2）；杨彩霞．规避著作权技术措施行为刑法规制的比较与思考．政治与法律，2012（12）；刘蔚文．销售侵权复制品罪的弃用现象与启用路径研究．政治与法律，2013（5）；杨彩霞．网络环境下著作权刑法保护的合理性之质疑与反思．政治与法律，2013（11）；陈志刚，李山河．P2P 下载的刑法考量与应对．中国刑事法杂志，2014（4）；刘秀，关振海．商业秘密刑事保护的价值取向及实现路径．刑法论丛，2014（2）；付玉明，姜盼盼．商业秘密刑法保护的制度困境与应对方案．刑法论丛，2015（4）．

④ 刘科．中国知识产权刑法立法模式的转变探讨．刑法论丛，2008（2）．

⑤ 徐岱，刘余敏，王军明．论知识产权犯罪惩治的困境及其出路．政治与法律，2008（7）．

析可以得出：在“传统社会”与“网络社会”并存的“双层社会”背景下，侵犯著作权罪定罪量刑标准的选择较为混乱且普遍存在量刑失衡；从表面看，产生此问题的原因是不断增加的司法解释对定罪量刑标准的增加以及各标准之间的难以转化；其问题的实质根源在于立法与司法之间在侵犯著作权罪法益保护上的错乱；侵犯著作权罪有必要转变为以保护著作权人的利益为主；相应地，刑法有必要确立侵犯著作权罪定罪量刑标准“类型固定＋数额浮动”的模式，具体而言是指立法上固定以著作权人所遭受的损失程度为定罪量刑标准，定罪量刑参照的具体数额标准则由司法部门结合社会经济发展情况并经实证统计分析后再作科学规定。①

从解释论上对知识产权刑事司法中的疑难问题作深入分析的研究成果也较多。②

在著作权方面③，例如，学者高铭暄、张杰认为：如果被侵害的是驰名商标，司法者可以依据相关司法解释中的“其他情节严重”“其他情节特别严重”的兜底条款，认定该行为属于商标犯罪“情节严重”或“情节特别严重”，以此体现出对驰名商标予以特殊保护的精神；将反向假冒行为直接认定为假冒注册商标罪难说恰当，但将其认定为销售伪劣产品罪进行处罚，不失为一种较为折中和稳妥的做法；国际法上并没有提供明确的商标犯罪的入罪标准，基于刑罚方法的严厉性和特殊性，刑法的调整范围应当慎重划定。④ 再如，刘科、朱鲁豫认为：侵犯著作权犯罪中“以营利为目的”具有区分罪与非罪的功能，包括直接营利目的和间接营利目的；判断是否具有间接营利目的，需要进行宏观上的、整体上的考察，不能以某一个别“行为段”存在非营利性而认定整体行为不存在营利目的；商业使用盗版软件行为具有间接的营利目的；把“以营利为目的”修改为加重量刑情节既可以加大著作权刑法保护的力度，又可以实现区别对待，满足罪责刑相适应原则的需要，因而是“以营利为目的”要素的完善方向。⑤ 又如，学者杨彩霞认为：P2P 去中心化的技术架构决定通常直接侵害著作权的终端用户难以被追责，由此产生 P2P 软件和服务提供商是否应为终端用户行为负责的问题；域外典型案件表明，不同 P2P 技术架构下网络服务商在著作权侵害中所起的作用、对用户侵害著作权的知悉可能性以及对于用户的监督控制能力大相径庭，因而是采取集中或混合式架构还是分散式架构对于 P2P 网络商的责任评价可能产生不同影响，有必要针对其提供 P2P 软件和服务的行为，就教唆犯与帮助犯各自的成立条件基于不同的技术架构予以仔细分析；《刑法修正案（九）》试图通过共犯正犯化的规定彻底解决网络服务商刑事责任的有关问题，但因不考虑技术的特性而显得有些“冒进”，需要予以反思。⑥

---

① 陈志鑫．“双层社会”背景下侵犯著作权罪定罪量刑标准新构．政治与法律，2015（11）．

② 张波．人身危险性在我国知识产权犯罪定罪机制中的作用评析．政治与法律，2008（2）；刘丽娜．侵犯知识产权犯罪“违法所得数额”的认定．中国刑事法杂志，2015（2）；肖中华．侵犯知识产权犯罪的司法适用难题．刑法论丛，2007（2）．

③ 高铭暄，王俊平．侵犯著作权认定若干问题研究．中国刑事法杂志，2007（3）；于志强．网络空间中著作权犯罪定罪标准的反思．中国刑事法杂志，2012（5）；苏彩霞．网络游戏私服的刑法定性．国家检察官学院学报，2013（4）；俞小海．网络游戏外挂行为刑法评价的正本清源．政治与法律，2015（6）．

④ 高铭暄，张杰．国际法视角下商标犯罪刑法适用若干疑难问题探析．政治与法律，2008（7）．

⑤ 刘科，朱鲁豫．侵犯著作权犯罪中“以营利为目的”要素的规范阐释与完善方向．中国刑事法杂志，2012（9）．

⑥ 杨彩霞．P2P 软件和服务提供商著作权侵害刑事责任探究．政治与法律，2016（3）．

在侵权复制品方面[①]，例如学者杨帆、张海宏认为：学界无论支持或反对相关司法解释对“发行”进行“专业性阐释”，主流观点还是反对虚置销售侵权复制品罪，表面上是为保持刑法体系的协调，实际隐含着对以侵犯著作权罪代替销售侵权复制品罪规制贩卖盗版、网络传播盗版视频等行为可能造成打击面过大、刑法过度介入知识产权保护的担忧；根据我国知识产权发展历程、理论预设立场、经济发展需要以及国际环境等因素，我国采取了作为国家战略组成部分的、总体性功利主义知识产权政策，具体到刑事领域是具有回应性、双向性、动态衡平性特征的功利主义刑事政策；销售侵权复制品罪的罪量要件设置不合理造成入罪门槛过高，事实上已被虚置，为遏制当前普遍、严重的盗版行为及履行国际承诺，我国功利主义知识产权刑事政策方才通过相关司法解释对“发行”作出不同以往的专业性界定，从严打击“商业规模”盗版等违法行为，有一定实质合理性；然而刑事政策落实到刑事司法解释还要受到罪刑法定原则实质侧面及刑法谦抑原则的制约，不能矫枉过正：可坚持对“发行”进行“专业性阐释”，但适当提高侵犯著作权罪的罪量门槛以确保刑法介入知识产权保护的适度性。[②]

在商标权方面[③]，例如，学者庄绪龙、王星光认为：依据最新的司法解释，对于“假冒注册商标的商品部分销售，已销售金额不满 5 万元，但与尚未销售的假冒注册商标的商品货值金额在 15 万元以上”的司法定性评价，与“假冒注册商标的商品尚未销售，货值金额在 15 万元以上”并无区别，都以《刑法》第 214 条规定的销售假冒注册商标的商品罪（未遂）定罪处罚；从文义解释的角度，在成立本罪未遂的情形中，“15 万元”中除已销售满 5 万元的情形外，就不再区分“部分销售”与“尚未销售”，均拟制性地以“尚未销售”的类型进行评价；由此，通过体系解释的方法可以推知该司法解释中“尚未销售”的情形亦应包括不满 5 万元的“部分销售”；但将上述解释结论比照于该司法解释的其他条款，却存在体系解释上的非正义与矛盾，导致司法实践中的混乱与困惑；实际上，对于此类数额犯既遂、未遂形态并存的计算，比较科学的方法应该是确定计算基准后按照一定的比例予以折算，以统一司法评价的标准。[④] 再如，学者涂龙科认为：《刑法》第 213 条规定的假冒注册商标罪，在司法认定上还存在诸多的疑难问题需要进一步探讨。“基本相同”的判断标准为两个商标的结构要素在实质上相同；司法解释确立的“相同商标”的判断主体为“司法审查人员＋ 公众”。当前司法实践中，应建立相关公众混淆度调查制度；注册商标数量的判断依据为注册商标证的数量；对于“同一种商品”的理解，关键在于通常情况下相关公众是否认为两者为同一种商品，司法上不宜扩大对“同一种商品”的解释。[⑤]

在商业秘密方面[⑥]，例如，学者苏雄华认为：人们对侵犯商业秘密罪的罪过形式争议

---

① 王静．侵犯著作权罪与销售侵权复制品罪的关系．刑事法评论，2012（2）．

② 杨帆，张海宏．销售侵权复制品罪虚置之争的再思考．政治与法律，2014（3）．

③ 张泗汉．假冒商标犯罪的若干问题研究．政治与法律．2008（7）；庄绪龙、包文炯．论非法制造、销售非法制造的注册商标标识罪中“件数”的司法认定．中国刑事法杂志，2013（9）．

④ 庄绪龙，王星光．销售假冒注册商标的商品罪中“既、未遂形态并存”的司法认定反思．政治与法律，2013（3）．

⑤ 涂龙科．假冒注册商标罪的司法疑难与理论解答．政治与法律，2014（10）．

⑥ 刘科．侵犯商业秘密罪定罪量刑情节的适用困境及其解决．刑法论丛，2011（4）；雷山漫．侵犯商业秘密罪认定标准再探．刑法论丛，2013（4）；曹亚伟．论经济间谍的双重法律性质及其法律界定．政治与法律，2015（9）．

颇多；从侵犯商业秘密罪的实行行为性质反向考察，其主观罪过的类型不应包括犯罪过失；从文义分析、立法溯源和整体理解等角度全面审视“应知”的规范含义，其应是犯罪故意的一种认识状态；总体观之，侵犯商业秘密罪的罪过只能是犯罪故意。① 再如，学者杨帆认为：侵犯商业秘密罪“重大损失”的司法认定存在“权利人利益损失说”“侵权人获利说”“商业秘密成本、价值说”等观点；这些观点或欠缺操作性，或理据不足，造成难以准确、合理认定的现实困境。相关司法解释将该罪基本犯罪罪量要件“造成权利人的重大损失”不当限缩为“造成权利人的经济损失”，理论和实务为确定“权利人经济损失”的具体金额不得不援引“民事损失”认定方式；“刑事损失”在导向性、明确度要求等方面与“民事损失”的认定存在重大差异从而导致司法适用的现实困境。“重大损失”认定标准应引入销售金额、侵权产品数额及造成企业停产、破产等标准。②

六、经济犯罪的总体发展趋势

从整体上看，近年来学界对经济犯罪研究的总体发展趋势具有以下几个明显的特征。

首先，关注社会热点问题。随着科学与技术的发展，金融犯罪与知识产权犯罪开始出现且不断扩张，我国刑法学界对此表现出了强烈的关注，多数研究成果都致力于金融犯罪与知识产权犯罪的治理。

其次，不仅仅在金融犯罪与知识产权犯罪领域，在经济犯罪的整个领域，一般性理论也逐渐形成。

例如，学者钱小平认为：在当今风险社会背景下，经济犯罪的刑事立法政策的价值目标应定位于在维护人权的基础上控制经济风险，维护经济安全；中国目前“严厉打击严重经济犯罪”的刑事立法政策存在单极化的一系列风险，应重构为“严厉打击严重危害经济安全的犯罪，保障市场经济自由”的复合型刑事立法政策。③

再如，学者蔡道通认为：经济犯罪中“兜底条款”的存在有其合理性，但其解释应当受罪刑法定原则所要求的明确性约束，并为经济犯罪基本特征所制约，以体现刑法的“二次性评价原则”，但司法解释与司法判决却有越来越扩大适用的趋势，限制解释应当是基本的司法立场与学术选择；限制解释的基本立场是，必须有作为前置法的行政法律、法规存在，经济犯罪的“兜底条款”才能进行入罪评价；行政法律针对某一事项规定追究刑事责任的条款，有的事项则没有规定，没有规定的事项，不可解释为刑法中“兜底条款”所涉的内容；“兜底条款”的范围，必须与刑法明示的内容具有行为同质性与结果同质性方可进行解释，仅有结果的同质性不能适用；对于经济犯罪中的“双兜底条款”，必须采取最严格的解释立场，以维护基本的刑法安全与市场主体的经济自由；对于立法与司法解释涉及的已经远离“文本”含义射程的“其他”内容，应当自解释施行后才具有效力；对待转型时期的社会与经济发展中的经济犯罪，理应坚持理性、科学的刑事司法政策立场。④

---

① 苏雄华. 侵犯商业秘密罪之罪过厘正. 政治与法律，2012（1）.

② 杨帆. 侵犯商业秘密罪“重大损失”司法认定的困境、成因及突破. 政治与法律，2013（6）.

③ 钱小平. 中国经济犯罪刑事立法政策之审视与重构. 政治与法律，2011（1）.

④ 蔡道通. 经济犯罪“兜底条款”的限制解释. 国家检察官学院学报，2016（3）.

又如，学者王利宾认为：随着经济交往形式的日益复杂化，再加上经济犯罪发生原因的多重性，经济犯罪形式呈现出多样性、多变性、多发性的特色；经济犯罪的这种新特点要求我们必须深化对其调控规律、调控手段的认识；经济犯罪的发生和演变具有区别于传统犯罪的特点，对这些特征性表现的深刻理解是实现对此类犯罪有效规制的前提；在此基础上，反思经济犯罪刑法规制面临的困境并重构其制度才能使经济犯罪的防控更具规范化。[①]

最后，强调前置法在经济犯罪治理过程中的作用，反对过度犯罪化，提倡刑法的谦抑性。

① 王利宾. 经济犯罪规范化防控研究. 刑法论丛，2011 (4).

第十一章　侵犯公民人身权利、民主权利罪

在我国，侵犯公民人身权利、民主权利犯罪属于典型的自然犯，是传统刑法理论研究所重点关注的领域。人身权利的概念容易被理解，而对于民主权利，有学者指出：刑法分则第四章规定的“民主权利”与注释宪法学上的“政治权利”的内涵和外延相同；政治权利的本质是公民直接参与或者影响国家权力运作的权利，其直接对应的是国家权力而非社会权力等非国家权力；以法条排列顺序确定侵犯公民民主权利罪的范围是不可靠的；从宪法权利属性分析，只有报复陷害罪、破坏选举罪两罪属于侵犯公民民主权利罪。①

在侵犯公民人身权利、民主权利罪部分，经粗略统计，近年来，学界的研究大多是从解释论的角度关注司法实践中的法律适用问题，涉及的罪名较多②，但重点集中在以下几个罪名上：故意杀人罪，故意伤害罪，组织出卖人体器官罪，强奸罪，非法拘禁罪，绑架罪，拐卖妇女、儿童罪、侮辱罪，诽谤罪，刑讯逼供罪，侵犯公民个人信息罪，虐待罪，而从立法论的角度研究刑法条文设立、修改或者废除的成果较少，其中除少部分外③，都是关于嫖宿幼女罪存废的讨论。

一、故意杀人罪

故意杀人罪不仅是典型的侵犯公民人身权利、民主权利犯罪，而且也是典型的犯罪，所以很多与该罪相关的问题都已经成为刑法总则的研究课题。在刑法分则部分，研究者们所关注的问题主要集中在以下几个方面：安乐死、自杀、故意杀人罪的量刑，而其他重要

---

① 石磊．侵犯公民民主权利罪是什么．国家检察官学院学报，2012（5）．

② 除后续几个重点罪名之外，关于其他罪名的研究可参见丁友勤，胡月红．强制猥亵、侮辱妇女罪争议问题研究．中国刑事法杂志，2007（1）；王良顺．论重婚罪中的“有配偶”和“结婚”．中国刑事法杂志，2012（1）；王芳．破坏选举罪中“贿选”若干法律问题探讨．中国刑事法杂志，2014年（6）；吴允锋．刑讯逼供“致人伤残、死亡”的性质．法学，2016（8）．

③ 周永坤．论刑法增设奴役罪．法学，2007（9）；孙运梁．我国刑法中应当设立“暴行罪”．法律科学，2013（3）；叶慧娟．道德与法律关系视野中的见危不救犯罪化探析．刑事法评论，2008（1）；司伟森．侵犯公民人身权利、民主权利罪浅析．中国刑事法杂志，2015（3）；韩炳勋．单纯恐吓行为的刑法规制错位与再定位．政治与法律，2015（4）．

问题则涉及较少。[①]

在安乐死方面，国外学者一般认为，积极安乐死被禁止，消极安乐死被允许。但是，从我国新近的研究成果来看，学界对安乐死问题的研究深度尚浅，更多的是介绍国外的立法状况与理论现状，在概念、分类以及处置等方面都未达成共识。[②] 例如，学者莫洪宪、杨文博认为：我国刑法理论对安乐死问题研究较浅，且研究靶点重复，原因在于理论研究存在误区；深入研究安乐死首先必须对死亡权进行反思，进而对目前不规范的安乐死分类进行清理；建立科学的分类，即实质的安乐死、积极促进型安乐死、伴随促进型安乐死、自然死亡型安乐死；在此基础上重新界定安乐死：指患者由于不可治愈的疾病伴有激烈疼痛并濒临死亡，出于本人自愿而申请以减轻、消除痛苦或缩短痛苦时间的医疗方式结束生命的过程与状态；理论研究应明确划分安乐死与尊严死的界限；人所享有的死亡权应当是相对的，只有在特定条件下才拥有相对死亡权，这种权利的实施必须置于国家公权力的监督之下。[③] 再如，学者于佳佳认为：一方面，从应然角度，临终患者对如何死亡应该有自主决定权；另一方面，刑法上处罚积极安乐死可以视为自主决定权受限制的结果；之所以受限制归根结底的原因在于，临终患者的选择往往是因无法获得医疗资源或经济窘迫等而作出妥协的结果；在舒缓医疗尚未在我国普遍推广的背景下，自主决定权所受到的限制应该相对严格；舒缓医疗开始之后的消极安乐死已经存在于我国的临床实践中，司法对此的介入也极少；法律对其合法性进行确认时需要着重审查临终状态的判定和患者意愿的获取两个方面。[④]

在自杀方面，研究基本上都集中于自杀以及自杀参与的认定与处理。[⑤]

例如，学者钱叶六基于保护自身利益的“家长主义”立场，指出不应当认可生命的自主决定权，即自杀行为本身具有违法性，只是因其违法性较小，达不到值得刑罚处罚的程度而否定犯罪的成立；此外，在刑事政策视角的考察下，亦缺乏刑罚处罚的必要性和合理性；但是对于参与自杀的行为，这种行为实质上否定了生命的绝对价值，侵犯了他人的生命权，故而参与自杀行为应成立故意杀人罪的教唆犯或帮助犯。但应当注意的是，应当严格区分参与自杀行为与间接正犯行为，两者在性质和刑罚效果方面完全不同。[⑥]

又如，学者王钢认为：第一，对于自杀行为应进行主客观两方面的评价。在主观方

---

① 季理华．受虐妇女杀夫案中刑事责任认定的新思考．政治与法律，2007（4）；刘长秋．刑法学视野下的脑死亡及其立法．中国刑事法杂志，2008（3）；周详．胎儿“生命权”的确认与刑法保护．法学，2012（8）；杜文俊，陈洪兵．故意杀人罪的对象及实行行为新论．国家检察官学院学报，2013（2）；徐立．我国刑法中的“致人死亡”问题研究．政法论坛，2013（2）；陈逸群．论故意杀人未遂与故意伤害罪的竞合关系．刑事法评论，2013（2）；孙运梁．刑法中“致人死亡”的类型化研究．政法论坛，2016（1）．

② 贾学胜．安乐死及其刑事政策选择．刑法论丛，2008（1）；陈冉．由“尊严死”论放弃医疗救治的刑事责任．刑法论丛，2013（1）；刘建利．死亡的自我决定权与社会决定权．法律科学，2013（5）．

③ 莫洪宪，杨文博．论安乐死的分类与概念清理．刑法论丛，2011（3）．

④ 于佳佳．刑法视野下临终患者的自主决定权及限制．当代法学，2015（6）．

⑤ 李建军．自杀行为在西方法律史上从“犯罪”到“权利”的演变探析．政治与法律，2007（2）；韩跃广．论刑法教义学视野下的“帮助自杀行为”．中国刑事法杂志，2013（6）；李洁，谭堃．论教唆、帮助自杀行为的可罚性．政治与法律，2013（6）；刘杰．自杀关联行为的入罪路径探讨．刑法论丛，2014（1）；马卫军．被害人自我答责理论视野下的自杀参与．刑事法评论，2015（1）；郑玉双．自我损害行为的惩罚．法制与社会发展，2016（3）．

⑥ 钱叶六．参与自杀的可罚性研究．中国法学，2012（4）．

面，被害人应认识到且意欲死亡结果发生，同时还必须是自愿地选择死亡。对于自愿性的判断应当以有效承诺的主观要件为标准；重大的动机错误同样导致不能成立自杀；此外，客观上被害人还必须事实性地支配着直接导致死亡的行为，在将不可逆转地造成死亡结果的最后关键时刻自己控制着事态的发展；自杀本身并非刑事不法行为，教唆或帮助自杀、对自杀者不予救助或者过失导致他人自杀等自杀相关行为也不应受到刑事处罚。① 第二，坚持承诺说认定自杀行为。自杀意味着被害人自主决定地选择了死亡，而承诺说的标准则有效切实地保护了被害人的生命法益。自杀是法益主体自主处分自身权利的表现，刑法规范没有正当理由禁止这种自由，也不适宜根据家长主义的立场剥夺法益主体支配、处分生命权利的自由。故而，以欠缺可罚的违法性为出罪路径而免予自杀行为刑事处罚并不妥当，应当通过限缩性解释将自杀行为排除在故意杀人罪的构成要件之外。②

再如，周光权教授认为：对于教唆、帮助自杀行为的定性问题，存在有罪说和无罪说。对于自杀，国家只是默认和“只能如此”地接受，自杀并不是畅通无阻的权利，而仅仅是法律不想作违法或合法评价的法外空间；在中国，《刑法》并未规定专门的自杀关联犯罪，因此，从自杀不违法出发，同时考虑客观归责的法理，不能对教唆、帮助他人自杀者论以故意杀人罪；处理类似案件的关键是严格掌握自杀的认定标准，防止将故意杀人的间接正犯错误认定为自杀。③

此外，许多学者还围绕故意杀人罪的量刑问题和相关争议进行了深层次的研究和探讨。④

例如，学者陈世伟认为：我国刑法中的故意杀人罪存在着立法技术过于粗陋的体系性缺陷，因此尚待完善；通过重新配置故意杀人罪的现行刑罚以实现“尊重、保障和发展人权”之刑法目的；通过典型化现行故意杀人罪中的“情节较轻”、增加故意杀人罪典型的“加重情节”从而实现罪刑均衡；通过明确设定故意杀人罪的“加重或者减轻的犯罪构成”从而实现罪刑法定。⑤

再如，陈兴良教授指出：故意杀人罪在死刑适用案件中占有较大比重，其死刑裁量对于减少和控制死刑具有重要意义；而手段残忍是司法实践中故意杀人罪死刑裁量的重要因素，并且独立于故意杀人罪的情节严重、情节恶劣以及后果严重等评价性用语；通过对十个被司法机关认定为故意杀人手段残忍的典型案例的探讨，可以认为故意杀人罪的手段残忍是指，在杀人过程中，故意折磨被害人的肉体和精神，使被害人身心都处于极度痛苦的状态；司法实践中存在着将故意杀人罪的手段残忍与情节严重、情节恶劣以及后果严重等评价性用语相混淆的现象，致使故意杀人罪的手段残忍内容宽泛，沦为一句法律套语；故意杀人罪的死刑裁量应当主要从案件性质、犯罪情节、犯罪后果、主观恶性和人身危险性

---

① 王钢．自杀的认定及其相关行为的刑法评价．法学研究，2012（4）．

② 王钢．自杀行为违法性之否定．清华法学，2013（3）．

③ 周光权．教授、帮助自杀行为的定性．中外法学，2015（5）．

④ 朱本欣．故意杀人罪从严情节法定化研究．中国刑事法杂志，2008（1）；阴建峰．故意杀人罪死刑司法控制论纲．政治与法律，2008（11）；车浩．从李昌奎案看“邻里纠纷”与“手段残忍”的涵义．法学，2011（8）；孙万怀，李春燕．故意杀人罪“情节较轻”标准规范化的实证考察．政治与法律，2012（9）；孙智超．故意杀人罪中的“手段残忍”研究．刑事法评论，2014（2）．

⑤ 陈世伟．我国故意杀人罪立法完善的体系性思考．中国刑事法杂志，2007（1）．

等四个方面进行考量。[①]

二、故意伤害罪

在刑法中，理论研究最为贴近司法实践的领域恐怕就是故意伤害罪了。

例如，张明楷教授指出：我国司法实践中，故意伤害罪的定罪率异常的高。可能的原因是：首先，正当防卫行为被误认为防卫过当行为或是斗殴行为，最终被认定为故意伤害罪；其次，将无伤害故意而只有暴行故意的行为认定为故意伤害罪。司法机关应当根据我国刑法规范，严格区分正当防卫、防卫过当、相互斗殴等行为，做到司法的正确适用。而对于暴行行为，我国刑法并没有相关规定，暴行行为亦不是故意伤害罪的情节加重犯或结果加重犯，故而也不应认定为故意伤害罪。[②]

再如，学者袁建刚认为：了解故意伤害犯罪的原因对于犯罪预防具有重要的意义；年龄、团伙文化、无序的市场以及被害人过错均与故意伤害犯罪的发生具有紧密的联系；“年龄——团伙参与”概率曲线揭示了未成年人具有高度的团伙参与倾向；团伙文化不仅是诱使未成年人参与犯罪的重要原因，而且也使团伙成员更具有攻击倾向而促成犯罪的发生；对于社会底层的人来说，无序的市场是暴力冲突的主要社会土壤之一；被害人过错在很大程度上促成了暴力冲突的升级；根据犯罪动机的不同，故意伤害犯罪的暴力可以区分为争端暴力与掠夺暴力；因此，在社会学意义上，应当采取相应的犯罪预防措施来消除年龄、团伙文化和社会环境因素的影响；在规范刑法学意义上，应当责令团伙组织者、与未成年人共同实施犯罪的成年人、实施掠夺暴力者以及具有过错的被害人承担相应的特别责任。[③]

由于故意伤害罪的多发性以及多样性，紧贴司法实践需求的理论研究也就具有了广泛性的特征，其规律性并不强，不存在被集中聚焦的领域。[④]

三、组织出卖人体器官罪以及相关器官犯罪

随着生物技术的发展，器官克隆、移植已经成为可能，由此，与器官犯罪的相关问题也开始进入了刑法学的视野中。在我国目前的刑法中，关于器官犯罪的罪名仅有《刑法修正案（八）》所增设的组织出卖人体器官罪。该罪的犯罪构成显然不能涵摄所有与器官犯罪相关的行为。[⑤]

---

① 陈兴良. 故意杀人罪的手段残忍及其死刑裁量. 法学研究，2013（4）.

② 张明楷. 故意伤害罪司法现状的刑法学分析. 清华法学，2013（1）.

③ 袁建刚. 故意伤害犯罪原因论. 国家检察官学院学报，2014（6）.

④ 杜文俊. 故意伤害罪的二重的结果加重犯性质探究. 政治与法律，2008（9）；关振海. 规范与政策：寻衅滋事与故意伤害的二重区分. 国家检察官学院学报，2012（1）；徐梦萍，韩炳勋. 共同故意伤害犯罪的刑事责任实证研究. 国家检察官学院学报，2012（2）；吕哲. 轻微暴力致人死亡案探讨. 中国刑事法杂志，2013（12）；骆正言. 冷漠即是残忍. 刑事法评论，2014（2）；陈金林. 在胎儿保护与孕妇权利之间. 刑法论丛，2015（1）；董桂武. 故意伤害罪量刑幅度分布实证研究. 刑法论丛，2012（2）.

⑤ 贾学胜. 器官犯罪的刑法规制研究. 刑法论丛，2013（2）.

例如，学者王强认为：《刑法修正案（八）》虽将组织出卖人体器官罪作为第 234 条之一，但该罪法益仍应理解为国家器官移植管理秩序和公共卫生之社会法益；组织出卖人体器官，即组织自愿出卖者将活性人体器官作为商品出卖的行为；未征得同意摘取活体器官，构成故意伤害罪（重伤）；第 234 条之一第 2 款伤害罪与第 1 款组织出卖人体器官罪，可在组织出卖罪的范围内成立共犯；将第 3 款之“本人生前未表示同意”表述为“本人生前未表示不同意”可能更加周延；未征得同意或违反规定摘取尸体器官构成盗窃、侮辱尸体罪是注意规定；征得同意摘取、出卖尸体器官，宜以侮辱尸体罪论处。[①]

因此，如何对与器官犯罪相关的行为在刑法上进行准确的应对与定性是当下该领域研究的热点。[②]

例如，学者袁彬、刘杰认为：医生过失移植来源非法的器官是指医生在实施器官移植前或实施器官移植时，应当预见所移植的器官来源非法，因疏忽大意没有预见，或者已经预见但轻信能够避免，实施了器官移植，从而导致发生买卖人体器官违法犯罪活动的行为；在存在器官买卖的场合，医生有审查器官来源合法性的义务，而对于器官供体的承诺，并不能阻却医生买卖器官的违法性；医生过失移植了来源非法器官的行为符合医疗事故罪的构成要件，应成立医疗事故罪。[③] 再如，学者龚波认为：在人体器官移植中，人体器官的获取主要通过两种行为方式来实现，即尊重提供者意志的获取行为与违背提供者意志的获取行为；这两种行为反映了不同的社会心理和法律价值，而不同的心理基础和价值取向又在很大程度上决定了国家的法律运行效果；尽管为了解决人体器官短缺问题，各国采取了不同的法律规制模式，但又均有各自不可避免的理论缺陷和现实缺陷，中国的法律规制模式也是如此；因此选择符合既定的法律心理和价值取向的国家法律规制模式，采取务实的立法态度，有助于破解中国人体器官供体短缺的难题，以达到法律效果与社会效果的统一。[④] 又如，学者刘建利认为：“克隆”已经成为一个全球性的敏感问题；生殖性克隆会对社会秩序、国家安全、人类道德和尊严形成巨大的威胁和造成不可逆转的侵害，所以应该用法律进行严格规制；医疗性克隆所使用的胚胎是“人类的萌芽”，具有一定的要保护性，因此只能对其作附条件式的许可；关于如何具体规制克隆技术的问题，德国采用的是刑法规制模式，英国采用的是行政法规制模式，日本采用的则是刑法加指针的混合规制模式；根据我国国情，我国应该采取的是以刑法为主、以行政法为补充的混合规制模式。[⑤]

四、强奸罪

近些年来，在与强奸罪相关的问题中，引起学界最为广泛关注的，就是设立嫖宿幼女罪的合理性问题。不过，随着嫖宿幼女罪的废除，这场争论也尘埃落定，不再具有了实际

---

① 王强．组织出卖人体器官罪之解读．政治与法律，2011（8）．

② 熊永明．器官移植关联犯罪及其刑法应对．中国刑事法杂志，2008（1）；刘长秋．刑法视野下的器官移植．现代法学，2008（6）；董桂文．人体器官犯罪的刑法规制．法律科学，2013（1）．

③ 袁彬，刘杰．论医生过失移植来源非法的器官的行为定性．刑法论丛，2012（4）．

④ 龚波．人体器官获取行为的法律规制及其模式选择．法制与社会发展，2014（3）．

⑤ 刘建利．刑法视野下克隆技术规制的根据与方法．政法论坛，2015（4）．

意义。[①] 除此之外，以强奸罪为核心的性暴力犯罪综合治理问题[②]，以及各种具体强奸行为类型的认定问题[③]，也是学界研究的热点。

例如，学者周折认为：奸淫幼女犯罪的客体是幼女的身心健康，而强奸罪的客体则是性的不可侵犯的权利，这种犯罪客体上的根本区别决定了二者是性质完全不同的两种犯罪，不能予以合并；根据奸淫幼女犯罪本身的特点，应坚持以接触说作为该种犯罪的既遂标准，须注意犯罪成立标准与犯罪既遂标准的不同，同时从主客观多方面综合考察，严格区分奸淫幼女犯罪的既遂状态与具有特定情节的猥亵儿童罪。[④]

再如，学者王燕玲认为：女性主义法学的使命与缺憾均在于性别平等，而从社会性别理论看：强奸罪的主体不应限于男性；婚内强奸亦是强奸；是否违背女性意志自由的主观要件并不完全科学；"插入说"既遂标准可适度转向统一的"接触说"；可考虑引入受虐妇女综合征理论；废除强奸罪的社会条件尚不成熟，非法性交罪可资借鉴。[⑤]

又如，学者胡东飞认为：《刑法》第 236 条第 2 款关于奸淫幼女的规定具有两种构造：其一，是第 1 款强奸罪的特别条款。行为人在幼女不自愿的前提下与其发生性关系，如果确实不知对方为幼女的，则应当适用一般条款（第 1 款），认定为强奸罪，处以通常之刑罚；倘若明知对方为幼女，则适用特别条款（第 2 款），认定为奸淫幼女型强奸罪，并从重处罚。其二，是不同于第 1 款的独立犯罪类型。即双方自愿发生性关系的，只有当行为人明知对方是不满 14 周岁的幼女，方才构成奸淫幼女型强奸罪，并从重处罚；反之，确实不知对方为不满 14 周岁的幼女的，不构成犯罪。以此分析《关于依法惩治性侵害未成年人犯罪的意见》第 19 条，则其内容整体上并无不当，但尚需对其作进一步的"补正"解读。[⑥]

五、非法拘禁罪

非法拘禁罪罪刑规范是保护公民人身自由最为基础的刑法规范。不过，在司法实践中，该罪认定以及该罪与其他罪名的关系始终是疑难性的问题。

例如，冯军教授认为：在不具有其他情节的情况下，普通公民也只有非法剥夺他人人身自由 24 小时以上的，才成立非法拘禁罪；"非法拘禁，情节严重，导致被拘禁人自杀、自残造成重伤、死亡"应理解为本罪的客观处罚条件；认定犯罪过程中不能对同一个情节

---

① 有鉴于此，本文也就没有再关注有关该问题的论文。

② 杜江．中英刑法上强奸罪之比较．现代法学，2007（3）；魏汉涛．强奸罪的本质特征与立法模式之反思．环球法律评论，2012（4）；李明奇，廖恋．论危害人类罪中的性暴力犯罪．刑法论丛，2013（2）；刘军．美国性犯罪记录制度的滥觞与发展．刑法论丛，2013（4）；赵军．"自愿年龄线"与儿童性权利的冲突及协调．刑法论丛，2014（3）；章洪宪，任娇娇．试析性侵儿童案件立案难之原因及对策．刑法论丛，2015（1）．

③ 谢慧．违背妇女意志不应该作为强奸罪的构成要件．政治与法律，2007（4）；陈伟．"严格责任"抑或"推定责任"．法学家，2014（2）；王德政．强制猥亵罪视野下强奸男性行为的定性．刑法论丛，2016（3）；徐光华．刑法文化解释视阈下的婚内强奸．刑法论丛，2012（3）．

④ 周折．奸淫幼女犯罪客体及其既遂标准问题辨析．法学，2008（1）．

⑤ 王燕玲．女性主义法学视域下强奸罪之辨思．政法论坛，2015（6）．

⑥ 胡东飞．《刑法》第 236 条第 2 款的构造——奸淫幼女"明知"问题的另一种解读．刑法论丛，2016（1）．

重复评价。[①]

又如，学者黄丽勤认为：绑架罪和非法拘禁罪的关键区别，在于行为类型和犯罪手段不同，不在于双方之间是否存在债务关系；绑架罪的行为人具有绑架他人作为人质的目的，非法拘禁罪的行为人则不具有该种目的；凡是以杀害、伤害被绑架者相威胁，向第三人提出索债要求的，无论双方之间是否存在合法或非法的债务关系，无论索取的数额是否超过债务数额，都构成绑架罪；反之，应视情形认定为非法拘禁罪、敲诈勒索罪或者抢劫罪等犯罪。[②]

再如，学者徐大勇指出非法拘禁罪所侵害的法益是复合法益，既包含人身自由，亦涵盖与人身自由相关的人格尊严和健康权等法益；非法拘禁行为是对现实并具有实现可能性自由的侵犯，对于特殊状态下的人并不存在成为行为对象的可能；非法拘禁罪的行为样态的界定必须从“拘禁”“限制”和“剥夺”的比较分析入手，剥夺和限制的行为样态都属于行为方式，拘禁的行为并非单指禁锢行为，也包括对身体部分的拘束行为；从法条的衔接和协调的视角来看，重新解读《刑法》第 238 条第 1 款、第 2 款各自的内涵以及两款之间的关系有助于厘清法条内部之间的关系。[③]

还有，学者侯毅认为：我国刑法关于非法拘禁罪的规定，第 1 款是非法拘禁行为的基本犯，第 2 款前半段则是非法拘禁行为的结果加重犯，后半段是一项注意规定，而非法律拟制；“使用暴力”过失导致被害人伤残、死亡结果出现的，应当依结果加重犯的规定定罪处罚；“使用暴力”故意致人伤残、过失致人死亡的（故意伤害致死）应当以故意伤害罪定罪处罚；“使用暴力”直接致被害人死亡的，应以故意杀人罪在无期徒刑、死刑的范围内量刑处罚。[④]

六、绑架罪

绑架罪可谓是一种特殊的非法拘禁罪，在非法拘禁罪犯罪构成要素的基础上要求更多的犯罪构成要素。在司法实践中，该罪存在着诸多法律适用上的难题，例如本罪的保护法益是什么，其既遂标准又是什么，本罪的实行行为是单数还是复数，以及本罪与其他犯罪的界限等。对此，学界多位学者有过系统而详细的思考与论述。[⑤]

张明楷教授指出，在立法机关两次修改了有关绑架罪的规定后，需要重新认识绑架罪的基本问题；主张绑架罪的保护法益是人身自由与财产权利或者其他合法利益的观点，以及认为绑架罪的保护法益包括第三者的保护监督者或者自决权的观点，均不合适；绑架罪的保护法益是被绑架人在本来的生活状态下的行动自由以及身体安全；绑架罪的实行行为

---

① 冯军．非法拘禁罪的司法认定．国家检察官学院学报，2012（4）．

② 黄丽勤．索债型非法拘禁案件的定性分析．法学，2012（4）．

③ 徐大勇．非法拘禁罪客观构成要素的诠释．中国刑事法杂志，2012（12）．

④ 侯毅．非法拘禁罪法律适用问题浅析．中国刑事法杂志，2014（2）．

⑤ 王志远，金福．利用事前状态型绑架罪及其延伸．中国刑事法杂志，2007（6）；王志祥．绑架罪中“杀害被绑架人”新论．法商研究，2008（2）；陆诗忠．绑架罪的立法改进及其相关问题．法学，2008（12）；李颖峰．论绑架罪实行行为之单复及其相关问题．刑法论丛，2011（4）；曹坚．绑架罪与相似罪名的界分问题．政治与法律，2011（12）；刘宪权，周舟．“职业绑手”受雇控制被害人行为定性研究．政治与法律，2012（2）．

是单一行为即绑架行为，而不是复合行为；单一行为说既能妥当处理绑架罪的犯罪形态与共同犯罪问题，也能实现量刑的合理化；杀害被绑架人包括在着手绑架时以及绑架既遂后杀害被绑架人；对于杀人未遂没有造成伤害或者造成轻伤的，应当将杀人未遂与绑架罪实行并罚；对于杀人未遂但造成重伤的，应适用“故意伤害被绑架人，致人重伤”的规定。[①]徐光华教授同样认为绑架罪的客观行为是单一行为，并指出其保护的客体为被绑架人的人身自由。[②] 谢治东教授则认为绑架罪侵犯的客体是人质的生命、身体安全及人身自由权和第三人的自决权；绑架罪的实行行为是一种复合行为；主观要件是明知绑架他人作为人质，利用第三方对人质安危的忧虑，迫使第三方作或不作某种行为，而故意为勒索财物或满足其他不法要求的犯罪目的并非绑架罪的主观要件内容。[③] 林亚刚教授和贾宇教授同样认为绑架罪的实行行为是一种复合行为，包括绑架他人和勒索他人财物两个行为。[④]

论及绑架罪的既遂标准时，付立庆教授认为：绑架行为一经完成，绑架罪就属于既遂，而不需要勒索财物行为的实施，更不需要勒索财物目的的实现，这是在绑架勒赎型犯罪之中学界的通说见解；尽管这一观点总体上是合理的，但是还需要细致的论证：在理论上，将绑架行为完成作为本罪的既遂标准需要确立若干的前提；在实践上，确立这一既遂标准也需要解决一些困惑。[⑤]

而关于绑架罪的加重构成问题，对于“致使被绑架人死亡”是否包括绑架行为完成后，在行为人无故意伤害行为的情况下被害人因性情刚烈等原因而自杀的情形，学者王宗光认为，绑架行为和死亡结果之间无直接因果联系，并且在犯罪既遂的情况下，刑法已经评价了一次绑架行为，若再将绑架行为作为引发被绑架人自杀的原因行为，则违反了禁止重复评价原则；而对于“杀害被绑架人"的性质认定问题，结果加重犯的观点是恰当的。绑架罪是继续犯，在行为达到既遂状态以后，其犯罪行为仍然处于继续中。对“杀害被绑架人”的刑事处罚，根据罪刑法定原则，在杀害被绑架人的刑罚为绝对确定死刑的前提下，不存在从轻减轻处罚的情况；而在被绑架人未死亡的情况下，适用死刑会导致轻罪重判，这与我国《刑法》第 48 条规定中限制死刑的基本精神不相符合。[⑥]

此外，徐光华教授指出绑架罪的犯罪主体有必要进行完善，理由如下：绑架罪的社会危害性并不亚于《刑法》第 17 条第 2 款所规定的 8 种犯罪行为；相对负刑事责任年龄人实施绑架行为在实践中具有常发性；绑架罪自身的特点也决定了应当扩大绑架罪的主体范围；域外的立法也一般都将绑架罪的主体限定在较低的年龄。[⑦] 赵秉志教授则探讨了本罪的刑事责任年龄问题，认为根据刑法典第 17 条第 2 款的规定，绑架不属于已满 14 周岁不满 16 周岁的人应负刑事责任的范围，绑架罪的犯罪主体为已满 16 周岁完全负刑事责任的人。该规定的立法正当性值得商榷。从社会危害性角度看，立法将绑架犯罪排除在八种犯

---

① 张明楷．绑架罪的基本问题．法学，2016（4）．

② 徐光华．绑架罪立法完善的再思考．中国法学会刑法学研究会 2009 年年会论文集，1229－1239．

③ 谢治东．论绑架罪限制性解释之废止——以绑架罪法定刑降低为视角．中国法学会刑法学研究会 2009 年年会论文集：1219－1228．

④ 林亚刚，贾宇．关于绑架及相关犯罪的几点探讨．中央检察官管理学院学报，1997（4）：30－34．

⑤ 付立庆．绑架罪既遂标准的重新论证．法学评论，2012（1）．

⑥ 王宗光．论绑架罪的认定．法律适用，2000（5）：7－11．

⑦ 徐光华．绑架罪立法完善的再思考．中国法学会刑法学研究会 2009 年年会论文集：1229－1238．

罪之外，合理性值得质疑；从刑事责任能力角度看，已满 14 周岁未满 16 周岁的未成年人对严重危害社会的某些犯罪行为具备一定的认识和控制；从罪刑关系上看，忽视各罪之间的罪刑逻辑关系；在刑法理论上也会产生难以克服的障碍。解决的路径是将《刑法》第 17 条第 2 款的规定理解为八种罪名而非八种犯罪行为，并在其中增加绑架罪的规定，从而将绑架的犯罪主体规定为已满 14 周岁的具有相对刑事责任能力的未成年人。[①]

谈及绑架罪的犯罪目的，学者王宗光认为可以三种方式证明行为人具有勒索财物的犯罪目的：行为人已向被绑架者的近亲属或其他关系人索要过财物，因被害人亲属或关系人报案，警方及时侦破抓获犯罪人的；行为人已向被绑架者或亲属或关系人索要钱财并实际取得财物；行为人绑架被害人后警方及时介入，在向被害人的亲属或关系人索要财物以前将其抓获。[②] 赵秉志教授则从《刑法修正案（七）》中所体现出的宽缓化立法政策角度出发，对人质型绑架中的犯罪目的应用“非法目的说”。对于绑架罪目的的程度，有论者认为不应有程度的限制。对于绑架罪目的的产生时间，有论者认为，绑架罪作为目的犯，其特殊的目的就是通过绑架行为获取非法利益，因而绑架罪中的非法目的必然产生于绑架行为之前。[③]

学者孙光骏和李希慧教授就绑架罪与其他犯罪的界限进行了研究分析：第一，绑架罪与非法拘禁罪的界限，两者的区别为：犯罪人与被害人之间的关系不同。前者的犯罪人与被害人之间不存在债权与债务关系，而后者的犯罪人与被害人之间存在着事实上的债权与债务关系；犯罪的目的不同，前者的目的是勒索他人财物，后者的目的是索要他人所欠自己的债务；犯罪客体不同，前者既侵犯他人的人身权利，也侵犯他人的财产权利，属复杂客体；而后者只侵犯他人的人身权利，是单一客体；第二，绑架罪与拐卖妇女、儿童罪的界限，二者的主观目的不同，前者的目的是勒索他人财物，后者的目的是为了出卖妇女、儿童；客观方面的行为内容不完全相同，前者包含绑架行为与勒索他人财物的行为，后者的绑架行为往往与出卖被绑架者的行为相结合；客体不同，前者是复杂客体，后者是简单客体；第三，绑架罪与抢劫罪的界限，二者的主体范围不同。前者的主体只能由已满 16 周岁具有刑事责任能力的人构成，而后者的主体可以由已满 14 周岁不满 16 周岁的人构成。二者的对象虽然都包括人和财物，但前者是向与被绑架者有特定关系的人勒索财物，后者是直接劫取被采取暴力、胁迫或者其他强制手段的被害人的财物。获取财物的时间、地点不同；第四，绑架罪与敲诈勒索罪的界限，二者的犯罪方法不尽相同。前者还可以是暴力、麻醉或者其他剥夺或限制被绑架者人身自由的方法，而后者的方法仅限于胁迫。犯罪的被害人不同。前者包括被绑架者和被勒索财物者，后者是被要挟并被勒索财物的人。犯罪客体不同。前者包括他人的人身权利和财产权利，后者是他人的财产权利。此外，有论者还探讨了绑架罪一罪与数罪的界限。[④]

---

① 赵秉志，钱小平．绑架罪要点问题新论——以《刑法修正案（七）》的有关修改为背景．中国法学会刑法学研究会 2009 年年会论文集：1207-1218．

② 王宗光．论绑架罪的认定．法律适用，2000（5）：7-11．

③ 同①．

④ 孙光骏，李希慧．论绑架勒索罪的几个问题．法学评论，1998（1）：57-61．

七、拐卖妇女、儿童罪

拐卖妇女、儿童可谓是当下中国具有多发性与严重性的犯罪，相关的报道似乎已经是习以为常的新闻，这种行为给被拐卖者个人及其家庭都将造成无法估量的伤害。对此，学界近年来也给予了高度的关注，除了研究该罪的法律适用难题以外①，如何在综合治理的层面预防该种犯罪也是重要的课题。②

论及本罪的犯罪构成方面，李立众教授认为被拐卖人的亲属可以成为本罪的主体，即行为人与被害人之间的亲属关系不能阻却行为人的刑事责任。③ 李延军教授则指出，《刑法》规定的“对被拐卖、绑架妇女、儿童负有解救职责的国家机关工作人员”利用职务实施的阻碍解救行为与其担负的解救职务相关，因此，只要其担负解救职务，即便不是解救工作的负责人，只要利用其职责阻碍解救工作，即可构成本罪。另外，对已满 14 周岁不满 16 周岁的人拐卖妇女、儿童而故意造成被拐卖妇女、儿童重伤或死亡的行为，依据刑法应追究其刑事责任。④ 在犯罪主观方面，讨论主要集中于如何理解“以出卖为目的”。李立众教授认为以出卖为目的的主观故意直接决定了拐卖妇女、儿童罪的成立，但目的是否实现并不影响本罪的成立与既遂。⑤

而关于本罪的犯罪客观方面，李立众教授对拐骗、绑架、收买、贩卖、接送等具体行为方式进行了详细语义分析。另外，还有部分论者对拐卖两性人的问题进行了研究和论述：两性人的性别确定应当根据其本人的自我认同，即如果自我认同为女性，则按照拐卖妇女、儿童罪论处，反之则不构成本罪。⑥ 马长生教授则主张以行为人的社会性别来判断，即以社会一般人的认识为标准。⑦

同时，对于拐卖妇女、儿童罪既遂与未遂标准的探讨，学者胡云腾、刘科提出应将研究视角拉回本罪是行为犯的本质上，并认为此举符合我国刑法立法原意，符合我国刑法基本理论，也符合适用刑罚的目的。该论者主张以行为人是否实施完毕法律规定的实行方式之一为标准，只是因实施阶段不同而行为既遂、未遂的具体标准不同而已。在单独犯罪与简单共同犯罪中，实施手段行为的，只要将被害人置于行为人控制之下即达到既遂；结果行为应以行为人将被害人贩卖出手、转移给收买人为既遂。在共犯中，行为既遂的标准为

---

① 敦宁. 拐卖妇女罪中被害人承诺之司法功能. 国家检察官学院学报，2013 (3)；王志祥. 拐卖妇女罪中“奸淫被拐卖的妇女”新论. 法商研究，2014 (1)；王志祥. 拐卖儿童罪中的“偷盗婴幼儿”新论. 国家检察官学院学报，2014 (3).

② 赵军. 法治建构与社会治理的“刑法依赖症. 法学评论，2016 (6).

③ 李立众. 拐卖妇女、儿童罪构成要件简论. 中国刑法学年会文集：第二卷 实务问题研究（下册）. 北京：中国人民公安大学出版社，2004：1124.

④ 李延军. 拐卖妇女、儿童罪关联犯罪认定中的几个问题. 中国刑法学年会文集：第二卷 实务问题研究（下册）. 北京：中国人民公安大学出版社，2004：1148.

⑤ 同③1117.

⑥ 同③1123.

⑦ 马长生，刘润发. 关于贩卖妇女、儿童犯罪的司法问题. 中国刑法学年会文集：第二卷 实务问题研究（下册）. 北京：中国人民公安大学出版社，2004：1127.

被害人是否被实际控制。[①]

谈及司法认定问题方面，马长生教授提出本罪的司法认定总原则是主客观要件相统一原则，并区分了其与介绍婚姻、收养索取财物行为、绑架罪、拐骗儿童罪、诈骗罪的界限。[②] 胡东飞教授则在此基础上区分了其与非法拘禁罪的界限，认为拐卖妇女、儿童并剥夺其人身自由的情况不可以事后不可罚行为从一罪处罚，因为其侵犯的法益不同并且两罪之间具有牵连关系，应当按照牵连犯相关原则定罪量刑。而对于行为人为了收买而教唆或者帮助他人拐卖妇女、儿童的行为如何定性这一问题，论者持以收买被拐卖的妇女、儿童罪和拐卖妇女、儿童罪数罪并罚的观点，主要理由在于教唆、帮助行为与收买行为是两种性质截然不同的行为。[③] 付立庆教授认为：我国《刑法》第 240 条第 1 款第 3 项规定，奸淫被拐卖的妇女的，按照拐卖妇女罪加重处罚；那么，奸淫被拐卖的幼女的，该如何定罪量刑？如坚持认为这时的幼女属于“儿童”而不属于“妇女”，则无论如何处理都无法在定罪准确和量刑均衡上两全；只有放弃刑法用语的统一性，认为《刑法》第 240 条第 1 款第 3 项规定中的“妇女”应该包括“幼女”，才能保证刑事处罚的合理性。[④] 学者董文辉认为：介绍买卖妇女、儿童行为可作为买卖妇女、儿童犯罪的共同犯罪处理；司法实践中应结合行为人对买卖双方所持帮助故意及其支配下的介绍行为的具体情况对其共犯形态进行判断，在帮助买卖一方故意支配下实施介绍行为的，按拐卖妇女、儿童罪或者收买被拐卖的妇女、儿童罪的帮助犯定性处罚；在帮助买卖双方故意支配下实施介绍行为的，按想象竞合犯的处罚规则，从一重处断；介绍卖淫罪、介绍贿赂罪不是将介绍行为入罪的有力例证，没有必要将介绍买卖妇女、儿童行为独立成罪。[⑤] 李延军教授则对拐卖妇女、儿童关联职务犯罪的认定问题作了剖析，有助于清楚认识阻碍解救被拐卖、绑架妇女、儿童罪与聚众阻碍解救被拐卖、绑架妇女、儿童罪，妨碍公务罪，帮助犯罪分子逃避处罚罪等相关犯罪的区别。[⑥]

此外，学者贾学胜对拐卖人口犯罪进行了犯罪学分析，并进而从刑事政策方面提出了对策：大力发展经济，从根本上消除导致此类犯罪的原因；动用刑罚；加强对家庭成员的内部教育；加强对服务行为的治安管理，建立健全服务行为的治安保卫网络。该论者进而讨论了拐卖妇女、儿童是否以违背被害人意志为前提。对此主要有“肯定说”和“否定说”两种观点，但“肯定说”的观点还不够坚定和彻底，理由是：如果公民自愿让别人出卖自己，“拐卖”行为就不能说侵犯了其人身自由权利；拐卖妇女、儿童罪的犯罪客体应该是公民的人身自由权利而不是人身的不可买卖性；如果“拐卖”行为是被害人同意的，

---

① 胡云腾，刘科．拐卖妇女、儿童既遂与未遂的认定问题．中国刑法学年会文集：第二卷 实务问题研究（下册）．北京：中国人民公安大学出版社，2004：1158-1165.

② 马长生，刘润发．关于贩卖妇女、儿童犯罪的司法问题．中国刑法学年会文集：第二卷 实务问题研究（下册）．北京：中国人民公安大学出版社，2004：1129.

③ 胡东飞．收买被拐卖的妇女、儿童罪的罪数问题研究．中国刑法学年会文集：第二卷 实务问题研究（下册）．北京：中国人民公安大学出版社，2004：139.

④ 付立庆．拐卖幼女并奸淫行为之定罪量刑．法学，2007（10）．

⑤ 董文辉．介绍买卖妇女、儿童行为的性质认定．法学，2014（3）．

⑥ 李延军．拐卖妇女、儿童罪关联职务犯罪认定中的几个问题．中国刑法学年会文集：第二卷 实务问题研究（下册）．北京：中国人民公安大学出版社，2004：1145.

会使该罪成为无被害人犯罪。而对于出卖亲生子女的行为，他认为实践中为了营利而出卖亲生子女或者靠出卖亲生子女脱贫致富的行为，均应按拐卖儿童罪定罪处罚。①

八、侮辱罪、诽谤罪

随着互联网自媒体等新兴信息传播途径的出现，个人发表公共言论的方式更加便捷，由此产生的问题就是，到底应当如何在立法模式与司法适用上平衡言论自由与侮辱、诽谤的界限。对此，学界近年来在立法政策与司法理念层面进行了深入的研究，但并未在较大范围内形成基本共识。由此，如何在司法适用上理解侮辱罪、诽谤罪的犯罪构成也是众说纷纭。

例如，在立法政策与司法理念层面②，张明楷教授指出：根据宪法与刑法的关系，以及言论的社会价值与刑法的具体规定，可以将言论自由与刑事犯罪分为四类进行讨论：第一，损害宪法确立的宪法秩序的言论，不可能被宪法保护，而且会被刑法禁止，如煽动分裂国家的言论、煽动恐怖主义言论；第二，刑法不禁止且宪法所保护的言论。宪法规定言论自由的核心目的是政治性的，即公民通过发表言论参与公共事务的管理，不成立刑事犯罪；第三，宪法不保护的言论并不当然成立犯罪，只有当宪法不保护的言论被刑法分则类型化为构成要件时，才可能作为犯罪处理；第四，言论自由是依背景而定和有条件的，对于通常情况下可以发表的言论，需要根据个案的特殊情境判断宪法是否保护、刑法是否禁止。例如，刑法规定了七种具体的煽动罪，但对于煽动罪的认定不能过于形式化，必须充分考虑言论自由的宪法价值，尽可能保护利益主体的诉求表达，肯定人民的“小额反抗权”。上述四类情形都存在边界问题，各类之间的界限只具有相当性。③

在司法适用层面，有多位学者发表相关论文④，其中不乏学术权威。高铭暄教授认为，网络诽谤构成诽谤罪应坚守诽谤罪的构成要件标准；诽谤罪的客体是公民的名誉权而非社会秩序和国家利益；“两高”的司法解释将“散布他人捏造的诽谤信息”解释为诽谤行为有违背罪刑法定原则之嫌，应通过修改刑法增加此种行为方式；诽谤罪的主观方面包括间接故意；增加“散布于众”之目的要件以限制诽谤罪处罚范围。⑤

---

① 贾学胜．拐卖妇女、儿童犯罪的刑事政策分析．中国刑法学年会文集：第二卷 实务问题研究（下册）．北京：中国人民公安大学出版社，2004：1088.

② 于冲．网络诽谤刑法处置模式的体系化思考．中国刑事法杂志，2012（3）；黄华生，胡勇．论诽谤罪的滥用及其免责条款的增设．刑法论丛，2012（4）；李大勇．谣言、言论自由与法律规制．法学，2014（1）；孙平．诽谤罪与言论规制“调适期”．环球法律评论，2014（3）；庄乾龙．论虚拟空间刑事法网之扩张与克制．刑法论丛，2014（2）；王涛．网络公共言论的法治内涵与合理规制．法学，2014（9）；周安平．公私两域谣言责任之厘定．法制与社会发展，2015（2）；蔡曦蕾．谣言刑事规制对比考察．国家检察官学院学报，2015（2）；蔡曦蕾．论毁誉犯罪的特殊对象．环球法律评论，2016（3）；许玉镇，肖成俊．网络言论失范及其多中心治理．当代法学，2016（3）；刘宪权．网络谣言、传谣行为刑法规制体系的构建与完善．法学家，2016（6）.

③ 张明楷．言论自由与刑事犯罪．清华法学，2016（1）.

④ 陈姗姗．论诽谤罪的价值抉择与检验逻辑．中国刑事法杂志，2008（1）；孙万怀，卢恒飞．刑法应当理性应对网络谣言．法学，2013（11）；李晓明．诽谤行为是否构罪不应由他人的行为来决定．政法论坛，2014（1）；赵远．“秦火火”网络造谣案的法理问题研析．法学，2014（7）；杨柳．“诽谤信息转发500次入刑”的法教义学分析．法学，2016（7）.

⑤ 高铭暄，张海梅．网络诽谤构成诽谤罪之要件．国家检察官学院学报，2015（4）.

再如，张明楷教授认为：司法解释关于“明知是捏造的损害他人名誉的事实，在信息网络上散布，情节恶劣的，以‘捏造事实诽谤他人’论”的规定，属于平义解释而非类推解释；作为诽谤罪对象的“他人”并不排斥公众人物，但根据我国宪法的规定，刑法必须适当降低对公众人物名誉的保护规格；司法解释关于网络诽谤“情节严重”规定的缺陷，不在于客观归罪与扩大处罚范围，而在于不当缩小了网络诽谤的处罚范围；“告诉的才处理”并不意味着必须由被害人自诉，而是指不得违反被害人的意愿进入刑事诉讼程序。①

再如，付立庆教授认为：明知是他人捏造的事实而恶意予以散布以败坏他人名誉的行为如何定性，在刑法理论上存在不同的理解；无论其被认为构成诽谤罪的正犯还是共犯，都存在解释上难以跨越的障碍；同时，将此行为定性为侮辱罪也会带来新的问题，甚至有将侮辱罪视为口袋罪之嫌；尽管这样的恶意散布行为在情节严重时具备刑法上的可罚性，但在现行刑法的规定面前，对类似行为只能作无罪处理；通过立法变动将类似行为纳入诽谤罪是十分必要的。②

九、侵犯公民个人信息罪

近年来，随着互联网技术的飞速发展与大数据的运用，个人信息刑法保护的议题逐渐进入公众视野。学界近年来对侵犯公民个人信息的行为也有较为深入的研究和探讨。学者顾静薇、周健、王英杰、赵宁认为，《刑法修正案（七）》将侵犯公民个人信息的犯罪行为纳入刑法调整范围，由于该修正案对该行为的规定比较原则和概括，特别是对于如何认定公民个人信息的范围、如何界定情节严重的标准等都没有明确规定，也未有相关司法解释予以完善，导致司法实践中法律适用疑问很多；侵犯公民个人信息的犯罪对象仅指自然人的信息，不包括法人和其他组织的信息，犯罪主体不应仅限于利用公权力采集信息的单位和个人；“非法获取公民个人信息”是指违反法律禁止性规定，窃取、收买、交换或以其他不正当方法获取公民个人信息的行为；认定“情节严重”应结合犯罪事实、犯罪情节、危害后果进行综合考量。③ 学者付强也认为，非法获取公民个人信息罪在当前的司法实践中存在一定的司法困境；主要体现为在公民个人信息的判定上存在疑问、手段非法的证明上存在疑难，同时对于情节严重要件的把握尚无一致性意见；应当运用目的性解释的方法，综合本罪的法益来实现对罪状的合理解释；运用司法推定，实现对于获取手段非法性的证明；综合全案证据，全面把握情节严重要件；在非法获取公民个人信息罪的认定思路上，应当坚持以公民信息的私密性认定为中心。④

（一）个人信息的范围

《刑法修正案（七）》未对“个人信息”范围进行确定，学者们对此众说纷纭。郑飞教授认为可以包括自然人的以下情况：基本情况、健康状况、其他社会活动及其他可以识别

① 张明楷．网络诽谤的争议问题探究．中国法学，2015（3）．

② 付立庆．恶意散布他人捏造事实行为之法律定性．法学，2012（6）．

③ 顾静薇，周健，王英杰，赵宁．论侵犯公民个人信息犯罪的司法认定．政治与法律，2012（11）．

④ 付强．非法获取公民个人信息罪的认定．国家检察官学院学报，2014（2）．

该人的信息。但还要注意的是，法定公开的个人信息以及个人自愿公开的有关个人信息不能成为本罪的犯罪对象。[①] 郭理蓉教授以《个人信息保护法（专家建议稿）》为依据，认为个人信息的范围除了个人姓名、住址、出生日期、身份证号码、医疗记录、人事记录、照片外，还包括个人的血型、指纹、声纹、电话号码，以及与商业活动有关的资料如收入状况、银行账户、信用卡号、保险情况等。[②] 学者刘源、陈玲立足于刑法的第二次性质，认为应当从民法的规定来限定本罪中个人信息的范围。根据《民法通则》等相关规定，在我国与身份信息有关的公民人身权利一般包括：姓名权、肖像权、名誉权、荣誉权、隐私权等，因此，围绕这些权利而展开的具有一定物质载体形式的身份信息则应成为法律保护的客体，包括个人姓名、指纹、声音、视网膜图像、虹膜图像、DNA 档案职业、职务、年龄、婚姻状况、种族、学历、学位、专业资格、工作经历、住址、电话号码、书面签名、电子签名、数字签名、社会保障卡号、信用卡号、网上登录密码等身份信息。这些信息都应当成为身份信息犯罪的对象。[③]

（二）犯罪主体问题

关于本罪的犯罪主体的理解，郑飞教授认为对本罪的犯罪主体应当作扩大解释，将大量收集公民个人信息的单位均纳入本罪的主体范畴，对其非法提供行为进行刑法的规制，才能实现对个人信息的全面保护。[④] 贾凌教授则指出，《刑法修正案（七）》第 7 条的犯罪主体，应作一般主体的理解，刑法规范之所以采取列举法，只是因为想强调哪些是常见的主体，这样有助于理解法律条文，方便司法机关在司法实践上的适用。[⑤] 学者马改然则基于《刑法修正案（九）（草案）》的立法背景和刑法解释论的立场，指出出售公民个人信息罪的法益是个人信息权，其不同于一般人格权，属于具有财产属性的人格权；本罪的客观行为即出售应不以对价为要件，其行为对象是财物，采纳“财产性利益说”；为了最大范围地保护公民个人信息，出售公民个人信息罪的主体范围应进行扩大，规定为一般主体。[⑥]

（三）犯罪客体问题

论及侵犯公民个人信息罪的犯罪客体时，李富友教授认为，本罪侵犯的客体是公民的信息隐私权。[⑦] 唐稷尧教授指出，刑法在这里确立了一种新类型的人身权利——个人信息自主权，即依照法律自主决定个人信息的收集、存储、加工、识别及传播、利用的权利，

---

① 郑飞，屈雅媛.《刑法修正案（七）》第 7 条适用若干问题研究. 中国法学会刑法学研究会 2009 年年会论文集：1249.

② 郭理蓉. 网络时代个人信息的刑法保护——兼评《刑法修正案（七）》第 7 条. 中国法学会刑法学研究会 2009 年年会论文集：1283.

③ 刘源，陈玲. 国外身份信息犯罪的立法发展与借鉴——评《刑法修正案七》第 7 条规定. 中国法学会刑法学研究会 2009 年年会论文集：1294-1305.

④ 同①1254.

⑤ 贾凌，常秀娇. 解读侵犯公民个人信息罪. 中国法学会刑法学研究会 2009 年年会论文集：1327-1334.

⑥ 马改然. 出售公民个人信息罪相关问题研究. 刑法论丛，2015（2）.

⑦ 李富友，李静. 侵犯公民个人信息犯罪初探. 中国法学会刑法学研究会 2009 年年会论文集：1258.

非经法律许可或信息权利人允许，不得收集、存储、加工、识别传播、利用个人信息。[①] 孙平教授认为，本罪侵犯的客体是“个人信息控制权”，这不仅符合现代隐私权的发展方向，而且可以更好地保障公民个人信息。[②] 黄立教授则认为，出售、非法提供个人信息罪所侵犯的客体包括公民的个人信息所有权和使用权；而非法获取个人信息罪侵犯的客体则是复合客体，不仅侵犯公民的个人信息所有权和使用权，而且亦破坏国家机关或者金融、电信、交通、教育、医疗等单位的正常工作秩序。本罪的对象是特定的公民个人信息。[③] 学者融鹏、任卫鹏认为，本罪侵犯的客体应当是复杂客体，既侵犯了公民的个人信息所有权和使用权，同时也损害了国家机关或者金融、电信、交通、教育、医疗等单位的正常工作秩序。[④]

（四）“情节严重”的认定

根据我国《刑法》第 253 条之一关于侵犯公民个人信息罪的规定，“情节严重”是本罪的犯罪成立条件之一。学者利子平、周建达认为：鉴于公民个人信息被滥用的现象日益严重，对公民个人的信息安全和生活安宁造成了极大的危害，《刑法修正案（七）》适时增设了非法获取公民个人信息罪；但是，本罪采取的是情节犯的立法模式，同时未有相应的司法解释配套，也欠缺相关的理论研究，导致实务中对“情节严重”的判断标准存在不同的理解和认定。故而，有必要在考察情节犯基本原理与本罪一般规律的基础上，采取单一标准与综合标准相结合的解释模式，将本罪的“情节严重”明确化和规范化。[⑤] 郑飞教授认为，本罪的“情节严重”具体情形包括：非法获取或者向他人非法提供公民个人信息的数量比较大；致使个人信息大量流向境外的；造成信息权利人的重大人身损害或者重大财产损失的；利用非法获取的个人信息进行违法犯罪活动的；行为人虽仅侵犯少数特定人的个人信息，却给权利人带来严重的精神财产损害，或者对其生活造成严重影响的；反复多次实施非法提供和非法获取个人信息行为的。[⑥] 孙平教授则认为，“情节严重”主要可以从以下几个方面认定：一是所侵犯的信息数量；二是行为人实施此种行为的次数，次数的多少直接决定了行为人的人身危险性大小，数次行为中并不要求每一次行为都构成犯罪，可以是其中一次或几次构成了犯罪但未受到追诉，也可以是每次行为都未构成犯罪但累计起来达到情节严重；三是给被害人人身或财产造成严重损害；四是行为人是否放任他人利用其所侵犯的个人信息实施其他犯罪。[⑦] 李风梅教授指出，应当从信息量、信息的重要程度、

---

① 唐稷尧，王燕莉．侵犯公民个人信息犯罪若干问题研究．中国法学会刑法学研究会 2009 年年会论文集：1320-1326.

② 孙平，刘靖．《刑法修正案（七）》关于侵犯个人信息罪的理解与适用问题探讨．中国法学会刑法学研究会 2009 年年会论文集：1264-1272.

③ 黄立．对个人信息犯罪的几点理解．中国法学会刑法学研究会 2009 年年会论文集：1288-1293.

④ 融鹏，任卫鹏．从人肉搜索来看我国《刑法修正案（七）》对公民个人信息的保护．中国法学会刑法学研究会 2009 年年会论文集：1348-1356.

⑤ 利子平，周建达．非法获取公民个人信息罪“情节严重”初论．法学评论，2012（5）．

⑥ 郑飞，屈雅媛．《刑法修正案（七）》第 7 条适用若干问题研究．中国法学会刑法学研究会 2009 年年会论文集：1253.

⑦ 同②1267.

信息的影响力、行为的次数来认定"情节严重"[①]。学者刘源、陈玲则认为，"情节严重"应包括：其一，为牟利的目的出售信息，牟利数额巨大的；其二，出售、非法提供和非法获取的具有重大影响身份信息的；其三，多次实施的；其四，因为身份信息被泄露而对权利人产生重大影响的；其五，身份信息被用于其他严重犯罪，造成严重后果的。当然，"情节严重"的具体情形可以根据司法实践通过法律解释的方式不断完善。[②] 唐稷尧教授则从非法获取或不法披露公民个人信息行为所涉及的规模与程度，以及非法获取或不法披露行为对权利主体所造成的客观损失，两个方面探讨关于"情节严重"的判断。[③]

（五）刑事政策的考量

在刑事政策层面，学者林荫茂认为，《刑法修正案（五）》中关于信用卡信息犯罪链的立法规范对司法实践有着重要的指导作用；基于犯罪链视角，将身份信息犯罪区分为广义和狭义：广义的身份信息犯罪是指"与身份信息有关的犯罪"，包括身份盗窃、身份伪造和身份欺诈；狭义的身份信息犯罪是指身份盗窃和身份伪造，但不包括身份欺诈。值得注意的是，狭义的身份信息犯罪不以欺诈目的为要件。[④] 学者吴允锋认为：在我国，起草和颁布《个人信息保护法》正受到专家学者及普通大众越来越多的关注，而与此同时，有关侵犯个人信息权的刑法惩治已被先行列入立法议程并进入征求意见阶段；根据《草案》第6条的规定，立法者拟在《刑法》第253条后增加一条，作为第253条之一"国家机关或者金融、电信、交通、教育、医疗等单位的工作人员，违反国家规定，将本单位在履行职责或者提供服务过程中获得的公民个人信息，出售或者非法提供给他人，情节严重的，处3年以下有期徒刑或者拘役，并处或者单处罚金；窃取、收买或者以其他方法非法获取上述信息，情节严重的，依照前款的规定处罚。"[⑤] 学者袁彬认为："人肉搜索"入刑符合我国刑法的这一功能转型趋向；"人肉搜索"的主体包括搜索行为的发起者、公民个人信息的提供者和搜索服务的提供者，其中公民个人信息的提供者是"人肉搜索"定型化行为的责任主体；"人肉搜索"的责任主体模式存在分散模式与统一模式之分；当前情况下，分散模式符合我国刑法功能转型的现实需要，我国应考虑在《刑法》第253条之一第1款之外，设置一个普通的"非法提供公民个人信息罪"[⑥]。

十、虐待罪

虐待罪也是近年来屡屡频发的犯罪，其中又以虐待儿童为甚，这种骇人听闻的事件经

① 李风梅．信息社会的刑法保障——《刑法修正案（七）》第7条之解读．中国法学会刑法学研究会2009年年会论文集：1279.

② 刘源，陈玲．国外身份信息犯罪的立法发展与借鉴——评《刑法修正案（七）》第7条规定．中国法学会刑法学研究会2009年年会论文集：1294-1305.

③ 唐稷尧，王燕莉．侵犯公民个人信息犯罪若干问题研究．中国法学会刑法学研究会2009年年会论文集：1320-1326.

④ 林荫茂．从信用卡犯罪看身份信息犯罪．政治与法律，2008（9）.

⑤ 吴允锋．个人身份信息刑法保护的是与非．法学，2008（12）.

⑥ 袁彬．"人肉搜索"的刑事责任主体及其责任模式选择．政治与法律，2014（12）.

常出现在新闻报道当中。学界也有多位研究者对虐待罪的相关问题发表了中肯的意见。①

例如，高铭暄教授认为：只有最大限度地实现虐待罪被害人追诉权利的保障、虐待罪被害人追诉意愿的尊重以及国家特定社会秩序的维护三者关系的平衡，才能合理划定虐待罪“告诉才处理”的适用范围：“没有能力告诉”这一句话的扩大解释，使得虐待罪被最大限度地划入公诉领域，同时也保障了被害人的追诉权利；法律规范赋予被害人自诉或公诉的程序选择权，也是尊重被害人追诉意愿的体现；“因受到强制、威吓无法告诉”除外规定的立法变化反映出立法者突出被害人合法权益保护与特定社会秩序维护的价值倾向，对于“因受到强制、威吓无法告诉”的虐待案件应当一律予以公诉处理。②

再如，学者何剑认为：近年来，“虐童”事件频发，强化对“虐童”的刑法规制势在必行；从必要性上看，在我国现行法律框架下规制“虐童”行为存在突出困境；一方面，非刑事性儿童立法呈现出“静态化”的缺弱；另一方面，刑事立法保护儿童功能缺失；着眼于我国当前国情，全面移植发达国家或地区的制度经验，构建防治儿童虐待综合管理体系尚不具有现实可能性；恰当运用刑法的威慑力，既可以更好地“对接”我国相关儿童立法中涉及的刑事责任，又足以“补强”我国社会转型期儿童保护立法整体上的缺陷；从可行性上看，一方面，世界其他国家或地区已有通过刑法规制“虐童”行为之立法先例；另一方面，国内积极有利的因素包括：关注未成年保护的良好法制氛围；我国现行刑法中针对“虐童”行为潜力较大的储备资源；在当前，刑法规制“虐童”行为客观上存在两种思路：设立“虐待儿童罪”或修正虐待罪；两种思路各有千秋，当务之急是尽快将虐待儿童的行为更有效地纳入刑法的调整中来。③

又如，学者于改之认为：为了有效防止儿童虐待，日本已经建立起一套完整、成熟的儿童虐待法律保护体系；反观中国，由于规制儿童虐待的法律之不足，儿童虐待未得到有效抗制；对于非家庭成员实施的儿童虐待行为，刑法中也无合适的罪名加以处罚；因此，完善儿童虐待的法律保护体系势在必行。④

---

① 夏勇，郭宁．幼师虐童行为的入罪问题．刑法论丛，2014（1）；徐立，周远秋．“幼儿园喂药”问题的刑法规制．刑法论丛，2015（1）．

② 高铭暄，李彦峰．虐待罪“告诉才处理”除外规定的司法适用．法学，2016（11）．

③ 何剑．论“虐童”行为的刑法规制．中国刑事法杂志，2013（2）．

④ 于改之．儿童虐待的法律规制．法律科学，2013（3）．

第十二章 侵犯财产罪

一、侵犯财产罪的一般问题

（一）占有

占有部分的第一个问题是占有概念的事实性与规范性。车浩教授认为，占有概念具有事实与规范的二重性。事实性是指在认定占有的建立和存续时，作为必要条件的事实层面的控制力。规范性包括两层含义：一是指以社会一般观念为内容的规范性视角，是判断事实控制力有无时的观察工具。二是指以法律、道德或社会习俗等为内容的规范性秩序，是确认占有归属时评判控制力重要性的基准。占有的有无以事实控制力为必要条件，占有的归属以规范认同度为评判基准。以“法律支配”或者“占有权利/利益”为表现形式的纯粹规范化的占有概念，在法学方法论和罪刑法定原则上均存在疑问。此外，从占有的事实因素与规范因素的角度，分别去挖掘被害人发觉/监视与贴身禁忌的教义学意蕴，对于解决盗窃罪既未遂中的疑难问题具有重要意义。[①] 学者马寅翔支持规范性的占有概念[②]，学者梁云宝则倡导缓和的事实性占有概念。[③] 学者徐凌波以德日刑法教义学为视角，对盗窃罪中占有主体对财物的支配状态进行了法理分析[④]，学者王永茜分析了现代刑法中传统的占有概念受到的三个新的挑战。[⑤]

占有部分的第二个问题是对占有的认定。黎宏教授认为，刑法上的占有必须是事实上的占有，并且要达到实际控制、支配的程度。占有的客观要素是实际支配或者控制，主观要素是占有意思。在数人处于平等关系，出于共同占有的意思相互配合、相互协作，共同对财物进行支配的场合，一方违反他方的意思，排除他方对财物的占有的场合，成立盗窃。受雇佣的店员是否属于上下主从关系中的“下位者”即“占有辅助人”不能一概而

---

① 车浩．占有概念的二重性：事实与规范．中外法学，2014（5）.

② 马寅翔．占有概念的规范本质及其展开．中外法学，2015（3）.

③ 梁云宝．财产罪占有之立场：缓和的事实性占有概念．中国法学，2016（3）.

④ 徐凌波．盗窃罪中的占有——以德日比较为视角的考察．刑事法评论，2014（2）.

⑤ 王永茜．刑法上占有概念的再构造．刑法论丛，2015（4）.

论。包装物之内的内容为委托人占有，而包装物本身则为受托人单独占有，因此，在受托人侵吞包装物整体的时候，就是对作为内容的财物的盗窃和对包装物的侵占，后者为前者所吸收，二者之间成立想象竞合的关系。杀人取财行为成立抢劫罪必须满足特定条件。将被害人杀死之后产生夺取财物意思的，由于死者没有占有，该行为应为侵占罪。无关的第三人获得死者财物的，构成侵占罪。储户对于其账户内的金钱具有实质上的支配和控制。由于某种原因而进入储户的账户之内、本不属于其所有的财物，对于储户而言属于不当得利，储户必须返还；拒绝返还的场合，一定条件下，构成侵占罪。[①] 学者孙运梁、杜文俊、马寅翔、白洁也分别就占有的认定问题发表了自己的观点。[②]

占有部分的第三个问题是“非法占有目的”的含义及该目的在认定财产犯罪中的必要性。大部分学者赞成“非法占有目的”必要说。

张小虎教授认为，立于双层多阶犯罪构成理论体系，非法占有目的系独立于盗窃罪之故意的主观要素，因此不应仅将盗窃罪的法定构成限定为直接故意。在具体内容上，非法占有目的是指“排斥他人对其财物的控制而获得对该财物类似所有人的控制”以及“取得财物本体与财物经济价值”的意图。非法占有目的与使用意图、挪用目的、毁损目的、牟利目的等均有不同，因而成为盗窃罪与相关犯罪界分的一项重要标志。[③]

王莹副教授侧重于非法占有的对象，指出德国刑法的通说是以物的存在形式为主、（狭义的）物的价值说为辅的“综合说”，物的价值限定在与物的功能属性相关的价值，即其本来的用途，或者物客观上固有的使用可能性。德日刑法判例与学说均否认盗窃罪的非法占有必须是永久或长久的占有。她倡导利用这一理论对盗窃罪的非法占有目的所针对的对象进行界定，提出以盗窃罪的规范保护目的思想认定狭义的物的价值说中的“特殊价值”，同时就一些具体情形进行了分析。[④]

赞成“非法占有目的”必要说的学者还有徐凌波、蒋铃、张开骏、桂亚胜等。[⑤] 而持“非法占有目的”不要说的学者有尹晓静等。[⑥]

占有部分的第四个问题是占有是否属于财产犯罪的法益。

持肯定态度的学者中，陈洪兵教授主张占有说和经济的财产说，认为不管侵害的是否合法占有，原则上都符合财产罪的构成要件，只是可以在违法性阶段考虑存在自救行为而阻却违法性。[⑦] 杜文俊则侧重于非法取回财物行为的性质，认为根据财产犯罪的保护法益

---

① 黎宏．财产犯中的占有．中国法学，2009（1）．此外，对存款占有归属的讨论，还请参见袁国何．错误汇款的占有归属及其定性．政法论坛，2016（2）；黑静洁．存款的占有新论．中国刑事法杂志，2012（1）．

② 孙运梁．选言式而非连言式：财产犯中占有概念的界定路径．政治与法律，2016（1）；杜文俊．财产犯刑民交错问题探究．政治与法律，2014（6）；马寅翔．民法中辅助占有状态的刑法解读．政治与法律，2014（5）；白洁．刑法中占有的认定．政治与法律，2013（12）．

③ 张小虎．论盗窃罪的非法占有目的要素．法学杂志，2014（12）．

④ 王莹．盗窃罪“非法占有目的”对象刍议．中外法学，2015（6）．

⑤ 徐凌波．论财产犯的主观目的．中外法学，2016（3）；蒋铃．论刑法中“非法占有目的”理论的内容和机能．法律科学，2013（4）；张开骏．盗窃物品以勒索钱款的犯罪认定与处罚——从剖析非法占有目的入手．政治与法律，2015（3）；桂亚胜．论事后的非法占有目的．法商研究，2012（4）．

⑥ 尹晓静．财产犯罪中的非法占有目的之否定——“侵害占有、建立占有”客观分析之提倡．政治与法律，2011（11）．

⑦ 陈洪兵．论经济的财产损害——破解财产罪法益之争的另一视角．刑事法评论，2013（1）：534-558.

可将行为人分为与财物无关的第三人和所有权人分别判断。[①] 胡东飞从刑法与民法的关系的视角进行了分析。[②]

持否定态度的学者中，车浩教授认为，一方面，占有不是普遍存在于所有财产犯罪中的概念，另一方面，占有也不是盗窃罪的法益。破坏占有本身并不必然具有违法性，因而占有不可能成为一个独立的保护对象。关于“被害人”的刑法规定以及关于“家庭成员或者近亲属”的司法解释，只适用于财物所有人而不适用于占有人。承认占有是法益会与刑法对所有权人的保护发生冲突。在司法实践中，窃取他人占有的本人财物不构成盗窃罪，能够得到判例传统的支持。[③] 此外，学者高翼飞则明确为本权说辩护。[④]

在关于财产犯罪保护法益的争论中，江溯副教授舍弃了以“所有权（本权）/占有”这一框架为基础的视角，采取了以刑法上的财产概念为出发点的视角，认为我国关于财产犯罪采取的是法律——经济的财产说，以此来考察是否存在法秩序所保护的财产，可以解决违禁品是否可以作为财产犯罪的行为客体，所有人擅自取回他人合法占有的本人财产、不法原因给付以及权利行使的情形下是否成立财产犯罪等问题。[⑤]

付立庆教授亦从刑法上的财产概念出发，认为对于刑法上的“财产”概念，虽然在国外也存在法律财产说等主张，但在我国则主要是法律经济财产说和经济财产说的对立。经济财产说不仅具有违法判断的相对性等较为充分的理论支撑，而且也在一定意义上得到了中国司法实务的具体印证，总体上具有合理性。同时，特殊物品对被害人所具有的“情感价值”可谓是一种经济价值，这也就构成了对传统经济财产说的修正。经济财产说虽然存在不少批评，但都可以化解；《刑法》第 92、93 条的规定，不足以成为经济财产说的立法障碍。刑法是否介入财产权的保护也无需完全依赖于民法的判断，因为民法和刑法的评价存在不同。同时，平等保护原则对于财产权的刑法保护具有重要的指引作用。刑法介入财产权的保护既要慎重又要积极，不能借口刑法的最后手段性和补充性而矮化刑法在财产权保护中的定位和功能。[⑥]

蔡桂生助理教授认为，以“物”作为前提的本权说、占有说和中间说与我国的司法实践现状存在距离，收支计算式的纯粹的经济财产说、法律·经济的财产说、机能的财产说等方案更适宜用于描述我国刑法中的“财产”。法律·经济的财产说具有规范化的考虑，在论理上具有优势。[⑦]

（二）财产性利益

财产性利益涉及的问题是其能否成为财产犯罪的对象。

---

① 杜文俊. 我国财产犯罪法益保护理论再考察及修正——以审判实践及本土刑法文化为视角. 政治与法律，2016（3）. 相反观点，徐光华，郭晓红. 我国财产犯罪的保护法益应坚持所有权说——以非法取回自己所有而为他人占有的财产类案例的“同案异判”为例. 政治与法律，2013（3）.

② 胡东飞. 财产犯罪的法益——以刑法与民法之关系为视角. 刑法论丛，2014（2）：286-313.

③ 车浩. 占有不是财产犯罪的法益. 法律科学，2015（3）.

④ 高翼飞. 侵犯财产罪保护法益再探究——为本权说辩护. 中国刑事法杂志，2013（7）.

⑤ 江溯. 财产犯罪的保护法益：法律—经济财产说之提倡. 法学评论，2016（6）.

⑥ 付立庆. 论刑法中的财产概念. 中国人民大学学报，2018（2）；付立庆. 论刑法介入财产权保护时的考量要点. 中国法学，2011（6）.

⑦ 蔡桂生. 刑法中侵犯财产罪保护客体的务实选择. 政治与法律，2016（12）.

持肯定说的学者以张明楷教授、黎宏教授为代表。张明楷教授认为，德国、日本等国刑法明确区分了财物与财产性利益，我国刑法未作此区分，故不能按照德国、日本的刑法规定确定我国刑法中的财物的外延；在我国刑法中，财物应当包括财产性利益；盗窃罪的对象既可以是财物，也可以是财产性利益。但是，盗窃财产性利益的盗窃罪必然符合“盗窃”要件。逃避债务的行为不符合“盗窃”特征，盗用他人交通工具或者盗窃欠条的行为，成立对交通工具或者欠条的盗窃，而不是对财产性利益的盗窃。盗用他人交通工具或者盗窃欠条的行为，可以按行为人所取得的经济价值计算盗窃数额。[①] 对于侵害他人不动产的案件，需要区分行为对象是不动产本身还是不动产的产权，进而确定侵害行为的性质。[②]

黎宏教授也认为，从刑法解释、相关法条的协调平衡以及处罚的妥当性的角度来看，应当提倡财产性利益可以成为盗窃罪对象的肯定说。只是有必要对取得财产性利益的内容加以限定。只有在该盗窃或者偷逃行为，使得被害人已经不太可能向行为人索要该财产性利益，反过来说，行为人已经现实、具体地获得了该财产性利益的场合，才可能构成盗窃罪。根据这一观点，食客在餐厅用餐之后偷偷溜走、逃避付费的行为，实际上是破坏店家的债权（餐费）请求权而获得了不用支付餐费这种财产性利益，应当而且能够以现行刑法中的盗窃罪对其加以应对。但与张明楷教授不同，黎宏教授认为，为赖账而盗窃欠据或者借条的行为，只能构成侵占罪；盗用他人房屋或者汽车等的，对于该房屋或者汽车的使用价值，可以构成（利益）盗窃罪。[③]

持肯定说的学者还有王骏、马卫军、肖松平、张红昌等。[④] 持否定说的学者有姚万勤、陈鹤等。[⑤]

王莹副教授另辟蹊径，认为现有的肯定说与否定说均存在不足之处。她在借鉴德国“狭义的物的价值说”理论的基础上，提倡应采用“介入行为标准”说。根据该说，应当区分财产性利益载体这一物的存在形式与其所体现的价值（即所谓财产性利益），以转移占有财产性利益载体与转移占有该财产性利益之间是否需要实施其他行为为标准，划定盗窃罪非法占有对象的范围以及盗窃罪构成要件的边界：如果占有物的存在形式即取得了其特殊功能或对该特殊功能的支配可能性，中间不需要其他行为介入（主要是欺诈行为），则该特殊功能就是物的价值，可以成为盗窃罪非法占有的对象。[⑥]

（三）虚拟财产

虚拟财产部分主要涉及对侵犯虚拟财产的行为是认定为财产犯罪还是其他犯罪（如计

---

① 学者温登平认为，应当将汽车本身的财产价值作为盗窃的数额。温登平．论使用盗窃——以盗用汽车为例．刑事法评论，2015（1）：54-90.

② 张明楷．论盗窃财产性利益．中外法学，2016（6）.

③ 黎宏．论盗窃财产性利益．清华法学，2013（6）.

④ 王骏．刑法中的“财物价值”与“财产性利益”．清华法学，2016（3）；马卫军．论抢劫罪中的财产性利益．政治与法律，2011（7）；肖松平．刑法第265条探究——兼论我国财产犯罪的犯罪对象．政治与法律，2007（5）；张红昌．抢劫罪中的财产性利益探究．中国刑事法杂志，2012（7）.

⑤ 姚万勤，陈鹤．盗窃财产性利益之否定——兼与黎宏教授商榷．法学，2015（1）；马寅翔．使用性盗窃的可罚性之否定——兼论法益与构成要件解释的关系．刑事法评论，2015（1）.

⑥ 王莹．论财产性利益可否成为盗窃罪行为对象——“介入行为标准”说之提倡．政法论坛，2016（4）.

算机犯罪或侵犯著作权罪等)。

赞成认定为财产犯罪的学者中，张明楷教授认为，将非法获取他人虚拟财产的行为认定为计算机犯罪的观点，无法处理未利用计算机非法获得他人虚拟财产的案件，存在明显的局限性。将非法获取他人虚拟财产的行为认定为财产犯罪具有合理性；国民早已知悉并频繁使用无体物、虚拟财产的概念，将虚拟财产解释为刑法上的财物，不会侵害国民的预测可能性，没有违反罪刑法定原则。对虚拟财产数额的认定与处理，应当区分不同类型：对于非法获取用户虚拟财产的行为，应当分别按官方价格或者市场价格计算犯罪数额；对于非法获取网络服务商虚拟财产的行为，在成立犯罪的前提下，宜按情节轻重量刑，而不应按虚拟财产的价值（数额）量刑。①

赵秉志教授、阴建峰副教授认为，从立法方面来看，虚拟财产应该属于刑法意义上的财产，可以对侵犯虚拟财产之犯罪行为以现行刑法中的财产罪予以规制。同时，为了弥补立法疏漏，可以增设“非法使用信息网络资源罪”、扩展《刑法》第 285 条非法侵入计算机信息系统罪的构成条件、赋予网络运营商更大的法律监管责任。而从司法角度来说，则需要在不违背现行立法、遵循罪刑法定原则的前提下，通过最高司法机关对具体应用法律问题进行解释，从而对侵犯虚拟财产的行为给以刑法规制。②

赞成认定为财产犯罪的学者还有孙道萃、徐岱、刘余敏、王军明、刘为军、禄源、刘守芬、申柳华等。③

赞成认定为其他犯罪的学者中，刘明祥教授认为，网络游戏中的虚拟财产不属于盗窃罪所能侵害的“财物”；窃取网络游戏中的虚拟财产，侵犯的也主要不是财产所有权，不符合盗窃罪的构成要件。将此种行为按盗窃罪定罪处罚会带来理论与实践上诸多无法解决的新问题。窃取网络虚拟财产行为符合非法获取计算机信息系统数据罪的构成要件，但不采取非法侵入计算机信息系统或其他技术手段非法获取虚拟财产的行为，不具备此罪的手段行为要件，不能定此罪。网络游戏运营企业的工作人员，利用职务上的便利，获取虚拟财产销售牟利，数额较大的，可以按侵犯著作权罪定罪处罚。④

侯国云教授、么惠君检察员反对将盗窃虚拟财产行为犯罪化，主张严禁虚拟财产与真实财产的交易，并增加虚实交易罪。⑤ 学者陈云良、周新认为，侵犯虚拟财产应该被认定为破坏计算机信息系统罪。⑥ 学者张凯则采取了折中的做法，认为满足基本生活所需的、有稳定价值关系的虚拟财产一般可以以财产性利益加以保护，其余的应纳入计算机相关犯罪处理。⑦

---

① 张明楷. 非法获取虚拟财产的行为性质. 法学，2015 (3).

② 赵秉志，阴建峰. 侵犯虚拟财产的刑法规制研究. 法律科学，2008 (4).

③ 孙道萃. 网络财产性利益的刑法保护：司法动向与理论协同. 政治与法律，2016 (6)；徐岱，刘余敏，王军明. 论虚拟财产刑法保护的现状及其出路. 法制与社会发展，2007 (5)；刘为军，禄源. 论网络盗号地下产业链的预防控制. 中国刑事法杂志，2012 (6)；刘守芬，申柳华. 网络犯罪新问题刑事法规制与适用研究. 中国刑事法杂志，2007 (3).

④ 刘明祥. 窃取网络虚拟财产行为定性探究. 法学，2016 (1).

⑤ 侯国云，么惠君. 虚拟财产的性质与法律规制. 中国刑事法杂志，2012 (4).

⑥ 陈云良，周新. 虚拟财产刑法保护路径之选择. 法学评论，2009 (2).

⑦ 张凯. 虚拟财产刑事保护新论——以规范视角和主体性理论的展开. 刑法论丛，2016 (1)：306-330.

（四）其他

在侵犯财产罪一章中，学者们还就《刑法》第 91 条（“公共财产”条）、第 92 条（“公民私有财产”条）[①]、刑法中的财产分类[②]、特殊财产犯罪对象[③]、强索高利贷行为的性质[④]、背信罪的法益[⑤]、财产型犯罪轻刑化的理由认知[⑥]、第三方插件的性质及刑法保护[⑦]、海盗罪的国际性和海盗罪处罚国家性的冲突与协调[⑧]、侵财次数、数额的定性作用[⑨]、侵财犯罪成罪数额问题[⑩]、数额加重犯基本问题[⑪]等进行了探讨。

二、抢劫罪

抢劫罪，是指以暴力、胁迫或其他相当方法排除、压制被害人反抗，强取财物的行为。作为侵犯财产罪一章中最为严重的犯罪，我国学界围绕其犯罪构造展开了广泛而深入的讨论，形成了丰富的文献资料。在抢劫罪中，以往广受关注的是对抢劫罪的手段行为进行解释，进而从手段上限缩本罪的适用范围并与其他财产犯罪区分开来。近年来，随着刑事立法的变动与理论研究的深入，针对抢劫罪重点探讨的是转化型抢劫（事后抢劫）（《刑法》第 269 条）的适用问题、抢劫罪的行为构造及入户抢劫。以下分别阐述之。

抢劫罪的第一个热点问题是转化型（事后）抢劫罪的适用，其中包括三个方面：一是转化型抢劫的共犯问题；二是转化型抢劫前提犯罪之范围该如何界定；三是转化型抢劫之行为人资格与未遂形态。

首先是转化型抢劫罪的共犯问题，该问题探讨的是，由于转化型抢劫由盗窃、诈骗、抢夺等前行为与其后的暴力、以暴力相胁迫等后行为两部分行为构成，因此，在部分行为人仅实施部分行为的情况下，该如何判断是否成立共同犯罪。

张明楷教授认为《刑法》第 269 条关于转化型抢劫罪的规定属于法律拟制，基于此立场，张明楷教授认为，事后抢劫由盗窃、诈骗、抢夺等前行为与暴力、以暴力相威胁的后行为构成；中途知情者参与后行为的，成立事后抢劫的共犯；没有参与实施前行为的人，中途独立实施后行为的，不成立事后抢劫；共同实施前行为的一方独立实施后行为的，应根据共同犯罪的成立条件，判断另一方是否成立事后抢劫的共犯；无责任者与有责任者共同事后抢劫的，应在认定成立“共同犯罪”的前提下，对有责任者贯彻部分实行全部责任

---

① 周旋.《刑法》第 91、92 条“财产”条款应予废止. 法学，2012（3）.

② 陈烨. 刑法中的财产分类再研究. 政治与法律，2013（1）.

③ 陈烨. 特殊财产犯罪对象问题的研究窘境及破解. 政治与法律，2015（6）.

④ 张建，俞小海. 强索高利贷行为的刑法分析. 中国刑事法杂志，2012（8）.

⑤ 谢众. 背信罪的法益研究. 政治与法律，2016（1）.

⑥ 张建军. 财产型犯罪轻刑化的理由认知：一个反思的视角. 华东政法大学学报，2014（2）.

⑦ 袁彬. 从珊瑚虫 QQ 案谈第三方插件的性质及刑法保护. 国家检察官学院学报，2008（4）.

⑧ 莫世健. 论海盗罪的国际性和海盗罪处罚国家性的冲突与协调. 当代法学，2015（3）.

⑨ 王利荣，严昕. 侵财次数、数额的定性作用——写在多次抢夺入罪之际. 刑法论丛，2015（4）：341-364.

⑩ 龙长海. 侵财犯罪成罪数额问题研究. 当代法学，2014（3）.

⑪ 王志祥. 数额加重犯基本问题研究. 法律科学，2007（4）；王志祥. 数额犯基本问题研究. 中国刑事法杂志，2007（2）.

的原则，对无责任者以缺乏责任为由，不以犯罪论处。[①]

与此不同，周啸天副教授认为转化型抢劫并非完全的法律拟制，因此认为，共犯所实现的不法决定其应承担的罪责，在前行为既遂之场合，后行为本就成立抢劫罪；在前行为未遂之场合，中途就前一场合进行参与之人，应成立事后抢劫罪，中途就后一场合进行参与之人，应不成立事后抢劫罪。[②]

其次是转化型抢劫罪的前提犯罪的范围。刘艳红教授认为，基于实质刑法立场，具有财产罪性质的特殊盗窃、诈骗、抢夺犯罪可以成立转化型抢劫罪。[③] 杨兴培教授认为，《刑法》第269条言及的盗窃、诈骗、抢夺是泛指一般的盗窃、诈骗、抢夺罪的犯罪行为，而不是特指第264条盗窃罪、第266条诈骗罪、第267条抢夺罪这些特定的犯罪行为。[④] 但张明楷教授提出不同见解，认为"犯盗窃、诈骗、抢夺罪"应当限定为犯第264条的盗窃罪、第266条的诈骗罪、第267条的抢夺罪，但只要可以评价为盗窃、诈骗、抢夺罪的行为，就都可能再成立事后抢劫罪。[⑤] 刘明祥教授认为，从罪刑法定主义的立场出发，对"犯盗窃、诈骗、抢夺罪"，只能理解为构成犯罪的情形，即行为人首先必须实施了值得科处刑罚的盗窃、诈骗、抢夺行为。如果只要实施了盗窃、诈骗、抢夺行为即可能构成事后抢劫，那么这是不利于行为人的扩张解释，是违背罪刑法定主义的。但是，成立普通抢劫罪并无数额要求，成立事后抢劫反而有数额要求，二者只是在实施暴力、胁迫与取财的先后顺序上有别而已，因此在犯罪成立条件上不应有差别。对于这样的解释明显导致的不合理结论，刘明祥教授认为，这是法条本身规定所导致的问题，应该通过立法予以修改。[⑥]

最后是转化型抢劫罪的行为人资格和未遂形态。就主体而言，刘艳红教授提倡相对刑事责任年龄人可以成为本罪主体的"非身份说"，但只有在以"暴力或者以暴力相威胁"致人重伤或死亡时才能追究行为人的刑事责任。[⑦] 张明楷教授则认为，相对刑事责任年龄人应当对转化型抢劫罪承担刑事责任。[⑧] 相反，林亚刚教授认为，限制刑事责任年龄人不能成为转化抢劫罪主体。[⑨]

就未遂形态而言，姚万勤博士认为，事后抢劫存在未遂形态，认定标准为行为人盗窃、诈骗、抢夺行为未遂并且也没有造成他人轻伤以上后果。[⑩] 刘明祥教授认为，事后抢劫仍然是侵害财产法益的犯罪，因此，应以实施暴力、胁迫行为之后，最终是否取得财物作为划分既未遂的标准，这一方面不违反既未遂只能发生在实行行为之后的理论，另一方

① 张明楷. 事后抢劫的共犯. 政法论坛，2008 (1).

② 周啸天. 事后抢劫罪共犯认定新解——从形式化的理论对立到实质化的判断标准. 政治与法律，2014 (3).

③ 刘艳红. 转化型抢劫罪前提条件范围的实质解释. 刑法论丛，2008 (1)：398-411；刘艳红. 具有财产性质的特殊盗窃、诈骗、抢夺罪可以转化为抢劫罪. 法学，2007 (4).

④ 杨兴培. 合同诈骗能否成为转化型抢劫罪的实例分析——兼论类行为的犯罪转化问题. 政治与法律，2008 (3).

⑤ 张明楷. 事后抢劫罪的成立条件. 法学家，2013 (5).

⑥ 刘明祥. 事后抢劫问题比较研究. 中国刑事法杂志，2001 (3).

⑦ 刘艳红. 转化型抢劫罪主体条件的实质解释——以相对刑事责任年龄人的刑事责任为视角. 法商研究，2008 (1).

⑧ 张明楷. 事后抢劫罪的成立条件. 法学家，2013 (5).

⑨ 林亚刚. 论抢劫罪司法认定中的几个疑难问题. 法学评论，2013 (3).

⑩ 姚万勤. 论事后抢劫罪未遂形态. 中国刑事法杂志，2011 (9).

面注重了事后抢劫的保护法益，同时，也能与认定普通抢劫罪既未遂的标准相协调。[①]

抢劫罪部分的第二个热点是抢劫罪的行为结构。

林亚刚教授认为，抢劫罪暴力针对的对象只能是人，不包括“物”。通过针对第三人实施暴力胁迫被害人的，属于对被害人胁迫。抢劫致人死亡不包括故意致人死亡，抢劫致人重伤、死亡的属于非纯正的想象竞合犯，应以抢劫罪论处。抢劫罪中的暴力行为只要足以抑制对方的反抗即可，不要求事实上抑制了对方的反抗，更不要求具有危害人身安全的性质。抢夺罪并不完全排斥作用于人身的轻微暴力。普通抢夺案件中因强拉硬拽夺取财物致人伤亡的，是想象竞合犯。[②]

付立庆教授从抢劫罪与强拿硬要型寻衅滋事罪之间的关系入手，指出强拿硬要他人财物的，可能同时符合寻衅滋事罪与抢劫罪。无论是通过法益的内容、行为的客观方面还是主观方面的限定，都只是对多数情况下两罪区别的一种描述，而无法形成明确的标准。强拿硬要型的寻衅滋事罪与抢劫罪之间存在着交叉竞合的关系，正视这一现象的存在，自觉运用竞合犯的理论处理问题，才能实现对相关行为的恰当评价和对具体案件的妥善解决。[③]

抢劫罪部分的第三个热点是入户抢劫。刘明祥教授认为，入户抢劫是抢劫罪的结果加重犯，其处刑标准明显重于普通抢劫罪，如果作扩大解释，就会使一些本来只能适用普通抢劫罪法定刑的被告人，适用加重法定刑处罚，这是违背罪刑法定主义的不利于被告人的扩张解释，因此，应对“入户抢劫”中的“户”采取严格解释。入户抢劫除了侵犯财产权益之外，还存在非法侵入住宅的问题，进而，所谓“入户抢劫”，系指非法进入他人生活的与外界相对隔离的住所而进行抢劫的情形。[④] 张明楷教授认为，入户抢劫的加重法定刑决定了对入户抢劫的成立条件必须进行限制解释；成立入户抢劫要求行为人认识自己所侵入的是“户”；入户的目的仅限于抢劫；入户方式应限定为携带凶器入户或者使用暴力、胁迫方式入户；户内成员教唆、帮助他人进入户内抢劫的，虽然他人可能成立入户抢劫，但户内成员仅承担普通抢劫罪的刑事责任。[⑤] 学者白斌和杜强强分别从宪法的价值视域对入户抢劫进行了分析。[⑥]

此外，学者们对抢劫罪的讨论还涉及对抢劫罪死刑的司法控制[⑦]、抢劫案件死刑的裁量因素[⑧]、抢劫信用卡并使用行为的性质与处罚[⑨]、抢劫罪既未遂的标准[⑩]、持枪抢劫[⑪]、

① 刘明祥．事后抢劫问题比较研究．中国刑事法杂志，2001（3）．

② 林亚刚．论抢劫罪司法认定中的几个疑难问题．法学评论，2013（3）；林亚刚．抢劫罪暴力的再考察——以司法适用为视角．中国刑事法杂志，2013（1）．

③ 付立庆．论抢劫罪与强拿硬要型寻衅滋事罪之间的关系——以孙某寻衅滋事案为切入点．法学，2015（4）．

④ 刘明祥．论抢劫罪的加重犯．法律科学，2003（1）．

⑤ 张明楷．论入户抢劫．现代法学，2013（5）．

⑥ 白斌．宪法价值视域中的涉户犯罪——基于法教义学的体系化重构．法学研究，2013（6）；杜强强．论宪法规范与刑法规范之诠释循环——以入户抢劫与住宅自由概念为例．法学家，2015（2）．

⑦ 聂立泽．我国抢劫罪死刑司法控制研究．政治与法律，2008（11）．

⑧ 党建军．抢劫案件死刑裁量因素初探．国家检察官学院学报，2013（4）．

⑨ 刘明祥．抢劫信用卡并使用行为之定性．法学，2010（11）；温登平．论抢劫信用卡并使用行为的性质与处罚．刑法论丛，2013（3）：314-315；温登平．抢劫信用卡并使用行为的定性与处罚——兼论刑法上的“充分且不重复评价”原则．刑事法评论：：第35卷．北京：北京出版社，2014：580-607．

⑩ 杨兴培．抢劫罪既遂、未遂的司法解释质疑——兼论司法解释的现实得失与应然走向．政法论坛，2007（6）．

⑪ 贺平凡，时军．粟君才等人抢劫、非法持有枪支案评析．法学，2007（7）．

携带凶器抢夺定抢劫罪[①]、“两抢一盗”犯罪法律适用的疑难问题[②]等。

三、盗窃罪

盗窃罪中的第一个热点是以许霆案为背景所引发的对盗窃罪构成要件及其与其他财产犯罪之关系的讨论。

赞成许霆的行为成立盗窃罪的学者中，张明楷教授认为，许霆的行为是否属于盗窃行为不能单纯从其行为的外表作出判断，要根据其行为是否非法转移了银行对现金的占有从而导致银行遭受财产损失得出结论。不能以刑法的谦抑性、存疑时有利于被告原则、许霆的行为属于不当得利或其他理由为根据主张许霆无罪。许霆的行为属于盗窃金融机构。[③] 陈兴良教授认为，许霆的第 1 次取款行为无争议地属于民事上的不当得利。如果构成侵占罪，应当严格地按照侵占罪的构成要件加以认定。后续的 170 次取款是在明知柜员机存在故障的情况下，出于非法占有的目的恶意取款，不是民事上的不当得利，因而不构成侵占罪。如果从客观与主观两个方面理解盗窃罪中的“秘密”，对许霆案应认定为盗窃罪。[④] 赵秉志教授、彭新林博士认为，许霆的行为不宜认定为盗窃金融机构而属普通盗窃。许霆案一审原审判处无期徒刑显属过重，而重审改判为 5 年有期徒刑，又显属矫枉过正，量刑过轻，判处 10 年左右的有期徒刑也许更为适当。[⑤] 付立庆教授认为，许霆的行为属于盗窃金融机构，无期徒刑的刑罚后果可谓过重。对于司法者而言，更应该对于立法的相关规定进行反思。就个案的具体处理来说，司法者最为智慧的做法应该是援引《刑法》第 63 条第 2 款的规定，报请最高人民法院核准，对案件减轻处罚。[⑥]

持不同观点的学者中，刘明祥教授认为，许霆的行为属于“恶意透支”的情形，构成信用卡诈骗罪。[⑦] 杨兴培教授认为，许霆后续的行为符合恶意不当得利的构成要件，应纳入民法的调整范围。[⑧] 高艳东副教授认为，许霆案应认定为侵占罪。[⑨]

还有一些学者从其他角度对许霆案进行了分析。如赵秉志教授、张心向副教授认为，“许霆案”折射出刑事裁判的不确定性问题。[⑩] 学者周安平认为，公众对于许霆的一审判决表现出强烈的对抗情绪，是因为判决已经破坏了人们心目中的大数法则，并强烈冲击了人们对维持秩序的法律体系的信任。[⑪] 学者吴情树、施琦认为，我国司法解释的过度化造就了“许霆案”审理上的困境，问题的出路在于积极导入刑事个案解释。[⑫] 学者汪明亮认为，

---

① 金泽刚. 携带凶器抢夺定抢劫罪问题研究. 刑法论丛，2012 (3)：281-315.

② 陈贵荣.“两抢一盗”犯罪法律适用疑难问题研究. 法学，2007 (4).

③ 张明楷. 许霆案的刑法学分析. 中外法学，2009 (1).

④ 陈兴良. 利用柜员机故障恶意取款行为之定性研究. 中外法学，2009 (1).

⑤ 赵秉志，彭新林. 关于许霆案件的法理问题思考. 刑法论丛，2008 (2)：281-315.

⑥ 付立庆.“利用 ATM 故障恶意取款案”法律性质辨析. 法学，2008 (2).

⑦ 刘明祥. 许霆案的定性：盗窃还是信用卡诈骗. 中外法学，2009 (1).

⑧ 杨兴培.“许霆案”的技术分析及其法理思考. 法学，2008 (3).

⑨ 高艳东. 从盗窃到侵占：许霆案的法理与规范分析. 中外法学，2008 (3).

⑩ 赵秉志，张心向. 刑事裁判不确定性现象解读——对“许霆案”的重新解读. 法学，2008 (8).

⑪ 周安平. 许霆案的民意：按照大数法则的分析. 中外法学，2009 (1).

⑫ 吴情树，施琦. 许霆案：刑法司法解释过度化分析的一个视角. 中国刑事法杂志，2008 (7).

只有避免案件社会结构因素对定罪量刑活动产生影响，才能消除定罪量刑不统一现象，从而实现定罪量刑公正。①

盗窃罪中的第二个热点是2011年的《刑法修正案（八）》增加了入户盗窃、携带凶器盗窃与扒窃作为盗窃罪的成立条件后，学者们对这三种行为类型进行了探讨。部分学者侧重于对三种行为类型之一进行考察，而其他学者则是对这三种行为进行综合分析。

杨兴培教授对入户盗抢犯罪进行了综合研究，认为入户杀人、强奸后又起意窃财、劫财的，可以成立入户盗窃和入户抢劫。入户盗窃少量财物，为抗拒抓捕而当场使用轻微暴力的，应以入户抢劫罪认定。入户盗窃尚未窃得财物或仅窃得极少财物，未盗得财物应当以盗窃未遂认定。盗窃未遂是一次盗窃，但已经过评价，根据一行为不能重复评价的原则，不能计入多次盗窃中再评价。② 学者陈志军探讨了“携带凶器盗窃”在司法适用中存在的一些新问题，认为凶器是指打人或者杀人用的器具，以具有人身侵害危险性为特征。应当对凶器作限制解释，将纯粹打算用于破除财物防护设施或者其他便利盗窃实行用途的器械排除在“凶器”之外。携带凶器的情节应当限定于盗窃实行阶段。③

对于扒窃的探讨主要集中在入罪标准及构成要件要素的界定。肖中华教授、孙利国助理检察员认为，从扒窃入罪可以看出，《刑法修正案（八）》所体现的刑法基本价值倾向发生了变化，即刑法重视行为无价值论。故扒窃罪的成立原则上不应有数额限定；扒窃的成立不必一定发生在公共场所；扒窃对象应是他人随身携带的财物；扒窃方式应具有非暴力性和相对秘密性；扒窃既遂的成立时间应适当提前。④

与前述对扒窃的成立不作限制的观点相对，部分学者从《刑法》第13条关于但书的规定出发，主张对扒窃的适用予以限制。梁根林教授认为，扒窃包含为但书所规制并须结合刑法的规范保护目的进行涵摄的罪量要素。从扒窃行为的客观不法与“扒手”的人的主观不法两个维度，才能揭示扒窃的规范含义，并据以依次判断扒窃行为是否该当扒窃型盗窃罪的构成要件。⑤ 王昭武教授认为，扒窃入罪不受数额与次数的限制，会模糊行政罚与刑事罚的界限，导致选择性执法，有损司法的公正与权威，因而有必要予以限制。但书规定是限制扒窃入罪的法律根据，可罚的违法性理论是界分行政罚与刑事罚的基本理念。只有达到盗窃罪构成要件的类型化的违法性的最低标准，满足盗窃罪的违法性的“质”与“量”，才不属于“情节显著轻微危害不大的”扒窃行为，方可入罪。⑥ 阎二鹏教授认为，扒窃入罪的根据除了“在公共场所窃取他人随身携带的财物”之外，应附加“具有盗窃惯常性”的要素。⑦

车浩教授则侧重从法理层面进行分析，认为“扒窃”入刑的法理构建是被害人教义学

---

① 汪明亮. 许霆恶意取款案的一个理论解读：定罪量刑模式视角. 中国刑事法杂志，2008（7）.

② 杨兴培. 入户盗抢犯罪的刑法诸问题研究. 华东政法大学学报，2015（1）.

③ 陈志军. “携带凶器盗窃”的司法认定. 法学，2013（8）.

④ 肖中华，孙利国. “扒窃”犯罪成立要素的合理界定——侧重于行为无价值论的基本立场. 政治与法律，2012（9）.

⑤ 梁根林. 但书、罪量与扒窃入罪. 法学研究，2013（2）.

⑥ 王昭武. 扒窃入罪：反思与限定. 法律科学，2014（4）.

⑦ 阎二鹏. 论但书规制下的罪量要素的体系性定位——以扒窃型盗窃罪的规范解释为例. 政治与法律，2013（4）.

与行为人刑法分工合作的结果。一方面，应从被害人视角出发，在不法构成要件层面进行扒窃概念的建构；扒窃概念的思想基础是“贴身禁忌”，而不是“公共场所”与“随身携带”。“贴身禁忌”作为扒窃比一般的盗窃行为多出的东西，是一个法理和社会观念上的概念，指未经允许或缺乏法律根据，不得侵入他人的贴身范围，强调的是人的身体的隐私和尊严。故扒窃是指侵入他人贴身范围、盗窃他人贴身携带的财物的行为。随身携带的财物，如果不在贴身范围内，不能成为扒窃的对象；得到允许进入他人贴身范围后实施盗窃的，不构成扒窃。另一方面，应当发掘立法原意中的行为人刑法思想，在责任阶段限缩扒窃犯罪的打击范围；将扒窃的惯犯与偶犯在责任中的预防必要性部分处理。利用功能性的责任概念，在责任层面视情形对扒窃的偶犯予以责任的减免。①

在对三种行为类型进行全面考察的学者中，张明楷教授认为，《刑法修正案（八）》表明盗窃罪的对象既包括具有客观价值（经济价值）的财物，也包括具有主观价值（使用价值）的财物；对于入户盗窃与携带凶器盗窃的认定，不能简单地采用入户抢劫、携带凶器抢夺的认定标准；扒窃，是指在公共场所窃取他人随身携带的财物的行为；对盗窃罪的着手，应当根据具体行为类型分别判断；多次盗窃、入户盗窃、携带凶器盗窃、扒窃的，仍以行为人取得了值得刑法保护的财物为既遂标准；特殊类型的盗窃，使得罪数的认定也产生了变化；此外，盗窃罪的法定刑升格条件是量刑规则，而不是加重的犯罪构成。②

武良军博士主要从既未遂的角度对三种新型盗窃罪进行了分析，认为“入户盗窃”“携带凶器盗窃”和“扒窃”在属性上是行为犯而不是结果犯，其既遂的认定标准不以实际控制财物为必要。较之于普通数额型盗窃罪，新型盗窃罪的既遂应有所提前，实际接触财物说是合理的，但对于其实行着手的认定应与普通数额型盗窃罪相同。虽然将《刑法》第 13 条但书规定作为盗窃罪构成要件解释的限制性规定具有理论上的合理性，但从司法解释的规定和实务惯常的操作来看，第 13 条但书规定是对在符合盗窃罪构成要件前提下适用的出罪性规定。③

刘宪权教授对多次盗窃进行了分析。其中，刘宪权教授认为，在认定“多次盗窃”中的每次盗窃行为时，应将已受过行政处罚和刑事处罚的盗窃行为均计算在内。应通过审查行为人所携带的器械与盗窃行为、盗窃目标是否存在关联来判断盗窃行为人所携带的器械是否为“凶器”，如不存在关联即可认定为“凶器”，反之则只能认定为犯罪工具。“随身携带的财物”应理解为贴身的、可携带的财物或者在近身范围内可支配、可掌控的、可携带的财物。入户盗窃、携带凶器盗窃和扒窃等特殊盗窃行为存在未遂的形态，但存在未遂形态并不等于一定要追究其刑事责任。④

盗窃罪中的第三个热点是“公开盗窃说”或“公然盗窃说”，即所谓“公开盗窃”的情形是否成立盗窃罪，这涉及盗窃罪与抢夺罪的区分界限。部分学者对“公开盗窃说”持否定态度，如徐光华教授认为，从比较法的角度看，凡是没有规定抢夺罪的国家的刑法，

① 车浩．“扒窃”入刑：贴身禁忌与行为人刑法．中国法学，2013（1）．

② 张明楷．盗窃罪的新课题．政治与法律，2011（8）．

③ 武良军．论入户盗窃、扒窃等新型盗窃罪的既遂与未遂——《刑法修正案（八）》实施中的问题与省思．政治与法律，2013（9）．

④ 刘宪权．盗窃罪新司法解释若干疑难问题解析．华东政法大学学报，2013（6）．

为了不至于形成处罚漏洞一般都承认盗窃可以采用公开的方式进行；而规定了抢夺罪的国家的刑法一般都规定盗窃罪只能是秘密窃取。从刑法解释学以及我国的历史文化传统看，秘密性仍应是我国盗窃罪的基本特征。贸然改变我国现行的关于盗窃罪与抢夺罪的区分标准，会极大地冲击一般民众以及司法人员的传统法律观念，并且会降低公众对刑法的认同感。[①] 何显兵博士、贾学胜教授[②]亦反对将公然盗窃认定为盗窃罪。与此相对，张明楷教授支持“公开盗窃说”，其认为，盗窃是以非法占有为目的，违反被害人的意志，采取平和的手段，将他人占有的财物转移为自己或者第三者占有的行为；盗窃行为既可以具有秘密性，也可以具有公开性；以对物暴力的方式强夺他人紧密占有的财物，具有致人伤亡可能性的行为，才构成抢夺罪；盗窃与抢夺的区别在于：对象是否属于他人紧密占有的财物，行为是否构成对物暴力。[③] 此后，张明楷教授在支持公然盗窃说的前提下，又提出“盗窃罪并不以采取和平非暴力手段为前提，行为人以暴力方法取得财物，但又没有达到使他人不能反抗的程度，却破坏了他人对财物的持有、支配关系，取走其持有物的，只能认定为盗窃”[④] 的见解，即盗窃罪可以采取暴力手段实施。不过，对于张明楷教授的上述见解，何荣功教授则提出了不同见解，认为张明楷教授提出的盗窃不限于秘密窃取，使用平和手段公然转移占有他人财物也属于盗窃的观点是以“抢夺是具有人身伤亡可能性的行为”为逻辑前提的，但该逻辑前提不符合我国刑法对抢夺罪的规定，而盗窃罪也可以暴力手段实施的观点更是导致了盗窃罪与抢夺罪区分上的难题。其实，窃取也不排除可以对被害人人身或财物采用一定程度（轻微）暴力方式实施，这样，客观上行为人是否使用暴力便有可能成为盗窃罪与抢夺罪的共同点，依客观方面自然无法合理区分二者。传统刑法理论关于两罪的区分标准（行为人是否实施了秘密窃取财物的行为）是妥当的，应当继续坚持。依行为人主观方面区分两罪并不属于主观主义刑法观。[⑤] 支持公然盗窃说的学者还有魏昌东、杨磊[⑥]等。

盗窃罪中的第四个热点是盗窃罪数额在三阶层犯罪论体系中的定位，这涉及对盗窃罪数额的认识错误的处理。就盗窃罪数额在犯罪论体系中的定位主要存在构成要件要素说与客观处罚条件说两种观点。简爱博士和郭晓红博士[⑦]赞成构成要件要素说。其中，简爱博士认为，客观的构成要件要素说的处理结果更具刑法规范制度上的契合性与刑法理论语境的适应性。在此立场下，数额认识错误包括消极的错误和抽象的对象认识错误。对于消极的错误，由于行为人没有认识到成立犯罪的数额，可阻却盗窃故意；对于抽象的对象认识错误，可在重合限度内成立相应的盗窃既遂或“数额较大”的未遂。天价案的出现一方面源于理论挖掘的深度不够，一方面在于陷入了“唯数额论”的误区。破除“唯数额论”不

---

① 徐光华．“公开盗窃说”质疑．法商研究，2015（3）．

② 何显兵．再论盗窃与抢夺的界限——对公然盗窃论的质疑．中国刑事法杂志，2012（1）；贾学胜．“公开盗窃”否定论．刑法论丛，2014（4）：344-358．

③ 张明楷．盗窃与抢夺的界限．法学家，2006（2）．

④ 张明楷．论表面的构成要件要素．中国法学，2009（2）；张明楷．犯罪之间的界限与竞合．中国法学，2008（4）．

⑤ 何荣功．也论盗窃与抢夺的界限——兼与张明楷教授商榷．当代法学，2012（4）．

⑥ 魏昌东，杨磊．盗窃罪的展开——基于中国传统刑法理论的反思．政治与法律，2008（12）．

⑦ 郭晓红．规范构成要件要素视野下的“数额较大”——以盗窃罪数额的认识错误为视角．政治与法律，2011（9）．

应局限于理念上的改变，而有待立法设计上的跟进。① 于志刚教授亦支持构成要件要素说的立场。② 而学者张忆然支持客观处罚条件说。③

盗窃罪的第五个热点是对“盗窃信用卡并使用”之行为和用拾得的信用卡在 ATM 机上取款之行为的定性。刘明祥教授对“盗窃信用卡并使用”的含义与司法认定进行了研究，提出“盗窃信用卡并使用”中的“信用卡”仅限于真实、有效，能正常使用的信用卡卡片；“使用”是按信用卡特有的电子支付卡的功能加以利用；“盗窃”是指采用秘密窃取的方法取得他人占有之下的信用卡卡片。行为人误认伪卡为真实、有效的信用卡而盗窃并使用的，构成信用卡诈骗罪。使用盗窃的信用卡不以盗窃者本人使用为限，还包含利用第三者使用，故意帮助、教唆第三者使用的情形。盗取他人信用卡信息资料复制信用卡后使用的、盗用他人留置在自动取款机插口内未退出取走的信用卡取款的，应以信用卡诈骗罪论处。特约商户职员盗划信用卡的行为，属于冒用他人信用卡，构成信用卡诈骗罪。④

与此相关，刘明祥教授还分析了用拾得的信用卡在 ATM 机上取款行为的定性，认为用拾得的他人信用卡在 ATM 机上取走大量现金的行为，既不能定盗窃罪，也不能定侵占罪，而应该定信用卡诈骗罪。以“机器不可能被骗”作为否定信用卡诈骗罪成立的理由不可靠。认为用拾得的信用卡在 ATM 机上取款，如同拾得他人的钥匙后用钥匙开门取走财物的观点，不符合客观事实。拾得信用卡并不等于拾得了信用卡上记载的现金，而信用卡本身也不能成为侵占罪的对象。信用卡诈骗罪具有不同于传统诈骗罪的特殊性，不能用传统的观念来解释。用拾得的信用卡在 ATM 机上取款是《刑法》第 196 条规定的信用卡诈骗罪中的“冒用他人信用卡”的行为，若按其他罪定罪，就违反了有法必依和罪刑法定的原则。⑤ 学者李翔也赞成这一结论。⑥ 车浩教授亦认为，非法使用他人的信用卡在 ATM 机上取款的，不构成盗窃罪。⑦ 与此相对，张明楷教授则明确主张机器不能被骗，因此，用拾得的信用卡在 ATM 机上取款的行为，不是成立信用卡诈骗罪，而是成立盗窃罪。⑧ 作为对张明楷教授观点的回应，刘明祥教授进一步论证了自己的基本立场，并主张应增设使用计算机诈骗罪。⑨

此外，学者们还对盗窃罪中的其他一些问题进行了探讨，如盗窃罪中的被害人同意⑩、“曾因盗窃受过刑事处罚”的认定与评价⑪、盗窃银行承兑汇票并转卖行为的性质⑫、划分盗窃犯罪圈的基本规律⑬、对盗窃罪衍生、扩张、联合的历史的考察⑭、不动产能否成为

---

① 简爱. 论盗窃中的数额认识错误. 法律科学，2015 (6).

② 于志刚. 关于数额犯未遂问题的反思. 刑法论丛，2010 (1).

③ 张忆然. 盗窃罪数额在三阶层犯罪论体系中的定位. 刑事法评论，2016 (1).

④ 刘明祥. “盗窃信用卡并使用”的含义解析与司法认定. 中国法学，2010 (1).

⑤ 刘明祥. 用拾得的信用卡在 ATM 机上取款行为之定性. 清华法学，2007 (4).

⑥ 李翔. 论诈骗犯罪中的财产处分行为. 法学，2008 (10).

⑦ 车浩. 盗窃罪中的被害人同意. 法学研究，2012 (2).

⑧ 张明楷. 也论用拾得的信用卡在 ATM 机上取款的行为性质——与刘明祥教授商榷. 清华法学，2008 (1).

⑨ 刘明祥. 再论用信用卡在 ATM 机上恶意取款的行为性质——与张明楷教授商榷. 清华法学，2009 (1).

⑩ 车浩. 盗窃罪中的被害人同意. 法学研究，2012 (2).

⑪ 邓毅丞. “曾因盗窃受过刑事处罚”的认定与评价. 法学，2014 (6).

⑫ 姚万勤. 盗窃银行承兑汇票并转卖行为的定性分析. 政治与法律，2013 (2).

⑬ 王利荣. 划分盗窃犯罪圈的基本规律. 现代法学，2011 (4).

⑭ 于佳佳. 论盗窃罪的边界. 中外法学，2008 (6).

盗窃罪的对象[①]、挂失提取账户名下他人存款的行为的性质[②]等。

四、诈骗罪

诈骗罪部分首先涉及认定诈骗罪是否需要“处分意识”。持肯定说的学者中，王钢副教授认为，被害人的财产处分行为是区分盗窃罪和诈骗罪的关键因素。对此要结合财产减损的直接性、处分意识的必要性以及财产处分的自愿性这三个要件进行判断。当被害人有意识且自愿地通过自己的作为、容忍或不作为直接造成了自身财产的减损时，就应当认定其进行了财产处分，行为人构成诈骗罪；反之，则应当认定行为人构成盗窃罪。这一判断标准不仅应当适用在涉及有体财物的场合，也应当被贯彻于涉及无体财产性利益的案件中。[③] 学者王立志和蒋铃也赞成处分意思必要说。[④] 持否定说的学者有秦新承、陈洪兵等。[⑤]

其次涉及受害人给付不法对诈骗罪成立的影响。学者陈洪兵认为，诈骗罪不单单是保护被害人财产权，还保护诚实信用、公平交易的财产秩序；谎称替他人杀人而骗取杀人酬金，谎称提供性服务而骗取嫖宿费，谎称出售毒品、假币等违禁品而骗取他人预付款的，由于给对方造成了经济上的财产损害，根据经济的财产说和占有说，应肯定诈骗罪的成立；假装事后支付酬金而骗取他人提供杀人劳务的，不能成立诈骗罪；假装承诺事后支付费用而嫖娼的，成立诈骗罪；雇凶杀人后骗免不法债务的，不成立诈骗罪；嫖娼后产生不付钱的意思进而骗免嫖娼费的，成立诈骗罪；骗免赌债的，不成立诈骗罪。[⑥] 学者郭研、时方同样采取经济的财产说，赞成缓和的违法一元论。[⑦] 邱帅萍博士也对该问题进行了探讨。[⑧]

最后涉及被害人怀疑对诈骗罪认定的影响。黎宏教授、刘军强检察员从自我决定权出发，运用被害人自我答责进行了分析，认为被害人有“具体怀疑”时，应运用危险接受法理对诈骗罪成立范围进行限缩，如果被害人已经对诈骗事项产生了“具体怀疑”，可以轻易实现自我保护却任意处分财产，就丧失了刑法保护的必要性；根据谨慎注意义务的有无，诈骗发生领域可划分为无需谨慎注意义务的一般生活领域和应当具有谨慎注意义务的市场、投资、投机和违法领域，对前者应实行无差别的、严格的保护，对后者应适用被害人自我答责，从而在限缩的基础上适当扩大诈骗罪的处罚范围；欺骗的内容包括过去、现在和将来的事实以及价值判断等，采取同类一般人的标准，对十分简单、拙劣的虚假表示

---

① 杨兴培. 龚某盗卖其父房产一案之我见——兼谈不动产可以成为盗窃罪之对象. 政治与法律，2012 (3).

② 杨兴培. 挂失提取账户名下他人存款的行为性质. 法学，2014 (11).

③ 王钢. 盗窃与诈骗的区分——围绕最高人民法院第 27 号指导案例的展开. 政治与法律，2015 (4).

④ 王立志. 认定诈骗罪必需“处分意识”——以“不知情交付”类型的欺诈性取财案件为例. 政法论坛，2015 (1)；蒋铃. 论诈骗罪中的处分行为. 政治与法律，2012 (8).

⑤ 秦新承. 认定诈骗罪无需“处分意识”——以利用新型支付方式实施的诈骗案为例. 法学，2012 (3)；陈洪兵. 盗窃罪与诈骗罪的关系. 湖南大学学报（社会科学版），2013 (6).

⑥ 陈洪兵. 不法交易与诈骗罪. 中国刑事法杂志，2013 (8).

⑦ 郭研，时方. 不法原因给付之于诈骗罪问题探讨. 刑法论丛，2015 (4)：319-348.

⑧ 邱帅萍. 论受害人给付不法对诈骗罪成立的影响. 政治与法律，2013 (10).

行为可以认定为欺骗行为。[①] 与此相对，学者王骏认为，行为人与被害人的负责范围应从人的行为对于利益侵害结果的意义来考量。被害人自陷风险是为了实现其自主利益，促成该利益实现的行为人不应对结果发生负责。[②] 马卫军副教授则对诈骗罪中被害人错误认识的问题进行了全面分析，认为并非被害人基于任何错误认识而做出了处分财产的行为，就能够认定行为人成立诈骗罪。被害人的错误认识一定与法益有关。与法益无关的动机、目的、价值判断和有关未来未知事实的错误认识，不是诈骗罪中的错误认识。被害人的错误认识可分为主观确信、抽象怀疑、具体怀疑和没有错误认识四种。主观确信的场合，被害人完全陷入了错误认识，行为人成立诈骗罪既遂；被害人意识到所描述的事实具有不完全性，但却无法对之进行真伪鉴别的抽象怀疑场合，行为人成立诈骗罪；被害人对所描述的相关事实的真实性产生特定的怀疑，并且能够通过一定的方式查知真实情况，使自己的怀疑变得具体化，但却不采取相应的措施，宁愿相信对方所说为真的具体怀疑场合，行为人不成立诈骗罪；被害人没有错误认识的场合，行为人的欺骗行为并无实质意义。对于被害人错误认识与现实的不一致，应当立足于“被害人”，而不能从“一般人”出发进行判断。[③]

此外，学者们对诈骗罪的探讨还包括诈骗罪中财产损失的认定及排除[④]、德国刑法诈骗罪的客观构成要件[⑤]、不作为的诈骗罪[⑥]、合同诈骗罪与诈骗罪的双层界分[⑦]、电子支付方式下诈骗罪的非纯正数额犯趋势[⑧]、兼有欺诈与勒索因素的刑事案件的司法认定[⑨]、诱价概念在诈骗罪中的独立性价值[⑩]、诈骗罪中作出事实性说明的欺诈[⑪]、诈骗罪中的意思说明与说明义务违反[⑫]、诈骗罪中利用信息网络的财产交付[⑬]、冒用电商平台个人信用支付产品的行为定性[⑭]、数字时代诈骗犯罪的认定[⑮]、骗购经济适用房行为的性质[⑯]、对逃费行为的刑法规制[⑰]等。

---

① 黎宏，刘军强. 被害人怀疑对诈骗罪认定影响研究. 中国刑事法杂志，2015 (6). 相似结论，参见于小川. 被害人对于欺骗行为不法的作用. 中国刑事法杂志，2012 (5).

② 王骏. 论被害人的自陷风险——以诈骗罪为中心. 中国法学，2014 (5).

③ 马卫军. 论诈骗罪中的被害人错误认识. 当代法学，2016 (6).

④ 蔡桂生. 论诈骗罪中财产损失的认定及排除——以捐助、补助诈骗案件为中心. 政治与法律，2014 (9).

⑤ 王刚. 德国刑法诈骗罪的客观构成要件——以德国司法判例为中心. 政治与法律，2014 (10).

⑥ 王刚. 论不作为的诈骗罪. 政治与法律，2015 (2).

⑦ 鞠佳佳. 合同诈骗罪与诈骗罪的双层界分. 中国刑事法杂志，2013 (6).

⑧ 秦新承. 电子支付方式下诈骗罪的非纯正数额犯趋势. 政治与法律，2012 (2).

⑨ 潘星丞. 兼有欺诈与勒索因素的刑事案件之司法认定——从以被害人为中心的因果分析结构转向以被告人为中心的事实认定结构. 政治与法律，2014 (6).

⑩ 朱志斌. 论诱价概念在诈骗罪中的独立性价值. 中国刑事法杂志，2012 (8).

⑪ 赵书鸿. 论诈骗罪中作出事实性说明的欺诈. 中国法学，2012 (4).

⑫ 赵书鸿. 意思说明与说明义务违反：论诈骗罪中的欺诈行为. 政法论坛，2014 (5).

⑬ 王安异，许姣姣. 诈骗罪中利用信息网络的财产交付——基于最高人民法院指导案例 27 号的分析. 法学，2015 (2).

⑭ 马寅翔. 冒用电商平台个人信用支付产品的行为定性——以花呗为例的分析. 法学，2016 (9).

⑮ 屈学. 数字时代诈骗犯罪认定探微. 法学研究，2008 (6).

⑯ 胡霞. 骗购经济适用房行为之刑法学思考. 中国刑事法杂志，2012 (10).

⑰ 王安异，毛卉. 逃费行为的刑法规制问题研究. 政治与法律，2012 (4).

五、侵占罪

侵占罪部分主要涉及对“代为保管的他人财物”的解释。陈璇副教授认为，传统刑法学理论对侵占罪犯罪对象的界定会导致在间接占有、抽象事实认识错误和共犯偏离中出现处罚漏洞。通过对《刑法》第 270 条第 1 款作重新解释，即把“代为保管的他人财物”解读为囊括所有委托物和脱离占有物，可以在刑法教义学层面实现对侵占罪全部处罚漏洞之填补。① 同时，高国其博士认为，我国刑法在侵占罪上没有使用“占有”的表述方式，而是使用“代为保管”的表述方式，由此可以克服局限于占有制度引起的刑法适用上的不确定性，并可以全面体现侵占罪的性质与法益。在我国侵占罪理论上，不应把“占有”或“持有”作为分析侵占行为的逻辑起点，应当立足于刑法规定，重视“代为保管”的应有地位。应明确侵占罪的行为对象是“代为保管的他人财物”，在侵占罪与盗窃罪的界分上，应当以“代为保管”的有无而非“占有”的有无作为区分标准。② 孟强、纪翔虎、蔡永彤、戴有举也分别对该问题发表了自己的观点。③

此外，对于不法原因给付与侵占罪成立之关系，王钢副教授认为，民法中的不法原因给付制度旨在对不法给付行为进行一般预防。不法原因给付要求给付者有意识、有目的地将财产终局性地给予受领人，其导致给付者不得基于不当得利或所有物返还请求权要求受领人返还所受财产，但并不排除侵权损害赔偿请求权。若不法原因仅存在于受领人一方或排除返还请求权反而不利于实现法规范之目的，则应当对不法原因给付制度进行目的性限缩。在考察不法原因给付与侵占罪成立之关系时，须区分不法原因给付与不法原因委托。侵吞不法原因委托物的，构成侵占罪。将不法原因给付物据为己有的，原则上不构成侵占罪。但在不法原因给付仅限于对财物的使用、收益权以及须对不法原因给付制度加以目的性限缩的场合，仍有肯定侵占罪成立的余地。④ 童伟华教授和学者陈灿平对不法原因给付与侵占罪进行了研究。⑤

六、拒不支付劳动报酬罪

对于拒不支付劳动报酬罪的讨论涉及立法设置该罪的合理性。持肯定态度的学者有王永刚等。⑥ 相反，刘艳红教授认为，恶意欠薪行为的入罪最为典型地违背了刑法谦抑主义，其入罪后存在的难以启动司法程序等实际问题极有可能使之成为无助于解决薪酬支付纠纷

① 陈璇．论侵占罪处罚漏洞之填补．法商研究，2015（1）．

② 高国其．论侵占罪中的占有与代为保管．政治与法律，2014（4）．

③ 孟强．物权法占有制度与侵占罪的认定．法学，2011（10）；纪翔虎，蔡永彤．侵占罪中“代为保管”认定的难点与消解——兼论侵占罪与盗窃罪的分野与厘定．中国刑事法杂志，2008（11）；戴有举．普通侵占罪若干问题研究．刑法论丛，2013（1）：283-330．

④ 王钢．不法原因给付与侵占罪．中外法学，2016（4）．

⑤ 童伟华．我国法律规定下的不法原因给付与侵占罪．刑法论丛，2009（1）；陈灿平．谈侵占罪中刑民交错的两个疑难问题．法学，2008（4）．

⑥ 王永刚．拒不支付劳动报酬罪与欠薪治理关系研究．刑法论丛，2013（3）．

的“稻草人”罪名。[①] 姚万勤博士也认为，立法增设拒不支付劳动报酬罪不利于贯彻刑法谦抑性原则，理由在于，本质上看，拒不支付劳动报酬的行为属于民事纠纷的范畴，在尚未穷尽或完善其他救济措施之前，就贸然地利用刑法进行规制，将不可避免地会产生剥夺人们对刑法的尊重感等诸多的负面效应，最终反而不利于保障被害人的权益。因此，在具体规制路径中，应当重视民事措施的重要作用，具体而言，应当增强民法治理措施的执法力度，强化相关公职人员的履职意识，构建多措施解决路径等，只有穷尽了以上措施且未能取得良好的治理效果时，才能考虑利用刑法进行规制。[②]

对于拒不支付劳动报酬罪的讨论还涉及该罪的具体适用。赵秉志教授、张伟珂博士认为，劳动关系的界定是理解支付劳动报酬义务的基础，也是研究拒不支付劳动报酬罪的逻辑起点。劳动关系既包括劳动合同关系，也包括事实劳动关系。用人单位和劳动者是存在于劳动关系之中的权利义务主体；劳动报酬是劳动关系存在的重要表现形式，是雇用方因使用他人劳动力而支付的对价。拒不支付劳动报酬罪以行为人承担支付义务为前提，以其能够履行而不履行支付义务为要件，不作为性是该罪危害行为的唯一形式。[③] 李梁博士认为，从立法背景和法条表述来看，拒不支付劳动报酬罪的行政附属性规定的规范目的在于限制处罚范围和贯彻广义刑事政策思维。但是，这种规定不仅不符合罪刑法定原则，模糊了刑法与行政法的界限，而且不符合刑法谦抑主义的原理，最终难以实现法益保护目的。实际上，行政附属性规定反映的是行为人的人身危险性，属于量刑情节的范畴和刑法的实质内容，故应当转化为法定量刑情节。[④]

参与该罪具体适用讨论的学者还有章建军、庄乾龙、张锋学、洪灶发、王海军、蒙娜、舒平锋、黄继坤等。[⑤]

七、抢夺罪

抢夺罪的第一个热点问题是其与盗窃罪之间的区分问题，该部分在盗窃罪中已有涉及，故此处不再赘述。

抢夺罪的第二个热点问题是对《刑法》第 267 条第 2 款“携带凶器抢夺以抢劫罪论处”的研究。首先，就《刑法》第 267 条第 2 款的性质，学界基本达成共识，认为该条款属于法律拟制而非注意规定。其次，由于该条款将本属抢夺罪的行为拟制为抢劫罪，明显

① 刘艳红．当下中国刑事立法应当如何谦抑？——以恶意欠薪行为入罪为例之批判性分析．环球法律评论，2012（2）．

② 姚万勤．拒不支付劳动报酬罪立法之反思．长白学刊，2017（3）．

③ 赵秉志，张伟珂．拒不支付劳动报酬罪立法研究．南开学报（哲学社会科学版），2012（2）．

④ 李梁．拒不支付劳动报酬罪的行政附属性规定研究．政法论坛，2017（5）．

⑤ 章建军．拒不支付劳动报酬罪初探．中国刑事法杂志，2012（4）；谢天长．拒不支付劳动报酬罪的法律适用问题探讨．中国刑事法杂志，2011（11）；张锋学．拒不支付劳动报酬罪的司法检视与完善路径．河北法学，2015（11）；洪灶发．论支付能力在拒不支付劳动报酬罪中的认定问题．中国刑事法杂志，2014（1）；王海军．拒不支付劳动报酬罪的规范性解读——基于‘双重法益’的新立场．法学评论，2013（5）；蒙娜．拒不支付劳动报酬罪若干问题研究．中国刑事法杂志，2013（3）；舒平锋．拒不支付劳动报酬罪研究——以 40 例拒不支付劳动报酬案件为分析样本．中国刑事法杂志，2013（2）；黄继坤．论拒不支付劳动报酬罪的几个重要问题——对《刑法修正案（八）》的解读．当代法学，2012（3）．

地不利于行为人，因此，我国学者致力于通过对该条款的解释来达到限缩适用范围的目的。如张明楷教授认为，所谓凶器，是指在性质上或用法上足以杀伤他人的工具，故仅具有毁坏物品的特性而不具有杀伤他人技能的器具，不属于凶器。至于携带凶器，应具有随时可能使用或者当场能及时使用的特点，即具有随时使用的可能性，但不要求行为人现实地（明示、暗示）使用，否则直接以抢劫罪论处。同时，携带凶器还是一种主客观相统一的行为。[①] 最后，对于"携带凶器抢夺以抢劫罪论处"的合理性，虽然学者们通过对构成要件的解释来达到限缩该条款适用范围的目的，但肖中华教授认为，从立法科学性的角度而言，这一款的规定是应受批判的，理由在于，抢夺罪与抢劫罪的根本区别在于手段的不同（即后罪要求有暴力、胁迫等强制手段，前罪则无此要求），而不在于条件的不同。携带凶器抢夺，只要行为人没有使用凶器实施暴力、胁迫等强制人身行为，就与一般的抢夺没有什么本质区别。而如果该条款欲规制的是携带凶器抢夺并使用的情形，则该条款就属于注意规定，完全符合抢劫罪的构成要件，立法对此作出规定纯属多余。[②]

八、敲诈勒索罪

敲诈勒索罪的第一个问题是，是否维持将"两个当场"作为区分敲诈勒索罪与抢劫罪的标准。我国通说的立场以"两个当场"作为区分敲诈勒索罪与抢劫罪的标准，即当场实施暴力或者暴力性威胁，并且当场取得财物的，构成抢劫罪，否则应以敲诈勒索罪论处。对于这样的区分标准，陈兴良教授提出了不同意见。陈兴良教授首先针对早年通说否认暴力属于敲诈勒索罪之手段的观点指出，在当场取得财物的场合，暴力也同样可以成为敲诈勒索罪的手段行为，这里涉及敲诈勒索罪与抢劫罪在暴力程度上的差别。只要承认暴力可以成为敲诈勒索罪的手段行为，则在当场使用暴力的情形下，如果暴力程度轻微，没有达到致使被害人不能反抗的程度，当场取财的，即使符合"两个当场"的特征，也不能认定为抢劫罪，而应以敲诈勒索罪论处。就敲诈勒索罪的构造而言，敲诈勒索行为——使被害人产生恐惧——交付财物——占有财物，这些构成要件的内容缺一不可。"两个当场"只是形式性的特征，对于敲诈勒索罪与抢劫罪的区分，不能根据"两个当场"，而是应当根据两罪之间的本质界限。[③] 与此相对，陈洪兵教授则提出了与陈兴良教授相左的见解，认为敲诈勒索罪的法定刑之所以明显轻于抢劫罪，是因为当暴力或者胁迫尚未达到压制他人反抗的程度、被害人尚存一定的意思决定和行动自由时，还有请求公力救济的机会，因此应当坚持抢劫罪的"两个当场"；只不过，"两个当场"仅为成立抢劫罪的必要条件而非充分条件，即暴力、胁迫不仅要当场实施，而且必须达到足以压制他人反抗的程度。敲诈勒索罪与抢劫罪构成要件间并非对立关系，而是补充竞合关系，因而在暴力或者胁迫是否达到足以压制他人反抗的程度难以判断时，根据"存疑时有利于被告人的原则"，应以敲诈勒索罪定罪处罚。[④]

---

① 张明楷．简论"携带凶器抢夺"．法商研究，2000（4）．

② 肖中华．论抢劫罪适用中的几个问题．法律科学，1998（5）．

③ 陈兴良．敲诈勒索罪与抢劫罪之界分——兼对"两个当场"观点的质疑．法学，2011（2）．

④ 陈洪兵．敲诈勒索罪与抢劫罪区分中"两个当场"的坚持——兼与陈兴良教授商榷．江苏社会科学，2013（3）．

敲诈勒索罪的第二个问题是权利行使行为构成敲诈勒索罪的边界何在。对此，简爱博士基于违法相对论的立场对刑法视角下的权利行使行为进行了研究，认为权利行使行为的定性受制于刑民关系观的差异，“权利行使不可罚”的观点实则建立在忽视刑法、刑事违法性判断独立性的民法依存模式和缓和的违法一元论上。相比之下，以刑事违法判断相对独立为基础的违法相对论能够提供更为合理的理论基础和分析路径。在违法相对论的立场下，权利行使是否符合构成犯罪要件应当遵从刑法视角的独立判断，并不依附于民法上的既有判断，通常能够肯定不法手段对财产法益的损害，且主观上行使权利的动机并不妨碍“非法占有目的”的认定。权利行使的违法性一般可以得到确认，在部分情形下不具有实质的违法性，在符合自救行为条件时阻却违法。被害人过错可成为减轻刑事责任的依据。立足于整体性评价和违法相对性论的立场，应当肯定权利行使行为的财产犯罪属性，不可将手段行为与目的行为拆解评价并只将手段行为独立入罪。[①] 罗翔教授以反思法律理论为背景，认为当行为人的利益受损，如果有正当的权利基础，其索赔行为就不构成敲诈勒索罪。权利可以是法定权利，也可以是道德权利。如果行为人主观上认为自己有索赔的权利，但这种权利在客观上缺乏相应的法律或道德基础，这就是假想的权利行使，可以按照禁止错误的处理原则来对待。如果一种错误在道义上不值得谴责，这种错误就是无法避免的，属于责任阻却事由；如果错误在道义上值得谴责，这种错误就是可以避免的，无法排除责任故意。在行为人利益未受损的情况下，行为人放弃权利要求他人给付财物，这被称为敲诈行为的悖论。对此悖论，道德理论中的禁止剥削原则可以提供合理的解释，因为行为人对被害人和第三人的双重剥削，所以具有惩罚的正当性。对于敲诈勒索的权利行使，单独的法益理论很难作出合理的说明，只有在伦理道德的视野中，我们才能厘清该问题的本质。[②] 蔡桂生博士认为，揭发犯罪、检举违法的权利不等同于财产权利，以揭发犯罪、检举违法为由逼取财物，原则上属于敲诈勒索行为，只在少数例外情况下应予出罪。行使合法债权等类似的正当财产权利时，只要权利人的主张在其财产权利的覆盖范围之内，即使使用了胁迫手段以追求权利的实现，也不宜认定为敲诈勒索罪。如果其主张超出了权利的覆盖范围，一旦附加了诉讼、举报、媒体或网络曝光等以外的不正当逼迫手段，则有可能入罪。如果利用虚假的权利胁迫取得财物，宜在敲诈勒索罪之外，再追究形成权利“虚假状态”的诈骗罪等其他犯罪。[③]

敲诈勒索罪的第三个问题是其与相关犯罪的界分。简爱博士针对强拿硬要公私财物之情形的寻衅滋事罪与敲诈勒索罪的区分指出，“强拿硬要”行为满足了相应的情节要求才可构成寻衅滋事罪；只有在行为人以内容特定的恶害告知或者行为使得被害人产生急迫性和确定性的心理恐惧下的交付财物才构成敲诈勒索罪。犯罪动机和目的不能成为区别两罪的依据，两罪之间是中立关系。对于多次“强拿硬要”的行为应当借助连续犯和想象竞合原理，从一重处罚，同种数罪并罚不可取。[④] 车浩教授以被害人的处分自由为标准来区分

---

① 简爱. 权利行使行为的刑法评价——以违法相对论为立场的分析. 政治与法律，2017（6）.

② 罗翔. 法益理论的检讨性反思——以敲诈勒索罪中的权利行使为切入. 中国刑事法杂志，2018（2）.

③ 蔡桂生. 合理行使权利与敲诈勒索罪的区分. 国家检察官学院学报，2018（2）.

④ 简爱. 寻衅滋事罪与敲诈勒索罪的界分与适用——以侯某“强拿硬要”案为例的分析. 云南大学学报，2014（1）.

抢劫罪与敲诈勒索罪，认为根据对被害人法益支配自由的不同侵扰方式，财产犯罪的各个罪名存在不同的构成要件结构。抢劫罪属于彻底压制被害人法益支配自由，敲诈勒索罪属于利用被害人法益支配自由的瑕疵。两罪构成要件结构的关键差异，在于被害人有无财产处分自由。财产处分自由包括反抗有用和应能反抗双重含义。首先是指被害人的妥协和配合是行为人取财的必要条件。其次，不配合和不妥协的代价没有超出被害人的承受范围。承受范围的规范性确定，应当考虑刑法家长主义对自我决定权的制约关系，应当根据行为是否足以剥夺理性一般人的处分自由区分两罪的着手，应当根据特定被害人是否实际丧失处分自由认定两罪的既遂。无论是暴力标准，还是交付/取得的外部形象，抑或着眼于时空特征的“两个当场”，都是对处分自由在经验层面的总结和归纳，是证明是否存在处分自由的客观素材。以暴力程度的轻重相举来论证两罪竞合，忽略了作为构成要件要素背景的构成要件结构，存在方法论上的疑问。[①]

九、故意毁坏财物罪

故意毁坏财物罪的核心问题是如何界定本罪的实行行为——毁坏财物的行为，即应该如何定义“毁坏”。就学说而言，关于毁坏的含义，存在着物质的毁弃说、有形侵害说、效用侵害说（包括一般的效用侵害说与本来的用法侵害说）。我国学界亦在如何界定“毁坏”这一问题上存在着较大的争议。张明楷教授支持一般的效用侵害说。[②] 陈兴良教授则认为一般的效用侵害说界定下的“毁坏”是一种十分宽泛的解释，不仅财物价值的丧失或者减少，而且财物占有的丧失都属于对财物的毁坏。因此，陈兴良教授主张，毁坏财物的行为应当揭示行为的破坏性，只有破坏性的行为才能构成毁坏，那些不具有破坏性的行为则不能认定为毁坏。[③] 学者张梓弦认为，学界关于“毁坏”之诸多见解的对立在于，是选择对财物的所有权人予以概括性的保护，还是在刑法明确性原则所允许的范围内对毁坏进行限制性解释。我国学说以及判例对于“毁坏”这一构成要件要素的解释，亦经历了由“物质性侵害”逐渐转向“效用侵害”的过程，不过从整体的角度而言，学界对于故意毁坏财物罪的探讨仍不及要害，对于“财物剥夺”以及“财物外观侵害”等特殊行为类型之反思亦不多见。因此，有必要重新审视我国故意毁坏财物罪中的“毁坏”这一概念。毁坏的语义学基础在于其对财物的有形之影响，但这并非指代手段行为的有形力，而应着重考察行为对于财物本身是否存在直接且有形的影响。[④]

十、职务侵占罪

职务侵占罪的第一个问题是关于“利用职务上的便利”的理解。我国学界的通说认

① 车浩．抢劫罪与敲诈勒索罪之界分：基于被害人的处分自由．中国法学，2017（6）．

② 张明楷．盗窃债权凭证后骗领现金、销毁凭证的行为性质．人民检察，2013（5）．

③ 陈兴良．故意毁坏财物行为之定性研究——以朱建勇案和孙静案为线索的分析．国家检察官学院学报，2009（1）．

④ 张梓弦．论故意毁坏财物罪中的“毁坏”——“有形影响说”之提倡．法学，2018（7）．

为，虽然职务侵占罪条文中并没有“窃取”和“骗取”，但职务侵占罪与贪污罪的区别仅在于主体是否具有国家工作人员身份，而客观行为完全一样，即职务侵占罪的客观行为除了侵占以外，还包括采取窃取与骗取及其他手段。如肖中华教授即持这样的观点。[①] 但近来出现了主张职务侵占罪的客观行为应是利用职务上的便利单纯侵占财物的观点（侵占手段单一说），换言之，窃取、骗取等并非职务侵占罪的行为方式。如陈洪兵教授认为，主张职务侵占罪的客观行为方式同样包括“窃取、骗取”之通说，基本上是只有结论而没有论证；应该认为，我国刑法中的职务侵占罪相当于域外刑法中的业务侵占罪，仅限于狭义的侵占，故所谓利用职务之便窃取、骗取本单位财物的行为，应以盗窃、诈骗罪定罪处罚。[②] 周啸天博士亦支持职务侵占罪的客观行为仅系利用职务上的便利单纯侵占财物的观点，并进一步补充道，《刑法》第 271 条第 2 款与贪污罪的规定之间不存在体系性矛盾，理由在于，《刑法》第 271 条第 2 款仅仅是针对国家工作人员以侵占手段侵吞本单位财产的情况所作的提示性规定，这并不妨碍裁判者根据《刑法》第 93 条第 2 款的规定，将窃取、骗取或者以其他方法侵犯国有控股、参股公司、企业财产的行为论以贪污罪。所谓“利用职务上的便利”，是指“利用基于业务而占有单位财物的便利”[③]。不过，学界亦有反对侵占手段单一说而支持通说的见解。魏东教授认为，职务侵占行为定型的刑法解释应当坚持“综合手段说”和“业务便利肯定说”，将职务侵占行为定型的解释结论限定为（单位人员）利用职务上和业务上的便利，以侵吞、窃取、骗取和其他方法将本单位财物非法占为己有的行为。部分职务侵占行为和贪污行为因为司法解释文本规定的入罪和处罚标准较高而可能无法定罪或者无法重罚，这种现象的客观存在本身具有合理性，因而其不能成为否定“综合手段说”并转而采用“侵占单一手段说”的理由。部分学者在采用“综合手段说”的同时，主张盗窃（或诈骗）型的职务侵占行为构成职务侵占罪与盗窃罪（或诈骗罪）的法条竞合，以“大竞合论”“绝对的重法优于轻法处断规则”与“相对的重法优于轻法处断规则”为据而得出以盗窃罪（或诈骗罪）论处的解释结论，存在竞合论上的处断规则错误，亦难以获得正当性。[④]

职务侵占罪的第二个问题是其与盗窃罪之间的关系。付立庆教授认为，对于快递公司员工偷拿客户财物的行为，存在着职务侵占罪说与盗窃罪说之间的不同认识。学说上试图从涉案财物的归属、财物由谁占有以及是否“利用职务上的便利”等几个方面予以区分，但却无法清晰、彻底地将二者区分。应该承认，同属侵犯财产罪的职务侵占罪与盗窃罪之间存在交叉式法条竞合的关系，一行为同时符合两罪的定量标准时，应按照重法处理；如不符合特殊法条的定量标准但符合普通法条的要求时，完全可按照普通法条定罪。在肯定构成犯罪的前提下，实务处理上是否一定起诉、定罪同样考验司法者的智慧。同时，在争议案件中，如何确定“酌定不起诉”意见的归属，似应侧重“酌定不起诉”的法律效果而非适用前提。[⑤] 阮

① 肖中华. 也论贪污罪的“利用职务上的便利”. 法学，2006（7）.

② 陈洪兵. 体系性诠释“利用职务上的便利”. 法治研究，2015（4）.

③ 周啸天. 职务侵占罪中“利用职务上的便利”要件之再解读——以单一法益论与侵占手段单一说为立场. 政治与法律，2016（7）.

④ 魏东. 职务侵占的刑法解释及其法理. 法学家，2018（6）.

⑤ 付立庆. 交叉式法条竞合下的职务侵占罪与盗窃罪——基于刑事实体法与程序法一体化视角的思考. 政治与法律，2016（2）.

齐林教授、温建康检察官认为，职务侵占罪不包括窃取这一行为方式；对于利用工作便利而非职务上的便利窃取单位财物的行为，应构成盗窃罪而非职务侵占罪。①

十一、破坏生产经营罪

柏浪涛副教授认为，破坏生产经营罪的保护法益不是生产经营的正常秩序，而是生产经营的经济利益；行为对象是生产经营，生产经营不要求以营利为目的，非法的生产经营也应得到适度保护；本罪的行为方式包括威力和诡计；本罪不是目的犯，“泄愤报复或其他个人目的”只是一种提示性规定，表示一种动机，且本罪与故意毁坏财物罪可以竞合。②对于网络社会背景下利用计算机等技术妨碍他人生产经营活动的行为，孙道萃博士认为，当前破坏电商平台等互联网经济体正常生产经营的违法犯罪活动日益加剧。扩张解释是应对新型犯罪的出路，破坏生产经营罪的现有规定可以提供主客观方面的前提条件。此外，“互联网＋”经济的深化和转型要求加快完善立法步伐，发挥破解破坏生产经营罪适用法律困局的终极作用，应结合域外立法经验，确认破坏市场秩序与网络经济的正常生产经营行为为犯罪客体，规定简明罪状，界定生产经营的外延，确立单位的犯罪主体资格，修改法定刑种类与量刑档次。③ 张明楷教授则提出了不同的见解，认为虽然以威力、诡计妨害业务或者利用计算机妨害业务的行为严重侵害了业务者从事正当业务活动的自由，妨碍了经济发展，但对这类行为以破坏生产经营等罪论处，既不符合罪刑法定原则，也非长远之计；对这类案件仅作为民事纠纷处理，既不现实，也难以保护正当业务。所以应该借鉴国外刑法的相关规定，增设妨害业务罪，并注重构成要件的类型化，这是规制妨害业务行为、保护正当业务的理想路径。④

十二、聚众哄抢罪

张开骏博士认为，哄抢使用中厂房的物资设备的，是聚众哄抢罪与破坏生产经营罪的想象竞合犯，以聚众哄抢罪定罪处罚；聚众是与哄抢并列的行为或者是哄抢行为的方式或状态，说明了聚众哄抢罪的必要共同犯罪特征；成立聚众哄抢罪未必要有首要分子组织、策划或纠集；聚众哄抢罪的对象是他人占有的动产或者不动产中可以分离的部分；哄抢的本质是公然抢夺或盗窃；不符合聚众哄抢罪的哄抢财物行为可认定为抢夺罪或盗窃罪；聚众哄抢罪与抢夺罪、盗窃罪的共犯有差异；哄抢人对人采取暴力或胁迫等方式，压制被害人反抗而哄抢财物的成立抢劫罪，聚众哄抢罪可以成立事后抢劫。⑤

---

① 阮齐林，温建康．职务侵占罪与盗窃罪比较研究．人民检察，2017（9）．

② 柏浪涛．破坏生产经营罪问题辨析．中国刑事法杂志，2010（3）．

③ 孙道萃．破坏生产经营罪的网络化动向与应对．中国人民公安大学学报（社会科学版），2016（1）．

④ 张明楷．妨害业务行为的刑法规制．法学杂志，2014（7）．

⑤ 张开骏．聚众哄抢财物与聚众“打砸抢”的刑法教义学．北方法学，2017（2）．

第十三章　妨害社会管理秩序罪

一、计算机与信息网络犯罪

信息互联网世界中的行为模式较之传统社会行为模式，呈现出复杂多链和分工明确的特征。不同于以往行为实施者与行为受众“零距离”接触的情形，互联网世界行为实施者与行为承受者间存在一类不可或缺的角色——网络服务提供者。正因为网络服务提供者在网络世界的互动中具有重要地位、有时甚至是决定性的地位，网络空间中的行为的内容、定性与规制越来越成为刑法研究的重点。

在中国知识基础设施工程网（China National Knowledge Infrastructure）中，利用“可视化”专业文献分析工具，以“计算机犯罪”或“网络犯罪”为主题进行检索，通过16种CLSCI期刊论文（参见中国法学创新网）及部分重要大学学报、辑刊发表的期刊文献数量为140篇，其中发表时间最早的为1980年2月，发表在2007年1月1日（含）至2016年12月31日（含）期间的文献数量为58篇，过去10年对计算机与网络犯罪研究的总篇数约占该主题在这37年中研究总数的41.4%。值得注意的是，2007年论文发表高峰（11篇）后，2008年至2015年论文数量下降至年均发表4—5篇，2015年后阶段发表数量开始上升，至2016年攀升至年均发表11篇，关于计算机与网络犯罪的刑法研究重新回归热门。可以预见，未来计算机与网络犯罪的刑法研究将成为新的学术热点，并且对信息网络犯罪的研究将成为学术常态。

（一）计算机与信息网络犯罪的构成要件

1. 构成要件行为

关于计算机与信息网络犯罪的实行行为，难点在于信息互联网中“帮助行为”的实质与可罚性。对于这一问题，学者现有研究侧重于“帮助行为”的定性、刑法评价和法律规制等方面。

有学者认为，互联网时代违法犯罪的新形态是信息网络技术支持、帮助行为与直接侵害权利的犯罪实行行为的结合。①

---

① 刘宪权. 论信息网络技术滥用行为的刑事责任——《刑法修正案（九）》相关条款的理解与适用. 政法论坛，2015（6）：96-97.

有学者充分重视并分析了信息互联网中的“帮助”行为的实质与可罚性，认为网络服务提供行为的民法解释错误不能作为刑法的决定因素，在对服务提供者“帮助”行为的规制与处罚中，应当认识到：其一，刑事意义上的网络传播还是要坚持大众传播的实质性标准，即传播的公共性；其二，网络服务提供行为的共犯理论或者中立行为帮助行为理论的适用存在前提性障碍；其三，链接行为存在独立化倾向。①

有学者认为，互联网接入、服务器托管、网络存储、通讯传输、网络广告推广、互联网支付与结算等信息网络技术支持、帮助行为，除了专门为犯罪活动实施帮助且应当按照刑法规定进行刑事评价的情形之外，绝大多数都是无差别地针对所有的互联网用户而并非特定化的犯罪实行者，属于典型的中性业务行为。既要有效规制信息网络犯罪行为，又要公正地为确实不构成犯罪的被告人提供合法且合理的出罪机制。②

2. 计算机与信息网络犯罪主体

有学者认为，我国立法和理论中网络服务提供者概念不明、类型缺失。在系统分析德国和欧盟法律中的四分法之后，认为我们应当积极借鉴吸收德国与欧盟的有益经验，提倡功能性类型区分，形成以技术为划分标准的四分法主体类型（内容提供者、接入服务提供者、缓存服务提供者、存储服务提供者）。③

而对于网络服务提供者承担的义务内容，有学者认为，网络内容管理义务可以分为预先审查、实时监控和报告删除三类义务，要求网络服务提供者承担全部义务的规定过于严苛，应当认为，设定网络服务提供者的预先审查和实时监控义务并不妥当，必然导致网络服务提供者的负担过重，阻碍网络服务提供者的经营自由、束缚其发展空间。但其应履行事后被动的报告、删除义务。④

3. 行为人的主观方面

对于互联网中实行者与参与者的主观心态，有学者认为，在刑事领域，无论是将信息服务提供行为作为帮助行为还是作为传播行为，主观方面的明知要求显然是必然的。进一步认为，明知包括确知和一定条件下的“应知”，并且在网络服务提供行为的具体认定中，不同的传播手段实际上对明知的认定要求也是不同的。⑤

有学者认为，信息网络的技术力量与商业模式创新拉近了犯罪实行者与帮助者之间意思联络的距离，也改变了两者之间传统意思联络的模式。提供信息网络技术支持、帮助与利用信息网络实施犯罪之间，在主观意思联络层面具有形式上的分离，并且帮助行为与实行行为经由信息网络技术结合之后，并没有直接从权利侵害中获取经济利益。⑥

而在刑事责任的判断问题上，有学者认为，对于客观的“违法信息大量传播”的危害结果，在刑事责任的承担上，不能对所有的网络服务提供者一概而论，而应当依据其提供

① 孙万怀．慎终如始的民刑推演——网络服务提供行为的传播性质．政法论坛，2015（1）：101-109.

② 刘宪权．论信息网络技术滥用行为的刑事责任——《刑法修正案（九）》相关条款的理解与适用．政法论坛，2015（6）：108.

③ 王华伟．网络服务提供者的刑法责任比较研究．环球法律评论，2016（4）：41-55.

④ 涂龙科．网络内容管理义务与网络服务提供者的刑事责任．法学评论，2016（3）：66-68.

⑤ 同①109-111.

⑥ 同②96-97.

服务的类型区别对待与具体分析。第一，网络内容提供者完全责任；第二，网络平台提供者有限责任。具体而言，平台服务提供者只有在经有效通知不履行后续义务后，才依法附加刑事责任；软件接入提供者对用户的使用行为不承担刑事责任；网络硬件接入、缓存等其他网络服务提供者通常情况下不会因为用户使用其接入、缓存服务的行为负刑责，但是如果存在共同犯罪的情形或者接到监管指令而拒不执行，造成严重后果的应当负刑事责任。①

有学者认为，对于网络服务提供者刑事责任的判断应当采取“直接控制说”标准，即该服务提供者对违法犯罪信息是否处于直接的控制地位。该标准包括以下几层含义：第一，网络服务提供者对违法犯罪信息具有控制力，可以决定特定的违法犯罪信息能否通过一定的渠道、在一定的范围内得以传播。服务提供者对无法影响、控制的违法犯罪信息，不具有安全管理义务。第二，网络服务提供者对违法犯罪信息的控制地位是直接的。以“直接控制说”对不同的网络服务提供者的内容管理义务及刑事责任的有无进行判断，从而合理限定刑事责任的追究范围，避免刑事责任主体的不确定性和扩大化。②

(二) 计算机与信息网络犯罪的司法认定

在中国，互联网运用具有非常广阔的市场和空间，网络技术也获得了突飞猛进的发展。然而随着新技术的出现，新的法律问题不断滋生并快速蔓延。规则落后于技术似乎成为网络时代司空见惯的现象。对于违法行为的打击重心逐步转向“帮助”性侵权行为。注重刑法的适用已经成为一种重要的政策要求，但争议随之而来，司法认定在定罪与处罚中进退维谷。

2015 年《刑法修正案（九）》对计算机与网络犯罪进行了大幅修订，其中除第 287 条利用计算机实施有关犯罪的规定未予修订外，增设的罪名有：第 286 条之一拒不履行信息网络安全管理义务罪，第 287 条之一非法利用信息网络罪，第 287 条之二帮助信息网络犯罪活动罪；修订的罪名有：第 285 条非法侵入计算机信息系统罪，非法获取计算机信息系统数据、非法控制计算机信息系统罪，提供侵入、非法控制计算机信息系统的程序、工具罪，第 286 条破坏计算机信息系统罪。如何理解和适用这些罪名尚无相关司法解释，在这种情况下，学者的理论研究意义重大：不仅可以明晰法条性质、为该类新增罪名或修改罪名的适用提供必要的理论支撑，而且可以澄清理解误区、统一司法适用。

1. 破坏计算机信息系统罪

有学者认为，私服、外挂行为通过间接的手段影响、干扰了游戏服务器的正常运行，本质上也是一种对“计算机信息系统中存储、处理或者传输的数据和应用程序进行的修改”，而且这种行为严重损害了游戏合法经营单位的商业利益，造成严重的危害后果。因此这种行为应当是具有一定的可罚性的行为，应当纳入《刑法》第 286 条破坏计算机信息系统罪的范畴。③

---

① 涂龙科. 网络内容管理义务与网络服务提供者的刑事责任. 法学评论，2016（3）：68-71.

② 同①66-71.

③ 刘守芬，申柳华. 网络犯罪新问题刑事法规制与适用研究. 中国刑事法杂志，2007（3）：22-24.

2. 拒不履行信息网络安全管理义务罪

有学者认为，本罪是典型的不作为型的帮助行为。本罪的犯罪构成是，信息网络服务者违反法定义务不进行信息网络安全管理，因而造成严重后果或者情节严重后果。本罪与“为信息网络犯罪提供技术支持、帮助罪”在犯罪行为方面的实质是相同的，即都是为利用信息网络实施犯罪活动提供技术支持、帮助，但在犯罪行为的具体类型上存在区别。前者是通过不履行信息网络安全管理义务的消极不作为方式提供技术支持、帮助；后者是通过提供信息网络服务的积极作为方式进行技术支持、帮助。①

3. 帮助信息网络犯罪活动罪

对于本罪的立法例，有学者认为，我国《刑法》第 287 条之二所规定的帮助信息网络犯罪活动罪，并不是帮助犯的正犯化，从实质判断上可知，本罪只是帮助犯的量刑规则。帮助信息网络犯罪活动罪的设立也不表明《刑法》第 287 条之二对帮助犯采取了共犯独立性说。②

有学者指出，在帮助者与被帮助的实行行为人形成犯意联络的情况下，可以认为是帮助犯正犯化；但在没有形成犯意联络的情况下，则系中立的技术帮助行为的入罪化处理。否认帮助犯的正犯化、将本罪仅仅视为帮助犯的量刑规则或者完全肯定帮助犯的正犯化的做法，都不符合立法原意。③

对于帮助信息网络犯罪活动罪的客观方面，有学者认为，帮助信息网络犯罪活动罪的客观行为要件为提供信息网络技术支持、帮助。但若帮助行为属于正当业务，则不符合本罪的客观要件。④

有学者指出，《刑法》第 287 条之二第 1 款将“情节严重”作为成立条件，为限制中立的帮助行为的处罚范围提供了法律依据，对网络服务商作为业务行为所实施的中立的帮助行为，原则上不能以该罪论处。对于帮助信息网络犯罪活动罪的情节规定的理解，有学者认为，结合法定刑的限制，对我国《刑法》第 287 条之二第 3 款应当作限制解释，帮助信息网络犯罪活动罪的设立，并没有加重帮助犯的处罚程度。⑤

有学者主张，帮助信息网络犯罪活动罪在客观方面表现为对他人利用信息网络实施犯罪提供互联网接入、服务器托管、网络存储、通讯传输等技术支持，或者提供广告推广、支付结算等帮助，情节严重的行为，而对该行为的刑法规制必须以制造了法律所不允许的危险为必要。在认定成立情节严重与否时，可以以网络技术帮助的提供者是否接到监管部门的告知以及其是否改正作为判断标准之一。⑥

对于帮助信息网络犯罪活动罪的主观方面，有学者认为，主观要件为明知他人利用信息网络实施犯罪。提供信息网络技术支持、帮助的信息网络服务者只有在主观明知的条件

① 刘宪权. 论信息网络技术滥用行为的刑事责任——《刑法修正案（九）》相关条款的理解与适用. 政法论坛，2015（6）：98.

② 张明楷. 论帮助信息网络犯罪活动罪. 政治与法律，2016（2）：2-16.

③ 阴建峰，刘雪丹. 帮助信息网络犯罪活动罪的法教义学分析. 刑法论丛，2016（4）：211-234.

④ 刘宪权. 论信息网络技术滥用行为的刑事责任——《刑法修正案（九）》相关条款的理解与适用. 政法论坛，2015（6）：97-107.

⑤ 同②.

⑥ 阴建峰，刘雪丹. 帮助信息网络犯罪活动罪的法教义学分析. 刑法论丛，2016（4）：211-234.

下，其行为才有可能被评价为犯罪，其中明知的对象应当严格解释，将其限定为符合我国刑法相应规定的犯罪构成、应当被认定为相应罪名的犯罪行为。在明知的认定上，应当结合确知认定方法与司法推定方法。①

有学者指出，本罪的主观方面要求帮助者处于“明知”，但并没有要求提供帮助者与实行行为者之间存在犯意联络。其对明知内容的规定为：第一，明知他人利用信息网络实施犯罪，这里的“犯罪”应理解为犯罪客观方面的危害行为层面而非犯罪构成意义上的犯罪；第二，明知自己为他人实施信息网络犯罪提供支持、帮助，此处提供支持、帮助的帮助者在主观方面应当是故意，将“明知”含义理解为包括“确知”和“或知”更符合立法初衷。②

对于帮助信息网络犯罪活动罪的罪数形态，有学者认为，为信息网络犯罪提供技术支持、帮助行为同时构成其他犯罪并且其他犯罪处罚更重的，应当以重罪定性与处罚。③

有学者指出，需要注意帮助信息网络犯罪活动罪的以下罪数形态问题：第一，本罪的共犯形态问题。首先，若按照本罪定罪处罚有违罪责刑相适应原则，则应以受帮助的本犯的帮助犯定罪处罚；其次，如果按照本罪与按照本犯之帮助犯处罚轻重程度相同，则应以本罪定罪处罚，但是如果能够比较出轻重程度的，则以处罚较重的规定定罪处罚；最后如果网络技术作为其他犯罪帮助行为而未达情节严重不构成本罪时，可以按照相关犯罪的帮助犯定罪处罚。第二，本罪与拒不履行信息网络安全管理义务罪的关系：如果网络技术服务商不履行义务行为仅是帮助信息网络犯罪活动行为所致违法状态的持续，并没有侵害新的法益，则属于事后不可罚的行为。但是网络技术服务商在提供技术帮助之后，又拒不履行信息网络安全管理义务，致使违法信息大量传播，或者致使用户信息泄露，造成严重后果，或者致使刑事案件证据灭失，情节严重，或者有其他严重情节的，则其行为又侵害了公民个人信息安全等新的法益，故而是可以同时构成拒不履行信息网络安全管理义务罪的，二者之间可能成立罪数形态中的吸收犯，可以本着重法吸收轻法的处断原则以本罪吸收拒不履行信息网络安全管理义务罪。第三，关于“同时构成其他犯罪”的理解。在具体确定如何选择适用法条时，依照本条第 3 款的规定“以处罚较重的规定定罪处罚”即可。④

（三）计算机与信息网络犯罪的立法完善

应当注意，2015 年《刑法修正案（九）》对计算机与信息网络犯罪进行了大幅修改。从当下的角度来看，似乎部分争论问题的研究成果已经随着修正案对罪名的修订和新增而“尘埃落定”。但事实并非如此，学者们这十年期间（2007—2017 年）的部分研究成果或多或少对该修正案产生影响，促进了刑法的完善，并在修正案发布之后为相关案件的司法实践提供并将持续提供重要的理论参考。即使从当下的法律规定和司法解释出发，这部分的理论研究和立法建议也不时以其合理性和前瞻性，体现出学者们研究成果的重要

① 刘宪权．论信息网络技术滥用行为的刑事责任——《刑法修正案（九）》相关条款的理解与适用．政法论坛，2015（6）：97-107.

② 阴建峰，刘雪丹．帮助信息网络犯罪活动罪的法教义学分析．刑法论丛，2016（4）：211-234.

③ 同①.

④ 同②.

价值。

有学者认为，在计算机犯罪立法方面，应不断适应我国计算机犯罪发展的新情况，首先，修改和完善我国现有的计算机犯罪罪名；其次，在犯罪构成的设计方面，破坏计算机信息系统罪应为情节犯，而非唯一的结果犯；最后，在刑罚设置方面，在扩大网络犯罪之犯罪圈的同时，设置较低的刑罚，实现严中有宽，建议增设财产刑、资格刑作为计算机犯罪的刑罚种类。①

有学者指出，恶意公布、售卖计算机安全漏洞行为具有入罪必要性。在立法模式上，可以将恶意公布、售卖计算机安全漏洞行为通过“共犯行为的正犯化模式”直接独立入罪，理想模式是设立单独的“计算机和网络犯罪”章节，把恶意公布、售卖安全漏洞行为规定于其中，并且对此类行为应当规定为情节犯且法定刑不宜太高。②

有学者主张，深度链接行为是帮助型的间接信息网络传播行为，属于间接侵犯信息网络传播权，虽然具有间接侵权性质但对法益的侵害并不比直接侵权行为更小，可上升为侵犯著作权等犯罪行为。共犯正犯化后的单独犯罪模式则成为较为可行的司法选择，具体而言，设链方主观“应知”被链内容未经权利人许可的认定；任意被链方构成侵权，设链方均可成罪。③

但是有学者持不同观点，有学者认为，深度链接并未直接侵犯作品本身，不能构成直接侵犯信息网络传播权，在行为属性上只能是侵犯信息网络传播的帮助行为。从理论上说，深度链接行为可能构成侵犯著作权罪的片面共犯，但是由于深度链接的特殊性，如深度链接帮助行为对象的不特定性影响片面共犯的成立，深度链接行为可能缺乏片面共犯的故意，实践中对深度链接行为适用片面共犯理论存在极大的障碍。并且在实践中认定深度链接构成共犯存在现实障碍，相关司法解释自身存在的致命缺陷以及刑法的谦抑性决定了对深度链接行为的刑法介入应当保持克制和适度。④

二、寻衅滋事罪

虽然 1979 年《刑法》第 160 条规定的流氓罪在 1997 年《刑法》中并没有得到保留，但是学界普遍认为 1997 年《刑法》第 293 条的寻衅滋事罪脱胎于流氓罪。基于这一立法沿革原因，自寻衅滋事罪设立至今，理论界围绕寻衅滋事罪的保护法益、行为表现和流氓动机等构成要件内容展开了持久争论。虽然学者们对于寻衅滋事罪成立的认定存在诸多见解，但在警惕本罪适用上的“口袋化”倾向和尝试去“口袋化”的努力上，学者们的立场和方向保持惊人的一致。值得注意的是，在过去的十几年间，寻衅滋事罪的研究因网络时代的来临而获得新的生命力，尤其是 2013 年法释［2013］18 号发布后，基于网络空间的活跃或启发于信息网络的发展，寻衅滋事罪的理论研究取得了新的突破。

① 刘守芬，申柳华．网络犯罪新问题刑事法规制与适用研究．中国刑事法杂志，2007（3）：24-25.

② 于志刚．恶意公布、售卖计算机安全漏洞行为入罪化的思考．现代法学，2010（2）：79-92.

③ 王冠．深度链接行为入罪化问题的最终解决．法学，2013（9）：142-151.

④ 林清红，周舟．深度链接行为入罪应保持克制．法学，2013（9）：152-159

(一) 寻衅滋事罪的构成要件

1. 保护法益

有学者认为，寻衅滋事罪的保护法益需要结合四种类型予以确定。其一，“随意殴打型”寻衅滋事类型的保护法益是与公共秩序相关联的个人的身体安全；其二，“追逐、拦截、辱骂他人”类型的保护法益显然是个人的行动自由与名誉；其三，“强拿硬要或者任意损毁、占用公私财物”的类型，其保护法益是公私财产及与之相关的社会生活的安宁与平稳；其四，“起哄闹事型”寻衅滋事的保护法益是不特定人或者多数人在公共场所从事自由活动的安全与顺利。①

有学者指出，寻衅滋事罪是一种扰乱正常社会秩序的犯罪行为，作为犯罪客体的社会秩序具备有序性、社会性和规范性三个特征，社会秩序的外延要大于公共秩序。② 有学者主张，随意殴打型寻衅滋事罪所保护的法益是双重法益，其中社会公共秩序是主要法益，公民的人身权利为附随法益。③ 有学者基于 1979 年刑法以来关于寻衅滋事罪的考察认为，恐吓类寻衅滋事罪侵犯的是公民免于恐惧的自由及社会秩序的安定，恐吓侵害的是个人精神安宁和社会管理秩序双重法益。④

2. 构成要件行为

根据对寻衅滋事罪的法条规定与司法解释，本罪的行为可以分为四种类型：“随意殴打型”寻衅滋事；“追逐、拦截、辱骂他人型”“恐吓型”寻衅滋事；“强拿硬要或任意损毁、占用型”寻衅滋事；“起哄闹事型”寻衅滋事。

第一，“随意殴打型”寻衅滋事。有学者认为，殴打是指对他人行使有形力，造成他人身体痛苦的行为，该行为不以造成伤害结果、不以聚众为前提。随意是指事出无因的殴打行为，应当基于客观事实予以判断。对随意殴打型寻衅滋事，应当结合法益受侵害或者被威胁的程度判断情节是否恶劣。⑤

第二，“追逐、拦截、辱骂他人型”“恐吓型”寻衅滋事。《刑法修正案（八）》公布前，有学者认为，“追逐、拦截、辱骂他人型”寻衅滋事的客观行为表现为：追逐和拦截为一类，均为妨碍他人行动自由的行为，追逐是指妨碍他人停留在一定场所的行为，拦截是指阻止他人转移场所的行为，这两种行为可能以暴力方式实施，也可能以威胁等方式实施。辱骂，则是指以言语对他人予以轻蔑的价值判断。辱骂不要求有特定的对象，对一般人的谩骂，也可能成立本罪的辱骂。必须以法益受侵害或者受威胁的程度为中心对情节恶劣与否进行判断。⑥

《刑法修正案（八）》公布后，有学者认为，寻衅滋事罪客观行为增订的“恐吓”一词具有文学性和模糊性，不利于立法的明确和司法实践，结合考察域外刑法模式与我国立法

---

① 张明楷．寻衅滋事罪探究：上篇．政治与法律，2008（1）：86-87.
② 唐亚南，张伟珂．简论寻衅滋事罪——以《刑法修正案（八）》为主要视角．刑法论丛，2011（3）：290-296.
③ 刘红艳．随意殴打型寻衅滋事罪研究．中国刑事法杂志，2014（1）：43-44.
④ 陈庆安．恐吓类寻衅滋事罪的客观要件研究．政治与法律，2013（7）：157-159.
⑤ 同①89-90.
⑥ 同①90.

沿革，“恐吓”是指通过语言或者不直接作用于被害人身体的行动展示实力、吓唬他人，使他人内心产生恐慌或屈从，严重侵犯被害人精神权利，妨害社会管理秩序的行为。[①]

第三，“强拿硬要或任意损毁、占用型”寻衅滋事。强拿硬要是指违背他人意志夺取财物或迫使他人交付财物，取得他人财物的行为，财物包括财产性利益；毁损财物是指使公私财物的使用价值减少或丧失的一切行为，任意的程度低于随意的程度；占有公私财物是指不当、非法使用公私财物的一切行为。情节是否严重，需要根据行为人取得、损毁、占用的财产数额的多少，强行的程度，任意的程度，行为的次数等作出判断。[②]

第四，“起哄闹事型”寻衅滋事。有学者认为，起哄闹事行为具有性质模糊和类型宽泛的特点，在寻衅滋事罪认定失误的情形中，绝大多数属于起哄闹事型的寻衅滋事罪。为了实现立法的明确和司法适用的准确，法律条文中的起哄闹事并非孤立存在，而是表述在“公共场所”与“公共场所秩序严重混乱”的特定语境中；人大常委会法工委也将起哄闹事界定为“无事生非，制造事端”[③]。

3. *主观方面*

对于寻衅滋事罪的主观方面的考察，除了罪过形式的探讨，更为关注的问题在于“流氓动机”的存在性以及地位问题。具体而言，学者们对“流氓动机”的存在与否持肯定说和否定说两种观点。

（1）肯定说

肯定流氓动机存在的理论：有学者认为，寻衅滋事罪作为从流氓罪中分离出来的一种罪名，在《刑法修正案（八）》增设“恐吓行为”后，进一步明确了寻衅滋事罪主观方面的本质特征，即无理取闹、寻求精神刺激。这一特定动机不仅影响着寻衅滋事罪成立与否，而且从根本上将本罪与总则及分则中抢劫罪、强奸罪、绑架罪和敲诈勒索罪等犯罪中的胁迫相区分。[④] 有学者指出，寻衅滋事罪中的“随意”这一表述，作为主观要素体现了行为人流氓动机的存在，并且应当对其作扩大解释：不仅包括寻求精神刺激的流氓动机，而且体现为报复性的动机。[⑤] 有学者主张，应当肯定流氓动机作为寻衅滋事罪主观违法要素的存在。流氓动机不仅可以对寻衅滋事行为起到定性作用，而且具有对寻衅滋事罪适用的限缩功能，对于寻衅滋事罪的正确认定具有重要意义。[⑥]

随着网络时代的到来，也有学者延伸传统社会中寻衅滋事罪中敢肯定流氓动机的做法至网络空间，认为可以通过行为人在网络上“无事生非”或者“借故生非”实施的辱骂、恐吓他人行为或者编造、散布谣言行为，判断行为人主观上具有“寻求刺激、发泄情绪、逞强耍横等”流氓动机。[⑦]

（2）否定说

否定流氓动机意义的理论：有学者认为，成立寻衅滋事罪并不需要行为人出于流氓动

---

① 陈庆安．恐吓类寻衅滋事罪的客观要件研究．政治与法律，2013（7）：156-160．

② 张明楷．寻衅滋事罪探究：上篇．政治与法律，2008（1）：90．

③ 陈兴良．寻衅滋事罪的法教义学形象：以起哄闹事为中心展开．中国法学，2015（3）：265-272．

④ 唐亚南，张伟珂．简论寻衅滋事罪——以《刑法修正案（八）》为主要视角．刑法论丛，2011（3）：298-299．

⑤ 刘红艳．随意殴打型寻衅滋事罪研究．中国刑事法杂志，2014（1）：44-45．

⑥ 陈兴良．寻衅滋事罪的法教义学形象：以起哄闹事为中心展开．中国法学，2015（3）：272-274．

⑦ 黄华生，李文吉．网络型寻衅滋事罪司法适用问题探析．刑法论丛，2015（1）：341-342．

机，原因在于：第一，流氓动机没有具体意义，无法限定犯罪范围；第二，寻衅滋事行为是否侵犯法益并不取决于行为人是否具有流氓动机；第三，流氓动机不作为主观要素，也不影响罪与非罪、此罪与彼罪的区分；第四，行为人的主观故意不以流氓动机为内容；第五，流氓动机是过于重视主观因素的表现；第六，流氓动机是事实归纳的结果而非法律规定的内容；第七，要求行为人出于流氓动机可能导致某些案件不能得出妥当结论。[①]

有学者指出，寻衅滋事罪中的“随意性”经历了从1979年刑法中流氓罪之流氓动机的发源，到现今事出有因、小题大做、逞强好胜等概念的替代，但是这种演变因缺乏实质性的追问而不可避免的体现“随意性”，因其自身不具有实质内容而呈现“口袋性”，在本罪中强调流氓动机不仅使得罪名空洞，而且无助于与其他罪名的区分。[②]

（二）寻衅滋事罪的司法认定

1. 罪与非罪的区分

（1）入罪标准的情节认定

立法上对寻衅滋事罪列举了不同的行为类型，而这些行为构成的寻衅滋事罪规定标准并不统一。在此基础上，有学者认为，寻衅滋事罪所包含的是以情节恶劣、情节严重、造成严重混乱为要件的不同的行为类型[③]；有学者指出，“随意殴打型”寻衅滋事罪必须具备情节恶劣标准，并且应当以《刑法》第13条为总的指导原则，合理把握殴打的伤害程度，限制“多次”理解为二年内随意殴打他人三次以上，对情节恶劣进行认定。[④] 有学者主张，虽然刑法没有具体规定，但是应当认为恐吓型寻衅滋事罪是情节犯，只有行为情节严重才能构成本罪。[⑤] 有学者提出，对于起哄闹事型寻衅滋事罪，按照司法解释的规定，应当结合公共场所的性质、公共活动的重要程度、公共场所的人数、起哄闹事的时间、公共场所受影响的范围与程度等因素，综合判断是否造成公共场所秩序严重混乱。[⑥]

但也有学者认为，“情节恶劣”和“情节严重”的规定模式使得本罪在适用时呈现模糊性，而司法解释与立法规定又存在偏差，在已存立法情形下与其强调立法证成不如将“情节恶劣”和“情节严重”解释为行为的抽象危险属性而非独立的具体危险标准，将寻衅滋事罪归属于拟制抽象危险犯，从法益角度出发行为必须达到对社会秩序抽象危险的程度，从自身属性出发行为应体现对人身或财产法益的危险。[⑦]

（2）司法“口袋化”与“去口袋化”

有学者认为，寻衅滋事罪构成要件中侵害法益的复杂性、行为类型的多样性、犯罪动机的抽象性和模糊性，使得本罪在司法活动中有沦为口袋罪的倾向，对此，应当充分发挥

① 张明楷．寻衅滋事罪探究：下篇．政治与法律，2008（2）：122-124．

② 樊华中．寻衅滋事罪规范内的追问与规范外的反思——以随意殴打型切入分析．中国刑事法杂志，2011（8）：57-59．

③ 张明楷．寻衅滋事罪探究：上篇．政治与法律，2008（1）：88．

④ 刘红艳．随意殴打型寻衅滋事罪研究．中国刑事法杂志，2014（1）：45-47．

⑤ 陈庆安．恐吓类寻衅滋事罪的客观要件研究．政治与法律，2013（7）：160-161．

⑥ 陈兴良．寻衅滋事罪的法教义学形象：以起哄闹事为中心展开．中国法学，2015（3）：274-278．

⑦ 李川．寻衅滋事罪情节犯的属性认定与限缩适用探究——以拟制抽象危险犯为视角切入．法学，2015（12）：145-153．

犯罪客体的定罪价值，把握本罪行为类型的本质，重视犯罪动机对定罪的影响，实现寻衅滋事罪的合理适用。①

有学者指出，因为流氓动机的认可、罪状明确度不够、办案机关考核机制、兜底性罪名的强化等现象的存在，司法上本罪的口袋性被强化。在立法最终废除本罪之前，实践中可以继续发挥司法智慧，对于寻衅滋事罪的四类犯罪行为，运用想象竞合犯的理论并适当扩大一些罪名的犯罪构成，以故意伤害罪、侮辱罪、抢夺罪、破坏他人财物罪、聚众扰乱社会秩序罪等犯罪替代处罚，以实现寻衅滋事罪的“去口袋化”②。

有学者提出，寻衅滋事罪条文用语的模糊性和司法实践对宽严相济刑事政策的曲解，导致寻衅滋事罪在司法适用中呈现“口袋化”倾向，对此暂时应当采取司法适用的软化和弱化处理，寻求其他最优罪名而避免寻衅滋事罪的适用泛化。③

（3）“网络型”寻衅滋事罪

两高出台关于“网络犯罪”的司法解释（法释［2013］18号）后，学界掀起了一场对于“网络寻衅滋事”的激烈论争，讨论的主题主要在于“网络寻衅滋事”命题的真伪、网络空间及公共秩序的含义、网络空间内“寻衅滋事”的结果等问题上。

有学者认为，从两高出台“网络犯罪”的司法解释（法释［2013］18号）出发，对网络空间中的公共秩序严重混乱的判断，应当以“双层社会”为判断标准和判断视角，设立“公共场所秩序”在网络空间与现实社会中的双重维度，深入分析妨害信息秩序行为方式，从而构建网络空间中“公共场所秩序混乱”的双层犯罪定量标准体系：第一层次为入罪标准体系，考察行为是否对网络空间中的信息秩序造成混乱及严重程度；第二层次为从严量刑标准，如果网络空间中的行为造成了现实空间中的严重混乱，则应当对行为人的寻衅滋事犯罪行为“从严”处罚。④

有学者指出，自“网络犯罪”司法解释发布后，寻衅滋事罪的适用可以延伸至网络空间。“新型网络”可以解释为“公共场所”，这是刑法解释对信息网络时代的回应，也是合理的扩大解释而非类推解释。在此基础上，进一步认为造成信息网络空间秩序严重混乱是网络型寻衅滋事罪的定罪情节，而从网络空间延伸造成的现实社会公共秩序严重混乱只是量刑情节。⑤

有学者认为，“网络犯罪”司法解释中的寻衅滋事罪包含两种类型，第一种是网络辱骂、恐吓型寻衅滋事罪，这种类型的行为可以在网络空间实施并有成罪空间；第二种是网络起哄闹事型寻衅滋事罪，对于这种类型的行为能否在网络空间中认定为寻衅滋事罪存在较大争议。网络空间勉强可以解释为公共场所，但是网络传谣行为不能等同于起哄闹事。不能直接根据司法解释而认为网络传谣构成寻衅滋事罪，而应当通过专门立法将网络传谣行为入罪。⑥

---

① 唐亚南，张伟珂．简论寻衅滋事罪——以《刑法修正案（八）》为主要视角．刑法论丛，2011（3）：289-304．

② 樊华中．寻衅滋事罪规范内的追问与规范外的反思——以随意殴打型切入分析．中国刑事法杂志，2011（8）：58-60．

③ 张训．口袋罪视域下的寻衅滋事罪研究．政治与法律，2013（3）：36-41．

④ 于志刚，郭旨龙．“双层社会”与“公共秩序严重混乱”的认定标准．华东政法大学学报，2014（3）：134-144．

⑤ 黄华生，李文吉．网络型寻衅滋事罪司法适用问题探析．刑法论丛，2015（1）：325-341．

⑥ 陈兴良．寻衅滋事罪的法教义学形象：以起哄闹事为中心展开．中国法学，2015（3）：278-283．

但在另一方面，也存在反对将网络空间秩序混乱认定为寻衅滋事罪的观点。有学者认为，在该司法解释中，不应直接将“公共场所”扩大进“网络空间”，否则就有类推主义之嫌；“起哄闹事”与“公共秩序严重混乱”也不应简单地在“信息网络”中进行判断，而是理解为通过信息网络或者“以信息网络为工具”造成了现实社会中的“起哄闹事”，即仍应依据我国《刑法》第 293 条第 1 款第 4 项中的“造成公共场所秩序严重混乱”的“现实社会”标准来定罪。①

有学者指出，应该严格界定“公共场所秩序严重混乱”等法律要件，即便“在公共场所起哄闹事”可以被扩大到网络虚拟场所，但是“公共场所秩序严重混乱”也必须被限定于实体空间。只有当言论确实严重扰乱了现实公共场所的秩序时，相关行为才可能构成“寻衅滋事”；而要构成“严重混乱”，言论所产生的危害必须是清楚和即刻发生的。②

有学者主张，将利用信息网络散布虚假信息、起哄闹事造成的结果分成两类：第一，造成现实的公共场所秩序严重混乱的，应当认为此种结果与传统手段造成现实公共场所严重混乱的情形一致，可以按照寻衅滋事罪定罪处罚；第二，造成网络空间秩序严重混乱，此时不能通过法律拟制或解释适用寻衅滋事罪的规定，应当基于刑法谦抑性原则寻求更适宜的网络信息立法予以专门规制。③

（4）扰序上访行为

上访制度在我国可谓存在历史悠久，通常认为其具有直陈民意、检举监督的功能，但是特定情况下行为人也存在上访“扰序”的现象。对于这种“扰序上访”行为，司法实践中已经存在对其以寻衅滋事罪处罚的判例。有学者认为，对扰序上访行为的处理应当严格遵守刑法谦抑性原则，坚持“轻罪化、轻罚化”处理：其一，并非所有扰序上访行为都当然的构成犯罪，对平和的行为不宜认定为寻衅滋事罪；其二，将寻衅滋事罪视为“口袋”而兜底上访扰序行为缺乏科学性与合理性，应当结合法条规定和不同情况认定是否触犯危害公共安全罪、妨碍公务罪或寻衅滋事罪。④

2. 此罪与彼罪的区分

寻衅滋事罪包含的行为类型复杂，行为表现与分则多个罪名呈现交叉形态，因此，立足于刑法理论此罪与彼罪的区分研究具有重要的实践意义。

有学者指出，寻衅滋事罪综合规定四种值得科处刑罚的行为，本质上具有明显的对相关多个罪名的补充性质。因此，寻衅滋事罪的成立不以符合其他犯罪的构成要件为前提；只要成立其他犯罪的原则上应以其他犯罪论处；当行为人实施的多次行为，不仅触犯其他罪名而且另行触犯了寻衅滋事罪，则有可能按照数罪并罚规则处理。⑤ 具体而言，该学者认为，在对寻衅滋事罪与故意伤害罪、敲诈勒索罪、故意毁坏财物罪等罪的司法认定中，

---

① 李晓明. 刑法：“虚拟世界”与“现实社会”的博弈与抉择——从两高“网络诽谤”司法解释说开去. 法律科学，2015（2）：119-131.

② 张千帆. 刑法适用应遵循宪法的基本精神——以“寻衅滋事”的司法解释为例. 法学，2015（4）：6-9.

③ 陈劲阳. 徘徊在歧义与正义之间的刑法释义———网络寻衅滋事罪司法解释妥当性反思. 法制与社会发展，2016（6）：94-105.

④ 张龙，彭智刚. 寻滋、扰序案件的刑事政策. 国家检察官学院学报，2015（6）：107-116.

⑤ 张明楷. 寻衅滋事罪探究：上篇. 政治与法律，2008（1）：88-89.

应注意此罪与彼罪之间的想象竞合，运用想象竞合犯的处罚原则，从一重罪处罚。①

有学者主张，行为人随意殴打他人的伤害程度可以包含造成重伤害或者死亡结果的情形，不能认为寻衅滋事罪是故意伤害罪的补充罪名，如果殴打他人致人重伤、死亡的，应当运用想象竞合原则进行处理。②

（三）寻衅滋事罪的立法完善

我国寻衅滋事罪存在诸多理论争议与适用难题，包括对于寻衅滋事罪的行为定型、流氓动机、网络行为规制以及“口袋化”与“去口袋化”的探讨。这些学术研究不仅有利于概念的厘清、内容的界定与适用的统一，而且有助于刑事立法对本罪的完善。

有学者认为，主观上存在着对流氓动机不合理的强调，以及客观上寻衅滋事行为与故意伤害罪、侮辱罪、抢夺罪、破坏他人财产罪难以区分，都表明寻衅滋事罪自身规范的模糊和内容的空洞，在立法上最好的应对之策就是将其从刑法中删除。③

有学者指出，寻衅滋事罪的罪状描述具有模糊性而为该罪的“口袋化”埋下隐患，需要警惕立法“口袋化”背后的秩序中心主义，对此应当进一步寻求立法上的细化、分化或转化处理，最终实现立法上的寻衅滋事“去口袋化”④。

三、黑社会性质犯罪

（一）黑社会性质组织犯罪的概念和构成要件

1. 概念

有学者认为，黑社会性质组织的定义应当符合识别性和简洁性特征，可以从“法定性、黑社会性和非法控制性、动态性”三个方面界定其含义，基于此可以认为，黑社会性质组织是指由刑法规定的通过实施违法犯罪活动对社会形成非法控制的尚未定型为黑社会组织的犯罪组织。⑤

2. 构成要件

在理论研究中，存在较大争议的是黑社会性质组织的客观方面特征的问题；在司法实践中，司法解释作出的“四种特征”的描述，虽然一定程度上划清了罪与非罪、此罪与彼罪的界限，有助于正确定罪量刑，但是在处理疑难案件时，司法解释规定的犯罪特征仍然存在一定的模糊性。

（1）黑社会性质组织的组织特征

有学者认为，《刑法》对组织特征的描述过于抽象，特别是以“有组织”一词来描述

① 张明楷．寻衅滋事罪探究：下篇．政治与法律，2008（2）：125-129．

② 刘红艳．随意殴打型寻衅滋事罪研究．中国刑事法杂志，2014（1）：47-48．

③ 樊华中．寻衅滋事罪规范内的追问与规范外的反思——以随意殴打型切入分析．中国刑事法杂志，2011（8）：57-60．

④ 张训．口袋罪视域下的寻衅滋事罪研究．政治与法律，2013（3）：41-44．

⑤ 陈建清，胡学相．我国黑社会性质组织犯罪立法之检讨．法商研究，2013（6）：131-132．

黑社会性质组织的组织特征既违反了下定义的基本原则，也缺乏可操作性。而立法解释对组织特征的规定不妥当：其一，立法解释将“骨干成员基本固定”作为黑社会性质组织的组织特征不能应对部分案件——“有”但经常“更换”骨干成员的情形；其二，没有规定犯罪组织存在的期限。应当认为，组织特征是“形成较稳定、在一定时期内存在的犯罪组织，人数较多，有明确的组织者、领导者以及骨干成员”①。

有学者指出，黑社会性质组织的“组织特征”集中体现在其组织化程度比“恶势力”团伙的组织化程度要高。② 有学者主张，黑社会性质组织在组织结构和规模上，有明确的组织者、领导者，有三层以上管理级差和至少十人以上的规模。③

有学者以“入境发展黑社会组织罪”为研究出发点，对黑社会性质组织与境外黑社会组织的区别进行了研究。该学者认为，黑社会性质组织与黑社会组织的共性是主要的，差异性是次要的。在具体特征上：第一，组织性和经济性是任何犯罪组织都可能具有的特征，唯有对社会的“非法控制”是黑社会组织和黑社会性质组织所特有的属性，但是在这一方面两者在程度上存在明显的差异。具体而言，黑社会组织一定是对社会形成了相当程度的较长时间的非法控制，而黑社会性质组织则表现为对社会形成的非法控制较弱，抑或仅表现为意图控制而尚未控制的状态；第二，在组织化程度和经济实力方面，两者之间也存在明显的强弱差异。④

（2）黑社会性质组织的经济特征

有学者认为，经济特征的规定不科学。《刑法》没有充分揭示黑社会性质组织的经济特征，难以准确区分黑社会性质组织与犯罪集团等之间的界限，而立法解释对黑社会性质组织经济来源的揭示不准确，并且将黑社会性质组织发展目标过窄的限制为“获取经济利益”。黑社会性质组织的经济特征应为“以一定的经济实力为支撑，有组织地通过违法犯罪活动获取经济或其他利益”⑤。

有学者指出，黑社会性质组织的经济性的界定存在逻辑问题。其一，《刑法》存在将经济实体合法收入与黑社会性质组织的非法利益混淆的危险；其二，经济实体的经营成本与黑社会性质组织的活动经费没有明确区分；其三，对“涉黑”企业财产合法与否不加区分或者吊销执照、宣布解散等做法，均不符合责任主义的要求；其四，“一定的经济实力”所指不明且存在必要性存在疑问。⑥

有学者主张，黑社会性质组织的经济特征表现为利用经济利益支持犯罪组织形成非法控制，在此基础上有组织地实施违法犯罪活动，非法控制一定区域或行业并从中获取垄断经济利益。而司法机关对黑社会性质组织的经济特征往往作泛化理解，不当扩大了打击面，应当合理区分黑社会性质组织的合法经济利益与非法经济利益、涉黑经济利益与普通违法犯罪所得。⑦

① 彭文华. 黑社会性质组织犯罪若干问题研究. 法商研究，2010（4）：135-137.
② 陈建清，胡学相. 我国黑社会性质组织犯罪立法之检讨. 法商研究，2013（6）：132.
③ 王利荣. 检视“打黑”对策. 法制与社会发展，2014（3）：23-30.
④ 同②134.
⑤ 同①.
⑥ 曾粤兴，贾凌. 罪刑法定视野中的黑社会性质组织. 中国刑事法杂志，2011（7）：61.
⑦ 李林. 黑社会性质组织经济特征司法认定实证研究. 中国刑事法杂志，2013（4）：34-40.

有学者提出，黑社会性质组织要求具有一定的经济实力，但是对其经济特征并不需要进行定量判断，也即是否具有一定的经济实力不宜作为认定黑社会性质组织成立的必要条件之一。黑社会性质组织“经济特征”的核心内涵应当是该组织具有非法获取经济利益的目的，所以该组织的经济实力状况只能作为认定黑社会性质组织的参考指标。①

（3）黑社会性质组织的行为特征

有学者认为，《刑法》对行为特征的描述过于简单，未能充分体现黑社会性质组织的基本性质。而立法解释对行为特征的规定不当添加了“为非作恶，欺压、残害群众”这一结果要素，不仅为黑社会性质组织的认定附加了不必要的因素，而且作为纯粹的结果要素并非行为特征，并非所有本犯罪都会出现该后果。行为特征呈现为“以暴力、威胁或者其他手段，有组织地多次进行违法犯罪活动”②。

有学者指出，尽管现行规范对于黑社会性质组织的成立并没有就“违法犯罪活动”的多样性予以明确要求，但一般情况下，黑社会性质组织对经济秩序、生活秩序的非法控制，仅靠一两种犯罪是难以实现的，往往会实施多种不同性质的犯罪，触犯多个罪名。对于仅触犯一两个罪名的犯罪组织，在定性时要慎重，要将黑社会性质组织与专门从事某种犯罪的犯罪集团区别开来。③ 有学者主张，《刑法》对黑社会性质组织的犯罪性规定使用了过多的非法言法语，立法的模糊容易导致司法的混乱。④

有学者提出，黑社会性质组织行为方式的独特性使其与通常犯罪行为相区别。而且随着社会的发展，黑社会性质组织的行为方式也随之发生转变：由硬暴力向软暴力转变、由内生暴力向雇佣暴力转变、由犯罪行为向违法活动转变以及组织内成员的犯罪行为由平行化的并联方式转向层级化的串联方式。为了有效应对黑社会性质组织行为方式的新样态，对行为特征认定也须转变思路：对活动次数应予以明确，对暴力基础不应忽略，对雇佣行为区别对待，以及对行为认定须与结构层级相联系。⑤

关于“暴力、威胁或者其他手段”的理解，有学者认为，在黑社会性质组织行为中，“暴力”泛指侵害他人人身、财产的强暴行为；“威胁”则指以暴力逼迫恫吓，通过精神强制使人屈服，且本罪中的“威胁”宜作“胁迫”之解。需要注意的是本罪行为方式的独特性：暴力、威胁手段的使用包括对外和对内两个方面，即对外作为犯罪手段，对内作为组织内部维持秩序的方式。本罪中的“其他方法”应与“暴力、胁迫”具有相当性，即使对方不能反抗、不敢反抗或者不知反抗的方法。⑥

但也有学者提出不同的观点，认为“暴力、威胁或者其他手段”、“有组织地多次进行违法犯罪活动”并非黑社会性质组织的独有属性，无法实现与其他犯罪如“恶势力”团伙犯罪相区分的功能。因此，违法犯罪手段的特定性、违法犯罪活动的多次性和有组织性并非黑社会性质组织与“恶势力”团伙相区别的明显标志，不应成为黑社会性质组织成立的

① 陈建清，胡学相. 我国黑社会性质组织犯罪立法之检讨. 法商研究，2013（6）：132.
② 彭文华. 黑社会性质组织犯罪若干问题研究. 法商研究，2010（4）：135-137.
③ 阴建峰，万育. 黑社会性质组织行为特征研析. 政治与法律，2011（7）：86.
④ 曾粤兴，贾凌. 罪刑法定视野中的黑社会性质组织. 中国刑事法杂志，2011（7）：61-62.
⑤ 梁利波. 黑社会性质组织行为特征的新样态. 刑法论丛，2016（3）：331-348.
⑥ 同③81-83.

条件之一。[①]

对于本罪中的“多次进行违法犯罪活动”的规定，有学者认为，“多次”反映了黑社会性质组织犯罪的社会危害性，并且也成为与一般共同犯罪相区分的标志，对“多次”应理解为三次及以上。对于“违法犯罪活动”，应当结合黑社会性质组织的组织特征进行理解，领导、参加黑社会性质组织罪的完成应以实施违法犯罪活动为必要，仅有一般违法行为不能成立；而组织黑社会性质组织犯罪并不以黑社会性质的成功组建为必要，只要实施了倡导、发起、组建行为，即使黑社会性质组织尚未能成立便被破获，也应构成组织黑社会性质组织罪。[②]

有学者认为，“违法犯罪活动”的表述过于宽泛，将“实施犯罪活动”作为黑社会性质组织成立的条件之一会导致诸多问题：首先，该规定与组织、领导、参加黑社会性质组织罪的立法规定相矛盾。理论上一般认为本罪属于行为犯，如果将“实施犯罪活动”作为黑社会性质组织成立的条件之一，那么就否定了本罪属于行为犯；其次，立法解释与1997年《刑法》第294条第4款规定相冲突；最后，将“实施犯罪活动”作为黑社会性质组织成立的要件之一，难以摆脱“重复评价”的问题。[③]

有学者指出，黑社会性质组织的行为特征体现为对内和对外两个层面：组织在对内控制和管理手段上，既有活动规约又有严厉处罚；组织在对外控制手段上，存在强迫交易、敲诈勒索、行贿、故意伤害等不同类型的三次以上犯罪。[④]

（4）黑社会性质组织的危害性特征

有学者认为，对于黑社会性质组织的危害性特征，采用“控制性”标准优于“称霸性”标准。一方面，称霸性含义模糊，另一方面，称霸性并没有准确解释黑社会性质组织的核心特征，可以认为“控制性”更符合黑社会性质组织的本质属性，根据“控制性”这一标准结合具体情况，可以实现对黑社会性质组织的范围的界定。[⑤]

有学者指出，“非法控制”具有一定的模糊性，将其作为黑社会性质组织的本质特征这一命题过于笼统，需要对其内涵具体化。应当将“非法控制”的内涵限定为在一定区域或者行业内形成或可能形成非法控制。[⑥]

有学者主张，“非法控制”对黑社会性质组织的描述具有片面性，无法体现本罪要求具有“形成重大影响”的特征。应当把握“危害性特征”这一本质属性，“危害性特征”的核心是形成“非法控制”或“重大影响”，而认定是否形成非法控制或者重大影响的关键在于组织是否具备“公开性”。因此，对黑社会性质组织的危害性特征的把握，关键在于认定其是否具备称霸一方的表征与通过非法控制社会构建“地下”社会秩序的公开性本质。[⑦]

---

① 陈建清，胡学相．我国黑社会性质组织犯罪立法之检讨．法商研究，2013（6）：133.

② 阴建峰，万育．黑社会性质组织行为特征研析．政治与法律，2011（7）：83-86.

③ 同①.

④ 王利荣．检视“打黑”对策．法制与社会发展，2014（3）：23-30.

⑤ 曾粤兴，贾凌．罪刑法定视野中的黑社会性质组织．中国刑事法杂志，2011（7）：62.

⑥ 同①.

⑦ 于冲．黑社会性质组织与“恶势力”团伙的刑法界分．中国刑事法杂志，2013（7）：54-59.

（二）黑社会性质组织犯罪的司法认定

1. 一般问题

（1）全部罪行

我国《刑法》第 26 条规定，“对组织、领导犯罪集团的首要分子，按照集团所犯的全部罪行处罚”。对于本条中的“全部罪行”的理解，有学者认为黑社会性质组织犯罪中“全部罪行”的规定在司法实践中难以认定，而实际采用的是个人罪行标准。因此，提倡以个人罪行标准消解“全部罪行”的认定，可以更好地实现司法的公正。①

（2）财产刑

有学者认为，在实践中存在以适用财产刑替代追缴没收不法所得或犯罪工具的处理现象，但是这种以防止再犯为由而处以财产刑的现象违背刑罚正当性价值。妥当的司法路径应是，对犯罪工具、犯罪取得物、创设物和报酬物等基本类型以及替代所得、混合所得和增值所得等衍生类型进行没收，对个人合法财产予以保护。②

（3）罪数形态

有学者认为，组织、领导、参加黑社会性质组织罪与该组织实施的其他犯罪之间并非单一的吸收关系或者牵连关系，具体而言，首先，组织、领导、参加黑社会性质组织罪属于黑社会性质组织犯罪的预备行为被刑法分则予以实行行为化的罪名；其次，组织、领导、参加黑社会性质组织罪与该组织实施的其他相关犯罪之间的罪数关系具有双重性，即两者之间是一种牵连关系和吸收关系的竞合；最后，由于犯罪预备是刑法总则中规定的一个概念，并且实行行为吸收预备行为是刑法分则蕴涵的处理吸收犯的普遍性原则，因此，相对而言，在黑社会性质组织犯罪中吸收关系占主导地位。③

2. 重复评价问题

对于黑社会性质组织犯罪与其他犯罪行为之间实行数罪并罚是否合理的问题，往往涉及是否对行为重复评价的分析。

有学者认为，组织、领导、参加黑社会性质组织的行为均属于该组织实施的其他犯罪的预备行为，且这 3 种行为构成犯罪都以该组织已实施一定的犯罪行为为前提，因此，从整体上讲，1997 年《刑法》第 294 条第 4 款的规定违背了禁止重复评价原则。正确的处理模式应是组织、领导、参加黑社会性质组织罪与该组织实施的其他犯罪之间是一种特殊的法条竞合现象，择其重者从重处断。④

有学者指出，对涉黑犯罪人进行并罚处理有重复处罚之嫌。首先，黑社会性质组织的成员既为犯罪组织形式承担责任，又为其具体犯罪行为承担责任，这使得合理并罚成为迫待解决的问题；其次，由于法案加大了对黑社会性质组织主要成员的惩罚力度，且增高了敲诈勒索罪、寻衅滋事罪的法定刑幅度，不当并罚的风险概率仍在扩大。再次，隔离行为人维系组织形式和实施具体犯罪之间的密切关联、运用数罪并罚的一般规则作出刑罚评价

① 秦宗川. 论黑社会性质组织犯罪中“全部罪行”的认定. 中国刑事法杂志，2014（5）：39-49.

② 王利荣. 检视“打黑”对策. 法制与社会发展，2014（3）：28-30.

③ 陈建清，胡学相. 我国黑社会性质组织犯罪立法之检讨. 法商研究，2013（6）：134-135.

④ 同③136-137.

的做法与清晰犯罪竞合处罚规则的教义刑法学的努力方向以及罪刑均衡原则的要求不相符合。应当坚持的是，合理评价涉黑犯罪不能照搬完全没有竞合关系的数罪并罚规则。更高频率地运用共同犯罪原理惩罚有组织犯罪的做法对于平衡保护社会安全和个人自由仍是必要和可行的。①

有学者主张，黑社会性质组织犯罪在定性和处罚上均存在较严重的数罪并罚型——表现在行为人实施的所有具体犯罪都需要与组织、领导、参加黑社会性质组织罪并罚，酌定从重型——在数罪并罚等处罚基础上还要对其酌定从重处罚，实质累加型重复评价——在前述处罚基础上还要适用诸多贯彻从重处罚精神的处罚制度。②

也有学者持否定观点，认为没有“重复评价”。有学者认为，从法规范的评价视角出发，对社会犯罪采用递进评价理论进行分析，可以认为：涉黑犯罪的并罚规定不是重复评价，而是在不同层面的“两类递进评价”，个罪行为在于证成“黑社会性质组织”之行为特征，而社会犯罪核心要素在于其“组织、领导、参加”这一实行行为，因此没有重复评价。合理的处理模型是，根据递进评价论，第二顺序的“涉黑”评价应在第一顺序的“其他犯罪行为”评价完毕后的基础上来进行。③

（三）黑社会性质组织犯罪的立法完善

根据学者提出的上述关于黑社会性质组织特征、刑罚问题、罪数问题以及重复评价等问题，结合现行刑法及相关司法解释，学者们开展了多种完善本罪的研究并提出了相应建议。

有学者认为，我国刑法对黑社会性质组织的刑罚规定存在缺陷：总则没有对本罪作出针对性的刑罚规定；分则中法定刑幅度过小；法定最高刑偏低；没有配置财产刑；资格刑设置不合理。完善我国黑社会性质组织犯罪的刑罚措施应从加大法定刑的幅度、提高法定最高刑、增设财产刑、规定举证责任倒置制度、细化资格刑的配置、对参与黑社会性质组织犯罪的国家工作人员从重处罚、对涉黑犯罪增设特别的刑罚裁量与执行制度等方面着手。④

有学者指出，罪刑法定原则要求刑法规定应当具有明确性与适当性。而在黑社会性质组织犯罪的四个特征中，除组织性以外的其他三个特征都存在违背罪刑法定原则的情况：经济性的界定存在逻辑问题，犯罪性的界定使用了过多非法言法语，称霸性含义模糊。黑社会性质的组织应当同时具备以下特征：其一，形成较稳定的犯罪组织，人数较多，有明确的组织者、领导者，骨干成员基本固定；其二，有组织地通过违法犯罪活动获取经济利益；其三，有组织地多次进行违法犯罪活动，或者利用国家工作人员的包庇或者纵容，在一定区域或者行业内，形成非法控制，严重破坏经济、社会生活秩序。⑤

有学者主张，我国刑法对黑社会性质组织犯罪的危害性特征规定模糊，应当将第294

① 王利荣．检视“打黑”对策．法制与社会发展，2014（3）：25-30.

② 石经海．黑社会性质组织犯罪的重复评价问题研究．现代法学，2014（6）：91-102.

③ 贺志军，马长生．涉黑犯罪递进评价论．刑法论丛，2014（1）：225-239.

④ 彭文华．黑社会性质组织犯罪若干问题研究．法商研究，2010（4）：138-142.

⑤ 曾粤兴，贾凌．罪刑法定视野中的黑社会性质组织．中国刑事法杂志，2011（7）：57-62.

条第 5 款第 3 项和第 4 项合并；取消该条中模糊性使用“具有一定经济实力”“违法”“为非作恶，欺压、残害群众”“称霸一方”的表述；将“非法控制”修改为“在一定区域或者行业内形成或者可能形成非法控制”。此外，第 294 条第 4 款有“重复评价”的情况，应修改为“犯前三款罪又有其他犯罪行为的，依照处罚较重的规定定罪，并从重处罚”，并在第 294 条中增设第 6 款对黑社会组织作出立法解释。①

有学者提出，解决黑社会性质组织犯罪的重复评价问题，需要在立法上基于罪责刑相适应原则对刑法相关规定进行系统性改造：其一，在立法上将组织者、领导、参加黑社会性质组织行为与组织下的具体犯罪行为相分离，并取消其数罪并罚规定；其二，在特别累犯立法上，应区别对待黑社会性质组织的组织者、领导者、积极参加者和一般参加者；基于当前的立法现状，在立法作出系统性改造之前，在司法上要避免作出罪责刑不相适应的定罪处罚：其一，不将黑社会性质组织犯罪背景作为酌定从重处罚情节予以适用；其二，不将黑社会性质组织的组织者、领导者身份作为酌定从重处罚情节予以适用；其三，基于罪责刑相适应原则认定和适用各种量刑情节。②

四、虚假诉讼罪

虚假诉讼罪为 2015 年 8 月 29 日全国人大常委会通过的《中华人民共和国刑法修正案（九）》第 35 条所增设，对于学者论述问题的研读，需要基于此次修正案前后的条文变化作出妥当理解。因此，2007 年至 2017 年间对于虚假诉讼罪的学术研究，也可以分为两个阶段：2007 年至《刑法修正案（九）》颁布，为立法前研究阶段；《刑法修正案（九）》颁布后至 2017 年，为立法后研究阶段。在前立法研究阶段，学者研究重点在于“虚假诉讼”“诉讼诈骗”“诉讼欺诈”等概念的辨析以及虚假诉讼等问题；而立法后研究阶段，学术研究的侧重点在于法教义学角度的构成要件厘清以及定罪量刑等问题的处理。

（一）虚假诉讼罪的概念和构成要件

在《刑法修正案（九）》新增“虚假诉讼罪”之前，学界在对“虚假诉讼”或其类似行为进行研究时，因研究立场、角度和范围的不同而在概念的使用上并未统一，曾出现“虚假诉讼”“民事欺诈”“诉讼诈骗”“恶意诉讼”等术语的并用；在范围划分上不一致，学者们认为虚假诉讼的调整范围有“民事诉讼”“诉讼与仲裁”或“诉讼、仲裁、证据等诉讼材料”等领域。可以认为，学界对虚假诉讼的激烈论争，为实践中相关案件的解决提供了妥当思路。在过去十年间乃至更长时间里，理论上的艰辛探索与实践中的经验积累，最终促成“虚假诉讼罪”的成型与完善。

1. 虚假诉讼罪的概念

有学者对诉讼诈骗、诉讼欺诈、恶意诉讼、虚假诉讼等概念的基本内涵进行了全面梳理，认为：第一，诉讼诈骗只能指那些在诉讼中或以诉讼作为手段的、主观上具有非法占

---

① 陈建清，胡学相．我国黑社会性质组织犯罪立法之检讨．法商研究，2013（6）：137-138．

② 石经海．黑社会性质组织犯罪的重复评价问题研究．现代法学，2014（6）：102-106．

有他人财物或财产（包括财产性利益）的行为；第二，诉讼欺诈应指诉讼参加人恶意串通、虚构法律关系或法律事实、制造诉讼，从而损害案外人利益的行为；第三，恶意诉讼是与善意的或正当的诉讼相对应的范畴，是指当事人没有合理和合法的诉讼根据，违反诉讼目的，把诉讼作为侵犯国家、集体和他人合法权益的手段，谋求非法利益或者意图使财产和精神受到损害，向人民法院提起诉讼的行为；第四，虚假诉讼是指只要在诉讼过程中存在虚假的法律关系、法律事实、证据等，就属于虚假诉讼。①

有学者同样对诉讼诈骗、恶意诉讼、诉讼欺诈等概念进行了辨析。首先，"诉讼诈骗"多为刑法学界使用的概念，有力地概括了犯罪行为骗取财物的常态，"诉讼诈骗"外延过小，难以做到合理概括罪状；其次，从字面上来看，"恶意诉讼"包含了主观上存在恶意而进行的所有诉讼行为，字面含义太宽泛，并且恶意诉讼更注重行为人的主观层面，具有主观主义刑法色彩；最后，"诉讼欺诈"既有"利用诉讼进行欺骗"的意思，又有"在诉讼中进行欺诈"的含义，在后一层面上，妨害作证行为、帮助伪造证据行为也都属于"诉讼欺诈"。综上，应当将"虚假民事诉讼罪"作为《刑法》第 307 条之一的罪名。②

有学者认为，为了克服诉讼诈骗研究过窄的局限，应当对其调整范围进行扩张：其一，将诉讼诈骗用语换成司法诈骗，将调整范围扩大为包括骗取仲裁裁决的行为；其二，应包括"当事人之间恶意串通"的模式；其三，应包括非财产纠纷中的虚假诉讼。因此，对扩展之后的诉讼诈骗应作如下界定：当事人通过提供虚假证据、串通他人作伪证等手段，骗取法院的判决、裁定或仲裁机构的仲裁裁决，意图非法占有他人财产或实现其他不法利益的行为。③

有学者认为，对虚假诉讼罪的界定应准确反映法条对行为人的主体身份、主观状态、行为发生领域、行为方式以及行为可能侵害到的法益的规定。基于此立场，"虚假诉讼罪"是指行为人单独或者与他人恶意串通提起民事诉讼，通过虚假陈述事实、虚构法律关系、伪造、变造证据等虚构事实或者隐瞒真相的方式，骗取法院作出裁判文书或执行行为的行为。④

2. 构成要件

（1）客体

有学者认为，本罪的客体为正常的民事司法秩序。在没有严重侵害他人合法权益的情形下，本罪侵害的是单一客体，即正常的民事司法秩序，这也是虚假诉讼行为首要侵害的法益。当然在这个司法秩序的侵害中也包含了对司法的严肃性和权威性做出的挑衅，极大地损害了司法公信力，同时还会造成司法资源的浪费。在严重侵害他人合法权益的情形下，侵害的是双重客体，既有正常的司法秩序也有他人合法权益。

但有学者持不同观点，该学者指出，诉讼欺诈取财行为必然侵害财产权，且根据"类比法"和"重刑决定规则"可知，侵害的主要客体为财产权，而非司法机关的正常活动。⑤

① 赵震，曹克亮．诉讼诈骗的行为性质研究．中国刑事法杂志，2012（8）：54-56．

② 莫洪宪，周天泓．虚假诉讼罪的基本问题．刑法论丛，2016（3）：343-344．

③ 秦雪娜．论诉讼欺诈的刑法规制．政治与法律，2012（11）：29-32．

④ 肖怡．《刑法修正案（九）》虚假诉讼罪探析．法学杂志，2016（10）：24-26．

⑤ 王飞跃．论诉讼欺诈取财行为的刑法规制．政治与法律，2012（11）：14-16．

虽然对于本罪主要客体存在争议，但是对本罪侵害的是复杂客体这一观点，学界基本达成一致。有学者主张，根据虚假诉讼罪在《刑法》分则体系中的位置，其侵犯的主要利益为司法秩序。也就是说，所有的虚假诉讼行为均会对司法秩序造成侵害，而其同时还可能侵犯他人的合法权益，包括他人的财产权、名誉权、亲权等多种合法权益中的一种或几种。①

有学者提出，虚假诉讼侵犯了多重法益，包括司法的客观公正性和个人的合法权益。虚假的民事诉讼不仅侵害了司法的客观公正性，使司法权威受损，而且也侵害了他人的合法权益。②

（2）客观方面

有学者认为，诉讼欺诈取财行为主要包括两种基本类型：其一是行为人虚构事实后以提起诉讼相要挟，非法占有被害人财物，数额较大的情形；其二是行为人虽未非法占有被害人财物，但虚构事实后提起诉讼导致诉讼活动实际发生的情形。③

有学者指出，本罪的客观方面表现为用捏造事实的方法提起民事诉讼，妨害司法秩序或者严重侵害他人合法权益的行为。首先，行为人必须捏造事实；其次，行为人利用上述事实提起了一审民事诉讼；最后，本罪客观方面还要求妨害司法秩序或者严重侵害他人合法权益。本罪作为行为犯，需要以虚假诉讼行为发展到一定程度作为既遂的标准，这个既遂标准就是提起虚假诉讼的行为已经妨害到了正常的司法秩序，包括诉讼程序已经达到一定阶段，司法资源已经被足够损耗。④

有学者主张，虚假诉讼罪的客观行为表现为“以捏造的事实提起诉讼，妨害司法秩序或者严重侵害他人合法权益”。虚假诉讼中的“虚假”应包括“虚构事实”和“隐瞒真相”两种行为方式。其中，“捏造的事实”指的是凭空编造的事实，强调无中生有，并且“捏造的事实”应当是客观事实，不随行为人的主观意志而变化。⑤

有学者提出，对“捏造事实”应当限缩解释，对于《刑法》第307条之一可以采用目的性限缩的方法，认为捏造事实应限缩为虚构民事法律关系的行为。对于行为人以部分真实、部分虚假的事实提起民事诉讼的，应当仔细审查虚假的部分是否足以使主要的民事法律关系发生实质性变化。⑥

（3）主体

有学者认为，本罪的主体为一般主体。本罪对主体没有特殊身份的要求。虚假诉讼只能发生于民事诉讼中，所以本罪实施实行行为的人一般是具有民事诉讼主体资格的公民、法人或者其他组织。但结合本罪构成客观方面的法定要求，构成本罪的主体应该是提起或者教唆他人提起、帮助他人提起虚假诉讼的人，而不能是利用他人正常提起诉讼，通过伪造证据等行为而最终达到侵害第三人利益目的的人，或者是以虚假证据应诉以减、免自己

① 李翔．虚假诉讼罪的法教义学分析．法学，2016（6）：140．

② 莫洪宪，周天泓．虚假诉讼罪的基本问题．刑法论丛，2016（3）：337-338．

③ 王飞跃．论诉讼欺诈取财行为的刑法规制．政治与法律，2012（11）：16-7．

④ 肖怡．《刑法修正案（九）》虚假诉讼罪探析．法学杂志，2016（10）：27-28．

⑤ 同①140-141．

⑥ 同②345-346．

债务的被告人。①

有学者指出，不宜对该罪的行为主体进行限制。因为在原告、被告串通型虚假诉讼中，行为人为了获得有利于自己的判决，完全可以教唆、怂恿他人作为原告以自己为被告进行虚假诉讼。这样，被告人与原告人系共谋“以捏造的事实提起诉讼”，故而被告人当然可以成为本罪的行为主体。②

（4）主观方面

有学者认为，本罪的主观方面为故意。行为人在提起民事诉讼时，其主观状态必须是直接故意，即行为人明知自己是以虚构事实或者隐瞒真相的方式提起民事诉讼，可能是诉由、证据虚假，也可能是主体资格等作假，而行为人仍然希望这种虚假的诉讼行为发生。对实施该行为的目的，本罪并没有特殊的要求。③

有学者指出，本罪不应包含“为谋取不正当利益”的目的要求。因为在修正案后续的审议过程中，考虑到无论行为人的犯罪动机如何，其进行虚假诉讼均妨害司法秩序，且增加“为谋取不正当利益”的主观条件“不利于追诉和惩治虚假诉讼犯罪”，故在最终的修正案中删除了主观构成要件要素。④

（二）虚假诉讼罪的司法认定

在《刑法修正案（九）》增设虚假诉讼之前，学者对于利用诉讼方式侵害他人合法权益的行为多定性为诉讼诈骗（或诉讼欺诈），这个时期的研究重点在于诉讼诈骗与民事虚假诉讼的关系、诉讼诈骗与三角诈骗的关系以及诉讼诈骗与伪造证据、伪造印章类犯罪的关系等。

1. 罪与非罪

有学者认为，虚假诉讼罪是结果犯。在认定虚假诉讼罪的成立与否以及既未遂形态时，应当明确，在“妨害司法秩序”与“严重侵害他人合法权益”之间并不存在冲突。而且这二者的含义尚需司法解释进一步明确：达到“妨害司法秩序”的程度应以法院作出错误的判决、错误的财产强制措施等为标准；“侵害他人合法权益”的判断应具体分析造成财产、名誉等损失的额度。⑤

有学者指出，在认定虚假诉讼时，“妨害司法秩序”与“严重侵害他人合法权益”之间是递进关系而非择一关系。其中，“妨碍司法秩序”的范围应当结合是否已经妨害司法秩序进行认定，而“严重侵害他人的合法权益”的标准应该是指法官遭受蒙骗作出“错误”判决的情形。⑥

有学者对《刑法》第 307 条之一虚假诉讼罪第 4 款进行了详细分析。第一，该款规定的“司法工作人员”只能是法院从事民事审判业务或者执行业务的法官，排除仲裁、公证

① 肖怡.《刑法修正案（九）》虚假诉讼罪探析. 法学杂志，2016（10）：26.

② 李翔. 虚假诉讼罪的法教义学分析. 法学，2016（6）：140.

③ 同①26-27.

④ 同②140.

⑤ 同②142-143.

⑥ 莫洪宪，周天泓. 虚假诉讼罪的基本问题. 刑法论丛，2016（3）：347-349.

的法律工作者；第二，这里的“利用职权”要求涉案法官是在该虚假诉讼行为中对于做出错误的生效判决有职务或职权关系的人；第三，“与他人共同实施前三款行为”要求在第一款行为中，司法工作人员与行为人共同实施了虚假诉讼行为，在第 2 款行为中司法工作人员和实施虚假诉讼行为的单位构成单位共犯，第 3 款行为中司法工作人员在参与行为人的虚假诉讼行为同时又和其他犯罪成立竞合关系情况下，对于从一重罪之后选择的罪名处罚上还须从重；第四，“同时构成其他犯罪的”，是指司法工作人员实施的与行为人虚假诉讼共犯行为同时还触犯其他罪名的情况，既包括之前提到的盗窃罪，也包括可能触犯到的民事枉法裁判罪、玩忽职守罪、滥用职权罪等罪名。①

有学者主张，虚假诉讼罪属于结果犯。“妨碍司法秩序”存在于所有的虚假诉讼中，不可能也不应当因此构成犯罪，故需要刑法的进一步明确。而对虚假诉讼行为的刑法规制分为两类，分别是对未构成虚假诉讼罪与构成虚假诉讼罪的行为的规制。虚假诉讼罪的行为人应当承担民事和刑事的双重责任，刑事诉讼程序与民事救济程序可以并行不悖，先刑后民的做法不宜用于解决虚假诉讼的追责②

2. 此罪与彼罪

（1）虚假诉讼罪与诈骗罪的区分

对于虚假诉讼罪与诈骗罪的关系，在《刑法修正案（九）》增设虚假诉讼罪之前，主要集中在虚假诉讼行为能否构成诈骗罪，其中探讨的中心在于虚假诉讼罪是否构成三角诈骗行为；在《刑法修正案（九）》生效后，研究的重点在于虚假诉讼罪的罪数形态上，即虚假诉讼罪与诈骗罪之间竞合或是并罚模式的研究。

有学者认为，诉讼诈骗是典型的三角诈骗行为。在诉讼诈骗中，被骗人是法院，被害者是民事案件中的被告，两者不是同一人。但是，法院作为国家的审判机关，对公私财产具有法律意义上的处分权。在诉讼诈骗中，法院正是在行为人的欺骗之下陷于错误认识并错误地处分了被害人的财产或财产性利益。③

有学者指出，诉讼诈骗成立诈骗罪，无须通过探讨是否构成三角诈骗转而进行诈骗罪成立的认定。诉讼诈骗的核心问题在于处分权人处分财产是否基于错误认识。而事实上诉讼诈骗侵犯他人财产权利已具备成立诈骗罪之客体要件。在诉讼诈骗中，被害人之交付完全附属于法院之处分，行为人以提起虚假诉讼的方式，使具有处分权限的法院基于错误而处分财产，骗取法院判决，其行为已构成诈骗罪；若被害人交付财物而使其财产受损，说明的是诈骗罪行的既遂。④

但也有学者认为，将诉讼诈骗定性为三角诈骗形式的诈骗类犯罪存在诸多问题：首先，存在资格问题。法院对民事案件的审判权、执行权是一种“高权”，与三角诈骗中受骗者的处分权限有很大的不同；其次，存在因果关系问题。由于法院的介入，很难将行为人的行为作为被害人财产损失的相当原因。最后，存在既遂标准、量刑标准问题。将诉讼诈骗以三角诈骗形式的诈骗犯罪评价，会导致其既遂时期推迟、量刑失当。应当认为诉讼

① 肖怡.《刑法修正案（九）》虚假诉讼罪探析. 法学杂志，2016（10）：30-31.
② 洪冬英. 论虚假诉讼的厘定与规制——兼谈规制虚假诉讼的刑民事程序协调. 法学，2016（11）：136-144.
③ 郑泽善. 以诈骗罪追究恶意诉讼行为研究. 政治与法律，2012（11）：20-27.
④ 赵冠男. “诉讼诈骗”的行为性质. 法学，2015（2）：140-151.

诈骗行为本质上属于对正常的司法活动、司法秩序之侵害，应以妨害司法犯罪追究刑事责任。①

有学者持相同的观点，认为诉讼欺诈取财并非诈骗，诉讼欺诈取财行为中，法院并没有被骗、财产并未交付、财物并未因为交付而特定化；诉讼欺诈取财行为不符合诈骗行为的本质特征，不能定性为诈骗罪。②

有学者指出，诉讼诈骗能否成立诈骗罪，还受到“非法占有他人财物”这一非法目的限制。诉讼诈骗是指在诉讼中或以诉讼作为手段的、主观上具有非法占有他人财物或财产的行为，符合诈骗罪的基本行为特征，并且将诉讼诈骗认定为诈骗罪并不违背诈骗罪的立法宗旨和通常的法律观念。③

有学者主张，虚假诉讼罪与诈骗罪之间是竞合关系。“诉讼诈骗”是指在民事诉讼中，以非法占有为目的，欺骗法院，利用法院作出的判决、裁定或者调解书等具有处分他人财产性质的司法文书，使他人财产遭受非法侵害，从而使自己非法获利的行为。诉讼诈骗不仅会对司法秩序造成破坏，而且实施诉讼诈骗的根本目的还是对非法利益的获取进而造成对他人合法权益的侵害。因此，虚假诉讼概念的外延和诉讼诈骗概念的外延并不完全相同，二者很可能会出现竞合关系，在处理上应该从一重罪。④

有学者提出，诉讼欺诈不构成诈骗罪。诉讼欺诈虽是利用民事诉讼程序取得了他人财物，但因该取得行为具有程序法上的正当根据，其行为不具有违法性，不法取得他人财物是诈骗罪与其他取得型财产罪的实质，若取得他人财物的行为是合法的，那么行为人的行为就不成立诈骗罪或者其他财产罪。⑤

（2）诉讼诈骗与敲诈勒索、妨害司法类犯罪

刑法理论除对虚假诉讼罪与诈骗罪的区分作出研究外，也有学者对虚假诉讼罪与敲诈勒索、妨害司法类犯罪的犯罪构成进行分析。

有学者认为，诉讼欺诈行为可以通过敲诈勒索罪进行刑法规制。基于诉讼欺诈取财行为的特殊性，专门设置独立罪名惩治诉讼欺诈取财行为并非不可；诉讼欺诈取财行为虽然与普通的敲诈勒索行为有一定的区别，但当前根据现有法律对诉讼欺诈取财行为应定为敲诈勒索罪，可以按照诉讼欺诈取财行为的具体情形适用刑法有关敲诈勒索罪的规定予以惩治。⑥

有学者指出，诉讼诈骗行为不能认定为妨害司法类犯罪。将诉讼诈骗以妨害司法罪、扰乱公共秩序罪处理，会导致处罚漏洞。第一，基于现行刑法的“束缚式规定”——规制范围、保护法益和行为手段有清晰边界，诉讼诈骗很难以伪造证据类的犯罪处理。第二，将诉讼诈骗以伪造公司、企业、事业单位、人民团体印章罪处理，会导致评价不足，后者的保护法益、行为方式以及法定刑设置不足以充分评价诉讼诈骗行为。⑦

---

① 秦雪娜．论诉讼欺诈的刑法规制．政治与法律，2012（11）：32-34.

② 王飞跃．论诉讼欺诈取财行为的刑法规制．政治与法律，2012（11）：10-14.

③ 赵震，曹克亮．诉讼诈骗的行为性质研究．中国刑事法杂志，2012（8）：56-60.

④ 肖怡．《刑法修正案（九）》虚假诉讼罪探析．法学杂志，2016（10）：28-29.

⑤ 胡学相，周俊生．诉讼欺诈的刑法定性．国家检察官学院学报，2014（5）：80-90.

⑥ 同②17-18.

⑦ 同①34-35.

3. 罪数形态

通过对现有研究综述可以发现，在罪数形态问题上大部分学者认为，虚假诉讼与其他相关犯罪之间构成想象竞合犯，而研究的路径包括行为的竞合、法益的重合以及法定刑的设置等。

有学者认为，诉讼诈骗与其他犯罪之间的罪数形态如伪造证据等行为与诈骗行为的牵连，从一重罪论处；行为人与证人、诉讼代理人、司法工作人员共同进行诉讼诈骗行为构成牵连犯或想象竞合犯，从一重罪论处；行为人利用职务上的便利进行诉讼诈骗的行为应当结合行为人的主体身份实质判断为职务侵占罪或贪污罪。①

有学者指出，行为人以虚假诉讼的方式侵占他人合法财产或者逃避合法债务的，可以成立诈骗罪，构成想象竞合。但同时也应当注意，这并不意味着以虚假诉讼行为侵占他人财产数额较大的行为均应以诈骗罪定罪处罚。司法实践中，应当结合具体案件的不同情况区别对待，虚假诉讼罪也有可能与敲诈勒索罪成立犯罪竞合。行为人以虚假诉讼的方式侵占他人合法财产、逃避合法债务或者敲诈勒索的，可以成立虚假诉讼行为与诈骗罪、敲诈勒索罪的犯罪竞合。②

有学者主张，对于虚假诉讼罪与其他犯罪之间的竞合，应当注意：第一，虚假诉讼罪规定“又构成其他犯罪的”是指实施的虚假诉讼行为本身，不能是多个行为触犯多个罪名的情况，因此正好符合想象竞合犯的要求，同时，将本罪行为与其他犯罪行为理解为牵连犯的做法存在问题；第二，对于“又构成其他犯罪的”，应理解为是根据现有刑法条文已经符合犯罪构成要件构成犯罪的，而非《刑法修正案（九）》生效后认定的新罪名和新规定；第三，虚假诉讼罪不仅可能与诈骗罪构成竞合，还有可能与盗窃罪等成立犯罪竞合；第四，行为人在诉讼中自己捏造事实，破坏或者伪造证据的行为并不同时触犯妨害作证罪或者帮助毁灭、伪造证据罪。③

有学者提出，应当从充分评价原则出发进行实质考量，其一，虚假诉讼罪与诈骗罪成立法条竞合；其二，虚假诉讼罪与贪污罪或职务侵占罪构成想象竞合。

有学者专门对司法工作人员参与虚假诉讼的行为进行了研究。第一，司法工作人员与行为人合谋或者明知行为人提起的是虚假诉讼，故意作出错误判决，从而使被害人的合法权益遭受损害，有可能成为虚假诉讼罪的共同正犯或帮助犯，但其行为又是民事枉法裁判罪的正犯，两罪构成想象竞合；第二，司法工作人员利用职权在虚假诉讼中帮助行为人毁灭、伪造证据，则可能成立虚假诉讼罪帮助犯与帮助毁灭、伪造证据罪的想象竞合犯。④

（三）虚假诉讼罪的立法完善

有学者认为，诉讼欺诈行为是虚构或隐瞒事实的行为，侵犯到司法程序的公正性与权威性，因此可能构成妨害作证罪或者伪造公司、企业、事业单位、人民团体印章罪；为了更有效地规制诉讼欺诈行为，建议在“妨害司法罪”一节中增设“骗取民事判决、裁定、

---

① 赵震，曹克亮. 诉讼诈骗的行为性质研究. 中国刑事法杂志，2012（8）：60-61.

② 李翔. 虚假诉讼罪的法教义学分析. 法学，2016（6）：143-144.

③ 肖怡.《刑法修正案（九）》虚假诉讼罪探析. 法学杂志，2016（10）：30.

④ 莫洪宪，周天泓. 虚假诉讼罪的基本问题. 刑法论丛，2016（3）：349-357.

仲裁裁决罪”[①]。

有学者指出，目前在我国的司法环境下最好通过司法解释的形式统一解决这一问题，即通过最高人民法院的司法解释，将诉讼诈骗行为规定为一律以诈骗罪处罚。而在远期来看，也可以借鉴域外国家对诉讼诈骗的规定，设立诉讼诈骗罪。[②]

有学者主张，对诉讼诈骗、仲裁诈骗这类司法诈骗行为，应当以独立的罪名立法，在“妨害司法罪”一节增设“骗取民事判决、裁定、仲裁裁决罪”。对于该罪的规定，首先将其设定为结果犯，即只有当行为人成功骗取了法院、仲裁机构作出的对其有利的判决、裁决时，才能认定为犯罪既遂；其次，应有情节的限制，情节严重的予以刑事处罚，情节较轻的，可以采取妨害司法的强制措施管制，并主张诉讼诈骗、仲裁诈骗属于结果犯；最后，妨害作证罪可能与“骗取民事判决、裁定、仲裁裁决罪”产生法条竞合，此时“骗取民事判决、裁定、仲裁裁决罪”作为特别法得到优先适用。[③]

五、环境犯罪

我国刑法典关于环境犯罪的规定，可谓经历了 1979 年“入罪”、1997 年“成型”、2011 年“完善”三个时期。1979 年“入罪”是指 1979 年刑法典对环境的保护设立了相关法条及罪名，但是通常认为 1979 年刑法对环境的保护过于单薄，刑法关于环境犯罪的“立法体系和立法技术都存在严重缺陷”；1997 年我国刑法将环境犯罪设立在第六章之下，以专节的形式进行系统规定，可谓我国环境犯罪在刑法中已然“成型”；2011 年 5 月 1 日施行的《刑法修正案（八）》对环境犯罪进行了修正，进一步完善了环境刑事立法。

（一）环境犯罪构成要件

1. 客体

对环境刑法的价值属性进行分析，通常有人类中心主义、非人类中心主义以及人类中心主义与非人类中心主义结合这三种观点，分别对应人类利益、生态法益及综合法益的客体主张。学者们一般认为，我国传统环境刑法建立在人类中心主义的刑法观之上，环境因其对人类生存发展具有价值而值得保护。然而，随着环境状况的恶化与生态保护观念的加强，我国刑法是应当强调保护环境作为人类生存基础的必要性，还是直接肯定生态法益的独立性与价值性？不同学者给出了不同的解答。

（1）人类中心主义观点

有学者认为，1997 年刑法至《刑法修正案（八）》颁布期间，污染环境条文的保护法益是财产法益和人身法益，体现了人类中心主义的法益观。[④]

（2）非人类中心主义观点

有学者认为，生态法益应当在刑法中得到承认与肯定，按照刑法运行机制所表达和实

① 胡学相，周俊生．诉讼欺诈的刑法定性．国家检察官学院学报，2014（5）：90.

② 郑泽善．以诈骗罪追究恶意诉讼行为研究．政治与法律，2012（11）：27-28.

③ 秦雪娜．论诉讼欺诈的刑法规制．政治与法律，2012（11）：29-38.

④ 李梁．污染环境罪侵害法益的规范分析．法学杂志，2016（5）：97-102.

现的生态法益就是刑法生态法益。刑法生态法益的运行包括生态法益的刑法表达与生态法益的刑法实现两个阶段。生态犯罪是指侵害刑法生态法益，依法应当承担刑事责任的犯罪行为。①

有学者指出，我国《刑法修正案（八）》对环境犯罪的修订反映了从人类中心主义向环境本位的转换，体现在显性修订和隐性修订两个方面。《刑法修正案（八）》的显性修订包括行为对象的扩大化、行为程度的降低化、行为方式的扩大化；隐性修订包括罪过形式的明确、因果关系的废除。这些修订也充分说明《刑法修正案（八）》实现了环境刑法客体的转换：从国家环境资源保护管理制度到环境权，从修订之前的复杂客体——主要客体为国家环境资源保护管理制度，次要客体为人们的生命、健康以及重大公私财产安全，到修订后的单一客体——实然上是国家环境资源保护管理制度，应然上是环境权。②

有学者主张，我国刑法对生态价值的法益保护应当更加全面。我国环境司法的结构性失衡呼唤刑法在环境保护中发挥更大效能。传统刑法所保护的森林资源、草原资源、动植物资源等自然资源的生态价值在生态文明时代应被刑法所承认与保护。生态价值的法律形态即生态法益应成为刑事法律保护的客体，侵害生态法益的行为应纳入刑法评价。③

有学者提出，我国刑法应当坚持生态中心主义的环境保护理念。现行环境刑法仍然存在以下问题：其一传统人类中心主义思想仍未摒弃，其二代际公平理念缺失，其三缺乏有效的规制手段。确立符合现代化社会发展需求的新型价值理念——生态中心主义——以指导环境刑法的立法完善具有重要意义④

有学者认为，污染环境罪所保护的主要法益不是公共安全，而是环境本身，不特定多数人的人身、财产安全只能是该罪所保护的间接、次要、反射性法益。对于污染环境罪构成要件的解释，必须始终围绕环境法益展开。⑤

有学者指出，刑法修正案将重大环境污染事故罪修正为污染环境罪，在犯罪形态上是由实害犯改变为包容实害型与危险型的情节犯，在保护法益上是从人身、财产等传统的具体生活利益前置为环境安全这一人类预期利益，体现了人类中心主义法益观到生态学的人类中心主义法益观理念的变迁。⑥

（3）人类中心主义与非人类中心主义结合观点

有学者认为，我国环境刑法的立法选择，应当兼顾人类中心主义和非人类中心主义并侧重非人类中心主义。非人类中心主义刑法观，要求将环境保护法益从人类本位回归到生态本位，有利于保护环境，实现可持续存在和可持续发展，然而以人类中心主义作为伦理基础来指导环境刑事立法，会将环境刑法的保护法益局限于人类本位，局限于将人的人身和财产利益保护作为环境刑法的中心地位。⑦

仅仅将人类中心主义与非人类中心主义结合是不够的，有学者基于这样的观点，认为

① 焦艳鹏．论刑法生态法益的概念及对生态犯罪的界定．刑法论丛，2011（1）：30-46.

② 王勇．环境犯罪立法：理念转换与趋势前瞻．当代法学，2014（3）：56-62.

③ 焦艳鹏．生态文明视野下生态法益的刑事法律保护．法学评论，2013（3）：90-93.

④ 穆丽霞．论我国环境刑法的立法价值取向及其实现．法学杂志，2015（1）：82-86.

⑤ 陈洪兵．解释论视野下的污染环境罪．政治与法律，2015（7）：25-27.

⑥ 黄旭巍．污染环境罪法益保护早期化之展开——兼与刘艳红教授商榷．法学，2016（7）：146-148.

⑦ 游伟，肖晚祥．环境刑法的伦理属性及其立法选择．华东政法大学学报，2009（4）：95-98.

我国环境刑法应当改变传统人类中心主义刑法观，而以人类中心主义和非人类中心主义为基础发展现代人类中心主义。这种刑法理念符合现代环境刑法的要求：首先，环境刑法的立法理念应当体现代际公平和区际公平；其次，有助于建立环境犯罪这类新型犯罪于传统刑法的伦理立法根据；最后，有助于解决环境刑法的立法理念这一超学科的研究难题。①

2. 客观方面

（1）行为

有学者以危害行为中的违法性要素为出发点，将环境刑事立法中规定的行为模式概括为四种类型：第一种是抽象危害类别，主张将违反具体的行政决定和要求的行为刑事责任化；第二种是具体危害类别，即犯罪构成体现在刑法条文中为空白构成的模式；第三种类型是具体的环境损害犯罪，惩罚的是违反行政法律规定同时导致实际损害结果的环境损害行为；第四种模式为严重的环境破坏，在此类模式下，即使行为本身没有违反行政法律的规定，导致严重后果的行为也将具有刑事惩罚性。②

有学者指出，污染环境罪既是行为犯，也是一种准抽象危险犯；“严重污染环境”既是对排放、倾倒、处置的对象——有放射性的废物、含传染病病原体的废物、有毒物质或者其他有害物质的毒害性程度的要求，也是对非法排放、倾倒、处置行为本身的限定。可以认为，污染环境罪对行为的规定，既体现了“足以”的具体危险，也体现了“危害公共安全”的抽象危险。③

（2）因果关系

有学者专门对污染型环境犯罪的因果关系进行了研究，认为排污行为、污染源和危害后果之间因果关系的证明存在以下难题：完整的证据链条形成难、达到与普通犯罪相同要求的证明标准难、传统因果关系理论的适用难等。因此，有必要针对污染型环境犯罪的特殊性，采用间接因果关系推定理论，即在污染环境案件中，用疫学原理证明污染损害后果与损害行为之间的盖然性联系，在被告无法反证损害结果并非自己所致时，推定其存在因果关系。适用该理论应该注意的问题：公平性原则；严格限制因果关系推定理论适用范围；应当排除其他可能性。④

有学者认为，污染环境犯罪因果关系属于刑事法中的推定。我国污染环境罪因果关系的适用困境为：其一，“严重污染环境”的后果表述过于模糊；其二，污染环境罪构成要件简洁但并不具体；其三，该条文规定除规定惩罚事故型的环境污染外，还规制生活型的环境污染。对此，我国首先应当承认疫学理论的科学性；其次，借鉴疫学因果关系论、因果关系推定规则和间接反证法的合理成分归纳因果关系的应用法则；最后，逐步将污染环境罪的因果关系认定规则扩展到其他行政刑法领域。⑤

有学者指出，因果关系判定是当前环境刑事司法的难题。在生态文明建设业已纳入社会整体价值的背景下，刑法与刑事司法的价值与目的也应有生态主义朝向，对刑法进行严

① 胡雁云，张予洛．环境刑法立法理念之定位．国家检察官学院学报，2012（6）：77-81.

② 徐平，张浩．从危害行为探索环境刑事立法的模式．政法论坛，2010（2）：149-151.

③ 陈洪兵．解释论视野下的污染环境罪．政治与法律，2015（7）：27-30.

④ 姚贝．论污染型环境犯罪的因果关系．中国刑事法杂志，2015（5）：72-89.

⑤ 李冠煜．日本污染环境犯罪因果关系的研究及其借鉴．政治与法律，2014（2）：151-160.

格适用的单一价值应调整为严格适用刑法与用刑法手段有效惩治环境污染的双重价值。在环境刑事司法过程中，应当以上述双重价值为指引，对污染环境犯罪的因果关系的证成机制进行适度调校，建立与环境污染案件特点相适应的证明标准、创立多元化的证明方式并对证明内容进行适度调整。①

（3）主观方面

现有刑法研究中，对于污染环境罪中行为人具备的犯罪心态存在诸多理论，但大体可以分为三种观点：故意心态、过失形态或者故意与过失的混合形态。

有学者认为，危害环境罪中行为人存在复杂罪过的情形，与危害环境罪规定的存在两个相互关联的危害后果相契合。刑法对危害环境罪的罪过形式没有明确规定，理论中将本罪理解为纯粹的过失犯罪并不合理，应当认为，本罪是复杂罪过的罪名，应当运用行为无价值与结果无价值理论，区分个罪是行为犯类型还是结果犯类型，分别对不同类型的危害环境罪的主观罪过进行确定。②

有学者主张，将污染环境罪的主观方面视为一种模糊罪过的形式，即无论行为人是故意还是过失排放、倾倒、处置有放射性的废物、含传染病病原体的废物、有毒物质或者其他有害物质，亦不管行为人对于可能造成严重污染环境的后果持希望、放任还是不希望（轻信能够避免）的态度，只要行为人对可能造成严重污染环境的结果具有预见可能性即可。③

有学者指出，污染环境罪无论在立法上还是在司法上，都属于故意犯罪。首先，司法解释与最高人民法院指导案例均表明本罪只能由故意心态构成；其次，主张过失形态与混合罪过的观点均存在逻辑问题与理论缺陷；再次，法定刑的高低并非过失犯罪的证立理由；最后，立法上，本罪的条文可以解释出行为人的故意犯罪心态。④

有学者提出，污染环境罪的“过失说”“故意说”与“复杂罪过说”均存在缺陷，在罪过形式判断上，应当兼顾罪刑规范和符合构成要件的事实两个方面，坚持“罪刑规范——构成事实”的双重判断基准。从污染环境罪的罪过形式和刑罚设置看，就罪过形式不明和仅罪过形式不同但共用一个法定刑幅度的犯罪而言，应当承认区分故意与过失的原则存在例外。⑤

有学者认为，污染环境罪的主观方面一般是过失，即相关主体对“排放、倾倒或者处置”相关物质造成生态环境污染或者污染危险的结果在主观上是有一定的认知的，但对这种结果采取了放任的态度。⑥

有学者指出，污染环境罪的主观方面为：第一，污染环境罪必须对侵害环境安全法益

① 焦艳鹏．污染环境罪因果关系的证明路径——以“2013年第15号司法解释”的适用为切入点．法学，2014（8）：133-142.

② 王晓辉，张文婷．危害环境罪的主观罪过研究．中国刑事法杂志，2009（4）：46-51.

③ 陈洪兵．解释论视野下的污染环境罪．政治与法律，2015（7）：31-34.

④ 姜文秀．污染环境罪的主观心态．国家检察官学院学报，2016（2）：108-117.

⑤ 苏永生．污染环境罪的罪过形式研究——兼论罪过形式的判断基准及区分故意与过失的例外．法商研究，2016（2）：114-122.

⑥ 焦艳鹏．实体法与程序法双重约束下的污染环境罪司法证明——以2013年第15号司法解释的司法实践为切入．政治与法律，2015（7）：20.

出于故意。污染环境罪法益保护的早期化要求兼顾人权保障，要求污染环境罪必须故意侵害环境安全法益，这也是司法实践的共识，不会形成处罚漏洞；第二，成立污染环境罪仍只需对侵害传统法益具有预见可能性；第三，确定污染环境罪的责任形式应当以环境安全法益为基准。①

（二）环境犯罪的司法认定

尽管我国刑法将环境犯罪以专节形式在分则第六章进行规定，形成了系统完备的环境犯罪体系，但是在司法实践中该节罪名的适用情况却十分罕见。对于这种异常情况的出现，学者们从不同角度——行政执法、经济刑法和刑罚目的——对环境刑事司法状况进行了分析与研究。

1. 一般问题

（1）环境犯罪司法（刑罚）目的——司法控制犯罪

有学者认为，对环境犯罪科处刑罚时应更加重视刑罚的一般预防作用而不是特殊预防作用。环境犯罪的主要特点是：犯罪客体的复合性；犯罪对象的极端价值性；犯罪结果的隐蔽性；犯罪结果的持续性。基于上述特征，对环境犯罪行为科处刑罚时，特殊预防和保护法益的观点反应迟缓，刑法的运用应适当提前，而非等到法益遭受巨大损害、不可弥补之后才启动刑法手段，一般预防应当是环境刑法唯一的目的。②

有学者认为，环境犯罪中，刑法空置以及判决阙如的原因：其一，污染环境犯罪刑事司法对行政机关具有高度依赖；其二，污染环境犯罪在刑事司法适用过程中存在较大障碍。刑法保护环境应当注意，加强生态文明理念对刑事司法的指引，如确立生态法益是刑法保护重要客体的理念，如努力破除环境政策对刑事政策的制约；切实提升制裁环境污染的刑事司法能力，如努力实现刑事司法与行政执法的贯通，积极加强环境刑事司法相关能力的建设等。③

有学者指出，日前我国环境行政执法与环境刑事司法之间存在以下问题：第一，环境形势非常严峻，近年来多起恶性环境事故在我国境内频发；第二，我国的环境行政执法活动存在较大的缺陷，无法良好的完成环境违法行为的防控工作，同时还对环境司法的实践产生了重大的消极影响。因此，克服环境执法对环境司法消极影响的策略和途径在于，首先各级人大建立环境保护工作协调监察委员会，其次完善环境行政执法过程中的证据效力问题，再次建设我国环保警察队伍，最后重视对非强制性行政手段如发动群众等的适用。④

有学者主张，可以根据环境犯罪主体的不同，采用不同的规制手段。就单位犯罪而言，对单位判处的罚金刑与恢复生态措施的有效适用并无直接的冲突；就自然人犯罪而言，自然人主体在非监禁刑状态下更有利于接受通过恢复生态措施而完成生态恢复。通过恢复生态措施解决的是缓解环境资源犯罪行为造成的人类与自然之间的紧张关系问题、修

---

① 黄旭巍. 污染环境罪法益保护早期化之展开——兼与刘艳红教授商榷. 法学，2016（7）：148-151.

② 赵星，安然. 环境犯罪对传统刑罚目的之挑战与应对. 法学杂志，2009（4）：44-46.

③ 焦艳鹏. 我国环境污染刑事判决阙如的成因与反思——基于相关资料的统计分析. 法学，2013（6）：74-83.

④ 赵星. 我国环境行政执法对刑事司法的消极影响与应对. 政法论坛，2013（2）：145-151.

复已经造成的生态破坏。[①]

（2）经济环境刑法——刑罚的确定性控制犯罪

有学者以经济分析方法对环境刑法的刑罚适用进行了探讨。环境资源的稀缺性和有价性是行为人决定实施环境犯罪行为的外在原因，犯罪成本相对较低是环境犯罪产生的内在原因。刑法具有介入环境犯罪的经济根据，并且利用刑罚遏制环境犯罪必须严格把握在刑罚成本不超过预期刑罚收益的限度和范围内。根据刑罚边际威慑效用递减的规律，投入的刑罚所产生的边际威慑效力等于所投入的边际刑罚成本是环境犯罪刑罚控制的最佳点。因此需要努力提高环境犯罪刑罚的确定性，而非过于强调加大刑罚的严厉性。[②]

2. 污染环境罪司法认定

有学者对比我国《刑法》第338条修改前后的重大环境污染事故罪与污染环境罪的表面差别（如罪名的差别，有无“向土地、水体、大气”字样的差别，其他有害物质与其他危险废物的差别，后果的差别）和实质差别（故意与过失的差别，污染环境罪存在共同犯罪而重大环境污染事故罪没有共同犯罪的差别，实质结果的差别，生态中心主义与人类中心主义的差别，法定刑的差别），分析得出修改后的污染环境罪比修改前的重大环境污染事故罪的规定更具优势。修改后的污染环境罪比修改前的重大环境污染事故罪在罪名上扩大了适用范围、解决了不处罚故意犯罪却处罚过失犯罪的悖论、改变了无法处理共同犯罪的状况、加大了该罪的打击力度、从实质上加重了法定刑、顺应了生态中心主义的时代要求。[③]

有学者主张，污染环境罪与投放危险物质罪之间是法条竞合而非想象竞合关系。应当首先回归两罪法条竞合的本质，同时考虑在污染环境罪中增加一档法定刑，增设一个结果加重犯，如此只要实施了污染环境的行为，不论是否对危害公共安全存在间接故意还是过失，均可以依照情节按照污染环境罪定罪处罚，贯彻了竞合理论和罪刑法定原则。[④]

有学者认为，污染环境罪既不完全是行为犯，也不完全是结果犯；同时，无论将污染环境罪理解为对人身或财产的危险犯还是实害犯都不准确。应当认为，污染环境罪属于典型的情节犯。[⑤] 有学者提出，污染环境罪的司法证明是当前司法实务中的难点之一。污染环境罪的司法证明受到刑法所确定的入罪标准与刑事诉讼法所确定的证明标准的双重约束：刑法及其司法解释确立了污染环境罪的实质判定标准；污染环境罪的证明也受到刑事诉讼法确立的相关标准的约束。[⑥]

（三）环境犯罪的立法完善

有学者认为，当前应从以下几个方面完善我国环境犯罪的控制对策：第一，适当扩大

① 侯艳芳．中国环境资源犯罪的治理模式：当下选择与理性调适．法制与社会发展，2016（5）：165-183.

② 邓文莉．环境犯罪的成因及其控制对策的经济分析．法学评论，2007（6）：110-115.

③ 姜文秀．污染环境罪与重大环境污染事故罪比较研究．法学杂志，2015（11）：70-76.

④ 贾占旭．论污染环境罪与投放危险物质罪的竞合关系——从冲突的典型案例看错误的司法解释．政治与法律，2016（6）：119-127.

⑤ 黄旭巍．污染环境罪法益保护早期化之展开——兼与刘艳红教授商榷．法学，2016（7）：144-146.

⑥ 焦艳鹏．实体法与程序法双重约束下的污染环境罪司法证明——以2013年第15号司法解释的司法实践为切入．政治与法律，2015（7）：14-25.

环境犯罪圈，增设一些新的环境犯罪的罪种，避免理性环境犯罪人选择实施未设立之罪，例如增设污染海洋罪、噪声污染罪、光污染罪、破坏野生动物罪、破坏野生植物罪等罪种；第二，尽量利用罚金刑，应进一步扩大环境犯罪罚金刑的适用范围；第三，增设环境犯罪的资格刑，尤其需要增设剥夺从事特定职业或经营活动的资格刑。①

有学者指出，环境刑法的立法目的应当重视的是对规范的维护而不仅仅是对法益的滞后补偿，应当扩大环境类犯罪圈以实现对环境犯罪的有效防控。在立法上提出建议：强调刑法对环境犯罪的一般预防目的；坚持环境刑法的生态本位立法理念；提高法定刑；增设危险犯与故意犯；引入“过错推定”制度。②

有学者主张，关于我国环境刑法的立法选择，其一，我国环境刑法的缺陷与不足：首先在立法的伦理价值目标选择上，刑法过于侧重人类中心主义；立法者没有考虑环境犯罪的生态价值；资格刑和非刑罚处罚方式欠缺；其二，我国环境刑法的立法选择：首先伦理价值标准的选择，应当兼顾人类中心主义和非人类中心主义并侧重非人类中心主义；其次体例结构，应当将破坏环境资源保护罪单列一章；再次充实罪名；然后改变目前环境犯罪以结果犯和情节犯为主的结构形态，增设危险犯；最后适当增加部分环境犯罪的法定刑，扩大财产刑的适用范围，设置资格刑和非刑罚处罚措施。③

有学者指出，环境犯罪立法机关在考虑通过立法控制环境犯罪的时候，应当依据环境危害行为模式的严重性层级来制定相应的刑法对其加以控制，并不断完善环境犯罪的刑罚设置，在实现刑罚的特殊预防的同时，也可以实现刑罚的一般预防，从而有效地控制环境犯罪。因而，环境刑事立法的优化模式在于结合环境刑法的行政从属性和环境刑法自身所具有的特点，根据环境危害行为的具体情形分析其危害程度并设置逐层递增的刑罚处罚体系，逐层递增的刑罚设置会提升环境刑法的效用并有效预防环境犯罪行为的发生。④

有学者在分别考察了环境犯罪的“普通刑法”模式（德国）、“特别刑法”模式（英国）和“附属刑法”模式（英美）这三种立法模式后，认为在我国应当构建特别刑法设置基本环境犯罪罪刑规范，附属刑法附设单纯刑事处罚条款的环境犯罪立法模式。并且需要注意以下三个问题：第一，环境犯罪的特殊性：环境犯罪本质、主观归责原则和因果关系；第二，现有模式的适应性：在刑法典无能为力的情况下，环境犯罪特别刑法的制定无疑成为一种必然的选择；第三，构建模式的可行性：从历史和现实来看，特别刑法的设置都可行。⑤

有学者认为，近年来，我国海洋环境污染事故频发，其中相当一部分行为具有严重的社会危害性，应当予以刑法规制，这既是严密刑事法网之需，也是国际趋势及我国履行国际条约义务的必然要求，对贯彻环境保护目的极为有利。污染海洋罪的刑法设置应当采用危险犯的既遂模式；本罪的罪过形式既可以是故意也可以是过失；在海洋环境污染的刑法

---

① 邓文莉. 环境犯罪的成因及其控制对策的经济分析. 法学评论，2007（6）：114-115.

② 赵星，安然. 环境犯罪对传统刑罚目的之挑战与应对. 法学杂志，2009（4）：46.

③ 游伟，肖晚祥. 环境刑法的伦理属性及其立法选择. 华东政法大学学报，2009（4）：98-101.

④ 徐平，张浩. 从危害行为探索环境刑事立法的模式. 政法论坛，2010（2）：149-157.

⑤ 李莎莎，姚兵. 环境犯罪立法模式探析. 刑法论丛，2011（3）：306-320.

调控中，执法环节亦不能忽视。①

有学者通过考察与梳理环境刑事立法史，认为1979年刑法对环境的保护在立法体系和立法技术上都存在严重缺陷；1997年新刑法典则标志着我国环境刑事法治的重大进步；数次刑法修正案中均有相应的修改和完善，其中更为重要的是2011年《刑法修正案（八）》将第338条“重大环境污染事故罪”修订为“污染环境罪”；最终目标是进一步完善环境刑事立法，在未来刑法修改中进一步将污染环境罪从结果犯转向行为犯或者危险犯，适当提高环境刑罚的力度，包括增加自由刑刑期和提高罚金数额以及引进其他的刑罚制裁措施等。②

有学者认为，目前中国环境犯罪刑法立法在立法体例和刑罚处罚等方面都存在一些不足，刑法应当进一步予以完善。首先，要确立科学的环境犯罪刑法立法体例，将刑法典分则第六章第六节规定的环境犯罪罪名从该章中独立出来，单独成立一章，并将分散在刑法典各章节中有关环境犯罪的规定纳入其中；其次，中国环境犯罪急需增设以下5个罪名，以完善环境犯罪的罪名体系，即破坏草原罪、破坏湿地罪、虐待动物罪、破坏自然保护区罪和抗拒环保行政监督管理罪；再次，应完善环境犯罪罪名的构成要件要素，扩张环境犯罪对象的范围、扩展危害行为的类型；最后，应完善环境犯罪的刑罚适用原则和刑罚适用种类。③

有学者指出，在从人类中心主义向环境本位转换的理念之下，未来环境犯罪的路径调整，应在风险社会的视域、弱化行政从属性以及国际化三个基点之上，朝着立法模式的多元化——调整这种单一化的立法模式为多元化的立法模式，建立以刑法典为核心、单行刑法为补充的环境犯罪立法模式，罪名设计的体系化——彻底贯彻生态中心主义的立法理念、环境犯罪行为对象的扩大化和过失危险犯的设置，刑罚处断的协调化——与广义的环境犯罪的刑罚相协调并加重环境犯罪的整体刑罚这三个方向前进。④

有学者主张，当前我国环境保护呈现失范状态，其原因在于：价值基础的不足，污染环境罪的价值基础应当与环境保护法的价值基础相同；规范功能的不足，如责任形式单一，客体模糊对象狭窄，且定位于结果犯存在局限。所以对于污染环境罪应当进行立法完善：第一，将污染环境罪的故意犯罪的既遂形态确立为行为犯；第二，将污染环境罪的过失犯罪的既遂形态确立为危险犯。⑤

有学者提出，在刑事立法方面，应将严重侵害或威胁生态法益的行为纳入刑法规制范畴，优化生态法益的刑事法律保护机制，并促进人与其他主体生态法益刑事法律保护的协同。在刑事司法方面，应合理配置环境资源领域刑事案件的侦查权，明确环境资源犯罪罪状描述的“行政违法”尺度，并推进环境刑事司法专门化及环境犯罪刑事处罚方式的多元化。⑥

---

① 高晓莹．海洋环境污染的刑法控制．中国刑事法杂志，2011（10）：51-54．

② 郭世杰．从重大环境污染罪到污染环境罪的理念嬗递．中国刑事法杂志，2013（8）：41-50．

③ 赵秉志，陈璐．当代中国环境犯罪刑法立法及其完善研究．现代法学，2011（6）：92-97．

④ 王勇．环境犯罪立法：理念转换与趋势前瞻．当代法学，2014（3）：62-66．

⑤ 姜俊山．论污染环境罪之立法完善．法学杂志，2014（3）：92-98．

⑥ 焦艳鹏．生态文明视野下生态法益的刑事法律保护．法学评论，2013（3）：93-97．

有学者认为，为了破解环境刑事司法之困境，应当注重环境立法的完善，即逐步确立环境犯罪的独立性：第一，通过构成要件的修改将污染环境犯罪由结果犯转变为危险犯；第二，确立刑法的生态法益保护主义，以实现环境犯罪的独立性。①

有学者指出，环境刑法应当坚持生态中心主义的立法价值取向的实现路径，包括：改变环境犯罪在刑法中的地位，扩大环境刑法的适用范围，明确环境犯罪的基本客体是环境权益，从法定犯向自然犯转化，将过失危险犯规定为犯罪，引入因果关系推定原则，完善刑罚设置等。②

有学者主张，针对环境资源犯罪追责中惩治范围狭窄、刑罚设置趋轻的问题，应以调整现有罪名成立要件的方式适度扩大环境资源犯罪圈，同时提升主刑的法定最高刑；规定恢复生态的专门非刑罚措施。提升我国环境资源犯罪主刑的法定最高刑有助于解决环境资源犯罪的罪责刑相适应问题、纠正环境资源犯罪惩治的非刑事化倾向。③

有学者指出，在环境污染犯罪日益严峻的中国当下，设立污染环境罪的危险犯很有必要，提升污染环境罪在刑法分则体系中的地位，分解和细化污染环境罪，并明确规定各种污染环境罪的危险犯。但是必须把人权保障的思想贯穿其中，并通过贯彻刑法的明确性原则来实现。④

六、毒品犯罪

关于毒品犯罪的研究，学者关注的重心更多在于行为人的主观罪过形态，毒品合法性研究以及毒品数量、毒品性质等问题上，而毒品的死刑问题，也是学术研究的关注热点。

（一）毒品犯罪的主观方面

有学者认为，毒品犯罪中，对主观明知的认定可以采用事实推定的办法予以确定。根据运费、酬劳、运输方式、交接方式、行为人之行为、行为人对毒品的知识和经验、是否事先申报和接受检查、地域等几方面进行推定，并建立数理模型释明重要因素与行为人主观明知的关系，同时主张也要充分注意行为人的年龄、教育程度、生活环境、精神状态等足以影响行为人进行认识和判断事物的因素，充分听取行为人的辩解和解释，而且量刑要留有余地。⑤

有学者指出，毒品犯罪的主观方面包括直接故意和间接故意，实质违法性的认识也是必要的。对于毒品主观明知的认定，需要判断行为人对犯罪对象即毒品具有明知，并且行为人对该对象具有概括性的认识，即对毒品具有认识可能性，即可肯定主观明知的存在。⑥

---

① 王树义，冯汝．我国环境刑事司法的困境及其对策．法学评论，2014（3）：122-128.

② 穆丽霞．论我国环境刑法的立法价值取向及其实现．法学杂志，2015（1）：82-89.

③ 侯艳芳．中国环境资源犯罪的治理模式：当下选择与理性调适．法制与社会发展，2016（5）：165-183.

④ 李梁．中德两国污染环境罪危险犯立法比较研究．法商研究，2016（3）：167-173.

⑤ 周岸岽．浅谈运输毒品犯罪中主观明知的认定．法学评论，2012（1）：140-146.

⑥ 张洪成．毒品犯罪主观故意认定问题研究．刑法论丛，2012（1）：238-255.

（二）毒品犯罪的司法认定

1. 一般问题

（1）罪与非罪

对于刑法分则毒品犯罪的规定与能否适用总则但书的规定，有学者认为，基于罪刑法定原则，《刑法》第13条但书在毒品犯罪中没有适用空间，现行刑法表明，无论毒品犯罪中毒品数量多少，一律构成犯罪。另外，即使毒品纯度极低的毒品案件也没有适用《刑法》第63条第2款的余地，以维持我国对毒品从严打击的立场。①

对于毒品犯罪新样态与刑法的回应问题，有学者认为，毒品犯罪已经呈现出市场化、体系化运行的特征，基于毒品犯罪预防这一政策性目的，应当反思刑法在毒品犯罪中的角色和地位：刑法并非万能但却不可或缺，刑法无法杜绝毒品犯罪，但是不能因此否认刑法不可替代的惩罚和预防功能；司法实践中应当从刑罚的严厉性转向执法的严格性；刑法的导向上从形式上的公正转向实际犯罪预防的有效性。将刑法的适用与犯罪学层面的研究成果以及刑事政策的需求联系起来，应对毒品犯罪。②

（2）毒品犯罪死刑适用

有学者从案例中总结司法经验，并归纳出毒品犯罪死刑适用的已存及应存的五个方面：毒品犯罪死刑适用中罪刑法定原则与罪刑相适应原则的统一；毒品犯罪死刑适用中严打政策与宽严相济刑事政策的兼顾；毒品犯罪死刑适用中法律效果和社会效果的协调；毒品犯罪死刑适用中毒品犯罪整体高危性和内部差异性区别；毒品犯罪死刑适用中毒品数量与其他情节的平衡。③

有学者认为，毒品的数量和含量直接决定毒品犯罪的社会危害性及其程度。但是我国各地司法实践对于毒品犯罪数量的标准不统一，而且死刑适用的数量标准在不同地区之间差别很大。虽然毒品犯罪不再片面强调毒品数量，但是在定罪甚至判处死刑的司法实践中，毒品数量仍然是定罪量刑的主要考量因素。④

有学者指出，我国在毒品犯罪的量刑问题上存在重刑倾向和过度使用死刑的情况，应当控制毒品犯罪案件死刑的适用：纠正唯数量论的倾向，重视毒品犯罪案件中从轻情节的适用，规范量刑裁量标准；规范特情引诱侦查活动，并进一步提出了完善毒品案件量刑法律规定的建议：进一步明确可判处死刑的毒品数量标准；明确可判处死刑的毒品含量标准；进一步明确立法上可判处死刑的情形；明确规定不宜和不应判处死刑的情形，取消受雇运输毒品犯罪的死刑。⑤

（3）毒品犯罪重刑主义

有学者认为，我国“重刑治毒”刑事政策全面体现在刑事立法与司法之中：其一，刑事立法上，为走私、贩卖、运输、制造毒品罪设置死刑；关于毒品数量与含量的规定没有

---

① 何荣功．毒品数量含量与毒品犯罪定罪量刑实务三题．刑法论丛，2012（3）：323-326.

② 莫洪宪．毒品犯罪的挑战与刑法的回应．政治与法律，2012（10）：80-88.

③ 徐安住．毒品犯罪适用死刑学说与司法经验的案例解读．法学评论，2010（4）：38-45.

④ 同①317-322.

⑤ 彭之宇．毒品犯罪量刑问题研究．中国刑事法杂志，2014（1）：59-62.

下限；专设毒品犯罪再犯。其二，刑事司法上，毒品犯罪处罚范围的过度扩张；过分依赖口供定罪；犯罪形态认定的例外即不再区分犯罪的既遂与未遂，而是按照贩卖毒品罪的既遂处理；对诱惑侦查的肯定；推定的使用。以上规定与司法实践并没有从根本上遏制我国毒品犯罪的严峻态势，相反却阻碍了我国毒品犯罪刑事立法的完善和我国死刑制度的改革，体现出“重刑治毒”既缺乏合理性，也缺乏可操作性。我国毒品犯罪刑事政策现代化的根本出路在于理性认识毒品犯罪的生成机理，并将国家治理毒品犯罪的重心前移至减少滥用毒品（包括减少存量和防止增量）的环节。①

（4）毒品合法化

有学者认为，毒品合法化实质上是主张使非医疗和科研用途的毒品成为合法商品，希望通过合法经营和买卖，降低暴利，减少禁毒成本，实现滥用毒品的非犯罪化，最终减少毒品犯罪的社会危害性。然而应当反思的是，禁毒并非唯一解决办法，但是合法化也并非一定能遏制毒品的泛滥。对毒品实行严格的国家管制符合我国基本国情，即在毒品问题上的刑事政策立场是，明确区分吸毒和吸毒相关的行为，对吸毒（滥用毒品）采取戒毒、替代疗法、针剂交换和其他人性化措施，对除吸毒之外的其他毒品犯罪处以刑罚。②

2. 个罪认定

（1）贩卖毒品罪

有学者重点研究了互易毒品行为的性质，并认为：贩卖毒品罪中的卖出行为本质上以买卖关系为基础，互易毒品行为与之存在着性质差别，互易是以物易物，而非买卖关系中的以货币换物；互易关系中行为人更多追求使用价值而非买卖关系中所考虑的价值对等性；有偿性交付毒品和买卖毒品是不能画等号的，有偿性只是贩卖毒品的一般属性，而不是买卖行为的独自属性。将互易毒品行为认定为贩卖行为在逻辑上存在着大前提的判断错误。以毒品代物清偿同样不属于贩卖毒品。贩卖含义的扩大会有损刑法的协调性，一概视为贩卖毒品罪违背了罪刑法定原则。只有通过完善立法，将提供毒品行为立法入罪，才能从根本上解决问题。③

有学者对上述关于互易毒品的行为定性提出商榷意见，认为：贩卖实质是有偿转让，核心是谋取对价利益，互易毒品与贩卖毒品之间是一种交叉关系。“绝对说”将互易毒品行为一律不作为犯罪处理或一律作为犯罪处理，在方法论上存在错误，由此而划定的互易毒品的内涵，也为罪刑法定原则所不容。在对互易毒品狭义解释为仅限毒品之间的交换情境下，确立“相对说”将成立买卖关系的高纯度与低纯度毒品、硬性毒品与软性毒品以及相同纯度但数量不等毒品间的互易，作为贩卖毒品罪处理，其他情况的互易毒品行为不作为犯罪处理，更为妥当。④

有学者指出，第一，当行为人进行毒品的互易时，可以认为是省略了货币交换环节的

① 何荣功. 我国“重刑制毒”刑事政策之法社会学思考. 法商研究，2015（5）：83-91.

② 阿地力江·阿布来提. 毒品刑事治理探讨. 刑事法评论，2018（1）：554-577.

③ 孙万怀. 互易毒品行为的刑法性质评析. 法律科学，2009（2）：146-152.

④ 刘艳红，梁云宝. 互易毒品行为定性“相对说”之提倡——兼与孙万怀教授商榷. 法律科学，2011（1）：184-192.

非法买卖毒品，双方均符合贩卖毒品罪的构成要件，仅在少数情况下可不予追究；第二，在毒品与其他财产性利益的交换过程中，应当注意换取财产性利益是贩卖毒品的目的，而牟利是犯罪动机因素非构成要件要素。至于代购毒品的问题，应当认为代购毒品行为完全符合运输毒品罪的构成要件，不应评价为非法持有毒品罪。而且代购毒品的提法欠科学，可以用“帮助他人购买毒品”的概念取代。①

有学者从法益角度检视贩卖毒品罪的未遂，仅从社会关系角度无法认定犯罪的本质，关键在于对法益的认定。刑法在毒品贩卖阶段介入，是基于防范毒品犯罪的社会危害性，即贩卖毒品是抽象危险犯，侵犯的法益是公众健康。贩卖毒品只要发生了占有权的转移，即毒品脱离行为人的支配进入流通领域，不必等到实际交付，就构成既遂。买卖双方达成合意，构成预备。作为抽象危险犯的贩卖毒品罪，行为人着手实施贩卖行为虽然产生了危险，但只要行为尚处持续状态并未终局性的停止，即存在中止的可能。②

（2）运输毒品罪

有学者认为，对于运输毒品罪，应当注意以下问题：其一，对于运输毒品罪本质的界定，需要综合考虑运输行为的物理意义和规范意义，只有毒品空间的位移具有实现和促进商品流通的意义时，才能认定为运输毒品罪；其二，吸毒人员在运输毒品过程中被查获，没有证据证明是为了走私、贩卖毒品的，行为的性质要具体分析；其三，二人以上共同以“体内藏毒”方式运输毒品成立运输毒品罪的场合，行为人并非运输毒品罪的共同实行犯，毒品数量应分别计算。③

有学者对运输毒品罪的法律属性进行研究。首先，否定了废除运输毒品罪的观点，认为运输毒品罪有其独立存在的价值，不可废除。运输毒品罪的适用范围，应当控制在明知是毒品而运输且无证据证明运输者本人是走私、贩卖、制造毒品者或者窝藏、隐瞒毒品者的范围；其次，运输毒品罪的主观要件中，有学者认为，行为人对毒品之明知无须达到“具体符合”的程度，只要认识到运输的是“毒品”即可成立此罪；毒品数量的“所实”和行为人的“所识”对罪与非罪、罪轻罪重及死刑是否立即执行有重大意义；明知是毒品而实施运输行为即可构成此罪，行为人基于某种非法意图而运输的目的是超过的主观要素；再次，运输毒品罪与非法持有毒品罪的区别在于，具有位移的持有是运输，不具有位移的持有则构成非法持有毒品罪；最后，对于运输毒品罪的既未遂问题，“起运说”否定了未遂的可能，“到达目的地说”对何地是“目的地”没有可操作性，“合理位移说”考虑过多非相关因素而实质没有提出具体标准，合理的做法是，在认定运输毒品罪是行为犯的前提下，由司法实务人员根据个案具体认定。④

有学者界定了运输毒品罪的概念，并进一步分析了该罪的犯罪构成要件：第一，运输毒品罪的含义，是指行为人违反国家毒品管制法规，明知是毒品而利用交通工具或者其他手段非法运输、携带、邮寄或交付托运鸦片、海洛因、甲基苯丙胺、吗啡、大麻或者其他毒品的行为；第二，运输毒品罪的犯罪构成：客体是国家对毒品的管制；客观方面是运输

---

① 王登辉，罗倩．贩卖毒品罪若干基础理论辨正．中国刑事法杂志，2016（2）：24-41.

② 刘夏．论贩卖毒品罪的未遂与中止．刑法论丛，2012（1）：270-284.

③ 何荣功．运输毒品认定中的疑难问题再研究．法学评论，2011（2）：144-147.

④ 林亚刚．运输毒品罪的若干问题研究．法学评论，2011（3）：65-70.

行为，并对该行为的特征和方式进行了深入详尽的分析；主体是一般主体；主观方面必须出于故意；第三，运输毒品罪的司法认定：罪与非罪问题上，认为判断行为是否构成犯罪，应当结合国家管制范围、毒品数量进行处理；此罪与彼罪的界限问题；第四，本罪的既遂标准应当留给司法机关在个案中加以认定，应该采用“合理位移”作为既遂标准，而“合理位移”应当由个案具体判断；第五，如果实施运输行为的同时，又实施了走私、贩卖、制造毒品的行为，本罪是选择性罪名故按一罪处理即可；若运输毒品之外还有其他违禁品，则应当数罪并罚。①

(3) 制造毒品罪

有学者认为，制造毒品罪，是指利用毒品原植物和制毒材料依一定方法非法加工、提炼、配制毒品的妨害社会管理秩序的行为。其中“制造”的内涵和外延是制造毒品罪的客观方面的核心内容，对于这一概念应当从制造毒品罪的本质属性即危害社会管理秩序的角度进行定义，即针对制造行为所处的不同阶段作不同的含义界定，结合刑法的章节体例，刑法目的进行分析。②

(三) 毒品犯罪的立法完善

有学者认为，第一，在立法上对可以判处死刑的情形进一步明确规定，具体包括：对于“走私、贩卖、运输、制造毒品集团的首要分子”“武装掩护走私、贩卖、运输、制造毒品的”“以暴力抗拒检查、拘留、逮捕，情节严重的”和“参与有组织的国际贩毒活动的”进一步明确可以判处死刑的情形；第二，明确规定不宜和不应判处死刑的情形；第三，在立法上取消个人受雇运输毒品犯罪的死刑。③

① 李永升. 运输毒品罪立法与司法问题研究. 刑法论丛，2012 (4)：303-334.

② 张洪成. 制造毒品罪疑难问题探析. 国家检察官学院学报，2007 (5)：93-98.

③ 彭之宇. 毒品犯罪量刑问题研究. 中国刑事法杂志，2014 (1)：62.

第十四章　职务犯罪

随着我国对腐败惩治力度的不断加大，学者们对于贪污贿赂犯罪的关注也越来越多。首先，在刑事政策层面，学者们注意到了我国反腐败刑事政策的不断变迁，并对当下刑事政策的应然选择和实然问题进行了分析，也对相关制度的构建建言献策。其次，在具体罪名方面，贪污罪、受贿罪、巨额财产来源不明罪、利用影响力受贿罪、行贿罪得到了较多的讨论。其中贪污罪与受贿罪自然是学术研究的重心所在，学者们对其构成要件的不同方面以及相应的刑罚问题等都从立法和司法的层面进行了广泛而深刻的讨论。其中学者们的许多建议已被刑法所采纳，呈现出理论源自实践并又指导实践的态势，形成了理论与实践之间的良性互动。

在渎职罪中，学者们最为关注的罪名是滥用职权罪、玩忽职守罪、徇私枉法罪。随着社会中食品安全问题越来越为人们所关注，《刑法修正案（八）》之中新增设了食品监管渎职罪，学者们对于这些罪名的相关问题也展开了讨论。

一、贪污贿赂罪

就贪污贿赂罪的相关内容而言，学者们对于贪污罪和贿赂罪的讨论较多，既包括了对其构成要件的讨论，也有关于刑罚的分析。此外，学者们还对相关的刑事政策问题以及新增设的巨额财产来源不明罪与利用影响力受贿罪、行贿罪有所论述。有鉴于此，下文将对如下问题进行讨论：第一，刑事政策；第二，贪污罪的构成要件；第三，受贿罪的构成要件；第四，贪污受贿犯罪的处罚；第五，巨额财产来源不明罪；第六，利用影响力受贿罪；第七，行贿罪。

（一）刑事政策

贪污贿赂犯罪的立法发展和司法实践深受我国“反腐”这一国家战略的影响，为了更好地贯彻“反腐”这一重要的国家战略，有必要对相应的刑事政策进行讨论，以期通过选择合适的刑事政策，为“反腐”的立法和司法工作的开展提供正确的指引。

对我国以往的反腐策略进行回顾可以发现以下特点：第一，重意识教育而轻制度建设；第二，采取运动式治理；第三，倚重刑法进行事后的严惩。[①] 总的来说，我国以往对

---

① 何荣功.“反腐”战略与刑事政策的法治转型．刑法论丛，2016（3）.

于贪污贿赂犯罪基本上采取的是“严而不厉”的刑事政策模式，而司法上更是在“不严不厉”的刑事政策模式下运行。[①] 这样的刑事政策与反腐败形势存在诸多的不适应，其表现为：虽然严厉惩处，但是严而不厉；狠抓大案，但是轻纵小案；存在过于谨慎的误区；处理上轻重有别，但是失之于轻；惩防结合，但是预防不力。[②] 特别是与《联合国反腐败公约》相比，我国针对腐败犯罪的立法模式存在的前述缺陷则更加明显，为此我们一方面需要严密惩治腐败犯罪的刑事法网，另一方面需要使得腐败犯罪的刑罚处罚趋向于合理的轻缓。[③]

当下，对于贪污贿赂犯罪的刑事政策已转向了零容忍的政策。习近平总书记在十八届中央纪委三次全会上的重要讲话指出：“反腐败的高压势态必须持续保持，坚持以零容忍态度惩治腐败。”对其的理解包括了两个方面：事前的零容忍强调对于腐败的一般预防，这需要通过立法与党纪政纪的规定来实现；事后零容忍强调惩罚的必然性，需要防止腐败分子逃脱惩罚。[④] 为了更好地进行腐败治理工作，刘艳红教授提出我们应确立积极治理主义的理念，将国家法与政党法衔接起来，创立国家腐败治理基本法、分步推进体系的完善。[⑤] 党的十九大报告也指出：当前，反腐败斗争形势依然严峻复杂，巩固压倒性胜利、夺取压倒性胜利的决心必须坚如磐石。

为了更好地惩治腐败问题，学者们从不同的视角建言献策。例如，高铭暄、赵秉志教授等建议完善公务员财产申报制度。[⑥] 何家弘教授则认为为了长期、有效地推进反腐工作的进行，我们应该重视如何对之展开有效的预防，而官员财产公示制度便是行之有效的预防腐败的制度，具有彰显反腐决心的指标价值。[⑦] 有的学者立足于破窗理论，强调对零容忍政策的坚持，也主张推进官员财产公示制度。[⑧] 有的学者关注刑事处罚后党纪、政纪的处理，认为破窗理论不宜用于此处，而应当借鉴“三振出局”的理念，对于那些犯罪数额不大且属于初犯、偶犯、积极认罪悔罪的人可以保留其国家工作人员身份。[⑨]

有的学者指出重刑反腐是国家采取的一种不得已选择，这存在着巨大的法治风险，呼吁要理性看待刑法在反腐中的角色，认为反腐不应当过分倚重事后惩罚这样的治标手段。[⑩] 国家倚重刑法进行反腐，导致对于行贿与受贿并重严惩，但是这面临着正当性的质疑，对此有的学者认为我们应继续坚持“重受贿轻行贿”的政策。[⑪]

有学者认为面对市场经济转型的情势，我国的刑事政策应当由“打击型”政策向“预防

---

① 孙国祥．我国惩治贪污贿赂犯罪刑事政策模式的应然选择．法商研究，2015（5）．

② 叶林华．联合国反腐败公约与我国反贪刑事政策的完善．法学，2007（11）．

③ 赵秉志．中国反腐败刑事法治领域中的国际合作．国家检察官学院学报，2010（5）．

④ 张磊、车明珠．反腐败零容忍政策的反思与实现．刑法论丛，2016（1）．

⑤ 刘艳红．中国反腐败立法的战略转型及其体系化构建．中国法学，2016（4）．

⑥ 高铭暄、张杰．论国际反腐败犯罪的趋势及中国的回应——《以联合国反腐败公约》为参考．政治与法律，2007（5）；赵秉志．中国反腐败刑事法治领域中的国际合作．国家检察官学院学报，2010（5）．

⑦ 何家弘．反腐败的战略重心与官员财产公示．法学，2014（10）．

⑧ 解彬．现阶段我国反腐败犯罪治理问题探析．刑法论丛，2015（2）．

⑨ 罗猛．论反腐败的刑事政策体系．中国刑事法杂志，2013（6）．

⑩ 何荣功．“反腐”战略与刑事政策的法治转型．刑法论丛，2016（3）；何荣功．“重刑反腐”与刑法理性．法学，2014（12）．

⑪ 何荣功．“行贿与受贿并重惩罚”的法治逻辑悖论．法学，2015（10）．

型”政策变化。在政策上倡导预防优先，并构建相应的预防规范和制度。[①] 有的学者认为面对腐败案件，我们应当采取宽严相济的刑事政策。在宽的一面，需要做到适度宽恕旧罪、慎用死刑等方面；在严的一面，需要大案、小案均抓，做到全面彻查。为了实现“治标”的目的，需要重视严查以及对腐败案件常规查办，并且既要加强垂直领导还要合并侦查职能。[②]

此外网络在现代生活中扮演着十分重要的角色，网络反腐也引起了相应的关注，有学者主张我们应当认真对待公民监督与官员隐私权之间的冲突，建立完善公民参与反腐败的渠道，扩大民众的监督参与空间，增强公共政策的透明性。[③]

（二）贪污罪的构成要件

根据通说，贪污罪的主观方面必须出于故意，且须具有非法占用公共财物的犯罪目的。[④] 在认定是否构成贪污罪时，有以下几个问题经常被学者们关注：如何理解利用职务上的便利；对国家工作人员的理解；如何处理科研腐败的问题；如何推定行为人具有非法占有的目的。

1. 利用职务上的便利

有学者认为贪污罪中利用职务上的便利实质内涵是，行为人在非法占有公共财产之前，要么基于职务进行了合法的占有，要么基于职务和特定事实的发生享有相对应的债权请求权。[⑤] 有学者对“利用职务上的便利”进行了总结：职务并不意味着一定是管理性的；职务不要求具有稳定性、持续性；职务必须是现任的；原则上并不要求利用职务上的便利必须是在工作期间。[⑥]

2. 国家工作人员

刘艳红教授认为，现行刑法中“国家工作人员”的定义没有能够揭示出概念的本质所在，可以考虑使用“国家公职人员”来代替“国家工作人员”这一表述。在认定国家公职人员时，需要考察行为人从事的活动是否具有实施公共管理职能的性质以及其权力来源是否合法。而形式上是否为国家公职人员编制、从事公共职务活动时间的长短、是否由国家财政负担工资福利等均不重要。[⑦]

3. 科研人员套取科研经费

科研人员套取科研经费的行为是否构成贪污罪，学者们对此存在一定的争议。反对方认为，科研活动与国家公权力无关，从事科研活动并非从事公务，因此科研人员并不是国家工作人员。[⑧]

---

① 魏昌东．贿赂犯罪“预防型”刑法规制策略构建研究．政治与法律，2012（12）．

② 何家弘．中国反腐治标论．法学杂志，2015（10）；何家弘．宽严相济与中庸反腐．法学家，2015（5）．

③ 马长山．网络反腐的“体制外”运行及其风险控制．法商研究，2014（6）；蔡宝刚．迈向权利反腐：认真对待微博反腐的法理言说．法学，2013（5）．

④ 储槐植，梁根林．贪污罪论要——兼论《刑法》第394条之适用．中国法学，1998（4）．

⑤ 邹兵建．论贪污罪中的“利用职务上的便利”．政治与法律，2016（11）．

⑥ 同⑤．

⑦ 刘艳红．行政犯罪视野下的国家工作人员犯罪．刑法论丛，2008（4）．

⑧ 姜涛．科研人员的刑法定位：从宪法教义学视域的思考．中国法学，2017（1）；肖中华．科研人员不当套取国家科研经费不应认定为贪污罪．法治研究，2014（9）．

有学者认为，我国目前对于科研腐败没有规定完善的行政处罚，将之直接上升为贪污罪加以处罚可能并不合理。但是由于行政法一时之间很难得到及时的完善，可以暂时容忍形式上的不合理。故而应综合考虑套取的科研经费数额大小、科研成果完成程度、价值大小、科研人员一贯品行、科研贡献等因素，仅将其中严重者按照贪污罪定罪处罚。①

有的学者则从主体出发，认为只有对那些涉案金额巨大、情节恶劣的课题组负责人可以追究其贪污罪的刑事责任。理由在于课题组负责人属于受委托管理国有财产的人员，因而可以成为贪污罪的主体。②

4. 非法占有目的之推定

对贪污罪中行为人是否具有非法占有目的进行推定时，何家弘教授主张可以参考如下推定规则。③

当行为人依据职权控制、支配、管理、占有、调度、经手、监管特定公共财物时，可考察是否存在后述的几种行为：(1) 将公共财物予以私分；(2) 携带公共财物潜逃；(3) 通过违法或违规手段将公共财物审批给自己或他人；(4) 特定情形需要退还、上交（缴）公共财物，但拒不退还、拒不上交（缴）的。

当行为人利用职权上的便利采取如不如实上报（虚报、谎报等）或是冒充他人等手段骗领公共财物时，可考察是否存在后述几种行为；(1) 将公共财物用于个人花销或生活支出、为亲友或其他关系人谋利益；(2) 将公共财物予以私分；(3) 拒不退还、长时间不予归还、直到案发才归还；(4) 将公共财物予以隐匿。

(三) 受贿罪的构成要件

学者们对本罪的构成要件的讨论较为丰富，内容上对客体、客观方面、主体、主观方面均有所涉及。

1. 客体

张明楷教授认为，受贿罪保护的法益是国家工作人员职务行为的不可收买性。黎宏教授则主张，受贿罪的法益应当是国家工作人员职务行为的公正性，其原因在于：首先，国家工作人员履职时若收受别人的贿赂，将会使得职务行为处在贿赂的影响下，使得履职行为存在不当的危险；其次，这能够妥当说明为什么将为他人谋取利益作为受贿罪的成立要件；再次，无论是利用影响力受贿还是向具有影响力的人行贿，都会损害被影响或者被斡旋的国家工作人员职务的公正性，然而却很难说这会侵犯到职务行为的不可收买性；最后，与不可收买性说相比，职务行为公正性说更能说明受贿犯罪的性质。④ 也有学者尝试通过对集体法益的分析，提出（准）个人法益的理论。其认为贿赂犯罪的法益是一种个人参与社会交往活动的自由，这样的自由因为受贿行为而受到排挤。⑤

---

① 卢建平，王晓雪. 论科研腐败的惩治与预防. 刑法论丛，2015 (4).

② 刘科. 套取国家财政拨款科研经费行为定罪中的疑难问题研究. 法学杂志，2015 (7)；刘科. 我国台湾地区套取科研经费行为的定罪争议及其启示——以林昭任案为主要视角. 刑法论丛，2015 (4).

③ 何家弘，黄健. 贪污罪非法占有目的之推定规则初探. 法学杂志，2016 (10).

④ 黎宏. 受贿犯罪保护法益与刑法第 388 条的理解. 法学研究，2017 (1).

⑤ 熊琦. 刑法教义学视阈内的贿赂犯罪法益——基于中德比较研究与跨学科视角的综合分析. 法学评论，2015 (6).

站在职务行为公正说的立场，只有危及职务行为公正性的行为才有可能构成受贿罪。通常情况下，当行为人没有事先约定的场合下，事后受财行为不会危及职务行为的公正性，所以不会构成受贿罪。但是当行为人在履行职务时具有事后受财的心理预期，这种预期将会对履职行为产生影响，所以此时能够构成受贿罪。① 对此，也有其他学者站在不可收买性说的立场上，认为事后受财行为能够成立受贿罪。②

2. 客观方面

（1）财物

就本罪的客观方面而言，学者们提出的相关立法建议主要集中表现为对于“财物”的扩张，认为将受贿罪的对象限定于“财物”，一方面不利于反腐倡廉工作的开展，另一方面也明显落后于其他国家对该类犯罪的立法和司法进程。③ 但是，也有学者认为不需要对此加以修改，只需要运用刑法解释方法，寻找“财物”概念中的内容，从而以不变应万变。④ 就主张扩张的学者们而言，他们对于扩张后的概念表述及其范畴也有不同的见解。有学者们建议应将财物扩大至财产性利益。⑤ 理由在于这样的做法比较稳妥且务实，其符合我国受贿犯罪的形势和司法机关的打击能力，并且遵循了党的十八届四中全会精神。⑥ 若将非财产性利益纳入贿赂之中则可能引起较大的争议和司法操作之困难。⑦ 有的学者则从打击贿赂犯罪的现实需要、受贿罪的犯罪本质和犯罪形式出发，认为应该同时包括非财产性利益，本质上财产利益与非财产性利益无本质的差别，都属于私利的范畴，甚至非财产性利益也可以转化为金钱财物。⑧

有的学者认为从《联合国反腐败公约》的规定来看，公约中的贿赂包括了一切不正当利益，我国刑法受贿罪中的“财物”应加以修改。⑨ 有许多的学者们便主张，我们应当将贿赂罪中的“财物”扩大至一切不正当利益。⑩ 有学者认为作此理解可以有助于我国的腐败治理工作与国际接轨，形成反腐合力，并且这也能够与当下利益种类多样性的社会现实相符合。⑪

---

① 黎宏．贿赂犯罪的保护法益与事后受财行为的定性．中国法学，2017（4）．

② 张理恒．受贿若干疑难问题认定之解析．中国刑事法杂志，2013（6）．对事后受财成立受贿罪持支持观点的还有孙国祥教授。参见孙国祥．“礼金”入罪的理据和认定．法学评论，2015（5）．

③ 梁根林．受贿罪法网的漏洞及其补救——兼论刑法的适用解释．中国法学，2001（6）．

④ 薛进展，张铭训．贿赂犯罪慎改论．中国刑事法杂志，2008（5）．

⑤ 高铭暄，曹波．中英受贿犯罪立法比较研究．法学杂志，2016（8）；戴玉忠．我国贿赂犯罪刑法制度的演变与发展完善．法学杂志，2016（4）；赵秉志．中国反腐败刑事法治领域中的国际合作．国家检察官学院学报，2010（5）．也有学者主张直接用“贿赂”取代“财物”。参见莫洪宪，马献钊．我国受贿罪概念之最新考量．国家检察官学院学报，2008（2）；王玉珏．受贿罪司法认定中的轨迹与趋势．法学，2013（10）．

⑥ 高铭暄，曹波．中英受贿犯罪立法比较研究．法学杂志，2016（8）．

⑦ 赵秉志．中国反腐败刑事法治领域中的国际合作．国家检察官学院学报，2010（5）．

⑧ 梁根林．受贿罪法网的漏洞及其补救——兼论刑法的适用解释．中国法学，2001（6）．

⑨ 储槐植，郭明跃．联合国反腐败公约与中国反腐败国际合作研究．刑法论丛，2007（1）．

⑩ 陈结森．〈联合国反腐败公约〉框架下我国反腐败国际合作机制的构建与完善．法学评论，2007（5）；孟祥微．轻微腐败犯罪的刑事立法与司法完善．刑法论丛，2016（2）；张旭．也谈《刑法修正案（九）》关于贪污贿赂罪的修改．当代法学，2016（1）；张智辉．受贿罪立法问题研究．法学研究，2009（5）；庞冬梅．中俄反腐败法律规制体系比较研究．刑法论丛，2016（3）．

⑪ 杨安，陆旭．论贿赂犯罪刑事法网的完善．中国刑事法杂志，2014（1）．

就性贿赂的定位而言，有学者认为其可以被纳入贿赂犯罪的范围。[①] 只要能够对国家工作人员起到收买作用的任何利益都会侵害公务人员的廉洁性，刑法没有理由将收取财物外的不正当好处排除在犯罪之外。并且从外国的相关经验来看，也有许多国家将性利益作为贿赂罪中的不正当利益。[②]

有的学者认为性贿赂不应被纳入贿赂犯罪之中，原因在于：首先，刑法规范的明确性使得性贿赂不宜被犯罪化。性贿赂并非法律用语，缺少清晰的边界，这可能会带来适用上的障碍；其次，刑法应具有谦抑性。如果将性贿赂入罪则可能导致法律与道德之间的碰撞；再次，对于可以转化为金钱或者财物来衡量的性贿赂，其与一般的钱财或者财产性贿赂并无本质区别，对之没有法律适用的困难。[③]

根据我国《刑法》罪刑法定原则的要求，虽然关于“财物”的理论探讨较多，但在现行法律对受贿罪的构成要件进行修改之前，在具体司法实践中，受贿案件仍只能根据现行法律的规定来处理，而不得进行类推解释，只能在文字的可能含义内进行解释。非财产性利益等不得作为犯罪对象而被轻易纳入受贿罪中。[④]

（2）交易型受贿

根据最高人民法院、最高人民检察院《关于办理受贿刑事案件适用法律若干问题的意见》的第 1 条规定，国家工作人员利用职务上的便利为请托人谋取利益，以下列交易形式收受请托人财物的，以受贿论处：①以明显低于市场的价格向请托人购买房屋、汽车等物品的；②以明显高于市场的价格向请托人出售房屋、汽车等物品的；③以其他交易形式非法收受请托人财物的。受贿数额按照交易时当地市场价格与实际支付价格的差额计算。市场价格包括商品经营者事先设定的不针对特定人的最低优惠价格。根据商品经营者事先设定的各种优惠交易条件，以优惠价格购买商品的，不属于受贿。

在计算交易型受贿犯罪数额时，根据司法解释应当按照交易时的当地市场价格与实际支付价格的差异计算。其中需要注意对“交易时”的界定，有学者认为对此可以考虑如下几点：第一，对于动产与不动产的贿赂，应该根据物权法关于物权合同与物权变更生效的规定进行界定；第二，高卖低买不动产的案件，以双方房屋交易合同成立的时间为交易时点；第三，高卖低买汽车等动产的案件，以动产交付为交易时点。[⑤]

对于明显低于市场价格的判断，就房产交易的受贿类型而言，有学者认为需要查证房产开发商内部的优惠记录，通过加权平均法算出内部优惠价格，以此价格为基准，界定是否属于明显低于市场价格。而对以优惠价格购买商品与交易型贿赂的区分，可以考虑以下几点：交易价格是否具有事先设定性；交易价格是否具有不特定性或相对特定性；交易价格的形成是否具有有因性。[⑥]

也有学者对价格明显差别这一标准提出了质疑，认为其存在一些问题，例如：逻辑混

---

① 伍学文，向雷．非物质性贿赂研究．国家检察官学院学报，2009（6）；彭凤莲．中国古代性腐败的刑法对策及其当代启示．法学杂志，2014（9）．

② 储槐植，郭明跃．联合国反腐败公约与中国反腐败国际合作研究．刑法论丛，2007（1）．

③ 赵秉志．中国反腐败刑事法治的若干重大现实问题研究．法学评论，2014（3）．

④ 梁根林．受贿罪法网的漏洞及其补救——兼论刑法的适用解释．中国法学，2001（6）．

⑤ 张铭训．新型受贿案件法律适用若干问题研究．中国刑事法杂志，2007（6）．

⑥ 孙奕军．交易型受贿若干疑难问题的司法认定．中国刑事法杂志，2008（3）．

乱；将导致法律漏洞；篡改了受贿罪的构成要件；侵害了刑事立法权；有导致罪刑擅断的危险等。并且交易型受贿的起刑点数额高于普通受贿犯罪是不合理的，因为交易型受贿与普通受贿之间其实本质上并无差异。[①]

（3）干股型受贿

《关于办理受贿刑事案件适用法律若干问题的意见》第 2 条规定："干股是指未出资而获得的股份。国家工作人员利用职务上的便利为请托人谋取利益，收受请托人提供的干股的，以受贿论处。进行了股权转让登记，或者相关证据证明股份发生了实际转让的，受贿数额按转让行为时股份价值计算，所分红利按受贿孳息处理。股份未实际转让，以股份分红名义获取利益的，实际获利数额应当认定为受贿数额。"

有学者认为这条解释为了追求实质正义而突破了形式的范围，单纯收受干股尚未收取红利的，不成立受贿罪。原因在于干股只是一种当事人之间的许诺而已，接受干股者并没有享有任何现实的财产性利益。[②]

实践中存在红利远高于股份价值的情形，红利一律不计入受贿数额的方法可能存在缺陷。有的学者认为此种类型的受贿中应当将分红数额也认定成受贿数额的组成部分。[③] 有的学者则认为应当对红利做区分处理，根据公司年度利润和干股在公司股份中所占比例获得红利属于受贿孳息，超出比例的部分则属于贿赂数额。[④]

就干股型受贿罪的既未遂问题而言，有学者主张以行为人是否实际上取得或者控制、占有收受到的干股为标准[⑤]，也有学者表述为，以行为人是否实际取得或者控制、占有收受到的干股或者分红作为标准。[⑥]

3. 主体

从完善立法的角度来看，有学者建议使用"公职人员"来替代"国家工作人员"[⑦]。"公职人员"这一表述侧重于行使公共职权，避免了使用"国家工作人员"一词带来的相应问题，并且其能和《联合国反腐败公约》中贿赂犯罪主体的规定相接轨。[⑧]

还有的学者建议增设外国公职人员、国际公共组织官员为受贿罪的主体。[⑨] 但也有学者认为由于存在诸多问题，外国公职人员或者国际公共组织官员受贿罪可以不予设置。[⑩] 有的学者则主张可以在我国刑法中补充规定贿赂外国公职人员和国际公共组织官员罪[⑪]，

---

① 王跃飞. 交易型受贿研究. 法学评论，2010（4）.

② 薛进展，谢杰. 对"两高"最新受贿罪司法解释的反思. 法学，2007（10）.

③ 方明. 干股型受贿罪中几个疑难问题的辨析. 政治与法律，2016（10）.

④ 张志平. 干股受贿刑法适用疑难问题. 国家检察官学院学报，2008（4）.

⑤ 同④.

⑥ 同③.

⑦ 刘艳红. 行政犯罪视野下的国家工作人员犯罪. 刑法论丛，2008（4）；杨安，陆旭. 论贿赂犯罪刑事法网的完善. 中国刑事法杂志，2014（1）；陈结森.《联合国反腐败公约》框架下我国反腐败国际合作机制的构建与完善. 法学评论，2007（5）.

⑧ 杨安，陆旭. 论贿赂犯罪刑事法网的完善. 中国刑事法杂志，2014（1）.

⑨ 庞冬梅. 中俄反腐败法律规制体系比较研究. 刑法论丛，2016（3）.

⑩ 赵秉志. 中国反腐败刑事法治领域中的国际合作. 国家检察官学院学报，2010（5）.

⑪ 高铭暄，张杰. 论国际反腐败犯罪的趋势及中国的回应——《以联合国反腐败公约》为参考. 政治与法律，2007（5）；储槐植，郭明跃. 联合国反腐败公约与中国反腐败国际合作研究. 刑法论丛，2007（1）；赵秉志，杜邈. 论贿赂外国公职人员、国际公共组织官员罪. 中国刑事法杂志，2007（1）.

这一建议已为刑法所吸收。

就足球腐败中受贿罪的犯罪主体而言，有学者指出需要注意的是当行为人只是中国足协直属国有企业的工作人员时，其可以成为受贿罪的主体。当行为人既是中国足球运管中心的工作人员，也是中国足协的工作人员时，则需要具体分析：当行为人主要利用国家工作人员身份受贿时，可以成立受贿罪；当行为人主要是利用非国家工作人员身份受贿时，可以成立非国家工作人员受贿罪。①

在讨论国有医疗机构信息管理人员是否能够成为受贿罪的犯罪主体时，需要分析其是否被赋予了管理职能，只有在其被赋予了监督、管理职能时，其才具有国家工作人员身份。② 具体说来，只有当这些人员被赋予了对用药量的监督、协调、控制职责时，他们的行为才可以被视为从事公务的活动，从而具有了国家工作人员的身份。③

就“村官”受贿犯罪的认定而言，有的学者则建议直接将非国家工作人员受贿罪的内容统一纳入刑法受贿罪之中，这样才能更好地实现对非国家公务人员职务犯罪的打击。④

4. 主观方面

对于受贿罪中“为他人谋取利益”这一要件的定位，在理论界存在较大的争议。

旧客观说认为，为他人谋取利益显然是一个客观要件，其必须外化为一种为他人谋取利益的行为。持这一立场的学者认为，虽然这一立场会产生对追诉受贿犯罪的阻碍作用，但是我们应遵守罪刑法定原则，不能因为存在处罚必要性而破坏法治。对此问题，应当通过修改刑法来加以排除。⑤

新客观说认为，为他人谋取利益是客观要件，但是只需要国家工作人员有为他人谋取利益的许诺即可。有学者从受贿罪的法益出发，认为本罪的保护法益是职务行为的不可收买性，当国家工作人员作出许诺为他人谋取利益时，职务行为的不可收买性便被侵犯了。故而，并不需要客观上实施了为他人谋取利益的行为。⑥

主观说认为，为他人谋取利益只是受贿人的一种心理状态，就其体系定位来说，它是一种主观的违法要素。因为主观说并不认为为他人谋取利益是客观的构成要件要素，故而不能将之作为故意的内容。进而为他人谋取利益只是一种主观的违法要素，具有限缩受贿罪构成要件的机能。⑦

上述三种学说均遭受过不同方面的质疑，有学者认为新旧客观说以及主观说均存在一定的缺陷。旧客观说的缺陷在于：为他人谋取利益的行为不能决定受贿罪的危害性，特别是当国家工作人员为他人谋取合法利益时，更无法说明谋取利益的行为具有危害性。存在明显的处罚漏洞，难以处罚行为人存在为他人谋取利益的意图但是并未开始谋利的行为；根据客观说，收受贿赂后尚未实施谋取利益的行为已经既遂，但是却没有完全符合构成要

① 王秀梅，王莉莉. 我国足球腐败犯罪主体探讨. 法学杂志，2015 (1).

② 王玉珏. 国有医院“拉统方”行为的刑法性质. 法学，2012 (6).

③ 陈娇蓉，郭大磊. 论国有医疗机构信息管理人员的受贿主体资格. 法学，2013 (10).

④ 张兆松，张利兆. “村官”受贿犯罪认定的困境及立法对策. 国家检察官学院学报，2011 (4).

⑤ 左坚卫，王帅. 走得太远的司法与理论——对受贿罪“为他人谋取利益”解读的反思. 刑法论丛，2013 (4).

⑥ 胡东飞. 论受贿罪中“为他人谋取利益”构成犯罪的罪数问题——兼论刑法第 399 条第 4 款的性质及其适用范围. 中国刑事法杂志，2006 (1).

⑦ 陈兴良. 为他人谋取利益的性质与认定——以两高贪污贿赂司法解释为中心. 法学评论，2016 (4).

件，这与犯罪既遂的刑法原理不符。而主观说的缺陷在于：从刑法的表述来看，无法直接断定“为他人谋取利益”是主观要件，从借鉴国外刑法理论与审判实践的角度来考虑，也无法认为“为他人谋取利益”是主观要件；对于事后受贿的场合，难以对入罪结论进行合理的论证；并且在虚假承诺时由于不存在真实谋利的意图，根据主观说则不成立受贿罪，这会导致处罚的漏洞和不均衡；而所谓的新客观说实质上就是主观说。基于前述的批判，其提出了混合要素说，该说主张为他人谋取利益既可以体现为客观要素也可以体现为主观要素。此处的混合并非指为他人谋取利益既是客观要素也是主观要素，而是指为他人谋取利益在不同受贿情形下表现的形式多样，其更加接近所谓的“主客观择一说”①。

就相关的立法建议而言，由于为他人谋取利益这一要件面临着许多的争议，有的学者提出应当取消这一要件。② 有学者认为因为受贿罪保护的法益是职务行为的廉洁性，公职人员是否为他人谋取利益与法益之间没有直接关系，所以应取消这一要件。③ 有的学者认为，应取消这一构成要件的理由在于：不合理的谋利要件设置扰乱了贿赂犯罪罪名体系的对称性；从立法沿革来看，受贿罪之渎职性应受到全面否定，没有必要保留谋利要件；取消谋利要件不会阻碍刑法的谦抑性；从严密法网、严厉打击贿赂犯罪的政策考虑，也应当取消这一要件。④

对于这一主观要件的讨论，还涉及对于相关司法解释的理解。2016 年 4 月 18 日最高人民法院、最高人民检察院颁布的《关于办理贪污贿赂刑事案件适用法律若干问题的解释》第 13 条第 2 款规定，“国家工作人员索取、收受具有上下级关系的下属或者具有行政管理关系的被管理人员的财物价值 3 万元以上，可能影响职权行使的，视为承诺为他人谋取利益”。其第 15 条第 2 款规定，“国家工作人员利用职务上的便利为请托人谋取利益前后多次收受请托人财物，受请托之前收受的财物数额在 1 万元以上的，应当一并计入受贿数额”。

其实，早在该司法解释出台前便有学者主张刑法应当对此类“感情投资”现象作出反应，承认这一类型的受贿罪。⑤ 有的学者认为对此应作具体分析，认为前述司法解释将国家工作人员收受礼金有条件地纳入受贿罪之中，一方面这有助于严密法网，另一方面我们还需要明晰入罪的条件，使得收受礼金行为的入罪仍然在受贿罪的基本构成界限之内。对此应注意以下几点：第一，亲朋好友之间的人情往来不应入罪；第二，收受小额礼金的行为不应入罪；第三，不可能影响职权履行的收受行为不构成犯罪。⑥

---

① 张明楷．论受贿罪中的“为他人谋取利益”．政法论坛，2004（5）；付立庆．受贿罪中“为他人谋取利益”的体系地位：混合违法要素说的提倡．法学家，2017（3）．

② 高铭暄，张杰．论国际反腐败犯罪的趋势及中国的回应——《以联合国反腐败公约》为参考．政治与法律，2007（5）；赵秉志．中国反腐败刑事法治领域中的国际合作．国家检察官学院学报，2010（5）；莫洪宪，马献钊．我国受贿罪概念之最新考量．国家检察官学院学报，2008（2）；张旭．也谈《刑法修正案（九）》关于贪污贿赂罪的修改．当代法学，2016（1）；张智辉．受贿罪立法问题研究．法学研究，2009（5）；陈结森．〈联合国反腐败公约〉框架下我国反腐败国际合作机制的构建与完善．法学评论，2007（5）．

③ 李洁．为他人谋取利益不应成为受贿罪的成立条件．当代法学，2010（1）；李卫红．受贿罪的司法认定．法学杂志，2016（4）．

④ 杨安，陆旭．论贿赂犯罪刑事法网的完善．中国刑事法杂志，2014（1）．

⑤ 王春福．“感情投资”与间接故意型受贿罪．国家检察官学院学报，2011（4）．

⑥ 孙国祥：．“礼金”入罪的理据和认定．法学评论，2015（5）．

陈兴良教授则认为，如果不删除受贿罪中为他人谋取利益这一要件，而又要将这样的行为作为犯罪处理，最好的办法是设立收受礼金罪。在刑法还将为他人谋取利益作为受贿罪构成要件的当下，该司法解释实际上是将不具备为他人谋取利益的行为拟制为具备这一构成要件。这样的拟制将会消解为他人谋取利益在构成要件中的地位。①

5. 其他

最高人民法院、最高人民检察院 2007 年 7 月 8 日《关于办理受贿刑事案件适用法律若干问题的意见》第 9 条第 1 款规定："国家工作人员收受请托人财物后及时退还或者上交的，不是受贿。"该条第 2 款规定："国家工作人员受贿后，因自身或者与其受贿有关联的人、事被查处，为掩饰犯罪而退还或者上交的，不影响认定受贿罪。"

张明楷对此进行了阐释：首先，索取贿赂后退还或者上交的不应适用前述的解释条文，依然成立受贿罪。其次，国家工作人员收受请托人财物后及时退还或者上交的，指的是行为人虽然客观上收受了他人的财物，但是主观上没有受贿故意的行为。因为如果行为人客观上利用职务的便利收受了他人的财物，并且符合为他人谋取利益的要件，只要此时再具有了主观上的故意，那么便成立受贿罪的既遂了。此外，这一条文并不是指虽然有受贿故意但是基于刑事政策的理由而不以受贿论处，原因在于：第一，文字表述上使用的是"不是受贿"，这意味着行为尚未构成受贿罪。第二，从与行贿罪特别自首的条文关系比较来看，也不能主张已构成受贿罪的人因为及时上交或者退还的行为，而被宣告不是受贿。第三，刑事政策不能够超出刑法规范来起作用。第四，这样的理解不符合《刑法》第 13 条但书的作用。第五，这样的理解可能带来一些消极后果。②

有学者认为前述司法解释忽略了行为人具有受贿的故意，但是在自身以及与受贿有关联的人、事被查处前经过一段时间思想斗争，虽未及时但是最终将财物予以上交或者退还的情形。③ 但张明楷教授认为此种情况当然成立受贿罪的既遂，因为前述《意见》的第 2 款只是对常见情况的列举，只要行为人客观上实施了符合客观构成要件的行为，主观上具有受贿的故意，便可成立受贿罪既遂。此外，不构成受贿罪的退还行为，如果使司法机关不能发现犯罪证据，妨害司法、情节严重的，应将之认定为帮助毁灭证据罪。④

(四) 贪污受贿罪的处罚

《刑法修正案（九）》与《关于办理贪污贿赂刑事案件适用法律若干问题的解释》（以下简称《解释》）建立起了贪污受贿罪的数额＋情节标准。贪污受贿罪的定罪标准与量刑标准常常被一起讨论，下文将以《解释》的出台为时间节点，对相关问题展开论述。

1.《解释》出台前

在《刑法修正案（九）》出台前，当时的刑法典对于贪污受贿犯罪定罪量刑标准规定了具体数额。其中数额是定罪量刑主要依据，并且同时还需要参考其他情节。这样的标准

① 陈兴良．为他人谋取利益的性质与认定——以两高贪污贿赂司法解释为中心．法学评论，2016（4）．

② 张明楷．受贿罪中收受财物后及时退交的问题分析．法学，2012（4）．

③ 薛进展，谢杰．对"两高"最新受贿罪司法解释的反思．法学，2007（10）．

④ 张明楷．受贿罪中收受财物后及时退交的问题分析．法学，2012（4）．

存在不足，其表现为以下几点：难以全面适时反映犯罪的社会危害性；不能充分体现罪责刑相适应原则；难以让公众在贪污受贿案件中感受到公平正义；不利于发挥刑罚对贪污受贿犯罪预防的作用。[①] 有学者通过实证研究发现，以受贿罪为例，司法实践中存在唯数额论的倾向，定罪量刑时较少考虑数额以外的其他情节要素。[②]

具体而言，绝对的数额标准在实践中面临一系列的问题。作为定罪门槛的 5000 元，由于受不同地区经济发展差异的影响，实际上存在许多变通。而量刑数额上，涉案金额 10 万元以上的案件越来越多，但是法条对于这一档的规定较为粗糙。量刑数额标准上的僵化导致出现罪刑不均衡的问题。[③] 概言之，计赃量刑的模式不仅滞后于现实发展状况，并且也有悖于罪责刑相适应原则。[④]

面对这一问题，学者们提出了相应的解决策略。第一，将贪污罪与贿赂罪的定罪量刑分开立法；第二，建立数额＋情节的模式；第三，提高入罪门槛。

虽然贪污罪与贿赂罪都属于贪污贿赂类犯罪，具有一定的共性，但是二者在许多方面仍存在较大差异，有学者们认为二者不应适用同一的定罪量刑标准。[⑤] 具体而言，有学者认为应分开立法的原因在于：两者的犯罪客体不同；犯罪数额在两者社会危害性的评价中作用不同；两者的犯罪成本和犯罪黑数不一样。[⑥]

对此，赵秉志教授还建议引入罪群立法模式并明确各自定罪量刑标准。以一般的贪污罪、受贿罪为主体，辅之以其他特殊贪污受贿犯罪。[⑦] 有学者还认为在区分的前提下，受贿罪的法定刑应高于贪污罪且受贿罪的入罪门槛应该降低，此外受贿罪还需要采取交叉式法定刑。[⑧]

为解决刚性具体数额标准带来的问题，有学者主张建立数额＋情节的定罪量刑模式。[⑨] 有学者指出这样一种二元弹性模式中，数额是概括的数额而非具体数额，并且数额与情节应当并重。[⑩]

就数额是否需要调高而言，有的观点认为，贪污罪的概括数额标准应比照盗窃罪设置。[⑪] 有学者又或是主张对贪污罪的入罪标准，应根据城镇居民家庭人均可支配收入和居

---

① 赵秉志．贪污受贿犯罪定罪量刑标准问题研究．中国法学，2015 (1).

② 林竹静．受贿罪数额权重过高的实证分析．中国刑事法杂志，2014 (1).

③ 王林林．论贪污、受贿罪的定罪量刑标准——以《刑法修正案（九）（草案）》为研究视角．刑法论丛，2015 (2).

④ 阴建峰．贿赂犯罪配型模式之修正与认定．刑法论丛，2015 (2).

⑤ 赵秉志．完善贪污受贿犯罪定罪量刑标准的思考和建议．刑法论丛，2015 (2)；王刚．我国受贿罪处罚标准立法评析．环球法律评论，2016 (1)；卢勤忠．我国受贿罪刑罚的立法完善．国家检察官学院学报，2008 (3).

⑥ 赵秉志．完善贪污受贿犯罪定罪量刑标准的思考和建议．刑法论丛，2015 (2).

⑦ 同①.

⑧ 姜涛．贪污受贿犯罪的法定刑应当区分．政治与法律，2016 (10).

⑨ 张智辉．受贿罪立法问题研究．法学研究，2009 (5)；柴建桢．贿赂犯罪罪刑均衡立法体系之构建．刑法论丛，2014 (3)；赵秉志．贪污受贿犯罪定罪量刑标准问题研究．中国法学，2015 (1)；赵秉志．完善贪污受贿犯罪定罪量刑标准的思考和建议．刑法论丛，2015 (2)．也有学者就贿赂犯罪而言，主张不以犯罪数额为评价标准，以受贿后不同职务违背行为为根据进行评价。参见焦占营．贿赂犯罪法定刑评价模式之研究．法学评论，2010 (5).

⑩ 同⑥.

⑪ 皮勇，王肃之．论贪污罪的数额与情节要件——兼评《刑法修正案（九）相关立法条款》．刑法论丛，2016 (1).

民消费价格指数来量化“数额较大”，此后以一定的倍数来确定“数额巨大”和“数额特别巨大”[①]。有的学者主张应保持贿赂 5 000 元的起刑点不变，因为这一标准深入人心且有行之有效的司法实践方法，并且其也体现了宽严相济的刑事政策。[②] 也有学者主张受贿罪的入罪标准应不变，但是量刑标准应予以提高。[③] 还有学者认为在不改变入罪标准的前提下，宜根据现有的司法判决来确定量刑的数额标准，这样能够拉开不同法定刑之间的档次。[④] 当数额标准适用存在省际冲突时，有学者指出应当以犯罪地的具体数额作为认定依据，在多个省份贪污受贿或者贪污受贿的共犯在不同省份作案时，选择其中最严的标准。[⑤]

就情节而言，有学者认为需要考虑犯罪的手段、次数、时间跨度、是否用相关款物进行非法活动、犯罪行为造成的损失等因素。[⑥] 有学者在进行实证分析后，认为应当关注的情节包括：请托行为的性质，是否存在其他违法犯罪行为，对公民、国家利益的损害程度等。[⑦] 以受贿罪为例，可以考虑受贿人的身份、受贿人是否实施了违背职务的行为、背职行为的次数和违反程度、受贿的次数、受贿行为造成的直接危害后果、引发的次生犯罪及其危害后果等。[⑧] 还有学者指出当同时具有数额和其他情节时，应对其他犯罪情节进行量化评价，对数额和其他情节综合评价。[⑨]

就贪污贿赂犯罪中的死刑问题，学界基本的共识是严格限制和减少死刑的适用，并合理地逐步废除死刑。[⑩] 贪污贿赂犯罪的发生有着复杂的制度和体制因素，不能将制度缺陷造成的恶果全部施加给个人。从对贪污腐败的原因的理性认识出发，人们不应该过多地求助于死刑的威慑力，并且死刑对于这种类型的犯罪也并没有任何积极的功效。[⑪]

具体就废止的路径而言，赵秉志教授认为现阶段应将死缓作为贪污贿赂犯罪死刑适用的基本方式，对于应当适用死刑的贪污受贿犯罪优先适用死缓，限制死刑实际执行数量。在独立规定受贿罪定罪量刑标准时择机先行废止受贿罪的死刑。这样的路径具有合理性与

---

① 胡学相. 贪污罪数额标准的定量模式分析. 法学，2014 (11).

② 阴建峰. 贿赂犯罪配型模式之修正与认定. 刑法论丛，2015 (2).

③ 王刚. 我国受贿罪处罚标准立法评析. 环球法律评论，2016 (1).

④ 王林林. 论贪污、受贿罪的定罪量刑标准——以《刑法修正案（九）（草案）》为研究视角. 刑法论丛，2015 (2).

⑤ 赵秉志. 贪污受贿犯罪定罪量刑标准问题研究. 中国法学，2015 (1).

⑥ 同④.

⑦ 孙超然. 论贪污罪、受贿罪中的“情节”——以高官贪腐案中裁判考量因素的实证分析为切入点. 政治与法律，2015 (10).

⑧ 王刚. 我国受贿罪处罚标准立法评析. 环球法律评论，2016 (1).

⑨ 皮勇，王肃之. 论贪污罪的数额与情节要件——兼评《刑法修正案（九）相关立法条款》. 刑法论丛，2016 (1).

⑩ 高铭暄，张杰. 论国际反腐败犯罪的趋势及中国的回应——《以联合国反腐败公约》为参考. 政治与法律，2007 (5)；赵秉志. 中国反腐败刑事法治领域中的国际合作. 国家检察官学院学报，2010 (5)；赵秉志. 论中国贪污受贿犯罪死刑的立法控制及其废止——以《刑法修正案（九）》为视角. 现代法学，2016 (1)；张远煌. 贪利性犯罪死刑正当性的犯罪学追问. 现代法学，2007 (3)；黄明儒，张振华. 我国腐败犯罪刑罚配置完善建议——以刑罚根据论为视角. 刑法论丛，2015 (4)；卢勤忠. 我国受贿罪刑罚的立法完善. 国家检察官学院学报，2008 (3)；柴建桢. 贿赂犯罪罪刑均衡立法体系之构建. 刑法论丛，2014 (3).

⑪ 李慧织. 贪污贿赂犯罪刑罚状况的域外考察. 刑法论丛，2013 (3)；张远煌. 贪利性犯罪死刑正当性的犯罪学追问. 现代法学，2007 (3).

可行性。[①] 此外，在推进死刑废止的过程中，还需要注意建设民意引导机制，建立完善财产公开机制和监督机制，防止其遭受到民众的大规模反对。[②]

《刑法修正案（九）》在死刑控制方面取得了一定的进展，明确了死刑适用标准，严格限制死刑的适用。一方面其缩小了死刑适用的范围，另一方面其摒弃了绝对确定死刑的法定刑模式，发挥情节限制死刑适用的功能。此外，酌定量刑情节的法定化能够限制死刑的适用。最后，其还确立了死缓犯的终身监禁制度，着力减少死刑的实际执行。基于限制死刑适用的考量，应该将此制度理解为其适用于原本应判处死刑立即执行而适用死缓的犯罪分子。[③] 就终身监禁的溯及力而言，一般认为其可以溯及原本应当被判处死刑立即执行的犯罪分子。[④]

就终身监禁的性质而言，有学者认为其并非新的刑罚制度也不是新的刑种，只是一种特殊措施。[⑤] 有学者认为其是一种与现有的死缓有别的死刑执行方式。[⑥] 就决定适用终身监禁者，在死缓减为无期徒刑以后，若有重大立功的，有学者认为可以减为有期徒刑[⑦]，有学者认为不能改变终身监禁的适用。[⑧]

2.《解释》出台后

就这一司法解释，学者们认为其仍存在一些不足：

首先，《解释》没有能够为贪污罪和受贿罪设置不同的评价标准，这会使得评价标准的效果大打折扣。[⑨] 并且《解释》未能对单位行贿、单位受贿罪等作出同步调整，存在受贿罪定罪量刑标准远高于行贿罪等缺陷，这可能导致贪污贿赂犯罪体系内部定罪量刑的不均衡。[⑩]

其次，数额的提升不利于从严反腐。[⑪] 但也有学者认为这一变化是合理的，《解释》确立的标准与原标准以及其他财产犯罪的数额标准之间能够保持一定的衔接，并且对于相关犯罪的实际惩治不会发生太大影响，不会使得贪污受贿犯罪圈突然缩小。其中量刑数额调整的幅度较大，但是依然还是比较合理的。[⑫]

再次，《解释》使得数额较之情节而言更具优先性，不符合立法修正的初衷。[⑬] 并且这样的数额+情节弹性标准也难以消减受贿罪量刑上的地区差异，这一方面是由于现实中仍然存在区域经济发展不平衡，另一方面由于欠缺明确的法律标准，法官对“情节”的选择

① 赵秉志. 论中国贪污受贿犯罪死刑的立法控制及其废止——以《刑法修正案（九）》为视角. 现代法学，2016（1）.

② 张伟珂. 腐败犯罪死刑立法改革的特殊性研究. 中国刑事法杂志，2015（2）.

③ 同①.

④ 黄京平. 终身监禁的法律定位与司法适用. 北京联合大学学报（人文社会科学版），2015（4）；黎宏. 终身监禁的法律性质及适用. 法商研究，2016（3）；欧阳本祺. 论《刑法》第383条之修正. 当代法学，2016（1）.

⑤ 欧阳本祺. 论《刑法》第383条之修正. 当代法学，2016（1）.

⑥ 黎宏. 终身监禁的法律性质及适用. 法商研究，2016（3）.

⑦ 黄京平. 终身监禁的法律定位与司法适用. 北京联合大学学报（人文社会科学版），2015（4）.

⑧ 欧阳本祺. 论《刑法》第383条之修正. 当代法学，2016（1）.

⑨ 钱小平. 贿赂犯罪情节与数额配置关系矫正之辨析. 法学，2016（11）.

⑩ 刘宪权. 贪污贿赂犯罪最新定罪量刑标准体系化评析. 法学，2016（5）.

⑪ 同⑨.

⑫ 陈兴良. 贪污贿赂犯罪司法解释：刑法教义学的阐释. 法学，2016（5）.

⑬ 同⑪.

和量刑幅度的确定具有较高裁量空间。[①] 有学者主张对贪污贿赂罪的认定应当采用情节一元说，强调应以情节作为评价体系的中心，数额是情节的评价要素。其主张情节一元说的优势在于能够避免单纯数额无法全面反映社会危害性的缺陷，防止罪刑不适应和量刑上的不统一。[②]

就情节而言，《解释》还存在如下问题：第一，对于行贿和受贿之间的对向关系把握不当，使得可能出现成立行贿罪而相应的收受财物者不成立犯罪的情形。第二，将曾经的与职务便利完全无关的犯罪行为作为定罪、量刑情节，这不符合法理、情理。第三，“造成恶劣影响”内容并不明确，而且其与“为他人谋取不正当利益，致使公共财产、国家和人民利益遭受损失”之间关系不清。第四，将犯罪后的表现作为定罪情节，不符合犯罪成立的一般原理。[③]

(五) 巨额财产来源不明罪

2003 年 11 月 13 日最高人民法院在《全国法院审理经济犯罪案件工作座谈会纪要》里，对巨额财产来源不明罪的法律问题作过说明，包括行为人不能说明巨额财产来源合法的认定以及“非法所得”的数额计算。[④] 同时，2009 年《中华人民共和国刑法修正案(七)》第 14 条对“巨额财产来源不明罪”进行了修订。本次修改主要为：一方面将法定最高刑由 5 年提高到 10 年，另一方面，改为两个量刑档次，增设情节加重犯。因此，2003 年及 2009 年左右，对该罪的讨论较集中且明显增多。

关于该罪提高法定刑的讨论，由来已久，大部分学者支持对其提高法定刑[⑤]，修订前，同样作为巨额的非法所得，一旦被认定为贪污或受贿罪，可以被判无期徒刑或者死刑，但如果被认定为巨额财产来源不明罪，最高刑期则为 5 年，刑期明显偏低。[⑥] 而鉴于巨额财产来源不明罪的社会影响恶劣，同时为适应与配合反腐败斗争的需要，对该罪加重刑罚是必要的。但也有少部分反对的学者，认为提高法定刑与该罪的地位不相称、对承担证明责任较多的一方有失公平以及加重法定刑不利于刑法保护和惩罚目的的实现等。[⑦]

巨额财产来源不明罪在理论上分歧最大的一点在于该罪名的行为方式。存在不作为论、持有论和复合行为论三种观点。(1) 不作为论。[⑧] 本罪的实行行为为“不能说明来源”，故当国家工作人员被有关机关责令说明来源时，若不能说明的，则构成该罪，并开

① 王剑波. 我国受贿罪量刑地区差异问题实证研究. 中国法学，2016 (4).

② 梁云宝. 回归上的突破：贪贿犯罪数额与情节修正评析. 政治与法律，2016 (11).

③ 周光权. 论受贿罪的情节——基于最新司法解释的分析. 政治与法律，2016 (8).

④ 苏明月. 制度不足与“兜底”条款——论巨额财产来源不明罪的法理冲突、现实选择与司法应用. 中国刑事法杂志，2009 (9).

⑤ 侯国云. 有关巨额财产来源不明罪的几个问题. 政法论坛，2003 (1).

⑥ 何家弘. 反腐败：在严惩、严查与严防之间. 人民检察，2009 (7).

⑦ 张峰，蔡永彤.《联合国反腐败公约》视野下巨额财产来源不明罪的法律困境与制度适应. 法学杂志，2009 (5).

⑧ 张明楷. 论巨额财产来源不明罪的实行行为. 人民检察，2016 (7)；时延安. 巨额财产来源不明罪的法理研析. 法学，2002 (3).

始计算诉讼时效。[①] 对于作为义务的来源，有人认为来源于《刑法》第 395 条第 1 款的规定[②]，有人认为来源于司法人员的责令[③]，还有人认为来源于国家工作人员财产申报制度。[④] 而针对有的学者提出的行为人捏造事实或者制造伪证应属于作为的异议，属于未完全了解其本质的误解，深入分析可以发现，上述行为的真实目的或者其行为的实质依旧是拒不说明财产的真实来源。因此，例如捏造事实等不过是一种外在的表现或者称为假象，行为的实质依旧是不作为。[⑤]（2）持有论。持有论认为该罪的行为本质在于拥有巨额不明来源财产的行为，而不是不能说明。[⑥] 原因有：与把该罪的行为方式认定为不作为相比，将其认定为持有型犯罪明显更加符合刑法在设置本罪之初的立法目的，同时，结合司法实践和我国的刑事政策来看，将其认定为持有型犯罪，更利于遏制腐败。[⑦]（3）复合行为论。复合行为论认为，该罪应是非法获取巨额财产的作为与拒绝说明巨额财产来源的不作为的复合，该罪的客观要件既包括对于巨额财产的持有行为，也包括不能说明巨额财产来源的不作为行为。[⑧] 除此以外，还有学者不赞同上述三种理论，认为应当对推定型犯罪及其正当化事由重新进行解读，该罪并不存在具体的客观行为要件，其认定具有特殊的犯罪构成体系。[⑨] 或者对巨额财产来源不明罪进行重新界定，该罪的实行行为应当被界定为非法获取财物的行为，只不过，这种非法获取财物的行为由法律推定完成。[⑩]

关于巨额财产来源不明罪是否能认定自首也存在争议。肯定说认为，我国刑法关于自首的制度适用于一切犯罪，只不过需要根据自首的成立条件来判断具体犯罪人能否成立自首的问题。自首制度应该也当然适用于巨额财产来源不明罪，但具体何种行为符合自首条件，则需具体判断。[⑪] 也有学者表示，该罪名本身不存在自首，但该罪与贪污受贿罪关系密切，巨额财产来源不明案的行为人可以因交代获取巨额财产的犯罪情况而成立自首。[⑫]否定说则认为，当行为人受到司法机关的责令时，他就负有必须说明其巨额财产真实来源的特定义务，此时他已被视为犯罪嫌疑人无法构成一般自首。而在他负有必须说明义务的情况下，“不说明”本身就构成犯罪，此时若财产来源合法，本身就不构成犯罪，不必讨论自首的问题；若财产来源非法，则属于司法机关已掌握的罪行，不成立自首。[⑬]

---

① 张明楷．论巨额财产来源不明罪的实行行为．人民检察，2016（7）．

② 周光权．刑法各论讲义．北京：清华大学出版社，2003：525．

③ 侯国云．有关巨额财产来源不明罪的几个问题．政法论坛，2003（1）．

④ 孙国祥，魏昌东．反腐败国际公约与贪污贿赂犯罪立法研究．北京：法律出版社，2011：520．

⑤ 同③．

⑥ 王松波．论巨额财产来源不明罪之举证责任．中国刑事法杂志，1999（5）；李宝岳，吴光升．巨额财产来源不明罪及其证明责任研究．政法论坛，1999（6）；薛进展．巨额财产来源不明罪行为本质的实践检示——从《刑法修正案（七）》修改后的法律适用展开．法学，2011（12）．

⑦ 于改之，吴玉萍．巨额财产来源不明罪若干问题探析——着眼于“持有说”与“不作为说”之争．人民检察，2004（10）．

⑧ 孟庆华．巨额财产来源不明罪客观方面问题探讨．甘肃政法学院学报，2001（3）．

⑨ 于冲．关于巨额财产来源不明罪客观要件的反思与重构．法学论坛，2013（3）．

⑩ 李本灿．巨额财产来源不明罪实行行为的重新界定：非法获取．政治与法律，2014（7）．

⑪ 同①．

⑫ 孟庆华．巨额财产来源不明罪自首问题探讨．人民检察，2003（6）；张忠斌．关于巨额财产来源不明罪若干争议问题的法理分析．法学评论，2004（5）．

⑬ 孟庆华．巨额财产来源不明罪自首问题探讨．人民检察，2003（6）．

虽然该罪正当性和是否违反罪刑法定原则受到过质疑，但是总体而言，不能否定该罪立法正当性，在实践中，该罪亦为贪污受贿罪的堵截起到了积极作用。可以通过与该罪相配套的行政法律、法规的出台，以及保证本罪正当性的“前制度”官员财产申报制度，使反腐败机制得以完备。①

（六）利用影响力受贿罪

利用影响力受贿罪为 2009 年《中华人民共和国刑法修正案（七）》第 13 条所增设，作为《刑法》第 390 条之一。在刑法增设该罪名之前，就有学者提出可对《联合国反腐败公约》中“影响力交易罪”进行移植，对我国刑法进行完善。②

关于利用影响力受贿罪，其中学者们最为关注的是其主体要件，具体来说包括以下几个方面。

利用影响力受贿罪中犯罪主体是否包括国家工作人员，有学者认为当国家工作人员没有利用自己本身的职权或影响时，其同样可以成为本罪的主体。③ 有的学者认为关键是要看行为人本人的职权与地位是否具有为请托人谋取不正当利益的便利条件，在不具备这样的条件时，行为人可以成为本罪主体。④

对离职国家工作人员的界定，有学者认为需要注意以下几点：第一，离职之前是否有一定的实质职务或职权；第二，离职应当是永远离开，并按照有关规定办理了相关手续；第三，这一身份不受离职时间长短的影响。⑤

在近亲属的判断上，有人主张其应当为有夫妻关系、直系血亲关系、三代以内旁系血亲以及近姻亲关系的人员。⑥ 有学者主张其应为夫、妻、父、母、子女、同胞兄弟姐妹。⑦ 有的学者则认为运用民法概念更为贴切。⑧ 还有的学者认为由于还存在其他关系密切的人这一范畴，故而对于近亲属的探讨意义不大。⑨

就关系密切的人而言，有学者主张可以从联系的情况、信任程度等来把握亲疏程度。而当国家工作人员事实上实施了谋取不正当利益的行为，无论目的是否实现，都可认为具有密切关系。⑩ 有的学者则主张对之可作宽泛的理解，只要与国家工作人员有关系即可。⑪ 有学者从一般社会人的观念出发，认为只要一般人认为关系不一般即可。⑫ 还有学者认为

---

① 苏明月. 制度不足与“兜底”条款——论巨额财产来源不明罪的法理冲突、现实选择与司法应用. 中国刑事法杂志，2009 (9)；时延安. 巨额财产来源不明罪的法理研析. 法学，2002 (3).

② 袁彬. 论影响力交易罪. 法学论坛，2004 (3).

③ 钟文华，王远伟. 司法实践中如何把握利用影响力受贿罪的主体. 中国刑事法杂志，2012 (6).

④ 陈国庆，卢宇蓉. 利用影响力受贿罪法律适用问题探讨. 中国刑事法杂志，2012 (8).

⑤ 钟文华，王远伟. 司法实践中如何把握利用影响力受贿罪的主体. 中国刑事法杂志，2012 (6).

⑥ 同⑤.

⑦ 李金明. 论利用影响力受贿罪. 法商研究，2010 (1)；陈国庆，卢宇蓉. 利用影响力受贿罪法律适用问题探讨. 中国刑事法杂志，2012 (8).

⑧ 高铭喧，陈冉. 利用影响力受贿罪司法认定实例探讨. 刑法论丛，2011 (4)；陈京春. 刑事一体化视野下的利用影响力受贿罪研究. 当代法学，2014 (6).

⑨ 单民，杨建军. 利用影响力受贿罪若干疑难问题研究. 当代法学，2011 (5).

⑩ 高铭喧，陈冉. 利用影响力受贿罪司法认定实例探讨. 刑法论丛，2011 (4).

⑪ 同⑤.

⑫ 李金明. 论利用影响力受贿罪. 法商研究，2010 (1).

关系密切与否的判断不会产生实质影响。①

（七）行贿罪

学者们对于行贿罪的讨论，主要集中在刑事政策以及其构成要件上。

1. 刑事政策

从司法实践来看，我国对于贿赂犯罪的刑事政策经历了由“重受贿轻行贿”到“零容忍”的过程。从零容忍的政策实效上看，其有如下表现：扩大解释了“为谋取不正当利益”；充分收集外围证据，对口供的效力有了更加正确的认识；调整了行贿罪的宽宥政策，缩小了行贿与受贿罪在宽宥方面的待遇差异。②

针对行贿罪的刑事政策的选择来说，有的学者认为“重受贿轻行贿”的刑事政策使得我国刑法对于行贿犯罪的规制乏力，我们应当坚持打击行贿与打击受贿并重的政策。③ 有学者认为其理由在于，惩处行贿犯罪能够从源头上遏制受贿犯罪和其他各种犯罪，实现标本双治。④

有的学者认为我们应当坚持“重受贿轻行贿”的政策，否则可能会转移国家治理腐败的中心、引起刑法适用的道义难题、弱化宽严相济刑事政策的执行。强调二者并重实际上忽视了行贿在我国产生的制度基础，有片面理解二者关系之嫌。⑤ 还有学者认为在实现国家治理能力现代化的背景下，将行贿行为非罪化是将来我国制定统一反腐败立法时需要考虑的问题。⑥

2. 构成要件

行贿罪与受贿罪是典型的对向犯。讨论行贿罪是否成立时，有学者认为当受贿行为与行贿行为只有对合关系时，单独考察行贿罪的构成要件即可；从行为方式上看可能成立对合时，受贿罪的不成立并不必然导致行贿罪也不成立；在特定情况下，可以单独就行贿罪定罪处罚。⑦ 有的学者则认为，在定罪时行贿和受贿的惩治应当采取严格的对称模式。⑧

此外，就“为谋取不正当利益”要件来说，有学者建议对“不正当利益”作出界定，不正当利益包括谋取违反国家法律法规的规定和国家政策所不允许的利益。此外，若某种利益的取得，将会损害国家、集体或他人的利益，那么该利益亦属不正当利益。⑨ 有学者们主张应废除此一构成要件。⑩ 有学者认为其原因在于：这一要件一定程度上导致司法实践中轻办行贿的现象；即便是谋取正当利益也损害了国家工作人员职务的廉洁性；社会现

---

① 陈京春. 刑事一体化视野下的利用影响力受贿罪研究. 当代法学，2014（6）.

② 叶良芳. 行贿受贿惩治模式的博弈分析与实践检验——兼评《刑法修正案（九）》第44条和第45条. 法学评论，2016（1）.

③ 高诚刚. 实证研究视角下“行贿从轻”的实效. 政治与法律，2016（5）.

④ 李少平. 行贿犯罪执法困局及其对策. 中国法学，2015（1）.

⑤ 何荣功. “行贿与受贿并重惩罚”的法治逻辑悖论. 法学，2015（10）.

⑥ 姜涛. 废除行贿罪之思考. 法商研究，2015（3）.

⑦ 杨崇华，赵康. 论行贿行为的独立处罚——兼论行贿和受贿的对合关系. 法学杂志，2014（9）.

⑧ 同②.

⑨ 赵翀. 行贿罪中“谋取不正当利益 ”之要件. 华东政法学院学报，2005（2）.

⑩ 李少平. 行贿犯罪执法困局及其对策. 中国法学，2015（1）；彭新林，范庆东. 关于完善行贿罪刑法规制的若干思考——“为谋取不正当利益”为视点. 刑法论丛，2015（2）.

实中存在谋取合法利益而行贿的现象；更加符合《联合国反腐败公约》的精神。①

对此有的学者主张将之更改为“为他人或自己谋取利益”②，还有的学者主张能通过实质解释，将行贿人为谋取正当利益解释为其取得的利益是不正当的。③

与前述观点不同，有的学者认为《刑法》第 389 条第 1 款中的“为谋取不正当利益”本身是合理的，对于该条第 3 款中的“没有获得不正当利益”，应理解为既没有主动行贿的故意，也没有获得不正当利益的客观结果。④

就行贿中涉及的竞争优势而言，《关于办理行贿刑事案件具体应用法律若干问题的解释》第 12 条将谋取竞争优势认定为谋取不正当利益。在理解时应注意其应该既包括了本来没有竞争优势希望通过行贿获得优势的情形，也包括了本来有一定竞争优势而希望通过行贿维持优势的情形。⑤

（八）贪污贿赂罪的发展方向

结合贪污贿赂犯罪的发展趋势与刑事政策来看，关于贪污贿赂罪的发展方向，张明楷教授提出如下建议：（1）由于贪污罪与受贿罪的罪质不同，对贪污罪应当重视数额，对受贿罪应当重视情节。（2）从立法论上讲，将贪污罪与贿赂罪分章予以规定，而不应当将贪污罪与贿赂罪规定在分则的同一章中。首先，将来考虑将职务侵占罪与贪污罪合并成一个典型的职务（业务）侵占罪，并考虑降低法定最高刑，从而体现对市场主体的平等保护。即，将职务侵占罪（贪污罪）规定在侵犯财产罪中，将贿赂罪规定在渎职罪或者作为独立一章予以规定。（3）关于受贿罪的具体类型，可借鉴国外与旧中国刑法关于受贿罪的规定，根据受贿罪的法益及其受侵害程度规定具体的犯罪类型。⑥

二、渎职罪

在对渎职罪的研究中，学者们从总体上讨论了这类犯罪的构成要件和相关的罪数问题。具体而言，结合刑法修正案的修订，滥用职权罪、玩忽职守罪、徇私枉法罪以及食品监管渎职罪是学者们较为关注的罪名。

（一）渎职罪的犯罪构成

渎职罪是一种特殊主体的犯罪，根据 1997 年《刑法》的规定，渎职罪是指国家机关工作人员滥用职权或者玩忽职守，危害国家机关的正常活动，给国家和人民利益造成重大损失的行为。⑦

① 彭新林，范庆东．关于完善行贿罪刑法规制的若干思考——以“为谋取不正当利益”为视点．刑法论丛，2015（2）．

② 郑高键．博弈分析视角下行贿犯罪构成要件之结构性完善．政法论坛，2014（3）．

③ 张建，俞小海．行贿犯罪的司法实践反思与优化应对．中国刑事法杂志，2015（3）．

④ 楼伯坤．行贿罪立法中的排除性规定．国家检察官学院学报，2010（4）．

⑤ 孙国祥．行贿谋取竞争优势的本质和认定．中国刑事法杂志，2013（7）．

⑥ 张明楷．贪污贿赂罪的司法与立法发展方向．政法论坛，2017（1）．

⑦ 高绍先．论渎职罪的惩治与防范．现代法学，1999（4）．

对于渎职罪中“恶劣社会影响”的理解，有学者指出可以从四个方面加以把握。首先，这种影响应该是显性的，能被人感知；其次，这种影响应该是由事件本身造成的，需要排除其他外在因素叠加的结果；再次，这种影响是非物质的并难以具体量化；最后，对社会要造成很坏的影响。在具体判断时，可以重点考虑渎职行为本身的严重程度以及其对社会的现实影响。①

对于渎职罪中“损失”的理解，司法实践中将之界定为无法挽回的灭失性损失。有学者对这样的理解作出了批评，认为其破坏了法律体系立法用语的统一性，并且还突破了一般犯罪构成的要求。此外其还违背了法律面前人人平等原则、罪刑法定原则、犯罪既遂的基本理论。因此，定罪时对于“损失”的理解不需要考虑能否挽回，其界定标准就是法益侵害。损失事后能挽回应当是量刑时予以考虑的因素。②

在判断渎职侵权职务犯罪的因果关系时，有学者主张继续采用我国传统理论中的必然、偶然因果关系理论。原因在于其已比较成熟，能够避免司法实践中的混乱。并且在此基础上可加入过错和意外事件理论，当存在介入因素时，若行为人对于危害结果有主观的过错，那么便认为存在因果关系。此外，还可以参照共同犯罪理论，当行为人的行为起主要作用时，存在主要因果关系；起次要作用时，存在次要因果关系；不起作用或作用轻微时，不存在因果关系。③

就渎职罪的主体而言，有学者主张渎职罪的主体应该界定为“国家工作人员”。其认为现在的“国家机关工作人员”这一要件，已无法满足司法实践以及国家严厉惩治渎职犯罪的刑事政策的需要。④

（二）罪数问题

在渎职罪对向犯的场合，例如徇私舞弊不征、少征税款罪和逃税罪，有学者主张国家机关工作人员的渎职行为可以通过想象竞合加以处理。但是当渎职行为人除了渎职行为之外，还积极参与对向行为时存在着数罪并罚的可能。⑤ 也有学者主张，在国家机关工作人员实施的行为没有超过法律规定的对合范畴时，不能认定为共同犯罪。而在超出对合范畴时，则有可能就此行为成立共犯。例如税务机关工作人员实施超出法定对合范畴行为时，其就有可能会成为偷税罪的共犯。⑥

在因受贿而渎职的案件中，有学者从“徇私”是客观构成要件的角度出发，认为当“徇私”作为渎职犯罪构成的法定要件或者加重处罚条件时，通过法条竞合原理，择一重罪处理；当渎职犯罪构成中没有“徇私”要件时，以数罪并罚处理。⑦ 相反地，也有学者从“徇私”是主观要件的立场出发，认为此时若能够构成受贿罪的，需要对受贿罪独立评

① 商凤廷．渎职罪中“造成恶劣社会影响”的司法认定．国家检察官学院学报，2016（4）．

② 王纪松．论渎职罪构成中的损失结果．中国刑事法杂志，2007（2）．

③ 胡胜友，陈广计．渎职侵权犯罪因果关系问题研究．中国刑事法杂志，2012（1）．

④ 甘肃省庆阳市人民检察院课题组．渎职罪主体及依据冲突适用问题研究．中国刑事法杂志，2014（2）．

⑤ 陈洪兵．共犯论的分则思考——以贪污贿赂罪及渎职罪为例．法学家，2015（2）．

⑥ 杨志国，方毓敏．徇私舞弊不征、少征税款罪与偷税罪关系辨正——兼论税务机关工作人员与偷税人相互勾结偷逃税款案件的定性．政治与法律，2008（4）．

⑦ 任彦君．因受贿而渎职的罪数认定．法学评论，2010（6）．

价，从而受贿罪与渎职罪并列形成数罪。①

就渎职罪不作为共犯而言，由于不作为是滥用职权型渎职罪的实行行为，又是他人犯罪的帮助行为，故而可能成立渎职罪的单独正犯与片面帮助犯的想象竞合，需择一重罪处理。在行为人还实施了参与他人犯罪的积极作为时，可以滥用职权类型渎职罪与他人的犯罪数罪并罚。②

就普通渎职罪与特殊渎职罪的关系而言，有学者主张他们是法条竞合的关系，适用特别法优于普通法的原则。在考虑相关罪量标准时，当行为符合特殊法条构成要件但是未达到罪量标准时，一般不能转为普通渎职罪处理。当行为符合特殊渎职罪构成不过与之罪量标准不匹配时，如果符合普通渎职罪的罪量标准的，可将之理解为其符合了特殊渎职罪罪量标准的兜底条款。此外不同的特殊渎职罪之间则是双包含关系，适用重法优于轻法原则。③

关于罪数问题，还有一个常见的讨论在于——渎职罪与贪污罪的竞合问题。二者容易竞合的原因在于受贿罪的行为特征之一是收受他人财物而为他人谋取利益，而“为他人谋取利益”的行为通常又会触犯渎职罪中的多种犯罪，故在理论上，受贿罪至少可能与渎职罪中的二十多种故意犯罪产生法条竞合的关系。④ 有学者认为，在处理受贿牵连渎职的行为时，除《刑法》第 399 条第 4 款的规定外，一般都应数罪并罚。这是因为，受贿罪中为他人谋取利益不是客观要件，而是主观要件。受贿与渎职行为二者应该是牵连关系，而并不是法条竞合与想象竞合的关系。除法律有特殊规定以外，对牵连犯一般应数罪并罚，而不能单纯从一重处罚。同时，对于行为人实施的数个独立的危害行为，如果各行为之间并无特殊关系，一般均应对数行为进行数罪并罚，才能对各个危害行为进行充分的否定性评价。⑤

（三）滥用职权罪与玩忽职守罪

1. 客观方面

就滥用职权罪的客观行为而言，有学者认为其是指不行使权力或者行使权力时违背了正确、及时行使职权范围内权力的要求。⑥ 有的学者认为“滥用职权”包括了超越职权和不正确行使职权两种方式，其中不正确行使职权是指行为人享有相应职权，但是其行为违背了相关规定或是该项职务的宗旨。而故意的不作为也属于不正确行使范畴。⑦

在认定滥用职权罪中的重大损失时，有学者主张利息应该作为滥用职权行为造成的直接经济损失，犯罪成立后立案侦查前被挽回的损失不应在定罪时扣除，而可作为量刑情节考虑。⑧

---

① 魏颖华．贪贿型渎职罪罪数问题研究．刑法论丛，2009（3）．

② 陈洪兵．共犯论的分则思考——以贪污贿赂罪及渎职罪为例．法学家，2015（2）．

③ 王强．法条竞合视野下的渎职类犯罪罪名的适用研究——兼论“两高《关于办理渎职刑事案件适用法律若干问题的解释（一）》第 2 条的理解适用”．政治与法律，2013（3）．

④ 冯亚东．受贿罪与渎职罪竞合问题．法学研究，2000（1）．

⑤ 苏敏华．论渎职罪与受贿罪的关系认定及其处断原则．政治与法律，2010（2）．

⑥ 董文辉，敦宁．滥用职权罪与玩忽职守罪司法认定若干疑难问题研究．刑法论丛，2011（3）．

⑦ 江岚，祝炳岩．滥用职权罪中“滥用职权”再析．中国刑事法杂志，2013（11）．

⑧ 吴飞飞．滥用职权罪中的“重大损失”及其认定．法学评论，2012（4）．

就玩忽职守的客观行为而言，有学者认为其表现为行为人不履行职责或者不认真履行职责，也即完全没有履行其应当履行的职责。[①]

2. 主观方面

有学者主张，滥用职权罪的主观罪过是故意，其中包括了直接故意和间接故意；玩忽职守罪的主观罪过只能是过失。[②] 有学者认为滥用职权罪和玩忽职守罪的主观罪过都包括了故意和过失。[③] 有学者也认为滥用职权罪的罪过形式只能是过失。[④] 还有学者主张滥用职权罪的罪过形式是间接故意和过失。[⑤]

3. 二者的关系

如前所述，有学者认为滥用职权主观罪过为故意，玩忽职守主观罪过为过失。据此，两个罪之间的一个重要区别就在于主观罪过形式不同，而对于主观罪过的认定需要结合客观行为加以判断。最终需要通过主客观相结合的方法来实现区分。[⑥]

有学者认为两者在主观罪过上没有区别并主张对刑法条文进行重构，将之理解为“滥用职权、玩忽职守罪”的选择性罪名。超越职权类型的行为，应被认定为滥用职权罪；完全擅离职守的玩忽职守行为，应被认定为玩忽职守；当难以区分时认定为滥用职权、玩忽职守罪。[⑦]

还有学者指出，鉴于滥用职权罪的定罪标准不应当与玩忽职守罪相同，应将滥用职权罪与玩忽职守罪分条立法。因为根据罪责刑相适应原则，从刑罚的公正性角度出发，最理想的状态应该是将故意犯罪和过失犯罪分开条文立法，并分别制定不同的法定刑。[⑧]

（四）徇私枉法罪与枉法仲裁罪

1. 徇私枉法罪

2002 年《刑法修正案（四）》第 8 条对“徇私枉法罪”进行了修订。修改主要增加了执行判决、裁定失职罪，执行判决、裁定滥用职权罪，对执行人员滥用职权、玩忽职守的行为进行了强调。

作为徇私枉法罪主观方面的必备犯罪动机要件，“徇私”的定义存在较大争议。主要存在两个观点：第一，“徇私”顾名思义，应指的是个人的私情和私利，不应包括“单位之私”[⑨]。第二，除了个人私情和私利外，还应包括“单位之私”，抑或小团体、小集体之私，因为从其本质来说，单位或集体之私的背后往往依旧是个人的私情和私利。[⑩] 也有学

---

① 董文辉，敦宁．滥用职权罪与玩忽职守罪司法认定若干疑难问题研究．刑法论丛，2011（3）．

② 刘艳红．也论新刑法第 397 条的罪名与罪过．法学评论，1999（6）；董文辉，敦宁．滥用职权罪与玩忽职守罪司法认定若干疑难问题研究．刑法论丛，2011（3）．

③ 高国其．重新认识滥用职权和玩忽职守的关系——兼论《刑法》第 397 条的结构与罪名．刑法论丛，2016（2）．

④ 李洁．论滥用职权罪的罪过形式．法学家，1998（4）．

⑤ 张兆松．滥用职权罪主观要件浅析．人民检察，1998（4）．

⑥ 董文辉，敦宁．滥用职权罪与玩忽职守罪司法认定若干疑难问题研究．刑法论丛，2011（3）．

⑦ 同③．

⑧ 蒋兰香．滥用职权罪与玩忽职守罪应分条立法．法学，2005（7）．

⑨ 牛克乾，阎芳．试论徇私枉法罪中“徇私”的理解与认定．政治与法律，2003（3）．

⑩ 朱利军．对徇私枉法罪法律适用中几个问题的理解．华东政法学院学报，2006（2）．

者表示，跳出来看，无需考虑是为了什么目的，只要司法工作人员在适用法律时在主观上故意枉法，其动机一定是“徇私”，只是表现方式不同而已。① 还有学者认为该条过于繁琐，为了方便司法适用，可以删除“徇私”、“徇情”和“情节严重”的限制条件，建议将所有枉法行为都按一个罪来论处，罪名可定为“枉法罪”，精简执行活动中的枉法行为的规定。②

2. 枉法仲裁罪

2006 年《刑法修正案（六）》第 20 条新增了“枉法裁判罪”作为《刑法》第 399 条之一。枉法仲裁罪的入刑充分体现了刑罚的预防犯罪功能，也体现了立法的同等原则，克服了仲裁不是司法，仲裁人员不是司法工作人员、不属于渎职罪的主体等理论障碍，具有较大意义。③

关于本罪主体的认定，指我国《仲裁法》所调整的民商事仲裁，因为民商事仲裁具有一裁终局的特点，容易导致其救济途径缺失，进而导致枉法仲裁的后果。④ 也有学者认为，除了民商事仲裁外，该罪还应包括劳动仲裁。⑤ 在主观方面，本罪应表现为直接故意，即明知违背事实和法律，仍作枉法裁决，积极追求该结果的发生。⑥ 关于枉法仲裁又受贿的情形，有学者认为行为分别符合两罪的犯罪构成，具有交叉关系，应属于法规竞合，应按照《刑法》第 399 条第 4 款的规定，依照“重法优于轻法”的原则进行处罚。⑦ 也有学者认为应该数罪并罚。⑧

（五）食品监管渎职罪

为应对越来越多的食品安全风险，强化国家的监管责任职能，2011 年《刑法修正案（八）》第 49 条新增了“食品监管渎职罪”作为《刑法》第 408 条之一。该罪名的设立满足了对于确保食品安全和公众健康的立法诉求、办理食品渎职案件的司法需求，并借鉴了国内外立法先例。⑨

1. 客观方面

本罪的行为方式包括了滥用职权和玩忽职守行为，其中这两种行为类型都一般表现为作为，但是例外地也可以表现为不作为。⑩ 该罪作为结果犯，要求“发生重大食品安全事故或者造成其他严重后果”，而潜伏的食品安全隐患可以被包括在“其他严重后果”之中。⑪

就因果关系而言，有学者指出，在多因一果和多因多果时，引起危害结果的原因越

---

① 吴学彬，俞娟. 徇私枉法罪的基本问题研究. 政治与法律，2005（2）.
② 侯国云. 论枉法犯罪的修改与完善. 人民检察，2005（9）.
③ 徐立. 枉法仲裁罪的立法正当性探讨. 法学杂志，2009（5）.
④ 张利兆. 枉法仲裁罪适用中的疑难问题. 法学，2013（8）.
⑤ 余文权. 枉法仲裁罪法律适用问题探析. 人民检察，2013（7）.
⑥ 陈兴良. 罪名指南：下册. 北京：中国人民大学出版社，2008：771.
⑦ 张勇，黄晓华. 论枉法仲裁罪与受贿罪的竞合. 法学评论，2008（5）.
⑧ 张利兆. 枉法仲裁罪适用中的疑难问题. 法学，2013（8）.
⑨ 储槐植，李莎莎. 食品监管渎职罪探析. 法学杂志，2012（1）.
⑩ 谢望原，何龙. 食品监管渎职罪疑难问题探析. 政治与法律，2012（10）.
⑪ 同⑩.

多，能追究刑事责任的范围就相应地越宽。[①] 有学者认为当直接责任人员是食品监管的具体工作人员时，以存在直接或必然因果关系为前提；当直接负责的主管人员和直接责任人员均存在滥用职权和玩忽职守的情形，对主管人员而言只要求具有间接或偶然的因果关系即可。[②] 也有学者认为在判断相关因果关系时应当以事实因果关系为基础，进行相当性的判断，并借鉴客观归责理论进行认定。[③]

2. 主体

就主体而言，一般来说对渎职监管犯罪主体的判断，有学者主张可以考虑两个方面：第一，行为人是否负有特定的监督管理义务，而对监督管理义务的判断采取形式兼实质的标准。第二，行为人是否具有特定的监督管理权限。[④] 具体就食品监管渎职罪来说，其主体应负有特定的食品安全监管义务和职责，并且具有特定的食品安全监管职权。[⑤]

还有学者认为应当依据《食品安全法》来判断本罪的主体范围，县级以上地方人民政府中直接负责的主管人员和其他直接责任人员也应属于本罪的主体。[⑥]

3. 主观方面

就主观方面而言，有学者认为在本罪之中如果实施的是滥用职权行为时，构成故意犯罪；如果实施的是玩忽职守行为时，则构成过失犯罪。[⑦] 有的学者认为本罪的主观罪过包括了故意和过失，在对主管人员过失责任进行认定时，注意应要求其具有监督过失。[⑧] 有的学者认为本罪的主观罪过包括间接故意与过失。[⑨] 还有学者认为，本罪的主观罪过只应当是过失，并且属于监督管理过失。[⑩]

① 肖本山．食品监管渎职罪的若干疑难问题解析．法律科学，2012（3）．
② 谢望原，何龙．食品监管渎职罪疑难问题探析．政治与法律，2012（10）．
③ 陈京春．论食品安全监管渎职类犯罪的因果关系——以“瘦肉精”案件为考察对象．政治与法律，2014（9）．
④ 刘雪梅，刘丁炳．监管渎职犯罪的主体问题研究．中国刑事法杂志，2013（9）．
⑤ 同①．
⑥ 谢望原，何龙．食品监管渎职罪疑难问题探析．政治与法律，2012（10）．
⑦ 同①．
⑧ 同⑥．
⑨ 储槐植，李莎莎．食品监管渎职罪探析．法学杂志，2012（1）．
⑩ 李兰英，龙敏．也论食品安全监管渎职罪的责任认定．法学评论，2013（3）．